서울대학교 언론정보학과 50년사

1975~2025

나남
nanam

나남신서 2211

서울대학교 언론정보학과 50년사

1975~2025

2025년 10월 25일 발행
2025년 10월 25일 1쇄

엮은이 서울대학교 언론정보학과 50년사 발간위원회
발행자 趙相浩
발행처 (주) 나남
주소 10881 경기도 파주시 회동길 193
전화 (031) 955-4601 (代)
FAX (031) 955-4555
등록 제 1-71호 (1979.5.12)
홈페이지 http://www.nanam.net
전자우편 post@nanam.net

ISBN 978-89-300-4211-6
ISBN 978-89-300-8001-9 (세트)

책값은 뒤표지에 있습니다.

나남신서 2211

서울대학교 언론정보학과 50년사

1975~2025

서울대학교 언론정보학과 50년사 발간위원회 엮음

나남
nanam

서울대학교 언론정보학과 50년사 발간위원회

위원장

양승목 서울대 언론정보학과 명예교수

위원

윤석민 서울대 언론정보학과 교수

이준웅 서울대 언론정보학과 교수

김현석 서울대 언론정보학과 부교수

참여 대학원생

박세은 서울대 언론정보학과 석사과정

송채린 서울대 언론정보학과 석사과정

정소운 서울대 언론정보학과 석사과정

'특별한 다수'가 함께 걸어온, 그리고 걸어갈 50년

서울대학교 언론정보학과 50년사 발간위원회
양승목 · 윤석민 · 이준웅 · 김현석

서울대 언론정보학과는 설립 50주년을 맞이해 그 반세기의 발자취를 정리한 《서울대학교 언론정보학과 50년사: 1975~2025》를 발간하게 됐습니다. 지난 50년 학과의 여정과 성취를 되돌아보며, 학과 발전에 헌신해 주신 동문, 교수, 직원 여러분께 깊은 감사와 경의를 전합니다.

이번 50년사 발간 작업을 통해 새삼 확인한 것은, 지난 반세기에 걸친 학과의 발전이 '특별한 소수'의 노력만으로 이루어진 것이 아니라는 사실입니다. 그것은 세대를 이어 학과를 아끼고 사랑하며 지켜 온 '특별한 다수'의 열정과 지혜가 모여 이룩한 공동의 성취입니다. 그 '특별한 다수'이신 여러분께 거듭 진심 어린 감사와 경의를 표합니다.

우리 학과는 1975년 2월 '신문학과'라는 이름으로 5명의 교수진과 함께 첫걸음을 뗀 이래, 반세기 동안 사회의 변화와 학문적 도전에 응답하며 언론정보학 연구와 교육을 선도해 왔습니다. 사회과학으로서의 언론정보학이라는 정체성을 바탕으로, 변화하는 커뮤니케이션 환경과 학문적 흐름에 부응하며 연구와 교육의 내실을 다지고 지평을 넓혀 왔습니다. 이러한 질적 발전은 외형적 성장으로도 이어져, 2025년 10월 현재 15명의 교수진이 활동하고 있으며, 2025년 8월까지 1,300여 명의 학사, 600여 명의 석사, 100여 명의 박사를 배출하는 성과를 이루었습니다. 학과 졸업생들은 언론·매체·정보 산업은 물론, 학계, 법조계, 경제·경영, 정·관계와 공공기관 등 다양한 분야에서 활약하며 사회에 기여하고 있습니다.

《서울대학교 언론정보학과 50년사: 1975~2025》는 이처럼 눈부신 학과 발전의 역사를 두 가지 방식으로 담아내고자 했습니다. 먼저 제1부에서는 언론정보학과의 연구와 교육, 그리고 학생 활동에 관한 다양한 자료를 토대로 지난 50년의 역사를 서술했습니다. 제1장과 제2장은 각각 연구와 교육의 역사를 돌아봤으며, 제3장은 전·현직 교수진을 소개했습니다. 이어 제4장과 제5장은 각각 학부와 대학원의 발자취를 정리했고, 제6장은 학과의 주요 교육·연구 사업을, 제7장은 언론정보연구소의 역사를, 제8장은 학과의 전신인 신문대학원의 역사를 다루었습니다.

다음으로 제2부에서는 동문 및 재학생들의 회고를 바탕으로 학과의 50년사를 재구성하고자 했습니다. 이를 위해 1974학번(1기)부터 2025학번(52기)까지 학번별로 한 편씩 총 52편의 기고문을 수록했습니다. 각 동문이 기억하는 대학 시절과 그 이후의 이야기를 모아 엮음으로써, 학과의 역사를 또 다른 차원에서 조망하고자 했습니다.

이제 언론정보학과는 새로운 50년을 향해 나아가고 있습니다. 디지털 전환과 인공지능 시대의 도래는 언론정보학 연구와 교육에 새로운 도전이자 동시에 기회를 제공하고 있습니다. 앞으로 써 내려갈 새로운 50년의 역사가 그것이 결국 '기회'였음을 보여 주기 위해서는, 지난 50년의 기록이 입증하듯 '특별한 다수'의 열정과 지혜가 필요합니다. 언제, 어떤 모습으로든 학과와 연을 맺은 구성원 한 사람 한 사람이 학과에 대한 애정을 바탕으로 각자의 자리에서 맡은 바를 성실히 수행한다면, 비록 더디고 답답해 보이더라도 결국 큰 결실로 이어질 것입니다. 언론정보학과 50년사는 바로 그러한 좁은 길이 결국 올바른 길임을 일깨워 준다고 생각합니다.

《서울대학교 언론정보학과 50년사: 1975~2025》는 많은 분들의 도움으로 완성될 수 있었습니다. 먼저 차배근 교수님, 김은미 학과장님, 남인용 총동창회장님께서 축하의 글을 보내 주셨습니다. 제1부의 제1장, 제2장, 제7장은 기존에 출판된 원고를 재수록하거나 수정·확장한 것입니다. 원저자이신 양승목·김관호·김영희·윤상길 교수님과, 해당 저작의 출판사인 학지사 및 학술지 〈언론정보연구〉의 동의가 없었다면 이러한 기획은 불가능했을 것입니다. 제3장은 생존해 계신 모든 전·현직 교수님들께서 직접 작성해 주셨습니다. 작고하신 임근수·김규환·박유봉·이상희·강현두 교수님의 경우에는 해당 교수님의 이력을 잘 아는 전문가 분들(각각 차배근·양승목·채백·김남석·이창현 교수님)의 도움을 받았습니다. 제4장 제1절 '학부생 활동'은 관련 자료를 제공하고 사실관계를 확인해 주신 많은 동문들의 도움이 없었다면 완성될 수 없었습니다. 해당 절의 각주에 도움 주신 분들을 언급했습니다. 제5장 제1절의 석·박사학위 논문 제목 데이터를 활용한 주제 분석은 백영민 교수님의 도움을 받았습니다. 제8장 신문대학원의 역사는 언론사학자이신 김영희 전 언론정보학과 객원교수님께서 이 책을 위해 새로 집필해 주셨습니다.

제2부는 1974학번부터 2025학번까지의 동문 및 재학생들이 작성한 기고문으로 구성되어 있습니다. 모든 학번의 섭외가 완료됐을 때, 그리고 원고를 받아 첫 독자로서 읽었을 때의 감동은 발간 작업에서 특별한 순간으로 남았습니다. 발간위원회의 박세은·송채린·정소운 석사과정생은 자료 수집과 정리, 원고 초안 작성과 교정 등 모든 과정에 적극적으로 참여하며 크게 기여했습니다. 언론정보학과 사무실의 고윤정·안선영 선생님, 그리

고 언론정보연구소의 김양희 선생님과 김정은 조교님께서도 자료 수집에 큰 도움을 주셨습니다.

이처럼 도움 주신 분들을 떠올리니, 이 책 또한 결국 '특별한 다수'의 힘으로 쓰였음을 깨닫게 됩니다. 모든 분들께 깊이 감사드립니다.

《서울대학교 언론정보학과 50년사: 1975~2025》의 미진한 부분은 모두 발간위원회의 책임입니다. 특히 제1부의 학부 및 대학원의 발자취와 주요 교육·연구 사업 부분을 능력과 시간의 제약으로 인해 충분히 깊이 다루지 못한 점은 아쉬움으로 남습니다. 이 책이 향후 추가적인 자료 수집과 본격적인 역사 연구를 위한 출발점이 되길 바랍니다.

언론정보학과의 새로운 50년이 지금까지보다 더욱 밝고 아름답게 펼쳐지길 기원합니다. 재학생, 동문, 교수, 직원 모두가 학과의 새로운 여정에 함께하며 그 길을 빛내 주시기를 소망합니다.

언론정보학과 반세기를 축하합니다

차배근 | 서울대 언론정보학과 명예교수*

먼저 서울대 언론정보학과 창설 50주년을 진심으로 축하합니다. 1975년 3월 창설 당시, 학과 교수는 모두 5명이었습니다. 그중 막내였던 저만 아직 홀로 살아서 외람되게도 이 글을 쓰는 영광을 차지하고 있습니다. 50년 전, 우리 언론정보학과가 '신문학과'라는 명칭으로 신설되던 때를 돌이켜 보니 참으로 감개가 무량합니다.

서울대는 대학 발전을 위해 1959년부터 몇 차례 종합화 계획을 수립하여 진행했습니다. 그러나 모두 실현되지 못하다가 1967년 11월 박정희 대통령의 지시에 따라 대규모의 '서울대 종합화 10개년 계획'을 적극 추진하게 되었습니다. 우선 서울 시내와 경기 지역 여러 곳에 흩어져 있던 12개 단과대학과 5개 특수대학원을 하나의 캠퍼스로 모으기로 하고, 현재의 관악캠퍼스에 교사(校舍)와 부대시설 등을 건설하기 시작했습니다. 건설본부장은 예비역 육군장성이었습니다.

* 엮은이 주: 차배근 교수는 1975년 서울대 신문학과(현 언론정보학과) 창설 당시 5명의 교수진 중 한 명이다. 1974~75년도에 신문대학원을 발전적으로 해체하고 그 대신 신문학과를 신설할 때, 신문대학원 교무과장(현 교무부원장)으로서 그 실무를 담당했다.

이러한 건설작업이 '하드웨어'라면, '소프트웨어'에 해당하는 아카데믹 플랜(*academic plan*)도 짜기 시작했습니다. 그리하여 1975년 초 최종 아카데믹 플랜 수정안을 확정하고, 이에 따라, 마침내 기구 개편이 이루어졌습니다. 그중 우리 언론정보학과와 관련된 것을 보면, 기존의 신문대학원[1]을 폐지하고, 그 대신 신문학과를 사회과학대학에 신설하면서 학사과정 이외에 석사와 박사과정도 함께 설치한다는 것이었습니다.

1975년 2월 초부터 신설 관악캠퍼스로의 이전이 시작되었습니다. 이때 신문대학원의 집기들도 신문학과 사무실이 들어설 현재의 9동 3층으로 옮겼습니다. 같은 해 2월 28일, 서울대학교 설치령 개정안의 발효와 동시에 '신문학과'가 공식적으로 설치되었습니다. 이틀 뒤인 3월 2일부터 학과 업무의 개시와 함께 개학을 했습니다.

당시 교수진은 모두 5명으로 즉 임근수(林根洙), 김규환(金圭煥), 박유봉(朴有鳳), 이상희(李相禧), 저 차배근(車培根)이었으며, 초대 학과장은 임근수 박사였습니다. 기존 신문대학원에는 모두 9명〔원장 이만갑(李萬甲) 교수 제외〕의 교수가 있었으나, "서울대의 모든 교수는 전공영역별로, 즉 동일학문계열에 속하는 동일학과에 통합한다"는 아카데믹 플랜의 원칙에 따라, 4명의 교수는 각각 자기 전공 분야 학과로 옮겨 갔기 때문입니다.

신문학과를 창설했으나, 첫 학기에는 학사과정(학부) 학생은 단 한 명도 없었습니다. 당시는 서울대에 신입생들이 입학하면 일단 별도로 설치한 교양과정부에서 3학기 동안 교양과정을 이수한 뒤, 전공 학과를 선택하여 4학기부터 자신의 전공 학과로 진입했는데, 신문학과 창설 당시에는 1975학년도 진입생의 학과 배정이 이미 끝난 상태였기 때문입니다. 따라

---

1 1967년 12월 14일 동숭동의 현재 서울대 사범대학 부설여자중학교 자리에 설치했다.

서 신문학과 창설 직후 첫 학기(제1학기)에는 학사과정 학생들은 없었습니다. 그러나 석사와 박사과정 대학원 학생들은 있었는데, 신문대학원을 폐지하면서 경과조치에 따라, 신문대학원에 재학 중이던 학생들은 본대학원 신문학전공 석사과정에 편입시켰기 때문입니다. 그리고 문리과대학 사회학과 B 코스(신문학 전공) 박사과정에 재학 중이던 학생들은 본대학원 신문학 박사과정에 편입시켰기 때문입니다.

1975년 9월 1일, 드디어 우리 신문학과 학사과정에 13명의 학생이 들어왔습니다. 이들 신문학과 제1회 학생은 1974년 3월 서울대에 입학(74학번)하여 3학기 동안, 노원구에 있던 공릉캠퍼스에서 교양과정을 이수하고, 신문학을 전공하고자 우리 학과로 진입한 학생들이었습니다. 당시 신문학과의 입학정원은 15명이었지만, 13명만 들어오게 된 것은 지원자가 적었기 때문입니다.

당시는 서울대 신입생들을 계열별로 모집했는데, 신문학과가 포함된 사회계열에는 법학과, 경영학과, 농경제학과도 포함되어 있었습니다. 그래서 사회계열 진입생 중에는 법학과와 경제학과, 경영학과 등에 지원했다가, 만약 합격하지 못하면 다른 학과로의 지원을 포기하거나 1년 동안 지원을 유예하는 학생들이 많은 통에 그 밖의 여러 학과에서는 정원미달 상태가 발생했습니다. 그래도 우리 신문학과에는 제1지망생이 11명, 제2지망생은 22명, 제3지망생은 45명이나 되어서, 최종적으로 13명을 배정받게 되었습니다. 이는 사회과학대학 10개 학과 중에서 성적(?)이 우수한 편이었는데, 한두 명의 진입생밖에 받지 못한 학과도 없지 않았기 때문입니다.

지금으로부터 50년 전, 우리 언론정보학과(당시 신문학과)가 학사과정 제1회 입학생 13명을 맞이하여 1975년 9월 1일 학과에서 간단한 진입식을 갖던 때의 모습이 아직도 뇌리에 생생합니다. 강길호, 김범조, 김양배,

김태웅, 배대윤, 양승목, 유시찬, 이진철, 이현철, 임세윤, 임태섭, 장은철, 장익진. 이들 중, 5명은 졸업 후 교수가 되었고, 2명은 언론계로 진출, 중견 언론인으로 활약했습니다. 1명은 행정고시에 합격, 관계로 나갔고, 1명은 변호사가 되었으며, 1명은 예수회 신부가 되었습니다. 지금도 눈을 감으면, 그 앳된 얼굴이 눈앞에 어른거리는데, 이들이 벌써 60세가 넘어 직장에서 정년퇴임을 하고 있습니다.

지난 50년 동안 우리 언론정보학과는 학문적으로나 교육적으로 모두 장족의 발전을 이룩했습니다. 이에 관한 자세한 내용은 이 《서울대학교 언론정보학과 50년사: 1975~2025》에 자세히 수록되어 있을 줄 압니다. 그러므로 이에 관해서는 거론치 않겠습니다. 우리 언론정보학과의 무궁한 발전을 기원합니다. 서울대 언론정보학과 만만세!

혁신의 DNA로 미래를 열자

김은미 | 서울대 언론정보학과 학과장

동문 및 재학생 여러분 안녕하십니까? 여기 계신 모든 분들의 정체성에 큰 부분을 차지하는 학과가 창설된 지 50주년이 됐습니다. 전사에 해당하는 신문연구소와 신문대학원까지 합하면 우리는 함께 50년을 훌쩍 넘는 세월 동안 성장해 왔습니다. 생일을 맞아 이곳을 터전 삼고 든든한 언덕으로 여겼던 동문과 재학생들이 한자리에 모였다니 대단한 일이 아닐 수 없습니다.

저 개인적으로도 여러 장면이 떠오릅니다. 추운 겨울날 원서를 받아 주던 직원 선생님부터 "이 학과에 왜 지원했느냐?"고 물으시던 면접관 박명진 교수님의 얼굴과 중견 경력에 모교로 이직하여 방송에 관한 첫 강의에서 대면했던 학생들의 해사한 얼굴들까지, 오늘날 '나'를 만들어 준 스침과 만남이 여기서 모두 있었다는 생각을 하니, 매일 출퇴근하는 이곳이 새삼 다르게 마음에 스며듭니다. 좋은 일도 있었고 기억하고 싶지 않은 일도 있었지만, '여기서 내 잔뼈가 굵었구나' 하는 생각에 다시 지난날을 더듬어 보게 됩니다.

국내 다른 대학들이 모두 '신문방송학과'라는 이름을 가졌을 때에도, 우리는 '신문학과'였다는 점이 지금도 자랑스럽습니다. 우리는 미디어를 둘러싼 현상을 연구하지, 신문·방송·언론·홍보·광고 등등 개별 미디어를 존스럽게 나열할 생각이 없다는, 뭔가 약간 도도해 보이는 그 기상이 저는 좋았습니다. '언론정보학과'라는 이름을 처음 쓰기 시작한 것도 우리였고, 문화콘텐츠가 가진 가치와 기술 기반 미디어의 중요성을 간파해 20년도 더 전에 '연합전공 정보문화학'이라는 제도를 처음 서울대에 소개한 것도 우리였습니다.

이렇게 늘 조금씩 새로운 것을 시도하는 혁신의 DNA가 언론정보학과에 있습니다. 저는 보이지 않는 그 힘이 지금도 사회과학대학 안에서 언론정보학과를 차별화하는 힘의 핵심이라고 생각합니다. 그리고 이곳을 거쳐간 우리 모두는, 이 DNA를 받아 다양한 사회 각 분야에서 기존 시각과 다르게 보고 때로는 가지 않은 길을 택하는 중요한 역할을 해 왔다고 자부합니다.

기술적으로는 디지털 전환의 물결에 이어 인공지능 혁신의 물결이 거셉니다. 문명사적 전환기에 있다고도 진단합니다. 언론정보학과뿐만 아니라 고등교육 자체의 의미와 가치에 대해서도 다양한 비판과 성찰의 목소리들이 나옵니다. 동시에 변혁의 시대일수록 인재를 키우는 일의 중요성은 한층 더 강조됩니다. 학교에서 후학들을 길러내는 책무가 그 어느 때보다도 막중한 때입니다.

50주년을 맞아 새로운 다짐을 해봅니다. 지금까지 그래왔듯이 앞으로 50년도 언론정보학과는 굳건하게 날마다 새로운 하루하루를 창조한다는 자세로 정진하고자 합니다. 보다 다양한 사회·문화 영역에서 지금까지처럼 우리 동문과 재학생들이 더 큰 역할을 맡아 마음껏 활약할 수 있도록 학과 자원의 활용에 최선을 다하겠습니다. 학과 50주년을 맞아 앞으로의 50년은 각계 동문들과 학과가 더 자주 조우하고 지지하면서 서로의 성장에 에너지가 되는 그런 관계로 발전하리라 기대합니다.

우리의 언론정보학과 50주년을 함께 축하하게 되어 행복합니다.

함께 한국을 넘어 세계로

남인용 | 서울대 언론정보학과 총동창회장
국립부경대 미디어커뮤니케이션학부 교수

자랑스러운 우리 학과의 동문 및 재학생 여러분!

학과 창설 50주년을 맞아 《서울대학교 언론정보학과 50년사: 1975~2025》를 발간해 총동창회장의 자격으로 축사를 남길 수 있게 되어 무척 기쁩니다. 50년의 세월 동안 학과의 성장과 발전을 함께해 온 구성원들과 자축하는 시간을 공유하면서, 보람된 과거를 돌아보고 굳건한 현재를 진단하며 희망찬 미래를 설계하고자 합니다.

우리 학과가 담당하는 학문분야는 모든 사회 현상을 전반적으로 포괄하고 있습니다. 커뮤니케이션 곧 소통은 사회 현상 전반을 다루는 핵심 영역입니다. 따라서 우리 학문은 다른 학문분야의 전문 영역을 두루 섭렵하는 종합학문의 성격을 띠고 있습니다.

이렇듯, 가장 핵심적인 종합학문으로서 세상의 변화를 선도해 온 우리 학과는 국내외 학계와 업계를 이끌어가는 다수의 인재가 배출된 산실입니다. 이러한 성과는 학과의 은사님들과 동문 여러분께서 꾸준한 노력으로 최선을 다해 맡은 바 임무를 충실하게 수행한 결과입니다.

우리 학과의 졸업생은 우리나라 다른 대학의 미디어 및 커뮤니케이션 관련 학과의 인원과 비교하면 매우 적은 수이지만, 일당백(一當百)의 능력으로 우리 사회의 중추적인 역할을 감당하고 있습니다. 이러한 점에서 학과 창설 50주년을 맞는 의의가 매우 큽니다.

최근 우리 동문들은 우리 학과의 고유 영역인 언론·영상·콘텐츠·광고·홍보뿐만 아니라 컨설팅·금융·법률에 이르기까지 매우 다양한 분야에서 활약하고 있습니다. 원활한 소통을 강조하는 우리 사회를 합리적으로 이끌어 나가는 과정에서 민주적이고 평등한 커뮤니케이션 원리를 내면화한 우리 학과 졸업생들의 기여가 크다고 봅니다.

전 세계를 휩쓰는 K-컬처 열풍도 우리 학과의 학문 영역에서 비롯된 자산의 뒷받침으로 이루어진 성과입니다. 이러한 흐름을 고려할 때, 우리 학과의 미래는 그 어느 때보다 밝습니다. 지난 50년의 성취가 향후 50년의 더욱 큰 결실로 이어져 우리 학과 창설 100주년 행사는 또 다른 축하의 자리가 되리라 기대합니다.

우리 함께 힘을 모아 우리의 역량을 전국으로 확산하고 한국을 넘어 세계를 주도하는 서울대 언론정보학과를 만들어 갔으면 합니다. 감사합니다.

차 례

제2부 언론정보학과 학부 동문 및 재학생들의 목소리

1974학번부터 2025학번까지

서울대학교 언론정보학과 연표

서울대 최초 언론학 교육

1949. 4. • 문리과대학에 '신문학 개론' 강좌 개설

신문연구소

1963. 3. • 신문연구소 설립
• 육지수 교수(지리학과) 초대 소장 취임
• 매스커뮤니케이션 연구 및 언론인 재교육 실시
• 연구생과정(1년제) 교육 실시

신문대학원

1967. 12. • 특수대학원으로서 신문대학원 신설, 석사과정 개설
1968. 1. • 김규환 교수 초대 원장 취임
1968. 2. • 신문연구소, 신문대학원 부설 기관으로 개편
1968. 3. • 신문대학원 개원
1969. • 사회학과 대학원에 신문학전공 석·박사과정 병설

신문학과

1975. 2. • 신문학과 신설
• 임근수 교수 초대 학과장 취임
• '서울대학교 종합화 10개년 계획'에 따라 신문대학원 및 사회학과 대학원 신문학전공 과정 발전적 폐지, 재학생들은 신문학과 대학원으로 소속 변경
• 신문연구소, 사회과학대학 부설 기관으로 개편

신문학과

1975. 9.	• 신문학과 학사과정 제1기생 진입 (2학년)
1976. 3.	• 신문학과 대학원에 박사과정 설립
1978. 2.	• 학사과정 제1기생 졸업
1982. 6.	• 신문연구소, 서울대학교 본부 직할 연구기관으로 승격
1983. 1.	• 학과 신입생의 과별 모집 시행
1983. 10.	• 한국언론학회 희관언론상 제정
1985. 2.	• '서울대학교 사회과학대학 신문학과 동창회' 창설
1994. 3.	• 신문연구소, '언론정보연구소'로 명칭 변경
1995. 1.	• 신문학과 방송 스튜디오 개관
1995. 3.	• 사회과학대학 16동 신축 이전과 함께 신문학과도 이전

언론정보학과

1997. 3.	• '언론정보학과'로 학과명 변경
2002.	• 신입생 모집 단위를 학과에서 사회과학대학으로 광역화
2002. 3.	• 연합전공 정보문화학 개설
2005. 3.	• 언론정보학과 희관기념홀, 디지털편집실 개관
2005. 5.	• 언론정보학과 창립 30주년 기념행사
2013. 5.	• 언론정보연구소 설립 50주년 기념 학술대회
2014. 3.	• IBK커뮤니케이션센터(64동) 신축 이전
2015. 3.	• 언론정보학과 방송영상스튜디오 개관
2015. 5.	• 언론정보학과 창립 40주년 기념행사
2017.	• 신입생 광역 모집 폐지, 학과별 선발 시행

제1부

언론정보학과가 걸어온 길

제 1 장

언론정보학과 지성사 50년

학문의 교차로에서 다문화 도시로*

양승목 | 서울대 언론정보학과 명예교수**

서울대학교 언론정보학과는 1975년 2월 28일 사회과학대학 설립과 함께 신문학과라는 이름으로 태어났다. 이 글은 사회과학대학 설립 50주년을 맞아 언론정보학과가 지난 50년 동안 어떤 지적 궤적을 그리며 발전해 왔는지를 지성사(知性史) 관점에서 조명하고자 한다.

일반적으로 학사(學史)는 접근 방식에 따라 개별 학자의 삶과 학문에 초점을 맞춘 전기사(*biographical history*), 각종 교육 및 연구 조직의 발전에 초점을 맞춘 제도사(*institutional history*), 이론과 패러다임 변화 등 지적 전통에 초점을 맞춘 지성사(*intellectual history*)로 나눌 수 있다(Löblich & Scheu, 2011). 이 가운데 어떤 관점을 취하더라도 복합적 서술 방식은 불가피하다. 예컨대, 어떤 학자의 전기를 다룬 연구라고 하더라도 당대의 학문 제도와 연구 동향에 관한 서술을 피할 수 없다. 마찬가지로 특정 학과의 역사를

* 이 장은 저자가 《사회과학 지성사 50년》(윤영관 등, 2025)에 게재한 "언론정보학과 지성사 50년: 학문의 교차로에서 다문화 도시로"를 재수록한 것이다. 다만 참고문헌 표기 등 일부 형식은 본서의 편집 체제에 맞게 수정했다.

** smyang@snu.ac.kr

지성사 관점에서 다룰 때, 대학과 사회의 시대적 변화와 아울러 학과 구성원의 변화에 대한 분석이 매우 중요하다.

따라서 언론정보학과의 50년 역사를 지성사 관점에서 접근하려면 대학 안팎의 시대적 변화, 학과 교수진의 구성과 변화, 대학원생의 연구 동향(특히 박사학위 논문), 학부와 대학원의 교과과정 변천에 관한 고찰이 필수적이다. 대학의 연구역량은 일차적으로 교수의 연구 능력이기에 학과 교수진의 구성과 변화에 대한 고찰이 무엇보다 중요하다고 본다. 교수진의 변화는 커리큘럼뿐만 아니라 대학원생의 연구에도 직접 영향을 주기 때문이다. 이 글에서는 대학 안팎의 시대적 변화와 학과 교수진의 변화를 중심으로 언론정보학과의 50년 역사를 다섯 시기로 나누어 각 시기의 특징을 논의하되, 그 전에 먼저 신문학과 설립 이전에 이루어진 서울대의 언론학 교육과 연구를 소개한다.[1]

1. 전사(前史): 신문연구소와 신문대학원

신문학과는 '서울대학교 종합화 10개년 계획'의 일환으로 문리과대학과 상과대학이 폐지되고 인문대, 사회대, 자연대, 경영대로 대학 편제가 바뀌는 상황에서 1975년 사회과학대학 소속의 신생 학과로 설립되었다. 그러나 신문학과가 서울대학교 내에서 아무런 뿌리도 없이 하루아침에 만들어진 것은 아니었다. 신문학과는 설립 당시부터 영문 명칭(*Department of*

1 이 글에서 언론정보학, 언론학, 커뮤니케이션학, 커뮤니케이션 연구는 상호교환적 의미로 사용한다. 국내에서는 커뮤니케이션 학문을 지칭하기 위해 다양한 용어가 사용되고 있으나, 여기서는 '한국언론학회'에서 보듯이 언론학을 대표 용어로 사용한다.

Communication)에서 알 수 있는 바와 같이 그 정체성을 인간 커뮤니케이션 현상을 탐구하는 커뮤니케이션 학문으로 규정하였다. 그러나 우리나라 대학에서 언론학이 처음 제도화된 1950년대에는 신문학이라는 명칭이 일반적이었다.

서울대도 예외가 아니어서, 기록에 따르면 서울대에서 이루어진 최초의 언론학 교육은 문리과대학에서 1949년 4월에 개설한 '신문학 개론'이라는 강좌이다. 훗날 한국신문학회(현 한국언론학회)의 초대 회장이 된 곽복산 교수가 이 강좌를 담당했으나 한국전쟁의 발발로 중단되었다가 서울 수복 후 2년간 계속되었다는 기록이 있다(곽복산, 1971). 한편, 1953년 문리과대학에서 발간한 〈문리대학보〉 2호에 게재된 강좌 일람표에는 사회학과에 '신문원론'이 개설되었고 이를 이해창이 담당했다고 한다(서울대학교 언론정보연구소, 2013).

또한 사회학과에서는 1955년에 '매스컴론'을 개설하였고 천관우 교수가 이를 담당하였다. 1957년에 사회학과 학생으로서 곽복산 교수의 '신문학 개론'과 천관우 교수의 '매스컴론'을 직접 수강한 강현두 교수의 회고에 따르면, 두 강좌는 그 내용과 접근방식에 있어서 서로 다른 계열의 언론학 과목이었다고 한다(강현두, 1994). 즉, '신문학 개론'은 일반 문과 학생을 대상으로 한 대규모 교양강좌 성격으로 실무적 저널리즘에 관한 내용이었던 반면, '매스컴론'은 사회학 전공 학생을 위한 소규모 강의로 대중론, 여론형성, 매스미디어 효과론 등을 다루었다는 것이다.

이처럼 1950년대에 사회학과에서 언론학 관련 교과목이 개설된 것은 이상백·변시민·이만갑 교수 등이 저널리즘과 매스컴에 관한 관심이 컸기 때문이라는 해석이 있다(서울대학교 사회학과, 1996). 특히 이상백 교수는 저널리즘의 이데올로기적 기능이 비판성에 있다고 하면서 매스컴에 대한 이해를 강조했다고 한다. 사회학과를 비롯해 문리대 교수들에 의한 언론 관련 연구가 산발적으로 있었지만, 서울대에서 커뮤니케이션 연구가 본격적으로 시작된 것은 1963년 3월 25일 신문연구소(현 언론정보연구소)가 개소한 이후이다.

1) 신문연구소의 설립과 연구 활동

서울대학교 신문연구소는 우리나라 대학 최초의 언론 관련 연구소이다. 그 설립 경위를 보면, 5·16 군사정변으로 권력을 장악한 박정희 군사정부는 당시 난립했던 언론기관을 정비하고 언론인의 자질 향상을 위하여 1962년 6월 28일 기본방침 5개 항목과 세부 방침 20개 항목으로 구성된 '최고회의 언론정책'을 발표하였다. 세부 방침 가운데는 "언론인의 품위, 자질의 향상과 신문의 연구를 위하여 교육기관을 설립함에 정부는 이를 지원한다"(14항)는 조항이 들어 있었다. 최고회의는 '언론정책'을 공포한 지 한 달 뒤에 발표한 '언론정책 시행기준'에 '신문연구소의 지원'(10항) 항목을 두어 "서울대학교에서 설치될 신문연구소를 적극 지원 육성한다"고 명시했다.[2]

신문연구소는 이 시행기준에 따라 설립된 것으로 1962년 12월 28일 각의에서 국립학교 설치령 개정의 건을 의결하여 각령 1133호로 서울대학교 신문연구소 설치가 법제화되었다. 이 각령에 의거, 서울대는 "한국 언론의 향상과 사회발전에 기여함은 물론, 언론종사자의 지도·양성 및 자질 향상을 도모함"을 목적으로 신문연구소를 서울대 직속으로 설치했다. 설립

2 김규환 교수는 시행기준에 이 항목이 들어간 것은 자신이 당시 공보부 장관 이원우에게 요청하여 이루어진 것이라고 증언한 바 있다(김규환, 1977).

당시 신문연구소의 조직은 연구소장 밑에 학술조사 연구를 담당하는 연구부, 언론인 재교육을 담당하는 교육훈련부와 사무국으로 구성되었고, 별도로 운영위원회를 두어 연구소 운영에 관한 사항을 조정했다. 초대 소장에는 육지수 지리학과 교수, 연구부장에 김규환 동양통신사 편집부국장, 교육훈련부장에 이만갑 사회학과 교수가 취임했다(서울대학교 언론정보연구소, 2013).

1963년 3월 25일 개소한 신문연구소는 제1기 연구생 20명(일반연구생 10명, 위탁연구생 10명)을 선발하여 대학원 수준의 1년 과정 교육을 실시하였다. 교과목은 매스커뮤니케이션, 여론선전, 사회조사방법론, 내용 및 효과 분석, 신문론, 비교신문론, 한국신문사, 신문법제론, 신문영어, 영화론, 방송론, 광고론, PR론, 보도론 등이었다. 제1기생에 이어 매년 20명 정도를 선발하여 교육했으나 점차 현역기자 위탁연구생 지원자가 감소하여 언론인 재교육의 당초 취지를 살리기 어렵게 되었다. 결국 1968년 신문대학원이 설립되면서 신문연구소의 교육 프로그램은 5년 동안 66명의 연구생을 배출하고 막을 내리게 되었다.

신문연구소 설립의 또 다른 목적은 학술연구인데, 그 취지는 인접 사회과학의 참여를 유도하고 사회과학적 방법론에 입각한 매스컴 연구의 토대를 구축한다는 것이었다. 연구부장 김규환 교수의 지도하에 연구생들은 매스컴 관련 각종 실태조사 및 신문 내용분석을 실시하고 그 결과물을 1964년 창간된 〈신문연구소학보〉에 발표하였다.[3] 신문연구소가 1968년 2월 신문대

3 창간 당시 학보의 정식 명칭은 〈서울대학교 신문연구소학보〉였으나, 1968년 신문대학원 개원과 함께 신문연구소가 신문대학원 부설이 되면서 그 명칭이 〈신문연구소학보〉로 변경되었다. 이 명칭은 1994년 신문연구소가 언론정보연구소로 바뀌면서 〈언론정보연구〉로 재변경되었다.

학원 부설 연구소로 전환될 때까지 약 4년 동안 연구소의 연구 활동은 김규환이 연구생들과 함께 이끌어 왔다고 볼 수 있다(차배근, 2017). 그때까지 한국의 언론학 연구는 주로 신문을 대상으로 한 문헌연구가 대부분이었으나 〈신문연구소학보〉가 과학적 조사방법이나 내용분석을 활용한 연구들을 내놓자 학계와 언론계의 큰 주목을 받게 되었다. 1977년판 〈한국신문연감〉은 서울대학교 신문연구소를 다음과 같이 소개하였다.

> 한국에서 매스커뮤니케이션에 관한 과학적·실증적 연구는 1963년에 설립된 서울대학교 신문연구소에 의해서 처음으로 시도되었다고 볼 수 있다. 동 연구소는 대학원 과정의 연구생 과정을 설치하여 매스콤 이론 및 연구방법을 강의하여 매스콤이라는 새로운 사회과학 분야의 연구자들을 양성하는 한편 본격적인 실증적 연구를 행하여 신문연구소 학보를 통해 매년 그 결과를 발표하였다(한국신문연구소, 1977: 598; 김영희·윤상길, 2013: 23 재인용)

서울대학교 신문연구소는 1968년 2월 신문대학원 부설 연구소로 전환된 이후에 연구기관으로서 그 역할이 더욱 커졌다. 1967년 10월에 아시아신문재단은 신문연구소에 '독자연구조사센터'를 설치하게 되는데, 독자연구조사센터는 1968년부터 3년간 신문연구소와 신문대학원의 연구인력을 활용하여 대규모 연구조사를 실시하고 〈The Asian Press〉에 발표하였다. 또 1968년에 문교부 학술연구조성비를 지원받아 '한국의 경제성장과 매스커뮤니케이션' 연구를 수행하는 등, 1980년대 중반까지 문교부, 문화공보부 등 국가기관과 농협중앙회, 〈대구매일신문〉, 한국방송공사(KBS) 등으로부터 연구비를 지원받아 수많은 연구과제를 수행했다.

공공기관이나 기업 등에서 연구비를 수주받아 실증적 데이터를 생산하고 이를 통해 이론화 작업으로 나아가는 행정적(*administrative*) 연구의 전형적인 모습을 보여 주면서 신문연구소는 한국 언론학계에서 실증주의 연구의 중심이 되었다. 추광영(1983)의 평가에 따르면, 신문연구소가 설립되면서 "일본 및 독일 편향적이던 한국의 신문학은 미국 중심의 커뮤니케이션학과 접목하게 되고 커뮤니케이션 현상을 사회과학적 패러다임 속에서 실증적으로 연구하려는 노력들이 나타나게" 되었다. 한마디로 신문연구소는 "우리나라에서 처음으로 사회과학적 방법론에 입각한 매스컴 연구의 토대를 구축하기 시작"(정진석, 1998)했으며, 그러한 노력은 1968년 신문대학원이 개원하면서 더욱 탄력을 받게 되었다.

2) 신문대학원의 설립과 언론학 교육

신문대학원의 설립과 운영에서 핵심적 역할을 했던 인물은 훗날 '한국의 윌버 슈람(Wilbur Schramm)'으로 평가받은 김규환 교수였다(최종수, 1999).[4] 김규환 교수는 1959년 도쿄대 사회학과에서 신문학 전공으로 박사학위를[5] 받고 귀국해서 언론계에 투신한 뒤 동양통신사 편집국장을 역임하고, 1968년 신문대학원 설립과 함께 초대 원장에 취임하였다.

그는 신문연구소 설립을 주도하고 연구부장으로서 연구소의 연구 활동을 실질적으로 지휘했으나 당시는 서울대 교수 신분이 아니었다. 그러다가 1967년 10월에 동양통신사 편집국장을 사임하고 서울대 교수로 부임하여 신문연구소장에 취임하였다. 김규환(1977)의 회고에 따르면, 신문연구소

---

4 김규환의 생애와 학문에 대해서는 양승목(2005; 2013) 참조.

5 김규환의 박사논문은 《일제의 대한 언론·선전정책》이란 제목으로 1978년 이우출판사에서 출간되었다.

연구생들이 연구생 과정을 석사과정으로 승격해 주기를 원했을 뿐만 아니라, 미국의 저널리즘 스쿨과 같은 교육체제와 연구기능을 갖춘 신문대학원의 필요성을 느끼게 되었다고 한다. 그는 신문연구소장에 임명되자 곧 신문대학원 설립을 추진했는데, 언론계의 협조를 얻어 마침내 정부를 설득하는데 성공하여 1967년 12월 14일 대통령령 3303호로 신문대학원 설치가 국회를 통과하였다. 신문연구소 소장을 맡고 있던 김규환 교수는 1968년 1월 신문대학원 초대 원장에 임명됨으로써 당대 최고 수준의 언론학 연구기관과 교육기관을 동시에 책임지는 위치에 오르게 되었다.

1968년 3월 2일 신문대학원 개원식에는 당시 정일권 국무총리의 축사가 있었고, 홍종철 공보부 장관을 비롯한 다수의 내빈이 참석하였으며, 쌍용그룹 창업자인 김성곤 국회의원이 최문환 서울대 총장으로부터 신문대학원 설립과 관련해 감사장을 받았다. 개원식과 함께 입학한 1기생은 석사과정 50명(1부 15명, 2부 35명)과 비학위 과정 연구생 17명을 합쳐 모두 67명이었다. 신문대학원의 설립 목적은 "매스커뮤니케이션 및 그 인접과학의 이론을 심오 정치하게 연구하고 그 응용능력을 발휘할 수 있는 지도적 인재를 양성"하는 것이었다(서울대학교 신문대학원 학칙 제1조).

교과과정도 도쿄대와 스탠퍼드대 등을 참고해 이론 중심의 교과목으로 구성했다. 즉, 커뮤니케이션 이론과 연구방법론, 매스컴의 제도나 사회적 기능, 인접 사회과학에 관한 교과목 등으로 구성되어 신문대학원 교육이 실무과목을 통한 언론인 재교육보다는 사회과학으로서의 매스컴 연구에 비중을 두었음을 알 수 있다(양승목, 2005). 신문대학원 교수진도 언론인 출신보다는 사회과학 배경을 지닌 학자들이었다. 개원 초기에는 김규환을 비롯해 이상희, 오갑환(사회학), 박유봉, 임근수로 교수진이 구성되었으나, 이후 김일철(사회학), 최명(정치학), 조명한(심리학), 차배근이 합류해 최종적으로 9명의 교수진을 갖추게 되었다.

신문대학원은 신문연구소와 함께 한국 언론학의 정체성이 '전통적 신문학'에서 '사회과학으로서의 커뮤니케이션 연구'로 전환하는 데 중요한 역할을 하였다.[6] 전통적인 신문학은 신문 저널리즘을 중심으로 문헌 중심의 해석적 연구에 머물렀으나 사회과학으로서의 커뮤니케이션 연구는 방법론과 경험적 데이터를 중시하는 실증주의적 패러다임을 지향하였다. 김규환 교수는 사회과학으로서의 커뮤니케이션 연구라는 그의 비전[7]을 신문연구소와 신문대학원을 통해 실현하고자 했다. 실제로 신문대학원은 대학원 교육을 통해 그러한 비전이 실현되는 데 기여했다. 신문연구소와 신문대학원 문하생들의 연구논문을 모아 1977년에 출간한《한국 커뮤니케이션 연구》가 그러한 예다.

1975년 2월 신문학과의 설립으로 신문대학원이 발전적으로 해체되기까지 7년간의 존속기간에 300여 명이 신문대학원 교육을 받았으며, 이 가운데 약 200명이 석사학위를 취득했다.[8] 신문대학원이 배출한 이 전문가 집단과는 별개로 미국에서 교육받은 젊은 학자들이 속속 귀국해 대학의 전임교수가 되면서 1970년대에 이르러서는 실증주의적 연구 경향이 한국 언론학의 주류(*mainstream*)를 형성하게 되었다.

---

6 한국 언론학의 이러한 정체성 변화에 대해서는 양승목(2005) 참조.

7 1983년 신문연구소 창립 20주년 기념 심포지엄에서 발표된 그의 논문 "사회과학으로서의 커뮤니케이션: 그 과정과 전망" 참조(김규환, 1983).

8 신문대학원은 1975년 2월 폐지될 때까지 134명의 석사를 배출하였다(정진석, 1992). 그러나 신문학과 설립 후 1977년까지 배출된 석사 57명은 모두 신문대학원 입학생이었다. 또 1978년에 배출된 석사 9명도 1명을 제외하고 모두 신문대학원 출신이었다.

2. 신문학과의 설립과 학문 정체성 수립(1975~1979년)

신문학과의 설립 배경을 거슬러 올라가면 1968년 4월에 확정된 '서울대학교 종합화 10개년 계획'에 이르게 된다. 종합화 계획의 핵심은 서울대의 교육과 연구기능을 강화하기 위해 교육연구기구를 혁신적으로 개편하고 곳곳에 분산된 캠퍼스를 통합하여 관악에 메인 캠퍼스를 조성하는 것이었다. 이 계획에 따라 관악에 종합캠퍼스가 완성되면서 1975년 2월 단과대학 재편성 등 교육기구의 대폭적인 개편이 이루어졌다(서울대학교 설치령 중 개정령, 대통령령 제7565호).

단과대학 재편성의 핵심은 옛 문리과대학을 폐지하고 기본학문대학으로 인문대학, 사회과학대학, 자연과학대학을 신설하는 것이었다. 사회과학대학은 문리대의 사회과학계열 학과와 상과대학의 경제학과와 무역학과로 구성되었다. 경영학과는 신설된 경영대학 소속이 되면서 상과대학은 해체되었다. 이 과정에서 기존의 신문대학원도 폐지되고 사회과학대학에 신문학과가 설립되었다.

종합화 계획에 따라 서울대 교수들이 모두 전공영역별로 재편됨에 따라 교수들의 소속에도 변화가 나타났다. 그동안 서울대는 연립대학 성격으로 인해 각 단과대학에 소속된 교수진과 강좌에 중복 현상이 있었다. 그러나 종합화 이후에 서울대 전임교수는 원칙적으로 대학 또는 전문대학원의 1개 학과에 소속되게 되었다. 이로 인해 교양과정부를 비롯해 각 단과대학과 연구소에서 교양과목이나 타계열 전공과목을 담당하던 교수들이 각자의 전공학과로 재배치되었다. 같은 맥락에서 종합화로 인해 폐지된 신문대학원 소속의 교수들도 소속이 변경되었다. 즉, 신문대학원의 전임교수였던 최명 교수는 정치학과로, 오갑환 교수와 김일철 교수는 사회학과로, 조명한 교수는 심리학과로 소속 변경되었다.

그 결과, 사회과학대학에 신설된 신문학과의 전임교수는 5명으로 김규환·임근수·박유봉·이상희·차배근 교수였다. 일찍이 윌버 슈람은 커뮤니케이션 연구를 "많은 사람이 통과하지만 머무는 사람은 별로 없는 학문의 교차로(*crossroad*)"에 비유한 바 있다(Schramm, 1963). 물론 그는 장차 많은 사람이 그곳에 정주하게 되리라 믿었다. 이제 서울대에서 5명의 교수가 교차로에 정주하여 '신문학과'라는 작은 마을을 이룬 것이다.

신설 신문학과는 학사에서 석·박사까지 전 교육과정을 포함했는데 언론학 분야 학과로는 국내 최초였다. 신문학과 이전에 서울대에서 언론학의 대학원 교육은 이원적으로 이루어지고 있었다. 1968년 개원한 신문대학원과 별도로 1969년 사회학과 대학원에 신문학 전공 석·박사과정이 병설되었다(서울대학교50년사편찬위원회, 1996: 80).[9] 그러나 종합화 이후 신문대학원과 사회학과 대학원의 신문학 전공 과정은 폐지되고 재학생들은 신설 신문학과로 소속 변경되었다. 그리하여 1975년 1학기에는 석사과정 재학생 대상으로 대학원 교육만 진행되었다.[10]

한편, 학부 교육은 1975년 8월에 신문학과에 배정된 제1기 전공학부생 13명을 대상으로 2학기에 시작되었다. 이들은 1974년 실시된 광역계열별 입학 1기생으로 교양과정부에서 3학기의 기초과정 교육을 마친 끝에 신문학과에 전공 진입한 것이다. 당시 학과의 정원은 15명이었으나 정원

9 《서울대학교 사회학과 50년사》에는 신문학 전공 석사과정이 1966년에 병설된 것으로 되어 있다(서울대학교 사회학과, 1996). 실제로 1969년 오인환의 석사학위 논문 "한국 개화기의 신문광고"는 신문학 전공으로 추정된다. 그러나 1969~1975년에 사회학과 박사과정 입학생은 1973년에 단 한 명뿐이어서 신문학 전공 박사과정 학생은 없는 것으로 보인다(서울대학교 사회학과, 1996).

10 박사과정은 1976년 3월 1일 설립되었다.

을 다 채우지 못한 결과였다. 이어 1975년 학번은 관악캠퍼스에서 입학식을 치른 첫 신입생인데 1976년 8월에 13명이 신문학과 배정을 받았다. 1976년 학번은 기초과정 교육이 2학기로 축소되어 1977년 3월에 11명이 신문학과에 진입하였다. 1977년 학번의 경우 7명이 신문학과에 진입하였으며, 1978년 학번은 전공 진입생이 5명에 불과했다. 이처럼 전공 진입생이 정원에 크게 미달했던 것은 계열별 입시제도의 부작용이기도 하지만, 언론자유가 극도로 제한된 당시 상황에서 언론계 취업이 학생들에게 매력적으로 여겨지지 않았던 탓도 있었다. 1979년에는 신입생 모집단위가 광역계열에서 대학별(사회과학계열) 모집단위로 바뀌었는데, 1979년 학번은 13명이 신문학과에 진입하였다.

신설학과로서 처음 학부생을 맞이한 신문학과의 당면 과제는 학문의 정체성을 교육하는 일이었다. 커뮤니케이션이라는 용어가 낯선 외래어였던 당시 상황에서 학생들에게 커뮤니케이션이란 무엇이며 왜 배우는지를 교육하는 일은 무엇보다 중요했고, 또 대학 내에서 학과의 존재 이유를 설명하는 길이기도 했다. 1975년 2학기에 '매스컴 개론', '매스컴과 사회', '매스컴 원론'이 최초의 학부 전공과목으로 개설되었고, 1976년에는 3학년용 전공과목, 1977년에는 4학년용 전공과목이 개설되어 교과목 수가 대폭 증가했다. 이 시기의 특징은 10개 이상의 교과목이 전공필수로 지정될 정도로 전공필수 과목이 많았고 또 교과목 개편이 잦았다는 것인데, 학과 설립 초기에 어느 정도 시행착오는 불가피했을 것이다.[11]

신문대학원의 유산이 있었지만, 일반대학원의 교육 목적이 특수대학원의 그것과 같을 수 없기에 대학원 교육에도 새로운 교과과정이 필요했다.

11 신문학과의 학부 및 대학원 개설교과목에 대해서는 양승목·김관호(2015) 참조.

이 시기 대학원에서는 커뮤니케이션 이론 및 연구방법론을 중심으로 매스컴 역사, 제도론 등 다양한 과목이 개설되었으며 석사와 박사과정 교과목이 구분되어 있었다.[12] 초기에 대학원 재학생은 신문대학원에서 편입된 석사과정 학생이었고, 신설된 신문학과 석·박사과정 입학생은 소수에 지나지 않았다. 실제로 정진석(1992)이 펴낸《한국언론학 박사·석사학위 논문 총목록》에 따르면 1975년 8월부터 1979년 8월까지 서울대 신문학과에서 배출된 석사학위 졸업자는 모두 67명이나 2명을 제외하고 모두 신문대학원 입학생이었다.[13] 신문학과 박사 졸업생은 1982년에 처음 배출되었으므로, 이 시기 대학원 교육은 석사과정 중심으로 이루어졌다고 보아야 할 것이다.

신문학과 초창기에 학과의 전임교수는 5명이었고, 이 가운데 4명이 박사학위 소지자였다. 김규환 교수는 해방 후 최초의 언론학 박사였고,[14] 박유봉 교수는 독일 뮌헨대학에서 공시학(*Publizistik*) 전공으로, 임근수 교수는 중앙대에서 언론사 전공으로, 차배근 교수는 미국 켄트주립대학에서 커뮤니케이션 전공으로 박사학위를 받았다(〈표 1-1〉 참조).

---

12 이처럼 석사 또는 박사로 구분되었던 교과목들이 1980년에는 석·박사 공통 교과목으로 바뀌었다. 그러나 일부 교과목은 1981~1984년에 다시 석사 또는 박사과정 교과목으로 환원되었다(양승목·김관호, 2015).

13 신문학과 석사과정에는 1976년 3월에 처음으로 3명이 입학했는데, 이들 가운데 김영희가 1978년, 강명구가 1979년에 졸업하였다.

14 우리나라 최초의 언론학 박사는 1928년 독일 라이프치히대학에서 수학한 김현준이다. 그러나 정진석(1999)의 평가처럼, 일제 강점기는 언론학이 뿌리를 내리지 못하여 김현준은 언론학자로 활동하지 못했기 때문에 김규환이 실질적으로 국내 최초의 언론학 박사나 다름없었다.

〈표 1-1〉 서울대 언론정보학과 역대 및 현직 교수진

성명	재직 연도	최종학위 수여대학
김규환	1967~1985	도쿄대학교
이상희	1967~1994	서울대학교
박유봉	1968~1986	뮌헨대학교
임근수	1968~1979	중앙대학교
차배근	1973~2007	켄트주립대학교
박명진	1980~2013	파리 제3대학교(소르본누벨대학교)
추광영	1980~2005	텍사스대학교-오스틴
강현두	1986~2001	서던일리노이대학교
강명구	1987~2018	아이오와대학교
박승관	1991~2022	스탠퍼드대학교
양승목	1995~2021	스탠퍼드대학교
윤석민	2001~	미시간주립대학교
이준웅	2002~	펜실베이니아대학교
강남준	2003~2017	시러큐스대학교
이중식*	2005~2009	예일대학교
이재현	2006~	서울대학교
이은주	2008~	스탠퍼드대학교
김은미	2009~	노스웨스턴대학교
한규섭	2010~	스탠퍼드대학교
이준환*	2011~	카네기멜런대학교
홍석경	2013~	스탕달대학교(그르노블3대학교)
이철주	2014~	펜실베이니아대학교
홍화정*	2018~2021	조지아공과대학교
강재호	2018~	케임브리지대학교
김현석	2018~	펜실베이니아대학교
김수아	2019~	서울대학교
신수연	2022~	미시간주립대학교
임하진*	2022~	코넬대학교
양차미	2022~	일리노이대학교-어바나-샴페인

* 정보문화학 연합전공 기금교수이다. 이준환 교수는 2016년 전임교수로 전환되었다.

신문대학원이 신문학과로 바뀌면서 전임교원 수가 9명에서 5명으로 줄었지만, 당시 언론학계에는 박사학위 소지자가 드물었기에 학계에서 평가하는 신문학과의 위상은 여전히 높았다. 5명의 교수진 모두가 당시 학계에서 지도적 위치에 있었지만, 언론학의 학문 정체성과 관련해 가장 뚜렷한 업적을 남긴 이는 차배근 교수라고 할 수 있다. 차배근 교수는 20권이 넘는 저서와 많은 논문을 저술했는데, 그 가운데서도 1970년대 후반에 출간된 그의 삼부작《커뮤니케이션학 개론(상·하)》(1976),《사회통계분석방법론》(1977),《커뮤니케이션 연구방법》(1979)[15]은 이 시기를 대표하는 교과서로 한 세대 이상 언론학도들에게 많은 영향을 끼쳤다.

특히《커뮤니케이션학 개론(상)》은 라스웰(Harold Lasswell)의 'S-M-C-R-E' 커뮤니케이션 모형을 교과서의 기본 편제로 삼아 커뮤니케이션 학문의 거의 모든 분야를 망라하는 방대한 내용을 다룸으로써 언론학의 정체성 수립에 기여했다. 이 삼부작을 통해 차배근 교수는 언론학이 인간 커뮤니케이션을 탐구하는 커뮤니케이션 학문이며, 과학적 연구방법으로 데이터를 수집하고 통계분석하여 이론을 검증하는 실증적 사회과학으로 규정하였다. 언론학에 대한 이런 정의가 새로운 것은 아니었지만, 교과서가 부족하던 당시에 방대한 분량의 삼부작을 통해 이를 체계적으로 보여줌으로써 언론학의 정체성을 선명하게 제시했다는 평가이다.

한편 1979년 1월에 임근수 교수가 별세하여 학과 교수진에 변화가 생겼다. 임근수 교수는 1968년 중앙대에서 "근대신문의 성립에 관한 연구"로 박사학위를 받은 당대의 대표적인 신문사(新聞史) 연구자였다. 그의 대표 저서는 1970년 출간된《신문발달사》인데, 그는 신문을 하나의 고립된 제

15 《커뮤니케이션 연구방법》은 1981년에《사회과학 연구방법》으로 제목이 변경되었다.

도로 보지 않고 변화하는 사회와의 관계 속에서 신문 역사를 탐구해야 한다고 보았다. 신문학과 설립 후 초대 학과장을 맡았던 임근수 교수는 1976년 회갑을 맞았고, 당시의 관례대로 후학들이 화갑기념논문집 《한국신문학 50년사》(1977)를 마련해 출간했다. 이 책은 모두 5개의 장과 2개의 부록으로 구성되었는데, 서론에 해당하는 제1장(한국신문학사 서설)은 본인이 직접 집필하고, 나머지 4개 장과 부록은 18명의 연구자가 집필에 참여했다.[16] 제목대로 당시 시점에서 한국 언론학의 발전 과정을 집대성한 책이기에 지금도 언론학계의 학사(學史) 연구에서는 중요한 참고자료가 되고 있다.

3. 비판언론학의 성장과 패러다임 갈등(1980~1989년)

한국 사회에서 1980년대는 급진적 이념의 확산과 사회적 갈등의 고조로 특징지어지는 변혁의 시대였다. 1979년 12·12 군사반란을 통해 권력을 장악한 전두환의 신군부는 1980년 5월 광주민주화운동을 무력으로 진압하고 헌법개정을 통해 제5공화국(1981~1988) 시대를 열었다. 엄혹했던 박정희의 유신(제4공화국) 정권이 끝나면서 민주화를 기대했던 대다수 국민에게 제5공화국의 군부독재는 커다란 좌절감을 안겼다. 민주주의가 좌초된 암울한 현실에서 사회변혁을 꿈꾸는 기층민중의 열망은 새로운 사회이론을 요구했지만, 기존의 실증주의적 사회과학은 이에 부응하지 못했다.

실망한 젊은 연구자들은 억압적인 군부독재와 사회적 모순의 심화 속에 변혁을 위한 실천적 이론으로 마르크스주의에 주목하였다. 기실 1970년

16 1982년 한국신문학회의 회원 수가 88명이었음을 감안하면(정진석, 2009), 당시로서는 대규모의 연구자가 참여했다고 볼 수 있다.

대만 해도 마르크스주의는 대학의 운동권 학생들이 지하 서클에서나 조심스레 탐독하던 주제였다. 그러던 것이 1980년대에 들어오면서 5공의 철권통치에 비례해 무서운 기세로 대학가와 운동권에 퍼져 나갔다. 이 과정에서 서울대 사회과학대학은 마르크스주의의 수용과 확산에 중요한 역할을 했다. 언론학 분야에서는 비판언론학의 등장에 신문학과가 그러하였다.

다른 한편으로, 신문학과 관점에서 보면 1980년대는 확장과 성장의 시기였다. 새로운 교수들이 부임하고 학부와 대학원의 전공 학생 수가 급증하면서 학과의 저변이 확대되었다. 1979년 임근수 교수의 별세로 교수진 부족에 시달리던 학과에 박명진 교수와 추광영 교수가 1980년 봄에 새로 부임했다. 학과 교수진에 변화가 생기면서 커리큘럼에도 많은 변화가 있었다.

가장 주목되는 변화는 1985년에 있었다. 학부와 대학원에 비판커뮤니케이션 관련 교과목이 정식으로 개설되었을 뿐만 아니라,[17] 주요 교과목에서 '매스컴'이란 표현이 '커뮤니케이션'으로 바뀌었다. 예를 들면, '매스컴 개론'은 '커뮤니케이션 개론'으로, '매스컴 연구방법론'은 '커뮤니케이션 연구방법론'으로, '매스컴통계방법'은 '커뮤니케이션 통계방법'으로 바뀌었다. 이는 신문학과의 연구대상이 매스컴에 머물지 않고 커뮤니케이션 전반임을 천명하는 구체적인 사례라 할 수 있다.[18] 교수진의 변화는 1980년대

17 이상희 교수는 1982년에 대학원에서 '비판커뮤니케이션론' 강좌를 개설했고, 다음 해에는 학부에도 같은 과목을 개설했다고 증언한 바 있다(역사문제연구소, 2000). 그러나 서울대 수강 편람에 의하면, 교과목 명칭에 비판커뮤니케이션이란 말이 들어간 과목이 학부(비판커뮤니케이션론)와 대학원(비판커뮤니케이션 이론 연구)에서 정식으로 개설된 해는 1985년이다(양승목·김관호, 2015).

18 공교롭게도 같은 해 한국신문학회는 명칭을 한국언론학회로 변경하고, 영어 명칭도 'Korean Society of Journalism and Mass Communication Studies'에서 'Mass'를 삭제하였다.

후반에도 있었다. 1985년에 김규환 교수가 갑작스레 별세하고, 1986년에는 박유봉 교수가 정년퇴직했다. 그 후임으로 강현두 교수가 1986년 3월에 부임했고, 1987년 9월에는 강명구 교수가 교수진에 합류했다. 강명구 교수는 신문학과 대학원 석사 출신이기에 학과 최초의 2세대 교수라 할 수 있다.

1980년대 신문학과에서 가장 두드러진 변화는 학부생의 수가 크게 늘었다는 점이다. 당시 전두환 정권이 대학에 '졸업정원제'를 도입하면서 입학정원을 대폭 확대함에 따라 1981년 신문학과 모집정원은 35명으로 증가했다. 1982년에는 추가로 30%를 더 모집함으로써 모집정원은 45명에 이르게 되었다. 1983년부터 입시제도가 학과별 모집으로 바뀌고, 1985년에는 졸업정원제의 완화로 입학정원이 38명으로 축소되었다. 이어 1986년부터 졸업정원제의 사실상 폐지로 입학정원이 33명으로 줄었고, 1987년부터는 28명을 선발했다. 하지만 1970년대에 학부생이 학년당 10명 안팎이었음을 고려하면, 1980년대에 신문학과 학부생은 약 3배로 증가했음을 알 수 있다. 학부생의 증가에는 미치지 못하지만, 1980년대에는 대학원생 수도 상당히 증가하였다. 1975년 신문학과 설립 이후 대학원 입학생이 매년 수 명에 그쳤지만, 1980년대에는 매년 10명 정도가 석사과정에 입학하였고, 이들 가운데 상당수가 박사과정에 진학함으로써 1990년대에 다수의 박사학위 논문이 배출되는 토대가 마련되었다.

앞에서 언급했듯이, 지성사적 관점에서 1980년대 한국 언론학계의 가장 중요한 이슈는 비판언론학, 즉 비판커뮤니케이션 연구의 등장이었다. 이상희(1990)는 비판커뮤니케이션 연구가 1980년대에 한국에 급속도로 수용된 것은 몇몇 연구자의 노력이나 새로운 이론에 대한 호기심에 의해서가 아니라, 1970~80년대 한국사회의 사회정치적 상황과 제도언론의 문제가 그러한 이론을 요구했기 때문이라고 하였다.[19]

1970년대 후반에 이르러 미국의 기능주의적이고 실증적인 커뮤니케이션 연구는 한국 언론학의 주류가 되었는데, 이 무렵 전국 언론학 교수의 다수는 미국 유학 경험자였다. 주류 연구자들은 과학적 연구방법을 강조하며 경험적 데이터의 양적 분석을 중시했지만, 연구의 대상과 범위가 제한적이어서 미디어가 개인에 미치는 단기적 효과 연구에 천착하였다. 이런 미시적 효과 연구로는 사회적 맥락 속에 존재하는 미디어에 대한 역사적이고 거시적인 분석이 불가능하였다.

따라서 억압적 현실에 분노하여 사회변혁을 갈망하는 젊은 연구자들이 주류 언론학에 등을 돌리고 새로운 대안을 찾아 나선 것은 자연스러운 일이었다. 1980년대 비판 커뮤니케이션 연구의 현황을 살펴본 조항제(1988)는 비판커뮤니케이션 연구가 "80년대의 사회구조·운동·인식의 심화 과정의 일부로서, 그리고 1970년대의 실증주의적 보수적 전통과 지적·학문적 종속에 대한 안티테제로서의 성격을 가지고 나타난" 것이며, 그것은 "단적으로 말해서 '커뮤니케이션 연구에 있어서 마르크스주의의 수용'이었다"고 말한다.

1980년대 신문학과 대학원생들은 바로 그 마르크스주의 수용에 적극적으로 나섰다. 당연하게도, 한국에서 비판커뮤니케이션 연구의 성장이 대학원생들의 노력만으로 이뤄진 것은 아니다. 줄탁동기(啐啄同機)라는 말처럼 그들을 지도했던 교수들이 있었기에 가능한 일이었다. 프랑스에서 영상 커뮤니케이션을 전공한 박명진 교수는 영상언어에 관한 논문(박명진, 1981)을 발표하는 등 미국의 실증적 연구와는 결이 다른 기호학적 시각을 소개함으로써 대학원생들에게 신선한 충격을 주었다. 반면에 추광영 교수

19 이하 비판언론학의 등장과 패러다임 갈등은 양승목(2009) 참조.

는 그 자신이 경험적 연구방법을 중시하는 주류 언론학자에 속했지만, 대학원의 '국제커뮤니케이션' 강의를 통해 신국제정보질서운동(NWICO)을 소개하고 이와 관련된 개념과 이론을 논문으로 발표하였다. 커뮤니케이트권과 제3세계의 논리를 다룬 논문(추광영, 1982)이 그러한 예인데, 주제의 성격상 학생들의 관심은 자연스럽게 미디어 정치경제학과 종속이론 등으로 확대되었다.

그러나 1980년대 비판커뮤니케이션 연구의 특징을 '마르크스주의 수용'이라고 본다면, 1983년에 이상희 교수가 엮어낸 《커뮤니케이션과 이데올로기》가 그 물꼬를 텄다고 보아야 할 것이다. 미국의 주류 커뮤니케이션 연구에 대해 비판적이었던 이상희 교수는 일찍이 미국의 근대화 커뮤니케이션 이론을 비판하는 논문을 낸 적이 있다(이상희, 1969).[20] 그의 회고에 따르면, "한국 언론계의 구조적이고 본질적인 문제"를 파악하는 데 한계를 가진 경험주의 연구에 답답해하던 중에 유럽의 비판커뮤니케이션 논문들을 접하고 대학원 수업에서 학생들과 같이 읽었는데, 《커뮤니케이션과 이데올로기》는 그 결과물이었다는 것이다(역사문제연구소, 2000). 이 책은 영국을 비롯한 여러 나라 학자의 비판커뮤니케이션 논문을 번역하여 묶은 책으로, 미국의 주류 커뮤니케이션 연구에 식상해 있던 학생들에게 완전히 다른 시각을 제시하여 커다란 관심을 모았다. 당시 대학원생이었던 강상호와 이원락이 비슷한 유형의 해외 논문을 번역해 《현대자본주의와 매스미디어》(1986)를 펴낸 것도 비판커뮤니케이션에 대한 당시 학생들의 높은 관심을 말해 준다.

1980년대의 이런 분위기 속에 신문학과 대학원에서는 비판커뮤니케이

---

20 이 논문은 증보되어 〈신문학보〉에 다른 제목으로 발표된 바 있다(이상희, 1978).

션을 주제로 많은 석사학위 논문이 배출되었다. 박명진(1989)은 1980년대 비판커뮤니케이션 연구의 성과로 모두 142편의 논문과 단행본을 집계한 바 있는데, 이 가운데 43편이 서울대 석사학위 논문이었다. 이 시기(1980~1989년)에 배출된 신문학과 석사학위 논문이 모두 67편임을 고려하면, 당시 비판커뮤니케이션에 대한 학생들의 관심이 얼마나 컸는지 짐작할 수 있다. 비록 수준이 높다고 볼 수는 없지만, 이 논문들의 연구 분야도 문화와 이데올로기, 정치경제학, 유물론적 관점의 언론사, 커뮤니케이션 철학 등 다양했다.

실천적 지식에 목말라하던 이 신진 연구자들은 "제도 교육의 교과과정에서 배제되어 개별 차원, 학교별 세미나 수준에 머물고 있었던 커뮤니케이션학에 대한 비실증주의적 접근 방법의 효율적 연구를 위하여 공동연구의 필요성을 절감"(한국사회언론연구회, 1988: 19)하고 1988년 2월에 '한국사회언론연구회'라는 학술단체의 조직을 주도하게 된다. 1998년 '한국언론정보학회'로 재출범하게 되는 이 단체는 1988년 9월 〈한국사회언론연구〉를 창간하였고, 1992년 8월에는 반년간 학술지 〈한국사회와 언론〉을 창간하여 국내 비판커뮤니케이션 연구의 구심체가 되었다.

1980년대 신문학과 대학원의 석사학위 논문 3편 가운데 2편은 비판커뮤니케이션 분야였지만, 이 시기에 배출된 박사학위 논문 6편은 전통적인 주제를 다룬 것이었다. 신문학과 최초의 박사학위 논문은 1982년에 3편이 나왔는데, 김진홍의 "언론통제와 사회적 변인의 상관관계에 대한 연구", 박정규의 "조선왕조 시대의 전근대적 신문에 관한 연구", 팽원순의 "한국통신사의 구조적 특성에 관한 연구"가 그것이다. 이어 1986년에 박허식의 "신문의 선정주의와 사회변동 변인 간의 상관관계에 관한 연구" 오두범의 "귀인과 커뮤니케이션 효과 간의 관계에 관한 실험연구"가 박사학위 논문으로 제출되었고, 1987년에 김학천이 "독일의 사회문화체계 변동과 공시학 이론의 전개과정"으로 박사학위를 받았다. 이들은 신문대학원의 유산을 일정 부분 공유하며 1970년대에 석사과정을 마친 세대로서 1980년대의 대학원 후배들과는 학문적 결이 달랐다고 할 수 있다.

1980년대 학과 교수들의 연구 동향을 소개하면, 차배근 교수는《매스커뮤니케이션 효과이론》(1986)을 비롯해 설득커뮤니케이션 분야에서《태도변용이론》(1985)과《설득커뮤니케이션 효과이론》(1989)을 출간했으나, 이 시기에 언론사(言論史)에도 관심을 보였다. 그는《미국신문사》(1983),《중국전근대언론사》(1984),《중국근대언론사》(1985)를 출간하였는데, 언론사에 관한 이러한 관심은 잠시 중단되었다가 1990년대 후반에 계속되었다.

추광영 교수는 국제커뮤니케이션과 텔레커뮤니케이션 분야 논문을 발표하는 한편, 방송사 등 공공기관으로부터 다양한 위탁연구를 수행했다. 특히 KBS의 후원으로 1981년부터 25년간 6회에 걸쳐 실시된 〈국민생활시간조사〉 연구를 주도함으로써 국내 생활시간조사 연구의 토대를 마련했다. 박명진 교수는 구조주의 기호학과 영상 커뮤니케이션 분야의 논문을 발표하고, 영국에서 발간된《커뮤니케이션의 핵심개념》(*Key Concepts in Communication*)을 바탕으로 용어 사전 성격의《비판커뮤니케이션과 문화이론》(1989)을 펴냄으로써 국내 비판커뮤니케이션 연구자들에게 기초 자료를 제공하였다. 한편, 강현두 교수는 방송과 대중문화를, 그리고 강명구 교수는 비판커뮤니케이션과 문화연구를 전공했으나 관련 과목을 본격적으로 담당하게 된 것은 부임하고 수년이 지난 뒤였다.

전체적으로 1980년대 후반에 이르러 신문학과 교수진의 학문적 성향은 전통적인 주류 언론학을 넘어 그 스펙트럼이 확대되었다. 6명의 교수진 가운데 차배근 교수와 추광영 교수는 실증적 사회과학 패러다임을 고수했지만, 나머지 교수들은 비판커뮤니케이션 연구를 지향하거나 동조하는 편이었다. 한국에서 비판커뮤니케이션 연구가 대두하던 1983년에 공교롭게도 저명한 국제학술지 *Journal of Communication*이 패러다임 갈등을 다룬 특집호 "커뮤니케이션 연구의 격동"(*Ferment in the Field*)을 펴낸 후 세계적으로 1980년대의 커뮤니케이션 학계는 패러다임 갈등과 대화로 시끄러웠다. 대표적 국제학회인 ICA(International Communication Association)는 커뮤니케이션 연구의 패러다임 대화를 2년 연속 연례학술대회의 주제로 삼기도 했다.

많은 나라에서 패러다임 갈등이 있었지만, 권위주의에서 민주주의로 이행하는 민주화 과정에 사회적 진통이 극심했던 한국에서는 그 어느 나라보다 패러다임 갈등이 심각했다. 양 진영이 지적 냉전 구도 속에서 "상대방의 부분적인 결함을 극단적으로 강조하고 자신의 이론과 방법론적 우월성을 일방적으로 강변"하는 경향을 보인 까닭에 "양 진영 간에는 '상호 대화 없는 일방적 성토'가 계속"되며(강상현, 1993), 학문공동체인 학회에는 미묘한 긴장감이 흘렀다. 패러다임 갈등은 단순히 이론적·방법론적 차이뿐만 아니라 인식론적·이념적 차이를 내포한 것이었다. 따라서 이론적으로 어떤 패러다임에 속한다는 것은 종종 정치적으로 어떤 진영에 속한다는 말과 같은 의미로 해석되었다. 때로는 접점을 찾기 어려웠던 이러한 차이가 학과에서는 신임교수 공채 등 여러 사안에서 불화의 원인이 되기도 했다.

4. 다원주의의 도래와 학과 명칭 변경(1990~1999년)

1990년대에 들어오면서 세계는 바야흐로 기존 질서가 무너지고 새로운 질서가 세워지는 대전환의 시대를 맞았다. 소련과 동유럽의 사회주의권이 무너지면서 전후 냉전체제를 대신할 새로운 국제질서가 형성되는 가운데 마르크스주의는 심대한 타격을 받았다. 이에 따라 등등하던 비판언론학의 기세도 한풀 꺾이게 되었다. 사상적으로는 거의 모든 학문 영역에서 포스트모더니즘의 바람이 뜨겁게 불어 상대주의적 진리관이 널리 퍼졌다. 1990년대는 또한 월드와이드웹(WWW)의 발명으로 인터넷 시대가 본격적으로 열린 시기이기도 하다. 인터넷으로 인해 미디어 환경은 급변했고, 신자유주의 물결 속에 세계화는 급속히 진행되었다.

1990년대의 이러한 변화에서 한국도 예외는 아니었다. 오히려 그 변화의 속도와 깊이는 민주화라는 역동적 과정에 놓여 있던 한국에서 더 컸을지 모르겠다. 마르크스주의의 쇠퇴와 포스트모더니즘의 열풍은 한국 언론학의 '패러다임 갈등'을 급속히 '패러다임 대화'의 국면으로 이동시켰다.[21] 서구의 커뮤니케이션 학계는 1980년대 후반에 이미 패러다임 대화의 국면에 진입해 있었다. ICA는 1985년 연례학술대회의 주제를 '논쟁을 넘어서: 패러다임 대화'(*Beyond Polemics: Paradigm Dialogues*)로 정하고 패러다임 간의 상호이해를 추구하였으며, 이러한 노력은 1986년에도 계속되었다. 1990년대에 들어와서는 앞서 언급한 세계적 변화와 함께 패러다임 갈등이 현저히 완화되었다. 그리하여 1993년에 *Journal of Communication*이 "커뮤니케이션 연구의 격동"(*Ferment in the Field*) 발간 10주년을 맞아 "커뮤니케이션

21 이하 부분적으로 양승목(2009)에서 발췌했다.

연구의 미래: 분열과 결합 사이"(*The Future of the Field: Between Fragmentation and Cohesion*)라는 제목의 특집호를 마련하고 커뮤니케이션 연구의 미래와 학문적 정체성을 재점검하였을 때 다원주의(*pluralism*)는 불가피한 것으로 받아들이는 분위기였다.

국제 커뮤니케이션학계의 이러한 분위기 변화는 1980년대를 지적 냉전 구도 속에 '상호 대화 없는 일방적 성토'로 보냈던 한국 언론학계에 다소 갑작스레 재현되었다. 한국언론학회는 1991년 3월에 '한국 언론학의 쟁점과 진로'라는 주제로 언론학의 분야별로 전통적 입장과 비판적 입장을 대비시키는 대규모의 포럼을 개최하였다. 모두 16편의 논문이 발표된 이 포럼은 한국판 '패러다임 대화'라 할 만한 것이었으나, 당장 포럼의 분위기로 봐서는 두 진영의 상호이해와 접근이 쉽지 않아 보였다.

그러나 바로 다음 해 5월에 열린 언론학회의 제8차 '쟁점과 토론' 포럼에서 분위기는 크게 달라져 있었다. '언론학 연구의 새로운 좌표 모색'이란 주제로 개최된 그 포럼에서 비판언론학 진영은 "비판적 연구가 종래와 같이 이론적·방법론적 우월성을 배타적으로 강변하는 데는 일정 정도 한계가 있음을 시인하는 모양새를 나타냈다"(강상현, 1993: 135).[22] 공교롭게도 4명의 발표자 가운데 3명이 제임스 커란(Curran, 1990)의 "매스커뮤니케이션 연구의 신수정주의: 하나의 재평가"란 논문을 인용하였는데, 그만큼 '신수정주의'(*New Revisionism*)의 영향이 컸음을 알 수 있다. 동유럽 사회주의의 몰락으로 인한 마르크스주의의 위기와 상대주의적 진리관을 내

22 이 포럼에 발표된 논문은 "현대사회의 위기와 진보적 커뮤니케이션 연구의 진로 모색"(방정배), "수정주의 전통과 한국의 비판커뮤니케이션 연구"(임영호), "비판언론학의 새로운 정향을 위한 시론"(이효성), "탈냉전시대의 커뮤니케이션 연구: 패러다임 수렴과 그 의미"(양승목)이다.

세운 포스트모더니즘의 물결 속에 비판적 연구 진영은 새로운 돌파구로 신수정주의를 신속히 받아들인 셈이었다. 정도는 덜해도 경험적 연구에서도 종래의 완강한 실증주의적 태도가 완화되고 사회적 갈등에 주목하는 신기능주의나 비판적 합리주의에 관한 관심이 증가하는 등 두 패러다임 사이에 '수렴'이란 표현이 나올 정도로 일정한 접점이 생기게 되었다(양승목, 1992).

1990년대 중반으로 접어들면서 1980년대의 치열했던 패러다임 갈등은 언제 그런 논쟁이 있기라도 했냐는 듯이 소강상태에 들어가고 말았다. 그것은 마치 "1991년 3월 행사를 관통하며 1980년대를 통해 누적되어 왔던 지적 갈등을 카타르시스하고, 1992년 5월 행사를 통해 변화된 상황 속에서 지적 다원주의, 즉 다양한 입장의 평화공존을 타협적으로 승인하고 있는 것과 같은 분위기"(강상현, 1993)였다. 이런 분위기는 1990년대를 관통하며 지속했는데, 문제는 한국 언론학의 다원주의가 상호 소통과 이해를 수반한 적극적 의미의 다원주의가 아니라 '너는 너대로, 나는 나대로' 식의 소통 없는 소극적 다원주의라는 점에서 한계가 있었다.

1990년에 설립 15주년을 맞은 신문학과는 1990년대의 이런 시대적 분위기에서 비교적 안정적으로 성장 궤도에 진입하였다. 1988년과 1989년에 내부 갈등으로 교수 증원의 기회를 놓쳤던 신문학과에 2기 졸업생인 박승관 교수가 1991년에 부임하였다. 박 교수는 신문학과 최초의 본과 학부 출신 교수였다. 박승관 교수의 부임으로 신문학과 교수 정원은 7명으로 늘어났다. 1994년에는 이상희 교수가 정년퇴직하고, 이듬해 3월에 1기 졸업생인 양승목 교수가 부임하였다. 1980년대 말 신임교수 공채에 지원했었던 그의 때늦은 임용에는 패러다임 갈등이 잦아든 당시의 분위기도 작용했다. 그의 합류로 신문학과의 7명 교수 가운데 3명(강명구·박승관·양승목)이

학부에서부터 언론학을 전공한 1970년대 학번의 2세대 학자여서 교수진의 세대교체가 시작되었다.

1990년대 학과 교수의 연구 동향을 간단히 살펴보면, 우선 차배근 교수는 설득커뮤니케이션 분야 연구를 계속하면서 《중국조선민족언론사》(1997) 출간을 계기로 그동안 중단했던 언론사 연구를 다시 시작하였다. 박명진 교수는 기호학, 영상커뮤니케이션, 미디어와 청소년 문화 등에 관한 논문을 발표했으며, 추광영 교수는 매체접촉행태, 초고속정보통신망, 지역 정보화 등에 관한 논문을 발표하였다. 강현두 교수는《한국의 대중문화》(1991)와 번역서《대중문화와 고급문화》(1998)를 출간하였고, 강명구 교수는《소비대중문화와 포스트모더니즘》(1993),《언론전문직의 사회학》(1993),《한국저널리즘이론》(1994)을 출간하였다. 박승관 교수는 한국 사회의 커뮤니케이션 구조를 분석한《드러난 얼굴과 보이지 않는 손》(1994)을 출간했으며, 양승목 교수는 번역서《현대언론사상사》(1993)를 출간하고,《한국사회변동과 언론》(1995)을 공저로 내놓았다.

한편, 교수진에 변화가 있었음에도 이 시기에 커리큘럼은 크게 달라지지 않았다. 물론 일부 교과목의 명칭이 변경되었고, 1997년에는 학부 전공필수과목이 '커뮤니케이션 개론', '커뮤니케이션 이론', '커뮤니케이션 연구방법론' 등 3개 과목으로 축소되기도 했다. 눈에 띄는 변화라면, 이상희 교수의 퇴임 후 '여론과 선전'은 폐강되고 '커뮤니케이션학사'는 개설되지 않았다는 점이다. 또 비판언론학에 관한 관심이 퇴조하면서 대학원의 '미디어 정치경제연구'가 1998년을 마지막으로 폐강되었다. 1990년대 민주화의 진전으로 학부와 대학원에서는 정치커뮤니케이션에 대한 학생들의 관심이 커졌고, 비판커뮤니케이션 분야에서는 미디어 정치경제학 대신에 문화연구에 관한 관심이 증가하였다.

1990년대에 신문학과의 최대 사건은 아마도 1997년에 학과명을 언론정보학과로 변경한 일일 것이다. 1975년 학과 설립 당시 다른 대학의 학과명은 대부분 신문방송학과였다. 서울대는 신문방송학과라는 명칭이 신문과 방송에 국한된 학문이라는 오해의 소지가 있다고 보고, 신문학을 '신문에 관한 학문'이 아니라 넓은 의미로 '인간 커뮤니케이션 전반을 포괄하는 학문'으로 규정하며 신문학과를 학과명으로 채택했다.

그러나 학과의 이러한 의도와는 달리 학과 명칭에 대한 문제 제기가 계속되어 학과명 변경을 논의했으나 합의점을 찾지 못했다. 마침 1985년에 한국신문학회가 한국언론학회로 이름을 바꾸게 되자 '신문학'이 학과 이름으로 적절치 않다는 인식은 더욱 커졌다. 그러나 여전히 그 대안을 찾지 못하던 가운데 1990년대 들어와 '정보사회' 담론이 유행하며 '정보'란 용어가 일상화되었다. 이에 역시 명칭 문제로 고민하던 신문연구소가 먼저 1994년에 언론정보연구소로 개명하였고, 처음에 낯설게 느껴지던 '언론정보'란 용어가 익숙해지자 학과도 명칭 변경에 결단을 내린 것이다.

학과 명칭 변경에 대한 논의가 한창이던 1996년에 언론정보연구소는 도쿄대 사회정보연구소(구 신문연구소, 현 정보학환)와 학술교류 협약을 맺게 되었다. 원래 언론정보연구소는 신문연구소 시절부터 도쿄대 사회정보연구소와 부정기적인 교류가 있었다. 그러다가 1995년 박명진 교수가 연구소장으로 취임하면서 정기적인 학술교류가 추진되었고, 마침내 1996년 12월에 제1회 서울대-도쿄대 심포지엄이 '커뮤니케이션 연구의 최일선'(*The Frontline of Communication Research*)이라는 주제로 도쿄대에서 개최되었다. 이 심포지엄은 매년 두 학교가 번갈아 개최하기로 했기 때문에 1997년에는 서울대가 '한일 양국의 사회정보화 현황과 과제'란 주제로 제2회 심포지엄을 개최하였다. 언론정보연구소는 사실상 언론정보학과 교수진이 운영 주체이기 때문에, 연구소의 국제교류는 학과의 국제교류로 직결되었다. 수년 후에 양교는 심포지엄에 대학원생 세션을 신설하여 참가를 독려함으로써 이 학술교류는 대학원 교육의 국제화에도 도움이 되었다.

한편, 1990년대는 언론정보학과의 학문 후속세대 양성이 본격화된 시기라 할 수 있다. 1990년대는 민주화와 인터넷 혁명으로 전통 언론과 뉴미디어에 대한 사회적 관심이 폭증하면서 언론정보학에 대한 교육 수요가 컸던 시기였다. 언론정보학과는 대학 입시에서 인문사회계열 학과 가운데 가장 인기가 좋았던 학과 가운데 하나였고, 대학원 입시 경쟁률도 사회대 내에서 가장 높은 편이었다. 결과적으로 이 시기에 언론정보학과는 104명의 석사를 배출하였고, 박사학위 수여자는 23명이었다. 박사 가운데 대부분은 1980년대에 석사과정에 입학한 사람들로, 23편의 박사학위 논문 가운데 7편이 비판커뮤니케이션 연구에 해당했다. 경험적 연구에 해당하는 논문은 9편이었으며, 나머지는 역사적 또는 이론적 연구에 해당했다.

박사학위를 받은 23명 가운데 일찍 세상을 떠난 한 명을 제외하고 전원이 대학교수로 임용되어 한국 언론학의 발전에 기여하였다. 이들과 함께 외국에서 박사학위를 받은 졸업생들이 속속 귀국하면서 언론정보학과의 학문적 저변은 더욱 확대되었다. 실제로 국내 주요 대학과 비교해 학과 설립은 늦었지만 1990년대 말에 이르러 박사급 연구자 수에서는 서울대 언론정보학과 출신이 가장 많았다.

5. 디지털시대 언론정보학과의 변신(2000~2013년)

21세기 뉴밀레니엄의 세계는 정보통신기술(ICT) 혁명으로 빠르게 디지털 시대로 진입하였다. 인터넷은 본격 도입된 지 10년도 되지 않아 한국 사회의 가장 중요한 인프라로 등장했고, 미디어 환경은 급속히 인터넷 중심으로 재편되기 시작했다. 국내외 학술대회에서 인터넷은 다른 모든 이슈를 압도하는 핵심 주제가 되었다. 기실 언론정보학의 역사는 미디어 테크놀로지의 발달과 떼려야 뗄 수 없는 관계에 있다. 지난 20세기를 지배했던 신문, 영화, 라디오, 텔레비전 등 모든 대중매체는 기술 혁신으로 출현했고, 21세기 디지털시대에는 기술 발전 속도가 과거와 비교할 수 없을 정도로 빨라졌을 뿐이다. 인터넷과 모바일로 미디어 환경이 급변하는 가운데 언론정보학과는 디지털시대에 걸맞은 연구와 교육 프로그램을 마련해야 한다는 절박감으로 새로운 변화를 모색하지 않을 수 없게 되었다.

2000년대에 들어 서울대는 중요한 제도적 변화를 맞는다. 김대중 정부는 연구중심대학 육성과 학문 후속세대 지원을 명분으로 '두뇌한국(BK) 21' 사업을 추진하며, 사업 참여 조건으로 학부제와 모집단위 광역화 실시를 내세웠다. 서울대는 BK21 사업 참여를 결정하고 학부 정원 감축과 함께 정부가 내건 조건을 수용하는 구조 조정안을 1998년 교육부에 제출하였다. 그 결과 2002년 입시부터 모집단위 광역화와 학부제가 실시되었고 언론정보학과 정원은 24명으로 축소되었다.

1990년대를 지나며 전국 주요 대학의 언론학 관련 학과 정원이 대폭 증가한 사이 서울대 언론정보학과는 학부 정원이 축소되어 전국 최하위 수준이 되고 말았다. 인터넷 혁명으로 뉴미디어에 대한 사회적 수요는 급증했지만 새로운 교육을 위해 필요한 교수와 학생 정원을 확보하는 길은 요원하였다. 현실적 대안으로 학과가 택한 방안은 대학 본부가 2001년에 도입을 결정한 연합전공 제도에 참여하는 것이었다. 그리하여 언론정보학과 주도로 사회대에 정보문화학 연합전공이 2002년 개설되었다. 2005년에는 신양문화재단의 정석규 이사장이 기부한 '신양학술진흥기금'으로 정보문화학 전담 기금교수를 채용할 수 있게 되었다.

뉴밀레니엄의 첫 시기를 2013년까지로 한 것은 기준을 교수진의 변화에 두었기 때문이다. 언론정보학과에서 이 시기는 1980년대 학번의 교수들이 대거 임용된 시기이고, 동시에 학과 초기의 1세대 교수들이 박명진 교수를 마지막으로 전원 은퇴한 시기이다.

우선 2001년 2월에 강현두 교수가 명예퇴직하면서 같은 해 가을에 윤석민 교수가 부임하였다. 이 무렵 사회과학대는 규모가 작은 학과의 교수 정원을 9명으로 증원하기로 했다. 이에 따라 2002년에 이준웅 교수가 부임하였고, 2003년에는 강남준 교수가 부임하였다. 2005년에는 추광영 교수가 정년퇴직하고, 가을에 정보문화학 기금교수로 이중식 교수가 부임하였다. 2006년 봄에는 추광영 교수 후임으로 이재현 교수가 부임하여 교수진은 10명이 되었다. 2007년에는 차배근 교수가 정년퇴직하고, 후임으로 이은주 교수가 이듬해 봄에 부임하였다. 2009년에는 이중식 교수가 신설된 융합과학기술대학원으로 이직하여 학과 교수는 다시 9명이 되었다. 그러나 학과는 추가 정원을 획득하여 2009년에 김은미 교수가, 2010년에는 한규섭 교수가 부임하였다. 또 2011년에는 정보문화학 기금교수에 이중식 교수의 후임으로 이준환 교수가 부임하여 학과 교수는 12명이 되었다. 2013년에는 학과의 마지막 1세대 교수인 박명진 교수가 정년퇴직하고, 홍석경 교수가 부임하였다.

교수진의 이러한 변화는 학과 초기의 1세대 교수들이 은퇴하고 그들로부터 가르침을 받은 2세대로 세대교체가 이루어졌다는 것 이상을 의미한다. 1970년대 학번인 강남준 교수를 제외하고 전원이 1980년대 또는 1990년 학번인 이들은 대부분 학부에서부터 커뮤니케이션을 전공한 세대였기에 언론정보학에 대한 자부심이 강했다. 그러나 ICT 혁명으로 미디어 환경이 급변하는 상황에서 언론정보학과 교수는 커뮤니케이션 박사여야 한다는 순혈주의를 고집하기 어렵게 되었다. 정보문화학 연합전공을 운영하는 학과 입장에서는 ICT에 대한 전문적 지식을 갖춘 교수가 필요하기도 했다. 건축학을 전공한 이중식 교수에 이어 컴퓨터 사이언스를 전공한 이준환 교수가 정보문화학 기금교수로 부임하게 된 이유이다.

이들 2세대 교수들은 국제학회나 학술지에 논문을 발표한 경험이 많고, 일부는 외국 대학에서 교수 경력이 있는 등 이전 세대보다 국제학술 활동이 활발한 세대였다. 정부와 대학도 국제학술 활동을 장려하던 시기라 언론정보학과의 국제화가 본격적으로 이뤄진 시기가 이때였다. 여기에는 학과가 BK21 2단계 사업에 참여한 것이 큰 도움이 되었다. BK21 2단계 사업은 2006년 시작하여 2013년 초에 종료했는데, 언론정보학과는 '한국사회 디지털미디어와 커뮤니케이션 교육연구사업단'이란 이름으로 참여하여 매년 3억여 원씩 7년간 합계 19억여 원을 지원받았다. BK21은 기본적으로 석·박사급 인력양성을 위해 추진하는 인재양성 지원사업으로 대학원 교육의 국제화와 국제적 학술 네트워크 확대가 사업단의 주요 목표 가운데 하나였다.

사업 기간 7년 동안에 참여대학원생들은 교수들의 지도하에 ICA를 비롯하여 많은 국제학회에 참가해 논문을 발표하였고, 최종적으로 국내외 학술지에 90편의 논문을 발표하는 성과를 거뒀다. 국제학술 네트워크 구축을 위해서는 기존의 '서울대-도쿄대 심포지엄'과 별도로 2006년에 중국전매대학, 2008년에는 호주 모나시대학 및 홍콩침례대학과 학술교류 협정을 체결하였다. 언론정보학과는 이들 3개 대학과 개별적으로 맺어온 학술교류를 2011년 '아시아·태평양 4개국 교류학술대회'(Asia-Pacific 4-Round Joint International Symposium)로 확대하였다. 2005년에는 도쿄대 정보학환과 학생교류협정을 체결하였고, 2007년부터는 도쿄대와 '동아시아 미디어론'이라는 국제 공동강의를 수년간 개설하기도 했다. BK21과는 별도로 언론정보연구소와 함께 다양한 국제세미나와 포럼을 개최함으로써 대학원생의 교육과 연구가 한 단계 도약한 시기가 바로 이때였다.

이 시기 학과 교수진의 연구 동향을 간단히 살펴보면, 차배근 교수는 《중국근대언론사》 개정판(2007)을 출간하는 등 언론사 연구를 계속했고, 추광영 교수는 번역서 《디지털 자본주의》(2001)와 정년기념문집으로 《디지털시대의 글로벌 커뮤니케이션》(2005)을 출간하였다. 박명진 교수는 제임스 커란과 함께 공동 편집한 *De-Westernizing Media Studies*(2000)를 영국에서 출간하고, 정년기념문집으로 《이미지 문화와 시대 쟁점》(2013)을 출간하였다. 강명구 교수는 《한국방송의 성찰과 개혁》(2007), 《한국의 미디어 사회문화사》(2010), 《동아시아 대중문화소비의 새로운 흐름》(2013) 등을 공저로 출간하고, 저널리즘과 문화연구 관련 논문을 발표하였다. 박승관 교수는 《언론권력과 의제동학》(2001)을 공저로 출간하고 한국사회의 소통 위기 등에 관한 논문을 발표하였다. 양승목 교수는 《한국언론의 신뢰도》(2001), 《민주화 이후의 한국언론》(2007), 《지속 가능한 한국 발전 모델과 성장 동력》(2009)을 공저로 출간하고, 한국 민주화와 언론개혁, 언론학사 등에 관한 논문을 발표하였다.

2000년대에 새로 부임한 교수들을 보면, 윤석민 교수는 《커뮤니케이션 정책 연구》(2005), 《커뮤니케이션의 이해》(2007), 《한국사회의 소통 위기와 미디어》(2011)를 출간하고, 커뮤니케이션 산업 및 정책 관련 논문을 발표하였다. 이준웅 교수는《말과 권력》(2011)을 출간하고《BBC 미래전략》(2010)을 공저로 냈으며, 정치커뮤니케이션과 레토릭 등에 관한 논문을 발표하였다. 강남준 교수는《회귀분석》(2008)을 출간하고 방송과 뉴미디어에 관한 논문을 발표했다. 이재현 교수는《멀티미디어와 디지털세계》(2004),《모바일 미디어와 모바일 사회》(2004),《모바일 문화를 읽는 인문사회과학의 고전적 개념들》(2013) 등을 출간하고 인터넷과 모바일에 관한 논문을 발표하였다. 이은주 교수는 *Journal of Communication*과 *Human Communication Research* 등 저명한 국제학술지에 HCI와 CMC 분야 논문 30여 편을 발표하였다. 김은미 교수는《SNS 혁명의 신화와 실제》(2011),《창조성의 원천》(2013)을 공저로 출간하고 미디어 이용과 효과에 관한 논문 등을 발표하였다. 한규섭 교수는《대통령의 성공조건》(2013)을 공저로 출간하고 정치커뮤니케이션 논문을 발표하였으며, 홍석경 교수는《세계화와 디지털문화시대의 한류》(2013)를 출간하였다.

학과 교수진에 큰 변화가 생기면서 커리큘럼에도 변화가 있었는데, 가장 큰 폭의 변화는 2008년에 있었다. 학부의 '신문원론'이 '저널리즘의 이해'로 바뀌는 등 다수의 과목명이 변경되고, '커뮤니케이션 정책', 'HCI와 커뮤니케이션' 같은 새로운 과목이 생겨났다. 2010년에는 '인터넷과 사이버스페이스', 2011년에는 '모바일 미디어'가 개설되는 등 시대 변화에 따른 교육 수요를 반영하였다. 같은 해에 '한국언론사'가 '한국미디어사'로 명칭이 변경되었고, 1997년 이후 폐강되었던 '커뮤니케이션학사'가 다시 개설되었다. 한편, 디지털 리터러시 교육을 강화하기 위해 개설한 정보문화학 연합전공은 언론정보학과의 이론 중심 교과목과는 달리 다양한 실습형 교과목으로 구성되었다. 학부와 마찬가지로 대학원 커리큘럼에도 변화가 많았는데, '동양언론사 연구', '비교커뮤니케이션론', '언론법제론'이 폐강되어 2008년부터 개설되지 않았다. 반면에 2005년에 '디지털문화'가 개설되고, 2008년에는 '미디어와 수용자연구', 2011년에는 '문화콘텐츠와 커뮤니케이션'이 개설되었다. 대체로 신임 교수들의 전공 분야인 정치커뮤니케이션, 뉴미디어, CMC/HCI, 영상 및 문화연구 분야에서 새로운 과목이 개설되었다. 한편, 대학원생 모집이 매 학기 실시되고 학과의 석·박사 정원이 확대되면서, 대학원 필수과목인 '커뮤니케이션 연구방법론'은 2008년부터, '커뮤니케이션 이론 연구'는 2010년부터 매 학기 개설되었다.

대학원 교육의 경우, 이 시기가 가히 언론정보학과 대학원의 전성기라 해도 과언이 아닐 정도로 생산적이었다. 이 시기에 배출한 석사가 217명이었고 박사는 36명에 달했다. 인터넷과 모바일 혁명으로 언론정보학에 대한 교육 수요가 컸을 뿐만 아니라, 2006년 이후에는 BK21 덕분에 대학원생에게 충분히 지원할 수 있었기 때문이다. 어느 정도 중복은 불가피하지만, 박사학위 논문 주제를 살펴보면 문화연구 관련 논문이 10편, 인터넷에 관한 논문이 8편으로 가장 많았다. 그 밖에 정치커뮤니케이션, 정책연구, 역사적 연구가 각 3편 정도였다. 2000년대에 들어와 대학교수 구직난이 심해지면서 박사 졸업생 가운데 대학에 자리를 잡은 이는 절반에 미치지 못했다. 그러니 상당수는 연구기관에 취직할 수 있어서 아직 최악이라고 말할 정도는 아니었지만, 상황은 조금씩 나빠져 갔다.

6. 3세대 교수들의 등장과 학술 활동의 국제화(2014~2024년)

언론정보학과는 2014년 3월 사회과학대 건물(16동)에서 'IBK커뮤니케이션센터'로 이전하였다. 이 건물(64동)은 IBK기업은행이 기부한 50억 원으로 신축한 5층 건물로 대학본부가 사용하는 저층 일부를 제외하면 언론정보학과가 단독으로 사용하는 독립건물이다. 계단형 대형강의실인 희관기념홀과 함께 교수연구실, 세미나실, 강의실을 갖춘 이 건물에 CJ 오쇼핑의 협찬으로 2015년에는 방송영상 스튜디오도 건립하였다. 언론정보학과 창립 40주년 기념행사도 2015년 봄에 이 건물에서 성황리에 개최되었다. 신축 건물로의 이전과 함께 교수진에도 변화가 생겼는데, 주목할 것은 1970년대 학번의 교수들이 정년퇴직하고 이른바 3세대 교수들이 등장한 것이다.

새 건물로 이전한 그해 가을에 이철주 교수가 정년퇴직한 박명진 교수 후임으로 부임하였다. 이철주 교수는 1996년 학번으로 2세대 교수들에게서 배운 3세대 교수에 해당한다. 2016년 8월에는 이준환 교수가 정보문화학 기금교수에서 전임교수로 신분이 변경되었다. 2011년 말 서울대가 법인화된 후에 일부 단과대학의 기금교수가 전임교수로 전환됐는데, 이준환 교수도 학과의 노력으로 그렇게 된 것이다. 2017년에는 강남준 교수가 정년퇴직하였고, 이듬해에는 강명구 교수가 정년퇴직하였다. 2018년 3월에는 홍화정 교수가 정보문화학 연합전공 기금교수로 부임하였으며, 정년퇴직한 강명구 교수와 강남준 교수의 후임으로 같은 해 9월에 강재호 교수와 김현석 교수가 부임하였다. 2019년에는 여성학 협동과정 전임교수로 김수아 교수가 부임하여 언론정보학과 소속이 되었다. 2021년에는 홍화정 교수가 KAIST로 이직하였고, 양승목 교수가 정년퇴직하였다. 이듬해 봄에 양승목 교수의 후임으로 신수연 교수가, 홍화정 교수의 후임으로는 임하진 교수가 부임하였다. 2022년에 박승관 교수가 정년퇴직하면서, 그해 가을에 양차미 교수가 부임하였다. 이렇게 해서 언론정보학과의 교수 수는 15명이 되었다. 이 시기에 새로 부임한 교수들은 강재호 교수를 제외하면 모두 1990년대 또는 2000년대 학번으로 3세대 교수에 해당한다고 볼 수 있다. 특히 언론정보학과 학부 출신 교수들은 2세대 교수들로부터 직접 교육받은 세대이다. 학과 설립 40년이 지나면서 2세대에서 3세대로 교수진의 세대교체가 진행되기 시작한 것이다.

이 시기의 학과 교수들의 연구 동향을 2000년 이후 부임한 교수들을 중심으로 간략히 소개하면, 윤석민 교수는 《미디어 공정성 연구》(2015)와 《미디어 거버넌스》(2020)를 출간하고 커뮤니케이션 정책과 저널리즘 관련 논문들을 발표했다. 이준웅 교수는 《사회적 경제의 혼종성과 다양성》(2018), 《디지털시대의 언론학 연구》(2017) 등을 공저로 출간하고 언론이념과 정치커뮤니케이션 분야 논문들을 발표하였다. 이재현 교수는 《인공지능 기술비평》(2019), 《사물 인터넷과 사물 철학》(2020), 《인공지능과 알고리듬 사회》(2023)를 출간하고, 인공지능과 미디어에 관한 논문들을 발표하였다. 이은주 교수는 *Human Communication Research* 등 국제학술지에 CMC/HCI 관련 논문을 20여 편 발표하였다. 김은미 교수는 《연결된 개인의 탄생》(2018)을 출간하고, 미디어 이용과 효과 등에 관한 논문을 국내외 학술지에 발표했다. 한규섭 교수는 《빅데이터로 보는 한국정치 트렌드》(2016)를 출간하고, 정치커뮤니케이션 분야 논문들을 국제학술지에 발표하였다.

홍석경 교수는 《BTS 길 위에서》(2020)를 펴냈고, *Transactional Convergence of East Asian Pop Culture*(2021)를 공동 편집했다. 또 《디지털시대 영상문화

와 윤리》(2022)를 공저로 출간하고 문화연구와 한류에 관한 논문을 국내외 학술지에 발표했다. 이철주 교수는 헬스커뮤니케이션 분야 논문 30여 편을 *Communication Research* 등 국제학술지에 발표했으며, 이준환 교수는 HCI와 AI 저널리즘 등에 관한 논문을 국내외 학술지에 발표했다. 강재호 교수는 *Walter Benjamin and the Media*(2014)를 출간하고 *Siegfried Kracauer: Selected Writings on Media, Propaganda and Political Communication*(2022)을 공동 편집했으며, 미디어 이론과 비판이론에 관한 논문을 국내외 학술지에 발표했다. 김현석 교수는 메시지 효과, 헬스커뮤니케이션 등에 관한 논문 20여 편을 *Journal of Communication*을 비롯한 국내외 학술지에 발표했다. 김수아 교수는 여성학 협동과정 교수로서 미디어와 젠더 관련 논문을 국내외 학술지에 발표했다. 신수연·임하진·양차미 교수는 임용된 지 얼마 되지 않은 신임 교수이지만 이미 각자의 분야에서 국제학술지에 다수의 논문을 발표하였고, 현재보다 미래가 더 기대되는 학자들이다. 신수연 교수의 연구 분야는 CMC와 대인 커뮤니케이션, 임하진 교수는 HCI, 양차미 교수는 비판커뮤니케이션과 문화연구이다.

지면 관계로 교수들의 연구 업적을 구체적으로 제시하지는 못하지만, 언론정보학과 현 교수진은 이전 세대보다 훨씬 국제화되었다고 볼 수 있다. 국제학술회의 참가는 물론이거니와 국제학술지 논문 발표가 일상적이다. 특히 1990년대 학번 이후 3세대 교수들은 논문 발표의 통로로 국내 학술지보다 국제학술지를 더 선호하는 경향이 있다. 국제학술 활동이 활발한 만큼 국제학회에서 주요 보직을 맡아 봉사하기도 한다. 예를 들면, 이은주 교수의 경우 *Human Communication Research*(*HCR*)의 편집위원장(2017~2020)과 국제학회 ICA의 회장(2023~2024)을 역임했다. 두 경우 모두 한국인으로는 처음이었고, 특히 비영어권 학자로서는 최초로 *HCR*의 편집위원장직을 수행했다. 이철주 교수도 *Journal of Communication*의 부편집위원장을 거쳐 현재 공동편집위원장을 맡아 봉사하고 있다.

1980년대 학번의 2세대 교수들은 상대적으로 국내에서 활발히 활동하며 학계의 리더십을 지켜 가고 있다. 김규환 교수가 2대 회장으로 한국신문학회를 중흥한 이래 여러 명의 학과 교수들이 학회장으로 봉사하며 언론학 발전에 기여했는데, 그러한 전통은 지금도 계속되고 있다. 학과 교수들의 수상 사례는 일일이 거론하기 어려울 정도로 많다. 일례로서 2019년 한국언론학회가 학회 창립 60주년을 기념해 만든 '언론학 60년 학술영예상'에서 저서(차배근)와 번역서(양승목) 부문과 함께 이준웅 교수가 '한국언론학보 논문 최다 인용' 부문에서, 김은미 교수가 '한국언론학보 논문 최다 게재' 부문에서 수상했다. 같은 해에 이은주 교수는 ICA의 석학회원(*Fellow*)으로 선정되었다. 이 밖에도 학과 교수들의 저서나 논문이 학회나 학술원이 수여하는 우수도서상, 우수논문상을 수상한 사례는 허다하다.

교수진이 변하면서 커리큘럼에도 변화가 나타났다. 학부의 전공필수 과목인 '커뮤니케이션 연구방법'이 2016년부터 '커뮤니케이션 양적방법론'으로 바뀌고 선택과목으로 '커뮤니케이션 질적 방법론'이 새로 만들어졌다. 같은 해에 '데이터저널리즘'이 개설되었고, 2017년부터는 '미래뉴스 실습' 과목이 개설되었다. 2021년에는 '커뮤니케이션 데이터 분석'과 'AI와 미디어'가 개설되었다. 대학원에서도 일부 교과목의 명칭이 변경되거나 폐강되었다. 2014년에 '정보 비주얼라이제이션'과 '소셜네트워크 데이터마이닝과 분석'이 격년으로 개설되었다. 2016년에는 '네트워크미디어와 인간관계'가 개설되고, '헬스커뮤니케이션 이론과 실제'가 개설되었다. 2020년에는 기존의 '미디어이용 효과 연구' 대신에 '메시지 효과'가 개설되었다. 반면에 '한국언론사 연구'와 '국제커뮤니케이션 연구'는 2014년에 폐강되었다.

교수진 변화에 따른 커리큘럼 변화는 대체로 학부보다 대학원에서 더 심하며, 이는 대학원생의 학위 논문 주제에도 영향을 준다. 이 시기에 배출된 학위 논문은 2024년 8월 말 기준 석사학위 논문이 175편이며 박사학위 논문이 32편이었다. 박사학위 논문 32편 가운데 인터넷을 포함한 미디어 이용과 효과 연구가 9편, 문화연구, HCI/CMC, 저널리즘 관련 논문이 각 4편이며 정책연구가 3편 정도였다. 그 외에 방법론, 언론법, 대인 커뮤니케이션, 정치커뮤니케이션 등에 관한 논문이 있었다. 가장 최근 3년간(2022~2024) 제출된 박사학위 논문 7편을 보면 연구주제가 HCI, MOBA 장르게임, 유튜브 등 기술 혁신으로 출현한 뉴미디어에 대한 관심이 커지고 있음을 알 수 있다.

이러한 추세는 앞으로도 계속될 전망인데, 특히 인공지능(AI)에 관한 관심이 커질 것으로 보인다. 왜냐하면, 인공지능 자체가 현재 시대적 화두이고, 언론정보학과가 BK21 4단계 사업에 '자유롭고 책임 있는 AI 미디어 교육연구단' 이름으로 참여하고 있기 때문이다. '세계를 선도하는 AI 미디어 교육 연구 공동체'라는 비전을 앞세워 대학원생 교육체계를 혁신하고 연구 경쟁력을 강화하여 국제적 차원에서 언론정보학과의 지적 영향력을 확대하는 것을 목표로 하는 이 사업은 2020년 9월부터 2027년 8월까지 7년간 계속되며 사업단은 연평균 약 5억 원을 지원받는다. 2006년에 BK21 2단계 사업에 참여함으로써 언론정보학과의 교육 및 연구역량과 국제화 수준이 한 단계 업그레이드되었던 것처럼 이번 4단계 사업을 통해 언론정보학과는 다시 한번 도약의 계기를 마련하였다.

7. 에필로그: 새로운 도전

언론정보학과는 1975년 학과 설립 이래 지난 50년 동안 비약적 발전을 이루었다. 5명의 교수와 13명의 학부생으로 시작했지만 50년이 지난 지금 교수진은 3배로 증가했고, 학생 수도 자매 프로그램인 정보문화학 연합전공과 복수전공 학생을 고려하면 실제 정원의 2배가 넘는다. 학과의 교육 및 연구역량도 과거와는 비교할 수 없을 정도로 성장했다. 3세대 교수에 해당하는 학과 졸업생 가운데는 미국 등에서 교수로서 뛰어난 경력을 쌓고 있는 이들이 적지 않다.[23]

그러나 이러한 성장에 안주할 수 없는 것은 커뮤니케이션·미디어 분야의 성장이 서울대에 국한된 것이 아니기 때문이다. 국내 주요 대학의 커뮤니케이션·미디어 학과는 교수와 학생 수 등 규모 면에서 이미 서울대를 능가했고, 교육과 연구의 질에서도 우열을 가리기 어려운 단계에 이르렀다. 게다가 서울대는 한국을 대표하는 대학으로 세계 유수의 대학과 국제적으로 경쟁해야 한다는 대학 안팎의 여망이 있는 만큼 교육과 연구의 질을 더욱 높여 나가야 할 것이다. 국제경쟁력 강화를 위해서는 학술 활동의 국제화는 불가피하다. 다행히 언론정보학과의 3세대 교수들은 이미 그런 방향으로 활동하고 있다. 다만 국제학술 활동에 치우치다 보면 국내 활동을 소홀히 하여 지금까지 지켜온 국내 학계의 리더십을 잃을 우려도 있는 만큼 교수들의 적절한 역할 분담이 필요하다고 본다.

한국의 사회과학은 그동안 서구 학문의 수입상 역할에 골몰한 나머지

23 1990년대 학번으로 미국의 연구중심대학에서 테뉴어를 받고 교수로 활동하고 있는 졸업생으로는 이종은(오하이오주립대학), 김영미(위스콘신대학-매디슨), 한정엽(조지아대학), 강지연(아이오와대학), 안선주(조지아대학) 등이 있다(학번순).

한국 사회의 특수성을 제대로 분석하고 이론화하는 작업에 소홀했다는 비판을 받아 왔다. 이러한 점에서 언론정보학도 예외가 아니다. 지난 20년 동안 한국 사회가 이념, 세대, 성별로 분열되고 진영정치가 일상화되면서 사회적 소통의 부재 또는 불통의 문제가 한국 민주주의를 위협하는 핵심 요인으로 지목되었다. 그러나 커뮤니케이션 문제인 '소통의 위기'를 해결하기 위해 언론정보학이 과연 어떤 대안을 제시했는지 의문이다. 저널리즘 문제도 마찬가지다. 인터넷과 모바일을 넘어 인공지능 시대로 들어선 지금, '저널리즘의 위기'는 끊임없이 회자되지만 이에 대한 구체적 분석과 실천적 방안 논의는 여전히 미흡하다. 사회과학은 사회적 현실과 동떨어져 존재할 수 없다. 서울대 언론정보학과는 '연구를 위한 연구'보다는 한국 사회의 문제를 진단하고 해결하는 연구에 보다 주목할 필요가 있다.

커뮤니케이션 연구가 '머무는 사람이 별로 없는 교차로'에서 '많은 사람이 정주하는 곳'으로 변할 것이라고 믿었던 슈람의 기대대로, 언론정보학은 20세기 후반에 사회과학의 그 어떤 분야보다도 빠르게 성장하여 커다란 도시를 이루게 되었다. 그것도 다양한 학문적 배경을 지닌 사람들이 모여드는 '다문화 도시'가 되었다. 실제로 1970년대에 전국적으로 10개 대학에 불과하던 커뮤니케이션·미디어 관련 학과가 이제는 거의 모든 대학에 있을 정도이다. 언론정보학은 다른 분과학문이 소홀하게 다루었던 분야를 자신의 영역으로 확보하는 전략을 통해 규모를 확대하며 제도적 성공을 이루었고, 특히 한국에서는 민주화와 정보화라는 시대적 흐름이 그러한 제도적 성공에 일조했다는 평가이다(Yang, 2009).

그러나 정보통신기술 혁명으로 새로운 미디어가 출현하면서 본래부터 다양했던 언론정보학의 하위 분야가 더욱 세분화되었다. 하지만 각 하위 분야 간에 칸막이가 쳐지고 소통이 부족한 파편화(*fragmentation*) 현상은 오히려 심해지고 있다. 게다가 21세기 디지털시대에 커뮤니케이션과 미디어가 핵심 키워드가 되면서 다양한 학문적 배경을 지닌 연구자들이 언론정보학에 참여하게 되면서 내부의 인적 구성은 더욱 다양해지고 있다. 이러한 다양성과 파편화 현상은 그동안 어렵사리 지켜온 언론정보학의 학문 정체성을 유지하는 데 어려움을 주고 있다.

과연 언론정보학은 이러한 정체성 위기를 극복하고 제도화 초기에 지향했던 독립적 분과학문(*independent academic discipline*)으로 생존할 수 있을 것인가. 아니면 느슨한 학제적 연구 분야(*multidisciplinary research field*)로 남게 될 것인가. 아마도 그 답은 언론정보학과 설립 100주년이 될 무렵이면 알 수 있겠지만, 현재로서는 학문의 파편화가 구성원 간의 소통 부재로 귀결되어 학과 발전에 부정적으로 작용할 가능성이 있다. 희망컨대 언론정보학과는 소통 강화로 학과의 구심력을 회복하여 '세계를 선도하는 교육 연구 공동체'가 되길 바란다.

참고문헌

강상현 (1993). 한국 언론학 연구동향에 대한 비판적 평가. 〈사회비평〉, 10권, 122~153.

강상호·이원락 (편역)(1986). 《현대자본주의와 매스미디어》. 미래사.

강현두 (1994). 한국언론사 재고. 〈언론정보연구〉, 31집, 1~17.

곽복산 (1971). 신문학의 전개와 한국의 과제. 곽복산(편), 《언론학 개론》(30~47쪽). 일조각.

김규환 (1977). 서문. 김규환(편), 《한국 커뮤니케이션 연구》(1~9쪽). 민중서관.

______ (1983). 사회과학으로서의 커뮤니케이션: 그 과정과 전망. 〈언론정보연구〉, 20집, 79~82.

김영희·윤상길 (2013). 서울대학교 언론정보연구소 50년, 그 역할과 역사적 의미. 〈언론정보연구〉, 50권 2호, 5~66.
박명진 (1981). 영상언어와 커뮤니케이션. 〈언론정보연구〉, 18집, 93~115.
______ (1989). 비판적 커뮤니케이션 연구의 성과와 그 쟁점. 《언론학 논선 4》, 서강대 언론문화연구소.
서울대학교50년사편찬위원회 (1996). 《서울대학교 50년사(하)》. 서울대학교출판부.
서울대학교 사회학과 (1996). 《서울대학교 사회학과 50년사(1946~1996)》. 서울대학교 사회학과.
서울대학교 언론정보연구소 (2013). 《서울대학교 언론정보연구소 50년사: 1963~2013》. 커뮤니케이션북스.
양승목 (1992). 탈냉전시대의 커뮤니케이션 연구: 패러다임의 수렴과 그 함의. 〈한국언론학보〉, 28호, 239~266.
______ (2005). 초창기 한국언론학의 제도화와 정체성 변화: 남정 김규환 소고. 〈커뮤니케이션 이론〉, 1권 1호, 1~34.
______ (2009). 언론학 연구 50년: 성찰과 전망. 한국언론학회 50년사 편찬위원회(편), 《한국언론학회 50년사》(1019~1062쪽). 한국언론학회.
______ (2013). 남정 김규환 박사의 삶과 커뮤니케이션 연구. 〈언론정보연구〉, 50권 2호, 122~145.
양승목·김관호 (2015). 서울대학교 언론정보학과 교육 40년: 학부와 대학원의 개설교과목을 중심으로. 〈언론정보연구〉, 52권 2호, 5~63.
역사문제연구소 (2000). 《학문의 길, 인생의 길》. 역사비평사.
이상희 (1969). 사회변동과 매스커뮤니케이션: 근대화에 관한 커뮤니케이션 이론에 대한 하나의 다른 시각. 〈언론정보연구〉, 6집, 31~46.
______ (1978). 미국의 '근대화를 위한 커뮤니케이션 이론'에 대한 비판적 고찰. 〈한국언론학보〉, 10호, 157~184.
______ (편)(1983). 《커뮤니케이션과 이데올로기》. 한길사.
______ (1990). 비판커뮤니케이션 연구의 현황과 과제. 한국언론학회(편), 《한국언론학 연구 30년: 성찰과 전망》. 나남.
정진석 (편)(1992). 《한국언론학 박사·석사학위 논문 총목록》. 나남.
______ (1998). "언론학자 1세대론". 새로운 세기와 언론학. 중앙대학교 신문방송학과 개설 40주년 기념세미나 발표논문집.

______(1999). 김규환 박사의 학문과 산학협동. 서울대학교 신문대학원 동창회(편), 《저널리즘과 아카데미즘의 교차로에서: 남정 김규환 박사의 학문과 실천》(61~93쪽). 한길사.
_____(2009). 한국언론학회 50년: 성장과 변화의 역사(1959~2009). 한국언론학회 50년사 편찬위원회(편), 《한국언론학회 50년사》(33~96쪽). 한국언론학회.
조항제 (1988). 80년대 비판커뮤니케이션 이론 연구의 현황과 과제: 석사논문을 중심으로. 〈한국사회언론연구〉, 2호, 13~21.
차배근 (2017). 《한국 커뮤니케이션학사》. 서울대학교출판문화원.
최종수 (1999). 김규환 박사의 언론활동과 학문세계. 서울대학교 신문대학원 동창회(편), 《저널리즘과 아카데미즘의 교차로에서: 남정 김규환 박사의 학문과 실천》(23~60쪽). 한길사.
추광영 (1982). 커뮤니케이트권과 제3세계의 논리. 〈성곡논총〉, 13집, 448~474.
______(1983). 한국에 있어서의 커뮤니케이션 연구: 그 역사와 현재의 위치. 〈언론정보연구〉, 20집, 95~103.
한국사회언론연구회(1988). 연혁: 한국사회언론연구회 출범. 〈한국사회언론연구회보〉, 창간호, 19.
한국신문연구소(1977). 〈77 한국신문연감〉. 한국신문연구소.

Curran, J. (1990). The New Revisionism in mass communication research: A reappraisal. *European Journal of Communication*, *5*(2/3), 135~164.
Löblich, M. & Scheu, A. M. (2011). Writing the history of communication studies: A sociology of science approach. *Communication Theory*, *24*, 1~22.
Schramm, W. L. (1963). Communication research in the United States. In W. L. Schramm(Ed.), *The science of human communication: New directions and new findings in communication research* (pp. 1~16). Basic Books.
Yang, S. (2009). Institutional success and declining disciplinary identity of Korean communication research. *Asian Communication Research*, *6*(1/2), 66~82.

제 2 장

언론정보학과 교육 50년

학부와 대학원의 개설교과목을 중심으로*

양승목 I 서울대 언론정보학과 명예교수
김관호 I 경희대 미디어학과 조교수
박세은 I 서울대 언론정보학과 석사과정
송채린 I 서울대 언론정보학과 석사과정
김현석 I 서울대 언론정보학과 부교수**

이 글의 목적은 1975년에 설립된 서울대 언론정보학과의 창설 50주년을 맞아 언론정보학과의 커리큘럼을 분석함으로써 학부 및 대학원 교육의 변천 과정을 살펴보는 데 있다. 구체적으로, 매 학기 서울대가 발간하는 수강편람에 기재된 학부와 대학원의 개설교과목을 분석했다. 이를 통해 매년 학기별로 어떤 교과목이 개설됐고 그것이 학년 또는 학위과정별로, 전공영역별로 어떻게 변해 왔는지 10년 단위의 다섯 시기로 나누어 살펴봤다. 분석 결과 지난 50년간 언론정보학과의 커리큘럼은 큰 폭의 변화를 겪었고, 시기별로도 차이가 있었다. 여기에는 대학의 교육정책, 학과 교수진 변동, 미디어 환경 같은 사회적 변화 역시 주요 요인으로 작용했다. 마지막에는 이런 변화의 의미를 해석하고 미래 교육의 방향을 제안했다.

* 이 장은 양승목·김관호(2015)의 논문 "서울대학교 언론정보학 교육 40년: 학부와 대학원의 개설교과목을 중심으로"(〈언론정보연구〉 52권 2호)를 재수록하면서, 논문 출간 이후 10년간의 자료를 추가 수집·반영하여 논의를 확장한 것이다.

** 교신저자: hyunsuk.kim@snu.ac.kr

1. 서론

언론정보학이 한국 대학에서 제도화되기 시작한 것은 1950년대이다. 우리나라 최초의 신문학과가 1954년 홍익대에 설치됐으며, 1958년에는 중앙대에 신문학과가 만들어졌다.[1] 뒤이어 1960년대에는 서울의 6개 종합대학에 관련 학과가 신설됐다. 사회과학 분야의 주요 학과들이 이보다 훨씬 전에 만들어졌던 것에 비하면 언론정보학은 상대적으로 연륜이 짧은 학문이라고 말할 수 있다. 특히 서울대에서는 출범이 더욱 늦었다. 서울대 언론정보학과는 1975년 2월에 '신문학과'라는 이름으로 태어났다.

물론 그 전에 서울대에서 언론정보학 관련 교육이 없었던 것은 아니다. 문리과대학에는 1949년 '신문학개론', 1953년 '신문원론', 그리고 1955년 '매스컴론'이 개설됐다는 기록이 있다. 또 1963년에는 언론정보학 분야에서 한국 최초의 대학연구소라 할 수 있는 신문연구소(현 언론정보연구소)가 설립됐고, 이어 1968년에는 신문대학원이 설립되어 석사과정 교육이 실시됐다. 이처럼 신문학과 설립 이전에도 서울대에서 언론정보학 교육이 이뤄지고 있었지만, 신문학과의 창설은 신문연구소나 신문대학원의 설립과는 차원이 다른 일이었다. 가장 중요한 변화는 석·박사 대학원 교육과 함께 학부생 교육이 가능해졌다는 점이다. 국립서울대학교가 한국의 학문 발전을 선도해 왔다는 점에서, 서울대에 언론정보학과가 만들어졌다는 사실은 단순히 학과 하나가 늘어났다는 것 이상의 의미를 갖는다. 실제로 서울대 언론정보학과는 1975년 창설 이후 지난 50년 동안 학부와 대학원 교육을 통

1 홍익대 신문학과는 5·16 이후 대학설치기준령 미달로 1961년 폐과되고, 재학생은 중앙대 신문학과로 편입됐다.

해 수많은 인재를 배출함으로써 한국 사회와 언론정보학의 발전에 기여했다고 자부하고 있다. 이 글의 주된 목적은 언론정보학과 창설 50주년을 기념하는 뜻에서 학부와 대학원의 개설교과목 분석을 통해 서울대의 언론정보학 교육이 걸어온 지난 50년의 발자취를 살펴보는 데 있다. 본론으로 들어가기 전에, 먼저 언론정보학과의 설립 배경과 발전 과정을 간략히 살펴보겠다.

2. 언론정보학과의 설립 배경과 발전 과정

언론정보학과의 설립 배경을 거슬러 올라가면 1968년 4월에 확정된 '서울대학교 종합화 10개년 계획'에 이르게 된다. 서울대는 이 계획에서 "교육의 질적 향상과 학술연구의 진흥을 도모하고 모든 시설을 근대적 시설로 확충하여 세계 일류수준의 대학으로 육성, 발전시키는 데 목표"를 두면서, 15개항의 주요 방침을 설정했다(서울대학교50년사편찬위원회, 1996a: 341~342). 그중 가장 중요한 내용은 ①항의 "대학교육을 강화함은 물론 대학원 중심의 대학교로 발전시킨다"와 ⑬항의 "동계단일별로 캠퍼스를 종합하여 근대시설로 종합캠퍼스를 조성한다"로 볼 수 있다. 말하자면 서울대의 교육과 연구 기능을 강화하기 위해 교육연구 기구를 혁신적으로 개편하고 곳곳에 분산된 캠퍼스를 통합해 관악에 메인캠퍼스를 조성하겠다는 것이었다. 이러한 목표는 '교육연구 및 기구조직계획'(*Academic Plan*)과 '종합건설계획'(*Master Plan*)으로 구체화됐고, 1970년 4월에는 종합화 10개년 계획을 추진하기 위한 '서울대학교 설치령'이 대통령령 제4870호로 공포됐다.

종합화 10개년 계획에 따라 관악에 종합캠퍼스가 완성되면서, 1975년 2월 교육기구의 대폭적 개편이 이루어졌다(서울대학교 설치령 중 개정령, 대통령령 제7565호). 핵심 내용은 그동안 지역적으로 분산 배치되어 있던 각 대학을 동일한 캠퍼스 내에 전면적으로 재편성하고, 동시에 서울대를 구성하는 각 단과대를 재편성하는 것이었다. 단과대 재편성의 핵심은 옛 문리대 폐지와 기본학문대학으로서 인문대, 사회과학대, 자연과학대 신설이었다. 이에 따라 문리대의 어문학·역사학·철학 관련 학과들은 인문대로, 정치학·외교학·사회학·사회복지학·지리학·심리학 등 사회과학 계열 학과들은 사회대로, 이학부에 속했던 자연과학 계열 학과들은 자연대로 개편 및 통합됐다. 한편 상과대에 소속되었던 경제학과와 무역학과는 기본학문 계열로 분류됨에 따라 사회과학대로 편입됐고, 경영학과는 전문학문 계열로 분류되어 신설된 경영대 소속으로 개편됐다. 이 과정에서 기존의 신문대학원은 발전적으로 폐지되고 신설 사회과학대에 신문학과가 새롭게 편성됐다.

종합화 계획에 따라 모든 교수들이 전공영역별로 통합되면서 교수들의 소속에도 변화가 나타났다. 이전에는 연립대학적 성격으로 인해 각 단과대에 소속된 교수진과 강좌가 중복되는 현상이 있었다. 그러나 종합화 이후 서울대 전임교수는 원칙적으로 대학 또는 전문대학원의 1개 학과에 소속되게 됐다. 이로써 교양과정부를 비롯해 각 단과대와 연구소에서 교양과목이나 타 계열 전공과목을 담당하던 교수들이 각자의 전공학과로 재배치됐다.[2] 종합화로 인해 폐지된 신문대학원 소속의 교수들도 마찬가지였다. 즉

2 교양과정부는 저학년 학생들에게 교양학문 강좌를 제공할 목적으로 1968년에 설립된 독립 기구였다. 그러나 인문대·사회대·자연대 등 3개 기본학문대학이 교양교육을 담당하게 되면서 교양과정부는 폐지되고 소속 교수는 모두 전공학과에 재배치됐다. 이로

신문대학원의 전임교수였던 최명(조교수)은 정치학과로, 김일철(부교수)과 오갑환(부교수)은 사회학과로, 조명한(조교수)은 심리학과로 소속 변경됐다. 그 결과 사회과학대에 신설된 신문학과의 전임교수는 김규환(정교수), 임근수(부교수), 박유봉(부교수), 이상희(부교수), 차배근(전임강사) 이상 5명이었다.

신설 신문학과는 학부에서 석사 및 박사과정까지 대학교육의 전 과정을 포함함으로써 한국에서는 처음으로 언론정보학 교육의 일관 생산체제를 갖추게 되었다. 신문학과가 설립되기 이전에 서울대에서 언론정보학의 대학원 교육은 이원적으로 이뤄지고 있었다. 우선 석사과정 교육은 1966년에 사회학과 대학원 B코스(신문학 전공)로 시작됐으나, 전공자 수는 극히 제한적이었던 것으로 보인다.[3] 한편 1968년 3월 2일에 개원한 신문대학원은 석사과정 50명(1부 15명, 2부 35명)과 연구생 17명을 제1기생으로 맞이하여 본격적인 대학원 교육을 개시하였으나, 특수전문대학원이라는 한계를 벗어나기 어려웠다. 1969년에는 사회학과 대학원 B코스에 신문학 전공 박사과정이 설립됐으며 교육은 신문대학원 교수진이 담당했다(서울대학교50년사편찬위원회, 1996a: 163).[4] 이런 가운데 서울대 종합화 계획에 따라 신문대학원과 사회학과의 신문학전공 석·박사과정이 폐지되고, 대신 신문학과에 학사에서 박사에 이르기까지 전 교육과정이 설립된 것은 언론

인해 국문과와 영문과 등이 소속된 인문대의 교수 정원이 대폭 증가했다(서울대학교 50년사편찬위원회, 1996a: 371).

3 사회학과 대학원에서 1967~1969년에 석사학위를 받은 졸업생은 5명이나, 신문학 전공으로 보이는 논문은 1969년에 졸업한 오인환(현 연세대 명예교수)의 "한국개화기의 신문광고"가 유일하다(서울대학교 사회학과, 1996: 120).

4 사회학과 대학원 박사과정의 B코스(신문학 전공)에 진학한 학생은 없었던 것으로 보인다(서울대학교 사회학과, 1996: 22, 118).

정보학이 '기본학문대학'인 사회과학대의 일원으로 당당히 공인받았음을 의미한다.[5]

한편 1975년 2월 28일 공식적으로 설립된 신문학과의 첫 1학기에는 폐지된 신문대학원과 사회학과 석사과정 B코스에서 편입되어 온 재학생들을 대상으로 한 대학원 교육만 진행됐다. 학부 교육은 이후 1975년 8월에 신문학과에 배정된 제1기 전공학부생 13명을 대상으로 2학기에 처음 실시됐다. 이들은 1974년 처음 실시된 계열별 입학 1세대로서 교양과정부에서 3학기의 기초과정 교육을 마친 끝에 신문학과에 전공 진입한 것인데, 당시 신문학과의 법정모집정원은 15명이었으나 정원을 다 채우지 못한 결과였다.

1975년 학번은 관악캠퍼스에서 입학식을 치른 첫 신입생인데 1976년 8월에도 13명이 신문학과 배정을 받았다. 1976년 학번은 학과 배정 시기가 기초과정 교육 3학기 후에서 2학기 후로 바뀌는 바람에 1977년 3월에 11명이 신문학과에 진입했다. 신문학과 진입생은 1977년 학번의 경우 더욱 줄어 7명, 1978년 학번은 6명에 불과했다. 1979년에는 신입생 모집단위가 광역계열별에서 대학별(사회과학 계열) 모집단위로 바뀌었는데 1979년 학번은 13명, 1980년 학번은 17명이 신문학과에 진입했다. 1981년부터는 이른바 '졸업정원제'가 실시되면서 대학 입학정원이 대폭 증가함에 따라 신문학과 모집정원도 35명으로 증가했고, 1982년에는 추가로 30%를 더 모집함으로써 신문학과 진입생이 45명에 이르게 됐다. 그

5 1975년 2월 신문학과가 신설될 당시 학사·석사·박사과정을 모두 갖추고 출범했다는 증언도 있지만(예: 서울대학교, 1996, 350쪽; 서울대학교50년사편찬위원회, 1996b: 80), 서울대 사회과학대 홈페이지(http://social.snu.ac.kr/)에는 신문학과와 사회사업학과(현 사회복지학과)의 박사과정이 1976년 3월 1일 설립됐다고 소개되어 있다.

러나 1983년부터 신입생을 과별 모집하게 되고,[6] 1985년 졸업정원제의 완화로 신문학과 입학정원은 38명으로 축소됐다. 이어 1986년부터 졸업정원제가 사실상 폐지되어 입학정원이 33명으로 줄었으며, 1987년부터는 28명을 선발하게 됐다. 이후 입학정원은 한동안 28명이었으나 2002년에 모집단위 광역화가 실시되면서 25명으로 줄었고, 2005년에는 다시 21명으로 줄었다.

현재 언론정보학과의 학부생 입학정원은 관련 학과 기준으로 전국에서 최소 규모일 뿐 아니라 사회대 내에서도 이른바 '소과'(小科)에 속한다. 그러나 법정정원을 채우지 못하던 1970년대와 달리 2002년 광역화 이후에는 법정정원에 정원 외 학생까지 포함해서 해마다 평균 25명 내외의 전공 학생을 맞이했다. 그뿐만 아니라 2000년대 후반부터 복수전공제가 활성화되면서, 타과 학생 가운데 언론정보학을 복수전공으로 선택한 학생의 수도 크게 증가했다. 한편, 2017학년도 신입생부터는 다시 입학정원 전원을 학과별로 모집하고 있다.

1975년 신문학과 창설 이후 학과에는 많은 변화가 있었다. 우선 학과 명칭 변경을 언급하지 않을 수 없다. 설립 초기부터 학과명 변경에 대한 논의가 계속되었으나 합의점을 찾지 못하다가 마침내 1997년 3월에 신문학과에서 언론정보학과로 개정됐다. 이러한 개정은 단순히 학과 이름을 학문정체성에 맞게 바꾼다는 의미를 넘어서, 21세기 디지털시대를 맞아 학과가 추구하고자 하는 방향을 암시하는 것이기도 했다. 실제로 학과에서는 ICT(*Information and Communication Technology*)가 눈부시게 발전하는 현실

---

6 서울대는 1984학년도부터 모집단위를 학과별 모집으로 전면 전환했다(서울대학교60년사편찬위원회, 2006: 449).

에서 ICT와 문화를 연결하는 새로운 영역의 교육을 강화할 필요성을 느꼈다. 그러나 현실적으로 학과의 규모를 확대하기 어려운 상황에서 대학본부가 2001년에 도입을 결정한 연합전공 제도를 활용해 2002학년도에 정보문화학 연합전공의 개설을 주도하게 됐다. 언론정보학과가 주관학과로 되어 있는 정보문화학 연합전공은 IT실습과목을 통해 디지털 리터러시 교육을 강화함으로써 언론정보학과 전공 학생들에게 보완적 교육 기회를 제공하게 됐다.

한편 학부 및 대학원의 교육과 관련해 가장 중요한 변수는 교수진일 것이다. 왜냐하면 교과과정은 교육부와 대학본부의 교육정책에 영향받지만, 실제 교육과 관련된 교과목 개발 및 선정은 학과 교수들에 의해 이루어지기 때문이다. 언론정보학과 초창기의 교수진은 앞에서 언급한 5명이었지만, 1979년 1월에 임근수 교수가 작고하고 1980년 1월과 3월에 박명진, 추광영 교수가 각각 부임하면서 6명의 교수진이 꾸려졌다. 그러나 1985년 7월 김규환 교수의 갑작스런 별세와 1986년 2월 박유봉 교수의 정년퇴임으로 다시 한번 교수진의 보충이 불가피해졌다. 그리하여 1986년 3월에 강현두 교수가, 1987년 9월에는 강명구 교수가 부임했고, 1991년 1월에는 박승관 교수가 부임하면서 교수진은 7명으로 늘어났다. 이어 1994년 8월 이상희 교수의 정년퇴직으로 양승목 교수가 1995년 3월 교수진에 합류했다. 이후 강현두 교수가 2001년 2월에 한국디지털위성방송 사장에 취임하기 위해 명예퇴직하게 되면서, 2001년 10월에 윤석민 교수가 부임했다.

이 무렵 사회대의 교수정원이 증원됨에 따라 언론정보학과도 2002년 7월에 이준웅 교수가, 2003년 9월에 강남준 교수가 부임해 교수정원은 9명으로 증가했다. 2005년 8월 추광영 교수의 정년퇴임으로 이재현 교수가

2006년 3월에 부임하고, 2007년 8월에는 차배근 교수의 정년퇴직으로 이은주 교수가 2008년 2월에 부임했다. 또한 대학본부의 교수 채용 방식이 다원화되면서 언론정보학과는 기금교수, 우수교수, 외국인교수 등 다양한 명목으로 교수정원을 추가 확보했다. 그 결과 2005년 9월 이중식 교수가 연합전공 정보문화학 기금교수로 부임하고(2009년 3월 융합과학기술대학원으로 이동), 2009년 9월에는 김은미 교수가, 2010년 12월에는 한규섭 교수가, 2011년 3월에는 이준환 교수가(이중식 교수 후임), 2013년 3월에는 홍석경 교수가 합류해 교수진은 13명으로 증가했다.

한편 2013년 2월 박명진 교수가 정년퇴임하고 이철주 교수가 2014년 9월에 부임했다. 2017년 8월 강남준 교수, 2018년 8월 강명구 교수가 정년퇴직하면서, 후임으로 김현석 교수와 강재호 교수가 2018년 9월 부임했다. 또한 2018년 3월 홍화정 교수가 정보문화학 연합전공 기금교수로 부임하고 2019년 9월 김수아 교수가 여성학 협동과정 전임으로 언론정보학과에 부임하면서, 언론정보학과 교수진은 15명이 됐다. 이후 2021년 7월 홍화정 교수가 KAIST로 이직하고 2021년 8월 양승목 교수가 정년퇴직하면서 후임으로 각각 임하진 교수(2022년 3월)와 신수연 교수(2022년 2월)가 부임했다. 2022년 2월 박승관 교수가 정년퇴직하고 후임으로 2022년 9월 양차미 교수가 부임했다. 정보문화학 기금교수인 임하진 교수 외에도 언론정보학과 교수진은 연합전공 주임교수와 운영위원 보직을 윤번제로 맡는 등 정보문화학 연합전공의 운영과 교육에 참여하고 있다.

3. 교과목 분석을 위한 자료와 방법

2005년 서울대 언론정보학과 창설 30주년을 맞아 강명구와 윤상길(2005)은 언론정보학과의 교과과정을 살펴본 바 있는데, 분석은 크게 두 가지 방향으로 이루어졌다. 첫째, 1976년에서 2004년까지 약 30년 동안 간행된 서울대 수강편람 자료를 이용해 언론정보학과 학부의 개설교과목을 분석했다. 둘째, 언론정보학과 졸업생 표본을 통해 1985년에서 2003년까지 약 20년 동안 졸업생들이 수강한 교과목을 기초소양, 현업 소양, 전공소양, 일반소양 등 4개 범주로 나누고, 학생들이 실제 수강한 학점 수와 전체 수강학점에서 차지하는 영역별 비율을 구했다. 이런 자료 분석과 함께 두 연구자는 실무와 이론의 이분법을 넘어 형성적 학습을 통한 현장지식 교육을 제안했다.

본 연구는 강명구와 윤상길의 연구(2005)를 발판으로 하되 언론정보학과의 개설교과목 분석을 30년에서 50년으로 확대하고, 학부와 함께 대학원의 교과목 변천 과정도 다루고자 한다. 분석 대상은 서울대가 매년 발행하는 수강편람에 기재된 개설교과목이다. 수강편람상의 개설교과목은 대학의 교과과정에[7] 따라 학과가 정해놓은 전체 교과목의 부분집합으로 볼 수 있다. 학과는 전공교육에 필요한 교과목들을 전공필수 또는 전공선택으로 구분하여 제공하는데, 이 과목들을 모두 매년 개설하는 것은 아니다. 보통은 담당교수(강사)의 존재 여부 등 제반 교육 여건을 고려하여 매 학기 전체 교과목 가운데 일부 과목을 선정하여 개설교과목으로 제공한다.

---

7 서울대 교과과정은 학칙에 따라 편성되며, 학사과정과 대학원과정으로 구분하여 학과 또는 전공단위로 편성된다.

따라서 학과의 실제 교육 내용을 살펴보기 위해서는 전체 교과목 목록과는 상관없이 실제 제공하는 개설교과목을 분석할 필요가 있다. 서울대는 개교 후 매년 개설교과목을 기재한 수강편람을 책자 형태로 발간해 왔으며, 1990년부터는 전자파일로도 제공하고 있다. 본 연구의 분석 대상은 1975년부터 2014년까지 서울대 학부 및 대학원의 수강편람에 기재된 언론정보학과 전공교과목이다. 1975년부터 1990년까지의 수강편람 자료는 서울대 교무처 학사과를 직접 현장 방문하여 입수했고,[8] 1991년 이후의 자료는 대학본부가 제공하는 전자파일 및 수강신청 웹사이트를 활용했다. 자료 분석은 다음의 질문들을 중심으로 이루어졌다.

1) 매년 학부와 대학원에서 어떤 교과목이 어느 학기에 개설됐는가?
2) 학부의 경우 학년별, 대학원의 경우 석·박사학위 과정별로 어떤 교과목이 개설됐는가?
3) 학부 및 대학원에서 학문분야별로 어떤 교과목이 개설됐는가? 시대별로 강조되는 학문분야와 새로운 교과목이 개설되는 분야는 무엇인가?
4) 시간의 흐름에 따라 교과목 명칭에 어떤 변화가 있는가?
5) 교과목 편성에 큰 변화가 일어난 해는 언제인가? 이것이 교수진의 변화와 관련 있는가?

이상의 질문을 중심으로 수강편람에 기재된 개설교과목들을 분석하되, 50년의 기간을 10년 단위로 다섯 시기로 구분할 것이다. 이러한 구분은

8 자료 수집을 도와준 언론정보학과 김명순 조교에게 감사드린다.

편의를 위한 것이지만, 강명구와 윤상길(2005)의 연구와 같은 시기 구분 방식을 택해야 결과 비교가 용이하리라는 점도 감안했다.

4. 서울대 언론정보학과의 학사과정 교육

1) 제1시기: 1975~1984년

앞에서 언급한 바와 같이 언론정보학과의 학부 교육은 1974년 학번이 3학기의 기초과정 교육을 마친 후 신문학과에 제1기생으로 진입한 1975년 2학기부터 시작됐다.[9] 1975년부터 1984년까지 10년 동안 언론정보학과에서 개설한 학사과정 전공 교과목들이 〈표 2-1〉과 〈표 2-2〉에 제시되어 있다. 〈표 2-1〉은 학년별로, 〈표 2-2〉는 학문분야별로 개설교과목을 정리한 것이다. 표 안의 숫자는 해당 과목이 개설된 학기를 의미하며, 별표(*)는 전공필수 과목을 나타낸다. 점선 박스 안의 교과목은 위의 과목이 특정 연도부터 아래의 과목으로 명칭이 변경됐음을 의미한다. 예를 들면 '매스미디어광고론'은 1977년 1학기에 개설되어 4년간 지속됐지만, 1981년부터 '광고론'으로 명칭이 변경됐다.

---

9 강명구와 윤상길(2005)은 "신문학과에 학부전공 교육이 시작된 것은 1975년 입학한 학생들이 2학년이 되던 76년이었다"(57쪽)라고 하면서, 개설교과목 자료도 1976년부터 제시하였다. 그러나 사실은 그렇지 않고, 신문학과 제1기생들은 1975년 2학기에 전공과목을 직접 수강했다.

〈표 2-1〉 1975~1984년 서울대 언론정보학과 학부의 학년별 개설교과목 및 개설학기

학년	강좌명	75	76	77	78	79	80	81	82	83	84
2	매스컴원론*	2	·	·	·	·	·	·	·	·	·
	매스컴개론*1)	2	2	1	1	1	1	1	1	1	1
	신문원론*	·	2	2	2	2	2	2	2	2	2
	매스컴연구방법론1*2)	·	2	2	·	·	·	·	·	·	·
	매스컴연구방법론*	·	·	·	2	2	2	2	2	2	2
	세계미디어발달사*3)	·	2	1	1	1	1	·	·	·	·
	한국미디어발달사*	·	·	·	·	·	·	1	1	1	1
	매스컴과사회*4)	2	·	1	·	·	·	·	·	·	·
	매스미디어광고론	·	·	1	1	1	1	·	·	·	·
	광고론	·	·	·	·	·	·	1	1	1	1
	여론과선전	·	·	1	1	1	1	1	1	1	1
	영화론	·	2	2	·	1	1	1	1	1	1
	PR론	·	2	2	2	2	2	2	2	2	2
	매스컴과문화	·	2	2	2	2	2	2	·	2	2
	방송편성제작론5)	·	2	2	·	2	·	·	·	·	·
	방송교육론	·	·	2	2	·	·	·	·	·	·
	교육방송론	·	2	·	·	·	·	·	·	·	·
3	한국미디어발달사*	·	2	2	2	2	2	·	·	·	·
	방송론*	·	1	1	1	1	1	·	·	·	·
	방송원론*	·	·	·	·	·	·	1	1	1	1
	커뮤니케이션이론*6)	·	1	1	1	1	1	·	·	·	·
	현대매스컴이론*	·	·	·	·	·	·	2	2	2	2
	커뮤니케이션학사*7)	·	1	1	1	1	1	·	1	1	1
	매스컴효과론*8)	·	2	2	2	2	2	1	1	1	1
	푸브리지스틱이론	·	1	1	1	1	1	·	·	·	·
	푸브리지스틱개론	·	·	·	·	·	·	1	1	1	1

〈표 2-1〉 계속

학년	강좌명	75	76	77	78	79	80	81	82	83	84
3	매스미디어제도론	·	1	1	1	1	1	·	·	·	·
	매스컴체제와사회체제	·	·	·	·	·	·	1	·	1	1
	매스컴법제론9)	·	2	2	2	2	2	·	·	·	·
	매스컴윤리법제	·	·	·	·	·	·	·	1	1	1
	보도론10)	·	2	2	2	2	·	·	·	·	·
	신문편집론11)	·	2	2	2	2	·	·	·	·	·
	출판잡지론	·	1	1	·	·	·	·	·	·	·
	설득커뮤니케이션	·	·	·	·	·	·	2	2	2	2
	커뮤니케이션과사회발전	·	·	·	·	·	·	2	2	2	2
	세계미디어발달사	·	·	·	·	·	·	2	2	2	2
	문화간커뮤니케이션	·	·	·	·	·	·	·	·	·	2
4	매스컴연구방법론2*	·	·	1	1	·	1	·	·	·	·
	매스컴특강	·	·	1	1	1	1	1	1	1	1
	매스미디어경영론12)	·	·	1	1	1	1	1	·	1	·
	국제커뮤니케이션	·	·	1	1	·	2	·	·	·	·
	특수신문론	·	·	1	·	·	·	·	·	·	·
	매스컴통계방법	·	·	·	·	·	·	1	·	·	·
	커뮤니케이션과사회문제연습	·	·	·	·	·	·	·	·	·	1
	신문학연습	·	·	2	2	2	2	·	·	2	2
	매스컴연습	·	·	2	2	2	2	·	2	·	·
	국제방송론	·	·	2	2	2	·	·	·	·	·
	집단커뮤니케이션론	·	·	2	·	·	·	·	·	·	·
	집단커뮤니케이션	·	·	·	·	·	2	2	·	2	·
	비교신문학	·	·	·	·	·	·	2	2	2	2
	영상과커뮤니케이션	·	·	·	·	·	·	·	2	·	2

주: 1) 1979/1980년 각 2개 강좌 개설. 2) 1979/1980년 각 2개 강좌 개설.
3) 1976~1980년 전공필수 과목. 4) 1975년 전공필수 과목.
5) 1976년 4학년, 1977년 3학년, 1979년 2학년 과목. 6) 1980년 2개 강좌 개설.
7) 1976~1989년 전공필수 과목. 8) 1980년 2개 강좌 개설.
9) 1976년 3학년 과목. 1979년에만 '매스컴제도론'으로 개설. 10) 1976년 3학년 과목.
11) 1976년 3학년 과목. 1979년 전공필수 과목. 12) 1979년 전공필수 과목.

〈표 2-1〉에서 볼 수 있듯이 1975년 2학기에 '매스컴개론', '매스컴과사회', '매스컴원론'이 최초의 학부 전공과목으로 개설되었는데, 담당교수는 순서대로 차배근, 이상희, 임근수 교수였다. '매스컴원론'은 1975년 2학기에 한 번 개설되고 다음 해부터 개설교과목에서 삭제됐다. 1976년에 20개의 전공과목이 개설되면서 전공교육이 확대되었지만, 2학년부터 4학년까지 학년이 모두 채워지고 교과목 편성이 안정된 것은 1977년부터다.

이 시기의 특징적인 점은 전공필수 과목이 매우 많았다는 사실이다. 어떤 과목은 1년 또는 2~3년 만에 전공필수 과목에서 해제됐지만 대략 10개 이상의 교과목이 전공필수로 지정됐다. 아마 당시 학과에서는 처음 맞는 학부생들에게 신문학과의 학문적 정체성을 주입하기 위해 가급적 많은 필수과목을 지정한 듯하다. 이 시기에 전공필수 과목으로 계속 지정되어 신문학과의 핵심 교과목이 됐던 과목은 '매스컴개론', '커뮤니케이션이론', '매스컴연구방법론', '한국미디어발달사', '신문원론', '방송원론', '매스컴효과론' 등이다. 1979년까지 초창기에는 '신문편집론', '보도론', '출판잡지론', '방송편성제작론', '교육방송론', '방송교육론' 등 신문과 방송 관련 교과목이 다수 개설됐으나 1980년부터는 개설되지 않았다. 이를 볼 때 학과에서는 학부교육의 무게중심을 실무교육이 아닌 이론교육에 두었음을 짐작할 수 있다.

이 시기의 또 다른 특징은 학과 초창기여서인지 교과목 개편이 비교적 잦았다는 점이다. 일부 교과목은 개설 후 곧 폐지되었고 일부 교과목은 대상 학년이 변경된 경우도 있다. 예를 들면 '매스컴원론'은 1975년, '교육방송론'은 1976년, '특수신문론'은 1977년 한 해만 개설되고 폐지되었으며, '매스컴과사회'는 1975년과 1977년, '방송교육론'은 1976~1977년, '국제방송론'은 1977~1979년 동안만 개설됐다. 대상 학년이 변경된 경우는 다음과 같다. 전공필수 과목인 '한국미디어발달사'가 1976~1980년에 3학년 과목이었다가 1981년부터 2학년 과목으로 바뀌었다. 반대로 '세계미디어발달사'는 1980년까지 2학년 과목이었다가 1981년부터 3학년 과목으로 바뀌었다. 또 '방송편성제작론'도 매번 대상 학년이 달라졌고, '신문편집론'도 4학년 과목이었던 것이 1977년부터 3학년 과목으로 변경됐다.

일부 교과목은 명칭이 변경되거나 다른 교과목과 통합되기도 했다. 방법론 과목인 '매스컴연구방법론1'과 '매스컴연구방법론2'는 전공 필수인데, 1978년 2학기부터 '매스컴연구방법론'으로 통합됐다.[10] 교과목 명칭 변경은 졸업정원제 실시 등 교과과정에 큰 변화가 있었던 1981년에 두드러지게 나타난다. '매스미디어광고론'이 '광고론'으로, '방송론'이 '방송원론'으로, '커뮤니케이션이론'이 '현대매스컴이론'으로, '푸브리지스틱이론'이 '푸브리지스틱개론'으로, '매스미디어제도론'이 '매스컴체제와사회체제'로 '매스컴법제론'이 '매스컴윤리법제'로 명칭이 변경됐다.

1981년에는 '커뮤니케이션학사'와 '세계미디어발달사'를 비롯해 4개 과목이 전공필수에서 해제되는 등 교과과정에 큰 변화가 있었다. 아마도 1980년 박명진, 추광영 교수가 새로 부임하고 1981년 졸업정원제가 실시되면서 학과에서는 교과과정 개편의 필요성을 크게 느꼈을 것이다. '매스미디어경영론'과 '집단커뮤니케이션'은 1983년을 마지막으로 더 이상 개설되지 않았다.

---

10 '매스컴연구방법론2'는 1980년 1학기에 마지막으로 한 번 더 개설됐다.

〈표 2-2〉 1975~1984년 서울대 언론정보학과 학부의 분야별 개설교과목 및 개설학기

구분	강좌명	75	76	77	78	79	80	81	82	83	84
이론/개론	매스컴원론*	2	·	·	·	·	·	·	·	·	·
	매스컴개론*	2	2	1	1	1	1	1	1	1	1
	커뮤니케이션이론*	·	1	1	1	1	1	·	·	·	·
	현대매스컴이론*	·	·	·	·	·	·	2	2	2	2
	푸브리지스틱이론	·	1	1	1	1	1	·	·	·	·
	푸브리지스틱개론	·	·	·	·	·	·	1	1	1	1
방법론	매스컴연구방법론1*	·	2	2	·	·	·	·	·	·	·
	매스컴연구방법론2*	·	·	1	1	·	1	·	·	·	·
	매스컴연구방법론*	·	·	·	·	2	2	2	2	2	2
	매스컴통계방법	·	·	·	·	·	·	1	·	·	·
효과론	매스컴효과론*	·	2	2	2	2	2	1	1	1	1
	매스컴과사회*	2	·	1	·	·	·	·	·	·	·
역사	커뮤니케이션학사*	·	1	1	1	1	1	·	1	1	1
	한국미디어발달사*	·	2	2	2	2	2	1	1	1	1
	세계미디어발달사*	·	2	1	1	1	1	2	2	2	2
저널리즘	신문원론*	·	2	2	2	2	2	2	2	2	2
	신문편집론	·	2	2	2	2	·	·	·	·	·
	특수신문론	·	·	1	·	·	·	·	·	·	·
	출판잡지론	·	1	1	·	·	·	·	·	·	·
	보도론	·	2	2	2	2	·	·	·	·	·
방송	방송론*	·	1	1	1	1	1	·	·	·	·
	방송원론*	·	·	·	·	·	·	1	1	1	1
	방송편성제작론	·	2	2	·	2	·	·	·	·	·
	방송교육론	·	·	2	2	·	·	·	·	·	·
	교육방송론	·	2	·	·	·	·	·	·	·	·

〈표 2-2〉 계속

구분	강좌명	75	76	77	78	79	80	81	82	83	84
설득/광고	여론과선전	·	·	1	1	1	1	1	1	1	1
	설득커뮤니케이션	·	·	·	·	·	·	2	2	2	2
	매스미디어광고론	·	·	1	1	1	1	·	·	·	·
	광고론	·	·	·	·	·	·	1	1	1	1
	PR론	·	2	2	2	2	2	2	2	2	2
영상/문화연구	매스컴과문화	·	2	2	2	2	2	2	·	2	2
	영화론	·	2	2	·	1	1	1	1	1	1
	영상과커뮤니케이션	·	·	·	·	·	·	·	2	·	2
국제컴/비교연구	국제커뮤니케이션	·	·	1	1	·	2	·	·	·	
	문화간커뮤니케이션	·	·	·	·	·	·	·	·	·	2
	비교신문학	·	·	·	·	·	·	2	2	2	2
	국제방송론	·	·	2	2	2	·	·	·	·	·
법제/제도/경영	매스미디어제도론	·	1	1	1	1	1	·	·	·	·
	매스컴체제와사회체제	·	·	·	·	·	·	1	·	1	1
	매스컴법제론	·	2	2	2	2	2	·	·	·	·
	매스컴윤리법제	·	·	·	·	·	·	·	1	1	1
	매스미디어경영론	·	·	1	1	1	1	1	·	1	·
기타	매스컴특강	·	·	1	1	1	1	1	1	1	1
	신문학연습	·	·	2	2	2	2	·	·	2	2
	매스컴연습	·	·	2	2	2	2	·	2	·	·
	커뮤니케이션과사회발전	·	·	·	·	·	·	2	2	2	2
	커뮤니케이션과사회문제연습	·	·	·	·	·	·	·	·	·	1
	집단커뮤니케이션론	·	·	2	·	·	·	·	·	·	·
	집단커뮤니케이션	·	·	·	·	·	2	2	·	2	·

한편 1975~1984년의 학부 교과목들을 학문분야별로 분류한 것이 〈표 2-2〉이다. 이는 언론정보학과의 학부 교육이 처음부터 이론 중심이었음을 확연히 보여 준다. 주요 교육 분야는 이론, 방법론, 역사, 저널리즘, 방송, 설득커뮤니케이션, 국제커뮤니케이션, 영상/문화연구, 제도/법제론 등이고, 실무교육은 신문과 방송에 국한되었음을 알 수 있다. 또한 박명진, 추광영 교수의 부임으로 영상/문화연구와 국제컴/비교연구 관련 과목('영상과 커뮤니케이션', '비교신문학')이 새로 개설되기 시작했음을 알 수 있다.

2) 제2시기: 1985~1994년

1985년부터 1994년까지 언론정보학과 학부의 개설교과목과 개설학기를 학년별로 정리한 것이 〈표 2-3〉이고, 학문분야별로 정리한 것이 〈표 2-4〉이다. 이 표들을 〈표 2-1〉 및 〈표 2-2〉와 비교해 보면 우선 1985년에 '비판커뮤니케이션론'이 3학년 과목으로 신설됐음을 알 수 있다. 담당교수는 이상희 교수인데, 비판커뮤니케이션이 정식으로 학부 전공과목으로 개설됐다는 의미가 있다.[11] 무엇보다도 1985년에는 교과목 명칭에 큰 변화가 있었다. 주요 교과목에서 '매스컴'이라는 표현이 '커뮤니케이션'으로 바뀐 것이다. '매스컴개론'은 '커뮤니케이션개론'으로, '현대매스컴이론'은 다

11 이상희 교수는 생전에 박용규 교수와의 대담에서 1982년 대학원과정에 '비판커뮤니케이션론' 강좌를 개설했고, 다음 해(1983년)에는 학부에도 같은 과목을 개설했다고 하였다(역사문제연구소, 2000: 415). 그러나 1983년과 1984년에 이상희 교수가 담당한 학부 과목은 '커뮤니케이션학사', '매스컴체제와 사회체제', '커뮤니케이션과 사회발전', '매스컴과 문화'였다. 아마도 이 과목들 중에서 과목 명칭과 상관없이 실질적으로 비판커뮤니케이션을 강의했던 것으로 보인다.

시 '커뮤니케이션이론'으로, '매스컴연구방법론'은 '커뮤니케이션연구방법론'으로, '매스컴통계방법'은 '커뮤니케이션통계방법'으로 바뀌었다. 이는 언론정보학과가 매스컴에 국한되지 않고 커뮤니케이션 전반을 다루는 학문임을 교과목 명칭에서 구체적으로 보여 주는 의지의 표현이라고 본다.[12] 같은 맥락에서 '한국미디어발달사'와 '세계미디어발달사'도 '한국커뮤니케이션사', '세계커뮤니케이션사'로 바뀌었다. 그러나 이 두 과목의 실제 강의 내용은 언론사였기 때문에 1989년에 각각 '한국언론사'와 '세계언론사'로 재변경됐다. '매스컴효과론'도 1985년에 '매스컴 기능과효과'로 바뀌었다가 1989년에 '매스커뮤니케이션효과론'으로 재변경됐다. '매스컴체제와사회체제'는 1985년에 '매스컴과사회체제'로 명칭이 바뀌었다가 1989년부터는 개설교과목에서 삭제됐다.

이 밖에도 1989년에는 상당 폭의 교과목 개편이 이뤄졌는데, '뉴미디어론'이 2학년 과목으로 처음 개설되었고, 일부 과목은 명칭이 변경됐다. 즉 '매스컴과정치'가 '정치커뮤니케이션'으로, '광고론'이 '광고커뮤니케이션'으로, 'PR론'이 'PR커뮤니케이션론'으로, '영상과커뮤니케이션'이 '영상커뮤니케이션'으로, '매스컴윤리법제'가 '언론윤리법제'로, '커뮤니케이션과사회문제'가 '매스컴과사회문제'로, '비교신문학'이 '비교미디어론'으로 바뀌었다. 또 대상 학년이 바뀐 경우도 있는데, '영화론'과 '방송편성제작론'이 2학년 과목에서 3학년 과목으로, '커뮤니케이션통계방법'과 '영상커뮤니케이션'이 4학년 과목에서 3학년 과목으로 바뀌었다. 반면에 3학년

12 공교롭게도 한국신문학회는 1985년에 학회 명칭을 한국언론학회로 변경하고, 영어 명칭도 기존 Korean Society of Journalism and Mass Communication Studies에서 'Mass'를 삭제했다. 변경된 명칭은 Korean Society for Journalism and Communication Studies이다.

과목이었던 '매스컴기능과효과'는 '매스커뮤니케이션효과론'으로 명칭이 바뀌어 4학년 과목이 됐다.

교과과정의 변화는 1991년에도 있었다. 서울대는 1990년에 교양교육제도를 전면 개편하면서 특정 학문의 개론 성격을 갖는 교양과목 개설을 지양하게 됐기 때문에 학과 입장에서는 1학년에 전공과목을 개설하여 신입생들에게 전공교육 기회를 제공할 필요성이 있었다. 그리하여 1985년까지 2학년 과목이었다가 한동안 개설되지 않았던 '커뮤니케이션개론'이 1991년에 1학년 전공필수 과목으로 재개설됐다. 또한 2학년 과목이던 '신문원론'이 1984년을 마지막으로 개설되지 않고 있다가 역시 1991년에 1학년 전공필수 과목으로 재개설됐다. 2학년 과목이었던 '세계언론사'와 '방송원론'도 각각 1991년, 1992년에 1학년 전공필수 과목으로 바뀌었다. 마지막으로 1993년과 1994년에도 일부 변화가 있었는데, 1991년에 처음 개설된 '방송이론'이 1993년에 '방송과현대사회'로 명칭이 변경됐고, 1994년에는 '정보사회론'이 처음 개설됐으며, '커뮤니케이션과사회발전'이 '커뮤니케이션과사회변동'으로 명칭이 바뀌었다.

이 시기(1985~1994)에는 앞에서 언급한 바와 같이 교수진에도 상당한 변화가 있었다. 김규환 교수의 별세와 박유봉 교수의 정년퇴임으로 생긴 공백은 강현두, 김명구, 박승관 교수가 새로 교수진에 합류하여 채웠다. 이런 변화로 '방송편성제작론', '정치커뮤니케이션' 등이 정기적으로 개설되기 시작했다. 박유봉 교수의 은퇴로 '푸브리지스틱개론'이 1989년부터 교과목에서 완전히 사라진 것도 눈여겨볼 대목이다.

〈표 2-3〉 1985~1994년 서울대 언론정보학과 학부의 학년별 개설교과목 및 개설학기

학년	강좌명	85	86	87	88	89	90	91	92	93	94
1	커뮤니케이션개론*1)	1	·	·	·	·	·	1	1	1	1
	신문원론*	·	·	·	·	·	·	2	2	2	2
	방송원론*	·	·	·	·	·	·	·	1	1	1
	세계언론사	·	·	·	·	·	·	2	2	2	2
2	커뮤니케이션학사*	2	2	2	2	2	2	2	2	2	2
	한국커뮤니케이션사*	1	1	1	1	·	·	·	·	·	·
	한국언론사*	·	·	·	·	1	·	1	1	1	1
	방송원론*	1	1	1	1	1	1	1	·	·	·
	신문보도편집론	1	1	1	1	1	1	1	1	1	1
	여론과선전	1	1	1	1	1	1	1	1	1	1
	광고론	1	1	1	1	·	·	·	·	·	·
	광고커뮤니케이션	·	·	·	·	1	1	1	1	1	1
	PR론	2	2	2	2	·	·	·	·	·	·
	PR커뮤니케이션론	·	·	·	·	2	·	·	·	·	·
	세계커뮤니케이션사	1	1	1	1	·	·	·	·	·	·
	세계언론사	2	2	2	2	·	·	·	·	·	·
	영화론	·	2	2	·	·	·	·	·	·	·
	방송편성제작론	·	·	·	·	·	·	·	·	·	·
	매스컴과문화	·	·	·	·	·	·	·	·	·	·
	언론윤리법제	·	·	·	·	2	2	2	2	2	2
	뉴미디어론	·	·	·	·	2	2	·	2	2	2
	출판잡지론	·	·	·	·	2	2	·	·	·	·
3	커뮤니케이션이론*	1	1	1	1	1	1	1	1	1	1
	커뮤니케이션연구방법론*2)	2	2	2	2	1	1	1	1	1	1
	비판커뮤니케이션론	1	1	1	1	1	1	1	1	1	1
	대인커뮤니케이션	2	2	2	2	2	·	2	2	2	2
	매스컴과정치	·	·	2	2	·	·	·	·	·	·
	정치커뮤니케이션	·	·	·	·	2	2	2	2	2	2
	커뮤니케이션과사회발전	2	2	2	2	2	·	2	2	2	·
	커뮤니케이션과사회변동	·	·	·	·	·	·	·	·	·	2

〈표 2-3〉 계속

학년	강좌명	85	86	87	88	89	90	91	92	93	94
3	푸브리지스틱개론3)	1	1	1	1	·	·	·	·	·	·
	매스컴윤리법제	1	1	1	1	·	·	·	·	·	·
	매스컴과사회체제	1	1	1	1	·	·	·	·	·	·
	매스컴기능과효과	2	2	2	2	·	·	·	·	·	·
	영화론	·	·	·	·	1	1	1	1	1	1
	방송편성제작론	·	·	·	·	2	2	2	2	2	2
	커뮤니케이션통계방법	·	·	·	·	2	2	2	·	2	2
	영상커뮤니케이션	·	·	·	·	2	·	2	2	2	2
	대중문화론	·	·	·	·	1	1	·	·	·	·
	방송이론	·	·	·	·	·	·	1	1	·	·
	방송과현대사회	·	·	·	·	·	·	·	·	1	1
	정보사회론	·	·	·	·	·	·	·	·	·	1
4	국제커뮤니케이션	1	1	1	1	1	1	1	1	1	1
	매스컴특강	2	·	·	1	2	2	2	2	2	2
	커뮤니케이션과사회문제	2	2	2	2	·	·	·	·	·	·
	매스컴과사회문제	·	·	·	·	1	1	1	1	1	1
	매스컴연습	1	1	1	1	·	·	·	·	·	·
	커뮤니케이션통계방법	·	1	1	1	·	·	·	·	·	·
	영상과커뮤니케이션	2	2	2	2	·	·	·	·	·	·
	설득커뮤니케이션	·	·	·	·	1	1	1	1	1	1
	저널리즘이론4)	·	·	·	·	1	1	1	1	1	1
	매스커뮤니케이션효과론	·	·	·	·	2	2	2	2	2	2
	비교신문학	2	2	2	2	·	·	·	·	·	·
	비교미디어론	·	·	·	·	2	2	·	·	·	·
	대중문화론	·	·	·	·	·	·	2	·	·	·

주: 1) 1985년 2학년 과목.
2) 1991/1994년 '커뮤니케이션연구방법'으로 개설.
3) 1986/1987년 전공필수 과목.
4) 1991년 3학년 과목.

〈표 2-4〉 1985~1994년 서울대 언론정보학과 학부의 분야별 개설교과목 및 개설학기

구분	강좌명	85	86	87	88	89	90	91	92	93	94
이론/개론	커뮤니케이션개론*	1	·	·	·	·	·	1	1	1	1
	커뮤니케이션이론*	1	1	1	1	1	1	1	1	1	1
	푸브리지스틱개론	1	1	1	1	·	·	·	·	·	·
	비판커뮤니케이션론	1	1	1	1	1	1	1	1	1	1
방법론	커뮤니케이션 연구방법론*	2	2	2	2	1	1	1	1	1	1
	커뮤니케이션통계방법	·	1	1	1	2	2	2	·	2	2
효과론	매스컴기능과효과	2	2	2	·	·	·	·	·	·	·
	매스커뮤니케이션효과론	·	·	·	2	2	2	2	2	2	2
역사	커뮤니케이션학사*	2	2	2	2	2	2	2	2	2	2
	한국커뮤니케이션사*	1	1	1	1	·	·	·	·	·	·
	한국언론사*	·	·	·	·	1	·	1	1	1	1
	세계커뮤니케이션사	2	2	2	2	·	·	·	·	·	·
	세계언론사	·	·	·	·	2	·	2	2	2	2
저널리즘/정치컴	신문원론*	·	·	·	·	·	·	2	2	2	2
	신문보도편집론	1	1	1	1	1	1	1	1	1	1
	출판잡지론	·	·	·	·	2	2	·	·	·	·
	저널리즘이론	·	·	·	·	1	1	1	1	1	1
	매스컴과정치	·	·	2	2	·	·	·	·	·	·
	정치커뮤니케이션	·	·	·	·	2	2	2	2	2	2
방송/뉴미디어	방송원론*	1	1	1	1	1	1	1	1	1	1
	방송이론	·	·	·	·	·	·	1	1	·	·
	방송과현대사회	·	·	·	·	·	·	·	·	1	1
	방송편성제작론	2	2	2	2	2	2	2	2	2	2
	뉴미디어론	·	·	·	·	2	2	·	2	2	2

〈표 2-4〉 계속

구분	강좌명	85	86	87	88	89	90	91	92	93	94
설득/광고	여론과선전	1	1	1	1	1	1	1	1	1	1
	설득커뮤니케이션	·	·	·	·	1	1	1	1	1	1
	광고론	1	1	1	1	·	·	·	·	·	·
	광고커뮤니케이션	·	·	·	·	1	1	1	1	1	1
	PR론	2	2	2	2	·	·	·	·	·	·
	PR커뮤니케이션론	·	·	·	·	2	2	2	2	2	2
영상/문화연구	매스컴문화	·	2	2	·	·	·	·	·	·	·
	대중문화론	·	·	·	·	1	1	2	·	·	·
	영화론	1	1	1	1	1	1	1	1	1	1
	영상과커뮤니케이션	2	2	2	2	·	·	·	·	·	·
	영상커뮤니케이션	·	·	·	·	2	·	2	2	2	2
국제컴/비교연구	국제커뮤니케이션	1	1	1	1	1	1	1	1	1	1
	비교신문학	2	2	2	2	·	·	·	·	·	·
	비교미디어론	·	·	·	·	2	2	·	·	·	·
법제/제도	매스컴윤리법제	1	1	1	1	·	·	·	·	·	·
	언론윤리법제	·	·	·	·	2	2	2	2	2	2
	매스컴과사회체제	1	1	1	1	·	·	·	·	·	·
대인	대인커뮤니케이션	2	2	2	2	2	·	2	2	2	2
기타	매스컴연습	1	1	1	1	·	·	·	·	·	·
	매스컴특강	2	·	·	1	2	2	2	2	2	2
	커뮤니케이션과사회문제	2	2	2	2	·	·	·	·	·	·
	매스컴과사회문제	·	·	·	·	1	1	1	1	1	1
	커뮤니케이션과사회발전	2	2	2	2	2	·	2	2	2	·
	커뮤니케이션과사회변동	·	·	·	·	·	·	·	·	·	2
	정보사회론	·	·	·	·	·	·	·	·	·	1

3) 제3시기: 1995~2004년

1995년부터 2004년까지 언론정보학과 학부의 개설교과목과 개설학기를 학년별로 정리한 것이 〈표 2-5〉이고, 학문분야별로 정리한 것이 〈표 2-6〉이다.

이 시기의 눈에 띄는 특징은 개설교과목의 변화가 가장 적은 시기라는 점이다. 앞의 시기에 빈번했던 교과목 명칭 변경도 세 차례밖에 없었다. 아마도 가장 눈에 띄는 변화는 신문학과의 이름을 언론정보학과로 개정한 1997년의 교과목 개편과 2002년 모집단위 광역화로 인한 교과과정 개편일 것이다. 언론정보학과로 학과 명칭을 바꾼 1997년에는 '신문원론', '방송원론', '한국언론사', '커뮤니케이션학사'가 전공필수에서 해제되면서 학부 전공필수 과목은 '커뮤니케이션개론', '커뮤니케이션이론', '커뮤니케이션연구방법' 등 3개 과목으로 축소됐다. 또 신문학과 창설 이후 쭉 개설됐던 '여론과선전'이 '커뮤니케이션학사'와 함께 폐지됐다.[13] 1997년에는 교과목 명칭 변경 또한 있었는데, '광고커뮤니케이션'이 '광고론'으로, 'PR커뮤니케이션'이 'PR론'으로 바뀌었다.

2002년에는 모집단위 광역화로 1학년 전공 학생이 없어지면서 '신문원론'과 '방송원론'이 2학년 과목으로 변경됐다. 또 전공탐색 과목 제도가 도입되면서 '커뮤니케이션개론'이 2003년부터 '커뮤니케이션의이해'로 바뀌었고, 1학년 과목이었던 '세계언론사'는 2002년에 '미디어테크놀로지의역사'에 통합되어 폐지된 것도 눈에 띈다. 한편 2002년에는 '뉴미디어론'이 2학년 과목에서 3학년 과목으로 변경됐다.

13 두 과목의 폐지는 강의를 담당했던 이상희 교수의 은퇴와도 관련 있으나, '여론과선전'의 경우 '설득커뮤니케이션'과 '정치커뮤니케이션'이 대체할 수 있다고 보았다. '커뮤니케이션학사'는 2011년에 교과과정에 재편성되어 개설됐다.

〈표 2-5〉 1995~2004년 서울대 언론정보학과 학부의 학년별 개설교과목 및 개설학기

학년	강좌명	95	96	97	98	99	00	01	02	03	04
1	커뮤니케이션개론*	1	1	1	1	1	1	1	1/2	1	·
	커뮤니케이션의이해*	·	·	·	·	·	·	·	·	2	1/2
	신문원론1)	2	2	1	1	1	1	1	·	·	·
	방송원론2)	1	1	2	2	2	2	2	·	·	·
	세계언론사3)	2	2	2	2	2	2	2	·	·	·
2	한국언론사4)	1	1	1	1	1	1	1	1	1	1
	커뮤니케이션학사*	2	·	·	·	·	·	·	·	·	·
	신문보도편집론5)	1	1	1	1	1	1	1	1	1	1
	뉴미디어론6)	2	2	2	2	2	2	1	1	1	·
	언론윤리법제7)	2	2	2	2	2	2	2	2	2	2
	광고커뮤니케이션	1	1	·	·	·	·	·	·	·	·
	광고론	·	·	1	1	1	1	1	1	1	·
	PR커뮤니케이션론	2	2	·	·	·	·	·	·	·	·
	PR론	·	·	2	2	2	2	2	2	2	·
	여론과선전	1	·	·	·	·	·	·	·	·	·
	신문원론	·	·	·	·	·	·	·	1	1	1
	영화론	·	·	·	·	·	·	·	1	1	1
	빙송원론	·	·		·	·	·	·	2	2	2
	커뮤니케이션과사회변동	·	·	·	·	·	·	·	·	·	1
3	커뮤니케이션이론*	1	1	1	1	1	1	1	·	1	1
	커뮤니케이션연구방법*	1	1	1	1	1	1	1	1	1	1
	비판커뮤니케이션론	1	1	·	1	1	1	1	1	1	2
	대중문화론8)	·	1	1	1	1	1	1	1	1	1

〈표 2-5〉 계속

학년	강좌명	95	96	97	98	99	00	01	02	03	04
3	방송편성제작론9)	2	2	2	2	2	2	2	2	2	2
	영상커뮤니케이션	2	2	2	2	2	2	2	2	2	2
	정치커뮤니케이션	2	2	2	2	2	2	2	2	·	2
	커뮤니케이션과사회변동	2	2	2	2	2	2	·	2	2	·
	방송과현대사회10)	1	·	1	·	1	·	·	·	1	1
	영화론	1	1	·	1	·	1	1	·	·	·
	정보사회론	1	·	·	·	·	·	2	·	·	·
	대인커뮤니케이션	2	·	·	·	·	·	·	·	·	2
	커뮤니케이션통계방법	2	·	·	·	·	·	·	·	·	·
	미디어테크놀로지의역사	·	·	·	·	·	·	2	2	·	1
4	국제커뮤니케이션	1	1	1	1	1	·	2	2	2	2
	저널리즘이론	1	2	2	2	2	2	2	2	2	2
	설득커뮤니케이션11)	1	1	1	1	1	1	1	1	1	1
	매스컴과사회문제	1	1	·	1	·	·	·	·	·	·
	매스커뮤니케이션효과론	2	2	·	·	·	2	2	2	2	·
	매스컴특강12)	2	·	2	2	·	·	2	2	2	·
	커뮤니케이션통계방법	·	·	1	·	·	·	·	·	·	2
	정보사회론	·	·	·	·	·	·	·	2	2	2
	광고론	·	·	·	·	·	·	·	·	·	1

주: 1) 1995/1996년 전공필수 과목. 2) 1995/1996년 전공필수 과목.
3) 2000년 2학년 과목. 4) 1995/1996년 전공필수 과목.
5) 2004년 3학년 과목으로 변경. 6) 2002년 3학년 과목으로 변경.
7) 2004년 3학년 과목으로 변경. 8) 2000/2001년 2학년 과목.
9) 1997/2000년 2학년 과목. 10) 2004년 2학년 과목으로 변경.
11) 2004년 2학년 과목으로 변경. 12) 1998년 2학년 과목.

〈표 2-6〉 1995~2004년 서울대 언론정보학과 학부의 분야별 개설교과목 및 개설학기

구분	강좌명	95	96	97	98	99	00	01	02	03	04
이론/개론	커뮤니케이션개론*	1	1	1	1	1	1	1	1/2	1	·
	커뮤니케이션의이해*	·	·	·	·	·	·	·	·	2	1/2
	커뮤니케이션이론*	1	1	1	1	1	1	1	·	1	1
	비판커뮤니케이션론	1	1	·	1	1	1	1	1	1	2
방법론	커뮤니케이션연구방법*	1	1	1	1	1	1	1	1	1	1
	커뮤니케이션통계방법	2	·	1	·	·	·	·	·	·	2
효과론	매스커뮤니케이션효과론	2	2	·	·	·	2	2	2	2	·
역사	커뮤니케이션학사*	2	·	·	·	·	·	·	·	·	·
	한국언론사	1	1	1	1	1	1	1	1	1	1
	세계언론사	2	2	2	2	2	2	2	·	·	·
	미디어테크놀로지의역사	·	·	·	·	·	·	2	2	·	1
저널리즘/정치컴	신문원론	2	2	1	1	1	1	1	1	1	1
	신문보도편집론	1	1	1	1	1	1	1	1	1	1
	저널리즘이론	1	2	2	2	2	2	2	2	2	2
	정치커뮤니케이션	2	2	2	2	2	2	2	·	2	2
방송/뉴미디어	방송원론	1	1	2	2	2	2	2	2	2	2
	방송과현대사회	1	·	1	·	1	·	·	·	1	1
	방송편성제작론	2	2	2	2	2	2	2	2	2	2
	뉴미디어론	2	2	2	2	2	2	1	1	1	·
설득/광고	설득커뮤니케이션	1	1	1	1	1	1	1	1	1	1
	여론과선전	1	·	·	·	·	·	·	·	·	·
	광고커뮤니케이션	1	1	·	·	·	·	·	·	·	·
	광고론	·	·	1	1	1	1	1	1	1	1
	PR커뮤니케이션론	2	2	·	·	·	·	·	·	·	·
	PR론	·	·	2	2	2	2	2	2	2	·
영상/문화연구	대중문화론		1	1	1	1	1	1	1	1	1
	영화론	1	1	·	1	·	1	1	1	1	1
	영상커뮤니케이션	2	2	2	2	2	2	2	2	2	2
국제컴	국제커뮤니케이션	1	1	1	1	1	·	2	2	2	2
법제	언론윤리법제	2	2	2	2	2	2	2	2	2	2
대인	대인커뮤니케이션	2	·	·	·	·	·	·	·	·	2
기타	커뮤니케이션과사회변동	2	2	2	2	2	2	·	2	2	2
	정보사회론	1	·	·	·	·	·	2	2	2	2
	매스컴특강	2	·	2	2	·	·	2	2	2	·
	매스컴과사회문제	1	1	·	1	·	·	·	·	·	·

2004년에도 일부 교과목의 대상 학년이 바뀌었는데, '신문보도편집론'과 '언론윤리법제'가 2학년에서 3학년 과목으로, '커뮤니케이션과사회변동'이 3학년에서 2학년으로, '설득커뮤니케이션'이 4학년에서 2학년으로 바뀌는 등 변화가 있었다. 또 '대인커뮤니케이션'이 1996년 이후 오랜 공백 끝에 2004년에 재개설됐다.

이 시기(1995~2004)에 강현두 교수가 퇴임하고 양승목, 윤석민, 이준웅, 강남준 교수가 차례대로 부임했지만, 이상희 교수가 담당하던 '커뮤니케이션학사'와 '여론과선전'이 폐지된 것 외에는 교과과정의 큰 변동은 없었다. 왜냐하면 신임교수는 담당할 교과목을 신설하기보다는 그동안 개설되지 않았거나 시간강사가 강의하던 과목들을 담당했고, 또 이 시기에 전임교수의 강의담당 과목 수가 학기당 3과목에서 2과목으로 줄어 교수진의 증원 효과가 별로 크지 않았기 때문이다.

4) 제4시기: 2005~2014년

2005년부터 2014년까지 언론정보학과 학부의 개설교과목과 개설학기를 학년별로 정리한 것이 〈표 2-7〉이고, 학문분야별로 정리한 것이 〈표 2-8〉이다. 이 시기에는 ICT의 급속한 발달로 새로운 디지털 시대가 열렸을 뿐만 아니라, 학과 교수진에도 큰 변화가 생기면서 교과목 편성에도 많은 변화가 일어났다. 교수진을 보면 추광영, 차배근, 박명진 교수가 정년퇴임하고, 대신에 이재현, 이은주, 김은미, 한규섭, 이준환, 홍석경, 이철주 교수가 새로 부임하여 학과 교수진은 13명에 이르게 됐다.

이 시기 큰 폭의 교과과정 개편은 2008년에 있었다. 2008년을 보면 많은 과목들의 명칭이 변경됐다. 즉 '신문원론'은 '저널리즘의이해'로, '영화론'은 '영상/문화분석'으로, '대중문화론'은 '현대문화의이해'로, '뉴미디어론'은 '디지털커뮤니케이션'으로, '신문보도편집론'은 '탐사보도기획'으로, '방송편성제작론'은 '방송분석'으로, '언론윤리법제'는 '미디어법률과제도'로, '커뮤니케이션통계방법'은 '커뮤니케이션통계분석'으로, '매스커뮤니케이션효과론'은 '커뮤니케이션효과연구'로, '국제커뮤니케이션'은 '글로벌커뮤니케이션'으로 바뀌었다.

시대의 변화에 맞춰 과목의 성격에도 변화를 주면서 교과목 명칭을 좀 더 '세련되게' 바꾼 것이다. 특히, 이 시기에 이르러 교과목 명칭에서 '신문'이 사라지게 된 점이 눈에 띈다. 2008년에는 또 '정보사회론'이 폐지되고 새로운 교과목도 탄생했다. '커뮤니케이션정책'과 'HCI와커뮤니케이션'이 새로 개설됐는데, '커뮤니케이션정책'은 2011년에 '미디어산업과정책'으로 명칭이 변경됐다. 대상 학년이 변경된 경우도 있는데, 'HCI와커뮤니케이션'은 처음에 3학년 과목으로 생겼다가 2009년부터 2학년 과목으로, '커뮤니케이션정책'은 4학년 과목이었다가 같은 해 3학년 과목으로 바뀌었다.

2010년, 2011년에도 개설교과목에 유의미한 변화가 있었다. 2010년에 '인터넷시대의읽기와쓰기', '인터넷과사이버스페이스'가 처음 개설됐고, 2011년에는 '모바일미디어'가 처음 개설됐다. 또 같은 해에 '한국언론사'가 '한국미디어사'로 명칭이 변경됐고, 1997년 폐지됐던 '커뮤니케이션학사'가 재개설됐으며, '대인커뮤니케이션'은 3학년 과목에서 2학년 과목으로 변경됐다. 2013년에는 '컴퓨터매개커뮤니케이션'이 4학년 과목으로 편성됐으며, 2학년 전공필수 과목으로 1학점 교과목 '언론정보문화특강'이 신설됐다. 이 과목은 사회 저명인사나 현업 인사들을 초청해 전공 학생들에게 경험적 지식을 제공하자는 취지에서 개발됐다.[14] 취업난의 심화로 실무지식이 강조되는 현실에서 2014년에는 4학년 과목으로 '미디어현장연습'과 '언론현장연습'이 처음 개설돼 학생들에게 현업의 실무지식을 교육할 수 있게 됐다.

한편 복수전공 및 부전공 학생의 증가로 전공필수 과목인 '커뮤니케이션이론'과 '커뮤니케이션연구방법'은 매학기 개설하게 됐고, 2학년의 '영상/문화분석'이 '영상문화분석'으로 명칭이 바뀌어 3학년 과목이 됐으며, '디지털커뮤니케이션'은 '디지털미디어의이해'로 바뀌어 2학년 과목이 됐다.

이 시기(2005~2014)의 교과목 편성에서 두드러지는 특징은 디지털 시대의 개막이라는 시대적 변화에 맞추어 인터넷, 모바일, HCI 등과 관련된 새로운 교과목들의 출현이다. 실제로 언론정보학과는 이러한 방향으로 꾸준히 교과목을 확대해 왔다. 2014년 IBK커뮤니케이션센터의 준공으로 언론정보학과가 단독 건물을 갖게 되면서, 실습 교육을 강화할 공간도 마련됐다. 그러나 현실적으로 전공교과목 확대에는 한계가 있기 때문에, 언론정보학과는 학과가 주관하는 연합전공 정보문화학을 통해 간접적으로 그러한 목표를 실현하고자 했다. 특히 언론정보학과에서 신규 개설된 과목들이 이론 과목임을 고려해 연합전공에서는 가급적 실습교육이 가능한 교과목을 편성하기 위해 노력했다.

---

14 권말의 〈부록 1〉에 역대 '언론정보문화 특강' 강연자 및 주제 목록을 수록했다.

〈표 2-7〉 2005~2014년 서울대 언론정보학과 학부의 학년별 개설교과목 및 개설학기

학년	강좌명	05	06	07	08	09	00	11	12	13	14
1	커뮤니케이션의이해*	1/2	1/2	1/2	1/2	1/2	1/2	1/2	1/2	1/2	1/2
2	신문원론	1	·	·	·	·	·	·	·	·	·
	저널리즘의이해	·	·	·	1	1	1	1	1	1	1
	방송원론1)	·	1	1	·	·	·	·	·	·	·
	방송과현대사회	2	2	2	2	2	2	·	·	·	·
	방송과콘텐츠	·	·	·	·	·	·	2	2	2	·
	한국언론사	1	1	1	1	1	1	·	·	·	·
	한국미디어사	·	·	·	·	·	·	1	·	·	2
	영화론	1	1	1	·	·	·	·	·	·	·
	영상/문화분석	·	·	·	1	1	1	1	1	1	·
	영상문화분석2)	·	·	·	·	·	·	·	·	·	1
	설득커뮤니케이션	1	1	1	·	1	·	1	·	1	·
	커뮤니케이션문명사회변동	2	2	2	·	2	2	2	·	·	·
	HCI와 커뮤니케이션3)	·	·	·	1	2	2	·	2	·	·
	언론사상사4)	·	·	·	1	·	·	·	1	·	·
	커뮤니케이션학사	·	·	·	·	·	·	1	1	·	·
	언론정보문화특강*	·	·	·	·	·	·	·	·	1/2	1/2
3	커뮤니케이션이론*	1	1	1	1	1	1	1	1	1	1/2
	커뮤니케이션연구방법*	1	1	1	1	1	1	1	1	1	1/2
	대중문화론	1	1	1	·	·	·	·	·	·	·
	현대문화의이해	·	·	·	1	1	1	1	1	1	1
	뉴미디어론	1	1	1	·	·	·	·	·	·	·
	디지털커뮤니케이션	·	·	·	1	1	1	1	1	1	·
	디지털미디어의이해5)	·	·	·	·	·	·	·	·	·	1
	신문보도편집론	1	1	1	·	·	·	·	·	·	·
	탐사보도기획	·	·	·	2	2	2	2	2	2	·
	탐사보도분석과기획	·	·	·	·	·	·	·	·	·	1
	방송편성제작론	2	2	2	·	·	·	·	·	·	·
	방송분석	·	·	·	·	1	1	1/2	1	1	1
	언론윤리법제	2	2	2	·	·	·	·	·	·	·
	미디어법률과제도	·	·	·	2	2	2	2	2	2	2

〈표 2-7〉 계속

학년	강좌명	05	06	07	08	09	00	11	12	13	14
3	영상커뮤니케이션6)	2	2	2	2	2	2	2	2	2	2
	미디어테크놀로지의역사	1	1	1	·	·	1	·	1	·	·
	비판커뮤니케이션론	2	2	2	2	2	·	2	2	·	·
	정치커뮤니케이션	·	·	2	2	·	2	2	2	2	2
	커뮤니케이션특강7)	·	·	·	2	2	·	1	1/2	1/2	1
	커뮤니케이션정책	·	·	·	·	2	2	·	·	·	·
	미디어산업과정책	·	·	·	·	·	·	2	2	2	2
	대인커뮤니케이션8)	2	2	·	2	·	·	1	1	1	·
	인터넷시대의읽기와 쓰기	·	·	·	·	·	1	·	1	·	1
	인터넷과사이버스페이스	·	·	·	·	·	2	·	2	·	·
	모바일미디어	·	·	·	·	·	·	2	·	2	·
	커뮤니케이션문명사회변동	·	·	·	·	·	·	·	·	2	2
4	광고론	1	1	1	1	1	1	1	·	·	·
	커뮤니케이션통계방법	2	2	2	·	·	·	·	·	·	·
	커뮤니케이션통계분석	·	·	·	2	2	·	·	2	·	1
	저널리즘이론	2	2	2	·	·	·	·	·	·	·
	현대저널리즘이론과분석	·	·	·	2	2	·	2	2	2	2
	매스커뮤니케이션효과론	2	2	·	·	·	·	·	·	·	·
	커뮤니케이션효과연구	·	·	·	2	·	1	1	·	2	1
	국제커뮤니케이션	2	·	·	·	·	·	·	·	·	·
	글로벌커뮤니케이션	·	·	·	1	·	·	·	·	2	2
	정보사회론9)	2	1	1	·	·	·	·	·	·	·
	PR론	·	2	·	·	·	·	2	2	2	2
	커뮤니케이션정책	·	·	·	2	·	·	·	·	·	·
	사회적커뮤니케이션네트워크의 구조분석10)	·	·	·	·	·	·	·	2	·	·
	컴퓨터매개커뮤니케이션	·	·	·	·	·	·	·	·	2	·
	미디어현장연습	·	·	·	·	·	·	·	·	·	1/2
	언론현장연습	·	·	·	·	·	·	·	·	·	1/2

주: 1) 2008년 2학기 폐지. 2) 2014년 3학년 과목. 3) 2008년 3학년 과목.
4) 2012년 4학년 과목으로 변경. 5) 2014년 2학년 과목으로 변경.
6) 2014년 2학년 과목으로 변경. 7) 2012년 2학기, 2013년 2학기 4학년 과목.
8) 2011년 2학년 과목으로 변경. 9) 2008년 2학기 폐지. 10) 2014년 1학기 폐지.

〈표 2-8〉 2005~2014년 서울대 언론정보학과 학부의 분야별 개설교과목 및 개설학기

구분	강좌명	05	06	07	08	09	00	11	12	13	14
이론/개론	커뮤니케이션의이해*	1/2	1/2	1/2	1/2	1/2	1/2	1/2	1/2	1/2	1/2
	커뮤니케이션이론*	1	1	1	1	1	1	1	1	1	1/2
	비판커뮤니케이션론	2	2	2	2	2	·	2	2	·	·
방법론	커뮤니케이션연구방법*	1	1	1	1	1	1	1	1	1	1/2
	커뮤니케이션통계방법	2	2	2	·	·	·	·	·	·	·
	커뮤니케이션통계분석	·	·	·	2	2	·	·	2	·	1
	사회적커뮤니케이션네트워크의 구조분석	·	·	·	·	·	·	·	2	·	·
효과론	매스커뮤니케이션효과론	2	2	·	·	·	·	·	·	·	·
	커뮤니케이션효과 연구	·	·	·	2	·	1	1	·	2	1
역사	커뮤니케이션학사	·	·	·	·	·	·	1	1	·	·
	한국언론사	1	1	1	1	1	1	·	·	·	·
	한국미디어사	·	·	·	·	·	·	1	·	·	2
	미디어테크놀로지의역사	1	1	1	·	·	1	·	1	·	·
	언론사상사	·	·	·	1	·	·	·	1	·	·
저널리즘/정치컴	신문원론	1	·	·	·	·	·	·	·	·	·
	저널리즘의이해	·	·	·	1	1	1	1	1	1	1
	저널리즘이론	2	2	2	·	·	·	·	·	·	·
	현대저널리즘이론과분석	·	·	·	2	2	·	2	2	2	2
	신문보도편집론	1	1	1	·	·	·	·	·	·	·
	탐사보도기획	·	·	·	2	2	2	2	2	2	·
	탐사보도분석과기획	·	·	·	·	·	·	·	·	·	1
	정치커뮤니케이션	·	·	2	2	·	2	2	2	2	2
방송/콘텐츠	방송원론	·	1	1	·	·	·	·	·	·	·
	방송과현대사회	2	2	2	2	2	2	·	·	·	·
	방송과콘텐츠	·	·	·	·	·	·	2	2	2	·
	방송편성제작론	2	2	2	·	·	·	·	·	·	·
	방송분석	·	·	·	·	1	1	1/2	1	1	1

〈표 2-8〉 계속

구분	강좌명	05	06	07	08	09	00	11	12	13	14
뉴미디어	뉴미디어론	1	1	1	·	·	·	·	·	·	·
	디지털커뮤니케이션	·	·	·	1	1	1	1	1	1	·
	디지털미디어의이해	·	·	·	·	·	·	·	·	·	1
	인터넷시대의읽기와 쓰기	·	·	·	·	·	1	·	1	·	1
	인터넷과사이버스페이스	·	·	·	·	·	2	·	2	·	·
	모바일미디어	·	·	·	·	·	·	2	·	2	·
설득/광고	설득커뮤니케이션	1	1	1	·	1	·	1	·	1	·
	광고론	1	1	1	1	1	1	1	·	·	·
	PR론	·	2	·	·	·	·	2	2	2	2
영상/문화연구	대중문화론	1	1	1	·	·	·	·	·	·	·
	현대문화의이해	·	·	·	1	1	1	1	1	1	1
	영화론	1	1	1	·	·	·	·	·	·	·
	영상/문화분석	·	·	·	1	1	1	1	1	1	·
	영상문화분석	·	·	·	·	·	·	·	·	·	1
	영상커뮤니케이션	2	2	2	2	2	2	2	2	2	2
국제	국제커뮤니케이션	2	·	·	·	·	·	·	·	·	·
	글로벌커뮤니케이션	·	·	·	1	·	·	·	·	2	2
법제/정책	언론윤리법제	2	2	2	·	·	·	·	·	·	·
	미디어법률과제도	·	·	·	2	2	2	2	2	2	2
	커뮤니케이션정책	·	·	·	2	2	2	·	·	·	·
	미디어산업과정책	·	·	·	·	·	·	2	2	2	2
대인	대인커뮤니케이션	2	2	·	2	·	·	1	1	1	·
CMC/HCI	HCI와커뮤니케이션	·	·	·	1	2	2	·	2	·	·
	컴퓨터매개커뮤니케이션	·	·	·	·	·	·	·	·	2	·
기타	커뮤니케이션문명사회변동	2	2	2	·	2	2	2	·	2	2
	정보사회론	2	1	1	·	·	·	·	·	·	·
	커뮤니케이션특강	·	·	·	2	2	·	1	1/2	1/2	1
	언론정보문화특강*	·	·	·	·	·	·	·	·	1/2	1/2
	미디어현장연습	·	·	·	·	·	·	·	·	·	1/2
	언론현장연습	·	·	·	·	·	·	·	·	·	1/2

5) 제5시기: 2015~2024년

2015년부터 2024년까지 언론정보학과 학부의 개설교과목과 개설학기를 학년별로 정리한 것이 〈표 2-9〉, 학문분야별로 정리한 것이 〈표 2-10〉이다. 이전 시기부터 이어진 ICT 발전과 사회 전반의 디지털화가 이 시기 동안 한층 가속화되면서 이른바 '데이터 시대'와 'AI 시대'에 접어들었다. 이에 따라 교육 측면에서 컴퓨팅과 데이터에 대한 이해 및 활용 능력 함양의 필요성이 더욱 강조됐다. 교과과정 역시 이에 맞춰 크게 개편됐다. 교수진의 경우 강남준·강명구·양승목·박승관 교수가 정년퇴임하고, 후임으로 김현석·강재호·신수연·양차미 교수가 부임했다. 또한 이 시기에는 연합전공 정보문화학 기금교수로 홍화정 교수가 합류했으며(이후 KAIST로 이직해 후임으로 임하진 교수가 부임), 여성학 협동과정 전임으로 김수아 교수[15]가 부임하면서 학과 교수진은 15명에 이르렀다.

이 시기의 중요한 변화는 2016년과 2021년에 있었다. 먼저 2016년부터 살펴보면 첫째, 정보문화학의 '정보문화기술입문'이 언론정보학과 전공필수 과목으로 지정됐다. 당시 사회·기술 환경 변화에 발맞춰 사회과학 전공 학생들에게도 기본적인 컴퓨팅 능력이 필요하다는 인식이 확산되면서, 컴퓨터 프로그래밍의 기초를 배울 수 있는 이 과목을 전공필수로 편성하게 된 것이다.[16] 둘째, '커뮤니케이션의이해'를 팀티칭 방식으로 전환해 학과 전 교수진이 한 주씩 돌아가며 자신의 전공 영역을 소개하는 형식으로 운영하게 됐다. 셋째, 기존 '커뮤니케이션연구방법'을 '커뮤니케이션양

15 김수아 교수는 여성학 협동과정 전임으로, 언론정보학과 교과목은 개설하지 않았다.

16 이후 학교 전반에서 컴퓨터 언어 관련 교양 수업이 활발히 개설되면서, 2026학년 신입생부터는 '정보문화기술입문'을 전공필수 과목에서 제외하고 권장 이수 과목으로 전환하기로 했다.

적방법론'(2024년 2학기부터는 '커뮤니케이션 양적연구방법론')으로 과목명을 변경하고 '커뮤니케이션질적방법론'을 신설했다. 넷째, 학부생의 연구 경험 제공을 위해 '커뮤니케이션연구실습'을 신설했다.

이어 2021년 주요 변화는 다음과 같다. 첫째, 계산사회과학(*computational science*)과 데이터 과학(*data science*)의 중요성이 커짐에 따라 ① 기존의 4학년 교과목 '커뮤니케이션통계분석'을 2학년 교과목 '커뮤니케이션데이터분석'으로 학년과 명칭을 변경하고, ② 이를 전공필수 과목으로 지정했으며(2022년 입학생부터 적용), ③ 전통적인 사회과학통계 수업과는 달리, 데이터를 활용한 문제해결 과정의 틀 속에서 분석 방법을 학습할 수 있도록 교과목을 설계했다.

둘째, 기존의 3학년 교과목 '커뮤니케이션이론'을 2학년 교과목 '커뮤니케이션이론1'로 변경하고 수업 내용 및 운영 방식을 대폭 개편했다. 구체적으로, ① 기존 '커뮤니케이션이론'에서 다루던 '북미적 전통'(커뮤니케이션 과정과 효과에 관한 행동과학적 이론)에 더해 '유럽 대륙적 전통'(비판커뮤니케이션이론)을 포함시켰고, ② 강의(*lecture*) 중심에서 강독(*reading seminar*) 중심 수업으로 전환했으며, ③ 각 전통 담당 전공 교수 두 명(예: 북미적 전통의 김현석 교수, 유럽 대륙적 전통의 강재호 교수)이 공동으로 진행하는 팀티칭 방식을 도입했다. 한 학기 동안 커뮤니케이션학의 토대를 이루는 주요 학파(컬럼비아학파, 시카고학파, 토론토학파, 프랑크푸르트학파, 포스트모더니즘)의 고전 12편을 읽고 토론하는 형태로 운영하고 있다.

셋째, 1학년 전공필수 과목을 이원화했다. 2017년부터 신입생 전원이 학과로 입학하게 된 점을 감안해, 본과 신입생만을 대상으로 하는 '커뮤니케이션학입문'을 신설, 1학기에 개설했다. 기존의 1학년 전공필수 과목이던 '커뮤니케이션의이해'는 양 학기 개설 및 학과 교수진 전체의 팀티칭 형태를 유

지하되 복수전공 및 부전공 학생만을 대상으로 하는 과목으로 변경했다.[17]

그 외에 이 시기에 일어난 주요 변화는 다음과 같다. 2015년에는 '드라마와사회읽기'가 신설됐다가 2017년에 '미디어와스토리텔링'으로 명칭이 변경된 후 2020년에 폐지됐다. 2016년에는 '선거캠페인과미디어전략'이 개설됐으나 한 차례 운영 후 2020년에 폐지됐다. 2017년에는 '미래뉴스실습Ⅰ', '미래뉴스실습Ⅱ', '데이터저널리즘'을 신설해 데이터 시대의 저널리즘 교육을 강화했다. 같은 해 3학년 교과목 '영상문화분석'은 2학년 교과목 '영상문화입문'으로 학년과 명칭이 변경됐다. 2018년에는 '언론의자유와소통의예절', 2019년에는 '기술비평', 2021년에는 '미디어·문화·도시'와 '한류와글로벌대중문화'가 신설됐다. 2020년에는 '인터넷과사이버스페이스'(〈표 2-7〉)가 '인터넷과디지털문화'로 과목명이 변경돼 개설됐다. 2021년에는 AI의 사회적 확산을 반영해, 과목명에 처음으로 'AI'를 포함한 언론정보학과 교과목인 'AI와미디어'가 개설됐다. 2024년에는 '미디어산업과정책'이 '미디어거버넌스'로 과목명이 변경됐다.

마지막으로, 이 시기 동안 이미 언급한 과목 외에도 '영상커뮤니케이션'(〈표 2-7〉), '언론사상사'(〈표 2-7〉), '방송과콘텐츠', 'HCI와커뮤니케이션',[18] '미디어테크놀로지의역사', '방송분석', '모바일미디어', '커뮤니케이션효과연구'가 폐지됐다. 이로써 제4시기에 교과목명에서 '신문'이 사라진 데 이어, 제5시기에는 '방송' 또한 사라지게 됐다. 이는 미디어 환경의 변화가 교과목 명칭의 변화에 직접적으로 반영된 결과라 할 수 있다.[19]

---

17 2025년 2학기부터는 ① 다전공생 대상 전공필수 과목 '커뮤니케이션의 이해'를 폐지하고, ② '커뮤니케이션학 입문'을 주전공생과 다전공생 공통 전공필수 과목으로 개편했다.

18 연합전공 정보문화학 교과과정에서 HCI의 중요성이 커짐에 따라(아래 '연합전공 정보문화학' 섹션 참조), HCI 관련 교과목은 정보문화학 개설로 일원화했다.

〈표 2-9〉 2015~2024년 서울대 언론정보학과 학부 학년별 개설교과목 및 개설학기

학년	강좌명	15	16	17	18	19	20	21	22	23	24
1	커뮤니케이션의이해	1/2	1/2	1/2	1/2	1/2	1/2	1/2	1/2	1/2	1/2
	커뮤니케이션학입문*	·	·	·	·	·	·	1	1	1	1
2	저널리즘의이해1)	1	1	1	1	1	·	1	1	1	1
	방송과콘텐츠2)	1	·	·	2	·	·	·	·	·	·
	한국미디어사	2	2	2	·	·	1	1	1	1	1
	설득커뮤니케이션	1	·	1	1	1	·	1	·	·	·
	HCI와커뮤니케이션3)	·	·	·	2	·	·	·	·	·	·
	커뮤니케이션학사	1	1	1	1	1	1	1	1	1	·
	언론정보문화특강*	1/2	1/2	1/2	1/2	1/2	1/2	1/2	1/2	1/2	1/2
	미디어테크놀로지의역사4)	·	1	1	1	1	·	·	·	·	·
	커뮤니케이션데이터분석*5)	·	·	·	·	·	·	1	1	1	1
	디지털미디어의이해	1	1	1	1	1	1	1	1	1	1
	한류와글로벌대중문화	·	·	·	·	·	·	2	·	2	2
	영상문화입문		·	1	1	1	1	1	1	1	1
	대인커뮤니케이션	2	·	·	·	·	2	·	·	1	·
	저널리즘심층글쓰기	·	·	·	·	·	2	·	2	2	·
	커뮤니케이션이론1*	·	·	·	·	·	·	1/2	1/2	1/2	1/2
3	커뮤니케이션이론*	2	1/2	1/2	1/2	1/2	1/2	·	·	·	·
	커뮤니케이션연구방법*	1/2	·	·	·	·	·	·	·	·	·
	커뮤니케이션양적방법론*6)	·	1/2	1/2	1/2	1/2	1/2	1/2	1/2	1/2	1/2
	커뮤니케이션질적방법론	·	2	·	2	·	·	·	·	2	·
	현대문화의이해	1	·	·	·	·	1	·	·	·	1
	탐사보도분석과기획7)	1	1	1	1	1	·	1	·	·	1
	방송분석8)	1	1	1	1	·	·	·	·	·	·

19 '언론정보문화 특강'은 2025년 2학기에 마지막으로 개설한 후 폐지가 결정됐다. 이에 따라 2026학년도 신입생부터 전공필수 과목은 기존 6과목에서 '정보문화기술입문'(각주 16 참조)과 '언론정보문화 특강'을 제외한 4과목('커뮤니케이션학 입문', '커뮤니케이션 이론1', '커뮤니케이션 양적연구방법론', '커뮤니케이션 데이터분석')으로 변경될 예정이다.

〈표 2-9〉 계속

학년	강좌명	15	16	17	18	19	20	21	22	23	24
3	미디어법률과제도	2	2	·	2	2	2	2	2	2	2
	비판커뮤니케이션론	·	1/2	·	·	2	2	·	·	·	2
	정치커뮤니케이션	·	2	2	2	·	2	·	1	1	·
	커뮤니케이션특강	1	·	·	·	·	1	·	·	·	2
	미디어산업과정책	2	2	2	2	2	2	·	2	·	·
	미디어거버넌스	·	·	·	·	·	·	·	·	·	2
	인터넷시대의읽기와쓰기	·	2	2	·	·	2	·	·	·	·
	인터넷과디지털문화	·	·	·	·	·	1	·	·	·	·
	모바일미디어9)	2	·	·	·	·	·	·	·	·	·
	커뮤니케이션문명사회변동	2	·	2	2	2	·	·	·	2	2
	드라마와사회읽기	2	·	·	·	·	·	·	·	·	·
	미디어와스토리텔링10)	·	·	2	·	·	·	·	·	·	·
	영화론	·	2	2	2	2	2	2	2	2	2
	영상문화분석	1	·	·	·	·	·	·	·	·	·
	데이터저널리즘11)	·	·	2	2	2	·	·	2	·	·
	미래뉴스실습 I	·	·	1	1	1	1	·	·	1	1
	미래뉴스실습 II	·	·	2	2	·	2	·	·	2	2
	AI와미디어	·	·	·	·	·	·	1	·	2	2
	언론의자유와소통의예절	·	·	·	2	2	·	2	·	·	2
	미디어문화도시	·	·	·	·	·	·	2	·	2	·
4	광고론	·	1	1	1	1	1	2	1/2	·	1
	커뮤니케이션통계분석	·	1	·	·	1	·	·	·	·	·
	현대저널리즘이론과분석	2	2	2	2	2	·	·	2	2	·
	커뮤니케이션효과연구12)	1	·	·	·	1	·	·	·	·	·
	글로벌커뮤니케이션	·	2	2	2	2	·	·	·	·	2
	PR론	·	2	·	·	2	·	·	2	·	2
	컴퓨터매개커뮤니케이션	·	·	·	·	·	·	·	2	1	1
	미디어현장연습	1/2	1	2	2	·	·	2	·	·	·
	언론현장연습	1/2	1	1/2	1/2	1/2	1	1	1	1	·
	커뮤니케이션연구실습	·	2	·	·	·	·	·	·	·	·
	기술비평	·	·	·	·	2	2	2	·	·	·
	선거캠페인과미디어전략13)	·	1	·	·	·	·	·	·	·	·

주: 1) 2021년 1학년 과목으로 변경. 2) 2020년 2학기 폐지. 3) 2024년 1학기 폐지. 4) 2019년 2학기 폐지. 5) 2022년 1학기부터 전공필수. 6) 2024년 2학기부터 '커뮤니케이션양적연구방법론'으로 명칭 변경. 7) 2021년부터 2학년 과목. 9) 2022년 2학기 폐지. 9) 2020년 2학기 폐지. 10) 2022년 2학기 폐지. 11) 2022년 2학기부터 2학년 과목으로 변경. 12) 2024년 1학기 폐지. 13) 2016년 1학기 신설, 2020년 2학기 폐지.

〈표 2-10〉 2015~2024년 서울대 언론정보학과 학부 분야별 개설교과목 및 개설학기

구분	강좌명	15	16	17	18	19	20	21	22	23	24
이론/개론	커뮤니케이션의이해	1/2	1/2	1/2	1/2	1/2	1/2	1/2	1/2	1/2	1/2
	커뮤니케이션학입문*	·	·	·	·	·	·	1	1	1	1
	커뮤니케이션이론*	2	1/2	1/2	1/2	1/2	1/2	·	·	·	·
	커뮤니케이션이론1*	·	·	·	·	·	·	1/2	1/2	1/2	1/2
	비판커뮤니케이션론	·	1/2	·	·	2	2	·	·	·	2
방법론	커뮤니케이션연구방법*	1/2	·	·	·	·	·	·	·	·	·
	커뮤니케이션양적방법론*	·	1/2	1/2	1/2	1/2	1/2	1/2	1/2	1/2	1/2
	커뮤니케이션통계분석	·	1	·	·	1	·	·	·	·	·
	커뮤니케이션데이터분석*	·	·	·	·	·	·	1	1	1	1
	커뮤니케이션질적방법론	·	2	·	2	·	·	·	·	2	·
효과론	커뮤니케이션효과연구	1	·	·	·	1	·	·	·	·	·
역사	커뮤니케이션학사	1	1	1	1	1	1	1	1	1	·
	한국미디어사	2	2	2	·	·	1	1	1	1	1
	미디어테크놀로지의역사	·	1	1	1	1	·	·	·	·	·
저널리즘/정치컴	저널리즘의이해	1	1	1	1	1	·	1	1	1	1
	현대저널리즘이론과분석	2	2	2	2	2	·	·	2	2	·
	저널리즘심층글쓰기	·	·	·	·	·	2	·	2	2	·
	탐사보도분석과기획	1	1	1	1	1	·	1	·	·	1
	정치커뮤니케이션	·	2	2	2	·	2	·	1	1	·
	데이터저널리즘	·	·	2	2	2	·	·	2	·	·
	미래뉴스실습 I	·	·	1	1	1	1	·	·	1	1
	미래뉴스실습 II	·	·	2	2	·	2	·	·	2	2
	선거캠페인과미디어전략	·	1	·	·	·	·	·	·	·	·
방송/콘텐츠	방송과콘텐츠	1	·	·	2	·	·	·	·	·	·
	방송분석	1	1	1	1	·	·	·	·	·	·

〈표 2-10〉 계속

구분	강좌명	15	16	17	18	19	20	21	22	23	24
뉴미디어	디지털미디어의이해	1	1	1	1	1	1	1	1	1	1
	인터넷시대의읽기와쓰기	·	2	2	·	·	2	·	·	·	·
	인터넷과디지털문화	·	·	·	·	·	1	·	·	·	·
	모바일미디어	2	·	·	·	·	·	·	·	·	·
	AI와미디어	·	·	·	·	·	·	1	·	2	2
	기술비평	·	·	·	·	2	2	2	·	·	·
설득/광고	설득커뮤니케이션	1	·	1	1	1	·	1	·	·	·
	광고론	·	1	1	1	1	1	2	1/2	·	1
	PR론	·	2	·	·	2	·	·	2	·	2
영상/문화연구	현대문화의이해	1	·	·	·	·	1	·	·	·	1
	한류와글로벌대중문화	·	·	·	·	·	·	2	·	2	2
	영상문화분석	1	·	·	·	·	·	·	·	·	·
	영상문화입문	·	·	1	1	1	1	1	1	1	1
	영화론	·	2	2	2	2	2	2	2	2	2
	드라마와사회읽기	2	·	·	·	·	·	·	·	·	·
	미디어와스토리텔링	·	·	2	·	·	·	·	·	·	·
	미디어문화도시	·	·	·	·	·	·	2	·	2	·
국제	글로벌커뮤니케이션	·	2	2	2	2	·	·	·	·	2
법제/정책	미디어법률과제도	2	2	·	2	2	2	2	2	2	2
	미디어산업과정책	2	2	2	2	2	2	·	2	·	·
	미디어거버넌스	·	·	·	·	·	·	·	·	·	2
대인	대인커뮤니케이션	2	·	·	·	·	2	·	·	1	·
CMC/HCI	HCI와커뮤니케이션	·	·	·	2	·	·	·	·	·	·
	컴퓨터매개커뮤니케이션	·		·	·	·	·	·	2	1	1
기타	커뮤니케이션문명사회변동	2	·	2	2	2	·	·	·	2	2
	커뮤니케이션특강	1	·	·	·	·	1	·	·	·	2
	언론정보문화특강*	1/2	1/2	1/2	1/2	1/2	1/2	1/2	1/2	1/2	1/2
	미디어현장연습	1/2	1	2	2	·	·	2	·	·	·
	언론현장연습	1/2	1	1/2	1/2	1/2	1	1	1	1	·
	언론의자유와소통의 예절	·	·	·	2	2	·	2	·	·	2
	커뮤니케이션연구실습	·	2	·	·	·	·	·	·	·	·

6) 연합전공 정보문화학

(1) 2002~2014년

언론정보학과는 2001년 1월 서울대가 연합전공 제도의 도입을 결정했을 때, ICT의 발달로 미디어 환경이 급변하는 현실에서 디지털 시대에 걸맞은 교육 프로그램을 마련해야 할 필요성을 느꼈다. 이에 따라 정보문화학 연합전공과정 설치에 나서게 되었다. 연합전공은 독립된 전공과정이 아니라 일종의 복수전공에 해당하기 때문에 주관학과가 상당한 재량을 갖고 프로그램을 운영할 수 있다는 장점을 지닌다. 이는 현실적으로 새로운 교육과정을 개발 및 운영하는 데 여러 제약이 따르는 상황에서, 개별 학과가 재정적 문제만 해결할 수 있다면 운신의 폭을 넓힐 좋은 기회였다. 언론정보학과가 이런 기회를 잘 활용한 셈인데, 정보문화학 연합전공을 통해 언론정보학과의 프로그램을 확대하는 것과 동일한 효과를 얻고자 했던 것이고, 결과적으로 이 전략은 주효했다고 본다.

〈표 2-11〉은 정보문화학 연합전공 과정이 개설된 2002년부터 2014년까지 개설교과목과 개설학기를 학년별로 정리한 것이고, 〈표 2-12〉는 이론과 실습으로 나누어 정리한 것이다. 〈표 2-11〉을 보면 정보문화학 교과목의 대상 학년은 3학년과 4학년인데, 연합전공 과정에 진입하는 학생은 대부분 2학년을 마친 상태이기 때문이다.[20] 정보문화학 연합전공 과정이

---

20 연합전공은 일종의 복수전공이었기 때문에, 진입하려면 복수전공 지원 자격을 충족해야 했다. 정보문화학 연합전공이 신설된 2002년 당시에는 복수전공을 지원하려면 4학기 이상 6학기 이하의 정규학기를 수료하고, 총 졸업학점의 절반 이상을 이수한 상태여야 했다. 이후 관련 규정은 복수전공, 연합전공, 연계전공, 학생설계전공, 부전공을 아우르는 '다전공' 제도로 확대되는 동시에, 최소 이수 기준을 완화하는 방향으로 개편됐다. 2020년 3월부터는 최소 기준이 2개 정규학기/33학점으로 변경됐다.

2002년에 설치됐으나 첫 학기에는 1개 과목('정보신기술론')만이 개설됐는데, 수강편람상으로는 언론정보학과 소속 교과목으로 개설됐다. 2002년 2학기에는 '언론정보학과 정보문화학 연합전공' 소속 교과목으로 '온라인신문방송실습', '인터넷기술개론', '상호작용적서사체계' 등 3개 과목이 개설됐다.

개설교과목을 이론과 실습 과목으로 분류한 〈표 2-12〉를 보면, 이론 중심적인 언론정보학과 교과목들과는 달리 대부분 실습 지향적인 과목임을 알 수 있다. 특히 실습과목 중 일부는 산학 협력 프로젝트의 일부로 수업이 진행되기도 했다. 'HCI이론및실습' 같은 과목이 대표적인데, 가령 기업과 공동으로 모바일쇼핑 UI를 개발하는 산학 협력 프로젝트를 진행한 바 있다.

〈표 2-11〉과 〈표 2-12〉를 보면 개설교과목의 명칭이 자주 변하고 이 시기 후반부에 새로 개설된 교과목이 많음을 알 수 있다. 이것은 교과과정 운영에 필요한 재원을 대부분 자체 해결해야 하는 연합전공의 특성상 누가 프로그램을 주관하며 어떤 소스로부터 재원을 확보하느냐 하는 문제와도 관련된다. 정보문화학 연합전공 초기에는 문화콘텐츠진흥원의 지원을 받아 운영됐기에 게임, 영상물, 콘텐츠, SNS 등에 관한 교과목이 정보문화학 커리큘럼의 수를 이루었다. 이는 2013년까지 전공필수 과목이 '정보문화기술입문'과 '문화콘텐츠의이해', 그리고 언론정보학과 개설교과목인 '디지털커뮤니케이션', '영상커뮤니케이션'(혹은 '영화론' 혹은 미학과 개설 '영상미학'), '언론정보문화특강'(2013년 신설 및 전공필수 과목 추가)이라는 데서도 확인할 수 있다.

〈표 2-11〉 2002~2014년 연합전공 정보문화학의 학년별 개설교과목 및 개설학기

학년	강좌명	02	03	04	05	06	07	08	09	10	11	12	13	14
3	정보문화기술입문*	·	·	1	1	1	1	1	1	1	2	2	2	2
3	문화콘텐츠의이해1)	·	·	·	1	1	1	1	1	1	1	1	1	1
3	영상스튜디오실습	·	1	1	·	·	·	·	·	·	·	·	·	·
3	디지털영상실습2)	·	·	·	1	1	1	1	1	1	1	·	·	·
3	디지털영상실습1	·	·	·	·	·	·	·	·	·	·	1	1	1
3	온라인신문방송실습3)	2	2	2	·	2	2	·	·	·	·	·	·	·
3	정보문화연구방법론4)	·	·	·	2	2	2	2	2	2	·	·	·	·
3	창의연구실습5)	·	·	·	·	1	1	1	1	1	1	1	1	1
3	인터넷기술론	·	2	·	·	·	·	·	·	·	·	·	·	·
3	인터넷기술개론	2	·	2	2	2	2	2	2	2	·	·	·	·
3	콘텐츠마케팅과정책	·	·	·	·	1	1	1	1	·	·	·	·	·
4	멀티미디어실습	·	1	1	1	1	1	1	1	·	·	·	·	·
4	멀티미디어발상연습	·	·	·	·	·	·	·	·	1	1	·	1	1
4	가상현실입문	·	2	2	2	2	2	2	2	2	2	2	2	2
4	상호작용적서사체계	2	2	2	2	2	2	2	2	2	·	·	·	·
4	인터렉티브스토리텔링	·	·	·	·	·	·	·	·	·	2	2	2	2
4	HCI/CMC이론	·	·	2	2	2	2	·	·	·	1	·	·	·
4	HCI 이론및실습6)	·	·	·	·	·	·	·	·	·	·	1	1	1
4	정보신기술론	1	1	1	·	·	·	·	·	·	·	·	·	·
4	모바일기술개론7)	·	·	·	1	·	·	·	·	·	·	·	·	·
4	미디어와스토리텔링	·	·	·	·	·	·	2	2	2	2	·	·	·
4	디지털영상실습 2	·	·	·	·	·	·	·	·	·	·	2	2	2
4	정보인터페이스디자인8)	·	2	1	1	1	·	·	·	·	·	·	·	·
4	산학연구실습	·	·	·	·	2	2	2	2	2	2	2	2	2
4	게임의이해	·	·	·	·	·	1	1	1	1	1	1	1	1
4	비주얼라이제이션	·	·	·	·	·	·	2	2	2	2	2	2	2
4	인터넷과지식기술	·	·	·	·	·	·	·	2	2	2	2	2	2
4	디지털음향의이해	·	·	·	·	·	·	·	·	·	·	1	1	1
4	인터랙티브미디어	·	·	·	·	·	·	·	·	·	·	1	1	1
4	디지털애니메이션의이해	·	·	·	·	·	·	·	·	·	·	1	1	1
4	사용자중심디자인	·	·	·	·	·	·	·	·	·	·	1	1	1
4	시리어스게임	·	·	·	·	·	·	·	·	·	·	2	2	2
4	사운드인터랙션	·	·	·	·	·	·	·	·	·	·	2	2	2
4	정보문화세미나	·	·	·	·	·	·	·	·	·	·	2	·	2
4	인터페이스프로그래밍	·	·	·	·	·	·	·	·	·	·	2	2	2
4	콘텐츠산업과정책	·	·	·	·	·	·	·	·	1	1	1	1	1

주: 1) 2005~2013년 전공필수 과목. 2) 2007~2011년 4학년 과목. 3) 2010년 1학기 폐지. 4) 2015년 1학기 폐지. 5) 2006년 4학년 과목. 6) 2014년 전공필수 과목. 7) 2009년 2학기 폐지. 8) 2011년 1학기 폐지.

〈표 2-12〉 2002~2014년 연합전공 정보문화학의 분야별 개설교과목 및 개설학기

구분	강좌명	02	03	04	05	06	07	08	09	10	11	12	13	14
이론	문화콘텐츠의이해	·	·	·	1	1	1	1	1	1	1	1	1	1
	콘텐츠마케팅과정책	·	·	·	·	1	1	1	1	·	·	·	·	·
	콘텐츠산업과정책	·	·	·	·	·	·	·	·	1	1	1	1	1
	정보신기술론	1	1	1	·	·	·	·	·	·	·	·	·	·
	모바일기술개론	·	·	·	1	·	·	·	·	·	·	·	·	·
	가상현실입문	·	2	2	2	2	2	2	2	2	2	2	2	2
	인터넷과지식기술	·	·	·	·	·	·	·	2	2	2	2	2	2
	정보문화세미나	·	·	·	·	·	·	·	·	·	·	2	·	2
이론 + 실습	정보문화기술입문*	·	·	1	1	1	1	1	1	1	2	2	2	2
	상호작용적서사체계	2	2	2	2	2	2	2	2	2	·	·	·	·
	인터랙티브스토리텔링	·	·	·	·	·	·	·	·	·	2	2	2	2
	영상스튜디오실습	·	1	1	·	·	·	·	·	·	2	2	2	2
	디지털영상실습	·	·	·	1	1	1	1	1	1	1	·	·	·
	디지털영상실습1	·	·	·	·	·	·	·	·	·	·	1	1	1
	미디어와스토리텔링	·	·	·	·	·	·	2	2	2	2	·	·	·
	디지털영상실습2	·	·	·	·	·	·	·	·	·	·	2	2	2
	멀티미디어실습	·	1	1	1	1	1	1	1	·	·	·	·	·
	멀티미디어발상연습	·	·	·	·	·	·	·	·	1	1	·	1	1
	HCI/CMC이론	·	·	2	2	2	2	2	·	·	1	·	·	·
	HCI이론및실습	·	·	·	·	·	·	·	·	·	·	1	1	1
	인터넷기술론	·	2	·	·	·	·	·	·	·	·	·	·	·
	인터넷기술개론	2	·	2	2	2	2	2	2	2	·	·	·	·
	인터페이스프로그래밍	·	·	·	·	·	·	·	·	·	·	2	2	2
	정보인터페이스디자인	·	2	1	1	1	·	·	·	·	·	·	·	·
	온라인신문방송실습	2	2	2	·	2	2	·	·	·	·	·	·	·
	정보문화연구방법론		·	·	2	2	2	2	2	2	·	·	·	·
	창의연구실습	·	·	·	·	1	1	1	1	1	1	1	1	1
	산학연구실습	·	·	·	·	2	2	2	2	2	2	2	2	2
	게임의이해	·	·	·	·	·	1	1	1	1	1	1	1	1
	비주얼라이제이션	·	·	·	·	·	·	2	2	2	2	2	2	2
	디지털음향의이해	·	·	·	·	·	·	·	·	·	·	1	1	1
	인터랙티브미디어	·	·	·	·	·	·	·	·	·	·	1	1	1
	디지털애니메이션의이해	·	·	·	·	·	·	·	·	·	·	1	1	1
	사용자중심디자인	·	·	·	·	·	·	·	·	·	·	1	1	1
	시리어스게임	·	·	·	·	·	·	·	·	·	·	2	2	2
	사운드인터랙션	·	·	·	·	·	·	·	·	·	·	2	2	2

〈표 2-11〉과 〈표 2-12〉를 보면, 2012년에 교과목 개칭이 집중적으로 이루어지고 신설 교과목도 크게 늘어났음을 확인할 수 있다. 이는 2009년 이중식 교수가 융합과학기술대학원으로 자리를 옮기고, 2011년 이준환 교수가 부임한 것과 밀접한 관련이 있다. 콘텐츠 분야가 여전히 적지 않은 비중을 차지했으나, 전체적으로는 정보문화학의 무게중심이 HCI, 테크놀로지(소프트웨어 프로그래밍), 디지털 미디어로 이동하였고 실습교육의 비중도 높아졌다. 특히 HCI의 중요성이 커지는 경향이 두드러졌다. 구체적으로 보면, ① 2012년 'HCI이론및실습'이 신설되어 2014년부터는 '문화콘텐츠의이해' 대신 전공필수 과목으로 지정된 점, ② 세부전공 트랙을 2011년에는 '콘텐츠', '문화와커뮤니케이션', '테크놀로지'로 구분하다가, 2014년에는 이 가운데 '문화와커뮤니케이션'을 'HCI와디자인'과 '행동과학'으로 재편하고 '콘텐츠'를 '디지털 콘텐츠'로 개칭한 점은 이러한 변화의 방향을 잘 보여 준다.

(2) 2015~2024년

〈표 2-13〉은 2015년부터 2024년까지 연합전공 정보문화학의 개설교과목과 개설학기를 학년별로 정리한 것이고, 〈표 2-14〉는 이를 세부 전공 트랙 및 이론·실습 과목별로 구분한 것이다. 이 시기 정보문화학의 커리큘럼은 ① 프로그래밍 기초교육(*software core*)을 기반으로, ② 세부 전공 트랙별 심화 학습 과정을 거쳐(2020년 이후: 'HCI', '미디어와콘텐츠', '테크놀로지'), ③ 프로젝트 과목을 통한 다양한 실습으로 이어지는 체제로 확립됐다.[21]

---

21 이러한 커리큘럼 체제는 2013년부터 2017년까지 미래창조과학부(현 과학기술정보통신부)의 지원을 받아 수행한 'HCI 교육을 통한 미래 창조 선도 인력 양성 소프트웨어 복수전공 운영 사업'(총괄책임: 이준환 교수)의 성과가 반영된 결과라 할 수 있다.

정보문화 커리큘럼에서 HCI의 상대적 중요성은 이 시기에도 유지·강화되었다. 이러한 경향은 앞서 언급한 커리큘럼 체제뿐 아니라, 언론정보학과 내에서 정보문화학 교육에 직접 참여한 교수진의 구성을 통해서도 확인 가능하다. 이준환 교수 외에도, 이 시기에 연합전공 정보문화학 전담 기금교수로 부임한 홍화정 교수(2018. 3~2021. 7)와 그 후임 임하진 교수(2022. 3~현재) 역시 모두 HCI 전공자였다.

전공필수 과목은 직전 시기와 비교해 거의 달라지지 않았다. 2020년 이후 전공필수 과목은 '정보문화기술입문', 'HCI이론및실습'(이상 정보문화학 개설교과목), '디지털미디어의이해'('디지털커뮤니케이션' 명칭 변경), '영상문화입문', '언론정보문화특강'(이상 언론정보학과 개설교과목)이다. 2015년에서 2024년 사이에 신설된 교과목은 모두 HCI와 테크놀로지(소프트웨어 프로그래밍) 트랙에 해당했다. HCI 트랙에는 '디지털에쓰노그래피', 'HCI와디지털패브리케이션', '디자인사고와커뮤니케이션', '정보기술실습'이, 테크놀로지 트랙에는 '웹프로그래밍개론', '정보구조', '미디어인터페이스입문', '고급인터페이스프로그래밍'이 각각 신설됐다.

〈표 2-13〉 2015~2024년 연합전공 정보문화학 학년별 개설교과목 및 개설학기

학년	강좌명	15	16	17	18	19	20	21	22	23	24
3	정보문화기술입문*	2	1/2	1/2	1/2	1/2	1/2	1/2	1/2	1/2	1/2
	문화콘텐츠의이해	1	1	1	1	1	1	1	·	1	1
	디지털영상실습1	1	1	1	1	1	1	1	1	1	1
	디지털영상실습2	2	2	2	2	2	2	2	2	2	2
	창의연구실습	1	1	1	1	1	1	1	1	1	1
	웹프로그래밍개론	1	1	1	·	1	1	1	·	1	1
	정보구조	1	1	1	1	1/2	2	2	2	·	2
	정보기술실습	2	·	·	·	·	1	1	1	·	·
	미디어인터페이스입문1)	1	·	·	·	·	·	·	·	·	·
	HCI와디지털패브리케이션2)	·	·	·	2	2	·	·	·	·	·
4	가상현실입문	2	2	2	2	2	·	2	2	2	·
	인터랙티브스토리텔링	2	2	2	2	2	2	2	2	2	2
	HCI이론및실습*	1	1	1	1	1	1	1	1/2	1/2	1/2
	산학연구실습	2	2	2	2	2	2	2	2	2	2
	게임의이해	1	1	1	1	1	1	1	1	1	1
	비주얼라이제이션	·	2	1	1	1	1	1	1	1	1
	인터넷과지식기술	2	·	·	1	1/2	2	2	·	·	·
	디지털음향의이해	1	·	1	1	1	1	1	1	1	1
	인터랙티브미디어	1	1	1	1	1	2	2	2	·	2
	디지털애니메이션의이해	1	·	·	·	·	·	·	·	·	·
	사용자중심디자인	1	2	·	·	1	2	·	2	2	2
	시리어스게임	2	2	2	2	2	·	2	2	2	2
	사운드인터랙션	2	2	2	2	·	2	2	2	2	2
	정보문화세미나	·	1	·	1	·	1	·	·	2	·
	콘텐츠산업과정책3)	1	·	·	·	·	·	·	·	·	·
	디지털에쓰노그래피	2	·	·	1	1	1	1	1	1	1
	인터페이스프로그래밍	2	1	1	1	2	2	2	·	·	·
	고급인터페이스 프로그래밍4)	·	2	2	·	·	·	·	·	·	·
	디자인사고와커뮤니케이션	·	·	·	2	·	1	1	·	1	1

주: 1) 2019년 2학기 폐지. 2) 2025년 1학기 폐지.
3) 2019년 2학기 폐지. 4) 2024년 1학기 폐지.

〈표 2-14〉 2015~2024년 연합전공 정보문화학 분야별 개설교과목 및 개설학기

학년	강좌명	15	16	17	18	19	20	21	22	23	24
HCI	HCI이론및실습*	1	1	1	1	1	1	1	1/2	1/2	1/2
	창의연구실습1)	1	1	1	1	1	1	1	1	1	1
	사용자중심디자인	1	2	·	·	1	2	·	2	2	2
	디지털에쓰노그래피	2	·	·	1	1	1	1	1	1	1
	정보기술실습	2	·	·	·	·	1	1	1	·	·
	HCI와디지털패브리케이션	·	·	·	2	2	·	·	·	·	·
	디자인사고와커뮤니케이션	·	·	·	2	·	1	1	·	1	1
미디어와 콘텐츠	문화콘텐츠의이해2)	1	1	1	1	1	1	1	·	1	1
	디지털영상실습1	1	1	1	1	1	1	1	1	1	1
	디지털영상실습2	2	2	2	2	2	2	2	2	2	2
	게임의이해	1	1	1	1	1	1	1	1	1	1
	디지털음향의이해	1	·	1	1	1	1	1	1	1	1
	인터넷과지식기술2)	2	·	·	1	1/2	2	2	·	·	·
	시리어스게임	2	2	2	2	2	·	2	2	2	2
	가상현실입문2)	2	2	2	2	2	·	2	2	2	·
	인터랙티브스토리텔링	2	2	2	2	2	2	2	2	2	2
	사운드인터랙션	2	2	2	2	·	2	2	2	2	2
	디지털애니메이션의이해	1	·	·	·	·	·	·	·	·	·
	정보문화세미나2)	·	1	·	1	·	1	·	·	2	·
	콘텐츠산업과정책2)	1	·	·	·	·	·	·	·	·	·
테크놀로지	정보문화기술입문*	2	1/2	1/2	1/2	1/2	1/2	1/2	1/2	1/2	1/2
	웹프로그래밍개론2)	1	1	1	·	1	1	1	·	1	1
	인터랙티브미디어	1	1	1	1	1	2	2	2	·	2
	정보구조2)	1	1	1	1	1/2	2	2	2	·	2
	비주얼라이제이션	·	2	1	1	1	1	1	1	1	1
	미디어인터페이스입문	1	·	·	·	·	·	·	·	·	·
	인터페이스프로그래밍	2	1	1	1	2	2	2	·	·	·
	고급인터페이스프로그래밍	·	2	2	·	·	·	·	·	·	·
기타	산학연구실습1)	2	2	2	2	2	2	2	2	2	2

주: 1) 졸업논문 대체 교과목. 2) 이론 중심 강의.

5. 서울대 언론정보학과의 대학원과정 교육

1) 제1시기: 1975~1984년

앞에서 언급한 바와 같이, 1975년 2월 출범한 신문학과의 대학원과정 교육은 폐지된 신문대학원과 사회학과 석사과정 B코스에서 편입된 재학생을 대상으로 시작됐다. 다만 현재 서울대에는 1975년 1학기 수강편람이 존재하지 않아 당시 개설교과목을 확인하기는 어렵다. 또 1976~1978년 3년간의 수강편람도 유실되어 존재하지 않는데, 이 기간 동안 석사과정에 입학한 서울대 언론정보연구소의 김영희 박사(1976년 입학), 언론정보학과의 강명구 교수(1976년 입학)와 강남준 교수(1978년 입학)의 성적증명서를 토대로 당시의 개설교과목을 부분적으로 구성할 수 있었다. 〈표 2-15〉는 이들 자료를 포함해 1975년 2학기부터 1984년까지의 대학원 개설교과목과 개설학기를 정리한 것이다.

〈표 2-15〉를 보면 대학원 교과목은 석사, 박사, 공통의 3개 과정으로 구분되어 있는데, 1975년 2학기에는 석사과정에 4개, 박사과정에 4개로 총 8개의 교과목이 개설됐다.[22] 편입된 재학생들이 1976년에 이르러 대부분 졸업했으므로 신문학과의 일반대학원 석사과정 교육이 본격화된 1976년부터는 매년 입학하는 학생 수가 5명 내외일 정도로 소규모였다. 안타깝게도 1976~1978년은 석사과정의 일부 교과목만 확인할 수 있는

22 1975년 박사과정 입학생이 몇 명인지는 확인할 수 없으나, 김진홍과 팽원순이 1982년 2월에 서울대 신문학과에서 최초로 박사학위를 취득했으며, 같은 해 8월에는 박정규가 박사학위를 취득했다.

데, '커뮤니케이션이론1', '커뮤니케이션이론2', '매스컴과현대사회', '푸브리찌스틱세미나', '세계매스컴사특강'(공통), '매스컴프로세미나', '매스컴특강'이 그것이다. 그러나 1979년까지 교과과정에 큰 변화가 없었음을 고려할 때, 이들 과목 외에도 박사과정에 '매스컴연구방법론연습', '매스컴효과론', '신문사연구', '방송사연구', '커뮤니케이션사상사', '한국매스컴사연구', '국제커뮤니케이션', '공산권매스컴연구', '비교문화권커뮤니케이션연구', '매스미디어제도론', '사회제도와매스컴연구', '정보이론' 등 1979년 박사과정에 개설됐던 과목 가운데 상당수가 개설됐을 것으로 추정된다.

학과 창립 첫 10년간 대학원 교과과정이 자리를 잡기까지 어느 정도의 혼란은 불가피했을 텐데, 1979년 23개나 되던 개설교과목은 18개(1980), 16개(1981), 14개(1982) 과목으로 그 수가 점점 줄어들다가 1983년 18개 과목으로 증설됐다. 학문분야별로 보면 이론, 방법론, 역사 분야 과목이 주종을 이루고, 국제컴/비교연구와 법제/정책/제도/경영 분야 과목이 그다음으로 많았다. 아무튼 이 시기의 주요 특징은 단명한 과목, 일회성 과목이 많았다는 점이다. 구체적으로, 이 기간 동안만 개설되고 이후 두 번 다시 열리지 않은 과목도 있고, 한두 번만 개설되고 사라져 버린 과목도 있다. '신문사연구'는 1983년, '방송사연구'는 1984년 강좌를 마지막으로 이후 다시 열리지 않았다. '세계매스컴사특강'은 1980년 강좌를 마지막으로 1984년까지 열리지 않다가, 1985년 '세계커뮤니케이션사연구'라는 이름으로 한 차례 더 개설된 뒤 두 번 다시 열리지 않았다. '서구매스컴이론', '비교신문학', '매스미디어경영론', '미주커뮤니케이션', '커뮤니케이션과의미론', '매스컴예비연습'은 1976~1978년 사이 개설 여부를 확인할 수는 없으나, 1982년 이후로는 그 어떤 과목도 재개설되지 않았다.

이 시기의 교과목편성에는 변화가 많았는데, 우선 1980년이 눈에 띈다. 이해에 석사 혹은 박사과정의 모든 교과목이 석·박사 공통 교과목으로 바뀌었다. 그 이유를 지금 확인하긴 어려우나, 석·박사과정 학생 수에 비해 교과목 수가 너무 많았기 때문이 아닌가 추측한다. 공통 교과목으로 전환됐던 과목 가운데 일부가 1981~1984년에 석사 또는 박사과정 교과목으로 환원되기도 했지만, 대부분의 교과목은 이후에도 석·박사 공통과목으로 개설됐다.

실제 의미 있는 변화는 1981년 교과과정에서 나타났다. '커뮤니케이션이론1'과 '커뮤니케이션이론2' 대신에 석사 교과목으로 '커뮤니케이션이론'이 개설됐고, 석·박사 공통과목으로는 '커뮤니케이션이론연구'가 신설됐다. '커뮤니케이션이론연구'는 1982년과 1983년에 박사 과목으로 바뀌었다가 1984년에 재차 공통과목으로 변경됐다. 또 1981년에는 '커뮤니케이션의통계적연구방법', '기호학적커뮤니케이션연구방법', '커뮤니케이션의실증적연구방법' 등 3개 교과목이 새로 개설되고, '매스컴연구방법론'이 '커뮤니케이션연구방법론'으로 개칭됐다. 이 밖에 '매스컴과현대사회'도 '커뮤니케이션과현대사회'로 바뀌었는데, 이를 통해 학문정체성을 매스컴 학문에서 커뮤니케이션 학문으로 확장시키려는 당시 신문학과의 의지를 엿볼 수 있다.

〈표 2-15〉 1975~1984년 서울대 언론정보학과 대학원 개설교과목 및 개설학기

구분	과정	교과목명	75	76	77	78	79	80	81	82	83	84
이론	석사	커뮤니케이션이론1	·	1	1	1	1	·	·	·	·	·
	공통	커뮤니케이션이론1	·	·	·	·	·	1	·	·	·	·
	석사	커뮤니케이션이론2	2	2	2	2	2	·	·	·	·	·
	공통	커뮤니케이션이론2	·	·	·	·	·	2	·	·	·	·
	석사	커뮤니케이션이론	·	·	·	·	·	·	1	1	1	·
	공통	커뮤니케이션이론	·	·	·	·	·	·	·	·	·	1
	박사	커뮤니케이션이론연구	·	·	·	·	·	·	·	1	1	·
	공통	커뮤니케이션이론연구	·	·	·	·	·	·	1	·	·	1
	석사	Publizistik Seminar	·	2	2	2	2	·	·	·	·	·
	공통	푸브리찌스틱이론연습	·	·	·	·	·	2	·	·	·	·
	공통	푸블리찌스틱이론연구	·	·	·	·	·	·	1	·	1	1
	공통	서구매스컴이론연구	·	·	·	·	·	·	·	2	·	·
방법론	석사	매스컴연구방법론	·	2	2	2	2	·	·	·	·	·
	공통	매스컴연구방법론	·	·	·	·	·	1	·	·	·	·
	석사	커뮤니케이션연구방법론	·	·	·	·	·	·	·	1	1	·
	공통	커뮤니케이션연구방법론	·	·	·	·	·	·	1	·	·	1
	박사	매스컴연구방법론연습	·	·	·	·	1		·	·	·	·
	공통	매스컴연구방법론연습	·	·	·	·	·	2	·	·	·	·
	박사	매스컴실험연구방법론	·	·	·	·	2	·	·	·	·	·
	공통	매스컴실험연구방법론	·	·	·	·	·	2	·	·	·	·
	공통	커뮤니케이션의실증적연구방법	·	·	·	·	·	·	1	·	·	·
	박사	커뮤니케이션실증적연구방법론	·	·	·	·	·	·	·	·	1	·
	공통	커뮤니케이션의통계적연구방법	·	·	·	·	·	·	2	2	2	2
	공통	기호학적커뮤니케이션연구방법	·	·	·	·	·	·	2	·	2	2

〈표 2-15〉 계속

구분	과정	교과목명	75	76	77	78	79	80	81	82	83	84
효과론	박사	매스컴효과론	2	·	·	·	2	·	·	·	·	·
	공통	커뮤니케이션의효과 연구	·	·	·	·	·	·	2	2	·	·
	석사	매스컴과현대사회	2	1	1	1	1	·	·	·	·	·
	공통	매스컴과현대사회	·	·	·	·	·	1	·	·	·	·
	공통	커뮤니케이션과현대사회	·	·	·	·	·	·	1	·	·	1
	석사	커뮤니케이션과현대사회	·	·	·	·	·	·	·	·	1	·
역사	박사	신문사연구	·	·	·	·	1	·	·	·	·	·
	공통	신문사연구	·	·	·	·	·	·	·	2	2	·
	박사	방송사연구	·	·	·	·	2	·	·	·	·	·
	공통	방송사연구	·	·	·	·	·	·	·	1	1	1
	박사	커뮤니케이션사상사	·	·	·	·	1	·	·	·	·	·
	공통	커뮤니케이션사상사	·	·	·	·	·	1	·	·	·	·
	박사	한국매스컴사연구	·	·	·	·	2	·	·	·	·	·
	공통	한국매스컴사	·	·	·	·	·	2	2	·	2	2
	공통	커뮤니케이션학사	·	·	·	·	·	·	·	1	2	2
	공통	세계매스컴사특강	·	2	2	2	1	1	·	·	·	·
정치컴	박사	매스컴과정치	2	·	·	·	·	·	·	·	·	·
	공통	매스컴과정치	·	·	·	·	·	2	·	2	·	1
국제/비교연구	박사	국제커뮤니케이션	·	·	·	·	2	·	·	·	·	·
	공통	국제커뮤니케이션	·	·	·	·	·	1	1	1	1	1
	박사	공산권매스컴연구	·	·	·	·	1	·	·	·	·	·
	공통	공산권매스컴연구	·	·	·	·	·	1	·	·	·	·
	박사	비교신문학	2	·	·	·	1	·	·	·	·	·
	박사	비교문화권커뮤니케이션연구	·	·	·	·	1	·	·	·	·	·
	공통	커뮤니케이션의비교문화적 연구	·	·	·	·	·	2	2	2	2	2

〈표 2-15〉 계속

구분	과정	교과목명	75	76	77	78	79	80	81	82	83	84
법제/정책/제도/경영	공통	매스컴법제론	·	·	·	·	·	·	1	·	·	·
	박사	커뮤니케이션정책	·	·	·	·	·	·	·	·	1	2
	석사	매스미디어제도론	2	·	·	·	·	·	·	·	·	·
	박사	매스미디어제도론	·	·	·	·	2	·	·	·	1	2
	공통	매스미디어제도론	·	·	·	·	·	2	·	·	·	·
	공통	서구매스컴제도	·	·	·	·	·	·	·	·	·	1
	박사	공산권매스컴제도	·	·	·	·	·	·	2	·	2	2
	박사	사회제도와매스컴연구	·	·	·	·	2	·	·	·	·	·
	공통	사회제도와매스컴체제	·	·	·	·	·	2	·	·	·	·
	석사	매스미디어경영론	2	·	·	·	·	·	·	·	·	·
기타	박사	정보이론	·	·	·	·	1	·	·	·	·	·
	공통	정보이론	·	·	·	·	·	1	2	·	2	2
	박사	미주커뮤니케이션	·	·	·	·	1	·	·	·	·	·
	석사	매스컴pro-seminar	·	1	1	1	1	·	·	·	·	·
	공통	매스컴예비연습	·	·	·	·	·	1	·	·	·	·
	공통	커뮤니케이션과의미론	·	·	·	·	·	·	·	2	·	·
	박사	매스컴특강	2	·	·	·	·	·	·	·	·	·
	석사	매스컴특강	·	1	1	1	1	·	·	·	·	·
	공통	커뮤니케이션특강	·	·	·	·	·	·	2	2	·	1

주: 1975년 1학기와 1976~1978년 3년의 수강편람 자료가 부재한다. 1976~1978년 자료는 서울대 언론정보학과 강남준 · 강명구 교수와 언론정보연구소 김영희 박사의 성적증명서를 토대로 구성했다.

2) 제2시기: 1985~1994년

이 시기의 언론정보학과 대학원 개설교과목과 개설학기는 〈표 2-16〉에 정리되어 있다. 먼저 언급해야 할 것은 1991년부터 서울대의 교과과정 정책 변경에 따라 대학원의 모든 과목이 석·박사 공통 과목으로 전환됐다는 사실이다. 1980년대 초반에 대부분의 교과목이 공통 교과목으로 바뀌었다가 1985년에 와서 일부 교과목이 다시 석사, 박사 교과목으로 구분되는 경향이 나타났다. 즉 이론 과목이 1985년에 '커뮤니케이션 이론연구1'과 '커뮤니케이션이론연구2'로 나뉘어 석사 또는 박사 교과목으로 개설되는 등 1990년까지 혼란스러운 모습을 보여 주었는데, 이러한 혼란은 1991년 이후에 완전히 해소됐다.

1985년 개설교과목에서 가장 주목해야 할 부분은 '비판커뮤니케이션이론연구'와 '대중문화론'의 신설이다. '대중문화론'은 박사 교과목으로 처음 개설됐고, '비판커뮤니케이션이론연구'는 공통 교과목으로 개설됐다. 비판커뮤니케이션이라는 명칭의 교과목이 처음 개설됐다는 역사적 의미가 있는데, 교과목 개설과 실제 교육 시점은 다를 수 있다. 앞서 학부과정 교육에 대한 논의에서 이상희 교수가 비판커뮤니케이션 강좌를 1982년 대학원에서 처음 개설했고 다음 해에 학부에도 개설했다고 증언했으나, 실제 학사과정 수강편람에 '비판커뮤니케이션론'이 나타난 해는 1985년이라고 지적한 바 있다.[23] 대학원과정 수강편람에서도 '비판커뮤니케이션이론연구'는 1985년에 처음 등장한다. 이로 미루어, 1982~1984년에는 이상희 교수가 담당했던 '커뮤니케이션학사'나 '커뮤니케이션과현대사회'에서 비

23 앞의 각주 11 참조.

판커뮤니케이션에 대해 강의한 것으로 추정해 볼 수 있다. 아무튼 1985년에는 '비판커뮤니케이션이론연구'와 '대중문화론'의 신설되었을 뿐만 아니라 1981년 개설됐던 '기호학적커뮤니케이션연구방법'이 '기호학이론'으로 재탄생함으로써 대학원 교육에서 비판적 연구가 본격적으로 자리를 잡게 됐다고 볼 수 있다.

이 외에도 1985년에는 과목명에서 '커뮤니케이션'이란 용어가 강조되는 변화가 있었다. '한국매스컴사'가 '한국커뮤니케이션사연구'로 바뀌었고, '세계매스컴사특강'은 한동안 개설되지 않다가 '세계커뮤니케이션사연구'로 바뀌어 개설됐다. 또 '매스컴과정치'가 '정치커뮤니케이션론'으로 바뀌었는데, 이로써 정치커뮤니케이션이란 용어가 과목명에 처음 등장하게 됐다. 이렇듯 교과목 명칭에 커뮤니케이션이란 용어를 붙이는 경향은 이후로도 확대되어 1986년에 '영상커뮤니케이션이론', 1987년에 '텔레커뮤니케이션론'이 개설됐다.

한편 1988년에 '신문이론연구'와 '문화간커뮤니케이션'이 처음 개설된 것도 눈에 띄지만, 의미 있는 변화는 1989년에 나타났다. 이 해에 '미디어정치경제연구'가 처음으로 개설됐고, 많은 교과목 이름이 변경됐다. 즉 '비판커뮤니케이션이론연구'가 '비판커뮤니케이션이론'으로, '커뮤니케이션통계적연구방법'이 '고급커뮤니케이션통계방법'으로, '커뮤니케이션문헌연구방법'이 '언론사연구방법'으로, '한국커뮤니케이션사연구'가 '한국언론사연구'로, '동양커뮤니케이션사연구'가 '동양언론사연구'로, '방송이론연구'가 '방송연구'로, '대중문화론'이 '대중문화연구'로, '기호학이론'이 '기호학방법론'으로, '국제커뮤니케이션론'이 '국제커뮤니케이션연구'로, '매스컴법제론'이 '언론법제론'으로, '공산권매스컴제도'가 '공산권언론 연구'로 변경됐는데 이들 과목명 가운데 상당수는 바뀌지 않고 오랫동안 지속됐다. 또 주목할 부분은 이 해를 마지막으로 '커뮤니케이션효과연구'가 13년간 개설되지 않았고,[24] 잠깐 개설됐던 '한국미디어문화연구', '문화간커뮤니케이션론', '대인커뮤니케이션 이론', '커뮤니케이션정책연구'도 개설교과목에서 사라졌다는 점이다.

전체적으로 이 10년 동안 이전에 없었거나 미약했던 분야에 새로운 교과목들이 개설됐다. 방송/뉴미디어 분야와 비판/영상/문화 분야에 신설된 교과목들이 대표적인 예다. 한편 1994년은 이 10년간의 변화의 종착역일 뿐만 아니라, 다음에 오는 제3시기(1995~2004)의 시발역으로도 볼 수 있다. '푸블리지스틱이론연구'는 1994년 10월 박유봉 교수의 별세를 계기로 폐지됐고, 학과 초창기부터 강세를 보였던 역사 분야 교과목은 '한국언론사연구'와 '동양언론사연구' 두 과목으로 축소됐다. 또 '커뮤니케이션이론'은 이 해에 '커뮤니케이션이론연구'로 과목명이 변경된 이후 2025년 현재까지 지속되고 있다. 말하자면 1994년에 확정된 개설교과목은 다음 10여 년 동안 크게 변하지 않고 지속될 정도로 안정적이었다.

24 이때 폐지된 효과론 과목은 2012년에 '미디어이용효과연구'로 재개설되었다.

〈표 2-16〉 1985~1994년 서울대 언론정보학과 대학원 개설교과목 및 개설학기

구분	과정	강좌명	85	86	87	88	89	90	91	92	93	94
이론	석사	커뮤니케이션이론연구1	1	1	1	1	·	·	·	·	·	·
	박사	커뮤니케이션이론연구2	1	1	·	·	·	·	·	·	·	·
	석사	커뮤니케이션이론연구2	·	·	·	1	·	·	·	·	·	·
	석사	커뮤니케이션이론	·	·	·	·	1	1	1	1	1	·
	공통	커뮤니케이션이론연구	·	·	·	·	·	·	·	·	·	1
	공통	커뮤니케이션이론특강	·	·	1	1	2	·	·	·	·	2
	공통	비판커뮤니케이션이론연구	1	1	1	1	·	·	·	·	·	·
	석사	비판커뮤니케이션이론	·	·	·	·	1	1	1	1	1	1
	공통	푸블리찌스틱이론연구	1	1	1	1	1	1	1	1	1	1
방법론	석사	커뮤니케이션연구방법론	1	1	1	1	1	·	·	·	·	·
	공통	커뮤니케이션연구방법론	·	·	·	·	·	1	1	1	1	1
	석사	커뮤니케이션통계적연구방법	2	2	2	2	·	·	·	·	·	·
	공통	고급커뮤니케이션통계방법	·	·	·	·	2	2	2	2	2	2
	공통	커뮤니케이션실험연구방법	·	·	·	·	·	·	·	·	1	1
	공통	비판커뮤니케이션연구방법	·	·	·	·	·	2	·	1	·	·
	박사	커뮤니케이션문헌연구방법	2	·	2	·	·	·	·	·	·	·
	박사	언론사연구방법	·	·	·	·	1	1	·	·	·	·
효과론	공통	커뮤니케이션효과연구		2	2	2	2	·	·	·	·	·
역사	공통	커뮤니케이션사상사	2	2	2	2	2	2	2	2	2	·
	박사	한국커뮤니케이션사연구	2	·	·	2	·	·	·	·	·	·
	박사	한국언론사연구	·	·	·	·	1	1	1	1	1	1
	박사	동양커뮤니케이션사연구	1	1	1	·	·	·	·	·	·	·
	박사	동양언론사연구	·	·	·	·	2	·	2	·	2	2
	박사	세계커뮤니케이션사연구	2	·	·	·	·	·	·	·	·	·
	공통	구미언론사	·	·	·	·	·	·	·	2	·	·
저널리즘/정치컴	공통	신문이론연구	·	·	·	1	1	1	·	1	2	2
	공통	정치커뮤니케이션이론	1	·	1	1	·	·	·	·	·	·
	공통	정치커뮤니케이션연구	·	·	·	2	2	2	2	2	2	2

〈표 2-16〉 계속

구분	과정	강좌명	85	86	87	88	89	90	91	92	93	94
방송/ 뉴미디어	공통	방송이론연구	1	1	1	1	·	·	·	·	·	·
	공통	방송연구	·	·	·	·	1	1	1	1	1	1
	박사	텔레커뮤니케이션론	·	·	2	·	·	·	·	·	·	·
	공통	뉴미디어연구	·	·	·	·	2	2	2	2	2	2
설득	공통	설득커뮤니케이션이론	·	·	·	·	2	2	2	2	2	2
비판/ 영상 문화 연구	공통	미디어정치경제연구	·	·	·	·	1	1	1	1	1	1
	박사	대중문화론	1	1	1	·	·	·	·	·	·	·
	박사	대중문화연구	·	·	·	·	1	1	1	1	1	1
	공통	미디어문화연구	·	·	·	·	2	2	·	2	·	1
	박사	한국미디어문화연구	·	·	·	·	2	·	·	·	·	·
	박사	영상커뮤니케이션이론	·	2	·	2	·	·	·	·	·	·
	공통	영상커뮤니케이션연구	·	·	·	·	·	2	2	2	2	2
기호학	공통	기호학이론	2	2	2	2	·	·	·	·	·	·
	공통	기호학방법론	·	·	·	·	2	·	2	2	2	2
국제컴/ 비교연구	공통	국제커뮤니케이션이론	1	1	1	1	·	·	·	·	·	·
	공통	국제커뮤니케이션연구	·	·	·	·	1	1	1	1	1	1
	박사	문화간커뮤니케이션	·	·	·	1	·	·	·	·	·	·
	박사	문화간커뮤니케이션론	·	·	·	·	1	·	·	·	·	·
	박사	비교커뮤니케이션이론1	2	·	·	·	·	·	·	·	·	·
	박사	비교커뮤니케이션이론2	·	·	·	1	·	·	·	·	·	·
	공통	비교커뮤니케이션론	·	·	·	·	·	·	·	2	·	·
	공통	발전커뮤니케이션연구	·	2	2	·	·	·	·	·	·	·
법제/ 정책/ 제도	공통	매스컴법제론	1	1	1	·	·	·	·	·	·	·
	공통	언론법제론	·	·	·	·	1	1	1	1	1	1
	박사	커뮤니케이션정책연구	·	·	·	1	·	·	·	·	·	·
	공통	공산권매스컴제도	2	2	·	2	·	·	·	·	·	·
	박사	공산권언론연구	·	·	·	·	2	·	2	·	·	·
	공통	북한언론연구	·	·	·	·	·	·	·	·	2	2
	공통	매스미디어제도론	·	·	2	2	·	·	·	·	·	·
대인	공통	대인커뮤니케이션이론	·	·	·	1	·	·	·	·	·	·
	박사	비언어적커뮤니케이션	·	2	·	·	·	·	·	·	·	2
기타	박사	커뮤니케이션과사회문제연습	1	1	1	·	·	·	·	·	·	·
	공통	정보이론	2	2	2	2	·	·	·	·	·	·
	공통	언론문제연습	·	·	·	·	2	·	·	·	·	·

주: 1991년부터 모든 교과목이 석 · 박 공통과정으로 전환되었다.

3) 제3시기: 1995~2004년

〈표 2-17〉에서 알 수 있는 바와 같이, 이 시기 개설교과목의 변화는 상대적으로 크지 않았다. 비교적 의미 있는 변화는 1998년에 일어났다. 이 해에 방법론교육 강화를 위해 '커뮤니케이션연구방법론연습'이 신설됐고, '비판커뮤니케이션이론'이 '비판커뮤니케이션이론연구'로 바뀌었다. 또 과목명 변경은 2004년에도 있었는데 '신문이론연구'가 '저널리즘연구'로 바뀌었다.

그보다 중요한 변화는 1996년 이후 '커뮤니케이션실험연구방법', '커뮤니케이션과사회문제연습'이 개설 중단됐다가 폐지됐고, '미디어정치경제연구'가 1999년에 개설 중단됐다가 얼마 뒤에 폐지됐다는 점이다. '미디어정치경제연구'의 폐지는 1990년대 후반에 가속화된 비판연구의 퇴조와 관련 있다. 또 '영상커뮤니케이션'과 '정보사회연구'가 1996년 이후 오랜 기간 개설되지 않은 점도 눈에 띈다. '정보사회연구'는 2001년 윤석민 교수의 부임으로 2002년에 재개설됐고, '커뮤니케이션정책론'도 같은 해에 신설돼 정규과목으로 자리 잡게 됐다.

〈표 2-17〉 1995~2004년 서울대 언론정보학과 대학원 개설교과목 및 개설학기

구분	강좌명	95	96	97	98	99	00	01	02	03	04
이론	커뮤니케이션이론연구	1	1	1	1	1	1	1	2	1	1
	커뮤니케이션이론특강	2	2	2	·	·	·	2	2	2	·
	비판커뮤니케이션이론	1	1	1	·	·	·	·	·	·	·
	비판커뮤니케이션이론연구	·	·	·	1	1	1	1	1	1	1
방법론	커뮤니케이션연구방법론	1	1	1	1	1	1	1	1	1	1
	커뮤니케이션연구방법론연습	·	·	·	2	2	·	1	1	·	·
	고급커뮤니케이션통계방법	2	2	2	2	2	2	2	2	2	2
	커뮤니케이션실험연구방법	1	·	·	·	·	·	·	·	·	·
	기호학방법론	2	2	2	2	·	2	2	2	2	2
역사	한국언론사연구	1	1	1	1	1	1	1	1	1	1
	동양언론사연구	2	2	·	2	2	1	1	1	1	1
저널리즘/정치컴	신문이론연구	·	2	·	2	·	·	·	·	·	·
	저널리즘연구	·	·	·	·	·	·	·	·	·	1
	정치커뮤니케이션연구	2	2	2	2	2	2	2	·	2	2
방송/뉴미디어	방송연구	1	1	1	1	·	1	1	1	1	1
	방송이론	·	2	2	2	2	2	·	·	2	2
	뉴미디어연구	2	2	·	2	2	2	·	2	·	2
설득/광고	설득커뮤니케이션이론	2	2	2	2	2	2	·	2	2	·
	광고연구	·	·	·	2	2	2	·	·	·	2
비판/영상/문화연구	대중문화연구	·	1	1	1	1	1	·	·	1	·
	미디어문화연구	2	·	2	·	2	2	2	2	2	2
	미디어정치경제연구	1	1	1	1	·	·	·	·	·	·
	영상커뮤니케이션연구	2	·	·	·	·	·	·	·	1	1
국제/비교연구	국제커뮤니케이션연구	1	·	2	·	·	·	2	·	2	·
	비교커뮤니케이션론	·	·	·	·	1	2	2	·	·	·
법제/정책	언론법제론	1	1	1	1	1	1	1	1	1	1
	커뮤니케이션정책론	·	·	·	·	·	·	·	2	2	2
기타	언론문제연습	·	1	1	1	1	2	2	·	2	2
	정보사회연구	1	·	·	·	·	·	·	1	1	1
	커뮤니케이션과사회문제연습	1	·	·	·	·	·	·	·	·	·

4) 제4시기: 2005~2014년

〈표 2-18〉은 2005년부터 2014년까지의 시기 동안의 개설교과목과 개설 학기를 정리한 것이다. 이 시기의 변화 중 우선 언급해야 할 것은 대학원 커리큘럼의 핵심을 이루는 주요 교과목이 매 학기 개설되기 시작했다는 점이다. '커뮤니케이션연구방법론'은 2008년부터, '커뮤니케이션이론연구'는 2010년부터 매 학기 개설되고 있다. 이것은 대학원 입시가 전기, 후기로 나뉘어 매 학기 실시되고 대학원생 수가 증가하면서 나타난 불가피한 조치였으나, 교수진이 증원되지 않았더라면 실행되기 어려웠을 것이다.

앞서 학사과정 교과목에 대한 논의에서 언급한 바와 같이, 이 시기에 디지털 시대가 본격적으로 열리고 학과 교수진도 대폭 증원되어 개설교과목에 많은 변화가 발생했다. 2006년 이재현 교수를 시작으로 모두 7명의 신임교수가 부임하면서 특히 정치커뮤니케이션, 방송/뉴미디어, CMC/HCI 분야에서 새로운 과목들이 많이 개설됐다. 우선 정치커뮤니케이션 분야에서는 '레토릭과민주주의'(2006), '멀티미디어와문화'(2008), '미디어와민주주의연구'(2008), '여론조사의이론과실제'(2012), '선거캠페인'(2014)이 개설됐다. 방송/뉴미디어 분야에서는 '미디어와수용자연구'(2008), '문화콘텐츠와커뮤니케이션'(2011), '미디어연구세미나'(2013)가 각각 개설됐다. CMC/HCI 분야에서는 '컴퓨터매개커뮤니케이션 연구'가 2009년에 개설됐고, '정보의의미생성연구'와 '소셜네트워크서비스개발및분석'이 2013년에 신설됐다가 2014년에 각각 '정보비주얼라이제이션'과 '소셜네트워크데이터마이닝과 분석'으로 명칭이 변경됐다.

〈표 2-18〉 2005~2014년 서울대 언론정보학과
대학원 개설교과목 및 개설학기

구분	강좌명	05	06	07	08	09	10	11	12	13	14
이론	커뮤니케이션이론연구	1	1	1	1	1	1/2	1/2	1/2	2	1/2
	비판커뮤니케이션이론연구	1	1	2	2	·	1	2	2	2	2
	커뮤니케이션이론특강	2	2	1/2	1	1	1	1	·	·	·
방법론	커뮤니케이션연구방법론	1	1	1	1/2	1/2	1/2	1/2	1/2	1/2	1/2
	커뮤니케이션연구방법론 연습	·	·	·	1	·	1	1	·	2	1
	고급커뮤니케이션통계방법	2	2	2	2	·	2	·	·	1	1
	기호학방법론	·	2	2	2	2	·	·	·	·	·
	기호학담론분석방법론	·	·	·	·	·	2	2	2	·	·
	정성연구방법론	·	·	·	·	·	·	·	1	·	·
	질적연구방법론	·	·	·	·	·	·	·	·	1	1
	문화연구와영상방법론	·	·	·	·	·	·	·	·	·	2
효과론	미디어이용효과연구1)	·	·	·	·	·	·	·	1	1	·
역사	한국언론사연구	1	1	1	·	1	1	1	1	1	·
	동양언론사연구2)	·	1	1	·	·	·	·	·	·	·
저널리즘/정치컴	저널리즘연구	1	1	1	2	2	2	2	2	2	2
	정치커뮤니케이션연구	2	2	2	·	2	2	2	2	2	2
	레토릭과민주주의	·	2	·	·	1	1	·	1	·	1
	미디어와민주주의연구	·	·	·	2	·	·	1	·	1	·
	여론조사의이론과실제	·	·	·	·	·	·	·	1	1	2
	선거캠페인	·	·	·	·	·	·	·	·	·	1
방송/뉴미디어	방송연구	1	1	1	·	·	2	·	1	·	2
	방송이론	2	2	2	·	1	·	·	·	·	·
	미디어와수용자연구	·	·	·	1	2	·	2	·	2	·
	문화콘텐츠와커뮤니케이션	·	·	·	·	·	·	2	2	·	·
	미디어연구세미나	·	·	·	·	·	·	·	·	1	·
	디지털문화	1	1	1	1	1	1	1	2	·	·
	뉴미디어연구	2	2	2	2	2	·	·	1	·	1
	멀티미디어와문화	·	·	·	2	·	·	·	·	·	·

〈표 2-18〉 계속

구분	강좌명	05	06	07	08	09	10	11	12	13	14
설득/광고	설득커뮤니케이션이론	2	2	2	2	2	2	2	·	·	·
	광고연구	2	2	·	·	·	1	·	·	·	·
영상/문화연구	대중문화연구	1	1	1	·	·	·	·	·	·	·
	미디어문화연구	·	·	1	1	1	·	1	·	1	·
	영상커뮤니케이션연구	·	·	1	1	1	1	1	1	1	·
국제/비교연구	국제커뮤니케이션연구	1	1	·	1	·	·	·	1	1	·
	비교커뮤니케이션이론	·	·	2	·	·	·	·	·	·	·
	동아시아미디어론1 3)	2	2	2	2	2	·	·	1	1	·
법제/정책/산업	언론법제론4)	1	1	1	·	·	·	·	·	·	·
	커뮤니케이션정책론	2	·	2	2	2	2	2	2	2	2
	미디어산업현장연구	·	·	·	1	1	1	·	·	·	·
	미디어산업연구	·	·	·	·	·	·	·	·	1	·
CMC/HCI	컴퓨터매개커뮤니케이션연구	·	·	·	·	2	·	1	·	1	2
	정보의의미생성연구	·	·	·	·	·	·	·	·	1	·
	정보비주얼라이제이션	·	·	·	·	·	·	·	·	·	1
	소셜네트워크서비스개발및분석	·	·	·	·	·	·	·	·	2	·
	소셜네트워크데이터마이닝과분석	·	·	·	·	·	·	·	·	·	2
기타	정보사회연구5)	1	1	·	2	·	·	·	·	·	·
	언론문제연습6)	2	2	2	1	·	1/2	1	·	·	·
	커뮤니케이션연구세미나	·	·	·	·	·	·	2	2	2	2
	커뮤니케이션철학과사상	·	·	·	·	·	·	·	·	·	1

주: 1) 2013년 2학기 폐지. 2) 2011년 2학기 폐지.
3) 2008년 2학기 '동아시아와미디어문화'로 개설.
4) 2014년 1학기 폐지. 5) 2014년 1학기 폐지.
6) 2011년 2학기 폐지.

이 밖에도 새로운 과목들이 개설됐다. 2005년에 '동아시아미디어론'이 개설됐고, 2008년에는 '미디어산업현장연구'가 처음 개설됐다가 2013년에 '미디어산업연구'로 과목명이 바뀌었다. 한편 2012년에는 1989년을 마지막으로 사라졌던 효과론 과목이 '미디어이용효과연구'로 부활했으며, 2014년에는 '커뮤니케이션철학과사상'이 신설됐다. 또 방법론 강화를 위해 2012년에 '정성연구방법론', 2013년에 '문화연구와영상방법론'이 처음 개설됐다. '정성연구방법론'은 2013년에 '질적연구방법론'으로 과목명이 바뀌었고, '기호학방법론'은 2010년에 '기호학담론분석방법론'으로 바뀌었다.

방금 살펴본 바와 같이 이 시기 동안 대학원의 개설교과목에 많은 변화가 있었지만, 이론과 방법론의 주요 과목들은 대학원 교육의 중심으로 확고히 자리 잡았다. '동양언론사연구'가 2011년에 폐지되는 등 과거와 비교해 역사 분야의 교과목은 축소되었다. 반면 영상/문화연구, 정치커뮤니케이션, 뉴미디어, CMC/HCI 분야는 새로운 과목이 개설되면서 성장세를 보였다.

5) 제5시기: 2015~2024년

2015년부터 2024년 사이의 대학원 개설교과목과 개설학기가 〈표 2-19〉에 제시되어 있다. 대학원 커리큘럼의 토대를 이루는 주요 이론 및 방법론 교과목('커뮤니케이션이론연구', '비판커뮤니케이션이론연구', '커뮤니케이션연구방법론')은 이전 시기와 비교해 내용이나 형태에서 별다른 변화가 없었다. 한 가지 주목할 만한 변화는 '문화연구와영상방법론'과 '기호학담론분석방법론'이 시기 초반에 각각 세 차례와 한 차례만 개설된 뒤 2022년에 폐지된 반면, '질적연구방법론'은 거의 매년 개설됐다는 점이다. 이로써 전공필수과목이자 양적연구방법론 중심의 '커뮤니케이션연구방법론'과 함께 '질적연구방법론'도, 비록 개설 빈도는 낮지만 지속적으로 제공되는 커리큘럼 체계를 갖추게 됐다.

점차 축소되어 오던 역사 분야 교과목은 이 시기에 대학원 커리큘럼에서 사라졌다. 직전 시기에 '동양언론사연구'가 폐지된 데 이어, '한국언론사연구' 역시 2013년 이후 개설되지 않다가 2019년 1학기에 폐지된 것이다. 국제 커뮤니케이션 분야 역시 축소 경향을 보여, 이 시기에는 '동아시아미디어론'만 두 차례 개설됐다.

반면 대인 커뮤니케이션 분야는 1988년 이후 장기간 제공되지 않았으나, 이 시기에 '네트워크미디어와인간관계'와 '대인소통이론연구' 두 과목이 새로 개설됐다. 아울러 AI가 중요한 연구 주제로 부상하면서 'AI와미디어연구', 'AI와커뮤니케이션'이 신설되었다. '미디어산업연구'는 '미디어산업및정책세미나'로 교과목명이 변경되었다. 이와 함께 교수진의 전공 및 연구 관심사를 반영한 교과목들 또한 대거 신설되었는데, '탐사저널리즘과사회정치분석', '소프트웨어문화', 'HCI연구방법론', '헬스커뮤니케이션이론과실제', '어린이청소년과미디어', '국정커뮤니케이션', '미디어사회이론', '커뮤니케이션과문학', '커뮤니케이션능력과미디어리터러시', '커뮤니케이션네트워크와공동체', '메시지효과' 등이 여기에 해당한다.

〈표 2-19〉 2015~2024년 서울대 언론정보학과 대학원 분야별 개설교과목 및 개설학기

구분	강좌명	15	16	17	18	19	20	21	22	23	24
이론	커뮤니케이션이론연구	1	1	2	1	1/2	1/2	1/2	1/2	1/2	1/2
	비판커뮤니케이션이론연구	2	·	1	·	2	·	2	2	2	2
	커뮤니케이션이론특강	2	·	·	·	1	·	1	·	·	·
	미디어사회이론	·	·	·	·	2	·	·	·	1	·
방법론	커뮤니케이션연구방법론	1/2	1/2	1/2	1/2	1/2	1/2	1/2	1/2	1/2	1/2
	커뮤니케이션연구방법론연습	·	1	1	·	·	·	·	1	·	·
	고급커뮤니케이션통계방법	1	1	1	1	2	·	·	·	2	·
	기호학담론분석방법론[1]	·	·	2	·	·	·	·	·	·	·
	질적연구방법론	1	1	·	1	1	1	1	1	1	1
효과론	메시지효과	·	·	·	·	·	2	2	·	2	2
저널리즘/정치컴	저널리즘연구	·	·	1	·	1	·	·	1	·	2
	레토릭과민주주의	·	·	·	1	·	·	·	·	1	·
	미디어와민주주의연구	1	·	·	·	·	·	1	·	·	·
	국정커뮤니케이션[2]	·	·	·	·	2	·	·	·	·	·
	정치커뮤니케이션연구	2	·	2	2	·	·	·	1	1	·
	선거캠페인	·	1	1	2	·	1	1	·	·	·
	탐사저널리즘과사회정치분석[3]	1	·	1	·	·	·	·	·	·	·
	미디어공정성연구	·	·	·	·	·	2	·	2	2	2
방송/뉴미디어	방송연구[4]	2	2	·	·	·	·	·	·	·	·
	미디어와수용자연구	2	·	·	·	1	·	·	·	·	·
	문화콘텐츠와커뮤니케이션	1	·	·	·	·	·	·	·	·	1
	미디어연구세미나	·	·	·	2	1	1	1	2	·	2
	디지털문화	·	1	·	1	·	2	2	·	2	·
	뉴미디어연구	·	2	2	·	2	·	·	·	2	·
	소프트웨어문화[5]	1	·	·	·	·	·	·	·	·	·
	AI와미디어연구	·	·	·	·	·	·	·	·	1	1

〈표 2-19〉 계속

구분	강좌명	15	16	17	18	19	20	21	22	23	24
대인	대인소통이론연구	·	·	·	·	·	·	·	·	2	·
	네트워크미디어와인간관계	·	2	2	·	1	1	·	·	1	·
설득/광고	설득커뮤니케이션이론	2	·	·	2	·	·	·	2	·	1
영상/문화연구	미디어문화연구	1	·	2	·	2	·	2	·	2	·
	영상커뮤니케이션연구	·	2	·	2	·	·	·	2	·	2
	문화연구와영상방법론[6]	2	·	1	1	·	·	·	·	·	·
국제컴	동아시아미디어론	·	·	2	·	·	·	·	·	1	·
법제/정책	커뮤니케이션정책론	1	·	1	·	1	1	1	1	1	1
	미디어산업및정책세미나	2	2	2	2	·	·	·	·	·	·
CMC/HCI	컴퓨터매개커뮤니케이션연구	2	·	2	2	·	·	2	·	·	·
	정보비주얼라이제이션	2	·	2	·	·	·	·	·	·	·
	소셜네트워크데이터마이닝과분석	·	2	·	2	1	·	·	1	·	·
	HCI연구방법론	1	1	·	1	·	·	2	·	·	·
	AI와커뮤니케이션	·	·	·	·	·	·	·	·	·	1/2
기타	커뮤니케이션연구세미나	·	2	·	·	·	·	·	·	·	·
	커뮤니케이션철학과사상	·	1	·	1	1	·	·	·	·	1
	헬스커뮤니케이션이론과실제	·	1	1	·	1	1	·	2	·	2
	커뮤니케이션네트워크와공동체	·	·	·	·	·	2	·	·	·	·
	커뮤니케이션과문학	·	·	·	·	·	1	1	1	1	·
	어린이청소년과미디어[7]	·	·	1	·	·	·	·	·	·	·
	커뮤니케이션능력과미디어리터러시	·	·	·	·	·	2	·	·	·	2

주: 1) 2022년 2학기 폐지. 2) 2025년 1학기 폐지.
3) 2021년 2학기 폐지. 4) 2021년 2학기 폐지.
5) 2019년 2학기 폐지. 6) 2022년 2학기 폐지.
7) 2017년 2학기 폐지.

6. 결론

서울대 언론정보학과는 1975년 2월에 신문학과라는 이름으로 창설되어 2025년 8월까지 50여 년 동안 1,290명의 학사, 587명의 석사, 97명의 박사를 배출하며 한국의 커뮤니케이션 교육에서 중추적인 역할을 수행해 왔다. 본 연구는 언론정보학과의 그러한 교육 역사를 추적하는 차원에서 서울대 수강편람에 기재된 언론정보학과 학부 및 대학원의 개설교과목을 분석했다. 지난 50년을 10년 단위의 다섯 시기로 구분해 교과과정 변천을 분석한 결과, 대체로 다음과 같은 점들을 확인할 수 있었다.

먼저, 학부의 경우 초기(1975~1984)에는 전공필수 과목이 많았고 교과목 개편도 빈번했지만, 점차 이론 교육 중심으로 안정화되고 10개 내외였던 전공필수 과목도 3~4개로 축소됐다. 둘째, 제2시기(1985~1994)에는 주요 교과목의 명칭이 변경됐고, 비판커뮤니케이션 관련 교과목과 뉴미디어 관련 교과목이 본격적으로 개설되기 시작했다. 1990년 교양교육 제도의 전면 개편에 따라 1991년부터 1학년 대상 전공과목 4개를 개설하기 시작했다. 셋째, 제3시기(1995~2004)는 교과목 개편이 별로 없었던 가장 안정적인 시기였다. 다만 2002년 모집단위 광역화로 1학년 전공 학생이 없어지면서 1학년 대상 전공과목 일부가 2학년 대상으로 바뀌는 등 교과목 개편이 이뤄졌다. 넷째, 제4시기(2005~2014)와 제5시기(2015~2024)에는 디지털·데이터·AI 시대가 본격적으로 열리고 교수진도 크게 바뀌면서 교과목에 많은 변화가 일어났다. 주요 교과목의 명칭이 시대 변화에 맞춰 변경됐고, 인터넷, 모바일, AI 등 뉴미디어 관련 교과목이 개설되는 등 디지털·데이터·AI 리터러시 교육이 강화되기 시작했다. 다섯째, 변화하는 미디어·커뮤니케이션 기술 발전에 발 빠르게 대응하기 위해 언론정보학과의 주도하에 정보문화학 연합전공 과정이 개설됐다. 정보문화학 연합전공은 언론정보학과의 이론 중심 교과목과는 달리 다양한 실습 지향 교과목들로 구성되는데, 일부 교과목은 산학 협력 프로젝트의 일환으로 제공된다. 마지막으로, 대학의 모집 단위 변경이나 교양교육 제도 개편과 같은 중요한 정책 변화는 개설교과목에도 큰 영향을 주었으며, 특히 정년퇴임과 신임교수의 부임 등 교수진의 변화는 개설교과목에 직접적 영향을 주었음을 확인할 수 있다.

대학원의 경우 초기(1975~1984)에는 교과과정이 불안정하여 교과목 개편이 잦았다. 교과목의 석·박사과정 구분에 일관성이 없었고, 일부 교과목은 1~2회 개설되고 폐지된 경우도 있었다. 1980년대에 들어와서 대다수 교과목이 석·박사 공통과목으로 바뀌었고, 일부 교과목의 명칭에서 '매스컴'이란 용어가 '커뮤니케이션'으로 변경됐다. 이러한 변화는 제2시기(1985~1994)에도 계속되어 1991년에는 대학본부의 정책 변화에 따라 모든 교과목이 석·박사 공통으로 전환됐다.

이 시기의 특기할 만한 점은 비판커뮤니케이션 관련 교과목들이 처음으로 개설됐으며, 많은 교과목들의 명칭이 변경됐다는 사실이다. 제2시기에 확정된 교과과정은 제3시기(1995~2004)에도 큰 변화 없이 지속됐다. 주목할 만한 변화는 '미디어정치경제연구'의 폐지와 '커뮤니케이션정책론'의 신설 정도라고 하겠다. 그러나 제4시기(2005~2014)와 제5시기(2015~2024)에는 교과목 개편이 비교적 빈번하게 일어났다. 대학원생 수의 증가로 '커뮤니케이션이론연구'와 '커뮤니케이션연구방법론'이 매 학기 개설되기 시작했고, 교수진의 변화로 인해 기존 교과목의 명칭이 변경되거나 새로운 교과목들이 신설된 것이다.

서울대 언론정보학 교육 50년을 10년 단위의 다섯 시기로 구분한 것은,

앞서 언론정보학 교육 30년을 10년 단위로 분석한 강명구·윤상길(2005)의 연구와 같은 방식을 택해 결과의 비교를 용이하게 하려는 의도도 있었다. 하지만 이런 시기 구분은 편의적인 것이어서 각 시기의 역사적 의미가 잘 드러나지 않는 한계가 있다. 대안으로는 50년 역사를 기계적으로 10년씩 나누지 않고 교과과정에 큰 변화가 있었던 해를 기준으로 재구분하는 것이다. 학부의 경우는 교과과정에 중요한 변화가 일어났던 해로 1981년, 1985년, 1989년, 1991년, 1997년, 2002년, 2008년, 2011년, 2016년, 2021년을 꼽을 수 있다.

1981년 개편은 졸업정원제 실시라는 대학정책의 큰 변화와 함께 이뤄진 것인데, 1980년에 박명진·추광영 교수가 새로 부임한 것과도 무관하지 않다. 졸업정원제 실시로 학부생 정원이 대폭 증가함으로써 언론정보학과는 한 단계 도약하는 계기를 마련하게 되었고, 두 신임교수의 합류로 영상커뮤니케이션과 국제 커뮤니케이션이라는 새로운 학문분야가 활성화되었다. 1985년과 1989년의 개편은 주로 교과목 명칭과 대상 학년 변경을 중심으로 이뤄졌는데, 1981년의 교과과정을 지속적으로 개선 및 보완하는 과정으로 볼 수 있다.이 시기의 특기 사항은 1985년에 '비판커뮤니케이션론'이 정식으로 개설됐고, 1989년에 '푸브리지스틱개론'이 교과과정에서 제외됐다는 사실이다. 1991년 개편은 교양교육 제도의 개편에 따라 1학년 대상 교과목을 새로 편성한 것이었고, 1997년 개편은 신문학과에서 언론정보학과로 학과 명칭을 변경하면서 전공필수 과목을 축소하고 일부 교과목의 명칭을 변경한 것이었다.

2002년 개편은 모집단위 광역화로 인한 개편으로, 1학년 대상 교과목을 축소하는 등 여러 교과목의 대상 학년이 바뀌는 변화가 있었다. 특히 주목할 사항은 2002년에 정보문화학 연합전공이 개설되면서 언론정보학 교육이 디지털과 모바일 영역으로 확장되는 획기적인 계기를 맞게 됐다는 점이다. 2008년 개편은 2000년대에 미디어 환경이 급속히 변하고 많은 교수들이 새로 부임하면서 나온 결과인데, 시대의 변화에 맞춰 교과목의 명칭을 변경하고 HCI를 비롯한 새로운 분야의 과목을 도입하는 것이었다. 2011년 개편에서는 모바일미디어 과목이 처음으로 개설되고 일부 교과목의 명칭이 변경됐다. 시대적 변화에 대응한 커리큘럼 개편은 2016년과 2021년에도 이루어졌다. 2016년에는 기본적인 컴퓨팅 능력을 함양하기 위해 '정보문화기술입문'을, 2021년에는 데이터 리터러시 제고를 위해 '커뮤니케이션데이터분석'을 전공필수 과목으로 지정했다. 이와 함께 데이터, 한류, AI 등 중요성이 부각되는 주제에 대한 교과목을 지속적으로 신설했다. 2021년 개편의 또 하나의 중요한 특징은, 한편으로는 시대 변화에 발 빠르게 대응하면서도 다른 한편으로는 커뮤니케이션학의 성립과 발전을 이끈 '고전'을 읽고 생각하며 토론하는 강독 수업('커뮤니케이션이론1')을 전공필수 과목으로 지정했다는 점이다.

이상의 논의를 바탕으로 언론정보학과 학부 교육 50년을 거칠게 재구성한다면 학과 초창기에 해당하는 1970년대(1975~1980)는 이론 중심의 교과과정을 모색하던 '개척기', 1980년대(1981~1990)는 학부생의 양적 증가와 함께 비판커뮤니케이션, 영상커뮤니케이션 등 새로운 분야의 과목이 도입된 '확장/발전기', 1990년대(1991~2001)는 1991년의 커리큘럼이 비교적 안정적으로 유지된 '안정기'로 볼 수 있다. 2000년대(2002~2010)는 디지털시대의 도래와 함께 언론정보학 교육의 새 패러다임을 모색하는 '전환기'로 볼 수 있는데, 2002년의 정보문화학 연합과정 개설과 2008년 교과목 개편은 그러한 시도의 일환이다. 2010년대 이후는 현재 진행 중인 시기로, 2011년, 2016년, 2021년의 교과목 개편을 거치며 디지털·데이터·AI 혁명이 가져온 세계사적 변화에 능동적으로 대응해 왔다. 이를 통해 언론정보학 교육의 미래를 새로 정의하고, 그에 부합하는 커리큘럼을 마련해 온 시기라 할 수 있다. 특히 이 시기에는 언론정보학과 교과목과 정보문화학 교과목을 종합적으로 고려해 교육 커리큘럼을 설계했다. 언론정보학과에는 시대적 변화를 반영하면서도 사회과학으로서의 커뮤니케이션학적 성격을 유지하는 이론 중심 교과목을 개설했고, 정보문화학에는 상대적으로 실습 중심이자 융합적인(HCI, 소프트웨어 프로그래밍) 성격의 교과목을 개설해 균형을 맞춰왔다.

지난 50년의 역사를 시기적으로 어떻게 구분하든, 언론정보학과의 커리큘럼은 입시제도나 교양교육 제도 개편과 같은 대학 당국의 정책 변화 외에도 적어도 두 가지 변수에 의해 영향받았음을 알 수 있다. 하나는 시대의 변화라는 외생적 변수이며, 다른 하나는 교수진의 변화라는 내생적 변수이다. 예를 들면 1980년대 비판커뮤니케이션 관련 교과목의 출현은 당시 한국 사회의 변동에 따른 필연적 결과로 볼 수 있다. 아마도 가장 중요한 외생적 변수는 커뮤니케이션 테크놀로지의 발달에 따른 미디어 환경의 급속한 변화일 것이다. 1980년대 말에 정보화 사회로 진입하면서 뉴미디어 관련 교과목이 신설된 것, 2000년 이후 디지털·데이터·AI 시대의 도래로 관련 교과목들이 대거 개설된 것이 대표적 사례이다.

내생적 변수로서 교수진의 변화도 커리큘럼에 직접적인 영향을 준다. 지난 50년을 돌이켜보면 어떤 교수가 퇴임하고 어떤 교수가 새로 부임하느냐에 따라 커리큘럼에 많은 변화가 일어났던 것이 사실이다. 예를 들면 박명진 교수의 부임은 영상커뮤니케이션이 언론정보학과의 주요 분야로 부상하는 계기가 됐지만, 박유봉 교수의 퇴임은 독일 공시학의 전통이 막을 내리는 결과를 가져왔다.[25] 물론 교수진의 구성이 시대와 무관한 독립적 현상이라고 할 수는 없다. 새로운 교수를 충원할 때는 항상 시대의 변화에 따른 학문적 수요를 고려하지 않을 수 없기 때문이다. 실제로 2000년대 중반 이후 채용된 교수들 가운데 상당수가 당시의 '뉴미디어'를 직간접적으로 연구한 전문가였던 것은 새로운 미디어에 대한 사회적 수요가 그만큼 컸음을 보여 준다. 결과적으로 언론정보학과의 학부와 대학원 커리큘럼 또한 교수진의 이러한 변화를 반영해 온 것으로 보인다.

50년이라는 기간 동안 언론정보학과는 제한된 수의 교수진에도 불구하고 한국의 커뮤니케이션 교육에서 중심적인 역할을 수행해 왔다고 자평한다. 그러나 서울대의 우위는 2000년대 이후 약화되고 있다. 연구자 집단의 확대로 각 대학의 교육 및 연구 역량이 성장하면서 대학 간의 격차가 줄어든 것이다. 이제 서울대는 외부적으로는 세계의 대학들과 경쟁하면서 내부적으로는 국내의 주도권을 잃지 않기 위해 분발해야 하는 처지에 놓여 있다.

이런 상황에서 언론정보학과의 교육은 어떤 방향으로 나아가야 하는가? 해답은 시대의 변화를 능동적으로 주도할 수 있는 인재를 양성하는 데 있다. 현재 세계사적 규모로 진행되고 있는 커뮤니케이션 혁명이 우리 사회를 앞으로 어떻게 변화시킬 것인지에 대한 정확한 이해를 전제로 미래 지향적인 교과과정을 구축해야 한다. 미래를 예측할 수는 없지만, 앞으로의 사회는 다재다능한 디지털·데이터·AI 리터러시로 무장하고 고도의 소통 능력을 갖춘 인재를 요구할 것으로 본다. 특히 언론정보학과의 학부 교육은 그런 방향으로 나가야 한다. 다학문적(*multidisciplinary*) 성격을 지닌 언

25 비단 언론정보학과만의 문제는 아니지만, 1980년대 이후 교수진이 대부분 미국 박사들로 구성되면서 교육 내용에서도 미국 학계에 대한 의존도가 높아졌고, 이러한 경향은 지금도 크게 바뀌지 않고 있다.

론정보학은 다루는 영역이 매우 광범위하지만 현실적으로 교수진은 제한되어 있다. 따라서 하위 분야를 가능한 한 많이 나열하는 방식보다는 디지털·데이터·AI 리터러시와 소통 능력을 이론적으로, 또 실천적으로 키워줄 수 있는 핵심과목에 주력하는 것이 낫다고 본다. 교과목 명칭만 다를 뿐 이론적으로 유사한 내용을 반복적으로 가르치는 식의 교육은 지양해야 한다. 학생의 메모리 용량만 증가시키는 교육이 아니라 생각의 힘, 실천의 힘을 길러주는 교육이 되어야 한다. 어렵지만 반드시 찾아야 할 길이다.

참고문헌

강명구·윤상길 (2005). 언론학 교육에 있어서 실무와 이론의 이분법을 넘어서: 서울대 언론학 교육 30년을 중심으로. 〈언론정보연구〉, 42권 1호, 55~90.

서울대학교 (1996). 《서울대학교 학문연구50년(I)》. 서울대학교 연구처.

서울대학교50년사편찬위원회 (1996a). 《서울대학교 50년사(상)》. 서울대학교출판부.

______ (1996b). 《서울대학교 50년사(하)》. 서울대학교출판부.

서울대학교60년사편찬위원회 (2006). 《서울대학교 60년사》. 서울대학교.

서울대학교 사회학과 (1996). 《서울대학교 사회학과 50년사(1946~1996)》. 서울대학교 사회학과.

역사문제연구소 (2000). 《학문의 길, 인생의 길》. 역사비평사.

제 3 장

언론정보학과 교수진

송채린 | 서울대 언론정보학과 석사과정*
김현석 | 서울대 언론정보학과 부교수**

언론정보학과에는 지금까지 총 29명의 교수가 재직했다. 이 가운데 14명이 퇴임했으며, 현재 15명이 현직에 있다. 이 장에서는 역대 및 현직 교수진의 재직 기간, 전공 분야, 학력, 대표 연구 업적, 주요 경력, 주요 수상 경력을 간략한 소개문과 함께 제시한다. 순서는 교수 성명을 기준으로 가나다순으로 배열했다. 본문의 내용은 작고한 교수를 제외하고 모두 당사자가 직접 작성했다. 작고한 교수의 경우 해당 교수의 이력을 잘 아는 전문가의 도움을 받았다.

* 편집자
** 책임편집자: hyunsuk.kim@snu.ac.kr

1. 역대 교수진

강남준

강남준 교수는 동양방송 PD로 활동한 뒤 미국 시러큐스대학교에서 석사학위와 박사학위를 취득했다. 박사학위 논문 주제인 'TV 폭력물의 청소년에 대한 영향'은 귀국 후 방송위원회 TV 프로그램 등급제를 도입하는 TF를 맡게 되는 계기가 되었다. 대학원 재학 시절 통계 과목을 다수 수강하며 통계방법론을 조사방법론과 함께 주요 전공영역으로 발전시켰다. 또한 은퇴 전 10여 년 동안 융합과학기술대학원에서 인문사회 영역과 이공계 분야 간의 융합연구를 수행했다. 정년퇴직 후에는 충주시 소재 서림사과농원을 운영하고 있다. 주목할 점은 그가 대학원 고급통계 세미나에서 가르쳤던 MLA(*Machine Learning Algorithm*)가 현재 농사일 외의 여가 시간에 LLM과 대화하며 즐기는 데 중요한 밑거름이 되었다는 사실이다. 오늘날 LLM의 주된 운용 알고리즘인 Transformer 역시 MLA의 한 유형이라 할 수 있다.

재직 기간

2003년 9월 ~ 2017년 8월

전공 분야

방송 제작, 방송 이론, 디지털 커뮤니케이션, 사회통계분석 및 조사방법론

학력

박사: 미국 시러큐스대학교 커뮤니케이션 프로그램

석사: 미국 시러큐스대학교 텔레비전·라디오·영화 프로그램

학사: 서울대학교 교육학과

대표 연구 업적

단행본

2008, 2000. 《회귀분석: 기초와 응용》. 나남. [공동저자]

논문

2011. 크로스플랫폼 통합시청 추적기법을 적용한 디지털 융합 환경의 방송프로그램 시청행태 연구. 〈한국언론학보〉, 55(6). [제1저자]

2011. 방송 프로그램의 크로스플랫폼 시청행위 측정을 위한 방법론적 제언. 〈한국방송학보〉, 25(3). [제1저자]

2010. 다중 미디어 이용의 측정과 개념화: 오디언스를 향한 새로운 시선. 〈언론정보연구〉, 47(2). [제1저자]

2008. 군집분석 방법을 사용한 미디어 레퍼토리 유형분석. 〈한국방송학보〉, 22(2). [제1저자]

2008. 신문기사의 표절 가능성 여부 판정에 관한 연구: 컴퓨터를 활용한 형태소 매칭기법을 중심으로. 〈한국언론학보〉, 52(1). [제1저자]

2008. 인터넷 이용에 따른 생활시간 패턴의 변화: 2000년, 2005년 생활시간조사를 활용한 통시적 분석. 〈한국언론정보학보〉, 41. [제1저자]

2006. 미국방송협회(NAB) 자율심의 제도의 변천과정: 한국 방송심의제도에 던지는 함의. 〈방송통신연구〉, 63. [단독저자]

2004. 대안적 여론조사의 표본편파(*Sample Bias*) 문제점과 가중치를 사용한 보정방법: 성향점수 가중과 반복비례 가중을 중심으로. 〈언론정보연구〉, 41(2). [제1저자]

1999. 커뮤니케이션 연구에서 구조방정식 모형(SEM)의 활용가능성: SEM 사용의 문제점을 중심으로. 〈한국언론학보〉, 44(1). [단독저자]

주요 경력

전 소속 기관 및 직책

전 한양대학교 교수

전 충남대학교 교수

전 동양방송 PD

교내 봉사

융합과학기술대학원장

언론정보연구소장

교외 봉사

방송위원회 연예오락심의위원회 위원

〈연합뉴스〉 수용자권익위원회 위원장

〈한국일보〉 수용자권익위원회 위원장

SBS 수용자권익위원회 위원장

KBS 경영평가위원회 위원장

주요 수상 경력

Nafziger-White-Salwen Dissertation Award

한국언론학회 희관언론학저술상(번역부문)

서울대학교 사회과학대학 발전공로상

국무총리 표창

강명구

강명구 교수는 비판커뮤니케이션과 미디어문화연구를 가르치고 연구했다. 저널리즘 연구에서 뉴스 공정성과 생산과정(기자전문직)에 대한 연구, 문화연구에서는 담론분석과 비판적 문화이론을 한국적 맥락에서 구성하는 《한국저널리즘이론》, 《소비대중문화와 포스트모더니즘》, 《훈민과 계몽: 한국 훈민공론장의 역사적 형성》 등을 출간했다. 동아시아 문화연구의 탈식민주의적 이론실천의 일환으로, *East Asian Cultural Studies: Movements* (Routledge) 창간 멤버로 참여했다. 중국과 일본 대학(베이징대, 칭화대, 전매대, 도쿄대, 릿쿄대 등)에서 특임교수로 강의했고, 언론정보학과와 공동강의를 제도화했다. 언론학교육과 기초교양교육을 위해 서울대 자유전공학부 창립을 주도했고, 과학기술 글쓰기 등을 제도화하는 데 기여했다.

재직 기간

1987년 9월 ~ 2018년 8월

전공 분야

비판커뮤니케이션, 미디어 문화연구, 질적연구방법론

학력

박사: 미국 아이오와대학교 저널리즘·매스커뮤니케이션 스쿨

석사: 서울대학교 신문학과

학사: 한양대학교 신문학과

대표 연구 업적

단행본

2024. 《준비하는 죽음 웰다잉 동향》. 좋은 땅. [제1저자]

2020. *Hate speech in Asia and Europe: Beyond hate and fear*. Routledge. [공동편집자]

2016. 《훈민과 계몽: 한국 훈민공론장의 역사적 형성》. 나남. [단독저자]

2016. 《한중일 청년을 말하다》. 진인진. [공동저자]

2013. 《동아시아 협력과 공동체: 국가주의적 갈등을 넘어서》. 나남. [공동저자]

2009. 《언론학교육의 길을 묻다》. 커뮤니케이션북스. [공동저자]

2008. 《과학기술글쓰기》. 서울대학교출판부. [공동저자]

1994. 《한국저널리즘이론》. 나남. [단독저자]

1993. 《한국 언론전문직의 사회학》. 나남. [단독저자]

1993. 《소비대중문화와 포스트모더니즘》. 민음사. [단독저자]

주요 경력

교내 봉사

기초교육원장, 아시아연구소장

자유전공학부 추진단장, 기초교육원 글쓰기 센터 설립

교외 봉사

세계문화학회 아시아지역 대표이사, 글로벌 인터넷거버넌스 공동대표

도쿄대·칭화대·전매대 특임교수

주요 수상 경력

서울대학교 교육상, 서울대학교 사회과학대학 발전공로상, 옥조근정훈장

강현두[1]

강현두 교수는 우리나라 방송과 대중문화 연구의 1세대 학자로, 방송이론, 대중문화론, 북한방송론 등 폭넓은 분야에서 선구적 업적을 남겼다. 서울대학교 사회학과를 졸업하고, 미국 보스턴대학과 서던일리노이대학에서 커뮤니케이션학 석·박사를 취득했으며, 《대중문화의 이론》, 《한국의 대중문화》, 《북한 매스미디어론》 등 저서를 통해 한국 방송과 대중문화 연구를 체계화했다. 서강대와 한양대를 거쳐 서울대 언론정보학과 교수로 재직하며 학문 발전에 기여했다. 한국언론학회장과 한국방송학회장을 맡아 학계 리더십을 발휘했다. 또한 유네스코 한국위원회, 방송심의위원회, 스카이라이프 사장을 역임하며 학문·정책·산업을 아우르는 영향력을 발휘했다.

재직 기간

1986년 3월 ~ 2001년 2월

전공 분야

방송이론, 방송정책론, 대중문화론, 북한방송론

학력

박사: 미국 서던일리노이대학교 커뮤니케이션학과

석사: 미국 보스턴대학교 커뮤니케이션학과

학사: 서울대학교 사회학과

1 소개문 및 이력 사항 작성: 이창현 국민대 미디어·광고학부 교수

대표 연구 업적

단행본

2001. 《우리 방송 100년》. 현암사. [공동저자]

1998. 《대중문화와 고급문화》. 나남. [역자]

1997. 《북한 매스미디어론》. 나남. [단독저자]

1991. *Media culture in Korea.* Seoul National University Press. [단독저자]

1990. 《매스미디어와 사회》. 나남. [공동저자]

1990. 《현대 자본주의와 정보지배논리》. 나남. [역자]

1989. 《한국방송론》. 나남. [공동편집자]

1987. 《한국의 대중문화》. 나남. [편집자]

1984. 《엘렉트로닉스 시대의 대중문화》. 현암사. [단독저자]

1980. 《대중문화의 이론》. 민음사. [편집자]

주요 경력

전 소속 기관 및 직책

전 서강대학교 교수, 전 한양대학교 교수

교내 봉사

언론정보연구소장, 언론정보학과장

교외 봉사

한국언론학회장, 한국방송학회장, 유네스코 한국위원회 위원

방송심의위원회 부위원장, 한국디지털위성방송(스카이라이프) 사장

김규환[2]

김규환 교수는 1959년 일본 도쿄대학에서 신문학 전공으로 사회학 박사 학위를 취득한 후 귀국하여 동양통신사 편집국장 등 언론인으로 활동하면서 1963년 서울대 신문연구소 설립을 주도하였다. 1967년 서울대 교수로 부임하여 신문대학원을 설립하고 초대 원장에 취임하여 매스컴 연구와 교육 체계를 구축함으로써 1975년 서울대 신문학과 창설의 기반을 마련했다. 또한 한국신문학회 제2대 회장으로 학회를 재건하고 활성화해 한국 언론학의 제도적 기반을 공고히 했다. 김규환 교수는 한국 언론학을 '사회과학으로서의 커뮤니케이션학'으로 정립하는 데 크게 기여했다. 이러한 업적 덕분에 그는 미국에서 커뮤니케이션학의 제도화를 주도한 윌버 슈람(Wilbur Schramm)에 빗대어 '한국의 윌버 슈람'으로 불리게 되었다.

재직 기간

1967년 10월 ~ 1985년 7월

전공 분야

매스컴 이론, 저널리즘, 언론윤리, 조사방법론

학력

박사: 일본 도쿄대학교 사회학과

석사: 일본 도쿄대학교 사회학과

2 소개문 및 이력 사항 작성: 양승목 서울대 언론정보학과 명예교수

일본 도쿄대학교 신문연구소 본과 수료

학사: 서울대학교 정치학과 수료

대표 연구 업적

단행본

1982. 《일본과 한국의 문화마찰》. 출광서점. [공동편집자]

1978. 《일제의 대한언론·선전정책》. 이우출판사. [단독저자]

1977. 《한국 커뮤니케이션 연구》. 민중서관. [편집자]

1973. 《한국의 매스 컴뮤니케이션》. 서울대학교출판부. [단독저자]

1970. 《매스 컴뮤니케이션》. 서울대학교출판부. [편역자]

논문

1983. The communication studies as a discipline of social science in Korea: Review and prospect. 〈언론정보연구〉, 20. [단독저자]

1982. Marxist perspective on communication theory. 〈언론정보연구〉, 19. [단독저자]

1975. 미국·일본에 있어서의 커뮤니케이션 연구의 최근 10년간의 동향. 〈언론정보연구〉, 12. [단독저자]

1971. Mass media in Asia: A social perspective. 〈언론정보연구〉, 8. [단독저자]

1966. 매스콤 활동을 통한 근대화 과정에 있어서 지식인의 역할. 〈언론정보연구〉, 3. [단독저자]

주요 경력

전 소속 기관 및 직책

전 동양통신사 이사 겸 편집국장

전 라디오 서울(RSB) 사장

교내 봉사

신문대학원장

신문연구소장

신문연구소 연구부장

서울대학교 종합계획위원회 상임위원

교외 봉사

한국신문학회장

아시아신문재단(PFA) 본부이사

국제신문인협회(IPI) 한국위원회 사무국장

한국신문연구소 운영위원장

성곡학술문화재단 이사

주요 수상 경력

아시아신문재단(PFA), '영원한 불꽃상'

박명진

박명진 교수는 영상 커뮤니케이션과 영상예술 전공자로서 주로 문화연구와 기호학 연구방법의 틀에서 영상 담론분석과 문화 콘텐츠를 연구했다. 영상산업에도 관심을 기울여 한국 사회에 필요한 산업 방향과 제도를 연구했으며, 정책 자문에도 참여했다. 비디오 게임, 인터랙티브 문화 연구를 수행하는 과정에서 디지털 예술과 IT 생태계에 대한 융합지식을 갖춘 인재 양성의 필요성을 절감했고, 2002년 서울대에 다학제적 프로그램인 정보문화학 연합전공 설립을 주도했다. 또한 서구 사회의 문제의식에 기반한 커뮤니케이션 이론과 연구의 한계를 극복할 필요성을 느끼고 영국 런던대학 골드스미스 칼리지의 제임스 커런 교수에게 제안해 2000년 공동편집자로 *De-Westernizing Media Studies*를 출간했다. 이 책은 국제 학계의 큰 관심을 끌었으며, 그 번역본이 대한민국학술원 우수학술도서로 선정되기도 했다.

재직 기간

1980년 1월 ~ 2013년 2월

전공 분야

영상 커뮤니케이션, 영화사회학, 기호학 담론분석, 문화연구,
디지털 인터랙티브 영상

학력

박사: 프랑스 파리 제3대학교(소르본누벨대학교) 영화·영상 커뮤니케이션 연구학과

석사: 프랑스 니스대학교 현대문학부

학사: 서울대학교 불어불문학과

벨기에 I.N.S.A.S.(국립고등 스펙터클 예술·기술·커뮤니케이션학교)

영화·영상 연출 수료

대표 연구 업적

단행본 및 북챕터

2013. 《이미지 문화와 시대 쟁점: 영상문화의 세계는 어떻게 발전해 왔는가》. 문학과지성사. [단독저자]

2012. 《두꺼운 언어와 얇은 언어: 디지털 시대의 문화 변동과 담론 연구》. 문학과지성사. [역자]

2005. 가상현실(VR)의 커뮤니케이션 양식: 상호작용성과 몰입의 상호작용. 《(디지털 시대의) 사회적 소통, 매체 그리고 문화적 실천》. 서울대학교 언론정보연구소. [단독저자]

2000. *De-Westernizing media studies*. Routledge. [공동편집자]

1989. 《비판적 커뮤니케이션 연구의 성과와 그 쟁점: 연구경향의 분류와 평가》. 서강대학교 언론문화연구소. [단독저자]

논문

1996. 하이퍼텍스트 시대 영상 커뮤니케이션 연구의 새로운 과제. 〈언론정보연구〉, 33. [단독저자]

1995. 기호학과 커뮤니케이션 연구. 〈기호학 연구〉, 1. [단독저자]

1993. 영화산업의 욕망관리체제: 스타제도. 〈문화과학〉, 3. [단독저자]

1991. 청소년과 새로운 미디어 문화: 포스트 모던 문화의 관점. 〈계간 사상〉, 10. [단독저자]

1985. 제3공화국 이후 한국의 영화육성책 연구. 〈언론정보연구〉, 22. [단독저자]

주요 경력

전 소속 기관 및 직책

전 동아방송 제작국 프로듀서

교내 봉사

교육부총장

중앙도서관장

언론정보연구소장

교외 봉사

한국언론학회장

유네스코 한국위원회 위원

대통령실 자문 방송개혁위원회 위원

한국방송통신심의위원회 위원장

한국문화예술위원회 위원장

주요 수상 경력

근정포장

▌박승관

박승관 교수는 한국 사회에서 발현되는, 전형적이거나 독특하거나 고유한 '커뮤니케이션 질서 또는 현실'의 '특수성'을 추적하고, 이를 이론화함으로써 커뮤니케이션 학문의 새로운 지평 개척을 위해 진력했다. 그는 첫째, 서구사회의 풍토·조건·필요에 기반해 생산된 주류 커뮤니케이션 이론의 강력한 구속력을 벗어나, 우리의 고유한 전통·관습·역사·문화에 기원과 기반을 둔 채 오늘날의 한국 언론·사회·정치·문화 영역 전반을 장악·관철하고 있는, 특수한 '지배적 커뮤니케이션 현실'을 설명해 내는 독자적 이론의 구축을 지향했다. 둘째, 기존의 '미디어' 중심의 좁은 학문 세계를 벗어나 넓은 '사회이론'으로서의 커뮤니케이션 학문을 추구했다. 셋째, 그럼으로써 기존의 '육단서가'(六段書架)에 쌓인 서양 서적 의존의 학문에서 해방되어, '우리 현실'을 직접 독해·이해·설명하는 '현실과학'으로서의 '커뮤니케이션 사회이론'의 개척을 도모했다.

재직 기간

1991년 1월 ~ 2022년 2월

전공 분야

커뮤니케이션 이론, 커뮤니케이션 사회이론, 한국사회와 커뮤니케이션, 한국의 언론과 정치

학력

박사: 미국 스탠퍼드대학교 커뮤니케이션학과

석사: 미국 스탠퍼드대학교 커뮤니케이션학과

석사: 서울대학교 신문학과

학사: 서울대학교 신문학과

대표 연구 업적

단행본 및 북챕터

2011. 한국 사회와 소통의 위기: 소통의 역설과 공동체의 위기. 《한국 사회의 소통 위기》. 커뮤니케이션북스. [단독저자]

2003. Is knowledge 'power' or 'pain'? The implications of knowledge-information in the socio-cultural context of Korean society. In *Communication, a different kind of horserace: Essays honoring Richard F. Carter*. Hampton Press. [단독저자]

2000. 《언론권력과 의제동학》. 커뮤니케이션북스. [제1저자]

1999. 지식정보사회의 이상과 한국사회의 현실. 《시민이 열어가는 지식정보사회》. 대화출판사. [단독저자]

1994. 《드러난 얼굴과 보이지 않는 손: 한국사회의 커뮤니케이션 구조》. 전예원. [단독저자]

논문

2023. 한국 언론과 언론교육의 길. 〈언론정보연구〉, 60(4). [단독저자]

2017. 패권(군주)제 사회질서와 정파언론: 그 현실과 기원. 〈언론과 사회〉,

25(4). [단독저자]

2000. 숙의 민주주의와 시민성의 의미. 〈한국언론학보〉, 45(1). [단독저자]

1996. 한국사회와 커뮤니케이션 엔도가미. 〈한국언론학보〉, 36. [단독저자]

1993. 한국사회의 사회적 커뮤니케이션 세계의 붕괴. 〈언론정보연구〉, 30. [단독저자]

주요 경력

교내 봉사

언론정보학과장

언론정보연구소장

교외 봉사

〈언론과 사회〉 편집위원장

대화문화 아카데미 운영위원

주요 수상 경력

서울대학교 사회과학대학 교육상

서울대학교 사회과학대학 발전공로상

녹조근정훈장

박유봉[3]

박유봉 교수는 독일 뮌헨대학에서 신문학 박사학위를 받은 뒤 동아대와 한양대를 거쳐 1968년 서울대 교수로 부임했다. 그의 학문적 중심은 독일 공시학이다. 그는 언론 현상은 물론 다양한 커뮤니케이션 현상을 탐구 대상으로 삼는 독일 공시학의 최신 이론과 연구를 국내에 적극적으로 소개하며, 초창기 한국 언론학의 학문적 지평을 넓히는 데 중요한 역할을 했다. 또한 커뮤니케이션 철학에 깊은 관심을 기울여 마셜 매클루언의 《미디어의 이해》를 국내 최초로 부분 번역했으며, 언론학 교과서 집필, 출판 현상 연구, 대중 교양서 저술, 저널리즘 교육 등 다양한 분야에서 학계와 사회에 기여했다.

재직 기간

1968년 5월 ~ 1986년 2월

전공 분야

독일 공시학, 커뮤니케이션 철학

학력

박사: 독일 뮌헨대학교 신문학과

학사: 일본 소피아대학교 신문학과

3 소개문 및 이력 사항 감수: 채백 부산대 미디어커뮤니케이션학과 명예교수

대표 연구 업적

단행본

1985. 《현대매스커뮤니케이션원론》. 서울대학교출판부. [단독저자]

1974. 《신문학이론》. 박영사. [공동저자]

1973. 《미디어의 이해》. 휘문출판사. [역자]

1973. 《고독한 군중》. 휘문출판사. [역자]

논문

1985. Publizistik과 Mass Communication이론의 비교 연구. 〈한국언론학보〉, 19. [단독저자]

1977. 커뮤니케이션에 관한 철학적 소고: 야스퍼스와 하이덱가를 중심으로. 〈언론정보연구〉, 14. [단독저자]

1970. Emil Dovifat의 생애와 업적. 〈한국언론학보〉, 3. [단독저자]

1970. 신문학의 푸블리찌스틱에로의 확대. 〈한국언론학보〉, 3. [단독저자]

1968. Publizistik의 이론적 전개. 〈언론정보연구〉, 4. [단독저자]

1966. 신문학에 있어서 푸블리찌스틱의 문제점. 〈관훈저널〉, 11. [단독저자]

주요 경력

전 소속 기관 및 직책

전 한양대학교 교수

전 동아대학교 교수

교내 봉사

언론정보학과장

교외 봉사

한국신문학회장

문화방송 자문위원회 위원장

한국신문연구소 이사

주요 수상 경력

대통령 표창

▌양승목

양승목 교수는 언론정보학과 1기생으로 미국 유학 후 충남대 교수를 거쳐 1995년 서울대에 부임했다. 초기의 연구 경력은 국제커뮤니케이션과 문화 간 커뮤니케이션에서 출발했으나, 스탠퍼드대학 박사과정 이후 정치커뮤니케이션을 연구해 왔다. 특히 선거와 여론형성 과정에서 미디어의 역할, 한국의 민주화와 언론개혁, 언론과 정부의 관계 등이 주요 관심사였다. 이와 함께 1980년대의 커뮤니케이션 연구 패러다임 갈등은 커뮤니케이션 학문의 정체성에 주목하는 계기가 되었고, 이후 커뮤니케이션학사는 평생의 연구 관심사가 되었다. 서울대에서 사회과학대학장 등 다양한 보직을 맡아 봉사하였으며, 제37대 한국언론학회장을 역임하였다. 정년퇴임 후 현재 사단법인 경제사회연구원 이사장을 맡고 있다.

재직 기간

1995년 3월 ~ 2021년 8월

전공 분야

정치커뮤니케이션, 커뮤니케이션학사, 커뮤니케이션 이론, 연구방법론

학력

박사: 미국 스탠퍼드대학교 커뮤니케이션학과

석사: 미국 뉴욕주립대학교-올버니 커뮤니케이션학과

석사: 서울대학교 신문학과

학사: 서울대학교 신문학과

대표 연구 업적

단행본 및 북챕터

2005. Democratization and media reform: The case of South Korea. In *Understanding Modern East Asian Politics*. Nova Science. [단독저자]

2000. Political democratization and the news media. In *Institutional reform and democratic consolidation in Korea*. Hoover Institution Press. [단독저자]

1995. 한국의 민주화와 언론의 성격 변화: '자율언론'의 딜레마. 《한국사회변동과 언론》. 소화. [단독저자]

1989. 커뮤니케이션 연구 패러다임의 갈등과 정합적 발전의 전망. 《현대사회와 커뮤니케이션 이론》. 한길사. [단독저자]

논문

2009. Institutional success and declining identity of Korean communication research. *Asian Communication Research*, *6*(1). [단독저자]

2005. 초창기 한국언론학의 제도화와 정체성 변화: 남정 김규환 소고. 〈커뮤니케이션 이론〉, 1(1). [단독저자]

1998. Opinion poll and the third-person effect: The perceptual bias of Korean national assemblymen. *Korean Social Science Journal*, *25*(1). [단독저자]

1992. 탈냉전시대의 커뮤니케이션 연구: 패러다임의 수렴과 그 함의. 〈한국언론학보〉, 28. [단독저자]

1990. The bridging role of television in immigrant political socialization. *Human Communication Research, 17*(2). [공동저자]

1985. A cross-cultural test of uncertainty reduction theory: Comparisons of acquaintances, friends, and dating relationships in Japan, Korea, and the United States. *Human Communication Research, 11*(3). [공동저자]

주요 경력

전 소속 기관 및 직책

전 충남대학교 교수

교내 봉사

사회과학대학장, 〈대학신문〉 주간, 언론정보연구소장

사회과학대학 교무부학장, 교수협의회 부회장

교외 봉사

한국언론학회장, LG상남언론재단 이사, 경제사회연구원 이사

언론중재위원회 중재위원, TV조선 시청자위원회 위원장

주요 수상 경력

한국언론학회 창립 60주년 학술영예상(번역부문)

서울대학교 사회과학대학 한타 우수교수상(교육부문), 발전공로상

언론정보학과 동창회 자랑스러운 언론정보인상

한국언론학회 희관언론학저술상(번역부문)

옥조근정훈장

이상희[4]

이상희 교수는 일본 도쿄대에서 공부하다, 서울대 신문대학원 출범 즈음 교수직을 시작했다. 당시는 미국의 경험과학적 매스커뮤니케이션 연구가 국내에 소개되기 시작했는데, 이상희 교수 역시 이 조류를 이끈 주요 학자 중 한 사람이었다. 그의 주요 관심은 커뮤니케이션 체체론·제도론에 대한 비판적 탐구였다. 1960년대의 비판적 대중사회론의 관점에서 대중문화를 연구했으며, 이후 조선시대 커뮤니케이션 현상으로서 예술·철학에 대한 탐구로 연구 영역을 확장하기도 했다. 그는 생애 내내 비판주의적 입장을 견지하며 지식인의 현실참여를 주창하고 실천했다. 비판적 대중사회론, 저널리즘 비판, 비판적 커뮤니케이션론은 그의 학문적·실천적 입장을 관통하는 비판주의가 시대별로 표현된 방식이라 할 수 있다.

재직 기간

1967년 6월 ~ 1994년 8월

전공 분야

매스컴사회학, 대중사회론, 대중문화론, 한국 역사/문화 커뮤니케이션, 비판커뮤니케이션

학력

일본 도쿄대학교 대학원 사회학 연구과 수료

학사: 서울대학교 사회학과

4 소개문 및 이력 사항 작성: 김남석 경남대 미디어 영상학과 명예교수

대표 연구 업적

단행본

2010.《다시 언론 자유를 생각한다》. 한길사. [단독저자]

1993.《조선조 사회의 커뮤니케이션 현상 연구》. 나남. [단독저자]

1983.《커뮤니케이션과 이데올로기》. 한길사. [단독저자]

논문

1992. 포스트 맑시즘론과 비판커뮤니케이션론의 존재 이유. 〈한국언론정보학보〉, 1. [단독저자]

1985. 조선조 민중예술의 커뮤니케이션 사상 시론. 〈언론정보연구〉, 22. [단독저자]

1980. 이율곡의 커뮤니케이션 사상. 〈언론정보연구〉, 17. [단독저자]

1972. 매스·미디어의 존재양식에 대한 일고찰: 방송의 제도화 과정에 작용한 정치적, 사회·경제적 요인. 〈언론정보연구〉, 9. [단독저자]

1969. 사회변동과 매스·컴뮤니케이션: "근대화에 관한 컴뮤니케이션 이론"에 대한 하나의 다른 시각. 〈언론정보연구〉, 6. [단독저자]

1968. 인간 커뮤니케이션의 본질에 관한 일고찰. 〈언론정보연구〉, 5. [단독저자]

1967. 사회체제와 Mass Communication. 〈한국사회학〉, 3. [단독저자]

주요 경력

교내 봉사

교수협의회장

신문연구소장

교외 봉사

한국신문학회장

방송위원장

방송문화진흥회 이사장

전국민주화교수협의회 공동대표

상지학원 이사장

주요 수상 경력

한국언론학회 희관언론학저술상

국무총리 표창

▌이중식

연세대 건축과와 미국 예일대 건축대학원에서 수학했다. 예일대에서 전임 강사로 교육하며 Digital Center Arts를 미술관, 도서관과 함께 론칭했다. 2000년 삼성 오픈타이드에 합류해 인터넷 컨설팅 부문을 담당했다. 2005년 서울대 언론정보학과에 연합전공 정보문화학 기금교수로 부임하여 문화콘텐츠를 창작하는 교육을 진행했다. 2009년 서울대 융합과학기술대학원 창립 멤버로 소속을 옮겼다. 사용자 경험 연구실을 시작하여 다양한 산학 프로젝트를 수행하였다. 2020년 신림동에서 1인가구 연구를 위한 혼자잘살기연구소를 리빙랩 형식으로 시작했다. 2022년 서울대 문화예술원 초대 원장에 선임되어 학교의 문화력을 높이는 역할을 하고 있다.

재직 기간

2005년 9월 ~ 2009년 2월

전공 분야

사용자 경험, 인간-컴퓨터 상호작용(HCI), 로그기반사용자 모델링

학력

석사: 미국 예일대학교 건축대학원

학사: 연세대학교 건축공학과

대표 연구 업적

단행본

2024.《인공지능과 경험의 문제》. 커뮤니케이션북스. [단독저자]

2024.《대화형 컴퓨팅》. 커뮤니케이션북스. [단독저자]

2023.《1인 가구와 기술》. 스리체어스. [제1저자]

2013.《창조성의 원천: 예술가는 어떻게 사고하는가?》. 김영사. [공동저자]

논문

2020. Cyberslacking or smart work: Smartphone usage log-analysis focused on app-switching behavior in work and leisure conditions. *International Journal of Human-Computer Interaction, 36*(1). [교신저자]

2017. Impact of an electronic health record-integrated personal health record on patient participation in health care: Development and randomized controlled trial of MyHealth-Keeper. *Journal of medical Internet research, 19*(12). [공동저자]

2017. Prescribing 10,000 steps like aspirin: Designing a novel interface for data-driven medical consultations. *Proceedings of the 2017 CHI Conference on Human Factors in Computing Systems.* [공동저자]

주요 경력

전 소속 기관 및 직책

전 서울대학교 언론정보학과 교수

전 삼성 오픈타이드 이사

전 미국 예일대학교 건축대학원 전임강사

현 소속 기관 및 직책

서울대학교 융합과학기술대학원 지능정보융합학과 교수

교내 봉사

문화예술원장

교외 봉사

디자인융복합학회 회장

한국HCI학회장

iSchool Asia Pacific 회장

주요 수상 경력

서울대학교 교육상

임근수[5]

임근수 교수는 연희전문학교(현 연세대)에서 역사학을 전공하고, 1945년 광복 이후 언론계에 투신하여 활약하면서 언론학 연구에 뜻을 두었다. 서울신문학원 강사를 시작으로 언론학계로 진출하여, 우리나라 최초의 언론학 관계 학과인 홍익대 신문학과 조교수를 거쳐, 중앙대 신문학과 교수로 재직하다가 1968년 3월 서울대 신문대학원 교수로 초빙되었다. 그 뒤, '서울대학교 종합화 10개년 계획'에 따라, 1975년 3월 신문대학원을 폐지하고 신문학과(현 언론정보학과)를 신설할 때 초대 학과장으로서 현재 언론정보학과의 기틀을 닦아 놓았다. 임 교수는 또한 한국신문학회(현 한국언론학회)의 창설에도 발기인으로 앞장서서, 1959년 6월 30일 학회를 창립하고 초대 부회장을 역임했다. 그는 우리나라의 언론학계를 이끌어 오다가 1979년 1월 21일, 향년 63세를 일기로 홀연히 타계하였다.

재직 기간

1968년 3월 ~ 1979년 1월

전공 분야

언론사(言論史: 커뮤니케이션 역사)

5 소개문 및 이력 사항 작성: 차배근 서울대 언론정보학과 명예교수

학력

박사: 중앙대학교 대학원

연희전문학교(현 연세대학교) 문과(4년)와 동 연구과(2년 과정) 수료, 사학(史學) 전공

대표 연구 업적

단행본

1984. 《언론과 역사: 희관 임근수 박사 논총》. 정음사. [단독저자]

1977. 《한국신문학 50년사》(편저). 정음사. [단독저자]

1970. 《신문발달사》. 정음사. [단독저자]

논문

1975. 한국 커뮤니케이션사 연구의 방법에 관한 일고찰. 〈신문연구〉, 16(1). [단독저자]

1974. 20세기 조반 동양에서의 매스커뮤니케이션에 대한 비교사적 연구: 한국·중국·일본을 중심으로(Ⅱ). 〈언론정보연구〉, 11. [단독저자]

1973. 20세기 초반 동양에서의 매스커뮤니케이션에 대한 비교사적 연구: 한국·중국·일본을 중심으로(Ⅰ). 〈언론정보연구〉, 10. [단독저자]

1969. 동양에서의 근대신문의 생성과정에 대한 비교사적 연구: 한국·중국·일본을 중심으로. 〈아세아연구〉, 12(4). [단독저자]

1968. 근대신문의 성립에 관한 연구. 중앙대학교 대학원 박사학위 논문. [단독저자]

1967. 근대신문의 성립과 18세기 독일의 신문 사정. 〈중앙대논문집〉, 12. [단독저자]

주요 경력

전 소속 기관 및 직책

전 중앙대학교 신문학과 교수

전 홍익대학교 신문학과 조교수

전 서울신문학원 강사

전 〈서울신문〉 상무이사

전 영자신문 〈Korea Times〉 기자

교내 봉사

신문학과(현 언론정보학과) 초대 학과장

교외 봉사

한국신문학회(현 한국언론학회) 초대 부회장

차배근

차배근 교수는 미국 오하이오주 켄트주립대학교에서 언론학 박사학위를 받았다. 1973년 3월 서울대 신문대학원 전임강사를 시작으로 1975년 3월부터 2007년 8월까지 언론정보학과에서 34년간 봉직했다. 언론정보학과 창설 당시 5명의 교수 중 현재 생존해 있는 유일한 창설 멤버다. 모두 31종(단독저서 18종, 공저·편저 11종, 수필집 2종)의 책을 썼다. 1970~90년대에 언론학 전공 학생 사이에서 '바이블'로 불렸던 《커뮤니케이션학 개론》(상·하)과 《매스커뮤니케이션 효과이론》은 한국언론학회 회원들이 뽑은 우수 저술로 선정되어 '학술영예상'을 받았다. 이밖에 단독학술도서 1종은 '희관언론학저술상'을 받았고, 3종은 대한민국학술원 우수학술도서로 뽑혔으며, 공저 2종은 세종도서 학술부문 추천도서로 선정되었다.

재직 기간

1973년 3월 ~ 2007년 8월

전공 분야

커뮤니케이션 이론, 커뮤니케이션 연구방법론, 커뮤니케이션 역사

학력

박사: 미국 켄트주립대학교 커뮤니케이션학과

석사: 미국 켄트주립대학교 커뮤니케이션학과

학사: 서울대학교 사범대학 국어과

대표 연구 업적

단행본

2022. 《조선시대 조보연구》. 서울대학교출판문화원. [단독저자]

2017. 《한국커뮤니케이션학사》. 서울대학교출판문화원. [단독저자]

2008. 《중국근대언론발달사》. 서울대학교출판문화원. [단독저자]

1989. 《설득커뮤니케이션 이론: 실증적 연구입장》. 서울대학교출판부. [단독저자]

1986. 《매스커뮤니케이션 효과이론》. 나남. [단독저자]

1976. 《커뮤니케이션학 개론》(상·하). 세영사. [단독저자]

논문

2003. 에도(江戶)시대말 일본의 서양언론문물 수용과정에 관한 소고. 〈언론정보연구〉, 40. [단독저자]

1991. Logical thinking and the Socratic effect among Korean: A cross-cultural experimental study. *Korean Social Science Journal*, *17*. [단독저자]

1980. 우리나라 조보(朝報)에 관한 신문학적 분석고. 〈언론정보연구〉, 17. [단독저자]

1977. 정보원의 공신력이 수용자들의 태도변용에 미치는 효과에 관한 실험연구. 〈사회과학논문집〉(서울대학교 사회과학대학), 2. [단독저자]

1974. 한국 매스콤 수용자의 피설득성향에 관한 비교문화권적 실험연구. 〈언론정보연구〉, 11. [단독저자]

주요 경력

교내 봉사

학생부처장

대학신문사주간

언론정보연구소장

출판문화원장

교외 봉사

한국언론학회장

주요 수상 경력

녹조근정훈장

한국언론학회 희관언론학저술상

한국언론학회 창립 50주년 공로상, 창립 60주년 학술영예상(저술 부문)

대한민국학술원 우수학술도서(3종)

세종도서 학술부문 추천도서(2종)

추광영

추광영 교수는 한국 최초의 국제커뮤니케이션 교수로 1980년 3월 학과에 부임했다. 1976년 텍사스대-오스틴에서 외국인 최초로 저널리즘 박사학위를 받았다. 1978년 귀국하여 ETRI의 첫 경제연구실장으로 재직하며 디지털교환기 도입에 맞춰 체신부의 전화사업을 분리·공사화하여 KT를 출범시키는 계획을 완성했다. 그는 신국제정보질서운동(NWICO)의 이론과 쟁점을 연구했으며, 위성통신, GII, 인터넷 등 디지털 통신 현상을 디지털 제국주의 관점에서 분석했다. NWICO의 비판적 분석 틀로 허버트 실러의 정치경제학적 이론을 많이 이용했으며, 그의 석좌교수 임용 심사위원으로 추천되는 과분한 일도 있었다. 또한 1981년 East-West Center가 주관한 16개국 교수연찬회에 참석하여 윌버 슈람과 깊은 교분을 쌓았고, 도널드 쿠시맨과는 우리 학과 졸업생이면 뉴욕주립대-올바니에 장학금과 함께 입학을 보장할 만큼 굳건한 신뢰 관계를 맺었다.

재직 기간

1980년 3월 ~ 2005년 8월

전공 분야

국제커뮤니케이션론, 연구방법론, 뉴미디어론, 대인커뮤니케이션론, 커뮤니케이션 정치경제학

학력

박사: 미국 텍사스대학교-오스틴 커뮤니케이션대학

석사: 미국 노스텍사스대학교 저널리즘 스쿨

학사: 서울대학교 문리대 사학과(서양사 전공)

대표 연구 업적

단행본 및 북챕터

2005, 2000, 1995, 1990, 1985, 1983. 《국민생활시간조사》. KBS. [책임연구자]

2001. 《디지털 자본주의》. 나무와 숲. [역자]

1998. 《컴퓨터활용 보도론》. 상남언론재단. [단독저자]

1986. 제3세계와 신국제정보질서 운동. 《제3세계와 한국의 사회학: 현대 한국사회론》. 돌베개. [단독저자]

1980. 언론통제의 다원적 측정. 《인석박유봉박사 화갑기념논총》. 전예원. [단독저자]

논문

2000. 인터넷 세계화의 국제적 함의와 쟁점. 〈언론정보연구〉, 37. [단독저자]

1988. 직접위성방송과 국제커뮤니케이션의 쟁점. 〈언론정보연구〉, 25. [단독저자]

1986. Korean journalists' dependence in news judgment. *The Third Channel, 2.* [단독저자]

1982. 커뮤니케이트권과 제3세계의 논리. 〈성곡논총〉, 13. [단독저자]

1981. 국가적 특성과 언론통제 제도의 상관분석적 연구. 〈한국언론학보〉, 14. [단독저자]

주요 경력

전 소속 기관 및 직책

전 〈부산일보〉 기자

전 KIST 행정관리수

전 미국 텍사스대학교-오스틴 신문편집론 초빙강사

전 한국통신기술연구소(ETRI) 책임연구원·통신경제연구실장

전 재미 Abek. Corp. 연구개발이사

교내 봉사

언론정보학과장(2회), 언론정보연구소장(2회)

본부기획위원, 사회과학대 인사위원

교외 봉사

한국방송학회장

한국스피치커뮤니케이션학회(현 한국소통학회) 회장

LG상남언론재단 창립이사

KBS 이사(2회), MBC 자문위원회(현 시청자위원회) 위원장

주요 수상 경력

대통령 표창

홍화정

홍화정 교수는 인간-컴퓨터 상호작용(HCI)과 인공지능(AI)을 기반으로 정신건강과 신경다양성을 탐구하는 융합연구를 수행하고 있다. 서울대 언론정보학과 재직 당시 연합전공 정보문화학 교육에 힘썼으며, 서울대 전체 학생의 컴퓨팅 및 데이터 리터러시 함양을 목표로 기초교육원에서 교양과목 '처음 만나는 컴퓨팅'을 설계·운영해 필수과목으로 정착시켰다. 또한 교육 및 산업 현장에서 디지털 기술의 사회문제 해결 가능성을 실험하면서 학제 간 융합 교과목 개발을 선도했다. 2021년부터 KAIST 산업디자인학과 교수로 부임하여 생성형 AI를 활용한 우울장애 환자 지원, 자폐 스펙트럼· ADHD 등 신경다양인의 사회적 통합을 지원하는 포용적 AI 연구를 이어오고 있다.

재직 기간

2018년 3월 ~ 2021년 7월

전공 분야

인간-컴퓨터 상호작용(HCI), 건강정보학, 포용적 인공지능(AI)

학력

박사: 미국 조지아공과대학교 인간 중심 컴퓨팅

석사: 미국 조지아공과대학교 인간-컴퓨터 상호작용

학사: KAIST 산업디자인학과

대표 연구 업적

논문

2025. AACessTalk: Fostering communication between minimally verbal autistic children and parents with contextual guidance and card recommendation. *Proceedings of the 2025 CHI Conference on Human Factors in Computing Systems*. [공동저자]

2024. Unlock life with a Chat(GPT): Integrating conversational AI with large language models into everyday lives of autistic individuals. *Proceedings of the 2024 CHI Conference on Human Factors in Computing Systems*. [교신저자]

2024. Promoting self-efficacy of individuals with autism in practicing social skills in the workplace using virtual reality and physiological sensors: Mixed methods study. *JMIR Formative Research*, *8*. [교신저자]

2024. DiaryMate: Understanding user perceptions and experience in human-AI collaboration for personal journaling. *Proceedings of the 2024 CHI Conference on Human Factors in Computing Systems*. [교신저자]

2021. Understanding university students' experiences, perceptions, and attitudes toward peers displaying mental health-related problems on social networking sites: Online survey and interview study. *JMIR Mental Health*, *8*(10). [교신저자]

주요 경력

전 소속 기관 및 직책

전 서울대학교 언론정보학과 교수, 전 UNIST 디자인학과 교수

현 소속 기관 및 직책

KAIST 산업디자인학과 교수

교내 봉사

기초교육원 컴퓨터교양교육위원

기초교육원 컴퓨터핵심역량 기초교양교육과정 '처음만나는 컴퓨팅' 설계

사회과학대학 교육혁신 수요와 방향 연구

교외 봉사

한국자폐학회 상임이사

ACM 2025 CHI Student Design Competition 조직위원

ACM 2025 DIS Work-in-progress and Provocations 조직위원

주요 수상 경력

ACM Human Factors in Computing Systems(CHI) 최우수 학술논문상

ACM Designing Interactive Systems(DIS) 우수 학술논문상

2024 Google Academic Research Awards

KAIST 2024 기술혁신상

과학기술정보통신부 소외된 90%를 위한 디자인상

2. 현직 교수진

강재호

강재호 교수는 비판이론의 전통에서 기술·예술·정치의 상호작용과 변동을 연구한다. 케임브리지대학과 프랑크푸르트대학에서 사회이론 교육과 지성사적 훈련을 받은 후, 뉴욕 뉴스쿨에서 미디어사회학 조교수(2005~2012), 런던대 동양·아프리카학대학의 비판적 미디어-문화연구 부교수(2012~2018)로 재직했다. 상파울로주립대학, 요하네스버그대학, 캘리포니아대학-버클리 등에서 방문학자로 지냈다. 2018년부터 서울대 언론정보학과에서 커뮤니케이션 도시, 스크린 문화, 미디어 아트 등을 주제로 수업과 연구를 진행하고 있다. 디지털미디어 환경에서의 문해력과 책문화에도 관심이 많아 국제출판협회(IPA) 산하 출판자유위원회 위원으로 표현·독서·출판 자유의 보장과 확대를 위해 노력하고 있다. 리버풀 FC의 팬으로서 미디어 스펙터클과 대중문화 문제도 흥미롭게 관찰하고 있다.

재직 기간

2018년 9월 ~ 현재

전공 분야

비판이론, 미디어이론, 문화연구, 미디어아트론

학력

박사: 영국 케임브리지대학교 사회·정치학부

석사: 인하대학교 정치외교학과

학사: 고려대학교 철학과

대표 연구 업적

단행본

2022. *Siegfried Kracauer: Selected writings on media, propaganda and political communication*. Columbia University Press. [공동편집자]

2014. *Walter Benjamin and the media: The spectacle of modernity*. Polity Press. [단독저자]

논문

2025. 번역의 정치학: 아도르노-임석진 편지와 해설. 〈문학동네〉, 32(2). [단독저자]

2023. Towards a critical social theory of AI: Knowledge, information, and intelligence in the later works of André Gorz. *Journal of Classical Sociology*, *23*(2). [단독저자]

2022. Between surveillance and freedom: Techno-politics in South Korea during the COVID-19 pandemic. *Pacific Affairs*, *95*(4). [단독저자]

2022. Whither transnationality? Some theoretical challenges in Korean Wave studies. *International Journal of Communication*, *16*.

[단독저자]

2020. The media spectacle of a techno-city: COVID-19 and the South Korean experience of the state of emergency. *Journal of Asian Studies*, *79*(3). [단독저자]

2020. 비판의 과학성과 방법의 규범성: 비판커뮤니케이션론 소고. 〈언론과 사회〉, 28(3). [단독저자]

2011. The Spectacle of modernity: Walter Benjamin and a critique of culture (Kulturkritik). *Constellations: An International Journal of Critical and Democratic Theory*, *18*(1). [단독저자]

2010. New media and the crisis of democracy: Rethinking aesthetic politics. *Theoria: A Journal of Social and Political Theory*, *57*(124). [단독저자]

주요 경력

전 소속 기관 및 직책

전 영국 런던대학교 동양·아프리카학대학(SOAS) 교수

전 미국 뉴스쿨(The New School) 교수

교내 봉사

〈대학신문〉 자문위원

SUB(서울대학교 방송) 지도교수

여성학협동과정 겸무교수

여성연구소 겸무연구원

비교문학협동과정 겸무교수

교외 봉사

Committee Member, Freedom to Publish Committee, International Publishers Association

Editorial Associate, *Constellations: An International Journal of Critical and Democratic Theory*

Editorial Consultant, *Theoria: A Journal of Social and Political Theory*

Editorial Board Member, *Journal of Asian Sociology*

Editorial Board Member, *Sociological Lens*

주요 수상 경력

Alexander von Humboldt Research Fellowship

DAAD (Deutscher Akademischer Austausch Dienst) Research Fellowship

김수아

김수아는 서울대 언론정보학과/여성학협동과정 부교수로 재직하고 있다. 2000년 일본군 위안부 증언집 제4집(《기억으로 다시 쓰는 역사》) 채록 작업에 참여하면서 질적 연구를 시작하였으며, 페미니즘 관점에서 미디어 문화연구를 수행해 왔다. 최근에는 디지털 성폭력 관련 법제도 개선 및 디지털 성폭력 예방 교육 콘텐츠 개발 연구를 진행 중이다.

재직 기간

2019년 9월 ~ 현재

전공 분야

여성학, 미디어와 젠더, 대중문화연구

학력

박사: 서울대학교 언론정보학과
석사: 서울대학교 언론정보학과
학사: 서울대학교 언론정보학과

대표 연구 업적

북챕터

2025. Anti-LGBTQIA+ discourse and hate speech in Korean Protestant organizations: Focusing on sexuality education discourse in schools. In *Reimagining Korea: Identity and values in a changing world.* Palgrave Macmillan. [단독저자]

논문

2024. 기술 매개 젠더 기반 폭력의 관점에서 본 딥페이크 성범죄 대응 정책. 〈이화젠더법학〉, 16(3). [단독저자]

2021. 청년정책과 청년 담론: 젠더 관점의 고찰. 〈이화젠더법학〉, 13(2). [단독저자]

2020. The #MeToo movement and Korean Journalism: Comments on online news coverage of the trial of former governor Ahn Hee-jung. *Journal of Asian Sociology*, *49*(4). [단독저자]

2019. 온라인 피해 경험을 통해 본 성적 대상화와 온라인 성폭력 문제. 〈미디어, 젠더 & 문화〉, 34(1). [제1저자]

2017. 온라인 커뮤니티와 남성-약자 서사 구축. 〈한국여성학〉, 33(3). [제1저자]

2015. 온라인상의 여성 혐오 표현. 〈페미니즘 연구〉, 15(2). [단독저자]

주요 경력

전 소속 기관 및 직책

방송통신심의위원회 연구분석팀 과장

서울대학교 기초교육원 강의교수

교내 봉사

글쓰기지원센터장, 여성학협동과정 전공주임, 글로벌사회공헌센터 자문

교외 봉사

한국여성학 편집장, 한국대중음악학회 대중음악 편집장

한국여성민우회 이사, 한국사이버성폭력대응센터 이사

김은미

김은미 교수는 미디어가 세상을 만든다는 믿음 속에 신문학과를 졸업하고 마케팅 조사 일을 하다가 미국 노스웨스턴대학에서 박사학위를 취득했다. 미디어 세상을 이해하기 위해서는 미디어가 끼치는 영향보다는 산업적으로 어떻게 작동하는지를 이해해야 한다고 생각했고, 경제학 박사인 지도교수에게 미디어 산업 분야 논문으로 학위를 받았다. 국민대와 연세대를 거쳐 2009년부터 서울대에서 가르치고 있으며, 교무처장으로서 대학 행정에도 참여하였다. 연구자로서 디지털미디어가 빠른 속도로 확산하면서 사회의 거의 모든 영역에 크고 작은 변화를 일으키는 기간을 거치면서, 기술의 확산이 인간과 공동체의 삶을 어떻게 변화시키는지를 관찰하는 것이 여전히 흥미롭다. 현재는 AI가 인간의 정체성을 어떻게 구성하는지, 공동체를 재현할 수 있는지를 연구하고 있다.

재직 기간

2009년 9월 ~ 현재

전공 분야

디지털미디어 이용자, 문화산업, 미디어와 사회변동

학력

박사: 미국 노스웨스턴대학교 커뮤니케이션학과

석사: 미국 노스웨스턴대학교 커뮤니케이션학과

학사: 서울대학교 신문학과

대표 연구 업적

단행본

2018. 《연결된 개인의 탄생: 디지털미디어 시대의 인간관계》. 커뮤니케이션북스. [단독저자]

2013. 《창조성의 원천: 예술가는 어떻게 사고하는가?》. 김영사. [공동저자]

2011. 《SNS 혁명의 신화와 실제: '토크, 플레이, 러브'의 진화》. 나남. [제1저자]

논문

2025. My news, your news, and our news: Self-presentational motivations and three levels of issue relevance in news sharing on social media. *New Media & Society*, *27*(8). [교신저자]

2024. Designing an effective fact-checking education program: The complementary relationship between games and lectures in teaching media literacy. *Computers & Education*, *221*. [교신저자]

2020. Online news sharing in the face of mixed audiences: Context collapse, homophily, and types of social media. *Journal of Broadcasting and Electronic Media*, *64*(5). [제1저지]

2019. More than virality: Online sharing of controversial news with activated audience. *Journalism & Mass Communication Quarterly*, *97*(1). [제1저자]

2016. 미디어 이용으로서의 게임이용: '무엇을' 하는가에서 '어떻게' 하는가로. 〈한국언론학보〉, 60(5). [제1저자]

2015. 문화자본과 확장된 '문화소비': 무엇을 소비하는가에서 어떻게 소비하는가로. 〈한국언론정보학보〉, 69(1). [제1저자]

2006. 읽기의 재발견: 인터넷 토론 공간에서 커뮤니케이션 효과. 〈한국언론학보〉, 50(4). [제1저자]

주요 경력

전 소속 기관 및 직책

전 연세대학교 교수, 전 국민대학교 전임강사

교내 봉사

언론정보학과장, 교무처장, 언론정보연구소장

사회과학대학 기획부학장, 연합전공 정보문화학 전공주임

교외 봉사

한국언론학회 부회장, 한국연구재단 사회과학 전문위원

유네스코 한국위원회 제33대 위원(문화 정보 커뮤니케이션 분과)

대통령 직속 국민통합위원회 위원

국가인권위원회 정책자문위원(국가인권위원회법 15조)

주요 수상 경력

한국언론학회 창립 60주년 학술상(〈한국언론학보〉 최다 논문게재)

한국방송학회 학술상(연구논문상), 한국광고학회 우수논문상

한국조사연구학회 한국갤럽학술상 우수상, 한국언론학회 우수논문상

김현석

김현석 교수는 미국 펜실베이니아대학에서 박사학위를 취득한 후 오하이오주립대학 조교수를 거쳐 서울대 언론정보학과에 부임했다. 주요 연구 분야는 메시지 효과로, 커뮤니케이션 메시지의 내용적·형식적 특성이 설득과 확산에 미치는 영향을 건강, 정치, 환경 등 다양한 맥락에서 탐구해 왔다. 또한 계량·계산 사회과학 연구방법론에 깊은 관심을 가지고 꾸준히 새로운 데이터 수집·분석 기법을 익혀 연구에 적용해 왔다. 국제커뮤니케이션학회(ICA)와 전미커뮤니케이션학회(NCA) 연례 학술대회 우수논문상, 한국방송학회 국제학술상, 한국갤럽학술상, 한국언론학회 학술상 등 국내외에서 지속적으로 연구상을 수상했다.

재직 기간

2018년 9월 ~ 현재

전공 분야

메시지 효과, 설득커뮤니케이션, 확산(*viral*) 커뮤니케이션,
헬스커뮤니케이션, 계량·계산 사회과학 연구방법론

학력

박사: 미국 펜실베이니아대학교 애넌버그 커뮤니케이션 스쿨
석사: 서울대학교 언론정보학과
학사: 서울대학교 언론정보학과

대표 연구 업적

논문

2025. The mirror of the metaverse: An exploration of reciprocal effects between self-views and avatar-based self-presentation. *Human Communication Research*, *51*(3). [제1저자]

2025. How moral reframing enhances political persuasion: The role of processing fluency and self-affirmation. *Communication Research*, *52*(1). [교신저자]

2024. What makes fact-checking effective? Exploratory research into the role of linguistic politeness. *International Journal of Public Opinion Research*, *36*(3). [교신저자]

2022. Fact-checking and audience engagement: A study of content analysis and audience behavioral data of fact-checking coverage from news media. *Digital Journalism*, *10*(5). [제1저자]

2021. How message features and social endorsements affect the longevity of news sharing. *Digital Journalism*, *9*(8). [단독저자]

2019. An experimental study of recommendation algorithms for tailored health communication. *Computational Communication Research*, *1*(1). [제1저자]

2016. Selective exposure to health information: The role of headline features in the choice of health newsletter articles. *Media Psychology*, *19*(4). [제1저자]

2015. Attracting views and going viral: How message features and news-sharing channels affect health news diffusion. *Journal of Communication, 65*(3). [단독저자]

2013. Content characteristics driving the diffusion of antismoking messages: Implications for cancer prevention in the emerging public communication environment. *Journal of the National Cancer Institute Monographs, 2013*(47). [제1저자]

2012. Narrative health communication and behavior change: The influence of exemplars in the news on intention to quit smoking. *Journal of Communication, 62*(3). [제1저자]

주요 경력

전 소속 기관 및 직책

전 미국 오하이오주립대학교 교수

교내 봉사

생명윤리위원회(IRB) 위원

언론정보학과 대학원 주임

언론정보학과 BK21 Four 자유롭고 책임 있는 AI 미디어 교육연구단 부단장

위촉입학사정관

사회과학연구원 연구기획위원회 위원

교외 봉사

Award Selection Committee, Innovation in Theory Award, Mass Communication Division, International Communication Association

한국언론학회 학술지국제화위원회 위원

서울신문 독자권익위원회 위원

주요 수상 경력

International Communication Association

연례 학술대회 우수논문상 (3회 수상)

National Communication Association

연례학술대회 우수논문상

한국방송학회 국제학술상 국제논문분야 최우수상

한국조사연구학회 한국갤럽학술상 우수상

한국언론학회 학술상 우수논문상

신수연

신수연 교수는 서울대 언론정보학과에서 컴퓨터 매개 커뮤니케이션, 대인 커뮤니케이션에 대한 실험 연구를 진행하고 있다. 미국 미시간주립대학에서 커뮤니케이션학 박사학위를 받은 뒤, 하와이대-마노아에서 교수로 재직하였다. 서울대에서는 언론정보학과 BK21 교육연구단 부단장과 대학원 주임을 맡았으며, 현재 연합전공 정보문화학 운영위원으로 활동하고 있다. 학술지 *Human Communication Research*와 *Journal of Computer-Mediated Communication*의 편집위원으로 활동하고 있으며, 국제커뮤니케이션학회(ICA)와 전미커뮤니케이션학회(NCA) 연례 학술대회에서 우수논문상을 수상하였다. 최근에는 AI 매개 커뮤니케이션이 온라인 갈등과 혐오 발언을 줄이고, 사람들 간의 이해와 협력을 넓히는 가능성을 탐구하고 있다.

재직 기간

2022년 2월 ~ 현재

전공 분야

컴퓨터 매개 커뮤니케이션, 대인 커뮤니케이션, AI 커뮤니케이션,
미디어 심리, 실험 연구

학력

박사: 미국 미시간주립대학교 커뮤니케이션학과
석사: 서울대학교 언론정보학과

학사: 서울대학교 경제학부(주전공), 언론정보학과(복수전공)

대표 연구 업적

논문

2023. The effects of self-viewing in video chat during interpersonal work conversations. *Journal of Computer-Mediated Communication*, *28*(1). [제1저자]

2022. The effect of deepfake video on news credibility and corrective influence of cost-based knowledge about deepfakes. *Digital Journalism*, *10*(3). [제1저자]

2020. Curbing negativity: Influence of providing justifications about control over user-generated comments on social media. *Communication Research*, *47*. [제1저자]

2017. Investigating moderating roles of goals, reviewer similarity, and self-disclosure on the effect of argument quality of online consumer review on attitude formation. *Computers in Human Behavior*, *76*. [제1저자]

2017. The benefits of distance and mediation: How people react to conflicts in video chat vs. FtF. *Computers in Human Behavior*, *73*. [제1저자]

주요 경력

전 소속 기관 및 직책

전 미국 하와이대학교-마노아 교수

교내 봉사

언론정보학과 BK21 Four 자유롭고 책임 있는 AI 미디어 교육연구단 부단장

언론정보학과 대학원 주임

연합전공 정보문화학 운영위원회 위원

교외 봉사

Editorial Board Member, *Human Communication Research*

Editorial Board Member, *Journal of Computer-Mediated Communication*

Editorial Board Member, *Communication Reports*

한국언론학회 학술상 심사위원

주요 수상 경력

International Communication Association 연례 학술대회 우수논문상

National Communication Association 연례 학술대회 우수논문상

양차미

양차미는 서울대 언론정보학과 교수로, 미국 일리노이대학교-어바나-샴페인에서 박사학위를 받았다. 미디어 연구, 과학기술학(STS), 동아시아 문화연구의 교차점에서 스마트 도시, 데이터 권력, 기술적 통치성의 문제를 탐구하고 있다. 출간 예정인 저서 *City in a Future Tense: Develop mentality and the Making of a Smart City in South Korea* (University of California Press)는 한국의 스마트도시 개발을 둘러싼 권력, 인프라, 시간성의 문제를 계보학적 분석을 통해 다룬다.

재직 기간

2022년 9월 ~ 현재

전공 분야

미디어 이론 및 역사, 과학기술학(STS), 도시 커뮤니케이션,
아시아 문화연구

학력

박사: 미국 일리노이대학교-어바나-샴페인 커뮤니케이션연구소
석사: 서울대학교 언론정보학과
학사: 서울대학교 언론정보학과

대표 연구 업적

북챕터

2023. Resisting data colonialism and digital surveillance in a mid-western classroom: Exploring community-driven alternatives to automated license plate Readers. In *Resisting data colonialism: A practical intervention*. Institute of Network Cultures. [제1저자]

2020. Smart city and the reinvented politics of governing through datafied environment in Songdo, South Korea. In *The Local and the Digital in Environmental Communication*. Palgrave Macmillan. [단독저자]

2020. Seeing the future in the mirror of the past: Technologies of cultural governance and the reclamation of 'creative' history in Seoul. In *Spaces of New Colonialism: Reading Schools, Museums, and Cities in the Tumult of Globalization*. Peter Lang. [단독저자]

논문

2025. Cultivating vigilant drivers through TV: On the cultural work of dashcam videos and normalization of surveillance. *International Journal of Cultural Studies*, *28*(3). [단독저자]

2024. Governing transportation through communication: A cultural history of intelligent transportation systems (ITS) in South Korea. *International Journal of Communication*, *18*. [단독저자]

2024. The techno-optics of safety: Surveillance and women's

ambivalent experiences in South Korea's 'smart safe city'. *Science, Technology, & Human Values*. [단독저자]

2022. Digital contact tracing and pandemic cities: Problematizing the regime of traceability in South Korea. *Big Data & Society*, *9*(1). [단독저자]

2022. Smart stadium as a laboratory of innovation: Technology, sport, and datafied normalization of the fans. *Communication and Sport*, *10*(2). [단독저자]

2020. Historicizing the smart cities: Genealogy as a method of critique for smart urbanism. *Telematics and Informatics*, *55*. [단독저자]

주요 경력

전 소속 기관 및 직책

전 미국 일리노이대학교-어바나-샴페인 정보과학대학 연구원
전 미국 매사추세츠공과대학교 과학·기술·사회 프로그램(HASTS) 박사후연구원

교내 봉사

AI연구원 ELSI(Ethical, Legal, and Social Issues in AI) 참여연구원

교외 봉사

Editorial Board Member, *Science, Technology, & Human Values*
중앙대학교 영화미디어학센터 자문위원

윤석민

서울대 언론정보학과에서 커뮤니케이션 이론과 미디어 정책을 연구하면서, 현실의 사회적 소통 및 미디어 정책에도 깊이 관여해 왔다. 한국 사회 미디어 체계의 현안들, 특히 미디어 다양성·공정성·사실성 같은 규범적 가치들의 이론적 정립에 관심을 두고《미디어 거버넌스: 미디어 규범성의 정립과 실천》,《미디어 공정성 연구》 등을 펴냈다. 또한 그 가치들을 실천하는 차원에서 여론집중도조사위원회, 미디어다양성위원회, SNU팩트체크의 설립을 주도하고 이끌었다. 현재는 저널리즘 연구에 몰두하면서 참여관찰에 기반한《저널리즘 연구 1: 뉴스의 생산》과《저널리즘 연구 2: 뉴스 생산자》를 펴냈다. 2010년부터 2012년에 걸쳐 IBK커뮤니케이션센터 건립을 주도했으며, 최근에는 AI시대 언론을 이끌 인재 양성의 산실인 저널리즘 스쿨 설립에 힘쓰고 있다.

재직 기간

2001년 10월 ~ 현재

전공 분야

커뮤니케이션 이론, 미디어산업 및 정책, 저널리즘 규범

학력

박사: 미국 미시간주립대학교 텔레커뮤니케이션학과

석사: 서울대학교 신문학과

학사: 서울대학교 신문학과

대표 연구 업적

단행본

2025. 《저널리즘 연구 1: 뉴스의 생산》. 사회평론. [제1저자]

2025. 《저널리즘 연구 2: 뉴스 생산자》. 사회평론. [제1저자]

2020. 《미디어 거버넌스: 미디어 규범성의 정립과 실천》. 나남. [단독저자]

2015. 《미디어 공정성 연구》. 나남. [단독저자]

2011. 《한국사회 소통위기와 미디어》. 나남. [단독저자]

2007. 《커뮤니케이션의 이해》. 커뮤니케이션북스. [단독저자]

2005. 《커뮤니케이션 정책 연구》. 커뮤니케이션북스. [단독저자]

1999. 《다채널 TV론》. 커뮤니케이션북스. [단독저자]

주요 경력

전 소속 기관 및 직책

전 방송개발원(현 콘텐츠진흥원) 정책연구실 선임연구원

전 경원대학교 교수

교내 봉사

언론정보연구소장

사회과학도서관장

교수협의회 부회장·감사

SNU팩트체크 설립위원회 위원장 및 초대 위원장

교외 봉사

여론집중도조사위원회 위원장

미디어다양성위원회 위원장

사이버커뮤니케이션학회장

방송통신심의위원회 심의위원

주요 수상 경력

Broadcast Educators' Association New Scholarship Award

한국언론학회 신진우수학자상

한국언론학회 희관언론학저술상

관훈클럽 정신영 저널리즘 학술상

서울대학교 사회과학대학 연구상

▌이은주

이은주 교수는 미국 스탠퍼드대학에서 박사학위를 취득한 후, 캘리포니아대-데이비스 조교수, 부교수를 거쳐 서울대 언론정보학과에 부임했다. 다양한 디지털 기술이 어떻게 사람들이 소통하는 방식·과정·효과를 변화시키는지 인간-컴퓨터 상호작용 및 컴퓨터 매개 커뮤니케이션 맥락을 중심으로 연구해 왔다. 저명한 국제학술지 *Media Psychology*의 공동편집장, *Human Communication Research*의 편집위원장을 역임했다. 또한 언론정보학계를 대표하는 국제커뮤니케이션학회(ICA) 석학회원으로 2019년 선출되었으며, 한국인 최초로 회장직을 수행했다(2023~2024). 서울대학교 학술연구교육상(연구부문), 한국갤럽학술상, McQuail Award, ICA 올해의 논문상 등 다수의 연구상을 수상했다.

재직 기간

2008년 2월 ~ 현재

전공 분야

디지털 커뮤니케이션, 미디어 심리학, 인간-기계 상호작용,
컴퓨터 매개 커뮤니케이션, AI + Communication

학력

박사: 미국 스탠퍼드대학교 커뮤니케이션학과

석사: 서울대학교 신문학과

학사: 서울대학교 신문학과

대표 연구 업적

논문

2025. Authenticity at the heart of communication. *Journal of Communication, 75*(2). [단독저자]

2024. Minding the source: Toward an integrative theory of human-machine communication. *Human Communication Research, 50*. [단독저자]

2020. Authenticity model of computer-mediated communication: Conceptual explorations and testable propositions. *Journal of Computer-Mediated Communication, 25*. [단독저자]

2017. When news meets the audience: How audience feedback affects news production and consumption. *Human Communication Research, 43*. [제1저자]

2013. Effects of politicians' soft campaign on Twitter versus TV: Cognitive and experiential routes. *Journal of Communication, 63*. [단독저자]

2012. That's not the way it is: How user-generated comments on the news affect perceived news bias. *Journal of Computer-Mediated Communication, 18*. [단독저자]

2007. Deindividuation effects on group polarization in computer-mediated communication: The role of group identification, public self-awareness and perceived argument quality. *Journal of Communication, 57*. [단독저자]

2006. When and how does depersonalization increase conformity to group norms in computer-mediated communication? *Communication Research, 33*. [단독저자]

2004. Effects of visual representation on social influence in computer-mediated communication: Experimental tests of the social identity model of deindividuation effects. *Human Communication Research*, *30*. [단독저자]

주요 경력

전 소속 기관 및 직책

전 미국 캘리포니아대학교-데이비스 교수

교내 봉사

인공지능신뢰성연구센터 소장, 사회과학대학 교무부학장

언론정보학과 BK21 Four 자유롭고 책임 있는 AI 미디어 교육연구단 단장

교외 봉사

President, International Communication Association

Editor-in-Chief, *Human Communication Research*

Co-Editor, *Media Psychology*

Academic Advisor, Department of Media & Communication, City University of Hong Kong

한국고등교육재단 이사

주요 수상 경력

서울대학교 학술연구교육상(연구부문)

Fellow(석학회원), International Communication Association

McQuail Award, Amsterdam School of Communication Research

ICA Outstanding Article Award, International Communication Association

한국조사연구학회 한국갤럽학술상 우수상

이재현

미디어이론가이자 기술비평가인 이재현 교수는 우리나라 1세대 인터넷 연구자로서, 인터넷 및 온라인 게임 연구를 시작으로 디지털미디어와 인공지능에 이르기까지 다양한 저서를 집필하고, 관련 분야의 주요 해외 저작을 국내에 번역·소개해 왔다. 그의 연구는 미디어 이론과 철학에서 시작해 디지털미디어 분석, 미디어 행동 데이터 수집 및 분석, 소프트웨어 연구, 기술철학, 나아가 알고리듬 개발에 이르기까지 폭넓게 전개되었다. 최근에는 다양한 철학적 조류와 인공지능 등 기술 발전에 대한 탐구를 토대로 미디어 기술비평이라는 새로운 영역을 개척하고 있다. 이러한 연구 성과는 한국언론학회 희관언론상(저술·번역·우수논문)과 대한민국학술원·세종·문화체육관광부의 우수학술도서 수상으로 높이 평가받았다.

재직 기간

2006년 3월 ~ 현재

전공 분야

미디어이론 및 기술철학, 디지털미디어와 문화, 소프트웨어 연구,
수용자 연구, 기술비평, AI 미디어

학력

박사: 서울대학교 신문학과
석사: 서울대학교 신문학과
학사: 서울대학교 신문학과

대표 연구 업적

단행본

2023. 《인공지능과 알고리듬 사회》. 컴북스캠퍼스. [단독저자]

2020. 《사물 인터넷과 사물 철학》. 커뮤니케이션북스. [단독저자]

2019. 《공명: 미디어 기술비평》. 커뮤니케이션북스. [단독저자]

2019. 《인공지능 기술비평》. 커뮤니케이션북스. [단독저자]

2013. 《모바일 문화를 읽는 인문사회과학의 고전적 개념들》. 커뮤니케이션북스. [단독저자]

2004. 《모바일 미디어와 모바일 사회》. 커뮤니케이션북스. [단독저자]

2004. 《멀티미디어와 디지털 세계》. 커뮤니케이션북스. [단독저자]

2000. 《인터넷과 사이버사회》. 커뮤니케이션북스. [단독저자]

논문

2017. 기술적 성향 가설: 미디어 기기의 행위 능력. 〈커뮤니케이션 이론〉, 13(1). [단독저자]

2005. 인터넷, 전통적 미디어, 그리고 생활시간 패턴: 시간 재할당 가설의 제안. 〈한국언론학보〉, 49(2). [단독저자]

주요 경력

전 소속 기관 및 직책

전 충남대학교 교수

전 KBS 연구원

교내 봉사

언론정보연구소장

언론정보학과장

교외 봉사

한국언론학회 기획위원장

일주학술문화재단 이사

일주세화학원 이사장

주요 수상 경력

대한민국학술원 우수학술도서

세종도서 학술부문 추천도서

문화체육관광부 우수학술도서

한국언론학회 정기학술대회 우수논문상

한국언론학회 희관언론상(저술 부문·번역 부문·우수논문)

이준웅

이준웅 교수는 신문학과 석사과정에서 '의사소통능력과 갈등전략 간 관계 공변량구조모형 검증'을 주제로 대인소통을 연구했다. 설득 과정에 대한 호기심을 바탕으로 인간 소통을 구조적으로 파악해 설명해 보자는 생각을 이때 시작했다. 1992년 미국 펜실베이니아대학에서 레토릭, 사회인지, 언어심리, 사회철학을 집중적으로 학습했고, "1993-94 의료보험개혁 틀짓기: 뉴스틀, 해석, 여론변화"를 박사학위 논문으로 제출했다. 이 논문은 뉴스의 주제구조를 파악해서 뉴스 틀을 측정하는 방법론을 제시하고, 시민의 뉴스 해석이 여론 변화에 미치는 영향을 이론화한 것이다. 외환위기를 앞둔 1997년에 귀국해 KBS 정책연구실에서 여론조사와 매체정책에 대한 자료를 접했는데, 이 경험으로 한국 사회 소통구조 변화를 설명하겠다는 장래 계획을 세웠다.

재직 기간

2002년 7월 ~ 현재

전공 분야

정치소통, 설득, 레토릭, 발언의 자유, 뉴스와 사회

학력

박사: 미국 펜실베이니아대학교 애넌버그 커뮤니케이션 스쿨

석사: 서울대학교 신문학과

학사: 서울대학교 신문학과

대표 연구 업적

단행본

2011. 《말과 권력》. 한길사. [단독저자]

논문

2022. 한국 언론의 도그마: 사실 충분성의 원칙. 〈언론과 사회〉, 30(4). [단독저자]

2017. 디지털 뉴스 시대의 언론윤리: 하버마스 담론윤리의 적용. 〈커뮤니케이션 이론〉, 13(3). [단독저자]

2013. 소통은 진리를 위한 것인가. 〈커뮤니케이션 이론〉, 9(4). [단독저자]

2010. 한국 언론의 경향성과 이른바 사실과 의견의 분리 문제. 〈한국언론학보〉, 54(2). [단독저자]

2010. 한국사회 매체체계의 특성: 민주화이행 모형의 제안. 〈커뮤니케이션 이론〉, 6(1). [제1저자]

2009. 가는 말이 험해야 오는 말이 곱다: 의사소통 예절, 권력, 그리고 전략. 〈한국언론학보〉, 53(4). [단독저자]

2009. 뉴스 틀짓기 연구의 두 개의 뿔. 〈커뮤니케이션 이론〉, 5(1). [단독저자]

2005. 비판적 담론공중의 등장과 언론에 대한 공정성 요구. 〈방송문화연구〉, 17(2). [단독저자]

2000. 프레임, 해석, 그리고 커뮤니케이션 효과. 〈언론과 사회〉, 29. [단독저자]

주요 경력

전 소속 기관 및 직책

전 광운대학교 교수

전 KBS 정책연구원 연구위원

교내 봉사

연합전공 정보문화학 전공주임

사단법인 서울대학교출판문화원장

교외 봉사

한국언론학회장

카카오 미디어자문위원회 위원

SBS 미디어홀딩스 이사

EBS 시청자위원회 위원장

방송통신위원회 방송미래발전위원회 위원, 미디어다양성위원회 위원

주요 수상 경력

한국언론학회 창립 60주년 논문최다인용상

한국언론학회 희관저술상

한국언론학회 학술상 우수논문상

한국언론학회 우당신진학자 논문상

한국조사연구학회 한국갤럽학술상 우수상

이준환

이준환은 서울대 언론정보학과 교수이며, 인공지능 협동과정, 인지과학 협동과정, 연합전공 정보문화학 전임교수다. 미국 카네기멜런대학에서 컴퓨터과학 전공으로 박사학위를 취득했다. 주요 연구 분야는 인간-컴퓨터 상호작용(HCI), Social Computing, AI Journalism으로, 최근 5년간 ACM SIGCHI, CSCW, DIS 등 국제학회와 IJHCI, IJHCS 등 국제학술지에 50여 편의 논문을 발표했고, SIGCHI 우수논문상을 세 차례 수상했다. 또한 (주)네오위즈 창업 멤버로 벤처 창업 경험이 있으며, 2009~2011년 국내 최초 모바일 음악 서비스를 기획·제작했다. 학문 공동체 발전을 위해 SIGCHI 프로그램 체어, 한국 HCI학회 부회장, 한국인지과학회 회장을 역임했다.

재직 기간

2011년 3월 ~ 현재

전공 분야

인간-컴퓨터 상호작용(HCI), 인간-AI 상호작용, Social Computing, AI Journalism, Information Visualization

학력

박사: 미국 카네기멜런대학교 컴퓨터과학대학

석사: 미국 카네기멜런대학교 컴퓨터과학대학

석사: 미국 카네기멜런대학교 디자인대학

학사: 서울대학교 산업디자인과

대표 연구 업적

논문

2025. Balancing artificial intelligence and human expertise: Ideal fact-checking strategies for hard and soft news. *Journalism & Mass Communication Quarterly*. [교신저자]

2024. "Journey of finding the best query": Understanding the user experience of AI image generation system. *International Journal of Human-Computer Interaction*, *41*(2). [교신저자]

2023. Towards a metaverse workspace: Opportunities, challenges, and design implications. *Proceedings of the 2023 CHI Conference on Human Factors in Computing Systems*. [교신저자]

2022. Designing fair AI in human resource management: Understanding tensions surrounding algorithmic evaluation and envisioning stakeholder-centered solutions. *Proceedings of the 2022 CHI Conference on Human Factors in Computing Systems*. [교신저자]

2021. Moderator chatbot for deliberative discussion: Effects of discussion structure and discussant facilitation. *Proceedings of the ACM on Human-Computer Interaction*, *5*(CSCW1). [교신저자]

2021. Human-AI Interaction in human resource management: Understanding why employees resist algorithmic evaluation at workplaces and how to mitigate burdens. *Proceedings of the 2021 CHI Conference on Human Factors in Computing Systems*. [교신저자]

2020. Bot in the bunch: Facilitating group chat discussion by improving efficiency and participation with a chatbot. *Proceedings of the 2020 CHI Conference on Human Factors in Computing Systems*. [교신저자]

2020. Exploring abnormal behavior patterns of online users with emotional eating behavior: Topic modeling study. *Journal of Medical Internet Research*, *22*(3). [교신저자]

2019. Designing an algorithm-driven text generation system for personalized and interactive news reading. *International Journal of Human-Computer Interaction*, *35*(2). [교신저자]

2019. Comparing data from chatbot and web surveys: Effects of platform and conversational style on survey response quality. *Proceedings of the 2019 CHI Conference on Human Factors in Computing Systems*. [교신저자]

주요 경력

전 소속 기관 및 직책

전 네오위즈 인터넷 CIO (Chief Information Technology Officer)

전 카네기멜런대학교 박사후연구원

전 IBM T. J. Watson Research Center 연구 인턴

전 네오위즈 팀장

교내 봉사

발전재단 상임이사

대학혁신센터장

사회과학대학 기획부학장

언론정보연구소장

정보문화학 전공주임

교외 봉사

한국인지과학회장

한국 HCI학회 부회장

Program Chair, ACM SIGCHI

주요 수상 경력

한국언론학회 우수논문상

Honorable Mention Award, ACM SIGCHI Conference(3회 수상)

한국방송학회 우석호 방송저널리즘상

이철주

이철주 교수는 서울대 언론정보학과를 최우등으로 졸업하고, 한국고등교육재단 해외유학장학생으로 선발되어 펜실베이니아대학 애넌버그 커뮤니케이션 스쿨에서 박사학위를 받았다. 이후 오하이오주립대학과 일리노이대학-어바나-샴페인에서 교수로 재직하다가, 2014년 서울대학교 차세대 우수학자로서 서울대에 부임했다. 연구 분야는 건강·과학 커뮤니케이션 등이며, *Journal of Communication*과 *Communication Research* 등 최우수 학술지에 다수의 논문을 게재했다. 지금까지 SSCI/SCIE 포함 70여 편의 논문과 8편의 북챕터를 출판했다. 교육자로서도 다수의 석·박사 제자를 배출했으며, 여러 국제학술지의 편집위원 및 공동편집위원장으로 활동하고 있다. 또한 질병관리청과 대한의사협회 등에서 공중보건 관련 자문을 수행하며, 학문적 성과를 사회적으로 확산하는 데 기여하고 있다.

재직 기간

2014년 9월 ~ 현재

전공 분야

헬스커뮤니케이션, 소셜마케팅, 과학커뮤니케이션, 환경커뮤니케이션

학력

박사: 미국 펜실베이니아대학교 애넌버그 커뮤니케이션 스쿨

석사: 서울대학교 언론정보학과

학사: 서울대학교 언론정보학과

대표 연구 업적

논문

2025. The role of communication in redressing health disparities: Mobilizing public support and action. *Communication Research, 52*. [제1저자]

2019. A moderated mediation model of the relationship between media, social capital, and cancer knowledge. *Health Communication, 34*. [제1저자]

2019. The psychological mechanism underlying communication effects on behavioral intention: Focusing on affect and cognition in the cancer context. *Communication Research, 46*. [공동저자]

2016. Mapping the social capital research in communication: A bibliometric analysis. *Journalism & Mass Communication Quarterly, 93*(4). [제1저자]

2015. Why does social capital matter in health communication campaigns? *Communication Research, 42*(4). [제1저자]

2015. Exposure to health (mis)information: Lagged effects on young adults' health behaviors and potential pathways. *Journal of Communication, 65*(4). [공동저자]

2014. The role of social capital in health communication campaigns: The case of the National Youth Anti-Drug Media Campaign. *Communication Research, 41*(2). [단독저자]

2012. Socioeconomic disparities in fatalistic beliefs about cancer prevention and the Internet. *Journal of Communication*, *62*(6). [제1저자]

2008. The reliability and stability of general media exposure measures. *Communication Methods and Measures*, *2*(1/2). [제1저자]

2005. Public attitudes toward emerging technologies: Examining the interactive effects of cognitions and affect on public's attitude toward nanotechnology. *Science Communication*, *27*(2). [제1저자]

주요 경력

전 소속 기관 및 직책

전 미국 일리노이대학교-어바나-샴페인 교수

전 미국 오하이오주립대학교 교수

교내 봉사

언론정보학과 'Inno-Edu 2031: 서울대 창의교육프로젝트' 사업단장

언론정보학과 BK21 Four 자유롭고 책임 있는 AI 미디어 교육연구단 단장

언론정보학과장

언론정보학과 대학원 주임

언론정보학과 학부 주임

교외 봉사

Co-Editor-in-Chief, *Journal of Communication*

Associate Editor, *Journal of Communication*

〈언론정보연구〉 편집위원장

한국언론학회 편집이사

한국헬스커뮤니케이션학회 학술대회 조직위원장

주요 수상 경력

한국헬스커뮤니케이션학회 레인보우 학술상

Honorable Mention Presentation Award, DCHC conference

Faculty Member of the Year Award, School of Communication, The Ohio State University

Top Four Faculty Paper Award, Communication Technology Division, AEJMC

Outstanding Student Research Award, Korean American Communication Association

임하진

임하진 교수는 서울대 언론정보학과 및 연합전공 정보문화학에서 학사과정을 마친 뒤 융합과학기술대학원에서 석사학위를, 미국 코넬대학에서 정보과학 박사학위를 받았다. 위스콘신대학교-매디슨 컴퓨터과학과에서 박사후연구원으로 활동했으며, 2022년부터 서울대 언론정보학과 연합전공 정보문화학 전임 기금조교수로 재직 중이다. 커뮤니케이션학적 관점을 바탕으로 인간-컴퓨터 상호작용(HCI)과 인간-AI 상호작용을 연구하며, 특히 AI와의 융합을 통해 소통, 정체성, 접근성 문제를 탐구한다. 다수의 연구가 CHI, CSCW 등 HCI 주요 학회와 ACL, NAACL 등 국제 AI 학회에 발표되었고, 최근 국내외에서 여러 논문상을 수상하며 연구 성과를 인정받고 있다.

재직 기간

2022년 3월 ~ 현재

전공 분야

인간-컴퓨터 상호작용(HCI), 인간-AI 상호작용, 컴퓨터 매개 커뮤니케이션, 접근성 기술(*Accessibility Technology*)

학력

박사: 미국 코넬대학교 정보과학과

석사: 서울대학교 융합과학기술대학원 디지털정보융합전공

학사: 서울대학교 언론정보학과(주전공), 연합전공 정보문화학(복수전공)

대표 연구 업적

논문

2025. SPeCtrum: A grounded framework for multidimensional identity representation in LLM-based agent. *Proceedings of the 2025 Conference of the Nations of the Americas Chapter of the Association for Computational Linguistics: Human Language Technologies*(Volume 1: Long Papers). [교신저자]

2025. Adaptive-VP: A framework for LLM-based virtual patients that adapts to trainees' dialogue to facilitate nurse communication training. *Findings of the Association for Computational Linguistics: ACL 2025*. [교신저자]

2025. Letters from future self: Augmenting the letter-exchange exercise with LLM-based agents to enhance young adults' career exploration. *Proceedings of the 2025 CHI Conference on Human Factors in Computing Systems*. [교신저자]

2025. NoRe: Augmenting journaling experience with generative AI for music Creation. *Proceedings of the 2025 ACM Designing Interactive Systems Conference*. [교신저자]

2025. I stan alien idols and also the people behind them: Understanding how seams between virtual and real identities engage VTuber fans: A case study of PLAVE. *Proceedings of the 2025 CHI Conference on Human Factors in Computing Systems*. [교신저자]

2024. Exploring multi-faceted motivations and strategies using mobile dating applications: Case study of Tinder users in South Korea. *Proceedings of the ACM on Human-Computer Interaction, 8*(GROUP). [교신저자]

2024. EmoBridge: Bridging the communication gap between students with disabilities and peer note-takers utilizing emojis and real-time Sharing. *Proceedings of the 26th International ACM SIGACCESS Conference on Computers and Accessibility*. [교신저자]

2024. SMART-TBI: Design and evaluation of the social media accessibility and rehabilitation toolkit for users with traumatic brain injury. *Proceedings of the 26th International ACM SIGACCESS Conference on Computers and Accessibility.* [제1저자]

2023. DiVRsity: Design and development of group role-play VR platform for disability awareness education. *Proceedings of the 2023 ACM Designing Interactive Systems Conference*. [공동저자]

2022. Understanding cross-lingual pragmatic misunderstandings in email communication. *Proceedings of the ACM on Human-Computer Interaction, 6*(CSCW1). [제1저자]

주요 경력

전 소속 기관 및 직책

미국 위스콘신대학교-매디슨 컴퓨터과학과 박사후연구원

교외 봉사

ACM CHI Associate Chair

ACM DIS Associate Chair

ACM CSCW Associate Chair

SIGCHI Korea Local Chapter Treasurer

주요 수상 경력

Best Paper Award, ACM SIGCHI

Honorable Mention, ACM SIGCHI

한국 HCI 학회 학술대회 우수논문(2회 수상)

한규섭

한규섭 교수는 데이터사이언스, 현장실험, 행동경제학 실험 등 다양한 방법론을 통해 정치커뮤니케이션 현상을 연구하고 있다. 그의 연구 결과는 커뮤니케이션은 물론 정치학, 통계학, 경제학, 컴퓨터공학 분야의 저명 학술지에 게재되었다. 2010년부터는 주요 언론사들과 협업하여 국회의원 표결 성향, 대법관 및 헌법재판관 판결 성향, 여론조사 메타분석 등 수백 건 이상의 데이터저널리즘 기사를 발표했으며, '나에게 딱 맞는 후보 찾기', '극과 극' 등의 온라인 서비스도 공동 제공한 바 있다. 현재 〈동아일보〉, 〈서울신문〉에 기명 칼럼을 연재하고 있으며, 중앙선거관리위원회 자문위원으로도 활동 중이다.

재직 기간

2010년 12월 ~ 현재

전공 분야

정치커뮤니케이션

학력

박사: 미국 스탠퍼드대학교 커뮤니케이션학과(석·박통합)

학사: 미국 노스웨스턴대학교 사회학과

대표 연구 업적

단행본

2022, 2017, 2013. 《대통령의 성공조건》. 동아시아연구원. [공동저자]

2016. 《빅데이터로 보는 한국정치 트렌드》. 한울아카데미. [공동저자]

논문

2024. North Korean refugees' implicit bias against South Korea predicts market earnings. *Journal of Development Economics*, *169*. [공동저자]

2022. Deliberative distortions? Homogenization, polarization, and domination in small group discussions. *British Journal of Political Science*, *52*(3). [공동저자]

2019. Economic and cultural drivers of immigrant support world-wide. *British Journal of Political Science*, *49*(4). [공동저자]

2018. The influence of "social viewing" on televised debate viewers' political judgment. *Political Communication*, *35*(2). [제1저자]

2015. Estimating cell probabilities in contingency tables with constraints on marginals/conditionals by geometric programming with applications. *Computational Statistics*, *30*(1). [공동저자]

2013. Do attitudes about immigration predict willingness to admit individual immigrants? A cross-national test of the person-positivity bias. *Public Opinion Quarterly*, *77*(3). [공동저자]

2011. Testing stochastic orders in tails of contingency tables. *Journal of Applied Statistics*, *38*(6). [공동저자]

2009. Red media, blue media: Evidence of ideological selectivity in media use. *Journal of communication*, *59*(1). [교신저자]

주요 경력

전 소속 기관 및 직책

전 연세대학교 교수

전 미국 캘리포니아대학교-로스앤젤레스(UCLA) 교수

교내 봉사

기획처 협력부처장, 언론정보학과장

교외 봉사

〈동아일보〉 객원논설위원

〈서울신문〉 객원논설위원

〈문화일보〉 객원논설위원

중앙선거관리위원회 자문위원, 관훈클럽 편집위원

주요 수상 경력

Top Faculty Paper Award, Korean American Communication Association, International Communication Association

대한민국학술원 우수학술도서

▍홍석경

홍석경 교수는 서울대 불어불문학과와 신문학과에서 학사와 석사학위를 취득한 뒤, 프랑스 그르노블 3대학에서 언론정보학 박사학위를 받았다. 한국방송위원회 선임연구원을 거쳐 프랑스 보르도 3대학 언론정보학과에서 12년간 재직했으며, 2013년에 서울대에 부임했다. 대중문화 연구자로서 지난 15년간 한류를 핵심 연구 주제로 삼아 글로벌대중문화, 한류창의산업, 팬덤연구를 아우르는 작업을 이어왔다. 한류현상을 단순한 사례연구의 집적을 넘어 이론화하기 위해 2022년 한류연구센터를 설립했으며, 국제연구 네트워크 구축, 공동출판 및 학술 활동을 진행하고 있다. 현재 한류연구를 현대 한국 연구의 중요한 일부로 발전시키는 데 주력하고 있다. 또한 온라인 참여관찰, 대면인터뷰, 담론분석, 데이터 분석, 영상방법론 등 디지털 문화 시대의 문화적 실천 연구에 적합한 복합연구 디자인을 탐구하고 가르친다.

재직 기간

2013년 3월 ~ 현재

전공 분야

문화연구, 영상커뮤니케이션, Visual Methods, Global Culture, 한류연구

학력

박사: 프랑스 그르노블 3대학교 언론정보학과

석사: 서울대학교 신문학과

학사: 서울대학교 불어불문학과

대표 연구 업적

단행본

2022. 《디지털 시대 영상문화와 윤리》. 컬처룩. [공동저자]

2021. *Transnational convergence of East Asian pop culture*. Routledge. [공동편집자]

2020. 《BTS 길 위에서》. 어크로스. [단독저자]

2017. 《드라마의 모든 것》. 컬처룩. [제1저자]

2013. 《세계화와 디지털문화시대의 한류》. 한울. [단독저자]

논문

2023. Reshaping Hallyu: Global reception of South Korean content on Netflix. *International Journal of Communication*, *17*. [교신저자]

2021. Performing whiteness: Skin beauty as somatechnics in South Korean stardom and celebrity. *Celebrity Studies*, *12*(2). [교신저자]

2019. Geography of Hallyu studies: Analysis of academic discourse on Hallyu in international research. *Korea Journal*, *59*(2). [제1저자]

2016. 미디어문화 속 먹방과 헤게모니 과정. 〈언론과 사회〉, 24(1). [제1저자]

2015. 서울의 풍경들: 블로거들의 서울 사진과 공간 경험에 대한 영상방법론적 접근. 〈언론과 사회〉, 23(2). [단독저자]

주요 경력

전 소속 기관 및 직책

전 프랑스 보르도3대학교 교수

전 한국방송위원회 선임연구원

교내 봉사

아시아연구소 한류연구센터장

언론정보연구소장

연합전공 정보문화학 전공주임

여성학협동과정 겸임교수

교외 봉사

한국국제문화교류진흥원 이사

〈언론정보연구〉 편집장

EHESS(Ecole des Hautes Etudes en Sciences Sociales) 초빙교수 및 박사학위 논문 공동지도

파리대학(Université Paris Cité) 박사학위 논문 공동지도

주요 수상 경력

세종도서 학술부문 추천도서

사회과학대학 교육상

〈표 3-1〉 서울대 언론정보학과 역대 학과장 명단

성명	재직 기간
임근수	1975. 2 ~ 1977. 3
박유봉	1977. 3 ~ 1979. 2
김규환	1979. 2 ~ 1980. 8
추광영	1980. 8 ~ 1982. 8
이상희	1982. 8 ~ 1984. 8
차배근	1984. 8 ~ 1986. 8
강현두	1986. 8 ~ 1988. 8
박명진	1988. 8 ~ 1990. 2
강현두	1990. 3 ~ 1991. 8
강명구	1991. 8 ~ 1993. 9
박승관	1993. 9 ~ 1995. 9
양승목	1995. 9 ~ 1997. 9
박명진	1997. 9 ~ 1999. 2
강명구	1999. 3 ~ 2001. 2
추광영	2001. 3 ~ 2003. 2
윤석민	2003. 3 ~ 2005. 2
강명구	2005. 3 ~ 2008. 2
윤석민	2008. 3 ~ 2008. 9
이준웅	2008. 9 ~ 2010. 8
윤석민	2010. 9 ~ 2014. 4
이은수	2014. 4 ~ 2015.12
이새현	2016. 1 ~ 2017.12
홍석경	2018. 1 ~ 2019.12
한규섭	2020. 1 ~ 2022. 2
이철주	2022. 3 ~ 2024. 2
김은미	2024. 3 ~

제 4 장

언론정보학과 학부의 발자취

정소운 | 서울대 언론정보학과 석사과정
송채린 | 서울대 언론정보학과 석사과정
박세은 | 서울대 언론정보학과 석사과정
김현석 | 서울대 언론정보학과 부교수*

1. 학부생 활동

언론정보학과 학부생들은 어떻게 살았을까? 학생들의 일상과 문화는 학과사의 핵심 주제이지만, 현존 자료만으로는 그 모습을 온전히 재구성하기 어렵다. 학과 제도 변천, 교수진 연구 성과, 개설교과목 등은 공식 기록을 통해 비교적 쉽게 확인되지만, 학생 자치 활동은 학과나 학교 차원에서 체계적으로 기록·보존되지 않았기 때문이다. 이러한 한계를 보완하기 위해 다양한 학번대 동문 인터뷰와 개인 소장 자료의 수집을 시도할 수도 있었으나, 이번 '서울대학교 언론정보학과 50년사 발간위원회'는 여건상 이를 실행하지 못했다. 이에 발간 과정에서 확보될 수 있었던 자료만을 토대로 학부생 활동을 부분적이나마 최대한 충실히 담고자 했다. 요컨대, 본 절은 언론정보학과 학부생 활동사에 대한 온전한 기록이 아니라, 부분적이고 잠정적인 서술로서 향후 본격적인 자료 수집과 연구를 위한 출발점이다.

* 교신저자: hyunsuk.kim@snu.ac.kr

본 절에서는 1980년대 중후반 이후의 시기를 다루되, 2002~2012년은 범위에서 제외한다. 먼저 1980년대 중후반을 시작점으로 삼은 이유는, 동문들의 회고에 따르면 한국 사회의 정치적 상황과 맞물려 이 시기 이전에는 학과 차원의 학생 자치 활동이 거의 없었고, 이 무렵부터 본격화됐기 때문이다. 2002~2012년을 서술 대상에서 제외한 이유는 당시에는 학과가 아니라 사회과학대학 단위로 입학한 뒤 전공을 선택했으므로 학생 자치 활동 단위인 '꼼반'과 학과가 일치하지 않았기 때문이다(단, 후술할 '이미지밴드'의 역사는 이 시기의 활동까지 포함해 서술한다). 이후 2013년부터는 학과별 신입생 모집이 부분적으로 재개됐고, 2017년부터는 전원이 학과 단위로 선발됐다.

본 절의 작성을 위해 참고한 자료는 다음과 같다. 1990년대 및 2000년대 초반 시기는 학부생 학과신문(〈長征〉(장정), 〈함께하는 먼길가기〉, 〈THIS〉), 《90년대 신문학과 학생운동사: 역사의 단절, 단절의 역사로부터 시작하기》,[1] 1997~2000년 새내기 자료집, 후술할 '학회' 관련 자료 등을 활용했다.[2] 1980년대 중후반은 학회와 관련해 당시 재학했던 동문과의 간략한 인터뷰를 통해 사실관계를 확인했다.[3] 2013년 이후 시기는 학과 학부생 관련 온라인 커뮤니티 및 SNS에 보관된 디지털 자료를 참고했으며, 해당 시기에 재학한 동문 자문단[4]의 도움도 받았다.

---

1 2000년 4월, 93~97학번 학생들로 구성된 '신문학과학생운동사편찬위'에서 간행한 책으로, 정식 출판물은 아니지만 1990년대 학과 학생운동의 흐름을 정리한 중요한 사료이다. 이하에서는《90년대 신문학과 학생운동사》로 지칭한다.

2 김재천 동문(1992학번)은 〈長征〉과 〈함께하는 먼길가기〉를, 김규찬 동문(1997학번)은 1997년 신입생 자료집과 1999년 '문학공간' 학회지를 제공했다.

3 이준웅(1984학번), 양영철(1985학번), 성열우(1986학번), 양은경(1987학번), 이건혁(1987학번), 이희정(1987학번) 동문의 도움을 받았다.

본 절에서는 먼저 1) 학부생 활동의 월별 전개를 개괄적으로 살펴본 뒤, 이어서 2) 학회, 3) 학과신문, 4) 학술지, 5) 영상 제작 동아리, 6) 그 밖의 소모임과 동아리 활동을 차례로 소개한다.

1) 한 해 학생 활동 개관

1990년대, 2010년대, 2020년대 학생들은 재학 시점은 달랐지만, 학과 차원의 자치 활동은 큰 틀에서는 유사한 양상을 보였다. 이는 신입생 입학 시기를 비롯한 기본적 학사 일정이 크게 변하지 않았던 데 따른 것으로 보인다.

(1) 1~2월

연초는 신입생 환영 활동이 집중되는 시기였다. 2학년이 되는 학생들은 '신입생맞이 준비위원회'(신준위, 1990년대) 혹은 '새맞이준비위원회'(새준위, 2010년대 이후)에 참여해 신입생 맞이를 준비했다. 두 위원회 모두 대체로 남녀 대표를 한 명씩 선출했는데, 신준위의 대표는 '신준위짱', 새준위의 대표는 '새짱단'(남새짱, 여새짱)이라 불렸다. 아울러 2학년 이상의 재학생은 1990년대에는 '헌내기', 2010년대 이후에는 '정든내기'라는 호칭을 사용했다. 위원회 활동의 구체적 모습은 시기마다 조금씩 달랐지만, 학과 차원의 환영회 개최, 사회대 차원의 새터 동행, 대학 생활 안내 자료집 발간 등은 공통적으로 확인된다.

신입생 환영회는 보통 세 차례에 걸쳐 열렸다. 1990년대에는 1차가 합격자 발표 직후인 1월 말 또는 2월 초, 2차가 사회대 새터(새내기 새로 배움터)[5]

---

4 김미래(2013학번), 박진원(2014학번), 이호근(2015학번), 박세은(2016학번), 김선우(2017학번), 서혜지(2018학번), 이영서(2019학번), 김가연(2020학번), 송채린(2021학번), 정소운(2022학번), 허윤(2023학번), 김정우(2024학번).

〈그림 4-1〉 대학 생활 안내 자료집 표지

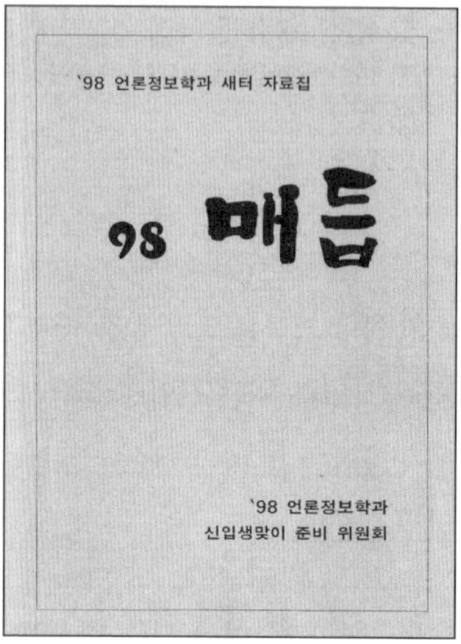

1998년

2023년

직전인 2월 중순, 3차가 봄학기 개강 직후인 3월 첫째 주나 둘째 주에 개강파티와 함께 개최됐다. 2010년대 이후에도 신입생 환영회를 세 차례 개최했으나, 3차 환영회가 보통 2월 중순에 열려 1990년대보다 전체 일정이 앞당겨졌다. 새터는 사회대 차원에서 진행했으며, 보통 2월 말에 2박 3일간 열렸다.[6]

대학 생활 안내 자료집은 1990년대 후반과 2010년대 이후 시기에 모두 2월 중에 배포됐다(〈그림 4-1〉). 1997~2000년 자료집은 대체로 ① 학과장·조교·학생회장·신준위짱의 인사말, ② 2학년이 되는 학생이 작성한 새내

---

5 학생회 주관 신입생 맞이 행사는 1990년에 처음 시작됐으며, 당시에는 '신입생 오리엔테이션'(신오리)라 불렸다. 이후 1993학번 입학부터는 명칭이 순우리말인 '새내기 새로 배움터'(새터)로 변경됐다.

6 코로나19 시기에는 새터가 교내 당일 행사로 진행되거나 간소화됐으며, 학과 신입생 환영회도 2021년에는 비대면으로 열렸다. 2023년부터는 새터가 다시 2박 3일 일정으로 운영되기 시작했다.

기 시절 회고(1년간 학과 학생 활동을 정리한 글), ③ 간략한 학과 전공 소개, ④ 학회·소모임·학생회 소개, ⑤ 2학년·새내기·졸업생 소개, ⑥ 교내 및 학교 주변 추천 장소 안내 등으로 구성됐다. 2010년대 이후 자료집은 대체로 ① 꼼반 소개(정든내기, 학회, 연석회의, 집행부, 내규), ② 학교생활(장학금, 웹사이트, 앱, 학내 시설, 학생증, 행사, 교환학생), ③ 수강신청 및 수업(교과목 이수 규정 및 수강신청 방법 설명), ④ 캠퍼스 라이프 및 꿀팁(통학 대중교통 안내, 맛집 소개, 기숙사 생활 꿀팁) 등으로 이루어졌다. 즉, 1990년대 자료집에 비해 2010년대 이후 자료집은 '실용적' 성격이 상대적으로 강화된 것이 특징이다.

또 1990년대에는 겨울방학 동안 학생회와 각 학회 차원에서 2학년에 진학할 학회원('교사')을 대상으로 공부 세미나를 열어 신입생을 맞이할 준비를 했다.

(2) 3~4월 중순

3월의 시작은 개강파티였다. 앞서 언급했듯이 1990년대에는 3차 신입생 환영회와 3월 봄학기 개강파티를 겸했다. 2010년대 이후로는 개강총회와 개강파티를 같은 날짜에 진행했다. 개강총회에서는 1학년 1학기 신입생 임시 학번 대표를 선출하거나 학과 운영위원회에서 확정한 안건을 투표에 부쳤다. 총회는 코로나 이후부터는 참석자 수에 따라 종종 비대면으로 열리기도 했다. 이 경우 참석하지 못하는 학생들은 위임장을 작성할 수 있었다. 개강파티는 개강총회의 뒤풀이 개념이었다.

3~4월의 또 다른 중요한 일정은 신입생의 학회 가입이었다. 학회의 종류와 활동 양상은 시기에 따라 달라졌으나, 적어도 1990년대 이후 현재까지 모든 언론정보학과 학생이 반드시 한 학회에 가입해야 한다는 점은 변함이 없었다. 1990년대에는 3월 말~4월 초에 학회공청회가 열렸다. 이를 앞두고 학회별 활동과 구성원을 소개하는 자료집이 제작됐고, 별도의 간담회

가 마련되기도 했다. 신입생들은 공청회 당일 최종적으로 자신이 가입할 학회를 결정했다. 2010년대 이후에도 신입생들의 학회 가입 관련 일정은 비슷했다. 학회 오픈세미나, 공청회, 발대식이 이어졌는데, 오픈세미나는 새롭게 학회장이 된 선배들이 신입생들에게 지난해 활동과 올해 계획을 소개하는 행사였다. 공청회는 신입생들이 소속 학회를 결정하는 자리였고, 발대식은 새로운 학년도의 학회 활동 시작을 알리는 행사였다(학회에 대한 추가적인 내용은 아래 '학회' 부분 참조).

1990년대에는 '신입생 교양학교'를 이 시기에 운영하기도 했다. 언론, 경제, 현대사, 문화, 노동 등을 주제로 다루었으며, 신입생들이 사회문제에 대한 '진보적' 관점을 접할 수 있도록 기획된 프로그램이었다. 이는 당시 학생운동이 점차 약화되던 시기에, 구체적 내용은 많이 달라졌지만 여전히 이어지고 있던 이전 시기의 흔적이라 볼 수 있다.

4월 초중반에는 언론정보학과 총MT(모꼬지)가 열렸다. 1990년대에는 학생들만의 행사였으나, 2010년대 이후에는 주로 학과 사무실이 주최해 교수진 또한 참여하는 형태로 진행됐다. 이는 광역 모집 세대를 거치며 ('꼼반'이 아닌) 언론정보학과 신입생들의 자체적인 교류 활동이 힘들어진 상황에서 비롯된 변화로 볼 수 있다.[7]

---

7 특히 신입생 전원을 사회과학대 단위로 광역 모집하던 시기(2002~2012년)에는 학생 자치 활동이 '반' 단위로 이뤄졌다. 예컨대 '꼼반'은 광역화 이전 언론정보학과 학생회가, '한길반'은 사회복지학과 학생회가 각각 변형·계승된 학생 자치 단위였다. 전공 진입이 2학년에 이뤄지면서 학생 자치 단위와 학과 소속이 불일치하는 경우가 많았고, 그 결과 신입생 시절부터 이어진 '반' 중심의 관계에 비해 '학과' 학생들과의 교류는 상대적으로 제약을 받기 쉬웠다. 이런 상황은 2013년부터 부분적인 학과 단위 모집이 이뤄지고, 2017년 전면적인 학과 단위 모집으로 전환된 이후에도 한동안 이어져, 2019년까지는 총 MT를 포함해 언론정보학과 차원에서 독자적으로 전개되는 학생 활동은 거의 이뤄지지 않았다.

(3) 4월 중순~5월

4월 중순부터 5월까지의 기간은 1990년대와 2010년대 이후를 비교할 때 뚜렷한 차이를 보였다. 먼저 1990년대에는 학과 학생회가 사회대 학생회 및 총학생회와 연계해 다양한 행사에 참여했다. 4·19 떡박질(4·19 혁명 기념), 4·30 노동절 전야제, 5·1 노동절 집회 등이 대표적인 예다. 5월 중순 무렵에 열리는 봄 대동제(축제) 기간에는 '과밤'이 버들골 노천극장에서 개최되곤 했으며, 학회별 요리경연대회와 장기자랑이 주요 프로그램으로 진행됐다. 아울러 대동제를 앞두고 신입생들이 학번 MT를 가는 경우도 많았다.

다음으로, 2010년대 이후를 살펴보면 다음과 같다. 4월에는 신입생들의 '과잠'(학과 점퍼) 제작이 이루어졌다. 이때 신입생들은 '과잠준비위원회'를 자체적으로 조직해 신입생들이 입을 과잠 디자인을 공모전을 통해 뽑고 업체에 맡겨 제작했다. 4월부터 5월 사이에는 장터를 열었다. 학과 학생들이 학생회관, 잔디광장, 봄축제 현장 등 다양한 장소에서 먹거리를 판매하고, 수익금은 기부하거나 자치활동에 사용했다. 그러나 이 행사는 2019년까지만 진행됐으며, 코로나19 이후로는 열리지 않았다.

5월에는 '뻔엠'이라는 불리는 학번별 MT가 진행됐다. 학번별로 모여서 지방으로 1박 2일 여행을 떠났으며, 수로 1·2학년 저학년 학생들이 주도했다. 과거에는 3월에 열리는 경우가 많았으나, 최근에는 총MT와 겹치지 않도록 중간고사가 끝난 뒤 5월에 가는 추세이다.

(4) 6~8월

6월은 기말고사 기간 이후 종강파티가 열렸다. 여름방학이 시작되면 학생들은 '농활'(농민학생연대활동)에 참여하기도 했다. 여름방학 동안 학회별로 MT(혹은 TS)를 떠나는 경우가 많았다.[8] 2023년부터는 언론정보학과 밴드 '공명'의 정기 합주 공연이 여름방학(및 겨울방학) 동안 외부 공연장에서 개최됐다.

(5) 9~12월

2학기에는 전공 관련 행사가 개최됐다. 후술할 1998년과 1999년의 관악 모의기자회견, 그리고 그 맥을 잇는 언론정보학과(이미지밴드) 영상제가 대표적이다. 2학기는 또한 1990년대의 경우 '선거'의 시기이기도 했다. 보통 언론정보학과 학생회장 선거를 시작으로 사회대 학생회장과 총학생회장 선거가 이어지는 것이 일반적이었다. 12월에는 2학기 종강파티가 열렸고 다음 해 신입생 맞이를 위한 신준위를 발족됐다.

2010년대 이후에는 9월에 개강총회와 개강파티가 열렸다. 주요 내용은 1학기와 유사했으나, 이때에는 주로 영구적인 학번 대표를 선출했다. 1학년 1학기 대표는 임시직이었고, 2학기 대표가 해당 학번의 정식 대표가 되는 식이었다.[9] 또한 9월에는 학생들이 다양한 주제로 토론하는 '꼼론장'이 열렸다. 학벌블라인드제(2017), 교육 공공성(2018), 대학생 술자리 문화(2019) 등 여러 사회적 사안을 다루었다.[10] 2024년에는 학회별 대회로 진행되어, 가장 설득력 있는 의견을 제시한 학회를 선정해 상품을 수여하기도 했다.

11월에는 언론정보학과 단독으로 혹은 타 학과·반과 연합해 서울대입구역, 낙성대역, 신촌 등 번화가의 술집을 빌려 하루 동안 운영하는 '일일

8 2021년부터는 가지 않고 있다.

9 정식 학번 대표를 여름방학 중에 선출하는 경우도 있었다.

10 4~5월에 열린 경우도 있다.

〈그림 4-2〉 일일호프 홍보 포스터

2019년 2022년

호프'를 개최했다(〈그림 4-2〉). 주로 포스터나 SNS 게시물로 홍보했으며, 2014년에는 홍보 영상을 제작하기도 했다. 일일호프 수익금은 대체로 학과 자치활동에 사용됐다. 마지막으로 1990년대와 마찬가지로 12월에는 2학기 종강파티를 개최하고 다음 해 새내기를 위한 새준위를 구성했다.

이외에도 2010년대 이후 학부생 활동 가운데 봄학기와 가을학기 모두 진행된 것으로 '꼼영화제'[11]와 간식사업이 있다(〈그림 4-3〉). '꼼영화제'는 특정 주제를 정해 영화를 함께 관람하는 행사로, 주로 교내에서 개최됐으나 서울대입구역 인근 등 외부에서 열리기도 했다. 특히 2015년에는 단체로 전주국제영화제를 참관하기도 했다. '꼼영화제'는 2023년 이후 중단됐

11 초기에는 '꼼반영화제'로 불렸으나, 2015년 가을부터 '꼼영화제'로 명칭이 변경된 것으로 보인다.

다. 간식사업은 매 학기 중간고사와 기말고사 기간에 시험을 준비하는 학생들을 위해 간식을 지원하는 행사다. 한때는 야식을 제공하기도 했으나, 현재는 낮 시간대 간식 제공으로 운영되고 있다.

〈그림 4-3〉 '꼼영화제'와 간식사업 홍보 포스터

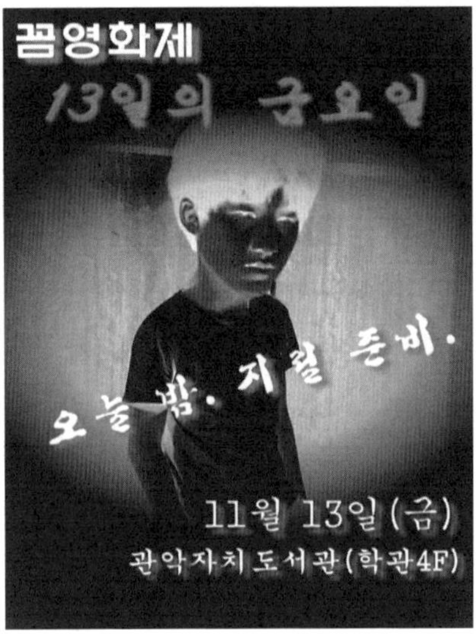

2015년

2018년

2018년

2023년

2) 학회

언론정보학과 학부생들의 학회 역사는 1986년 2학기에 1984학번과 1985학번이 중심이 되어 '한국사회연구회', '사회철학연구회', '민주언론연구회', '민족문화연구회'[12] 등 4개 학회를 설립하면서 시작됐다. 이는 당시 일부 지하 학생운동 조직이 무너지자 학과를 기반으로 활동을 이어가기 위해 조직된 것이었다. 이후 시간이 지나면서 '한국사회연구회'는 '들풀'로, '사회철학연구회'는 '돌추'로, '민주언론연구회'는 '장정'[13]으로, '민족문화연구회'는 '외빛문학회'를 거쳐 '문학공간'으로 명칭이 변경되었다.[14]

초창기에는 4개 학회의 명칭은 서로 달랐지만, 읽고 토론한 내용은 대체로 비슷했다. 1945년 해방 정국을 중심으로 한 역사, 유물론, 정치경제학 등이 주요 주제였다. 이후 1991년을 기점으로 이른바 '신문학과의 색깔 찾기'라는 문제의식이 제기되면서 학회별 커리큘럼이 점차 분화되기 시작해,[15] 1990년대에 '들풀'은 한국 현대사, '돌추'는 철학, '장정'은 언론, '문학공간'은 문학을 중심으로 공부하는 학회로 자리매김했다. 1997년에는 프랑스 혁명사를 중심으로 한 세계 혁명사를 공부하는 '클리나멘'(clinamen)이 신설되어 학회는 5개 체제로 확대됐다. 그러나 클리나멘이

---

12 이를 '민족문학연구회'로 기억하는 동문도 있다. 명칭은 '문화'와 '문학'으로 달리 기억되지만, 당시 학회의 핵심 주제가 '문학'이었다는 점에서는 대체로 일치한다.

13 '장정'은 학회인 동시에 후술할 학부생 학과신문 〈長征〉의 편집부 역할을 겸하다가, 이후 신문 편집부가 분리되면서 학회로만 존재하게 됐다.

14 '들풀', '장정', '문학공간'이라는 명칭이 1991년부터 사용되기 시작했다는 기록은 남아 있다(《90년대 신문학과 학생운동사》, 21쪽, 34쪽). '돌추'와 '외빛문학회'의 경우 언제부터 쓰였는지 확인되지 않지만, 적어도 1990년에는 두 명칭 모두 학회명으로 사용됐음이 확인된다(《90년대 신문학과 학생운동사》, 21쪽).

15 《90년대 신문학과 학생운동사》, 11쪽, 21~22쪽.

〈그림 4-4〉 학회 관련 자료

문학공간 학회지(1999)

들풀 공청회 자료집(2017)

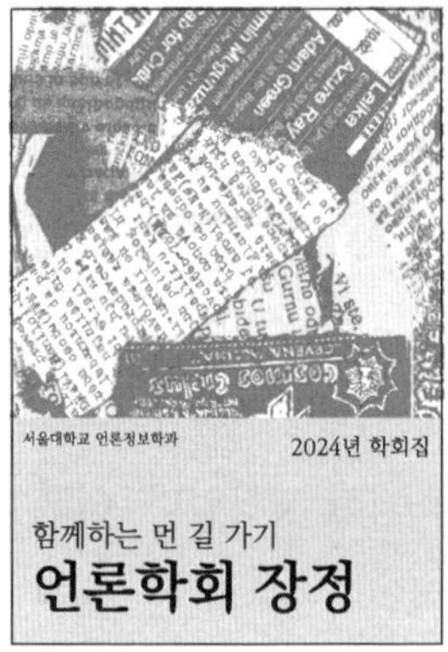

장정 학회집(2024)

2000년을 마지막으로 활동을 중단하면서, 2001년부터는 다시 4개 학회 체제로 운영됐다. 이후 오랫동안 4개 학회 체제가 유지됐으나, 명칭과 주제는 일부 변화가 있었다. '들풀'은 한국 현대사에서 역사 전반으로 범위를 넓혔고, '문학공간'은 주제를 문학에서 문화로 확장하며 학회명도 '공간'으로 바꾸었다.[16] 그러다 2020년을 끝으로 '들풀'이 활동을 중단하면서, 현재는 '돌추', '장정', '공간' 3개 학회가 남아 있다.

학회는 앞서 언급한 설립 배경에서 알 수 있듯, 처음에는 학생운동의 일환으로 출발했다. 즉, 초창기 학회는 인문·사회과학 학습을 통해 사회에 대한 '진보적' 혹은 '비판적' 시각을 함양하는 장('學')이자, 학과 내 또 하나의 대학 생활 공동체('會')였다. 그러나 1990년대를 거치며 학생운동이 약화되면서 학회는 점차 '학습'의 비중이 줄고 '공동체'의 성격이 두드러

16 이런 변화가 구체적으로 언제 일어났는지는 알 수 없다. 본 발간위원회가 확보한 자료에 따르면 2001년까지는 두 학회의 주제와 명칭에 변화가 없었으며, 2013년에는 이미 변화가 이뤄진 이후였다. 따라서 변화가 일어난 시점은 2002년부터 2013년 사이로 추정된다.

지게 됐다. 이러한 경향은 2000년대와 2010년대를 거치며 더욱 심화되어, 현재는 초기 학회의 모습 가운데 공동체적 성격만 일부 남아 있고 그것마저 크게 위축된 상태다. 앞서 언급했듯 지금도 모든 신입생이 학회에 가입하긴 하지만, 학습과 공동체 활동 모두 사실상 거의 이루어지지 않고 있다. 다만 '장정'의 경우 최근 2023년과 2024년 두 해 연속으로 학회집[17]을 출간하고 2025년에도 출간을 준비하는 등 활동을 재개했다. 이에 따라 다른 학회에서도 비슷한 변화가 일어날 가능성이 있다.

언론정보학과 학부생 활동의 역사에서 학회가 차지하는 비중에 비해 학회 활동을 직접적으로 보여 주는 자료는 많지 않다. 여기서는 발간위원회가 확보한 몇 가지 자료를 제시한다(〈그림 4-4〉).

3) 학과신문

언론정보학과 학부생의 학과신문 발간은 간헐적으로 이루어졌으며, 발간 시기와 제호는 일정하지 않았다. 발간위원회가 확보한 가장 오래된 학과신문은 1989년 12월 28일 창간된 〈長征〉(장정)이다. '장정'은 학과신문의 제호이자 편집부의 명칭이기도 했다. 창간사에 따르면, 〈長征〉 이전에는 〈신문학보〉라는 학부생 언론이 존재했으나 신문 형식이 아닌 팸플릿 형식이었다고 한다. 〈長征〉은 1면 상단 제호 왼편에 "양심의 붓을 들어 정의와 불의에 일획을 긋고 진리의 눈을 들어 진실만을 말하(여)라"[18]라는 문구를 제시했다(〈그림 4-5〉).

17 자료 제공: 김수화(2023학번).

18 6호(1992. 5. 21)까지는 '말하여라'를, 7호(1992. 9. 30)부터는 '말하라'를 사용했다. 이 문구는 과가(科歌)의 도입부에도 쓰였다.

〈그림 4-5〉 학부생 학과신문 1면 상단

(위에서부터) 〈長征〉(1992. 5. 21), 〈함께하는 먼길가기〉(1996. 4. 23), 〈THIS〉(2000. 4. 18), 〈꼼보통〉(2015. 5. 18)

〈長征〉은 1996년부터 제호를 〈함께하는 먼길가기〉로 변경하고 기존의 호수 체계를 이어갔다(〈그림 4-5〉). 새 제호는 1996년 3월 4일 발간된 '창간준비호'에서 처음 사용됐다. 다만 이 호에서 새로운 과신문의 명칭을 공모한 사실로 미루어 보아, 당시에는 〈함께하는 먼길가기〉가 잠정적인 제호였음을 알 수 있다. 이후 1996년 4월 23일 발간된 신문부터는 〈함께하는 먼길가기〉가 정식 제호로 확정·사용됐다.

〈長征〉은 초기에는 1년에 1~2회 발간되다가 1992년부터는 1년에 약 2~4회 발간된 것으로 보인다.[19] 제호가 〈함께하는 먼길가기〉로 변경된 후에도 이런 발간 주기는 유지됐다. 발행면수는 두 신문 모두 대체로 4~8면 정도였다. 〈長征〉 초기에는 교내, 특히 학과 관련 소식과 구성원 소식을 전하는 한편, 당시 주요 사회적 사안을 비중 있게 다루거나 이에 관한 의견 기사를 싣기도 했다. 그러나 시간이 지나면서, 특히 〈함께하는 먼길가기〉로 제호가 바뀐 뒤에는 점차 학과 소식지의 성격이 좀 더 강해졌다. 〈함께하는 먼길가기〉는 1998년까지 발간됐으며, 1999년부터는 중단된 것으로 추정된다.

학부생들의 학과신문은 2000년 〈THIS〉의 창간과 함께 재개됐다(〈그림 4-5〉). 〈THIS〉는 이전 학과신문의 호수를 잇지 않고 새롭게 출발했으며, 격주간 발행했다는 점에서 이전과 차별성을 보였다. 그러나 보도 내용은 학과 및 구성원 소식에 집중했다는 점에서 〈함께하는 먼길가기〉와 유사한 성격을 띠었다. 〈THIS〉는 2000년 한 해를 끝으로 발행이 중단됐다.

2015년 5월 18일에는 〈꼼보통〉('보통 꼼반 사람이 전하는 보통의 소식')이 창간됐다(〈그림 4-5〉). 〈꼼보통〉은 학생회에서 발행했으며, 보통 1~2면으로 구성됐다. 〈꼼보통〉은 학내 소식은 물론 정치·경제, 사회·문화, 세계, 스포츠 등 학외 사안 또한 비중 있게 다루었다. 발행은 2015년 6회, 2016년 2회, 2017년 2회 이뤄졌으며, 2017년 가을부터는 계간지(봄호·여름호·가을호·겨울호)로 전환됐다. 이 시기부터 발행물의 성격 또한 신문에서 문집

19 발간위원회가 확보한 〈長征〉과 〈함께하는 먼길가기〉 자료 중 호수가 명기된 것을 보면, 1994년 3월 23일 자는 제13호(〈長征〉), 1996년 4월 23일 자는 제21호(〈함께하는 먼길가기〉)였다. 따라서 이 2년여의 기간은 다른 시기보다 학과신문 발간 빈도가 상대적으로 높았던 시기였다.

〈그림 4-6〉 〈꼼보통〉 표지 (2017년 가을 이후)

2017년 가을호 | 2019년 봄호 | 2020년 겨울호 | 2024년 여름호

(혹은 잡지) 형태로 변화했다(〈그림 4-6〉). 이후 발간 주기는 불규칙해졌다. 2021년에는 1회(여름호), 2022년에는 2회(여름호 · 겨울호) 발행됐다. 2023년에는 발간이 없었으며, 2024년에는 다시 1회(여름호) 발행됐고, 2025년에는 9월 현재까지 여름호가 발행됐다.

〈꼼보통〉이 신문에서 문집으로 성격을 바꾸게 된 것은, 학생들의 온라인 커뮤니티가 이미 사실상 '신문'의 역할을 하고 있었기 때문으로 볼 수 있다. 학생들의 온라인 소통은 2010년대에는 페이스북[20]을 중심으로 운영되다가, 2019년 5월 인스타그램 계정(@snucomm.official)이 개설된 이후에는 인스타그램을 중심으로 이어지고 있다. 2020년 4월부터 11월까지는 '꼼반에게 물어봐, 꼬물꼬물'이라는 인스타그램 카드뉴스가 발행되기도 했다.

20 https://www.facebook.com/snucommban

4) 학술지

언론정보학과 학술지 〈차원〉은 총 10회 발간됐다(〈그림 4-7〉). 학부생들로 구성된 편집부가 ① 학부 및 대학원생의 원고를 선별해 게재하고, ② 자체적으로 연구를 수행해 그 결과물을 게재하는 방식으로 학술지를 발간했다. 〈차원〉은 1993년 창간호를 시작으로 2000년 8호까지 매년 발간됐으며, 2001년부터는 발간이 중단됐다. 이후 2006년 9호, 2007년 10호가 발간됐다. 모두 봄학기 개강에 맞춰 2월 혹은 3월에 발간됐다.

학술지명을 〈차원〉으로 정한 것은, 인간과 사회를 시간·공간이라는 물리적 차원을 넘어 '커뮤니케이션'이라는 새로운 차원에서 바라볼 때 더 온전히 설명할 수 있다고 여겼기 때문이다.[21] 〈차원〉은 다음과 같은 주요 섹션으로 구성됐다. '특집'에는 편집부가 선정한 특정 주제를 다룬 대학원생 혹은 학부생의 짧은 논문이 실렸다. '기획'은 편집부가 자체적으로 수행한 연구 결과물을 담았다. '논단'은 대학원생의 기고문으로, 2000년까지는 주로 사회철학자의 이론을 소개하는 글이었으나 2006년부터 기고자는 여

---

21 구체적으로, 창간사에서는 다음과 같이 밝히고 있다. "〈차원〉의 개념은 존재의 위치를 설명하고자 하는 끊임없는 시도 속에서 사용되어 왔다. 그리고 이제까지의 차원은 단지 시간·공간만을 그 고려 대상으로 한 물리적인 것이었다. 이제 우리는 시간·공간뿐 아니라 우리가 사회 속에서 맺고 있는 수많은 대상들과의 관계들도 존재의 위치를 설명하는 데 고려되어야 할 요소임을 확신한다. 그리하여 사회 내에서의 모든 정치·경제, 사회·문화, 이데올로기적 관계를 형성하는 기본 과정인 커뮤니케이션을 존재의 위치를 설명하는 새로운 차원이라고 부르고자 한다." 이 창간사의 요지는 이후 다음과 같이 정리돼 〈차원〉의 출판정보 페이지(판권지)에 수록됐다. "지금까지 존재의 위치를 잡는 차원으로 시간과 공간만을 생각했다. 그러나 우리는 이런 물리적인 차원 개념만으로는 사회 속에 있는 인간의 존재 위치를 밝히는 데 부족함을 느낀다. 이제 우리는 커뮤니케이션을 존재의 위치를 가늠하는 새로운 차원으로 부르고자 한다."

〈그림 4-7〉 역대 〈차원〉 표지

창간호(1993) 2호(1994) 3호(1995) 4호(1996) 5호(1997)

6호(1998) 7호(1999) 8호(2000) 9호(2006) 10호(2007)

전히 대학원생이되 주제의 폭을 넓혔다. '연구노트'에는 학과 개설 강의에 제출된 보고서 가운데 담당교수의 추천을 받은 글이 주로 실렸다. '문화비평'은 다양한 사회·문화적 현상과 쟁점에 대한 학생들의 비평을 담았으며, 이상에서 언급한 다른 섹션들보다 자유로운 형식을 띠었다.

〈표 4-1〉은 역대 〈차원〉의 '특집'과 '기획' 섹션의 제목을 정리한 것이다. 이를 통해 발간 당시 학생들이 어떤 학술적 주제(예: 기호학, 저널리즘, 인터넷 등)와 커뮤니케이션 현상(예: 컴퓨터 통신, 스타크래프트, UCC 등)에 주목했는지 알 수 있다. 〈차원〉의 전체 목차는 〈부록 3〉에 제시돼 있다.

〈표 4-1〉 역대 〈차원〉 특집 및 기획

호수	연도	특집 및 기획
1	1993	[특집] 이데올로기론의 새 지평 [기획] 〈그것이 알고 싶다〉와 정말로 알고 싶은 것
2	1994	[특집] 기호학과 문화공간 [기획] 컴퓨터 통신이 갖는 문화적 의미
3	1995	[특집] Globalization & 문화제국주의 [기획] 가상현실 Virtual Reality: 이미지의 새로운 세계
4	1996	[특집] 정보민주주의 [기획] 만화읽기의 즐거움
5	1997	[특집] 저널리즘 [기획] 시트콤 뒤집어 보기
6	1998	[특집] 여론조사 [기획] 방송편성과 시청자의 시간성에 대한 연구
7	1999	[특집] 국제적 방송환경 변화에 따른 우리 방송의 현주소와 미래 [기획] 스타크래프트 다시 보기
8	2000	[특집] 인터넷방송의 현재와 미래 [기획] 내가 N세대라고?
9	2006	[특집] 인터넷 [기획] 황우석 교수 기자회견 다시 보기
10	2007	[특집] 재매개 관점에서 본 뉴미디어 [기획] 우리나라 UCC의 현주소

5) 영상 제작 동아리

언론정보학과 학부생의 영상 제작 활동 역사에서 중요한 분기점은 방송 스튜디오의 개설이었다. 1995년 1월, 언론정보학과는 KBS로부터 기증받은 기자재를 활용해 16동 1층에 방송 스튜디오를 열었다. 이후 학부생들은 '깜(感)'이라는 영상 소모임을 결성해 영상 제작 활동을 시작했다. 그러나 '깜' 시기에는 본격적인 제작보다는 스튜디오 시설을 활용해 촬영 장비 사용법과 영상 편집 방법을 익히는 워크숍 운영이 주를 이루었다. 물론 이 시기에도 영상 제작이 전혀 없었던 것은 아니다. 훗날 〈오징어 게임〉, 〈남한산성〉, 〈수상한 그녀〉 등을 연출한 황동혁 감독(1990학번)의 첫 단편영화 〈우리들의 대학〉이 1995년에 촬영을 시작해 1996년에 공개됐다. 〈자료 4-1〉은 당시 촬영 현장을 보도한 〈함께하는 먼길가기〉 기사 전문이다(1996년 3월 4일 발행).

학부생들의 영상 제작 활동 역사에서 또 하나의 중요한 분기점은 '관악모의기자회견'이었다. 이 행사는 정치학과의 '모의국회', 법학과의 '모의재판'처럼 전공과 밀접한 학생 자치 활동이 필요하다는 문제의식에서 기획됐다. 제1회는 1998년 10월 대학구조조정을 주제로, 제2회는 1999년 10월 스크린쿼터를 주제로 문화관에서 열렸다. 명칭은 '모의'기자회견이었지만, 실제로는 당시 주요 사회적 쟁점에 대해 전문가의 의견을 듣고 기자단이 질문하는 형식으로 진행됐으며,[22] 회견에 앞서 주제와 관련한 영상물이 방영됐다. 이 두 차례의 관악모의기자회견을 통해 학부생들은 영상 제작과 상영을 본격적으로 경험할 수 있었다.

---

22 가령, 제1회 관악모의기자회견에는 한완상 전 통일부총리(전 서울대 사회학과 교수), 박거용 교수(상명대 영어교육학과), 강내희 교수(중앙대 영어영문학과), 한상진 교수(서울대 사회학과)를 초청했다.

자료 4-1

"레디 액션! … 컷!" 황 감독의 촬영 현장

지난 2월 5일부터 신문학과 분위기는 영화 촬영장을 방불케 했다. 방학 중 과방을 찾은 학우들 대부분이 대사 연습하랴, 조연 캐스팅하랴, 기자재 준비하랴 떠들썩했다. 이러한 일련의 사건의 주인공인 90학번 황동혁 학형은 잇단 밤샘 작업을 강행하는 등 이번 겨울방학을 누구 못지않게 분주하게 보냈다. 그는 신문학과 스튜디오 지도 경험을 바탕으로 "개인적으로 대학 생활을 정리하면서 신입생들에게 부담 없고 편안하게 서로에 대해 생각할 수 있도록 하는 간단한 영상물을 제작해 보고 싶었다"고 촬영 취지를 밝히고 있다. 또, 1 · 2 · 3학년과 복학생의 이야기를 다루면서 "모두에게 자신이 살아온 길을 되짚어 보고 자신이 살아갈 길을 생각해 볼 수 있게 하여, 같은 길이라는 공감대를 형성하고 그것에 대해 대화가 이루어질 수 있도록 하고 싶다"고 덧붙였다. 한편, 이번 촬영은 촬영에 참가한 신문학우들 사이에 많은 에피소드를 만들기도 했다. 기자재 부족으로 바퀴 달린 쓰레기통에 칠판을 얹어서 사용하기도 하고, 배경이 4월이기 때문에 추운 겨울 날씨에도 불구하고 주연들은 봄옷을 입고 촬영해야 했으며, 하루 동안 일어나는 일을 소재로 하고 있기 때문에 촬영 기간 동안 같은 옷만 입어야 하는 등 많은 어려움이 있었다고 한다. 황동혁 학형은 기획, 시나리오, 카메라, 편집 등을 도맡아 하면서 자신의 부담이 너무 컸다는 것과 인원 동원의 어려움, 재정 부담, 시간 부족 등을 호소하기도 했는데, 그런 과정에서 "불평 없이 도와준 장일(93) 학형을 비롯한 여러 학형들에게 감사드리며 완성도가 떨어지더라도 애정 어린 눈으로 봐 달라"는 말을 잊지 않았다. 지난 27일 모든 촬영이 끝나고 이젠 개봉(?)만을 기다리고 있다. 신문학우들에게 어떤 평가가 나올지 궁금하다.

– 김지성, 〈함께하는 먼길가기〉(1996. 3. 4)

이러한 경험은 2000년 '깜'이 '이미지밴드'로 이름을 바꾸고, 보다 적극적인 영상 제작 활동을 시작하는 계기가 됐다. '이미지밴드'라는 이름에는 일반 밴드가 악기로 음악을 연주하듯, 아이디어와 카메라, 커뮤니케이션으로 이미지를 연주한다는 뜻을 담았다. 같은 해부터는 관악모의기자회견 대신 영상제가 열리기 시작했다. 2000년 '제1회 서울대학교 언론정보학과 영상제 Channel 2000'을 시작으로 2014년까지 매년 2학기에 개최됐다(〈표 4-2〉). 영상제 명칭은 2010년까지 'Channel'을 사용했으나, 2011년부터는 '이미지밴드 영상제'로 바꾸었다. 다만 영상제의 차수는 명칭 변경 후에도 연속성을 유지했다(〈그림 4-8〉).

〈표 4-2〉 언론정보학과 관악모의기자회견 및 영상제 목록

연도	행사명
1998	제1회 관악모의기자회견 "대학구조조정을 생각한다"
1999	제2회 관악모의기자회견 "한국 영화의 발전 방안, 스크린쿼터를 생각한다"
2000	제1회 서울대학교 언론정보학과 영상제 Channel 2000 "일탈"
2001	제2회 서울대학교 언론정보학과 영상제 Channel 2001 "사랑"
2002	제3회 서울대학교 언론정보학과 영상제 Channel 2002 "형형색색"
2003	제4회 서울대학교 언론정보학과 영상제 Channel 2003 "EX-it!"
2004	제5회 서울대학교 언론정보학과 영상제 Channel 2004 "TURNING POINT"
2005	제6회 서울대학교 언론정보학과 영상제 Channel 2005 "경계에서 마주보다"
2006	제7회 서울대학교 언론정보학과 영상제 Channel 2006 "후식"
2007	제8회 서울대학교 언론정보학과 영상제 Channel 2007 "Season 2"
2008	제9회 서울대학교 언론정보학과 영상제 Channel 2008 "진짜 영상"
2009	제10회 서울대학교 언론정보학과 영상제 Channel 2009 "십년째 상영중"
2010	제11회 서울대학교 언론정보학과 영상제 Channel 2010 "가을날의 학교를 좋아하세요?"
2011	언론정보학과 동아리 Image Band 12th 영상제 "우리 지금 만나"
2012	이미지밴드 13회 영상제 "POP YOUR IMAGE"
2013	이미지밴드 14집 "너의 목소리가 들려"
2014	이미지밴드 제15회 영상제 "오! 파랑"

〈그림 4-8〉 언론정보학과 관악모의기자회견 및 영상제 홍보물

(왼쪽부터) 제1회 관악모의기자회견(1998), 제8회 영상제(2007), 제13회 영상제(2012), 제15회 영상제(2014)

이미지밴드는 2015년 몇 가지 중요한 변화를 겪었다. 첫째, 언론정보학과는 CJ오쇼핑의 지원을 받아 2015년 3월 64동 IBK커뮤니케이션센터 1층에 새로운 방송영상스튜디오를 개관했으며, 이미지밴드는 이곳의 장비와 시설을 활용할 수 있게 됐다. 둘째, 2015년 1학기부터는 서울대 전체 학생을 대상으로 동아리원을 모집해 다양한 전공의 학생들이 교류할 수 있는 기반을 마련했다. 이는 언론정보학과 전공생만으로는 인력이 부족했고, 내부적으로 다양성을 확대해야 한다는 인식이 커졌으며, 타 학과 학생들의 참여 수요도 높았다는 점을 종합적으로 고려한 결정이었다.[23] 셋째, 2015년 4월에 공식 유튜브 채널[24]과 페이스북 계정[25]을 개설했으며, 이때부터 작품 상영은 유튜브 채널 중심으로 이루어졌다. 기존의 영상제는 2015년부터 중단됐고, 소규모 상영회로 대체됐다(〈그림 4-9〉).[26]

---

23 이미지밴드 가입 대상 확대 결정의 배경은 임여훈(2011학번), 유휴인(2012학번) 동문의 회고를 토대로 정리했다.

24 https://www.youtube.com/@imageband

25 https://www.facebook.com/imgbnd

26 코로나19 기간 동안 이미지밴드는 줌(Zoom)과 유튜브 라이브를 활용해 상영회를 열었다. 2022년 2학기에는 3년 만에 대면 상영회를 재개하며, 부원뿐만 아니라 서울대 학생, 그리고 이미지밴드에 관심이 있는 고등학생까지 참여했다.

넷째, 같은 해 5월 동아리 로고를 변경했다(〈그림 4-10〉).

이미지밴드 유튜브 채널에는 2025년 8월 기준 도합 약 240만 회의 조회수를 기획한 웹드라마 〈미친남매〉 시리즈, 도합 약 24만 회의 웹드라마 〈내 교수님이 간첩일 리 없어〉 시리즈 등 다양한 작품이 공개되어 있다. 웹드라마 이외에도 단편영화, 다큐멘터리 등 다양한 장르의 영상물이 꾸준히 업로드되고 있다. 2020년에는 이미지밴드 인스타그램 계정(@snuimageband)을 개설해 페이스북 대신 주된 소통 채널로 활용하며 다양한 동아리 소식을 전해오고 있다.

〈그림 4-9〉 이미지밴드 상영회 포스터

(위) 2016년 2학기 상영회 (아래) 2023년 1학기 상영회

〈그림 4-10〉 이미지밴드 로고

(사용 시작 시기 미상) ~ 2015년 4월　　　2015년 5월 ~ 현재

이미지밴드는 영화, 시사교양, 드라마, 예능, 아트필름 등 다양한 장르의 팀을 운영하고 있다. 2017년에는 다양한 시사 이슈를 취재하는 '보도팀'이 존재했으며, 2017~2018년에는 SNS 트렌드에 맞춰 5~7분 분량의 짧은 영상을 제작하는 '짧은 콘텐츠팀'이 운영됐는데 이는 2019년 '예능팀'으로 바뀌었다. 2021년에는 2년간 운영되지 않았던 '드라마팀'이 재개되는 동시에, 뮤직비디오와 같은 미적 영상물을 제작하는 '아트필름팀'이 새롭게 시작됐다. 현재 이미지밴드의 팀 개설 방식은 학기 전 연출 희망자가 기획서를 제출하면 팀이 만들어지는 방식으로 이루어지는데, 학기별 연출 희망자 유무에 따라 개설되는 팀의 종류에 변동이 생겨 왔다. 특히, 2024년에는 '연출 없는 드라마팀'이 운영되어 팀원들이 함께 각본을 쓰고 기획하는 방식을 시도하는 등 유연한 운영을 통해 제작 활동을 이어오고 있다.

이미지밴드는 정기적인 영상 제작 활동 외에도 다양한 교내외 활동을 통해 부원들의 촬영 역량 향상과 네트워킹을 지원한다. 교내 동아리 소개제 참여를 비롯해 촬영 워크숍, 국제영화제 관람, MT, 야유회, 홈커밍데이 등을 꾸준히 진행해 오고 있다.[27]

---

27 이미지밴드의 역사 자료 수집에는 역대 회장단의 도움이 컸다. 김자영(1999학번), 김가람(2006학번), 윤가희(2008학번), 백윤정(2010학번), 류승훈(경제 2010학번), 이승진(2011학번), 유휴인(2012학번), 전현태(2012학번), 지연태(2009학번), 임여훈(2011

6) 기타 소모임 및 동아리[28]

언론정보학과 학부생들의 다양한 관심사는 각종 소모임·동아리의 창설을 통해 표출됐으며, 이러한 경향은 1990년대 초반부터 본격화됐다. 앞서 이미 언급한 학과신문 편집부[29]와 학술지 〈차원〉 편집부, 그리고 영상 소모임·동아리 '깜'과 '이미지밴드' 외에도 다양한 소모임·동아리가 생겨났다. 학과신문을 포함한 각종 자료를 통해 학과 내에 존재했던 것으로 확인된 소모임·동아리에는 풍물패 '광분패'(1990년 창설), 1992학번 노래패 '도도리'(1992년 창설), 산악회 '산을 찾는 사람들'(1992년 창설), 정치 동아리 '과녁'(1992년 창설), 1992학번 소모임 'PC'(1992년 창설, 서양 근대사 학습), 영화 소모임 '누벨바그'(1992년 창설), 사진 소모임 '창(窓)'(1993년 창설), 마르크스주의 철학 공부 소모임 '테제 12'(These 12, 1994년 창설), 언론정보학과 통신 소모임 '언통소'(1996년 창설, PC 통신 '나우누리'상의 학과 커뮤니티), 페미니즘 소모임 '여우입술'(창설 시기 미상, 2012년 혹은 2013년 활동 중단)과 '꼼페미'(2017년 혹은 2018년 창설), 밴드 '공명'(2023년 창설) 등이 있다.

학번), 임혜빈(고고미술사 2013학번), 오진주(2011학번), 김현우(조선해양공학 2009학번), 감유민(철학 2012학번), 이다은(서어서문 2014학번), 박현(2017학번), 김해린(2017학번), 박준영(2017학번), 허정우(국어국문 2017학번), 여건학(2021학번), 이서현(2019학번), 박시윤(자유전공 2019학번), 이예준(2021학번), 박은우(2020학번), 김가연(2020학번), 김준원(2022학번), 민서정(2023학번), 하주영(2021학번), 김정우(2024학번) 등 여러 동문이 자료와 정보를 제공했다. 만약 누락된 사람이 있다면, 이는 전적으로 발간위원회가 기여 내역을 제대로 기록하지 못한 탓이다.

28 언론정보학과 학부생 활동에서 '소모임'과 '동아리'의 구분은 명확하지 않다. 이에 따라 본 발간위원회는 당시 사용된 명칭을 그대로 사용하기로 했다. 대체로 1990년대까지는 '소모임', 이후에는 '동아리'라는 용어가 주로 사용된 것으로 보인다.

29 〈함께하는 먼길가기〉 시기에는 '신문제작부'라는 명칭을 사용했다.

이 중 비교적 자료가 남아 있는 소모임·동아리를 간략히 소개하면 다음과 같다. 먼저, 1992년 창설된 영화 소모임 '누벨바그'는 구성원들이 함께 영화를 보고 토론한 후 그 내용을 대자보로 학과 구성원들과 공유했다. 영화사 세미나를 열기도 했고, 학과신문 〈함께하는 먼길가기〉에 '문예비평'을, 학술지 〈차원〉에 '문화비평'을 기고하기도 했다. 본 발간위원회가 확보한 자료에서 확인되는 '누벨바그'의 마지막 활동 흔적은 1997년 3월 발간된 〈차원〉 제5호에 게재된 "한국 영화의 새로운 가능성: 저예산 영화"라는 글이다. 그 이후 '누벨바그'가 언제 활동을 중단했는지는 확인되지 않는다.

〈그림 4-11〉 '창' 전시회 팸플릿 표지

1998년

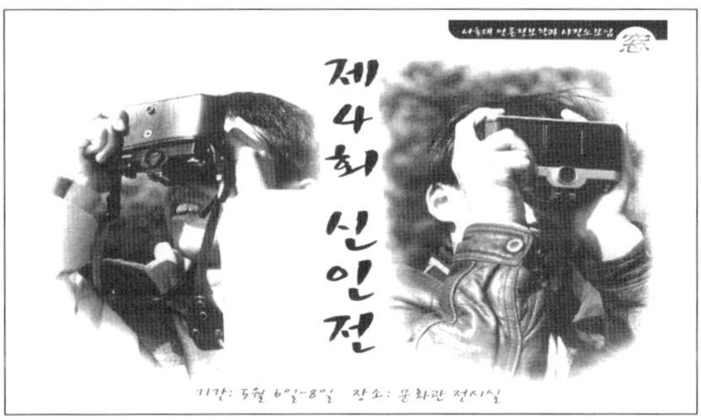

1999년

〈그림 4-12〉 '공명' 로고 및 공연 포스터

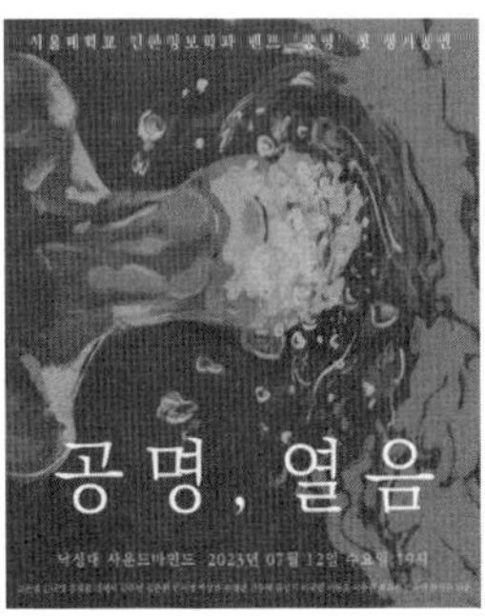

2023년 7월 공연

공명 로고

2025년 1월 공연

'창'은 1993년 창설된 사진 소모임이다. 1995년 16동 1층에 라디오 스튜디오가 개설되면서, 이 공간 일부를 암실로 활용했다. '창'은 1995년 1기 신인전, 1996년 제1회 정기전, 1997년 제2회 정기전(2기 신인전), 1998년 제3회 신인전, 1999년 제4회 신인전 등 전시회를 꾸준히 개최했다(〈그림 4-11〉). 그러나 2000년 이후로는 활동을 중단했다.

2023년 창설된 밴드 '공명'(인스타그램 계정: @resonatewithcomm)은 같은 해 7월 첫 정기 공연을 시작으로 매년 여름과 겨울 한 차례씩 정기 공연을 개최해 오고 있다(〈그림 4-12〉).

2. 동문 사회 진출

서울대 언론정보학과는 1978년 2월 첫 졸업생을 시작으로 2019년 8월까지 총 1,290명의 학부 졸업생을 배출했다. 〈표 4-3〉은 이들의 사회 진출 현황을 분야별·학번대별로 정리한 것이다. 각 직역별 대표적 예시는 〈표 4-4〉에 제시했다.

조사 결과, 서울대 언론정보학과 졸업생들이 진출한 분야는 언론·정보·콘텐츠 분야가 38.1%로 가장 큰 비중을 차지했고, 이어 경제·비즈니스(28.1%), 학계(13.6%), 법조계(8.4%), 정·관계·공공기관(6.9%), 기타(4.9%) 순으로 나타났다(〈그림 4-13〉 참조). 특히 언론·정보·콘텐츠 분야와 학계를 합하면 전체의 51.7%에 달해, 절반 이상이 전공과 밀접하게 연관된 분야에서 활동하고 있음을 확인할 수 있다.

〈표 4-3〉 서울대 언론정보학과 학부 졸업생 사회 진출 현황(1974~2019학번)

학번			74 ~79	80 ~84	85 ~89	90 ~94	95 ~99	00 ~04	05 ~09	10 ~14	15 ~19	전체
언론 정보 콘텐츠 (38.1%)	방송 (13.4%)	PD (7.4%)	3	13	9	14	6	10	5	10	7	77
		기자 (3.6%)	1	7	6	7	6	3	2	3	3	38
		기타 (2.4%)	0	4	5	2	4	2	3	4	1	25
	신문 · 통신 · 잡지 (8.0%)		3	23	12	10	16	10	4	2	4	84
	콘텐츠 (6.2%)	콘텐츠 제작 · 기획 (3.9%)	0	4	4	7	7	8	1	4	6	41
		콘텐츠 · 엔터테인먼트 플랫폼 (2.3%)	0	0	1	6	1	2	8	3	3	24
	정보통신/ 디지털플랫폼 (4.5%)	정보통신기술 (2.9%)	0	1	6	2	4	6	7	3	1	30
		디지털 플랫폼 (1.6%)	0	1	0	1	1	1	4	7	2	17
	광고 · 홍보 (3.9%)		1	9	5	4	5	8	3	1	5	41
	언론 · 정보 · 콘텐츠 관련 기관 (2.0%)		1	6	9	0	2	1	0	2	0	21
경제 비즈니스 (28.1%)	금융 · 투자 (6.3%)		0	6	7	6	16	11	6	9	5	66
	첨단제조 · 기술 (5.4%)		1	12	8	4	5	4	6	8	8	56
	컨설팅 · 회계 · 리서치 (3.4%)		1	4	4	5	5	4	4	3	5	35
	유통 · 서비스 (3.3%)		0	6	0	0	2	8	11	4	3	34
	기타 (9.8%)		10	22	22	9	7	10	6	11	5	102
학계 (13.6%)	교수 (10.8%)		20	20	13	22	18	13	5	2	0	113
	연구원 (1.4%)		2	2	4	6	1	0	0	0	0	15
	대학원 (1.3%)		0	0	0	0	0	0	3	3	8	14
법조계 (8.4%)	법조인 (7.6%)		4	2	5	8	15	15	10	15	5	79
	법학전문대학원 (0.9%)		0	0	0	0	0	0	0	0	9	9
정·관계·공공기관 (6.9%)			2	18	9	9	12	9	5	7	1	72
기타 (4.9%)			2	4	10	4	8	10	8	2	3	51
사망			5	7	3	2	1	2	0	0	0	20
미상			6	18	21	19	13	30	33	53	33	226
전체			62	189	163	147	155	167	134	156	117	1,290

주: 비율(%)은 전체 졸업 동문 1,290명 중에서 사망자 20명과 미상자 226명을 제외한 1,044명을 분모로 해 계산한 수치다.

〈표 4-4〉 서울대 언론정보학과 학부생 사회 진출 직역 구분 기준

직역			비고
언론 정보 콘텐츠	방송	PD	-
		기자	-
		기타	행정직, 아나운서
	신문 · 통신 · 잡지		인터넷 신문사 포함
	콘텐츠	콘텐츠 제작 · 기획	예: 스튜디오드래곤, 스튜디오플로우, 스튜디오모닥 가수 · 연기자 등 아티스트도 여기로 분류
		콘텐츠 · 엔터테인먼트 플랫폼	예: 넥슨, NC SOFT, 네이버 웹툰, 유튜브, 카카오 엔터테인먼트, SM 엔터테인먼트
	정보통신 디지털 플랫폼	정보통신기술	예: SKT, KT, LGU+, 삼성 SDS, LG CNS
		디지털 플랫폼	예: 구글, 네이버, 카카오
	광고 · 홍보		-
	언론 · 정보 · 콘텐츠 관련 기관		예: 방송통신위원회, 언론중재위원회
경제 비즈니스	금융 · 투자		보험, 증권, 투자, 핀테크, 가상자산거래소
	첨단제조 · 기술		전자, 자동차, 에너지 등 첨단 제조업 예: 삼성전자, 현대자동차, SK이노베이션
	컨설팅 · 회계 · 리서치		국내외 컨설팅펌, 조사회사, 세무사, 노무사
	유통 · 서비스		예: 신세계, 롯데백화점, 카카오스타일, 대한항공
	기타		중소 · 벤처기업, 사교육(학원), 개인 사업, 자영업
학계	교수		-
	연구원		-
	대학원		-
법조계	법조인		판사, 검사, 변호사
	법학전문대학원		-
정 · 관계 · 공공기관			공무원, 공공기관, 공기업, 국회의원 및 보좌관, 정당인
기타			의사, 통 · 번역사, 교직원, 비영리단체, 취업 · 사업 · 시험 준비

〈그림 4-13〉 언론정보학과 학부 졸업생의 분야별 사회 진출 현황

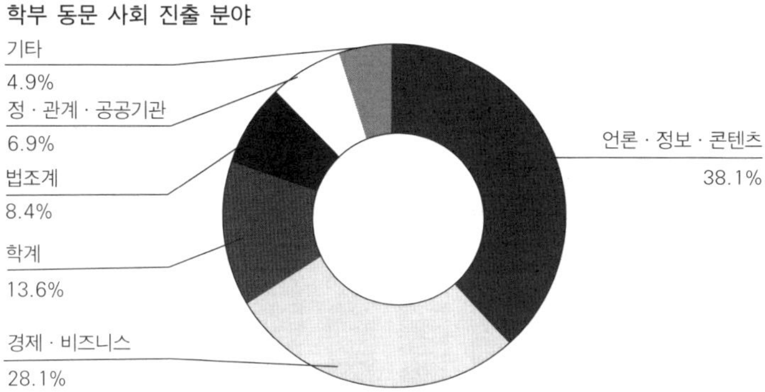

언론정보학과 학부 졸업생의 분야별 사회 진출 추이를 파악하기 위해 학번대별로 현황을 구분해 살펴봤다(〈그림 4-14〉 참조). 70년대 학번은 학계 진출이 43.1%에 이르렀으나, 80년대 학번으로 넘어가면서 그 비중이 줄고 다른 분야로 분산됐다. 그 이후로는 가장 최근 졸업생인 15~19학번까지 분야별 진출 양상에 큰 변화가 나타나지 않았다. 다만 95~99학번과 00~04학번을 기점으로 학계 진출 비율은 전반적으로 줄어든 반면, 법조계 진출 비율은 늘어나는 경향이 확인된다. 이는 2009년 국내에 법학전문대학원(로스쿨) 제도가 도입되면서, 해당 학번대부터 학부 재학생 혹은 사회 진출 초기 졸업생 중 상당수가 로스쿨에 진학한 데 따른 결과로 보인다. 그 결과 전체 학부 졸업 동문 중 법조인(판사·검사·변호사)의 비율은 7.6%로, 교수(10.8%) 다음으로 높았다. 인쇄매체와 방송매체의 기자를 합산한 비율이 11.6%임을 고려하더라도, 법조인은 세 번째로 큰 직역이었다.

마지막으로, 학부 졸업생이 가장 많이 진출한 언론·정보·콘텐츠 분야 내의 세부 진출 추이를 분석했다(〈그림 4-15〉). 커뮤니케이션 환경의 변화에 따라 신문·통신·잡지 등 전통적인 인쇄매체로의 진출은 점차 감소하는 반면, 정보통신 및 디지털 플랫폼으로의 진출은 증가하는 추세가 두드러진다.

〈그림 4-14〉 언론정보학과 학부 졸업생의 분야별·학번대별 사회 진출 현황

학부 동문 사회 진출 추이

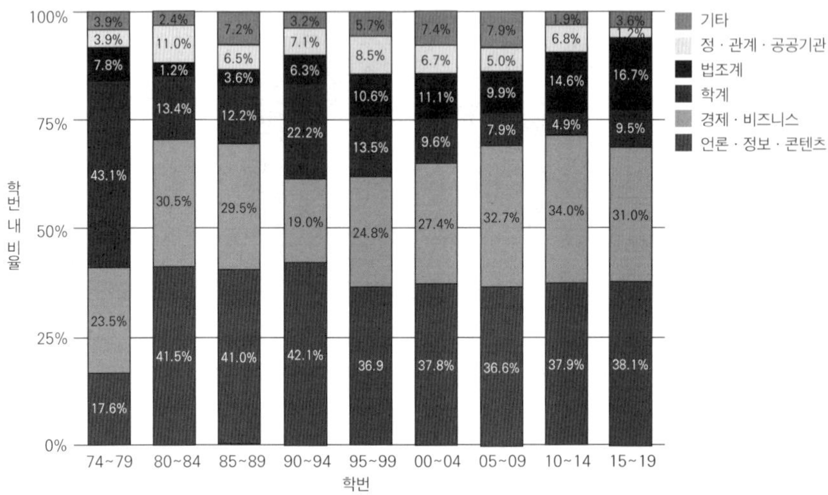

〈그림 4-15〉 언론정보학과 학부 졸업생의 언론·정보·콘텐츠 세부 분야별·학번대별 진출 현황

언론·정보·콘텐츠 내 세부 분야 진출 추이

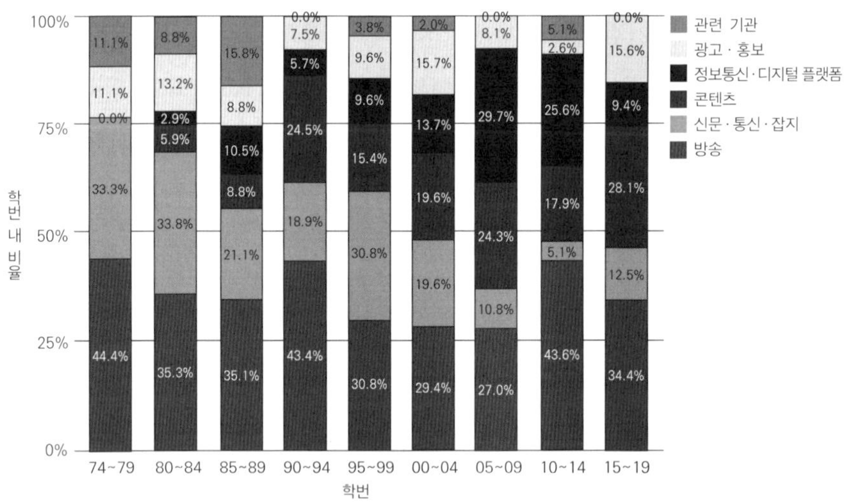

3. 동문 및 재학생 명단

〈표 4-5〉 서울대학교 언론정보학과 학부 동문 및 재학생 명단

입학 연도	성명						
1974	강길호	김범조	김양배	김태웅	배대윤	양승목	유시찬
	이진철	이현철	임세윤	임태섭	장은철	장익진	
1975	김남석	김동철	김용호	김창신	김철수	박승관	양정복
	유석기	이규식	이덕녕	이의섭	차재영		
1976	김영철	김찬규	김현주	박홍원	신봉학	엄도희	이균동
	이근용	이봉구	임영호	주동황			
1977	김창현	류춘렬	박양섭	이재욱	조성겸	채백	한인형
1978	고영소	김원균	신동우	이근형	이병섭	이헌종	
1979	강상호	김서중	김용재	김정기	민휘식	유승우	이경우
	이내석	이승재	이원락	조헌주	최원룡	허장	
1980	권오형	김경환	김대호	김성수	김인영	박충렬	신용실
	윤기철	이재영	임병윤	임재철	전천실	조항제	최명규
	최진	하봉준	황용명				

입학 연도	성명
1981	권상희 김갑순 김도연 김정곤 노규덕 노정호 박대호 박민웅 박상배 성공 신용환 오경훈 유문성 윤경문 윤석민 이수원 이승선 이은종 이재덕 이재현 이정형 이진로 이창우 임도혁 임종명 전인엽 정일홍 정진용 조용호 조현명 차병준 최욱 하종오 허진 황규배 황세현 황일영
1982	고재흥 곽성순 김대우 김명곤 김문권 김미리 김수영 김영철 김원택 김재균 김재인 김평길 김헌수 남강욱 류성록 박광희 박기성 박용규 배재탁 배진한 배진현 백운 서경선 손병우 신재현 신혁 안형준 여은주 유기성 이기영 이병달 이석홍 정승혜 정연걸 정용준 조영학 조진희 최두진 최영찬 최정환 추장민 탁진영 하승보 한창규 홍윤오
1983	고경원 고용진 권세문 권희선 김명진 김병일 김상우 김운배 김진태 김창근 김환용 박기완 박수성 박승기 박주영 방창식 배상보 서무송 송도훈 송지헌 심봉학 양용일 옥선미 이건 이동구 이영호 이영희 이은호 이재진 이제근 이진수 임형균 장우종 장일찬 장한식 정기원 정성후 조경숙 조상수 최진환 하주호 홍덕기 황상무
1984	강행성 고동선 고철종 김관영 김대선 김문수 김세원 김정수 김종호 김창식 김현미 나규철 류시호 류완하 박상건 박수일 박시정 박철 박효규 변승협 서상표 서왕진 심상명 안영식 양승찬 오경래 윤영선 윤현종 윤흥로 이교욱 이성진 이준웅 이창화 이춘규 이태길 임웅재 정경미 정승민 정희경 정희성 차준철 차학봉 최명수 하종대 한창록 허진 홍용기

입학 연도	성명						
1985	강병규	곽훈	김석권	김선웅	김연국	김윤대	김은미
	김인수	김재호	김전	김찬년	김현회	노경완	박정숙
	박주태	박찬웅	송근존	송성엽	안우상	안지환	양영철
	오상광	이건수	이종규	이준호	이형수	이혜진	임미환
	임병철	임철산	장남석	정봉수	정우현	제상원	조남국
	조동섭	조영일	조형근	홍기화	황완주		
1986	강건욱	고영직	권석창	김경숙	김규숙	김영관	김영혜
	김우영	김윤철	김형곤	김호장	남인용	명진아	민병우
	박성호	박재용	성열우	송종현	신중현	엄명철	유석조
	윤동률	윤수영	이강수	이상근	이용찬	이은진	임성철
	전기철	정회진	조강수	조유현	주형일	최석균	홍찬기
	황정임						
1987	고마미나	김경달	김정동	김정숙	김종훈	김창현	김태우
	노순동	노향란	류용석	박형진	성진용	양은경	연규찬
	옥철	이건우	이건혁	이상민	이재욱	이희정	정맹호
	정인균	정진우	조현진	차동민	채병건	최승욱	
1988	강경석	고미진	고영도	국승표	권경일	김기영	김유석
	김정아	김진아	남상근	남정아	문상현	박상아	박석훈
	박정명	양혜련	여동근	원광연	윤명호	이윤복	이주한
	임상호	임성희	임업	전애진	성혜경	조운선	수용범
	지영수	허종란	황성원				
1989	권순한	김성찬	김수진	남도영	노정렬	박만영	박윤철
	박정애	박정호	배경택	신승민	이세진	이종준	이종혁
	이후남	이희주	임무양	임민정	전재덕	조미현	채정일
	최동원	최선정	최수나	최정화	한경택	한종태	홍수정
	홍종윤						

입학 연도	성명
1990	곽재은 김남두 김성중 김영우 김예란 김정희 김주형 노상훈 박종철 박진우 박창섭 박홍균 성기훈 송태형 송현주 안병민 오동택 이승원 이은주 이임수 이재규 이채주 정용욱 정준희 제은영 조영욱 허지혜 황동혁 황준호
1991	곽동균 권병수 권윤상 김기민 김병철 김성훈 김옥태 김태호 김형식 나은경 박상권 박석호 박은선 박종혁 서정석 안준현 윤상 윤평 이가영 이범준 장영규 전상현 정승원 정홍대 진광일 최성재 최은희 허인정 황현서
1992	국현호 김민경 김성현 김수임 김원준 김은주 김재천 김지웅 문향란 민동희 박대순 박상혁 박석호 박선진 서범길 송용준 송춘실 송현욱 윤상길 윤혜진 이규란 이승하 이종은 임상훈 전봉기 조만래 최성요 허세은 홍지영
1993	구영희 길덕 김명진 김부영 김수경 김연주 김영미 김용성 김지훈 김한진 남주리 라민우 박경아 박선영 박소현 박진영 성주한 손희준 심재석 유일한 윤정규 이병균 이상석 이오주 이종훈 이천식 장세훈 장일 전성제 주훈 황병극
1994	김수아 김승준 김예리 김정현 김지성 김지호 김태훈 김형동 남영우 박성재 박정우 박정호 박진호 신경화 신호경 안준용 엄일녀 오윤진 이소연 이정 정도상 정미정 조문영 조소연 조영직 조영호 차상훈 한정엽 허양재

입학 연도	성명
1995	강지연 권환흠 김남석 김도영 김문섭 김병기 김수현 김준용 김훈정 노태민 모완일 박인성 박재철 박혜련 반도헌 백현정 양승현 윤누리 윤혜신 이윤형 이정은 이혜승 임세희 차영훈 최명신 최연우 허건 황성기 황지은
1996	강석원 강지은 강혜진 권경성 김민정 김승범 김재환 김정훈 김종환 김지은 명유재 문준모 박주호 박지연 백승우 백승호 윤선주 윤웅렬 이경희 이재환 이지형 이철주 이학열 이혜미 장윤재 조민지 주유린 태막수 한성수
1997	강태화 고경태 권영대 김규찬 김도형 김동근 김수아 김영민 김준희 김지경 김지윤 문지석 문태준 박아현 배창환 심민선 오기원 이강훈 이융성 이정민 이정아 장승모 장연이 전준형 정세훈 정재호 조건영 조윤정 조혜현 최파일 한애란 홍지혜 황교진
1998	고제리 구병철 김방미 김봉진 김수영 김요한 김우경 김은정 김현석 문혜원 박대민 박성재 박지순 박진석 박형신 배정원 송재용 신미진 유탁관 이경섭 이금재 이승철 이정숙 임상훈 정영민 정용진 정윤정 주현열 진현정 표대범 황재준 황철환
1999	김기세 김동현 김시원 김자영 김주연 김진섭 김채인 김현이 김회권 남주현 송유설 양찬훈 엄지훈 예승우 오연주 유동완 윤지원 이상은 이성화 이세원 이은우 이종영 이태호 이한빛 임윤정 전희주 정태석 정효민 주연경 지연정 황성규 황유리

입학 연도	성명						
2000	강향원	권영우	김동현	김반야	김순	김우성	김정은
	문홍식	박광우	박민성	박성현	박순찬	박용하	박준영
	박진만	박하영	방혜송	석미선	신승준	신윤영	신정민
	안선주	안희	여윤화	오현경	우민경	우승민	윤재두
	이상부	이새롬	이소은	이창수	차수정	하예지	
2001	고동욱	고은실	김민경	김민지	김소연	김영아	김정희
	김진우	박경택	박민영	박세훈	박정은	박찬경	방현영
	백아랑	손자영	유지민	윤덕원	이대진	이상현	이이슬
	이장욱	이차랑	이혜온	임형섭	임희진	전일현	정결
	정미	조연경	조인애	채용석	최지현	하철현	허은자
	허정현						
2002	강나래	강은지	권재범	김미진	김민정	김보형	김수현
	김영식	김유진	김진일	김현주	김호철	박수정	손영해
	안재옥	여동혁	육효정	이근호	이명행	이미영	이상용
	이정은	임주옥	장소영	전지형	정설민	조선영	조이람
	차경민	한지훈	한창진				
2003	구종욱	김성민	김성은	김정현	김태영	노금섭	류원식
	박수진	박용운	박재우	박천우	박현정	박현진	방성훈
	백승민	선승혜	손병산	손지혜	신민기	양선우	양완모
	윤상미	이상혁	이연진	이청아	임소영	정다운	정다은
	조석훈	지주연	최창환				
2004	강민경	김보경	김소민	김진주	김효실	남정훈	박보람
	박소라	박지은	박지현	백선아	백종부	서경국	신유영
	안성한	안현수(남)	안현수(여)	염리리	우란	원성공	원혜린
	유지한	유진선	이민아	이유진	이재하	임사라	임선영
	장정우	정위	정혜란	진하리	채건호	최명수	최윤화

입학 연도	성명						
2005	권은정	김슬기	김윤진	김정은	김주현	김태형	김한밀
	김현경	김효진	남경아	남광희	남궁조은	류민희	민마로한
	박미연	박병선	박병준	신상옥	양차미	이건희	이송원
	이승연	이주현	장남진	정재원	조다혜	조은희	최부현
	황재웅						
2006	김가람	김보란	김준일	김준희	김하영	마주연	문지혜
	박문영	박윤정	박지수	박혜란	박희은	박희정	서다솜
	손상일	손은지	오수연	오학준	윤보희	임효주	전율리
	정재훈	정지문	정혜선	제나리	조선희	진경아	차지연
	한지은						
2007	강규성	강영은	권정은	김관호	김도희	김세영	김신애
	김재원	김지원	김현성	류영욱	성연우	유해수	유혜진
	이수진	이진영	이현직	임하진	정다와	정수연	정승민
	정연정	조윤찬	조효진	최영중	최찬식	홍나희	
2008	고예나	길은선	김다올	김소라	김이지	김인학	김지원
	김태훈	박경현	박은비	송승환	신지혜	심규일	양진혁
	양혜원	오승렬	윤가희	윤수정	이은아	이중호	장몽
	정새배	정유진	정은영	정지현	정한별	주용석	최지현
2009	고희준	김미나	김민경	김민철	김지현	김한수	김혜정
	박경화	박종훈	박준모	손병욱	손현명	안준규	안지원
	이승규	이인행	이재준	장연	정미정	정지윤	지연태
2010	강에르덴	강유안	강혜윤	김경민	김밀	김선우	김영은
	김재현	남유림	노윤미	당가민	박근원	박소민	박은서
	방링지	백시온	백윤정	백인영	백지수	서병훈	송지훈
	윤성욱	이건주	이사라	이성욱	이소연	이은빈	이재랑
	이혜진	이효주	전명진	조민재	조민지	조천의	척터바타르
	천수진	최서희	최지원	홍승찬			

입학 연도	성명
2011	강인영 권순현 길소연 김경남 김광준 김상유 김수영 김신 김연수 김지범 김현선 박무진 박솔지 박신유 박재현 박형민 선우승환 성하경 송은정 신동혁 신선혜 오진주 오천석 왕지희 이승진 이은진 이지선 임여훈 장솔하 장순재 장유진 정두영 정예은 첼메그 최동준 최석영 허지영 황도증 황순아
2012	강동현 강민지 강희윤 권효주 김규남 김준영 김지민 김지원 김진영 김한별 노광일 노현정 박경지 박예슬 박준용 연혜인 오승희 유슬기 유휴인 이다영 이정은 이창곤 이창우 이충엽 이한호 전현태 조민수 조수진 조현상 최종원 최한종 표지영 홍지현
2013	강건우 강다정 강보배 강현규 공현철 김경은 김기찬 김미래 김예원 김채경 김태규 나상현 박우정 박지원 서은지 성가람 송재인 양희원 윤형원 이찬호 정인창 조은서 허주현 히사베
2014	강의령 공지예 김규동 김소언 김수빈 김승현 김지한 박재웅 박진원 배연수 배인환 신지연 오미나 윤정빈 윤창현 이종택 장지연 정수아 조민기 조아연 최은철
2015	강민제 권용태 김근호 김나라 김민선 김세욱 김효성 서돈향 서지희 양경인 오효민 유형준 윤성배 이호근 임소희 장영기 전상은 진유영 최유진 최주연 최진기 최해련
2016	고지연 김동관 김보경 김상재 김상준 김영우 김진명 김효은 박세은 박진수 백지수 손지혜 송민경 신영채 여건학 왕정민 우송민 유승완 정우주 진소연 콩고르 한결 허유진 홍지예

입학 연도	성명
2017	강수민 구영완 권정연 김범수 김선우 김오정 김해린 두영월 류도현 박정원 박준영 박현 박호연 송민경 신경연 신재현 양한빛 오시원 이나라 이용희 이재인 이지영 이혜연 조예은 한민경 황세연
2018	구지인 권정현 권혁범 김다빈 김여정 김영은 김채은 박동현 박준수 백창인 서형원 서혜지 손민주 심민섭 에밀리 유승엽 유정은 유정혜 윤여원 이기은 이용현 이정민 이하린 전유진 정소미 정윤지 정희수 최지우 한아름 한예원 허현준
2019	고대호 김나연 김미주 김소정 김준기 김지민 박연경 원연서 이서현 이수빈 이영서 이지윤 이하민 이학범 이혜민 임광섭 임지현 장현우 정연솔 정은서 쩐람미 타트야나 홍노아 홍지민 황유진
2020	강혜나 고지원 김가연 김규희 김소영 김예나 김지현 도현지 박민하 박은우 사쿠라 성민곤 양현진 유지선 이규림 이윤재 이윤진 이해창 장원준 정은우 최윤아 트람타우담 한예림 홍나영 홍은지
2021	강예빈 강효정 김민철 김성철 박상하 박선영 배서정 송채린 안민규 양일주 유호준 이예준 이지우 임서영 장민선 상순수 상신 최목원 하주영 하현징 한승헌 황현민
2022	고성준 권민서 김나영 김영애 김예람 김준원 김준표 김지원 박수진 반유진 부하나 석지웅 신우재 윤성은 이규원 이나영 이다은 이동훈 정소운 차재영 최유진 한수연 한지우 황연주

입학 연도	성명						
2023	강지우	고은샘	권규리	권도훈	김가영	김민지	김수화
	김예서	김윤서	김주연	김혜진	민서정	배수빈	우탁
	유민지	유현서	윤성준	응웬	이준서	이충원	최수안
	표혜림	허윤					
2024	고보민	권예빈	김규리	김민주	김상우	김신희	김정우
	김지안	박서빈	박소현	손예원	손유빈	안재서	유지원
	이다은	이수빈	이연주	이정원	이찬민	이창환	임예지
	정채원	최세은	Le, Thuy Trang				
2025	고명빈	김나은	김승재	김주연	문채원	박민진	박수연
	백다희	석주영	손예랑	송지민	안소미	양태준	윤민정
	이상윤	이수빈	이주헌	이지호	최민혁	최성연	최정원
	한다인	Moradian Pour, Maria					

제 5 장

언론정보학과 대학원의 발자취

정소운 | 서울대 언론정보학과 석사과정
박세은 | 서울대 언론정보학과 석사과정
백영민 | 연세대 언론홍보영상학부 교수
김현석 | 서울대 언론정보학과 부교수*

1. 석·박사학위 논문 경향 분석

서울대 언론정보학과에서는 1975년 2월 설립 이후 2025년 8월까지 총 684편(석사 587편, 박사 97편)의 학위 논문이 발행됐다. 〈그림 5-1〉에서 확인할 수 있듯이, 학위 논문 수는 꾸준히 증가해 왔다. 1980년대 연평균 약 7편에서 시작하여 1990년대에는 13편, 2000년대는 17편 정도로 늘었고, 2010년대와 2020년대에는 매년 약 19편을 발행하는 데 이르렀다.[1]

* 교신저자: hyunsuk.kim@snu.ac.kr

1 본 장의 학위 논문 데이터는 서울대학교 중앙도서관 데이터베이스(DB)에 등재된 자료를 기반으로 한다. 중앙도서관 DB의 '학위 논문 발행 연도'는 '학위 수여 연도'가 아니라 '논문 제출 연도'를 기준으로 한 경우가 있으므로 이에 유의할 필요가 있다. 특히 초창기 자료일수록 이러한 경향이 두드러진다. 예를 들어, 김영희는 1978년 석사학위를 받았으나, 중앙도서관 DB상 김영희의 석사학위 논문의 발행연도는 해당 논문을 제출한 1977년도로 등재돼 있다. 마찬가지로, 강명구는 1979년 석사학위를 받았으나, 석사학위 논문의 DB상 발행 연도는 제출 연도인 1978년으로 기록돼 있다.

〈그림 5-1〉 서울대 언론정보학과 연도별 석·박사학위 논문 수

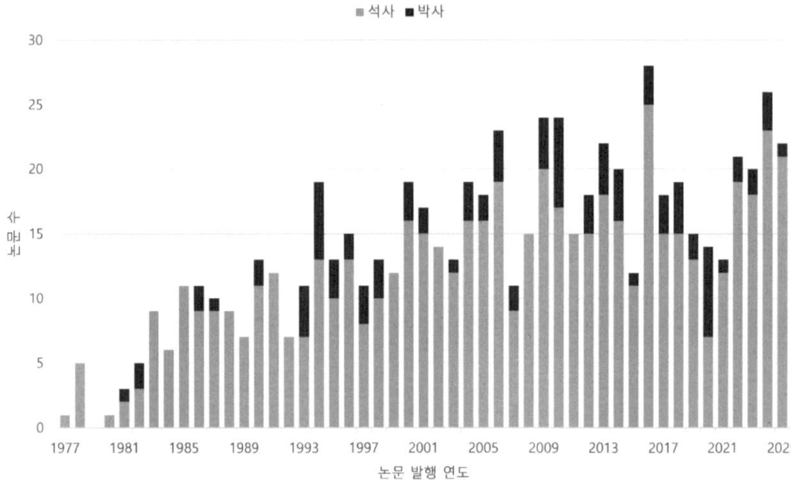

그렇다면 지난 50여 년간 서울대 언론정보학과에서 작성된 학위 논문은 어떤 주제를 다루어 왔는가? 또 시기별로 주제는 어떻게 변해 왔는가? 이러한 질문에 답하기 위해 학위 논문 제목 데이터(683편)[2]에 대해 토픽 모델링(*topic modeling*)을 실시했다.[3] 분석 결과를 본격적으로 논의하기에 앞서, 본 분석은 '제목'이라는 짧은 텍스트에 기반하기 때문에 가령 '초록'과 같이 더

2 전체 학위 논문은 684편이나, 데이터 정리 과정에서의 실수로 1977년 발행 석사학위 논문 1편이 누락되어 실제 분석에는 683편이 사용됐다.

3 구체적으로, 논문 제목 데이터를 바탕으로 한 논문 주제 분류 작업은 다음 절차를 거쳤다. 첫째, 한자어 표기는 모두 한국어로 변환했다. 둘째, 영문 제목은 구글 번역기를 이용해 한국어로 번역했다. 셋째, UDPipe 자연어 처리 툴킷(Straka & Strakova, 2017)을 활용해 형태소 분석을 진행한 후, 명사만을 추출했다. 이후 학위 논문 제목에 관례적으로 사용되는 단어('연구', '중심')와 1음절 명사는 제거했다. 이러한 과정을 거쳐 얻은 2,110개 고유 단어(전체 4,889단어)를 대상으로 주제를 분류했다. 넷째, 제목의 길이가 짧다는 점을 고려해 바이텀토픽모형(BTM, Bi-term Topic Model; Yan et al., 2013)을 적용했다.

〈그림 5-2〉 서울대 언론정보학과 석·박사학위 논문 제목을 대상으로 한 워드 클라우드

긴 텍스트를 대상으로 한 분석에 비해 실제 연구 주제를 제한적으로 반영할 수 있다는 점에 유의할 필요가 있다. 따라서 이하의 결과 해석은 이러한 한계를 전제한 상태에서 이루어져야 한다.

먼저, 〈그림 5-2〉는 분석 대상 전체 단어를 바탕으로 생성한 워드 클라우드(*word cloud*)다. 이 그림에서 확인할 수 있듯, 논문 제목에서 가장 빈번히 나타난 핵심어는 '영향'이다. 이는 커뮤니케이션학이 궁극적으로 '효과'(*effect*)에 대한 학문이라는 엘리후 카츠(Elihu Katz)의 주장과 일치하는 결과다.

> 커뮤니케이션 연구, 혹은 미디어 연구는 결국 '효과'를 다루는 학문이다. 물론 달랐을 수도 있다 — 이를테면 예술 연구를 생각해 보라 — 그러나 실제로는 그렇지 않다(Katz, 2001: 9472).

워드 클라우드에 나타난 다른 단어들을 함께 살펴보면 이러한 해석은 더욱 분명해진다. '인식', '태도', '변화', '형성'은 영향이 드러나는 구체적 결과를 가리키며, '사회', '정치', '문화', '청소년', '여성'은 영향을 받는 대상

〈그림 5-3〉 서울대 언론정보학과 석·박사학위 논문 주제군별 워드 클라우드

이나 맥락을 보여 준다. 또한 '뉴스', '미디어', '텔레비전', '온라인', '인터넷', '드라마', '이용' 등은 영향의 원인, 혹은 그 원인이 매개되는 주요 커뮤니케이션 채널을 나타낸다. 요컨대, 언론정보학과 석·박사학위 논문의 주제는 전체적으로 커뮤니케이션학 일반의 특성을 잘 반영한다고 볼 수 있다.

다음으로, 토픽 모델링 분석 결과 학위 논문 제목은 6개 주제군으로 분류될 수 있는 것으로 나타났다. 각 주제군별 워드 클라우드를 토대로, 이를 각각 '정치커뮤니케이션', '미디어 문화와 수용자', '미디어 메시지 분석', '미디어 산업과 제도', '미디어 효과', '뉴미디어'로 명명했다(〈그림 5-3〉 참조). 6개 주제군은 서로 유사한 점유 비율을 보였다. 〈표 5-1〉에 주제군별 분포와 각 주제군에 속하는 대표적 학위 논문 제목의 예시를 함께 제시했다. 이들 6개 주제군의 분포는 시기에 따라 크게 달라지지 않았다(〈표 5-2〉 참조).

〈표 5-1〉 서울대 언론정보학과 석·박사학위 논문 주제군별 분포 및 대표 논문 제목

주제	빈도(%)	대표 학위 논문 제목
정치커뮤니케이션	133 (19.5%)	"가상공간에서의 정치적 숙의: 가상공간 내 정치토론이 의견의 질과 여론과정에 대한 지각, 그리고 정치적 참여의사에 미치는 영향" (김유경, 2001, 박사)
미디어 문화와 수용자	112 (16.4%)	"여성 팬은 어떻게 여성 아이돌을 해독하는가?: 4세대 여성 아이돌 여성 팬덤에 대한 연구" (김세원, 2023, 석사)
미디어 메시지 분석	126 (18.4%)	"2003~4년 이라크 파병 보도의 주요 정보원과 뉴스 프레임의 관계: KBS, SBS, 〈조선일보〉, 〈한국일보〉를 중심으로" (이성준, 2005, 석사)
미디어 산업과 제도	107 (15.7%)	"1970년대 한국방송산업의 자본축적과정에 관한 연구" (박시정, 1990, 석사)
미디어 효과	89 (13.0%)	"경찰 홍보 동영상의 확산력과 설득력에 영향을 미치는 요인에 관한 연구: 메시지의 생생함과 구체성을 중심으로" (김지수, 2021, 석사)
뉴미디어	116 (17.0%)	"다사용자 온라인 롤플레잉 게임 수용자의 가상현실 체험과 게임 이용 동기에 관한 연구: 중이용자와 경이용자 간의 차이를 중심으로" (장세훈, 2005, 석사)

〈표 5-2〉 서울대 언론정보학과 석·박사학위 논문 주제군별 · 시기별 분포

주제군	1978~1989	1990~1999	2000~2009	2010~2019	2020~2025
정치커뮤니케이션	15 (19.5%)	21 (16.7%)	36 (20.8%)	42 (22.0%)	19 (16.4%)
미디어 문화와 수용자	20 (26.0%)	21 (16.7%)	19 (11.0%)	31 (16.2%)	21 (18.1%)
미디어 메시지 분석	12 (15.6%)	32 (25.4%)	29 (16.8%)	32 (16.8%)	21 (18.1%)
미디어 산업과 제도	9 (11.7%)	27 (21.4%)	30 (17.3%)	19 (9.9%)	22 (19.0%)
미디어 효과	10 (13.0%)	10 (7.9%)	21 (12.1%)	34 (17.8%)	14 (12.1%)
뉴미디어	11 (14.3%)	15 (11.9%)	38 (22.0%)	33 (17.3%)	19 (16.4%)
총계	77 (100%)	126 (100%)	173 (100%)	191 (100%)	116 (100%)

마지막으로, 이상의 토픽 모델링 분석 결과와는 별도로 석·박사학위 논문 제목에는 당대의 학술적 경향과 미디어 환경의 변화가 반영되어 있음을 확인할 수 있다. 몇 가지 주목할 만한 사항을 정리하면 다음과 같다.

첫째, 1984년경부터 비판커뮤니케이션 연구가 등장하기 시작한다. 특히 미디어가 이데올로기를 재생산하는 구조를 분석하거나 문화 텍스트로서 미디어를 해석하는 연구들이 두드러졌다. 대표적인 논문으로는 "패권이론(霸權理論)에 대한 비판적 고찰: 안토니오 그람쉬의 '패권' 개념을 중심으로"(이지애, 1984, 석사), "이데올로기 분석방법으로서의 기호학에 관한 일고찰: Barthes와 Tel Quel 집단을 중심으로"(김서중, 1985, 석사), "알뛰세르의 이데올로기론과 커뮤니케이션 연구"(김남석, 1985, 석사) 등이 있다.

둘째, 1995년경부터 컴퓨터 매개 커뮤니케이션 연구가 급증하는 경향이 뚜렷하다. "컴퓨터媒介커뮤니케이션이 對人 커뮤니케이션 채널 및 情報利用에 미치는 影響"(배진한, 1995, 박사), "대인 커뮤니케이션 채널로서의 컴퓨터 매개 커뮤니케이션: 컴퓨터 통신 '전자대화'와 '전자토론'을 중심으로"(김정희, 1996, 석사) 등이 그 예다. 이어 1998년경부터는 인터넷과 온라인 가상공간을 주제로 한 논문이 등장했다. "인터넷 신문의 저널리즘적 특성에 관한 연구"(국현호, 1998, 석사), "PC통신 토론방의 격화(*flaming*)가 참가자의 내집단선호, 의견개진, 및 토론평가에 미치는 영향"(김성훈, 1998, 석사), "하이퍼텍스트를 기반으로 하는 인터넷 가상공간의 공간적 성격에 관한 연구"(노상훈, 2001, 석사) 등이 이에 해당한다.

셋째, 2000년대 중반부터는 영어로 작성된 학위 논문이 점차 증가하기 시작했다. 이는 당시 한국 학계 전반에서 확산된 '국제화' 흐름과 맞물려 있다. BK21 등 국가 교육·연구 지원 사업에서 국제학술지 게재와 해외 학술교류가 강조되면서 대학원 차원에서도 영문 논문 작성이 장려되었고,

이러한 학계 전반의 분위기가 학위 논문 작성 언어의 변화로 이어진 것으로 보인다. "Can Loss-Frame Accelerate Cooperation?: Public Service Announcement Message Frames, Issue Types, and Cooperative Intentions"(황유리, 2005, 석사), "Effect of the Web Organization and Prior Knowledge on Obtaining Structural and Declarative Knowledge"(주연경, 2007, 석사) 등이 그 예다.

넷째, 2010년대 중반부터는 디지털 흔적 데이터(*digital trace data*)를 활용한 연구가 등장하기 시작했다. "MMORPG의 게이머 네트워크 진화 분석: World of Warcraft의 크롤링 데이터를 중심으로"(최순욱, 2014, 석사), "페이스북의 이용 기간과 개시·반응의 관계에 관한 연구: 크롤링 데이터의 시계열 분석"(최희재, 2016, 석사) 등이 그 예다.

다섯째, 2022년경부터는 AI 관련 연구가 두드러지게 증가하기 시작했다. "Communication with AI: Designing Conversational Agents for Dyadic and Group Interactions"(김수민, 2022, 박사), "Should AI Be More Moral Than Humans?: How People Perceive and Respond to Hate Speech by Social Chatbots"(박진원, 2024, 석사), "Enhancing the 'Best Possible Self' Intervention: The Role of Generative AI-based Conversational Agents"(홍유진, 2024, 석사) 등이 대표적이다.

2. 동문 명단 및 석·박사학위 논문 목록[4]

1) 서울대 언론정보학과 대학원 박사 동문 및 박사학위 논문 목록

번호	저자	지도교수	제목	발행연도
1	김진홍	추광영	言論統制와 社會的 變因과의 相關關係에 關한 硏究: 第三共和國에 있어서의 言論統制의 特性을 中心으로	1981
2	팽원순	김규환	韓國通信社의 構造的 特性에 관한 硏究: gatekeeping 過程에 관한 考察을 中心으로	1982
3	박정규	김규환	朝鮮王朝時代의 前近代的 新聞에 關한 硏究: 朝報와 그 類似物의 特性을 中心으로	1982
4	오두범	차배근	歸因과 커뮤니케이션效果間의 關係에 관한 實驗硏究	1986
5	박허식	추광영	新聞의 煽情主義와 社會變動 變因간의 相關關係에 關한 硏究	1986
6	김학천	이상희	獨逸의 社會文化體系 變動과 公示學(Pulizistik) 理論의 展開過程	1987
7	조성겸	차배근	Fishbein의 多次元的 態度模型의 妥當性에 관한 檢證硏究	1990
8	채백	강명구	한국 근대신문 형성과정에 있어서 일본의 역할에 관한 연구	1990
9	이창현	강현두	이용과 충족에서의 '기대-가치 충족' 구성개념에 대한 타당성 검증연구: 텔레비전 뉴스시청에 관련된 충족을 중심으로	1993
10	하종원	차배근	텔리비전 드라마가 視聽者의 社會的 現實認識에 미치는 影響에 관한 實證硏究: Cultivation approach를 中心으로	1993
11	이재현	박승관	生活樣式의 私事化와 텔레비전에 대한 依存	1993
12	주동황	이상희	韓國政府의 言論政策이 新聞産業의 變遷에 미친 影響에 關한 一考察: 第1共和國에서 第5共和國까지	1993
13	조항제	이상희	1970년대 한국 텔리비전의 구조적 성격에 관한 연구: 국가정책과 텔리비전 자본간의 관계를 중심으로	1994
14	주봉의	강현두	改革開放에 따른 中國言論의 變化에 관한 硏究	1994
15	손병우	박명진	텔레비전 방송체제의 '시청자 상'과 시청자의 텍스트 반응에 관한 연구: 코메디 프로그램의 즐거움 생산의 경우	1994
16	박용규	이상희	일제하 민간지 기자집단의 사회적 특성의 변화과정에 관한 연구: 직업의식과 직업적 특성의 변화를 중심으로	1994

4 아래에 제시된 박사학위 및 석사학위 논문 목록에서 '발행연도'는 학위 수여 연도가 아니라 논문 제출 연도를 기준으로 한 경우가 있다는 데 유의할 필요가 있다. 보다 자세한 사항은 본 장의 '각주 1'을 참고하길 바란다.

번호	저자	지도교수	제목	발행연도
17	김창남	박명진	하위문화집단의 대중문화 실천에 대한 일연구: 대중음악을 중심으로	1994
18	김남석	이상희	한국 신문산업 구조개편에 관한 정치경제학적 연구	1994
19	배진한	추광영	컴퓨터媒介커뮤니케이션이 對人 커뮤니케이션 채널 및 情報利用에 미치는 影響	1995
20	이병섭	추광영	뉴미디어 이용에 미치는 조직의 영향력에 관한 연구: 전자우편시스템 이용을 중심으로	1995
21	정용준	박승관	1990년대 한국방송구조의 공익성에 관한 연구: 국가, 시장, 시민사회의 관계를 중심으로	1995
22	이근용	추광영	케이블TV의 規範的 이미지가 受容者 채널選擇의 能動性에 미치는 影響	1996
23	김서중	박승관	定期刊行物 關係法의 變遷과 그 適用에 관한 硏究: 光復 이후 第5共和國까지의 政治經濟的 要因을 中心으로	1996
24	강상호	추광영	家族의 特性이 텔레비전 視聽 行態에 미치는 影響에 관한 硏究	1997
25	허진	강현두	전문직 정향과 구조적 통제에 대한 인식이 방송인의 직업만족도에 미치는 영향: 보도부문을 중심으로	1997
26	안영섭	차배근	韓國言論의 엘리트주의적 性格에 관한 硏究: Chomsky의 宣傳模型을 통한 分析	1997
27	김병국	추광영	反論權制度의 言論制度的 特性에 관한 硏究: 言論仲裁委員會 制度를 中心으로	1998
28	박선희	추광영	시민적 관여(civic engagement)가 컴퓨터 매개 정치커뮤니케이션에 미치는 영향	1998
29	남인용	차배근	유명 옹호인(celebrity endorser)의 광고효과에 관한 연구: VisCAP모형의 검증을 중심으로	1998
30	양은경	박명진	1990년대 한국 문화연구(cultural studies)의 형성과 권력효과: 신진 문화연구자들의 상징권력 획득 과정을 중심으로	2000
31	김정현	양승목	공격적 정치광고의 효과와 그 관련변인들의 관계에 관한 연구	2000
32	김자경	강현두	TV프로그램 맥락 무드가 광고 태도에 미치는 영향	2000
33	이건혁	박승관	미디어 프레임이 수용자의 정치불신, 정치효능성 및 정치참여에 미치는 영향	2001
34	김유경	박승관	가상공간에서의 정치적 숙의: 가상공간내 정치토론이 의견의 질과 여론과정에 대한 지각, 그리고 정치적 참여의사에 미치는 영향	2001
35	송종현	추광영	이동전화 이용동기와 행태가 사회적 관계 및 규범성에 미치는 영향	2003
36	김문수	차배근	컴퓨터 매개 커뮤니케이션을 통한 대인관계 형성에 대한 실험연구: 사회적 요망성과 맥락단서를 중심으로	2004
37	염찬희	박명진	시장개방 이후 한국영화의 변화 과정과 특성에 대한 체계분석적 연구	2004
38	이원락	추광영	신문의 권력기구화에 따른 뉴스 생산 관행의 변화에 관한 연구	2004
39	최선정	박명진	인터넷 공동체와 수행성의 정치: 탄핵담론의 재의미화를 중심으로	2005

번호	저자	지도교수	제목	발행연도
40	최두진	추광영	인터넷과 TV의 기능적 대안 관계와 대체효과에 관한 연구: 수용자의 충족 적소분석을 중심으로	2005
41	조성민	양승목	언론의 자유와 국가 개입의 한계: '신문등의 자유와 기능보장에 관한 법률'을 중심으로	2006
42	임성희	박명진	인터넷 가상공간 활동과 휴대전화 이용: 일상생활에서 휴대전화의 역할에 대한 문화기술지적 연구	2006
43	김형곤	강명구	한국전쟁의 공식기억과 전쟁사진	2006
44	김수아	박명진	사이버 공간에서의 '힘돋우기 실천(empowerment)' 가능성에 대한 연구: 온라인 여성 커뮤니티를 중심으로	2006
45	문춘영	차배근	중국 선진(先秦)시대 묵자(墨子)의 커뮤니케이션사상과 〈묵변(墨辯)〉에 관한 연구	2007
46	이귀혜	차배근	한국 대통령의 정치적 위기 상황에 대한 방어 메시지의 수사전략 연구: 노태우 · 김영삼 · 김대중 · 노무현 대통령을 중심으로	2007
47	최이숙	강명구	산업화 시기(1961~1987) 성별화된 뉴스생산노동과 여성언론인의 정체성관리	2009
48	김종덕	강남준	양방향TV의 사용자 인터페이스 디자인 연구: 사용성과 즐거움 간의 관계에 대한 검증	2009
49	곽현자	박명진	조폭 영화를 통해 본 민주화 20년 한국 사회 심리의 한 단면: 〈게임의 법칙〉에서 〈두사부일체〉까지	2009
50	민정식	양승목	기자의 객관성 및 해설성 지향이 종결 욕구와 스키마 주도적 정보처리에 미치는 영향	2009
51	윤상길	강명구	일제강점기 전화의 식민지적 용도 구성과 배치	2010
52	홍종윤	윤석민	위성방송의 지상파 재송신 정책결정 과정 연구: 한국 방송 정책결정 과정의 역동성과 담론	2010
53	곽정래	이준웅	북한이탈주민의 커뮤니케이션 활동과 사회적응에 관한 연구: 사회적 가치 수용, 삶의 질 평가, 시민성 형성을 중심으로	2010
54	이범준	박명진	한국의 자기계발 담론과 젊은 직장인들의 수용과 실천에 대한 연구	2010
55	장윤재	이은주	온라인 게시판 토론은 좋은 시민을 만드는가?: 읽기, 쓰기, 의견다양성이 이슈 및 반대론자에 대한 태도에 미치는 영향	2010
56	이민주	양승목	일제시기 조선어 민간신문의 검열에 대한 연구	2010
57	최준혁	이준웅	기업의 PR활동이 공중관계성, 브랜드자산, 반기업정서에 미치는 영향: 기업의 사회적 책임 활동, 마케팅PR, 쟁점관리의 효과 비교	2010
58	김규찬	양승목	문화콘텐츠산업 진흥정책의 시기별 특성과 성과: 1974~2011 문화예산 분석을 중심으로	2012
59	정영호	강남준	다매체 · 다채널 시대의 미디어 다양성에 대한 시스템 다이내믹스 모형의 적용 및 검증	2012

번호	저자	지도교수	제목	발행연도
60	이현우	윤석민	미디어 정책결정 과정의 네트워크 구조분석: 미디어법 개정사례를 중심으로	2012
61	박지영	박명진	가속화 사회의 시간경험에 대한 연구: 전문직 여성들의 생애시간, 일상적 시간, ICT가 생성한 시간을 중심으로	2013
62	장현미	이준웅	SNS 글쓰기는 다정한 사람을 만드는가?: 페이스북에서 글쓰기가 공감경험과 친사회행동에 미치는 효과	2013
63	조성동	강남준	크로스 플랫폼 이용자 분극화 현상에 대한 연구	2013
64	Ai, Ming	강남준	How Internet Use Influences Mental Wellness: A Synthesis of the Problematic Internet Use (PIU) Model and the Healthy Internet Use (HIU) Model	2013
65	오형일	윤석민	한국의 공영방송은 어떠한 공익을 실천하고 있는가?: 2003~2012년 KBS 편성분석을 중심으로	2014
66	박대민	강명구	담론의 금융화: 서민주택담론으로 본 한국 금융통치성의 대두	2014
67	오세욱	이재현	소프트웨어 '한글'의 행위자 네트워크 분석: ANT와 소프트웨어 연구의 통합적 접근	2014
68	이혜미	강남준	컨버전스 환경의 미디어다중이용행위 연구: 3-Screen 싱글소스 패널데이터를 이용하여	2014
69	김반야	이준웅	관계적 인간의 형성: 부모 자녀 의사소통이 자녀의 대인관계능력에 미치는 영향	2015
70	김수영	박승관	한국 공공 방송의 공보 방송 모형적 성격에 관한 연구: KBS의 부동산 뉴스 보도 분석	2016
71	이소은	이재현	포스트TV 시청 관습: 시청 이벤트, 동시화 및 가내화의 탈구	2016
72	박아현	강남준	유방암 환자는 온라인 커뮤니케이션을 통해 어떻게 상호작용 하는가?: 게시글과 댓글의 상호작용을 중심으로	2016
73	권경은	김은미	문화소비와 사회연결망: 의사소통효과 관점에서	2017
74	김은빈	강남준	매개된 대인커뮤니케이션 환경에서 대인미디어 선택 패턴에 대한 연구	2017
75	김동한	이준환	An Algorithmic Approach to Personalized and Interactive News Generation	2017
76	오창학	강명구	중국의 발전주의 욕망에 대한 연구: 80후 베이퍄오(北漂) 청년세대의 미디어 재현을 중심으로	2018
77	이성민	강명구	관료중심 문화산업 정책의 형성과 그 성격	2018
78	이상규	강명구	디지털 창의 노동자는 어떻게 불안정성에 대응하는가?: 한국의 게임 개발자들을 중심으로	2018
79	강민지	이재현	미디어 이벤트 주목유인의 구성과 그 맥락요인: 사물철학의 관점	2018
80	최문호	박승관	한국 탐사보도 언론인의 소명의식(Beruf)과 가치자유(Wertfreiheit) 실천에 대한 참여관찰 연구: 취재팀을 대상으로	2019

번호	저자	지도교수	제목	발행연도
81	박장희	이준웅	모욕죄를 둘러싼 주요 쟁점과 국내 판례에 대한 경험적 연구	2019
82	양소은	김은미	시민 발달 기회로서 온라인 커뮤니케이션	2020
83	정성욱	윤석민	팩트체크 뉴스의 실효성 증진에 관한 연구: 팩트체크 뉴스의 수용 효과 및 자동화된 팩트체크의 판별력 증진 방안을 중심으로	2020
84	김지희	이준웅	한국사회 의견지도자 인식과 설득력, 의견지도자의 유형별 차이에 관한 연구	2020
85	박소정	홍석경	피부색을 탈식민화하기: 포스트식민 시대의 미백 배치에 대한 연구	2020
86	김성희	이준웅	미세먼지 재해 보도의 구성과 그 영향에 관한 연구: 미세먼지 뉴스 프레임이 공중의 인식, 반응, 대응 행동에 미치는 효과	2020
87	황현정	이준웅	뉴스 노출의 자기보고식 측정 오차에 대한 탐색	2020
88	이하나	양승목	소셜미디어에서 선택적 정보 이용의 정치적 효과에 관한 연구: 통합적 정치커뮤니케이션 모형의 제안	2020
89	정가영	김은미	관계 형성적 접근을 통해 본 한국의 국가브랜딩 정책에 대한 연구: 2008년~2020년의 국가홍보정책예산과 국가이미지 변화를 중심으로	2021
90	김수민	이준환	Communication with AI: Designing Conversational Agents for Dyadic and Group Interactions	2022
91	류규하	홍석경	한국의 영화제작 종사자는 어떻게 노동 불안정성을 극복하는가?: 영화 산업의 변화와 영화제작 종사자 직업정체성에 대한 연구	2022
92	이상혁	이준환, 김은미	MOBA 장르 게임에서의 행동 변화량을 활용한 행동 확산 연구	2023
93	최성인	이재현	유튜브의 이용 리듬 분석: 미디어 플랫폼 로그 데이터에 대한 미디어 세대별 비교	2023
94	이규호	이준환	소셜미디어 에코챔버는 사용자 집단의 양극화를 유도하는가?	2024
95	고문정	윤석민	가치 있고 경쟁력 있는 저널리즘을 구현하기 위한 조건의 탐색: 품질, 주목, 경제적 성과의 선순환적 추구	2024
96	박향희	이준환	What Makes Users Hesitate?: Beyond Prevalent Usability Perspectives	2024
97	전인태	강재호	가상현실 미디어커뮤니케이션에서의 시간 경험: 고인(故人)의 기술적 인공물 사례 연구	2025

2) 서울대 언론정보학과 대학원 석사 동문 및 석사학위 논문 목록5

번호	저자	지도교수	제목	발행연도
1	김영희	임근수	데국신문에 관한 一硏究: 韓國新聞史에서의 그 意義糾明	1977
2	강명구	박유봉	國際間 커뮤니케이션 흐름(flow)에 關한 一硏究: 比較文化的(Intercultural) 視覺에서	1978
3	최인숭	박유봉	매스커뮤니케이션에 反映된 科學政策에 關한 한 硏究: 韓國新聞에 있어서 科學記事의 內容分析	1978
4	김병균	박유봉	社會變動과 매스커뮤니케이션: 自由主義 理論과 共産主義 理論의 比較硏究	1978
5	조봉환	임근수	褓負商의 커뮤니케이션 活動에 關한 硏究: 李朝後期를 中心으로	1978
6	이내수	박유봉	對敵 communication의 效果的 遂行에 關한 硏究: 心理戰의 基礎理論 定立을 爲한 코뮤니케이션 理論의 體系的 適用	1978
7	이혜숙	차배근	情報追求 動機와 미디어 選擇行動과의 관계에 대한 調査 硏究: 中 · 高 · 大學生들을 中心으로	1980
8	이혜옥	이상희	韓國텔레비전 드라마에 나타난 性別役割(sex-role)에 대한 分析硏究: 텔레비전 드라마에 登場한 女性의 이미지를 中心으로	1981
9	백선기	김규환	有權者의 投票行動에 미치는 텔레비전의 影響에 관한 一考察	1981
10	박남숙	추광영	現行 韓國 廣告文案의 內容 分析 硏究: 製品 情報를 中心으로	1982
11	Nakarmi, Laxmi Bi	추광영	A Critical Review of Communication Strategies for Development	1982
12	양승목	추광영	第3世界의 新世界 情報秩序(NWIO) 運動과 그 論理的 背景에 關한 考察	1982
13	이재욱	차배근	텔레비전 프로그램 選好性向의 變化發達에 관한 要因分析的 硏究: 兒童 및 靑少年을 대상으로	1983
14	송영신	차배근	여학생들의 校友關係에 따른 커뮤니케이션 패턴에 관한 硏究	1983
15	강길호	추광영	社會階層과 對話狀況이 兒童의 意思表現 樣式에 미치는 影響에 關한 硏究	1983
16	조성겸	차배근	靑少年의 親密度.性別 및 社會階層이 說得戰略選擇에 미치는 影響에 關한 硏究	1983
17	채백	이상희	미디어 帝國主義論에 관한 一考察	1983
18	이호성	김규환	新聞의 agenda-setting效果에 관한 硏究: 大學生記者들의 경우를 中心으로	1983

5 아래 목록의 최인숭·김병균·조봉환·이내수(학위 논문 발행 연도: 1978년)는 신문학과 석사과정 입학생이 아니라, 신문대학원 입학생이거나 사회학과 신문학 전공 입학생(제1장 참고)이었을 가능성도 있다.

번호	저자	지도교수	제목	발행연도
19	김응숙	박명진	텔레비전 뉴스 談話의 理念的 考察: Institution에 대한 Representation을 中心으로	1983
20	문영숙	박명진	廣告物에 나타난 男女이미지 比較研究: TV廣告物을 中心으로	1983
21	임태섭	추광영	韓國大學生의 凝視行態에 관한 研究: 儒教 코뮤니케이션 思想의 影響을 中心으로	1983
22	이현규	추광영	텔레비전 商品廣告가 父母에 대한 兒童의 態度에 미치는 影響에 관한 研究	1984
23	하종원	차배근	自我關與와 自益關聯이 態度-行動간의 關係에 미치는 影響에 관한 研究	1984
24	김창남	박명진	流行歌의 성립과정 및 그 性格에 관한 연구: 구조분석을 통한 民謠와의 비교를 중심으로	1984
25	차재영	김규환	文化主義的 커뮤니케이션 理論에 관한 評價的 考察	1984
26	이지애	이상희	패권이론(霸權理論)에 대한 비판적 고찰: 안토니오 그람쉬의 "패권" 개념을 중심으로	1984
27	김승수	박유봉	毛澤東의 communication 思想과 그 適用에 關한 研究: 文化革命 期間中의 大衆媒體 路線을 中心으로	1984
28	김서중	박명진	이데올로기 분석방법으로서의 기호학에 관한 일고찰: Barthes와 Tel Quel 집단을 중심으로	1985
29	임영호	박유봉	Jürgen Habermas의 커뮤니케이션理論에 관한 一考察	1985
30	박승관	추광영	커뮤니케이트권(The right to communicate)의 이론적 배경에 관한 일 고찰	1985
31	김용호	박명진	韓國雜誌廣告의 構造的 特性에 關한 研究	1985
32	주봉의	차배근	華僑들의 文化移植過程에 있어서의 媒體利用패턴에 관한 研究	1985
33	Chavarria, Antonia	추광영	A Study of the History and Functions of the Central American News Agency: Agencia Centro Americana de Noticias ACAN	1985
34	김은주	차배근	社會 各 集團의 疎外度가 被說得性向에 미치는 影響에 관한 實驗 研究	1985
35	김광수	추광영	諷刺的 커뮤니케이션이 說得에 미치는 影響에 관한 研究	1985
36	이범수	김규환	커뮤니케이션學에의 現象學的 接近을 위한 基礎研究	1985
37	주동황	박유봉	〈도이치 · 이데올로기〉에 나타난 Verkehr개념의 분석: 커뮤니케이션의 형성과 발전에 관하여	1985
38	김남석	이상희	알뛰세르의 이데올로기론과 커뮤니케이션 연구	1985
39	Hung, Ching-ching	추광영	韓國 및 中國大學生의 대인 거리(Interpersonal distance) 樣相에 關한 比較文化的 研究	1986
40	김은주	박명진	朴正熙 大統領 演說文의 修辭體系 分析	1986
41	이대석	추광영	G. H. Mead의 커뮤니케이션 理論에 대한 一考察	1986
42	하봉준	차배근	青少年들의 政治的 定向에 미치는 매스미디어의 啓發效果에 關한 研究: 國會에 대한 新聞報道의 影響을 中心으로	1986
43	염찬희	박명진	한국 "리얼리즘" 영화에 대한 구조 분석: 70년대 이후의 대표적인 작품 다섯편을 중심으로	1986

번호	저자	지도교수	제목	발행연도
44	김대호	이상희	韓國의 勞動階級文化에 대한 一考察: 80年代의 文化的 動向을 中心으로	1986
45	조항제	이상희	韓國의 民衆文化 現象에 대한 一考察: 大衆文化에 대한 對抗的 特性을 中心으로	1986
46	이근용	이상희	매스미디어에 대한 文化主義的 接近과 構造主義的 接近과의 比較考察	1986
47	김현주	추광영	虛僞的 커뮤니케이션의 探知行爲에 관한 實驗硏究	1986
48	이재현	이상희	人間 커뮤니케이션에 대한 Hans-Georg Gadamer의 解釋學的 考察	1987
49	윤석민	추광영	정보통신기술의 발달과 남북간 갈등의 변모에 관한 연구: 직접위성방송(DBS) 논쟁을 중심으로	1987
50	김도연	차배근	知識의 隔差(Knowledge gap)와 그 關係變因의 相對的 影響에 關한 硏究	1987
51	홍석경	박명진	아프리카의 飢餓에 대한 신문談話와 'Live Aid'의 現實構成에 관한 硏究: 韓國, 美國, 英國을 대상으로	1987
52	장하용	차배근	間接的 社會交互作用과 疎外度 認識間의 關係에 관한 硏究: 靑少年들의 라디오 聽取行爲를 中心으로	1987
53	이병섭	추광영	情報化社會에 있어서 情報의 商品性에 關한 硏究	1987
54	김희진	박명진	텔레비전 수사 프로그램에 응축된 한국사회의 구조적 갈등과 이념적 특성	1987
55	한인형	박명진	그람시 文化理論의 實踐的 特性에 관한 一考察	1987
56	이수원	이상희	資本主義에서의 미디어 生産物의 決定要因에 關한 硏究: 國家理論的 接近과 政治經濟學的 接近을 中心으로	1987
57	한희정	박명진	1980년대 가족법 개정논의에 대한 신문담화 분석	1988
58	손병우	박명진	라깡(J. Lacan)의 주체이론과 이념작용 분석에 관한 연구	1988
59	배진한	강명구	1920年代 朝鮮 · 東亞 두 新聞의 社會 經濟的 性格에 關한 硏究	1988
60	이창현	강현두	超國家的 音盤産業의 韓國市場支配에 관한 硏究: 韓國 音盤産業의 構造分析을 中心으로	1988
61	이진로	이상희	1980년대 한국 신문산업에 대한 연구	1988
62	하승보	박명진	노동자집단의 텔레비젼 뉴스 해독관행에 관한 문화론적 연구	1988
63	최두진	추광영	國際 온라인 데이타베이스 산업의 性格에 關한 政治經濟學的 考察	1988
64	정연걸	박명진	후기 비트겐슈타인의 이해를 통한 人間 커뮤니케이션 접근	1988
65	박용규	이상희	미군정기 한국언론구조의 형성과정에 관한 연구	1988
66	장한식	강명구	舊韓末 近代的 通信制度의 成立에 關한 硏究	1989
67	정용준	이상희	V. I. Lenin의 선전선동론에 대한 연구	1989
68	옥선미	이상희	자본주의 사회의 신문 언론노동의 성격에 관한 연구	1989
69	고용진	추광영	한국 신문의 광고가 지면구성의 변화에 미친 영향에 관한 연구	1989
70	양성희	박명진	87년 7, 8월 노사갈등에 대한 신문보도기사 분석: 언론의 이념적 보수작업을 중심으로	1989
71	황규배	추광영	韓國 비디오그램 産業의 構造的 特性에 關한 硏究: 헐리우드 비디오그램 産業의 國內 進出過程을 중심으로	1989

번호	저자	지도교수	제목	발행연도
72	황상무	강명구	舊韓末(1896~1910) 言論人集團의 社會的 性格에 關한 研究	1989
73	손승혜	추광영	한국 광고 발전에 있어 초국가적 광고산업의 역할에 관한 연구	1990
74	성지혜	강명구	80년대 노동자 언론에 대한 연구	1990
75	이태길	강현두	韓國言論의 專門職化 展開過程의 歷史的 考察	1990
76	김문수	차배근	불확실성 감소이론에 대한 비교문화권적 검증연구	1990
77	박효규	이상희	民族解放運動 과정에 있어서의 커뮤니케이션 戰略에 관한 연구: 니카라구아의 경우를 중심으로	1990
78	허진	강현두	사회주의적 언론자유이론에 대한 사상적 고찰	1990
79	윤흥노	차배근	美國 텔레비젼 프로그램 視聽이 人種的 固定觀念의 形成에 미치는 影響에 관한 研究	1990
80	박시정	박명진	1970년대 한국방송산업의 자본축적과정에 관한 연구	1990
81	한창규	강현두	북한의 언론이론과 그 적용에 관한 연구	1990
82	남인영	박명진	해방직후 영화운동에 관한 연구	1990
83	한창록	강명구	노동조합운동의 커뮤니케이션 전략에 관한 연구: 지하철노조 사례를 중심으로	1990
84	이원락	이상희	한국신문의 '관급보도'에 관한 연구	1991
85	김자경	차배근	시각적 광고요소가 제품에 대한 태도에 미치는 효과에 관한 실험연구	1991
86	강상호	이상희	한국 언론노동조합운동의 구조적 특성에 관한 연구	1991
87	방주현	강현두	비디오 게임의 이용과 충족에 관한 연구	1991
88	강병규	박명진	1980년대 한국영화산업구조의 변화에 관한 연구	1991
89	김세은	차배근	뉴스가치와 뉴스접촉동기에 관한 연구	1991
90	이준웅	추광영	의사소통 능력과 갈등전략 간의 관계에 대한 공변량구조 모형 검증연구	1991
91	정우현	이상희	라클로(E. Laclau)와 무프(C. Mouffe)의 담론이론과 커뮤니케이션 연구	1991
92	황완주	이상희	이데올로기와 언어 관계에 대한 M.M. 바흐친의 대화주의적 관점에 관한 연구	1991
93	임육평	강현두	韓國의 對北韓 放送과 臺灣의 對大陸 放送에 관한 比較考察	1991
94	김수정	강명구	텔레비젼 광고의 담론분석적 연구	1991
95	이재진	강명구	언론자유와 인격권의 갈등에 관한 연구	1991
96	박기성	박승관	직접위성방송과 문화적 정체성	1992
97	남인용	차배근	광고에 대한 태도가 광고효과에 미치는 영향에 관한 가설모형들의 적합도 검증연구	1992
98	김형곤	강명구	뮤직비디오 수용자들의 포스트모던 청소년문화에 대한 현장기술지	1992
99	이강형	강명구	뉴스 '객관성' 담론에 관한 '지식-권력론'적 분석	1992
100	이은진	강현두	드라마를 통한 의미생산에 대한 연구: 농촌과 도시의 중년여성을 대상으로	1992
101	유완하	이상희	〈民族日報〉의 性格에 관한 研究	1992

번호	저자	지도교수	제목	발행연도
102	강건욱	박명진	미셸푸코가 제시한 '인간제어권력'의 정보사회 적용에 관한 연구	1992
103	유지석	박승관	HDTV의 개발과정을 통해 본 정보 기술의 성격에 대한 연구	1993
104	송종현	박승관	무선호출기 도입에 따른 영업직 노동자들의 업무행태변화 인식에 관한 연구: 노동 통제론의 시각에서	1993
105	고동선	강현두	탈규제 정책과 방송이념의 변화	1993
106	김유경	박승관	1980년대말 통신부문 규제완화정책에 관한 연구: 통신사업자와 사업구조를 중심으로	1993
107	박재용	강현두	한국 초기 민간상업방송의 발전과정에 관한 연구	1993
108	이수희	차배근	광고에 대한 감정반응이 상품태도에 미치는 영향에 관한 연구	1993
109	양은경	박명진	대기업 여성노동자 집단의 드라마 수용에 대한 연구	1993
110	최진환	박승관	CTS도입에 따른 新聞勞動 變化에 관한 硏究: 編輯部를 中心으로	1994
111	이건혁	박승관	정치변동기 통일과 남북교류에 대한 담론 분석: 〈조선〉, 〈동아〉, 〈한겨레신문〉을 중심으로	1994
112	정혜경	박승관	미디어의 환경 담론 분석: 〈조선일보〉 환경보호 캠페인을 중심으로	1994
113	문상현	강명구	6共和國 文化政策의 文化政治的 含意에 관한 硏究	1994
114	임성희	강현두	90년대 새로운 소비주의문화의 성격: 홍대앞 문화 사례분석	1994
115	문영두	박승관	한국신문에 나타난 지역감정 담론의 구조와 변화: 1987~1993	1994
116	박상아	차배근	광고모델의 공신력이 광고효과에 미치는 영향에 관한 연구: 공신력의 구성차원을 중심으로	1994
117	김찬년	차배근	메시지 유형과 수용자 특성에 따른 공익광고의 효과 연구: 환경주제를 중심으로	1994
118	서종대	이상희	한국 전통문화정책의 형성과 특징에 관한 일 연구: '60년대 이후 무형문화재 마당종목을 중심으로	1994
119	국승표	박명진	TV오락 프로그램이 구축하는 즐거움과 그 수용에 관한 연구	1994
120	이희은	박명진	공간매체의 생산과 담론 구성에 관한 연구: 대전엑스포 '93 사례를 중심으로	1994
121	박신희	박승관	방송정책 과정에 관한 권력론적 분석: 1990년 방송법 개정과정과 서울방송 개국과정을 중심으로	1994
122	김정아	강명구	신문기사에 나타난 한국정치 권력구조의 네트워크 분석	1994
123	최선정	박명진	토크 프로그램의 '공적 영역'으로서의 성격에 관한 연구: KBS 1 TV 〈아침마당〉을 중심으로	1995
124	이귀혜	차배근	체면손상과 대인관계적 특성이 인상관리전략의 선택에 미치는 영향에 관한 연구	1995
125	이택주	박승관	放送의 財源政策과 脫規制의 類型에 關한 比較 硏究	1995
126	김상목	박승관	한국언론에 나타난 국제화.세계화 담론의 구조와 변화에 대한 비교 연구: 〈조선일보〉와 〈한겨레신문〉을 중심으로	1995

번호	저자	지도교수	제목	발행연도
127	박은영	박승관	Economic Dependency and Press Performance: A Comparative Study of Brazil and Korea	1995
128	채병건	추광영	가정의 미디어 환경이 청소년의 컴퓨터 이용에 미치는 영향에 관한 연구	1995
129	주용범	박승관	5공화국 말기 개헌의제의 형성과 변동 과정에 관한 연구: 〈조선일보〉를 중심으로	1995
130	홍찬기	박승관	개화기 한국사회의 신문에 대한 인식에 관한 연구: 〈한성순보〉, 〈한성주보〉, 〈독립신문〉, 〈대한매일신보〉의 내용분석을 중심으로	1995
131	홍수정	박명진	80년대 후반 새로운 영화산업전략이 영화텍스트에 미친 영향에 관한 연구: 제작방식과 마케팅전략을 중심으로	1995
132	이민경	박명진	텔레비전 오락프로그램의 공포코너에 대한 연구	1995
133	정혜경	박명진	한국 대중문화 영역의 스타시스템 변화과정에 관한 연구: 매니지먼트와 보조미디어를 중심으로	1996
134	정성욱	박명진	大衆媒體에 나타난 科學的 談論의 이야기화 現象과 그 現代社會的 機能에 관한 硏究	1996
135	신주진	박명진	90년대 방송문화의 포스트모더니즘과 그 사회문화적 의미에 관한 연구: KBS 〈열린음악회〉의 사례를 중심으로	1996
136	김정희	박명진	대인 커뮤니케이션 채널로서의 컴퓨터 매개 커뮤니케이션: 컴퓨터 통신 '전자대화'와 '전자토론'을 중심으로	1996
137	권태철	박승관	일제하 한국방송의 전개과정과 성격에 관한 연구	1996
138	서현승	추광영	여론조사결과가 개인의 의견에 미치는 영향에 대한 연구	1996
139	조윤아	차배근	공익광고에서 공격적 메시지의 효과에 관한 연구	1996
140	김상휘	강명구	대안매체 제작운동에 관한 연구: 한국과 미국의 제작단체들의 비교를 중심으로	1996
141	채미선	추광영	라이프스타일에 따른 케이블TV 시청자의 이용패턴과 충족에 관한 연구	1996
142	성열우	차배근	데이터베이스 검색경험이 이용자의 검색성과와 패턴에 미치는 영향에 관한 연구	1996
143	이은주	박승관	상호작용욕구의 충족도와 커뮤니케이션 효능성이 TV이용과 충족과정에 미치는 영향	1996
144	연규찬	추광영	대인 커뮤니케이션 네트워크의 특성이 컴퓨터 조작 능력에 미치는 영향	1996
145	임정아	박승관	가족 커뮤니케이션 패턴이 청소년의 정치사회화에 미치는 영향에 관한 연구	1996
146	권병수	박명진	상호작용적 텍스트의 사용과정에 관한 연구: 컴퓨터 게임을 중심으로	1997

번호	저자	지도교수	제목	발행연도
147	박한우	차배근	言論에 의한 名譽毁損 被害者의 法律的 對應方式에 관한 研究: 韓國 判例에 나타난 實態를 中心으로	1997
148	허인정	강명구	정보공개와 기업비밀의 이익형량에 관한 연구: 미국, 일본, 한국 간의 비교연구를 중심으로	1997
149	손원제	박승관	김영삼 정권초기 대북정책 의제의 의미구성에 관한 연구: 〈서울신문〉, 〈조선일보〉, 〈한겨레신문〉을 중심으로	1997
150	정준희	박승관	민주적 이행과정에서의 언론의 전략적 선택과 상징정치에 관한 연구: 1991년 5월 정국에 대한 〈조선일보〉의 보도를 중심으로	1997
151	민영	박승관	사회운동조직의 집합행위프레임, 미디어전략, 의제형성능력에 관한 비교연구: 경제정의실천시민연합과 환경운동연합을 중심으로	1997
152	조진경	추광영	케이블TV가 TV 뉴스 시청과 지식격차에 미치는 영향에 관한 연구: 뉴스 이용동기를 중심으로	1997
153	박윤철	박승관	한국신문의 정치기사에 나타난 정치적 현실의 구성방식에 관한 연구	1997
154	조영욱	박승관	1970년대 함평 농민운동의 연결망과 의미구성 과정에 대한 연구	1998
155	박진우	박승관	1930년대 전반기의 한국사회와 근대성의 형성: 커뮤니케이션 구조의 '私事化' 과정에 대한 역사적 연구	1998
156	곽현자	박명진	SF영화의 장르적 특성에 관한 연구	1998
157	나은경	추광영	뉴스 프레이밍 방식의 차이가 사회적 현실에 대한 태도 대응방식에 미치는 영향	1998
158	이세진	박승관	선거시기의 북한관련 사건 보도와 미디어의 의제관리	1998
159	김항	박승관	구한말 근대적 공론영역의 형성과 상징적 기능에 관한 연구	1998
160	국현호	박명진	인터넷 신문의 저널리즘적 특성에 관한 연구	1998
161	이윤복	추광영	內·外向的 性格과 오프라인 모임 參與經驗이 PC통신 커뮤니케이션 樣態에 미치는 영향	1998
162	김성훈	양승목	PC통신 토론방의 격화(flaming)가 참가자의 내집단선호, 의견개진, 및 토론평가에 미치는 영향	1998
163	이상용	박명진	청소년들의 대중문화 수용에 나타나는 성찰적 체험 과정에 관한 연구	1998
164	황준호	강현두	한국방송 편성결정자들의 편성요인 인식에 관한 연구	1999
165	채미령	차배근	韓國 高等學生들의 教育放送(EBS)視聽動機와 充足度에 關한 研究: 首都圈學生들의 境遇를 中心으로	1999
166	김인진	강명구	새마을 운동을 통해서 본 한국사회의 근대성 형성에 관한 연구	1999
167	김남두	양승목	1997년 노동법 파동과 미디어담론의 이중적 의미생산: 〈조선일보〉와 〈중앙일보〉를 중심으로	1999
168	이정엽	강명구	1990년대 대중가요의 문화적 형성에 관한 연구	1999
169	김영미	양승목	사회적 상호작용의 특성이 의견기후의 지각에 미치는 영향	1999
170	배노필	강명구	베스트셀러의 문화적 형성에 관한 연구: 대중적 서사시장의 제도화를 중심으로	1999

번호	저자	지도교수	제목	발행연도
171	이은정	박승관	설득메시지의 정보원과 전형성이 개인의 태도변화에 미치는 영향	1999
172	이승하	강명구	신문 사설에 나타난 노동자 표상에 관한 연구: 식민지 시기와 박정희 시기를 중심으로	1999
173	이종은	박승관	장애인 문제에 관한 미디어 프레이밍이 감정이입, 편견의 감소 및 문제해결 동기화에 미치는 영향	1999
174	이범준	박명진	97년 노동법 파동 당시 주요신문의 양태 표현 방식에 대한 사회기호학적 연구	1999
175	김수경	박명진	대중음악 생산-소비의 변화과정에서 저작권의 역할: 1990년대 한국 음반 산업을 중심으로	1999
176	이소연	박승관	운동환경의 변화에 따른 사회운동조직의 프레임 구성과 변화 과정에 관한 연구: '한국여성단체연합'의 사례를 중심으로	2000
177	박준범	강현두	청소년들의 이동전화 이용 현상에서 나타나는 하위문화적 특성에 관한 연구	2000
178	홍종윤	박명진	텔레비전 뉴스 프로그램에 대한 대항적 참여와 수용 양상에 관한 연구	2000
179	홍경수	추광영	시청률압박이 프로듀서의 TV자막에 대한 인식과 사용패턴에 미치는 영향에 관한 연구: KBS TV2국 프로듀서와 프로그램을 중심으로	2000
180	박종혁	강현두	이동전화에 대한 인식과 성차이가 한국 대학생의 이동전화 이용에 미치는 영향: 기대-가치적 접근	2000
181	김부영	박명진	세계화에 대한 대응으로서 한국영화산업의 문화산업전략에 관한 연구	2000
182	김성중	추광영	또래집단의 영향이 청소년들의 네트워크 컴퓨터 게임 이용과 충족에 미치는 영향에 관한 연구	2000
183	김수아	박명진	일본군 '위안부' 문제의 담론 구성에 관한 연구	2000
184	조소연	양승목	정치적 소외가 미디어 이용과 정치 지식습득에 미치는 영향에 대한 연구	2000
185	김홍자	차배근	中國 新聞廣告 變遷에 關한 硏究: 〈人民日報〉를 中心으로	2000
186	곽동균	양승목	편파 보도에 관한 기사의 엘리트 큐 효과: 정당 지지도에 따른 차이를 중심으로	2000
187	김주형	추광영	텔레비전 스포츠 프로그램이 시청자의 사회가치관에 미치는 영향에 관한 연구	2000
188	전봉기	박명진	열린 서사체 TV 시리즈물의 구조와 수용에 관한 연구: 〈The X-Files〉와 〈신세기 에반게리온〉을 중심으로	2000
189	남주리	양승목	이슈 관여도와 뉴스 편향 평가가 수용자 지각에 미치는 영향: 제3자 효과를 중심으로	2000
190	송현주	강현두	이슈관련집단과 매스미디어의 상호작용이 이슈화과정에 미치는 영향에 대한 연구: 동강댐 건설문제의 이슈화과정에 대한 사례연구	2000
191	김지현	박승관	컴퓨터 소프트웨어 저작권 보호의 정책결정 요인에 관한 연구	2000

번호	저자	지도교수	제목	발행연도
192	나애영	추광영	The Changing Landscape of Chinese Press as Reflected in Press Contents	2001
193	정미정	양승목	한국 정치사이버공간의 구성과 공론장으로서의 가능성에 관한 연구: 중앙정부와 시민단체의 웹사이트 분석을 중심으로	2001
194	신승민	박승관	공적 숙의가 의견의 질과 의견개방성, 그리고 의견표명에 미치는 영향	2001
195	송인나	강현두	우즈베키스탄의 국가 발전과정에서 매스미디어의 교육적 역할	2001
196	김옥태	추광영	전자게임이 청소년의 자아존중감과 경쟁적 가치에 미치는 영향	2001
197	박정우	강명구	일제하 언어민족주의: 식민지 시기 문맹퇴치한글보급운동을 중심으로	2001
198	김예리	박승관	의견기후에 대한 지각이 의견표명과 정보추구에 미치는 영향에 대한 연구	2001
199	윤상길	강명구	새마을운동 관련 미디어 선전물을 통해 구성되는 근대 '국민'에 관한 연구	2001
200	백현정	박명진	텔레비전 연성뉴스의 상징체계 구성방식과 의미작용에 관한 연구	2001
201	강지연	박승관	정치적 위기와 언론의 상징전략: 노사정위원회에 대한 언론의 개입과 문제 정의	2001
202	기우탁	차배근	신문상품의 품질구성에 관한 고찰: 공공성과 선정성을 중심으로	2001
203	노상훈	박명진	하이퍼텍스트를 기반으로 하는 인터넷 가상공간의 공간적 성격에 관한 연구	2001
204	황현서	박승관	자기의견의 확신정도와 의견분위기의 지각이 의견표명에 미치는 영향	2001
205	송용준	양승목	1960년대 한국 언론인의 전문직화 특성에 관한 연구: 발전이론과 박정희 정권의 언론정책의 영향을 중심으로	2001
206	한정엽	추광영	대인관계 충족도가 온라인 대화방의 이용동기와 충족과정에 미치는 영향	2001
207	이천식	추광영	언론의 보도주제와 프레임이 정치참여의지에 미치는 영향	2002
208	김우견	양승목	외국인 노동자에 대한 뉴스 프레이밍 방식이 수용자의 관용에 미치는 영향	2002
209	배승우	강명구	빈역의 정치: 하버마스(Habermas)의 수용과 다시쓰기	2002
210	박희진	추광영	인터넷에 대한 규범적 이미지가 웹 레퍼토리 이용정도와 공공지식습득에 미치는 영향에 관한 연구	2002
211	김설화	양승목	중국의 '한류' 현상과 그 수용에 관한 연구: 북경 청소년들을 중심으로	2002
212	이용우	강명구	1990년대 한국대중음악의 정체성과 장르상품화: 대중음악 장르의 모방과 혼종화 과정을 중심으로	2002
213	최유라	박승관	미디어 보도에 대한 주목피로감 연구: 이슈에 대한 보도량, 이슈중요도 지각 및 인식착각이 주목피로감에 미치는 영향	2002
214	황의석	강명구	1960년대 일본 표상(representation)에 관한 연구: 잡지기사를 중심으로	2002
215	최정화	박명진	1960~70년대 한국 멜로드라마 영화의 여성 주체성 형성에 관한 연구	2002
216	김하좌	추광영	뉴스 정보원으로서 인터넷 이용이 정치적 세련도(political sophistication)에 미치는 영향에 관한 연구	2002

번호	저자	지도교수	제목	발행연도
217	조영한	강명구	한국 올림픽 보도에 나타난 스포츠 내셔널리즘의 변화에 관한 연구	2002
218	문춘영	차배근	한국과 중국의 방송광고 규제에 관한 비교연구	2002
219	최이숙	강명구	1970년 이후 신문에 나타난 청소년 개념의 변화	2002
220	양정애	양승목	인터넷 매개 정치커뮤니케이션과 개인의 정치사회화에 관한 연구	2002
221	이민	차배근	韓國의 〈독립신문〉과 中國의 〈循環日報〉에 관한 比較硏究: 創刊背景 · 動機 · 內容 · 影響을 중심으로	2003
222	최종일	강명구	이태원 공간에 나타난 '아메리카나이제이션(Americanization)'에 관한 연구	2003
223	김낙호	강명구	한국 정보기본권 운동의 성과와 한계: 진보넷을 중심으로	2003
224	심민선	박승관	교실환경에서의 소외가 중학생들의 학급 인터넷 커뮤니티 참여활동에 미치는 영향	2003
225	Qian, Hui	박승관	중 · 미 언론의 국제뉴스 프레임 비교 분석: 유고 주재 중국 대사관 폭격 사건을 중심으로	2003
226	안준용	박명진	기억과 향유를 통한 영화수용에 관한 연구: 〈8월의 크리스마스〉를 중심으로	2003
227	문태준	추광영	사회경제적 요인이 청소년의 인터넷 관련 지식정보자원 및 지식획득에 미치는 영향	2003
228	Chai, Baoqing	차배근	中國 視聽者의 韓國드라마 視聽 行態와 媒體 效果에 관한 硏究: '韓流' 現象에 대한 利用과 充足 理論的 接近	2003
229	김혜진	이준웅	한국 방송이 연변텔레비전방송의 편성과 자체제작 프로그램의 내용에 미친 영향에 관한 연구	2003
230	소흔	차배근	중국 인터넷 광고의 발전과 현황에 관한 연구	2003
231	김동환	윤석민	인터넷 자기효능감이 인터넷을 이용한 과제수행 성과에 미치는 영향	2003
232	김별님	박명진	공영 라디오 방송과 민영 라디오 방송 편성 비교 연구: 다양성과 질을 기준으로	2003
233	한별	박명진	TV 드라마 팬덤에 관한 연구: 드라마 〈네 멋대로 해라〉를 중심으로	2004
234	김성국	이준웅	정치커뮤니케이션 효능감과 여론환경 인식이 선거예측 여론조사에서 유권자의 정치적 의견표명에 미치는 영향	2004
235	Zhao, Wenxin	이준웅	國際廣告의 文化指向性과 메시지 類型에 따른 廣告效果에 關한 硏究	2004
236	Jin, honghua	이준웅	한국 드라마 재연(再演)광고가 중국 수용자들에게 미치는 광고효과에 관한 연구	2004
237	Ci, Xiaoyan	차배근	中國 青少年의 韓國 大衆音樂 受用에 관한 硏究	2004
238	Tsai, Chi-fang	이준웅	대만 시청자의 한국과 일본 드라마에 대한 평가연구	2004
239	이지인	강명구	삼성그룹의 PR활동에 관한 역사적 분석	2004
240	이민주	박승관	철도의 등장이 새로운 커뮤니케이션 공간과 근대적 의식의 형성에 미친 영향	2004
241	김학재	강명구	정부수립 후 국가감시체계의 형성과정: 1948~1953, 정보기관과 국민반, 국민보도연맹의 운영사례	2004

번호	저자	지도교수	제목	발행연도
242	이철주	윤석민	온라인 사회연결망자본이 지위열망에 미치는 영향: 오프라인 사회연결망자본과의 비교를 중심으로	2004
243	곽문준	양승목	문책성 보도와 제3자 효과: 경찰관 비리 보도를 중심으로	2004
244	Iida, Mizumi	강명구	한국을 바라보는 일본인의 시선: 觀光誌에 나타나는 異文化體驗	2004
245	Fang, Lei	윤석민	중국 인터넷신문의 현황에 관한 연구	2004
246	Wu, Xiaoli	차배근	일제강점하의 한국에 관한 중국의 보도실태 연구: 1919~45년간 기사의 내용분석을 중심으로	2004
247	Hu, Jie	윤석민	世界化 過程에서 中國 民族映畵産業 發展 戰略에 관한 硏究: 韓國映畵産業과의 比較를 中心으로	2004
248	Ai, shuguang	차배근	中國 國際放送局(CRI)朝鮮語 放送의 歷史와 實態에 관한 硏究	2004
249	백영민	박승관	가상공간에서의 커뮤니케이션 양식에 따른 개인성 및 시민성, 정치적 네트워크 참여 연구	2005
250	강향원	강남준	HDTV방송 프로그램 편성과 수상기 보급간의 관계 연구: 수용자 요인을 중심으로	2005
251	박성재	강명구	한국 대중가요의 정치: 1970~1990년대 지배와 저항의 동원	2005
252	장세훈	박명진	다사용자 온라인 롤플레잉 게임 수용자의 가상현실 체험과 게임 이용 동기에 관한 연구: 중이용자와 경이용자 간의 차이를 중심으로	2005
253	장종인	강명구	개인 감시의 확장: 주민등록번호의 상업적 이용	2005
254	김우성	강명구	베트남 참전시기 한국의 전쟁 선전과 보도: 1965~1973년 정부, 의회, 군사 자료와 〈조선일보〉를 통해 본 베트남 전쟁의 사회적 현실	2005
255	Ma, Xue	박명진	중국 CCTV뉴스와 한군 KBS 뉴스보도의구조, 형태 및 보도 방식에 대한 비교 연구	2005
256	이성준	이준웅	2003~4년 이라크 파병 보도의 주요 정보원과 뉴스 프레임의 관계: KBS, SBS, 〈조선일보〉, 〈한국일보〉를 중심으로	2005
257	권경싱	박명신	텔레비전 뉴스 텍스트의 시청각적 기호 구축 방식에 관한 연구	2005
258	오형일	윤석민	온라인 게임 이용이 청소년의 대인관계 인식 및 커뮤니케이션 능력에 미치는 영향	2005
259	Jiang, Xianying	강명구	한국 신문의 '조선족' 담론에 관한 연구	2005
260	김유미	박승관	사회운동의 의제동학 연구: 내린천댐과 탐진댐 건설 반대운동 사례 비교	2005
261	김수정	강남준	시청자와 방송사 사이의 상호 관계 인식이 방송사에 대한 태도 형성에 미치는 영향	2005
262	Wang, Jun	이준웅	중국, 한국의 텔레비전 상품광고에 나타나는 문화적 차이에 관한 연구	2005
263	황유리	이준웅	Can Loss-Frame Accelerate Cooperation?: Public Service Announcement Message Frames, Issue Types, and Cooperative Intentions	2005

번호	저자	지도교수	제목	발행연도
264	주훈	박명진	1920~30년대 한국의 영화 관객성 연구: 무성영화 관객을 중심으로	2005
265	손은경	박명진	남북관계의 변화에 따른 분단영화의 지배적 재현 패러다임에 관한 연구	2006
266	박채은	강명구	임파워먼트를 위한 소통: 대안미디어에 참여하는 사람들의 경험과 변화	2006
267	Li, Lei	강남준	孟子에 나타난 說得커뮤니케이션 戰略연구: 孟子와 王의 對話를 중심으로	2006
268	이부형	윤석민	지역방송프로그램의 지역성 및 사업성 평가에 관한 연구: 부산지역 텔레비전 프로그램의 비교를 중심으로	2006
269	박아현	강남준	중력모형을 이용한 아시아 시장의 국내 영상물 유통 패턴 분석	2006
270	이윤석	이준웅	광고 이미지의 조작과 이미지 독해력(visual literacy)이 사전사후 비교 광고의 태도, 브랜드 태도 및 구매 의도에 미치는 영향	2006
271	이경호	박승관	정보공개와 책임표명의 차이가 책임귀인과 신뢰에 미치는 영향: 군 내 사건 · 사고 발생시 대응전략을 중심으로	2006
272	장미	이준웅	The Effects of Visual Literacy and the Perception of Digital Alteration in Photojournalism	2006
273	김진영	박승관	한국의 민주화 이행 과정에서 신문사설에 나타난 군 위상 변화에 대한 연구	2006
274	이진주	박명진	여성성공담론의 변화와 함의: 1990-2004 비문학부문 베스트셀러를 중심으로	2006
275	박아란	양승목	언론에 의한 프라이버시 침해의 유형과 면책기준에 관한 판례 연구	2006
276	장윤재	박승관	공적 침묵과 사적 소란: 발화상황의 공공성과 의사소통 효능성이 의견표명의지에 미치는 영향	2006
277	최민석	이준웅	중도주의자의 실종: 당파적 주장에 대한 중도주의자의 반발과 이로 인한 극단주의자의 오해	2006
278	장현미	이준웅	공중건강 캠페인에서 감정유도 메시지가 태도와 행위의도에 미치는 영향에 관한 연구: 지각된 행위 통제감과 낙관적 편견의 매개적 효과를 중심으로	2006
279	박대민	박명진	가상세계를 통한 사회체계의 시뮬레이션 가능성에 관한 연구: 다사용자온라인게임 〈리니지 2〉의 사례	2006
280	김규찬	양승목	인터넷 마녀사냥의 전개과정과 그 함의: 2005년 '개똥녀 사건'을 중심으로	2006
281	김주옥	박명진	세계화시대 TV 역사 다큐멘터리 변화에 관한 연구: KBS스페셜 〈도자기〉를 중심으로	2006
282	곽정래	박승관	탈북이주민의 매스미디어 이용과 사회적 자본 형성에 관한연구	2006
283	심원	박명진	새터민 청소년들의 정체성 교섭에 관한 연구	2006
284	주연경	강남준	Effect of the Web Organization and Prior Knowledge on Obtaining Structural·and Declarative Knowledge	2007
285	이규탁	박명진	1990년대 한국 댄스음악 형성 과정에 대한 연구: 혼종과 토착화 과정을 중심으로	2007

번호	저자	지도교수	제목	발행연도
286	오현경	강남준	청소년의 시간 재할당에 관한 연구: 국민생활시간조사 자료의 코호트 분석을 중심으로	2007
287	김성민	강명구	Bordering and Trans-bodering Cultural flows between Korea and Japan: The geology of the Ban on Japanese popular culture in Korea, 1965~1998	2007
288	이성민	강명구	기독교방송의 설립과정과 초기 성격에 관한 연구, 1948~1960: 냉전시기 라디오 방송환경과 선교방송의 성격변화를 중심으로	2007
289	윤혜성	이준웅	〈신데렐라〉 드라마가 미혼여성의 낭만적 결혼관 계발에 미치는 영향 연구	2007
290	이종영	강남준	기사 형식과 매체에 따른 감정 표현 양상에 대한 연구: 자연어처리를 이용한 계량 분석을 중심으로	2007
291	김재욱	박승관	커뮤니케이션에 따른 지휘관 유형화와 권위, 생활만족, 신뢰에 관한 연구	2007
292	이화진	강남준	게임 이용자의 게임을 통한 충족욕구와 몰입에 관한 연구: 〈리니지 2〉를 중심으로	2007
293	오유승	양승목	취재원 보호권의 입법방향 고찰	2008
294	강민지	이재현	PC 기반 정보 생산 행위의 이용자 결정 요인에 관한 연구	2008
295	이혜미	강남준	인터넷 검색사이트에서의 정보추구행동에 관한 연구: 의사결정과정의 상호작용모델을 중심으로	2008
296	조성동	강남준	다채널 수용자의 채널레퍼토리 구성차이에 따른 채널소비 집중과 수용자 분극화 현상의 상호관계성	2008
297	양혜원	양승목	인터넷뉴스의 헤드라인과 댓글 종류에 따른 뉴스 이해도, 회상도, 평가도의 차이에 관한 연구	2008
298	김태웅	박승관	청소년의 정보원 이용이 군 이미지, 복무의사, 신뢰도에 미치는 영향에 관한 연구	2008
299	김창욱	강명구	Labor Flexibility and Subjectivity in the Korean Independent Broadcasting Production Sector	2008
300	이현우	윤석민	이동전화서비스에 대한 보편적 서비스 정책이념 적용가능성	2008
301	정원주	양승목	국회의원의 국가기밀 공개에 대한 면책특권의 적용과 한계	2008
302	김현석	이준웅	뉴스 프레임의 상황 모형 구성 효과에 대한 연구	2008
303	백일현	양승목	취재지원 시스템 선진화 방안을 둘러싼 정부와 언론의 갈등: 공무원과 기자 심층인터뷰를 중심으로	2008
304	허은자	이재현	다매체 환경에서의 시간 의식과 매체 이용 다중성 사이의 관계에 대한 연구	2008
305	권정민	박명진	상품 페미니즘에서의 성 정체성 구축에 관하여: 여성 전용 채널인 온스타일(Onstyle) 사례연구	2008
306	문홍식	박승관	육군 간부집단의 커뮤니케이션 채널 이용이 조직이미지와 주인의식에 미치는 영향	2008
307	김혜지	양승목	인터넷 신문의 글꼴이 댓글과 정보습득에 미치는 영향	2008

번호	저자	지도교수	제목	발행연도
308	오지연	박승관	검색 엔진에 대한 이용자의 의존성: 검색 엔진의 공신력과 정보의 순위가 정보의 검색과 활용에 미치는 영향	2009
309	강태성	이준웅	텔레비전 뉴스의 뉴스티커가 본뉴스 이해에 미치는 영향: 주의 분산 및 인지 욕구와의 상호작용효과를 중심으로	2009
310	김지현	강남준	방송 프로그램 유형선호에 따른 채널 선택 예측 연구: 컨디셔널로짓(Conditional Logit) 분석기법을 중심으로	2009
311	조재한	강명구	1950년대 여성의 몸을 통한 근대화와 소비욕망의 형성: 전후 1955~1959년 여성잡지 〈여원〉을 중심으로	2009
312	김재민	이준웅	텔레비전 드라마에 나타난 결혼이주여성 이야기의 서사구조 분석	2009
313	권동국	강남준	중간광고 도입에 대한 방송사 조직구성원의 찬반의견에 영향을 미치는 요인: 조직동일시와 신뢰에 대한 논의를 중심으로	2009
314	김은실	이재현	휴대전화 이용과 그 결정요인에 대한 한중 비교연구	2009
315	이하나	양승목	포털사이트 인기뉴스의 특성과 뉴스가치에 관한 연구: 최다 클릭, 댓글, 스크랩 뉴스를 중심으로	2009
316	김경보	양승목	일본 대중문화 기사에 대한 수용자의 지각적 편향: 팬과 일반 수용자의 관여도 차이를 중심으로	2009
317	기설	이재현	MP3 플레이어 이용에 대한 문화기술지 연구: 아이팟터치 이용자를 대상으로	2009
318	김보형	강명구	전후 라디오연속극의 생산과 성별질서의 재현: 여성 주체 서사를 중심으로	2009
319	하예린	박승관	말귀열림지각이 이견표명행동과 정보추구행동에 미치는 영향	2009
320	Ma, Chao	양승목	중국 언론의 남북한 보도에 관한 비교 연구: 〈환구시보(環球時報)〉를 중심으로	2009
321	김반야	이준웅	연인 간 휴대전화 이용이 친밀감을 매개로 행동통제감에 미치는 영향	2009
322	김진우	이준웅	Effects of Message Quality on the Favorability of Response in Online Discussion	2009
323	양정환	이준웅	대학생의 인터넷 뉴스의 이용과 정치사회화, 가족 의사소통의 관계에 대한 연구	2009
324	고 샐리영	강명구	미디어로서의 책에 대한 근대적 인식의 발생: 개화기(1883~1910)에 출판된 번역서를 중심으로	2009
325	김수진	박승관	초급장교 교육훈련 홍보 보도기사에 나타난 장교상이 군 이미지와 신뢰에 미치는 영향	2009
326	정혜진	양승목	언론의 초상권 침해 판례의 특성과 면책사유에 관한 연구	2009
327	이관섭	박승관	병사들의 입대전 온라인 게임 이용방식이 현실인식, 갈등 해결방식, 군 생활 적응에 미치는 영향	2009
328	서신혜	양승목	'막장드라마'의 이용과 충족에 관한 연구	2010
329	김수영	박승관	방송 경제 뉴스의 정치 의미화 과정에 관한 연구: 2008년 금융 위기 뉴스를 중심으로	2010
330	김호정	강명구	한국 TV 수상기 산업의 초기 형성과 정부 정책: 1960~1970년대를 중심으로	2010

번호	저자	지도교수	제목	발행연도
331	이소은	이재현	텍스트, 데이터 및 아키텍처로서의 몸: 디지털 시대의 몸 담론에 대한 탐색	2010
332	김민지	이은주	Effects of News Layout on Selective Exposure to Online News: The Moderating Role of Issue Involvement	2010
333	김대규	윤석민	방송위원회와 정보통신부의 통합과정 사례연구	2010
334	박민성	강명구	한국 기업의 개인정보 취급 규제제도의 지속가능성에 관한 연구	2010
335	이루	이은주	International Students' Motivations of Internet Use and Their Effects on College Adjustments: A Case of Chinese Students at Seoul National University	2010
336	김정영	강명구	중년여성들의 일상적 대화의 의미: 아줌마들의 '목욕탕 수다'에 대한 문화기술지 연구	2010
337	이호현	윤석민	2000년대 후반 언론시민단체의 미디어정책 참여방식에 대한 연구	2010
338	최서영	이재현	글쓰기로서의 블로그 링크 분석: 하이퍼링크의 수사적 이용을 중심으로	2010
339	장정우	이은주	The Motivations of Online Knowledge Sharing: Need for Public Individuation, Self-Esteem, and Interpersonal Needs	2010
340	임현수	이준웅	보도자료 기사화에 영향을 미치는 요인 연구: 2004년 재정경제부 및 2009년 기획재정부 보도자료에 대한 〈조선일보〉, 〈한겨레〉 기사 분석을 중심으로	2010
341	김혜미	이준웅	인터넷 뉴스와 댓글의 뉴스 프레임 융합 효과에 대한 연구: 해석의 복잡성 및 태도의 극단성 분석을 중심으로	2010
342	정서린	윤석민	국내 언론사의 탐사보도팀 운영 성과에 관한 연구	2010
343	박창섭	이준웅	한국 언론의 야마 관행과 뉴스의 현실 구성	2010
344	서현승	이준웅	경제에 대한 회고적 평가와 전망적 기대가 대통령의 지지에 미치는 영향: 점화효과 이론을 중심으로	2010
345	최문호	김은미	양질의 뉴스(quality news)와 뉴스선택: KBS 2TV 저녁 뉴스타임과 SBS 8시 뉴스 사례 중심	2011
346	Nguyen, Thi Thu Huong	이준웅	The Influence of Foreign Television Viewing on Vietnamese Image and Product Purchase Intention	2011
347	이오주	윤석민	한국 방송산업의 규모의 경제(economies of scale)에 관한 연구	2011
348	권근환	이준웅	내러티브 대 증거 기반 설득메시지의 설득효과에 관한 연구	2011
349	육서영	윤석민	탐사보도 프로그램 제작 과정에서 구성작가의 역할과 영향에 관한 연구	2011
350	임희수	박명진	텔레비전 장르에 나타난 변화하는 남성성 담론과 젠더관계연구: 이성애적 연애서사 텍스트를 중심으로	2011
351	왕단니	이준웅	The Effects of News Frames and the Multiplicity of News Sources on Issue Interpretations and Attitudes	2011
352	김아름	강명구	전후 한국 공론장의 일면 1953~1960: 〈사상계〉와 지식인 공동체 형성을 중심으로	2011

번호	저자	지도교수	제목	발행연도
353	박찬경	강명구	The Formation of the Closed Platform on the Korean Mobile Internet: The History of Mobile Open Access, 2000-2009	2011
354	김은빈	강남준	Communication Networks in Social Media: How Many of Twitter Followers Does One Actually Communicate With?	2011
355	정한택	이준웅	온라인 대화에서 통신체 조작과 조응이 대화상대에 대한 호감, 신뢰감, 친밀감 및 승낙획득에 미치는 영향	2011
356	김민정	강명구	1970년대 '문학 장'과 계간지의 부상: 〈창작과비평〉과 〈문학과지성〉을 중심으로	2011
357	김현희	박승관	종이신문 1면과 포털 프론트페이지에 실린 범죄기사의 비교 연구	2011
358	김새롬	이준웅	종교가 정치적 태도에 미치는 영향에 관한 연구: 4대강사업에 대한 태도를 중심으로	2011
359	오창학	강남준	재한조선족의 미디어 이용과 한국에서의 사회참여 및 사회적 연결망 사이 관계에 관한 연구	2011
360	신수연	이은주	How Review Quality and Reviewers' Photos Affect Consumers' Evaluations of the Product and the Website: Moderating Role of Product Type	2012
361	손지혜	박승관	'무엇이 되는 삶'과 '어떻게 사는 삶': 성공 지향, 성숙 지향 가족 커뮤니케이션 양식이 아동의 대인 커뮤니케이션에 미치는 영향	2012
362	권영지	박승관	언론사 공신력과 기사 정보량이 루머 댓글 읽기 효과에 미치는 영향에 대한 두 가지 설명 모형: 설득효과모형 대 의제설정모형	2012
363	이상규	강명구	도시주변부 청소년들의 일상에서 "음악듣기"의 의미	2012
364	이상혁	김은미	MMORPG 이용자의 공격성에 미치는 요인에 관한 연구: 동기와 좌절을 중심으로	2012
365	양차미	이재현	비장소로서의 도시 카페에 대한 문화기술지 연구	2012
366	서영아	박승관	값싼 것, 잘 팔리는 것, 인정받는 것: 소셜커머스 이용에서 가격할인율, 구매비율, 댓글방향성이 구매의사결정에 미치는 영향에 대한 실험연구	2012
367	오수연	김은미	What Causes Emotional Arousal Online?: Effects of Cognitive Appraisal and Emotional Contagion in Text-Based Communication	2012
368	김유빈	이재현	모바일 사운드 미디어 이용의 관계적 맥락에 대한 크로노토프 분석	2012
369	Lian, Lili	강남준	미디어 이용과 가족 커뮤니케이션의 관계에 관한 연구: 소셜미디어 이용을 통한 가족 커뮤니케이션 예측변인의 재발견	2012
370	Subedar, Farah	박승관	Framing the Murder of a Kurdish and an American Journalist: Comparison of Middle Eastern and Western Newspaper Coverage	2012
371	이주현	김은미	텔레비전 시청이 연애에서의 소비 및 소비 수준에 대한 인식에 미치는 영향	2012

번호	저자	지도교수	제목	발행연도
372	김태오	강명구	기자의 이동매체 이용과 취재보도과정의 변화: 기자의 자율성 인식을 중심으로	2012
373	김찬균	이재현	한국인 트위터 이용자의 하이퍼링크 트윗 분석	2012
374	이원표	강남준	사회적 지지, 사회지향성과 자율지향성이 의사사회상호작용에 미치는 영향에 관한 연구	2012
375	위지은	이준환	Interaction Behavior as an Indicator of Online Homophily: A Study on Intimacy among Facebook Friendship	2013
376	Qi, Yu	강명구	90년대 이후 중국 텔레비전 드라마에 재현된 젠더관계의 특성	2013
377	민마로한	박승관	사회자본 요인이 SNS의 관계적 이용에 미치는 영향과 관계맺음 평가의 조절효과에 관한 연구	2013
378	황현정	이준웅	누가 어떻게 트위터에서 영향력을 행사하는가?: 트위터 이용자와 메시지 속성이 의견지도력(opinion leadership)에 미치는 효과	2013
379	황주원	김은미	블로그를 통한 관계유지행동: 관계의 유형과 유사성 인식을 중심으로	2013
380	정아름	윤석민	우리나라 문화콘텐츠 지원 정책의 집행과정 연구: '한국콘텐츠진흥원'의 제작지원 사업을 중심으로	2013
381	Huang, Qian	양승목	'한국기원설' 루머가 중국대학생의 '반한류'와 '반한감정'에 미치는 영향	2013
382	김수연	김은미	온라인 문화콘텐츠의 다양성: 국내 온라인 음악 서비스를 중심으로	2013
383	김형주	이준웅	한국재난뉴스의 전형화된 프레임에 관한 연구: 90년대부터 최근까지 방송신문 재난뉴스를 중심으로	2013
384	Lee, Hyelim	한규섭	The Ideological Evolution of Social Network Sites: A Test of the Concentration and Polarization Hypothesis	2013
385	김인태	박명진	부산국제영화제의 글로컬 도시 영화 이벤트로서의 정체성 연구	2013
386	Jiang, Naijing	이준웅	라이프스타일과 뉴스 이용동기가 다중매체 뉴스 이용행태에 미치는 영향에 관한 연구: 중국 뉴스 이용자를 중심으로	2013
387	목은영	이준웅	뉴스 공정성 구성요인과 적대적 매체 지각이 이용자들의 공정성 평가에 미치는 영향	2013
388	김소영	양승목	중국인 유학생의 대인 커뮤니케이션과 미디어 이용이 반한 감정에 미치는 영향: 적대적 미디어 지각을 중심으로	2013
389	서민향	김은미	Losing Weight Together Online: How People Perceive Social Support in Online Weight Loss Communities	2013
390	양소은	김은미	누구와 소통하는가: 연결된 청소년의 공동체적 삶 역량 계발	2013
391	최성인	이준웅	온라인 뉴스 인용과 프레임이 뉴스이해와 평가에 미치는 영향: 정교화 가능성 모델을 중심으로	2013
392	방서경	윤석민	Study on the Differences between Paper Books and E-Books in Media Attributes, Functions, and Reading Experiences	2013
393	Magoncia, Jeremiah Estela	홍석경	OMG! Reaction Videos on YouTube: Meanings to Fandom and to K-Pop Community	2014

번호	저자	지도교수	제목	발행연도
394	이진희	박승관	영상콘텐츠 시청방식(공동시청과 단독시청)이 자녀의 커뮤니케이션 능력과 부모-자녀 간 커뮤니케이션 만족도에 미치는 영향: 부모-자녀 간 커뮤니케이션 유형(도구적 소통 · 유대적 소통)의 조절효과를 중심으로	2014
395	하덕형	박승관	텔레비전 공개 강연 프로그램 시청자의 심리적 특성이 시청동기 및 시청행태에 미치는 영향	2014
396	김예원	이은주	인포그래픽스가 뉴스 이용자의 기사 정보 처리에 미치는 영향: 사전 지식 및 이슈 관여도의 조절효과를 중심으로	2014
397	원인호	이준환	소셜 코딩 서비스 '깃허브'를 통한 오픈소스 소프트웨어 공동체의 협력과 규제	2014
398	박성진	한규섭	The Networks of Celebrity Politics: Political Implications of Celebrity Following on SNS	2014
399	장슬기	한규섭	TV토론은 진정한 '토론'인가?: 후보자간 관여(engagement) 조건	2014
400	박은진	이재현	페이스북 이용자의 네트워크 특성과 이용행태의 관계에 관한 연구	2014
401	원희영	윤석민	종합편성채널의 보도 공정성에 관한 연구: 제18대 대통령 선거 관련 뉴스를 중심으로	2014
402	백문영	강명구	중국 청춘분투드라마에 재현된 80후	2014
403	최순욱	이재현	MMORPG의 게이머 네트워크 진화 분석: World of Warcraft의 크롤링 데이터를 중심으로	2014
404	이상률	이준웅	프레임 경쟁 시기에 따른 언론의 기사 타당성 수준과 익명 정보원 사용 연구: 검 · 경 수사권 논쟁을 중심으로	2014
405	여혜은	이준웅	텔레비전 시청의 상호작용성과 시청 만족도의 관계 연구	2014
406	김연주	강명구	"나 이렇게 살아요." 자아 표현 및 전시 도구로서의 카카오톡 프로필 사진 연출 행위	2014
407	오종환	이준환	온라인 문서에서 하이라이트의 효과 및 생성 방법에 관한 연구	2014
408	이혜연	한규섭	The Effects of Real-Time Twitter Messages on Televised Debate Viewers' Political Judgments: The 2012 Korean Presidential Election and the 2014 Seoul Mayoral Race Cases	2014
409	김연	강명구	리얼리티 프로그램에서 재현된 아버지 이미지의 사회적 구조: 중국판을 중심으로	2015
410	박소영	윤석민	온라인의제와 전통적 미디어의제, 정책결정자 의제의 상호 영향력	2015
411	임재은	이준환	피드백과 목표가 크라우드소싱 결과물의 질에 미치는 영향	2015
412	조유진	이은주	타인지향적 페이스북 이용이 사회적 지지감에 미치는 효과	2015
413	한수연	윤석민	종합편성채널 출범이 지상파 방송 뉴스에 미친 영향: 개입시계열분석을 이용한 저녁종합뉴스 분석을 중심으로	2015
414	이지혜	한규섭	Aged Minds of Current Citizens: The Changing Nature of Regional Prejudices in the South Korean Public	2015

번호	저자	지도교수	제목	발행연도
415	김혜신	강명구	일본 만화산업모델의 한국적 도입: 1988~1999년의 주간 〈아이큐점프〉가 한국 만화산업의 생산 및 유통에 가지는 전환기적 중요성	2015
416	서지희	이준웅	건강정보의 풍요는 건강지식수준이 높은 사람을 만드는가?: 선택적 노출이 건강정보 추구와 일상적 정보노출에 미치는 영향	2015
417	박상조	박승관	외국인 범죄에 대한 언론보도와 문화계발효과	2015
418	송보영	김은미	뉴스 소비 환경의 변화와 공중의 의제 일치도에 관한 연구	2015
419	류원식	이준웅	도덕 기반 신념에 따른 정치이념이 정치적 의견표현 행위와 정치적 관용에 미치는 효과	2015
420	박소정	홍석경	신자유주의 한국 사회에서 연애하기: 2008년 이후 한국 로맨틱 코미디 영화가 재현하는 연애에 대한 연구	2016
421	이함별	이준웅	중국과 한국의 커뮤니케이션 학술서 번역 수용 비교연구: 번역자 번역 태도를 중심으로	2016
422	유수연	윤석민	Self-Interested Reporting by Mainstream Media: A Study of How Broadcast News Covered Media Policy	2016
423	김진경	강남준	〈동아일보〉와 〈조선일보〉의 단독정부 수립과정 보도태도 연구	2016
424	고문정	윤석민	온라인 플랫폼에서의 다중 채널 네트워크(mcn)에 관한 연구: 개인 영상 창작과 기업 자본의 결합	2016
425	박미사	박승관	메르스 보도에 대한 미디어 의존도가 위험지각 및 예방행동에 미치는 영향: 관여도 조절효과를 중심으로	2016
426	송신의	강명구	인터넷 관광담론으로 보는 한국 관광객의 상상과 시선: 뉴욕과 상해 여행 후기 비교를 중심으로	2016
427	이지연	윤석민	포털 검색 서비스의 불공정성 논란과 실효성 있는 가치에 대한 탐구: 네이버의 검색어 서비스를 중심으로	2016
428	장예나	이준환	Adopting Normification as a Source of Intrinsic Motivation	2016
429	김유진	한규섭	현직 의원에 대한 뉴스 미디어 효과	2016
430	장예나	양승목	중국 포털미디어의 성형 보도와 여성 수용자 반응에 대한 연구	2016
431	고예나	김은미	어떻게 위로할 것인가?: 정서와 메시지 유형에 따른 정서조절 효과 연구	2016
432	이최은재	홍석경	International Audience's Timed Comment Use on Viki: Talking about a K-Drama while Still Watching It	2016
433	김수지	윤석민	대안언론의 공정성 인식과 실천: 뉴스타파 사례분석	2016
434	강비아	이철주	The Knowledge Gap Hypothesis in the Context of Stomach Cancer: Examining Cognitive and Social Mechanisms of the Theory	2016
435	최정화	강명구	북한이탈청년들의 정체성 변화와 적응전략 연구: 성찰적 사진 인터뷰를 중심으로	2016
436	김수민	이준환	밈을 활용한 뉴스 클러스터링 제안: 온라인 뉴스에 대한 진화론적 접근	2016

번호	저자	지도교수	제목	발행연도
437	김영림	홍석경	Collective Imagination of a Global Epidemic: Reality Construction Narratives on Newspaper and Twitter Images of Ebola	2016
438	응웬 투 응안	강명구	전후 전쟁 영화를 통해 본 베트남전의 기억	2016
439	김수경	김은미	Emergent Leadership in Self-Managing Groups: Contributing Factors and Its Consequences	2016
440	안수연	박승관	The Role of Facebook in Romantic Relationships: A Study of the Effects of Facebook Official among Korean Young Adults	2016
441	장수연	이준환	우울감 및 신경증성향에 따른 페이스북상의 커뮤니케이션 행동	2016
442	최희재	이재현	페이스북의 이용 기간과 개시 · 반응의 관계에 관한 연구: 크롤링 데이터의 시계열 분석	2016
443	김상유	이준웅	공영방송의 정치적 독립성에 대한 경쟁적 정치의 효과	2016
444	김관호	이철주	위암 맥락에서의 건강불평등에 대한 커뮤니케이션학적 접근: 커뮤니케이션 불평등 개념을 중심으로	2016
445	강현철	윤석민	온라인 네이티브 광고 수용자의 신뢰도: 광고의 명시성 요인을 중심으로 한 탐색적 연구	2017
446	안혜상	홍석경	신자유주의시대 청년세대 친밀성의 재구성, '썸'	2017
447	설건성	김은미	타문화 직 · 간접적 경험이 국가에 대한 신념과 태도에 미치는 영향	2017
448	황구현	이준환	인터넷 뉴스 소비 습관의 시각적 확인을 통한 편향 완화 연구	2017
449	홍나희	이준환	The Validity and Credibility of Crowdsourced Fact-Checking	2017
450	전소윤	이준환	사진의 메타데이터를 이용한 프라이버시 수준 측정과 온라인 공유 행동 연구	2017
451	이형은	홍석경	글로벌 장르로서의 한류: KDrama와 KPop의 글로벌 장르화 가능성에 대한 연구	2017
452	이준민	이준환	정보 시각화의 요소와 상호작용이 정보의 이해에 미치는 영향에 대한 연구	2017
453	허세화	이철주	How Does Media Influence Suicide-Related Cognitions?	2017
454	황경진	이철주	An Application of the Integrative Model of Behavior Prediction Theory to Electronic Cigarette Prevention: Identifying Promising Message Strategies	2017
455	장부길	이은주	페이스북 게시글에 대한 타인의 반응이 게시글 논조 및 영향력 지각과 게시글 작성자에 대한 인상 형성에 미치는 영향	2017
456	Jiang, Shan	홍석경	중국 근대화 과정과 남성성의 재현에 대한 연구: 리얼리티 프로그램 을 중심으로	2017
457	이규호	이준환	학회 커뮤니티 성장 요인 분석	2017
458	조정수	김은미	소비자와 브랜드의 친구관계: 준사회적 상호작용을 중심으로	2017

번호	저자	지도교수	제목	발행연도
459	김보라	강명구	시나리오 작가/감독 지망생들은 무엇으로 살아가는가?: '불규칙한 유동성(Precarity)'을 극복하는 방법	2017
460	박준모	이철주	Is Air Pollution a Serious Threat to Me or Society? Information Sources as Explanatory Variables for Different Risk Perceptions and Behaviors	2018
461	한승목	이철주	거주 유동성이 높은 사회는 건강정보가 필요한 사회인가?	2018
462	최석영	김은미	Social Comparison or Emotional Contagion?: Comparing Two Mechanisms Underlying the Association between Instagram Browsing and Subjective Well-being	2018
463	최융	양승목	영화 흥행 결정 요인이 유료방송 VOD 구매에 미치는 영향	2018
464	황길환	이준환	인간-로봇 상호작용에서 대화 맥락과 로봇 목소리의 감정 표현이 사용자 인식에 미치는 영향	2018
465	장희수	윤석민	Generational Differences in News Literacy	2018
466	이수진	강명구	유튜버의 일, 수익성, 자율성	2018
467	정혜란	홍석경	이효리를 통해 본 한국의 셀러브리티 문화와 여성성	2018
468	석인희	이철주	Why Does Health Information Acquisition Increase Physician Visits?: The Role of Hypochondriasis	2018
469	신희정	이철주	HPV 백신 정보에 대한 노출이 HPV 백신 관련 정부 정책 지지에 미치는 영향	2018
470	권윤주	홍석경	한국 미디어의 다문화 청소년 재현에 대한 연구	2018
471	김해리	이재현	미디어 세대의 변천: 1995-2015년 미디어 매트릭스에 대한 시계열 분석	2018
472	김혜정	한규섭	온라인 공간에서의 뉴스 미디어 이용 및 의사소통 행위가 유권자의 정치적 양극단화에 미치는 영향	2018
473	박연	홍석경	중국 도시 정감 드라마의 모성 재현에 관한 연구: 80후 세대의 육아를 중심으로	2018
474	주민휘	이은주	Effectiveness of Facebook for Public Health Campaign: Perceived Persuasive Intent as a Mediator	2018
475	이서영	이준환	Expressing the Personalities of the Conversational Agents with Visual and Verbal Feedback and Its Match with Tasks	2019
476	이지원	홍석경	케이팝이 만들어가는 인종과 젠더의 새로운 역동성: 방탄소년단의 흑인 여성 팬덤 분석을 중심으로	2019
477	김현성	이준환	시리어스 게임에서 게임 요소와 개인의 특성 간 관계 연구	2019
478	오윤정	이준환	The Effects of Visual Elements on User's Attention and Information Recall for Contextually-Appropriate Visual News Generation	2019
479	태문영	이준환	로봇의 유머 사용이 호감도와 재사용의도에 미치는 영향	2019
480	안서우	한규섭	A Longitudinal Study on Partisan Differentiation of Media Outlets in South Korea	2019

번호	저자	지도교수	제목	발행연도
481	김혁	이준환	Discovering a Design Space for the Transition of News Articles with Data Visualization from Large to Small Screen Devices	2019
482	백지연	김은미	관계망 이질성이 관용에 미치는 영향	2019
483	김지수	윤석민	인터넷 개인방송에서 혐오발언은 어떻게 비즈니스가 되는가?: 유튜브 및 아프리카TV 토크/캠방 방송에서의 여성혐오발언을 중심으로	2019
484	장유진	홍석경	한국 영화계는 어떻게 남성장르로 여성관객을 유인하는가?: 1990년대 이후 한국 버디영화의 남성성 재현 변화에 대한 연구	2019
485	이창	이준웅	세계시민주의와 민족주의 성향이 국제뉴스 이용에 미치는 영향: 중국 대학생과 재한 중국 유학생 비교 연구	2019
486	소지원	이준웅	When Do People Speak Up on the Internet?: The Effects of Opinion Congruency and Incivility on the Willingness to Participate in the News Comments Section	2019
487	임지원	윤석민	언론은 어떤 범죄를 선정적으로 보도하는가?: 살인범죄를 중심으로	2019
488	최우빈	이준환	대화형 에이전트의 오류 메시지 전략과 의인화가 오류 회복에 미치는 영향	2020
489	최현미	홍석경	중국 온라인 하위문화: 상문화의 표현적 특성에 대한 연구	2020
490	김수영	한규섭	정치인의 특성이 유튜브 메시지 전략에 미치는 영향	2020
491	배인환	이은주	범죄 기사 내 정신질환 언급이 독자에 미치는 부정적 영향과 기저율 정보 제시를 통한 완화: 독자의 기사 해석과 정신질환자 집단에 대한 태도 및 인식을 중심으로	2020
492	안윤아	이준환	시스템 디자인 요소 개선이 시니어의 비대면 서비스 사용 의도에 미치는 영향: 기술수용모델을 중심으로	2020
493	최지수	윤석민	뉴스 메시지의 사실성, 품질, 형식이 뉴스 메시지에 대한 신뢰, 태도, 행위 의도에 미치는 효과: 코로나19 공기전파 이슈를 중심으로	2020
494	장인희	홍석경	육성형 오디션 프로그램에 드러난 한국과 중국 간 경쟁문화 비교: 한국과 중국의 〈프로듀스101〉 시리즈를 중심으로	2020
495	장인영	강재호	스펙터클의 도시: 잠실 롯데 단지에 대한 미디어-공간적 문화연구	2021
496	이연규	홍석경	한국과 일본의 여성 아이돌 그룹의 남성 팬덤에 대한 비교 연구: 중소 아이돌의 삼촌팬과 지하 아이돌의 오타쿠를 중심으로	2021
497	이은비	이재현	유튜브의 몰아보기 시청 행태에 대한 탐색적 연구: 로그 데이터 분석	2021
498	오지원	홍석경	초국가적 케이팝 팬덤의 경계관리활동에 대한 연구: 크린지(Cringe) 문화의 혼종성을 중심으로	2021
499	권영진	이준환	Exploring the Effects of Narrative Visualization Story Structure on Visualization Comprehension, Engagement and Recall	2021
500	Wang, Yue	이준웅	중국 대학생의 전송경험이 외국 드라마 시청과 재시청 의도에 영향을 미치는 영향	2021

번호	저자	지도교수	제목	발행연도
501	김라윤	이준웅	캠페인 속 역할모형의 특성과 기술규범 제시가 정신건강 전문서비스 이용 증진에 미치는 영향: 인물의 따뜻함과 유능함을 중심으로	2021
502	김도연	강재호	영화적 도시와 미디어-공간 경험: 지그프리트 크라카우어의 영화와 도시론 연구	2021
503	노선혜	한규섭	무엇이 정치인의 말과 행동의 차이를 설명하는가?: 2016년 총선 TV토론과 국회표결 비교 분석	2021
504	유승진	한규섭	종합편성채널 JTBC의 정파성 변화에 관한 연구: 18대·19대 대통령 선거 보도 분석을 중심으로	2021
505	김지수	김현석	경찰 홍보 동영상의 확산력과 설득력에 영향을 미치는 요인에 관한 연구: 메시지의 생생함과 구체성을 중심으로	2021
506	서유지	김현석	When One Man's Right is Another Man's Wrong: Effects of Moral Foundation Matching in Policy Advocacy Messages	2021
507	박성민	이준환	자동화된 팩트체크 과정에서 딥러닝을 이용한 주장(claim) 판별 기법 연구	2022
508	최은철	윤석민	담론네트워크 분석을 통해 살펴본 언론보도에 대한 징벌적 손해배상 정책 논쟁	2022
509	이다은	김현석	청소년 흡연 예방 공익 광고의 효과: 설득과 점화 기제	2022
510	송채은	윤석민	강력범죄 피의자의 신상 정보는 어떻게 사회적으로 소통되는가?: 법제도, 경찰, 언론이 만들어내는 상호작용을 중심으로	2022
511	심유하	한규섭	한국 선거 캠페인에서 후보자의 이념 포지셔닝: 중위유권자 대 선명성	2022
512	김은정	이은주	팩트체크가 정보의 사실성 인식 및 공유 의도에 미치는 효과: 사전 경고의 조절효과를 중심으로	2022
513	안송이	이준웅	언론 불신의 시대: 언론사에 대한 사전 태도, 기사 논조와의 이념 일치성, 기사 품질이 언론 신뢰와 안심에 미치는 영향	2022
514	홍민정	홍석경	케이팝 온라인 콘서트의 라이브니스 생성에 대한 연구	2022
515	김유진	이철주	Analyzing the Effects of the Real Cost Campaign with the Theory of Planned Behavior Framework and a Communication Inequality Model	2022
516	서경화	홍석경	동아시아의 초국적 텍스트의 한국 내 변용에 대한 트랜스텍스트성 연구: 트랜스미디어 이론의 적용과 확장을 위한 시론	2022
517	황산산	김은미	The Effects of Network Features, Social Media Types, and Risk Perception on Self-Disclosure Behaviors in Social Media: A Comparative Study of WeChat Moment and Weibo	2022
518	김유정	이철주	The Frames and the Emotions in the News Media's Coverage about Artificial Intelligence	2022
519	김진수	김현석	청소년의 게임 이용이 사회자본에 미치는 영향: 게임 효능감, 선호 게임 유형, 게임 리더십의 조절효과를 중심으로	2022
520	조경원	김현석	How the Mode, Referent, and Specificity of Perceived Message Effectiveness Assessments Determine Their Diagnosticity of Actual Message Effectiveness	2022

번호	저자	지도교수	제목	발행연도
521	김유정	이준환	정보 처리 깊이(depth of processing)와 매체별 노트 필기 방식에 따른 학습효과 연구	2022
522	이효진	이철주	Using Interdependent Self-Construal for Condom Use Message Design: An Examination of Referencing-Others and Social Norming	2022
523	김장원	김현석	신념의 메아리의 기제: 오정보 교정의 효과가 제한되는 이유	2022
524	김희정	한규섭	대통령 소속 정당에 대한 지지가 대통령 지지도 응답에 미치는 영향: 조사모드의 조절효과를 중심으로	2022
525	김선린	이철주	Identifying and Validating Promising Campaign Messages for Help Seeking Among College Students: Tackling the Mental Health Crisis on Our Campuses	2022
526	황난솔	윤석민	온라인 수업 학습성과 향상을 위한 학습자 역량: 디지털 리터러시와 커뮤니케이션능력을 중심으로	2023
527	김세원	홍석경	여성 팬은 어떻게 여성 아이돌을 해독하는가?: 4세대 여성 아이돌 여성 팬덤에 대한 연구	2023
528	이정관	김현석	육군 SNS 홍보물의 메시지 특성이 대군신뢰도에 미치는 영향: 심리적 반발의 매개효과	2023
529	박상훈	이철주	The Role of Anger in Mediating the Relationship between the Media's Causal Attribution of Health Disparities and Public Opinion	2023
530	박유빈	이준환	When Machines Paint the News: Decoding News Consumers' Perceptions of AI-Generated News Image	2023
531	김지원	이은주	내집단 선호가 허위정보 및 팩트체크 결과 수용에 미치는 영향	2023
532	정규하	이준환	Diversifying Female Conversational Agent's Response Strategies against Human User's Sexual Harassment	2023
533	서지연	이준환	Exploring How Telepresence Robots Facilitate Long-Distance Family Communication	2023
534	박서라	이준환	Exploring online dating technology's opportunities, challenges, and tensions within Korean LGBQ+ women's social interactions	2023
535	허문비	이준웅	한중일 재난보도에 관한 비교연구: 언론 전문직화를 중심으로	2023
536	김하영	윤석민	양질의 댓글 공론장은 어떻게 형성되는가?: 네이버 정치 뉴스를 중심으로	2023
537	이하연	이준환	온라인 수업에서 실시간 학생 모니터링 시스템의 영향: 교수자의 모니터링 변화를 중심으로	2023
538	신정원	홍석경	케이팝의 현지화와 토착화: 필리핀의 SB19 사례를 중심으로	2023

번호	저자	지도교수	제목	발행연도
539	서진호	강재호	온라인 PC 게임 이용자의 기계적 주체성 생산 연구: 〈로스트아크〉 이용자 분석을 중심으로	2023
540	이보람	이철주	Communicating Pro-ED(Eating Disorder) and Pro-Recovery: Content analysis and Social network analysis on Twitter	2023
541	양윤주	김현석	통합적 내러티브 설득 모형 탐구: 건강 행동 의도에 미치는 영향을 중심으로	2023
542	허세영	김현석	추천 알고리듬을 활용한 수용자의 메시지 효과성 지각 예측: 탐색적 연구	2023
543	김인오	김현석	The Effects of Production Pacing of and Crying scenes in TV Drama Trailers on Drama Viewing Intention	2023
544	오민재	홍석경	넷플릭스 해외 시청자들의 한국 드라마 수용: 넷플릭스 제작 오리지널과 넷플릭스 독점판권 드라마 비교 연구	2024
545	최슬	이철주	Who Decides What's Content: A Grounded Theory Exploration of the Motivating Factors of Influencers	2024
546	임민지	이준웅	연예 뉴스 기사의 품질 속성이 뉴스에 대한 평가와 지속사용의도에 미치는 영향	2024
547	박인태	이철주	How Do Organizational Factors of News Organizations and Individual Factors of Fact-Checkers Affect Their Journalistic Practice?: The Case of COVID-19 Fact-Checkers	2024
548	천재현	윤석민	사망자의 소셜미디어 계정은 어떻게 관리되는 것이 타당한가	2024
549	김시언	김수아 홍석경	퀴어 코미디와 수치심의 정동 정치: 국내 퀴어 유튜브 및 팟캐스트 콘텐츠와 구독자 커뮤니티를 중심으로	2024
550	최정윤	이철주	How Health Crisis News Framing Yields Policy Responses: The Case of Drug Abuse in South Korea	2024
551	박진원	이은주	Should AI Be More Moral Than Humans?: How People Perceive and Respond to Hate Speech by Social Chatbots	2024
552	김서형	이준환	등장인물 입장의 세계관 구현 가상현실 경험이 콘텐츠 소비자의 서사 몰입에 미치는 영향	2024
553	이하진	이철주	Designing Effective Climate Change Communication Messages: The Roles of Temporal Distance, Emotions and Self-Construal	2024
554	김민지	이철주	미디어 노출과 정당 충성도가 국회의원 재공천에 미치는 영향: 18대 총선과 22대 총선을 중심으로	2024
555	김혜선	이준환	LLM 챗봇의 페르소나 유형이 사용자의 건강한 식습관 개선 의도에 미치는 영향	2024

번호	저자	지도교수	제목	발행연도
556	오예주	양차미	버추얼 유튜버와 수용자의 공간적 상호작용에 대한 연구	2024
557	김진영	이철주	Patients' EHR Use and Its Contribution on Patient-Centered Communication Based on the Technology Acceptance Model: Mixed Method of HINTS Secondary Data Analysis and Cross-Sectional Survey	2024
558	최지우	강재호	The Abject Cyborgs: A Posthuman Feminist Approach to the Female Techno-Body in Science Fiction Films	2024
559	이다영	신수연	채용 지원자의 소셜미디어 부정적인 자기노출이 채용 결정 및 고용 가능성에 미치는 영향	2024
560	홍유진	이준환	Enhancing the 'Best Possible Self' Intervention: The Role of Generative AI-based Conversational Agents	2024
561	전하연	이준환	팩트체크 뉴스의 검증 방식과 판정 결과 일치 여부가 이용자의 판단 변화와 판단에 대한 확신 정도에 미치는 영향	2024
562	경은선	이철주	The Impact of Media Coverage on Help-Seeking for Depression: Exploring Direct Effects and Indirect Effects through Agenda Setting and Policy Change	2024
563	진예원	이준환	MMORPG 이용자의 자아존중감에 따른 아바타 이용행태 연구: 인상관리와 자기표현을 중심으로	2024
564	김민경	강재호	사회적 스크린의 판타스마고리아: 히토 슈타이얼의 이미지 정치 연구	2024
565	조철민	이철주	군 관련 커뮤니케이션이 군 이미지 형성 및 학군장교 지원의사에 미치는 영향	2024
566	원동휘	윤석민	국내 언론사는 크립토 저널리즘을 어떻게 실천하고 있는가?	2024
567	이설희	이준환	Enhancing Critical Incident Interventions for Intercultural Sensitivity Leveraging a Generative AI-based Conversational Agent	2025
568	이주형	이은주	AI 생성물 표식이 이미지 중심 소셜미디어 메시지의 신뢰성 평가와 태도에 미치는 효과	2025
569	김지우	윤석민	뉴스 추천 시스템의 편향성 경고 메시지가 정치 기사 선택 결정에 미치는 영향	2025
570	신지환	윤석민	연합뉴스가 일간신문의 보도 의제와 정보에 미치는 영향에 관한 탐색적 연구: 의제·정보 영향력 및 생산성 지표를 활용한 연합뉴스-일간신문 간 경제 뉴스의 동질화 분석	2025
571	안세린	이준웅	한미일 간 학문의 자유 논쟁의 양상과 주요 논변 비교 연구	2025

번호	저자	지도교수	제목	발행연도
572	차민정	이준웅	정치인의 소셜미디어 개인화 전략이 유권자 평가에 미치는 효과: 제22대 국회의원 선거 출마 정치인의 페이스북 메시지를 중심으로	2025
573	김정은	홍석경	흑인 남성 셀러브리티 재현 및 수용에서의 인종주의와 남성성 담론의 작용: 방송인 조나단의 스타이미지분석을 중심으로	2025
574	구민화	윤석민	유튜브 부동산 콘텐츠가 2030 세대의 부동산 FoMO 에 미치는 영향	2025
575	박유진	홍석경	일본 내 한류의 위상과 자이니치의 정체성 교섭	2025
576	김나현	홍석경	서바이벌 리얼리티 장르의 한국적 변용: 넷플릭스 〈피지컬:100〉에 나타나는 몸 담론을 중심으로	2025
577	김준명	이철주	재난위기 속 상충되는 정보의 이월효과: COVID-19 관련 상충되는 정보를 중심으로	2025
578	김유진	신수연	Differentiating Rhetorical Profanity and Offensive Stereotyping in Online Conflict: Effects of Perceived Safety, Perceived Threat to Freedom, and Trust in AI on Willingness to Speak in the Online Space	2025
579	김성은	홍석경	행위자-연결망 이론을 통해 본 갈등 속 케이팝 팬덤	2025
580	Li, Duo	홍석경	The Making of C-pop Idol Culture: A Historical Overview of Transnational East Asian Pop Culture Formation	2025
581	조혜진	홍석경	한국 남성 스타의 귀여움과 남성성의 재구성: 차태현, 이승기, 마동석을 중심으로	2025
582	신영채	강재호	지그프리트 크라카우어의 비판적 리얼리즘 영화론 연구: 현실 개념을 중심으로	2025
583	박나훈	김현석	근연 메시지의 전화 효과 검증: 태도의 접근 가능성과 심리적 저항의 매개 효과를 중심으로	2025
584	최지헌	이철주	Testing Dimensions of Fairness in the Risk Communication Process: A Conjoint Experiment on Nuclear Waste Repository Siting	2025
585	이하민	이철주	Representations of Patient-Provider Communication in Medical Television Dramas: A Comparative Analysis of South Korea and the United States	2025
586	이기은	이준환	Do LLM Agents Conform and Hedge Like Humans?: The Role of Persona Backstories in Agent Debates across Power, Sex, and Culture	2025
587	김강빈	강재호	The Phantasmagoria of Cinematographic Apparatus: The Mnemonic Screen in Theresa Hak Kyung Cha's Experimental Works	2025

참고문헌

Katz, E. (2001). Media effects. In N. J. Smelser & P. B. Baltes (Eds.), *International encyclopedia of the social & behavioral sciences* (pp. 9472~9479). Elsevier.

Straka, M., & Strakova, J. (2017). Tokenizing, POS tagging, lemmatizing and parsing UD 2.0 with UDPipe. *Proceedings of the CoNLL 2017 Shared Task: Multilingual Parsing from Raw Text to Universal Dependencies* (pp. 88~99). Association for Computational Linguistics.

Yan, X., Guo, J., Lan, Y., & Cheng, X. (2013). A biterm topic model for short texts. *Proceedings of the 22nd International Conference on World Wide Web* (pp. 1445~1456). Association for Computing Machinery.

제 6 장

언론정보학과 주요 교육·연구 사업

박세은 I 서울대 언론정보학과 석사과정
김현석 I 서울대 언론정보학과 부교수*

언론정보학과는 교육 및 연구 역량 강화를 위해 교내외의 다양한 지원사업에 적극적으로 참여해 왔다. 이 장에서는 그 가운데 대표적 사례로 ① BK21 사업, ② 개방형 ICT융합과정 지원사업, ③ 세계선도 중점학과 육성사업을 간략히 소개한다.

1. BK21 사업

BK21(두뇌한국 21, Brain Korea 21) 사업은 교육부가 주관하는 학문후속세대 양성사업으로, 대학원생과 신진연구인력을 집중적으로 지원해 미래 우수 연구자를 육성하고 대학원의 연구역량을 제고하는 것을 목표로 한다. BK21 사업은 7년 단위로 추진되며, 1999년 1단계를 시작으로 현재 4단계가 진행 중이다. 언론정보학과는 이 가운데 2단계(2006~2013)와 4단계(2020~2027) 사업에 참여했다.

* 교신저자: hyunsuk.kim@snu.ac.kr

1) 2단계 BK21 사업: 한국사회 디지털 미디어와 커뮤니케이션 교육연구사업단(2006~2013년)

언론정보학과는 '한국사회 디지털 미디어와 커뮤니케이션 교육연구사업단'을 구성해 BK21 사업을 수행했다. 사업의 핵심 목표는 원천지식(*source knowledge*) 창출을 통해 디지털 미디어와 커뮤니케이션 분야에서 세계적 수준의 경쟁력을 확보하는 것이었다. 이를 위해 원천기술 개발과 같이, 발상 단계에서부터 전형적 모델을 구축하고 이를 응용하는 원천지식 창출의 전 과정을 제도화하고, 장기적으로는 원천지식이 지속적으로 생산될 수 있는 교육·연구 기반을 확립하고자 했다. 또한 학부 고학년부터 대학원생, 신진연구자, 교수진에 이르기까지 다양한 연구 인력이 협력적으로 참여할 수 있는 리서치랩(*research lab*) 체계를 마련해, 참여적 지식공동체를 조성하고 학문후속세대가 능동적으로 지식 생산 과정에 참여하며 학습할 수 있는 환경을 제공했다. 더 나아가 한국적 현실을 토대로 한 연구 성과를 아시아태평양 지역의 국제적 네트워크와 연계하고 이를 확대해, 단순한 학문 교류를 넘어 협력과 경쟁이 공존하는 지식 생태계를 도모했다. 이를 통해 서구 중심의 학문 구조에 대응하는 동시에, 아시아적 관점에서의 자생적이고 독창적인 연구 패러다임을 정립하고자 했다.

2단계 BK21 사업 신청 당시 강명구 교수가 사업단장을, 이준웅 교수가 사업 제안서 준비 총괄을 맡아 추진했다. 이후 3차년도(2008년)부터는 윤석민 교수가 사업단장직을 이어받았다. 연차별 세부 사업 목표 및 주요 실적을 정리하면 다음과 같다.[1]

1 사업단 연차보고서에서 주요 내용을 발췌한 후, 필요할 경우 일부 표현을 다듬어 옮겼다.

〈표 6-1〉 2단계 BK21 1차년도 사업 목표 및 주요 실적

사업 목표	주요 실적
참여적 학문 공동체 창출	• 강의방식 혁신, 리서치랩 제공: 학사일정상 교과과정을 개편하기 어려워 현재의 커리큘럼 체재 내에서 강의방식을 개선해 리서치랩으로 운영하고 '대학원생 논문발표회'를 개최해 수업 시간에 작성된 연구 논문들이 발표되고 수정될 수 있는 기회를 학생들에게 제공함. • 블렌디드 이러닝(Blended E-learning) 도입 및 제도화: 수업과정에서 학생들의 에세이와 보고서에 대한 교수의 의견과 평가를 공유함으로써 교수-학생 간 상호작용을 강화함. '레토릭과 민주주의'와 '동아시아미디어연구'는 교수 개인 홈페이지를 활용하는 등 온/오프라인 통합 강의 형태로 운영함.
아시아 태평양 디지털 미디어 교육 연구 네트워크 구축	• 풀페이퍼를 제출하고 심사받는 국제학회 연차학술대회 중심으로 학생 발표 장려함. • 영어로 진행되는 집중강의(intensive course) 개설: 피터 머피(Peter Murphy) 호주 모나시대학 조교수를 외국인 강사로 초청, 겨울방학 동안 주 3회 4주간 진행함. 또한 참여대학원생에게 영어강의 수강 및 논문작성 기회를 제공하고 영어 논문작성 시 영어논문작성법 세미나를 2회 개최하는 등 튜터링을 제공함. • 외국어 전용 국제강의 프로그램으로서 '교환강의' 개발: 영어 논문 작성에서 영어구사능력보다 연구문제와 문제에 답하는 능력이 중요해 이를 훈련하는 학습과정을 제도화함. • '환태평양 미디어 연구 및 학생교류 네트워크' 구축: 도쿄대(일본), 중국전매대(중국), 모나시대(호주), 뉴욕대(미국) 등과 학술교류 및 학생교류 프로그램을 개발함. • 서울대-도쿄대 연례 합동 심포지엄: 1996년부터 시작된 서울대 언론정보학과와 도쿄대 정보학환간 연례 공동 심포지엄을 위해 도쿄대 정보학환 교수 4명을 초빙함. 또한 국제학술교류 행사에 대학원생들이 직접 참여, 논문 발표(총 5명) 및 토론(총 4명)을 진행토록 함으로써 대학원생들의 학술 활동의 국제화 및 커뮤니케이션능력 향상에 기여함.

〈표 6-2〉 2단계 BK21 2차년도 사업 목표 및 주요 실적

사업 목표	주요 실적
디지털 커뮤니케이션 분야 지식 생산에 있어서 서구 의존을 넘어서기 위한 성찰과 훈련	• 'Creating Culture Contents in the Age of Ubiquitous Media' 심포지엄을 개최함. 사업단의 비전인 '원천지식' 생산의 문제의식을 서구 학자들과 공유하는 자리가 됨. 기존 백과사전의 지식체계를 넘어 비판적 시각의 지식 생산을 시도하고 있는 'New Encyclopedia Project'와 연계, 한국의 역사 속에서 창출된 공론 제도, 개념, 참여 방식 등을 중심으로 서구의 역사적 경험으로부터 창출된 이론과는 다른 또 하나의 보편적 개념으로 이론화될 수 있는지의 논의 등을 본격화함. • 해외 석학 초청 특별 세미나인 미국 아이오와대학의 존 피터(John Peters) 교수 초청 세미나에서도 사업단 참여대학원생들은 한국의 역사적 경험, 서구와는 다른 철학적 전통 속에서 한국의 커뮤니케이션 연구의 의미와 어려움, 문제의식 등을 논의함.
학습과 연구의 균형발전	• 사업단의 3개 교육연구팀 산하 참여 교수가 개인의 심화과목의 수업을 리서치랩 시스템으로 운영함: '미디어와 민주주의 교육연구팀'(박승관, 양승목, 이준웅), '디지털 미디어와 산업정책 교육연구팀'(강남준, 윤석민), '디지털 테크놀로지와 문화 교육연구팀'(강명구, 이재현)
아시아 태평양 5개 대학 학술교류 네트워크 구축	• 4+1 학술 네트워크: 중국, 일본, 호주, 홍콩을 잇는 5개 대학이 교류협정을 체결함. 일회성 학술행사를 넘어서 교수들 간 심포지엄, 학생 심포지엄을 정례화하였고, 교환학생 교류에도 합의함. 호주 모나시대학, 홍콩침례대, 중국전매대, 일본 와세다대(저널리즘 학부가 만들어지고 있어 2007년에는 옵서버로 참여)와 서울대 언론정보학과가 참여함. • 서울대-도쿄대 프로그램 확대: 1996년 시작된 서울대-도쿄대 교류프로그램은 정례 심포지엄, 학과 수준의 학생교환협정, 공동강의로 확대됨. 이어 2007년 런던대, 뉴욕대가 참여하는 글로벌 네트워크로 발전됨.

〈표 6-3〉 2단계 BK21 3차년도 사업 목표 및 주요 실적

사업 목표	주요 실적
디지털 커뮤니케이션 분야의 원천지식 창출	• ICA, AEJMC, NCA, IAMCR 같은 국제적 수준의 커뮤니케이션 학회에 적극 참여하면서, 다른 한편으로 동아시아권 학술 네트워크를 주도적으로 확대하는 두 방향의 사업을 균형 있게 추진함. • 해외 석학 초청 세미나 확대: 요시미 순야, 토야 마모루, 윌리엄 드레이크(William J. Drake)와 같은 해외 석학을 초청하여 세미나를 개최함.
아시아 태평양 학술교류 네트워크의 확대	• 아시아 태평양 4+1 학술 네트워크: 동아시아 지역 거점대학들과의 교류 협정을 다층위적으로 내실화하는 차원에서 일회성 학술행사를 넘어서 교수들 간 심포지엄, 학생 심포지엄을 정례화하고, 교수교환강의, 교환학생교류를 구체적으로 규정한 MOU를 체결함. • 서울대, 도쿄대, 홍콩중문대, 국립대만대, 중국 칭화대가 참여하는 'SNU-UT-CUHK-NTU-TU Symposium'을 'Digital Convergence and Institutional/Cultural Changes of Public Broadcasting'이라는 주제로 개최함.
연구주도능력을 갖춘 인재개발	• 리서치랩 과목들을 양적으로 확대하는 한편, 수업과 연구의 연계 강화라는 본래의 목적에 더 잘 부합하도록 수업 운영 방식을 질적으로 개선함. 이에 따라 교수-학생 공동 연구 작업을 통한 논문 출간과 발표가 증가하고, 학생 주도의 연구 활동이 가시적으로 증가하는 등 '리서치랩' 과목이 제도적으로 정착됨. • '원천지식' 창출을 위한 국제 비교연구 프로젝트: 사업단 참여교수 강명구, 신진연구인력 김수아, 사업단 소속 박사과정 서주희, 석사과정 김보형을 비롯해, 일본 · 중국 유학생이 참여한 국제 공동연구 프로젝트로서 한국, 중국, 일본, 대만 4개국의 텔레비전 드라마가 가족과 가족관계를 어떻게 재현했는가에 관한 비교연구를 실시함. 연구결과를 한국언론학회 정기학술대회에서 발표하고, 〈한국방송학보〉에 게재함.

〈표 6-4〉 2단계 BK21 4차년도 사업 목표 및 주요 실적

사업 목표	주요 실적
디지털 커뮤니케이션 분야의 원천지식 창출	• 이은주 교수는 International Communication Association (ICA)의 2009년 연례학술대회에서 니콜라스 팔로마레스 (Nicholas Palomares)와 공저한 논문으로 Intergroup Communication Division의 Top Paper Award를 수상함. 또한 ICA의 동아시아 지역 대표 이사로 선임됨. • 해외학자 초청 세미나를 6회 개최함.
아시아 태평양 학술교류 네트워크의 내실화	• 아시아 태평양 4+1 학술 네트워크: 홍콩침례대학교가 주최한 연례학술대회에 교수 2명, 신진연구인력 1명, 대학원생 4명이 참여함. • 서울대-도쿄대 교류 협정을 기반으로 학술 네트워크 확대: 'Mapping the Spaces of Media Culture in Asia: Information, Communication, and Politics' 심포지엄에 서울대와 도쿄대뿐만 아니라 홍콩시립대와 호주국립대가 참가해 총 24개의 논문을 발표함. 사업단 참여교수와 대학원생들은 9개의 논문을 발표함.
독자적 연구능력을 갖춘 학문후속세대 양성	• 참여대학원생들의 국내 학술지 논문 출판 성과가 사업단 자체 목표를 초과 달성함. 특히 참여대학원생의 국제학술지 (SSCI) 단독논문 게재는 주목받을 만한 성과임. • 국내 학술대회나 학술지뿐만 아니라 국제학술대회 내지는 해외 세미나에서 발표 실적이 많아 대학원생들의 국제화에 크게 기여함.

〈표 6-5〉 2단계 BK21 5차년도 사업 목표 및 주요 실적

사업 목표	주요 실적
디지털 커뮤니케이션 분야의 원천지식 창출 본격화	• 이은주 교수는 2010년 2월 한국인 최초로 *Human Communication Research* 부편집위원장으로 임명됨. 2010년 9월부터는 *Journal of Communication*의 편집위원 활동을 시작함. 두 학술지 모두 국제커뮤니케이션학회(ICA)의 공식 학술지임. • 윤석민 교수는 정보통신정책연구원의 국제학술지 *Communication & Convergence Review*의 편집위원으로 활동함. • 아시아 · 태평양 4개국 교류학술대회: 중국전매대에서 'Health Communication: Challenge and Evolution'이라는 주제로 열린 국제학술대회에서, 4개국(한국, 중국 / 홍콩, 호주, 네덜란드) 참가자들이 총 20개의 논문을 발표함. 이 중 사업단 참여교수와 참여대학원생이 발표한 논문은 5개임(교수 1, 학생 4). • 서울대-도쿄대 심포지엄: 'New Directions in Journalism and Media Studies'라는 주제로 개최했으며, 서울대와 도쿄대 교수 및 학생이 참가해 총 17편의 논문을 발표함. 이 중 사업단에서는 참여교수 2명과 대학원생 6명이 논문을 발표함.
연구성과 생산 시스템의 제도적 안정	• 전년도에 비해 1인당 목표 건수가 60% 이상 상향 조정됐음에도 불구하고, 학술지 논문 게재 성과가 목표치를 초과 달성함, 특히 1인당 편수는 80% 이상 증가함. • 국제학술지 게재 논문 3건 중 2건은 SSCI 중에서도 최상위에 속하는 학술지였음. • 국제학술대회 발표 역시 동료심사(peer review)를 거치는 권위 있는 학술대회를 중심으로 발표가 이루어짐. • '대학원생 논문발표회'와 집중연구 세미나를 진행함. 각종 논문쓰기 전략 세미나와 영어논문 쓰기 지원프로그램을 운영한 결과, 참여대학원생들은 1년에 2~4명씩 꾸준히 참여해 영어로 학위논문을 작성함.

〈표 6-6〉 2단계 BK21 6차년도 사업 목표 및 주요 실적

사업 목표	주요 실적
디지털 커뮤니케이션 분야의 원천지식 창출 안정화	• 강명구 교수는 일본 도쿄대학교 총합문화학부 국제관계학과 특임교수로 임명되어 도쿄대학교에서 동계계절학기 '국제사회과학특별강의'를 14회에 걸쳐 진행함. • 총 3회에 걸쳐 해외학자 초청 세미나를 개최함: ① 로버트 러스킨(Robert Luskin) 교수(미국 텍사스대-오스틴) 초청 세미나 ② 찰스 슈타인틀레드(Charles Steintleld), 파멜라 위튼(Pamela Whitten) 교수(미국 미시간주립대) 초청 세미나 ③ 웨인 푸(Wayne Fu) 교수(싱가포르 난양공과대), 랩펑리(Lap Fung Lee)(홍콩중문대) 교수 초청 세미나 • 아시아 · 태평양 4개국 교류학술대회에서 사업단 참여교수와 참여대학원생은 9개(교수 2개, 학생 7개)의 논문을 발표했으며, '서울대-도쿄대 심포지엄'에서는 참여 교수 2명과 대학원생 7명이 논문을 발표함.
연구 시스템의 제도적 안정	• 리서치랩 수업의 안정화: 1학기 개설 리서치랩 과목에서 작성된 논문이 국내외 학회에서 발표되거나 국내 학술지에 게재되었으며, 일부는 학술지 논문으로 발전시키는 과정을 밟게 됨. 2학기 개설 과목에서 작성된 논문 역시 본 사업단이 주관하는 '대학원생 논문발표회' 및 한국언론학회 주최 대학원생 컨퍼런스 등에서 발표됐고, 일부 학생들은 학술지 투고를 준비함. • 참여대학원생 학술대회 발표실적의 우수성: 참여대학원생은 교수와 공동 저자 혹은 단독 저자로 ICA, NCA, IAMCR, 유럽사회학회 등의 국제학회에서 논문을 발표함. • 대학원 공동체의 학술교류 장으로서의 '대학원생 논문발표회'를 총 3회 진행함. 각각 6편, 5편, 6편의 논문이 발표됨.

〈표 6-7〉 2단계 BK21 7차년도 사업 목표 및 주요 실적

사업 목표	주요 실적
디지털 커뮤니케이션 분야 원천지식 생산	• 강명구 교수는 중국전매대 국제신문전공 창립 30주년 포럼에서 '국제 저널리즘을 어떻게 교육할 것인가'를 주제로 특강을 진행함. • 강남준 교수는 International Communication Association의 연례학술대회에서 사업단 참여대학원생과 공저한 논문을 발표함. • 이은주 교수는 Association for Education in Journalism and Mass Communication의 연례학술대회에서 참여대학원생과 공저한 두 편의 논문을 발표함. • 아시아 · 태평양 4개국 교류학술대회에서 사업단 참여교수와 참여대학원생이 총 5편의 논문을 발표함(교수 1편, 학생 4편). • 서울대-도쿄대 심포지엄에서 사업단 참여교수 2명과 참여대학원생 7명이 논문을 발표함.
연구성과 생산 시스템의 제도 내실화	• 연구와 수업의 연계를 통해 시너지 효과를 극대화하는 리서치랩 수업을 지속해서 개설했고, 안정화 단계를 넘어 완성 단계에 접어듦. 2012년도 언론정보학과 대학원 개설교과목 중 총 7개 과목을 BK21 특성화 심화 과목으로 지정해 리서치랩 형태로 운영함. • 4개의 국제학술대회에 총 10명의 참여대학원생들이 참가했으며, 이들 중 풀페이퍼 리뷰를 통해 발표 논문을 선정하는 저명 국제학술대회(ICA, AEJMC) 참가자는 총 4명으로 그 비율이 40%에 달함. • '대학원생 논문발표회'를 2번 개최했으며, 총 11편의 논문이 발표됨. 이 가운데 일부는 이후 학술지에 투고되거나 석사학위 논문으로 발전됨.

2) 4단계 BK21 사업: 자유롭고 책임 있는 AI 미디어 교육연구단(2020년~현재)

언론정보학과는 '자유롭고 책임 있는 AI 미디어 교육연구단'을 구성해 2020년부터 현재까지 4단계 BK21 사업을 수행하고 있다. 교육연구단은 'AI 시대를 선도하는 자유롭고 책임 있는 미디어 교육·연구 공동체'를 비전으로 삼고, 이를 실현하기 위해 Normative Turn, Quality Turn, Inclusivity Turn, Global Turn이란 네 가지 혁신적 전환을 추진해 왔다. 각 전환 방향은 다음과 같다.

첫째, Normative Turn을 위해 미디어 시스템의 사회적 책임, 공정성, 투명성 등 규범적 가치를 탐구하는 데 중점을 두었다. 또한 다학제적 접근을 통해 민주주의, 알고리즘과 인터페이스, 문화와 담론 등 다양한 영역을 아우르는 교육·연구 체계를 구축하고자 했다. 둘째, Quality Turn을 위해 단순히 연구 성과의 양적 확대가 아니라 창의적이고 도전적인 연구를 장려해 학문적 우수성을 강화하는 것을 목표로 삼았다. 교수진의 중장기 과제와 학문후속세대의 연구 지원을 통해 질적 수준과 연구 경쟁력을 높이고자 했다. 셋째, Inclusivity Turn을 위해 대학원생과 신진 연구자를 동반자적 연구 주체로 설정했다. 이를 위해 안정적 연구환경과 권익보호 장치를 마련하고, 발표 및 멘토링 기회를 확대해 포용적 학문 공동체를 형성하고자 했다. 넷째, Global Turn을 위해 세계 최상위 대학 및 석학과의 교류와 공동연구를 활성화하고자 했다.

4단계 BK21 사업 신청 당시 이은주 교수가 사업단장을, 김현석 교수가 사업제안서 준비 총괄을 맡아 추진했다. 2차년도 막바지(2022년 1월)부터는 이철주 교수가 사업단장직을 이어받았다. 세부 사업 목표와 주요 실적은 다음과 같다. 현재 진행 중인 사업인 만큼 2단계 BK21 사업에 비해 간략히 정리했다.[2]

---

2 교육연구단 연차보고서 및 성과평가 보고서에서 주요 내용을 발췌한 후, 필요할 경우 일부 표현을 다듬어 옮겼다.

〈표 6-8〉 4단계 BK21 사업 목표 및 주요 실적

사업 목표	주요 실적
Normative Turn	• 커리큘럼위원회를 통해 미디어 규범성 강화를 위한 교육 커리큘럼 신설 및 재편 논의를 진행함. • '규범성'을 키워드로 다층적 · 다학제적 AI 미디어 연구 체계로서 4개 센터(문화와 담론, 미디어 시스템과 민주주의, 커뮤니케이션 과정과 효과, 알고리즘과 인터페이스)를 구성해 센터별 연구를 진행함.
Quality Turn	• 참여교수별 중장기 과제를 선정해 연구를 진행 중임. 또한 교육과 연구의 접점을 추구해 교수진이 진행 중인 연구들은 'Current Topics in Communication and Media Studies' 기획 포럼 시리즈를 통해 교육연구단 내에서 발표하고 있음(2025년 4월까지 총 12회 개최). • 학문후속세대의 경우 교육과 연구의 선순환 구조 속에서 자신의 연구 과제를 연구자 생애주기에 적합한 수준으로 수행해 나갈 수 있도록 장려하고, 필요한 학술 경비를 지원받을 수 있도록 함.
Inclusivity Turn	• 대학원생의 권익 보호를 위해 정기적으로 대학원 자치회장과 간담회를 개최하고 있으며, 대학원생들이 학교생활 중 겪는 고충이나 학과 및 교육연구단에 대한 개선 요구 사항을 익명 제안을 포함한 다양한 경로를 통해 수렴하고 있음. • '언론정보학 학문후속세대포럼'(2025년 4월까지 26회 개최)과 '언론정보학 신진학자포럼'(2025년 4월까지 36회 개최)을 통해 대학원생과 신진연구인력들의 연구 발표 기회를 제공하고 이를 통해 국내외 멘토링 네트워크를 형성할 수 있도록 도움을 줌. • BK21 장학금과 더불어 강의 · 연구 장학금, 맞춤형 장학금, 학문후속세대 장학금 등 다양한 장학금을 지급함. 대학원생 연구역량 강화를 위해 서울대학교 기초교육원, 한국사회과학자료원 방법론 워크숍을 수강할 수 있도록 지원함. • 참여대학원생 및 신진연구인력들이 연구 및 교육 역량을 강화할 수 있는 각종 프로그램에 참여하도록 장려하고 있으며, 필요시 경비를 지원받을 수 있도록 시행 세칙을 마련함.
Global Turn	• '해외 석학 콜로키움 시리즈'(2025년 4월까지 19회 개최), '해외저명학자 초청특강 시리즈'(2025년 4월까지 24회 개최), 'Emerging Scholars Series'(2025년 4월까지 11회 개최)를 운영함. • 연구년을 맞은 해외 대학교수를 Global Visiting Fellow로 초청하여(2025년 4월까지 16회), 연구 발표, 진로 개발 세미나, 방법론 워크숍, 마스터클래스 등을 개최함.

2. 개방형 ICT융합과정 지원사업: HCI 교육을 통한 미래 창조 선도 인력 양성 소프트웨어 복수전공 운영 사업(2013~2017년)

개방형 ICT융합과정 지원사업은 미래창조과학부(현 과학기술정보통신부)가 주관한 소프트웨어(SW) 융합인재 양성사업이다. 언론정보학과에서는 이준환 교수가 총괄책임을 맡아 '서울대학교 HCI 교육사업단'을 구성하고, 'HCI 교육을 통한 미래 창조 선도 인력 양성 소프트웨어 복수전공 운영 사업'을 2013년 11월부터 2017년 12월까지 약 4년간 수행했다.

이 사업은 연합전공 정보문화학의 발전에 중요한 기반이 됐다. 사업의 핵심 목표는 인문·사회 전공자를 포함한 다양한 배경의 학생들에게 소프트웨어적 사고와 ICT 활용 역량을 결합시켜 융합형 인재를 양성하고, 학제 간 융합 교육의 모범적 모델을 제시하는 데 있었다. 사업 초기에는 기초-심화-산학 프로젝트로 이어지는 단계적 교육 체계를 구축했고, 이후 정원을 확대하며 새로운 교육과정을 개발했다. 아울러 대기업과 스타트업을 아우르는 산학 협력, 인턴십, 워크숍 등을 통해 학생들이 연구와 실무 역량을 키우고 진로를 탐색할 수 있도록 지원했다. 연차별 세부 목표 및 주요 실적은 다음과 같다.[3]

3 사업단 최종 보고서에서 주요 내용을 발췌한 후, 필요할 경우 일부 표현을 다듬어 옮겼다.

〈표 6-9〉 개방형 ICT융합과정 지원사업 1차년도 목표 및 주요 실적

사업 목표	주요 실적
연 30명 규모 SW부전공 교육 실시	• 학기별 각 19명, 2014년 총 38명의 학생을 신규 선발했으며 사업이 본격화 된 2014년 2학기 신규진입 학생들의 전공 분야 다양성이 기존 학기에 비해 높아짐. • 교과목 이수 가이드라인 및 의무 규정 사항, 학사지원금 지급 원칙 등 SW부전공 운영과 관련된 제반 의무사항을 내규로 제정함.
HCI 기반 창의적 SW교육 커리큘럼 개발 및 운영	• SW Core-심화-산학프로젝트의 3단계 커리큘럼을 구성함. • 기존 '정보문화기술입문'(전공필수)과 '정보구조'(2차년도 개설)를 SW Core 교과목으로 지정함. • 소프트웨어적 사고 함양: 창의 아이디어 경진대회, 프로그래밍 워크숍, SW부전공 콜로키움 등의 교과 외 교육 및 행사를 진행함. • URL(Undergraduate Research Learner) 프로그램 운영: 학부생이 지도교수 연구팀에 공동연구원으로 참여할 수 있는 기회를 제공해 연구역량 강화에 기여함.
'Innovation-cultivating' 방식의 협력적 산학네트워크 모델 구축	• IoT를 주제로 '산학연구실습'을 네오위즈, 네오랩과 함께 설계하고, 학생과 참여기업체의 공동 프로젝트로 운영함. • 네오위즈, IgniteSpark와 공동으로 해커톤(Hackathon) 개최: SW 부전공 학생들의 실무능력 강화를 위해 기업 실무자를 초청해 해커톤 실시. 스타트업 액셀러레이션컴퍼니 IgniteSpark의 최환진 대표, 네오위즈 CTO 김영민, 네오위즈의 창업 프로그램인 네오플라이의 김창군 실장이 참여해 학생들의 결과물을 평가하고 조언을 제공함. • 기업체 인턴 파견: 산학협동수업인 '산학연구실습'과 '창의연구실습' 과제를 포트폴리오로 게임회사 네시삼십삼분(4:33)에 학부생 2명을 인턴으로 파견함.

〈표 6-10〉 개방형 ICT융합과정 지원사업 2차년도 목표 및 주요 실적

사업 목표	주요 실적
연 45명 규모 SW복수전공 교육 실시	• 학업성적, 서류전형, 면접 등 3단계에 걸친 엄밀한 심사를 통한 학기별 20~25명, 연간 45명 규모의 복수과정 전공생을 선발함. • 지도교수제와 주임교수제를 통한 철저한 학생관리: 2015년부터 진입학기별로 학생들을 구분하고, 학기별 주임교수를 배정함.
인문사회과학도 대상의 모범적인 SW융합교육 모델 확립	• 커리큘럼운영위원회를 통해 지속적 교과개선방안을 연구하고 신규 교과 개발프로세스를 정립해 체계적 신규교과를 개발하고 검증함. • 2개의 신규교과목 개발: '정보구조'(SW Core 과목; 데이터구조에 대한 학습과 알고리즘 교육), '정보기술실습'(SNS에 대한 이론적 기초 학습과 더불어 실제 온라인 커뮤니티를 만들어 보는 실습 과정을 병행) • HCI 분야와 콘텐츠의 융합 경향성 및 콘텐츠 개념의 확장에 따라, 심화교육 트랙을 ① 테크놀로지, ② HCI와 디자인, ③ 행동과학, ④ 디지털 콘텐츠의 4개 트랙 체제로 개편함.
'Innovation-cultivating'의 지속적, 미래지향적 산학협력교육	• 삼성SDS와 '빅데이터 여행 정보 분석을 통한 스마트 애플리케이션 개발'을 주제로 '창의연구실습'을 공동 기획하고 운영함. • CJ오쇼핑과 'HCI이론과실습'에서 '쇼핑인터페이스 활성화'를 주제로 산학협력 프로젝트를 진행함. • 롯데정보통신과 '산학연구실습'에서 'IoT와 미래'를 주제로 산학협력 프로젝트를 진행함.
대한민국 경제의 지평을 확장하는 HCI 전문 글로벌 엘리트 인력 양성	• 사물인터넷을 주제로 한 워크숍 시리즈를 4회 개최함. • 워크숍, 해커톤 등 단기간 집중 교육 · 실습 프로그램 운영. 포트폴리오 작성 워크숍, 해외 인턴 지원 워크숍 등 취업 및 실무역량 강화를 위한 프로그램을 운영함. • 전문가 초빙 특강 및 세미나를 통해 ICT산업의 현안과 기술 · 산업 · 문화적 트렌드에 대한 학습 기회를 제공함. • 다양한 교과 외 프로그램을 통해 SW프로그래밍 지식과 ICT 산업에 대한 이해를 높이는 교육을 실시함.
ICT 산업을 이끌어갈 미래형 실무·창업·연구 인재 육성	• 인턴십 프로그램 운영을 통해 취업 역량 강화: 네시삼십삼분(4:33)과의 협력관계를 계속 유지하는 한편 삼성SDS, 네오위즈 등 참여 기업과도 인턴 프로그램 운영함. 2명의 재학생이 삼성SDS에 인턴으로 채용됨. 그 외에도 AP통신, CJ E&M China, Lester Dominic Solicitors 등 해외 기업의 인턴으로 채용됨.

〈표 6-11〉 개방형 ICT융합과정 지원사업 3차년도 목표 및 주요 실적

사업 목표	주요 실적
연 45명 규모 SW복수전공 교육 실시	• 1학기 24명, 2학기 25명, 연간 49명의 복수과정 전공생을 선발함. • 3차년도에는 2차년도보다 더욱 다양해진 총 23개 학과로부터 학생을 선발해 학생들의 전공 다양성을 제고함.
인문사회과학도 대상의 모범적인 SW융합교육 모델의 발전 및 확산	• 사업단 프로그램 자체 평가 실시: 운영위원회와 실무위원회가 중심이 되어 1차년도와 2차년도에 수행한 사업들을 평가하여 지속 확대할 프로그램과 개선이 필요한 프로그램 선별하고 프로그램 내실을 강화함. • SW융합교육모델의 발전 및 확산을 위한 발표회 및 홍보 진행: 독일, 프랑스에서 융합전공 교육을 수행하고 있는 기관과 함께 전문가 및 학생을 초청하여 국제 심포지엄과 해커톤을 개최함.
실질적인 산학협력 교육	• '창의연구실습'에서 스타트업 기업인 클레비, 스파코사와 함께 기존 서비스 개선 방안에 대한 산학 프로젝트를 진행함. • '산학연구실습'에서 네이버와 함께 글로벌 ICT 현안에 대한 산학협력 프로젝트를 진행해 학생들이 최신 지식을 접하고 실무를 경험해 볼 수 있는 기회를 제공함.
ICT 산업을 이끌어갈 미래형 실무·창업·연구 인재 육성	• 총 8명의 학생이 IT, 미디어, UX 관련 기업에서 인턴십 프로그램에 참여함(라인플러스, 현대카드 UX디자인랩, 로엔엔터테인먼트 등). • 게임 출시 및 창업 정보문화학과의 전호균, 김형노, 김형찬 학생이 중심이 되어 '야자'라는 스타트업을 창업해 게임 출시를 앞두고 게임 개발 및 베타테스트를 진행함. • 정보문화학 선공생 및 수상생을 중심으로 구성된 게임 개발 그룹 '오네모 스튜디오' 학생들이 2개의 게임을 애플 아이튠즈, 구글 플레이스토어에 출시함. • 권중규, 장지우 학생이 여름방학 그룹스터디 지원을 통해 인디게임을 제작해 구글 플레이스토어에 '드립플라이트'라는 게임을 출시함. • URL 연구 결과의 발표: 김준석, 김형준, 은진수, 정오령 학생이 URL 프로그램을 통해 수행한 연구가 한국언론학회 정기학술대회에서 발표됨.

〈표 6-12〉 개방형 ICT융합과정 지원사업 4차년도 목표 및 주요 실적

사업 목표	주요 실적
연 45명 규모 SW복수전공 교육 실시	• 1학기 37명, 2학기 25명의 복수과정 전공생을 선발해 목표치인 45명을 초과 달성함. • 총 26개 학과에서 복수전공 과정에 참여하며 폭넓은 SW전공 과정으로 자리매김함.
인문사회과학도 대상의 모범적인 SW융합교육 모델의 지속적 발전 및 확산	• SW교육 커리큘럼 연계 워크숍 시리즈: 'Computational X'라는 주제를 인문사회 영역에 적용하는 다양한 융합적 워크숍을 진행하고 이러한 워크숍 시리즈가 정례화될 수 있도록 추진함. 게임잼을 비롯한 해커톤 형식을 융합수업에 결합해 학생들이 직접 SW를 다루고 결과물을 만들어내는 실습 위주로 교육과정을 운영함. • 사업단 교육 프로그램 강의 평가: 수강생의 강의 만족도와 교육 방법의 효율성, 그리고 참여 교수의 강의 준비와 강의 내용을 전반적으로 평가하는 강의 평가 결과를 매학기 모니터링하며 개선점을 논의함.
SW융합교육 강화를 위한 교과 외 프로그램 운영	• 기술전담 조교와 함께 기술 워크숍 및 스터디 운영: '게임제작 및 기획 스터디', 'UI/UX 디자인 스터디', '시네마 4D 에펙스터디', '파이썬 스터디', 'AR/VR 기획 및 구현 스터디' 등 다양한 워크숍과 스터디를 개설 · 운영함. 학생들은 이러한 교과 외 프로그램 참여를 통해 다양한 기술을 학습하고 이에 기반한 기획 프로젝트를 경험함.
실무 및 연구 역량을 갖춘 미래형 HCI 전문 인력 양성	• '산학연구실습'과 '창의연구실습'에서 Capstone 프로젝트를 진행하며 산학협력 프로젝트를 진행함. • '미래뉴스실습I'과 '미래뉴스실습II' 수업에서 '뉴스타파'와 서울대학교 'SNU팩트체크센터'와 공동으로 수업을 진행하며 뉴스 전문가와 실습 수업을 진행함. • 인턴십 프로그램을 통해 취업 역량 강화 1년 동안 총 7명의 학생이 IT, 미디어, UX 관련 기업에서 인턴십 프로그램에 참여함(넥슨코리아, 제일기획, 웨딧, SBS, 패스트파이브, 백패커 등). • TOPCIT 응시자 확대: 비전산 전공자의 SW개발 능력과 비즈니스 기획을 평가하는 TOPCIT 시험에 전공생이 응시할 수 있도록 지원함. 2017년도에만 25명이 시험에 응시함.

3. 세계선도 중점학과 육성사업(2016~2019년)

세계선도 중점학과 육성사업은 서울대학교 교내 사업으로, 언론정보학과는 2016년 7월부터 2019년 1월까지 약 2년 반 동안 참여했다. 사업의 핵심 목표는 교육·연구·국제 네트워크 구축을 통해 언론정보학과의 학문적 위상을 제고하고, 지속적 발전 기반을 마련하는 데 있었다.

교육 측면에서는 다양한 신흥 연구 분야를 교육과정에 반영하고, 미래 저널리즘을 이끌어갈 커리큘럼을 개발했다. 연구 측면에서는 팩트체크 시스템(SNU FactCheck) 개발과 같은 사회적으로 긴요한 성과를 창출했으며, 소셜미디어 연구, 창의산업과 문화정책 등 다양한 주제를 아우르는 학제 간 연구를 확대했다. 국제화 측면에서는 국제학술대회 리셉션 개최, 도쿄대·대만정치대 등 해외 유수 대학과의 정례 학술교류, 학술 심포지엄 개최, 국제학술지 편집위원장 활동 등을 통해 국제적 연구 네트워크를 강화했다. 아울러 이 과정에서 학문후속세대에게 실질적 연구 경험과 국제적 교류 기회를 제공함으로써 차세대 연구 인력 양성에도 기여했다.

사업 신청 당시 이재현 교수가 사업책임자를, 한규섭 교수가 사업 제안서 준비 총괄을 맡아 추진했다. 이후 2차년도(2017년)부터는 이은주 교수가 사업책임자직을 이어받았다. 세부 사업 목표와 주요 실적은 다음과 같다.[4]

4 사업단 연차보고서에서 주요 내용을 발췌한 후, 필요할 경우 일부 표현을 다듬어 옮겼다.

〈표 6-13〉 세계선도 중점학과 육성사업 목표 및 주요 실적

사업 목표	주요 실적
알고리즘 저널리즘 (2016)	• 알고리즘을 활용한 기사 생성 기술을 구축하고 관련 연구를 수행함. 연구 성과를 바탕으로 '데이터저널리즘' 교과목을 개발해 2016년 2학기에 개설함.
국제학술대회 개최 (2016)	• 언론정보학과 주관으로 국제학술대회 2016 SNU International Conference 'Korea-Japan Relations: A Long and Winding Road to Reconciliation'을 개최함. 국내외 학자들이 참여해 한일 관계를 주제로 주요 언론 보도 내용, 설문조사, 실험연구 등 다양한 데이터와 방법론을 활용한 분석 결과를 공유하고 논의함. 홍콩시립대, 일본 고베대 및 리츠메이칸대학, 미국 텍사스대-오스틴 등 해외 유수 대학 소속된 저명 학자들이 참여함.
전문가 기반 팩트체크 (2017)	• 제휴 언론사들이 사실 검증한 내용을 뉴스 이용자들에게 공개하는 국내 최초의 산학협력형 팩트체크 시스템(SNU FactCheck)을 개발함. 네이버 뉴스 메인 페이지에서도 제공됨.
국제학술대회 개최 (2017)	• 아시아연구소가 지원하는 '동아시아의 컨버전스 문화' 프로그램과 연동해 'Cultural Industries and Policy in East Asia: Agendas for the Future'라는 주제로 국제학술대회를 개최함. 한국을 포함한 6개국 11개 대학 소속 교수 13인이 참여함.
학과 영문 홈페이지 제작 (2017)	• 언론정보학과 공식 영문 홈페이지를 제작함. 이를 통해 해외 연구자, 학생, 미디어 업계 종사자 등이 학과에 대한 주요 정보(구성원, 커리큘럼 등)를 접할 수 있는 채널을 구축함.
국제학술지 편집위원장 활동 (2017, 2018)	• 이은주 교수는 2017년부터 비영어권 학자로서는 최초로 커뮤니케이션학 분야의 탑 3 학술지인 *Human Communication Research*의 편집위원장직을 맡아 봉사함. 편집위원장 자격으로 2017년과 2018년 국제커뮤니케이션학회(ICA) 연례학술대회의 'Meet the Editors' 세션에 참석했으며, 2018년에는 전미커뮤니케이션학회(NCA) 연례학술대회의 동명 세션에도 참여함.

〈표 6-13〉 계속

사업 목표	주요 실적
국제학술 심포지엄 개최 (2017, 2018)	• 해외 저명 학자들을 초청해 2017년 'Meet the Editors: Evolving Trends and Continuing Traditions in Communication Research' 심포지엄, 2018년 'News, Information, and Political Communication in the Digital Age' 심포지엄을 개최함.
HCI 학술세미나 개최 (2017, 2018)	• 국내외 HCI 연구자들을 초청, 최신 연구동향을 파악할 수 있는 학술 세미나를 총 7회 개최함.
소셜미디어 특강 개최 (2017, 2018)	• 국내외 소셜미디어 연구자들을 초청해 6번의 방법론 특강과 세 차례의 이론 특강(세미나)을 개최함.
학문후속세대 국제화 역량 강화 (2018)	• 'Media in Globalized Asia'를 주제로 2017년 도쿄대-서울대 연례학술대회가 개최되었으며, 교수 3명과 학생 10명이 참석함. 2018년부터는 대만정치대가 참여하면서 3개국 연례학술대회로 확대됨. 'Risk, Memory and Democracy: Key Communication Issues in East Asia'를 주제로 개최됐으며, 교수 2명과 학생 7명이 참석함. • 독일 뮌스터대가 'Trust in Mediated Communication'라는 주제로 미국 미시간주립대 및 캘리포니아대-산타바바라와 공동 주관한 제4회 국제하계학교(International Summer School)에 학생 2명이 참석함. 이은주 교수는 키노트 스피커로 초청받음.
국제학술대회 리셉션 개최 (2018)	• 커뮤니케이션학 분야 최고 권위의 국제커뮤니케이션학회(ICA)의 연례학술대회에서 학과 역사상 처음으로 서울대 리셉션을 개최함. 학과 소개 영문 브로슈어를 배포하여 서울대 및 학과를 소개하는 기회로 삼음.
국제학술 심포지엄 개최 및 발표 (2018)	• 'Issues on Public Audiovisual Archives in Digital Age'를 개최하여 대중문화 아카이브 관련 국내외 학자 및 실무 전문가들을 초청해 심층적 논의의 장을 마련함. • 'Viral Communication: A Multidisciplinary Approach to Message Sharing'을 개최함. 커뮤니케이션학, 전산학, 신경과학 등 다양한 학문적 배경을 가진 국내외 학자들이 모여 연구 결과를 공유하고 토론함.

제 7 장

언론정보연구소의 역사

1963~2025*

김영희 | 전 서울대 언론정보학과 객원교수
윤상길 | 신한대 미디어영상학과 부교수
송채린 | 서울대 언론정보학과 석사과정
정소운 | 서울대 언론정보학과 석사과정
김현석 | 서울대 언론정보학과 부교수**

이 장은 서울대학교 언론정보연구소의 설립 과정과 주요 활동을 살펴본다. 연구소는 1963년 3월 1일 기자 재교육 프로그램을 실시하고 매스커뮤니케이션 현상을 연구하기 위해 '신문연구소'라는 이름으로 설립되었으며, 1994년 3월 1일 '언론정보연구소'로 개칭됐다. 설립 직후부터 5년간 우리나라 최초로 체계적이고 정기적인 언론인 재교육을 실시했으며, 동시에 한국 언론학계에서 처음으로 내용분석과 사회조사방법을 활용해 적극적인 연구 활동을 전개했다. 1968년 기자 재교육 프로그램을 석사학위 과정으로 발전시킨 신문대학원 설립 이후 연구소는 사회과학적 연구 활동을 주로 수행하기 시작했다. 1975년 신문대학원 폐지 후 사회과학대학에 신문학과 학부 및 대학원 석·박사학위 과정이 설치되면서 연구소의 사회과학적 연

* 이 장은 김영희·윤상길(2013)의 논문 "서울대학교 언론정보연구소 50년, 그 역할과 역사적 의미"(〈언론정보연구〉 50권 2호)를 재수록하면서, 분량을 줄이고 일부 내용을 수정했으며, 출간 이후 자료를 추가로 반영한 것이다. 김영희·윤상길(2013)의 논문은 서울대학교 언론정보연구소가 2013년 발간한 《서울대학교 언론정보연구소 50년사: 1963~2013》을 바탕으로 재구성한 것이다.

** 교신저자: hyunsuk.kim@snu.ac.kr

구 활동은 더욱 활발히 전개됐다. 언론정보연구소의 역사는 연구 활동, 학술지 발간, 국내외 학술교류, 교육 등 대학 부설 연구소의 본래 역할을 충실히 수행하면서 동시에 한국 언론학 연구를 선도해 온 역사라 할 수 있다.

1. 서론

1960년대는 우리나라에서 언론학이 하나의 독립된 학문으로서 연구와 교육이 본격적으로 궤도에 오른 시기라고 할 수 있다. 1950년대에 처음으로 언론학 관련 정규 학과가 서울의 두 대학에 개설됐다. 1959년에는 언론학 연구자들의 연구 단체 한국신문학회가 창립됐고, 1960년에는 한국신문학회가 발행하는 전문학술지 〈신문학보〉가 창간됐다. 1960년대에 들어서면서 서울의 주요 대학에 언론학 관련 학과들이 추가로 설립됐다.

이런 상황에서 5·16 이후 박정희 정부의 언론정책으로 추진된 주요 시책 가운데 하나로 1963년 3월 1일 법정 연구소로 서울대에 신문연구소가 설치됐다. 서울대의 학부 과정에 관련 학과가 설치되지 않았음에도 연구소가 설립된 것은 언론인 자질 향상을 위한 재교육과 언론학 관련 연구를 위한 전문 연구소를 국립대 안에 설립하는 것이 필요하다는 당시 박정희 정부의 인식에서 비롯됐다.

이렇게 설립된 서울대학교 신문연구소는 한국의 대학에 설치된 언론학 관련 연구소로는 역사가 가장 오래된 연구소다. 신문연구소는 1994년 3월 1일 연구 대상과 연구 영역을 확대해 커뮤니케이션 환경의 변화를 폭넓게 수용하기 위해 연구소 명칭을 언론정보연구소(Institute of Communication Research)로 변경해서 현재에 이르고 있다.

서울대학교 언론정보연구소는 명목상의 대학 부설 연구소가 아니라 실제 적극적으로 연구와 학술 활동을 수행해 왔다. 1960년대 한국의 언론학 연구와 교육이 본격화되던 시기에 설립된 서울대학교 언론정보연구소의 연구와 교육활동 60여 년의 역사는 그 자체로 한국 언론학 연구와 교육의 중요한 한 축을 선도적으로 담당한 역사라고 할 수 있다. 이런 점에서 언론정보연구소의 역사를 살펴보는 것은 한국 언론학 연구와 교육의 역사를 이해하는 데도 매우 의미 있는 작업이라고 할 수 있다.

이 장은 연구소가 전개한 주요 활동을 살펴보고 그 역사적 의미를 검토하고자 한다. 이를 위해 먼저 연구소가 어떤 사회적 상황에서 설립됐으며, 어떤 조직과 제도화의 과정을 거쳤는지 살펴본다. 다음으로 연구소의 주요 활동을 연구 활동, 저널리즘 연계 활동, 국내외 학술교류 활동으로 나누어 시기 구분에 따라 살펴볼 것이다.

2. 시기 구분

이 장은 언론정보연구소의 역사를 다음과 같이 시기 구분해 살펴보려고 한다. 제1기는 1963년 신문연구소 설립에서 1968년 신문대학원이 설립되기 이전까지의 기간이다. 이 시기는 한국에서 신문연구소가 처음 설립되면서 언론으로부터 매우 큰 관심을 받으며 언론인 재교육을 담당하며 연구 활동을 활발하게 전개하던 기간이다. 제2기는 1968년 3월부터 1975년 관악캠퍼스로 이전하기 이전까지의 기간이다. 이 시기는 신문대학원 설립으로 교육 기능이 분리되어 신문대학원 부설 전문 연구기관으로서의 성격을 정립하던 기간이다. 제1기와 제2기는 동숭동에 캠퍼스가 있었던 시기다.

〈표 7-1〉 언론정보연구소 역사 시기 구분

서울대학교 신문연구소의 설립과 활동 (동숭동캠퍼스 시기)	제1기(1963~1968)	신문연구소의 설립과 초기 활동
	제2기(1968~1975)	신문대학원 부설 연구소로 연구 기능 확대
전문 연구소의 출발 (관악캠퍼스 7동 시기)	제3기(1975~1985)	연구 기능의 분화와 모색
	제4기(1985~1995)	연구소의 역할 재정립기
국제교류의 모색과 최우수 연구소로의 도약 (관악캠퍼스 16동 시기)	제5기(1995~2005)	연구소 기능의 다양화와 국제교류의 모색
	제6기(2005~현재)	최우수 연구소로의 도약

제3기는 1975년 3월부터 1985년 2월까지의 기간이다. 이 기간은 신문대학원이 폐지되고 서울대 사회과학대학의 학부와 대학원 석·박사학위 과정에 신문학과가 설치된 기간이다. 이 시기는 기자 재교육 기능을 일부 지속하면서, 국제학술 세미나 개최 등으로 새로운 연구 기능을 모색하던 기간이다. 제4기는 1985년 3월부터 1995년 2월까지의 기간이다. 이 시기는 전문 연구기관으로서 국내 학술 세미나를 본격 개최하기 시작한 기간이다. 제3기와 제4기는 대체로 관악캠퍼스로 이전한 이후의 7동 시기다.

제5기는 1995년부터 2005년까지의 기간을 다루었다. 국제적 학술교류가 적극 추진되고, 연구의 외연을 확장했으며, LG상남언론재단과 공동으로 해외 언론인 연수 프로그램을 개최하기 시작한 기간이다. 제6기는 2005년 이후 현재까지의 기간이다. 이 기간은 연구소에서 발행하는 〈언론정보연구〉를 한국연구재단 등재지로 만들고, 학술 포럼 정례화, 국제교류 확대 추진 등으로 연구 기능을 대폭 강화해 서울대학교 인문사회과학연구소 중 최우수 연구소의 하나로 도약한 시기다. 제5기와 제6기는 사회과학대학 건물이 신축되어 연구소도 사회과학대학 건물인 16동 4층으로 이전한 이후의 시기다.

〈표 7-1〉은 언론정보연구소 역사의 시기 구분과 각 시기의 성격을 정리한

것이다. 이러한 시기 구분에 따라 먼저 연구소의 설립과 조직 변화 과정을 살펴보고, 조사 연구 활동, 기자 재교육 및 국제교류 활동을 고찰하기로 한다.

3. 언론정보연구소의 설립과 조직의 변화

1) 신문연구소의 설립과 초기 조직: 1963~1968

박정희 정부는 언론을 대대적으로 정비하는 한편, 언론의 사회적 윤리와 책임을 강조하면서 언론을 기업으로 육성하는 정책을 추진했다. 당시는 사이비 언론과 사이비 신문기자들이 크게 늘어나 신문에 대한 신뢰가 많이 떨어지고, 비리의 온상이 되어 사회적으로 큰 문제가 되던 시기였다. 박정희 정부는 이런 언론계 현실을 바로잡으면서, 정부의 원활한 정책 추진을 위해 언론을 적극 동원하고자 했다. 이 과정에서 언론인의 품위와 자질 향상을 위한 재교육 프로그램의 필요성 또한 제기됐다. 이런 사회적 분위기 아래 박정희 정부의 언론정책의 일환으로 서울대에 신문연구소 설립이 추진됐다.

서울대 안에 신문 연구기관을 설치하려는 계획은 1962년 6월 연구소 설립 초안이 학장회의에서 검토되면서 본격화했다.[1] 당시 〈대학신문〉은 "현재까지 알려진 바에 의하면 신문연구소는 신문을 비롯한 제 〈마스·콤〉 분야의 연구와 훈련을 목적으로 하여 연구부, 교육부, 총무부들의 부서를 두도록 뜻하고 있으며 서울대 교수 및 사계인사들로 구성된 평의원회(評

1 "서울대학교 신문연구소 학장회의 규정 부의". 〈동아일보〉. 1962. 6. 16. 3면.

議員會)를 두어 의결사항을 맡도록 하고 있다"고 보도하고, "〈신문연구소〉 설치는 국가적 요청이다"라는 제목의 사설로 신문연구소 설치 필요성을 강조했다.[2]

이 사설이 주장한 바와 같이, 당시 서울대 내에는 정부 방침에 호응해 신문연구소 설치가 필요하다는 인식이 형성되어 있었던 것으로 보인다. 이런 보도가 나온 다음 날인 1962년 6월 19일 서울대학교 신문연구소 설립에 뜻을 같이하는 서울대 및 언론계 중진인사들이 신문회관에서 발기인 대회를 개최하고, 7월 2일 신문연구소 설치를 위한 준비위원회를 구성했다.[3]

서울대 내의 신문연구소 설립 움직임과 병행해 정부 차원에서도 법적·제도적 장치가 마련됐다. 1962년 6월 28일 정부는 최고회의 언론정책을 발표했는데, 여기에 신문연구소 설치 근거가 포함된 것이다. 이 언론정책은 5개 항목의 기본 방침과 20개 항목의 세부 방침으로 구성됐다.[4] 5개의 기본방침은 ① 언론 자유와 책임, ② 언론인의 품위와 자질, ③ 언론 기업의 건전성, ④ 신문 체제의 혁신, ⑤ 언론 정화 등이었다. 세부 방침은 이와 같은 언론 기본 방침을 달성하기 위한 것으로, 20개 항으로 구성됐는데 그 ⑭ 항목이 "품위, 자질의 향상과 신문의 연구를 위하여 교육기관을 설립함에 정부는 이를 지원한다"는 내용이었다.

정부는 이러한 최고회의 언론정책 기본 방침과 세부 방침 시행을 위해 1962년 7월 31일 언론정책 시행기준을 발표했다. 이 시행기준은 ① 언론

2 "서울대에 8개 연구소", 〈대학신문〉 1962. 6. 18. 1면; "〈신문연구소〉설치는 국가적 요청이다". 대학신문 1962. 6. 18. 사설.
3 "연구소특집". 〈대학신문〉. 1963. 6. 20. 4면.
4 "언론정책 전문". 〈동아일보〉. 1962. 6. 29. 석간 1면.

인 직능별 단체 구성, ② 단간제 및 증면, ③ 일간지의 일요지(日曜紙) 발행 불허, ④ 통신사 정비, ⑤ 일간 신문의 시설 기준, ⑥ 기자 보수 기준, ⑦ 지사·지국의 취재 제한, ⑧ 신문용지 대책, ⑨ 자금 융자, ⑩ 서울대학교에 설치될 신문연구소를 적극 지원 육성한다는 내용으로 되어 있었다.[5]

이처럼 언론정책 시행기준에 서울대학교 신문연구소 설치 조항이 포함됨에 따라, 8월 13일 법대 도서관 2층에 신문연구소 설치를 준비하는 임시사무소가 설치됐다.[6] 임시사무소는 연구소 설치를 위해 관련 자료를 수집하면서 연구소 설치를 준비했다. 당시 연구부장에 이만갑 사회학과 교수, 교육훈련부장에 김규환 당시 동양통신 부국장, 총무부장에 서원룡이 임명됐다. 또한 1962년 12월 28일 각의에서 국립학교 설치령 개정의 건을 의결하여 각령 1133호로 서울대학교 신문연구소 설치가 법제화됐다. 이 각령은 1962년 12월 31일 관보 제3334호에 발표됐다.[7]

이러한 과정을 거쳐 1963년 3월 1일 신문연구소가 설립됐다.[8] 설립 목적은 "매스·콤 각 분야에 관한 연구와 이에 종사하려는 자의 교육 및 양성"

5 "언론정책 시행기준 전문". 〈동아일보〉 1962. 8. 1. 조간 1면.

6 〈대학신문〉. 1963. 3. 21. 1면.

7 국가기록원 나라기록 관보(http://theme.archives.go.kr/next/gazette/viewMain.do) 제3334호. 32~33쪽.

8 그런데 언론정보연구소가 연구소 설립에서 1999년까지의 연혁을 자체 정리한 1999년 자료에는 연구소가 1963년 3월 25일 창설됐다고 기록돼 있다(서울대학교 언론정보연구소, 1999: 237). 또한 〈대학신문〉 1963년 3월 21일 자 1면 기사에는 "오랫동안 준비를 서둘러 오던 서울대학교 부속 신문연구소는 오는 4월 중에 문을 열게 된다"고 보도했고, 〈대학신문〉 1963년 4월 29일 자 기사에는 연구소 개소 축하 파티가 1963년 4월 30일 개최한다고 보도했다. 서울대 자체적으로 행정적·제도적 정비에 시간이 필요했을 것이므로 그럴 가능성은 있다. 그러나 이를 뒷받침할 근거 사료가 남아 있지 않은 실정이다. 따라서 현재로서는 법적 근거를 바탕으로 연구소 설립일을 3월 1일로 보고자 한다. 보다 자세한 사항은 서울대학교 언론정보연구소(2013: 39~41)를 참조하기 바란다.

이었다.[9] 그런데 신문연구소가 설립된 1963년 당시 서울대에 설치된 연구소는 매우 적었다. 서울대가 1946년 '국립 서울대학교 설치령'에 의해 설립됐으나, 1950년대 말까지 1946년에 설립된 생약연구소 외에는 연구소가 전혀 없었다. 한국전쟁을 겪으며 궁핍했던 국가 재정으로 인해 국립대학에 연구소를 설립할 여유가 없었기 때문이었을 것이다.

서울대에 본격적으로 연구소가 설립된 것은 1960년대 들어서부터다. 1960년대에 20개의 연구소가 설립되었는데(서울대학교50년사편찬위원회, 1996: 228~244), 인문사회 분야에서 처음 설치된 연구소는 1961년 설치된 한국경제연구소였다. 이어 1962년 학생지도연구소가 설립됐다. 그런데 한국경제연구소는 설립 당시 상과 대학 부설 연구소여서 대학교 부속 법정 연구소는 학생지도연구소가 유일했다. 그런 상황에서 1963년 3월 1일 어학연구소와 신문연구소가 법정 연구소로 설립된 것이다.[10] 따라서 신문연구소는 서울대의 인문·사회과학 분야 연구소 가운데 어학연구소와 함께 두 번째로 설립된 서울대학교 직속 법정 연구소였다. 또한 학부에 학과가 설치되기 이전에 관련 연구소가 먼저 설립된 매우 예외적인 연구소라고 할 수 있다.

설립 당시 신문연구소의 기구와 조직은 연구소장 밑에 학술조사 연구를 담당하는 연구부, 언론인 재교육을 담당하는 교육훈련부와 사무국으로 구성됐고, 별도로 운영위원회를 두어 연구소 운영 전반에 관한 사항을 조정했다. 초대 소장에 육지수 지리학과 교수, 연구부장에 김규환 동양통신 편집부국장, 교육훈련부장에 이만갑 사회학과 교수가 취임했고, 평의원에

---

9 "연구소특집". 〈대학신문〉. 1963. 6. 20. 4면.

10 국가기록원 나라기록 관보(http://theme.archives.go.kr/next/gazette/viewMain.do) 제3334호. 32~33쪽.

육지수·고재욱·김규환·이만갑·유기천·정병조 교수가 참여했다.[11] 연구부는 신문연구소의 모든 연구 활동의 기획과 수행을 담당했고, 교육훈련부는 1년 기간의 연구생 모집 및 교육 업무를 담당했다. 1964년 구성된 운영위원회는 서명원, 유기천, 박종홍, 권녕대, 최재희, 고재욱, 김규환, 이만갑으로 구성했고, 연구원은 김규환, 이만갑, 최준, 박권상, 홍승면 등 5인을 위촉했다.[12]

지리학 전공으로 신문연구소와는 직접적인 관련이 없던 초대 소장 육지수 교수가 1967년 6월 별세하면서, 정부는 1967년 10월 4일 동양통신 편집국장 김규환 박사를 서울대 교수로 임명하고, 신문연구소 2대 소장에 보임 발령했다.[13] 제2대 신문연구소장에 취임한 김규환 교수는 신문연구소의 역할을 "매스콤 과학의 경험적·기초적 데이터를 세계적으로 수집하는 것과 매스콤 과학 연구에 종사할 학자들의 양성 확보"로 인식하고, 1968년 설립될 예정인 신문대학원과 신문연구소와의 관계에 대해 "신문대학원은 교육에, 신문연구소는 연구와 데이터 수집 그리고 교수진의 편성 등에 중점을 둘 것"이라고 해 두 기관의 유기적 관계를 강조했다.[14]

1967년 6월 신문연구소 전임교수로 이상희, 오갑환(사회학 전공) 교수가 취임했다. 1967년 12월 현재 연구소는 김규환 연구소장 이외에 전임강사 2명, 시간강사 9명, 유급 임시 연구원 4명, 조교 2명이 활동했다.[15] 1968년에 신문대학원이 설립되면서 김규환 교수가 신문대학원장과 신문연구소장

11 〈대학신문〉, 1963. 3. 21. 1면.

12 〈경향신문〉, 1964. 5. 7.

13 "김규환 씨를 임명". 〈조선일보〉. 1967. 10. 5. 1면.

14 "대담 신임 신문연구소장 김규환 교수". 〈대학신문〉. 1967. 10. 30. 3면.

15 〈신문평론〉 1967년 12월호. 148쪽.

을 겸임했고, 연구원은 신문대학원 임근수, 박유봉, 이상희, 오갑환 등 전임 교수들로 구성됐고, 최준, 홍승면, 박권상, 한기욱 등이 참여했다.[16]

2) 신문대학원 부설 연구소로 연구 기능 확대: 1968~1975

1968년 서울대에 신문대학원을 설립할 무렵 한국 사회의 언론학 교육과 연구는 제도화 단계를 거쳐 연구도 차츰 본격적으로 수행되기 시작한 기간이라 할 수 있다. 바로 그런 시기에 정부의 문교부와 공보부가 서울대학교 신문연구소를 신문대학원으로 승격시킬 방침으로 서울대학교 설치령과 대학정원령 등 관계 법령 개정을 본격적으로 검토했다.[17] 연구소가 본격적인 매스커뮤니케이션 연구기관으로서 역할을 수행하도록 하기 위해 미국의 여러 대학에서 설치한 'School of Journalism'의 체제와 기능을 갖춘 신문대학원으로 발전시키고자 한 것이다(김규환, 1977: 3). 신문대학원 설립에 따라 신문연구소는 총장 직할에서 신문대학원 부설 연구소로 소속이 변경됐다.

신문대학원을 설립하면서 신문연구소의 조직도 일부 변경했다. 신문연구소가 설립 당시부터 담당했던 교육 기능은 신문대학원이 맡고, 신문연구소는 연구 활동에 집중하게 됐다. 이에 따라 연구소의 조직은 기존 조직에서 교육훈련부를 폐지하고, 대신 실험조사부를 설치했다. 연구부는 매스커뮤니케이션 이론과 문헌연구 및 정기간행물에 관한 사항을 담당하고, 실험조사부는 사회심리학 및 심리학의 응용 접근 방법으로 매스커뮤니케

16 "附設 硏究所를 찾아서(下): 新聞硏究所". 〈대학신문〉. 1968. 6. 7. 6면.
17 "서울대 신문연구소 대학원 승격 방침". 〈조선일보〉. 1967. 10. 25. 1면.

이션에 관한 각종 실증적 자료 수집, 정리 및 실험조사에 관한 사항을 담당하는 것으로 조정했다.

신설된 신문대학원 원장은 김규환 신문연구소 소장이 맡았고, 전임교수였던 이상희 교수와 미국에서 귀국한 오갑환 박사를 전임으로 초빙했다. 또한 중앙대의 임근수(언론사 전공) 교수, 한양대의 박유봉(독일 푸블리지스틱 전공) 교수를 영입했다. 그 후 인접 학문분야인 사회학에서 김일철 교수, 정치학 분야에서 최명 교수, 심리학에서 조명한 교수가 전임교수로 임명되고, 1973년 미국 유학을 마치고 귀국한 차배근 교수를 포함 9명의 교수진으로 발전했다. 이렇게 인접 사회과학 분야의 교수들이 신문대학원 교수진에 참여하면서 신문연구소는 사회과학으로서의 커뮤니케이션학을 연구하는 경향을 더욱 강하게 띠게 됐다(강현두, 1999: 43).

3) 연구 기능의 분화와 모색: 1975~1985

1975년 2월 28일 '서울대학교 종합화 10개년 계획'에 따라 서울대학교 신문대학원이 폐지되고 사회과학대학에 학사과정과 석·박사학위 대학원 과정을 두는 신문학과가 설치됐다. 이에 따라 신문연구소의 소속과 역할이 재조정됐다. 신문연구소는 신문대학원에서 사회과학대학 부설 연구소로 그 소속이 변경됐다. 서울대학교 종합화 계획에 따른 연구소의 사회과학대학 부설로의 소속 변경은 연구소가 다시 초기의 법정 연구소로 지위가 격상됐다는 제도적 의미를 담고 있다. 이런 점에서 사회과학대학 부설의 법정 연구소로의 소속 변화는 연구소 활동에 긍정적으로 작용했다고 판단된다.

〈표 7-2〉 서울대학교 신문연구소의 소속 변동 사항

1963. 3	1968. 3	1975. 3	1982. 6
총장 직속	신문대학원 부설	사회과학대학 부설	대학교 직할

사회과학대학 부설 연구소로 소속이 변경된 신문연구소는 대학 직할 연구소로의 승격을 적극 추진했다. 대학교 직할 연구소로 승격되면 기본적 재정 지원이 이루어지고, 필요 인원을 확보할 수 있어 연구 환경 개선과 기능 활성화에 유리했기 때문이었다(서울대학교40년사편찬위원회, 1986: 575~576). 이런 노력으로 신문연구소는 1982년 6월 11일 대통령령 제10835호 서울대학교 설치령 중 개정령이 제정, 공포되면서 대학교 본부 직할 연구소로 승격되어 오늘에 이르고 있다.[18] 이와 같이 본부 직할 연구기관으로 승격할 수 있었던 것은 1970년대 말에서 1980년 초 연구소가 수행했던 〈국민생활시간조사〉와 같은 대규모 사회조사 연구 사업이 사회적으로 크게 주목받은 것이 반영된 결과라고 할 수 있다. 신문연구소의 소속 변동사항은 〈표 7-2〉와 같다.

신문연구소의 소속 변화와 함께 연구소의 기능도 재조정됐다. 연구소 본연의 연구 기능 이외에 과거 신문대학원이 담당했던 단기 세미나 개최를 통한 언론인 재교육을 실시하게 됐다. 단기 세미나 개최를 통해 신문연구소 설립 초기부터 담당했던 언론인 재교육 기능을 부분적으로 수행하려는 의지였다.[19]

18 관보 제9161호. 1982. 6. 11. 대통령령 제10835호 서울대학교 설치령 중 개정령.

19 "한국 신문들은 경영 경륜 없어: 서울대 신문연구소 소장으로 옮긴 김규환 박사". 〈동아일보〉. 1974. 2. 6. 5면.

4) 연구소의 역할 재정립기: 1985~1995

1980년대 중반 이후 한국 사회는 미디어 보급과 발달 단계에서 볼 때 전문화 단계에 진입한 시기다(김영희, 2009: 8~9). 또한 민주화가 진전되고, '산업화는 늦었지만 정보화는 우리가 먼저'라는 기치 아래 뉴미디어 도입과 정보화 사회 진입을 적극 모색하던 기간이었다. 이에 따라 특히 방송과 뉴미디어에 대해 사회적 관심이 늘면서, 관련 교육 및 연구 수요 또한 증가했다.

이 시기 신문연구소는 본부 직할 연구소로 승격된 이후 조직을 개편했다. 인접 학문분야 교수들을 연구원으로 다수 위촉하고, 종래의 실험조사부는 자료도서부로 개편해 각종 학술 자료의 수집과 보급을 담당하게 했다(서울대학교연구처, 1996: 351). 특히 자료도서부에서는 1986년부터 2000년까지 매년 〈전국 각 대학 신문학 석·박사 학위논문 요약집〉을 발간했는데, 이 학위논문 요약집은 학술정보 검색이 어려웠던 1980~1990년대에 관련 정보를 제공한 유용한 자료로 평가된다.

대학교 직할 연구소로 승격되면서 연구 인력이 확충되어, 1984년 신문연구소의 인력은 연구원 11명, 특별 연구원 7명, 조교 1명, TA 1명, 행정직원 및 기술 인력 2명이었다(서울대학교40년사편찬위원회, 1986: 581). 그러나 직할 연구소로 승격됐다 하더라도 지원되는 기본 운영비는 부족했고, 연구비 지원은 거의 없어 대부분의 연구비는 산학협력에 의한 용역 연구로 충당했다. 다행히 연구소가 대규모 사회조사 연구과제를 자주 수행하면서 1990년대 전후로 연구소 자체 연구기금이 마련되기 시작했다. 특히 추광영 교수가 소장으로 취임한 1989년 이후 1,000만 원 전후 수준이던 자체 기금을 1억 5,000만 원 이상으로 확충해 국제학술 세미나 등을 개최하거나 지원할 수 있는 기본 자금으로 활용할 수 있게 됐다.

본부 직할 연구소로 승격된 이후 신문연구소는 학술 활동을 보다 활발히 전개했다. 먼저, 대규모 사회조사 연구과제를 연이어 수행하며 점차 연구 활동을 연구소의 핵심 영역으로 정착시켜 갔다. 또한 이전 시기에 거의 없던 국내 학술 세미나와 소규모의 학술 포럼을 개최하기 시작해, 학자들 간의 학술교류는 물론 대학원생들을 위한 교육의 장을 제공했다.

5) 언론정보연구소 기능의 다양화와 국제교류의 모색: 1995~2005

1990년대 중반 이후 한국 사회의 커뮤니케이션 환경이 정보사회로 빠르게 이행했으며, 다매체 다채널 환경에 대한 사회적 인식도 폭넓게 확산됐다. 신문연구소는 이러한 변화에 부응해 연구 대상과 영역을 보다 명확히 하기 위해 1994년 3월 1일 '서울대학교 신문연구소'에서 '서울대학교 언론정보연구소(Institute of Communication Research)'로 명칭을 변경했다.[20] 이듬해인 1995년 3월 1일 관악캠퍼스 16동으로 사회과학대학이 이전하면서 언론정보연구소도 함께 공간을 이전했다. 새롭게 이전한 공간은 7동의 공간보다 넓은 공간을 사용하면서 보다 나은 연구 환경이 조성됐다.

6) 최우수 연구소로의 도약: 2005~현재

2000년대 중반 이후 언론정보연구소는 체제를 보강해 연구 활동을 정례화·효율화하기 위해 노력했다. 먼저 연구소 체제를 연구센터체제로 정비했다. 2005년 8월 정보문화연구센터를 신설하고, 2008년 8월 커뮤니케

20 관보 1994년 2월 28일. 대통령령 제14180호 서울대학교 설치령 중 개정령.

이션역사연구센터를 설치했다. 이후 몇 차례의 변화를 거쳐 2025년 현재 언론정보연구소는 소장 아래 커뮤니케이션연구센터, 소셜데이터연구센터, 정보문화기술연구센터, 커뮤니케이션역사연구센터 등 네 부서와, 이를 지원하는 행정실과 운영위원회로 조직돼 있다. 또한 이 시기에 전용 공간을 추가로 확보해 소속 연구원들을 위한 연구 공간을 확충하고, 자료실을 정비해 연구소 자료를 이용하는 사람들에게 안정적이고 독립적인 공간을 제공할 수 있도록 했다.[21]

이 기간 주목할 만한 활동 가운데 하나는 2005년 정보문화연구센터를 설치해 학문의 융·복합이 강조되는 추세에 맞춰 새로운 프로그램을 추진하고, 이를 계기로 신설된 융합과학기술대학원에 디지털정보융합학과가 설립됐다는 점이다. 정보문화연구센터는 설치 직후 정부의 '문화콘텐츠 특성화 교육기관 지원사업'에 창의적 기획자 양성을 위한 커리큘럼의 개발과 관련 프로그램의 운영을 제안해 정부 지원을 받아 사업을 수행했다. 또한 정보문화연구센터는 강남준 교수와 이중식 교수를 주축으로 경영대학과 함께 문화콘텐츠 글로벌 리더 과정(Global Leader Academy for Cultural Industry)을 추진했다. 이 과정은 세계 시장을 향한 전략적 사고와 글로벌 마케팅 역량을 겸비한 핵심 리더 양성을 목표로 한 사업으로 2009년까지 진행했다.

이런 사업들을 수행하면서 정보문화연구센터는 2007년부터 독립 법인화를 추진했다. 그러던 중, 강남준 교수가 2007년 개원한 차세대융합기술원 내의 범학문통합연구소(제9연구소) 소장직을 맡게 되고, 이어 2008년 2학

21 2014년 3월 IBK커뮤니케이션센터(64동)가 신축되면서 학과 사무실, 교수 연구실, 회의실 등은 64동으로 이전했으나, 언론정보연구소는 계속 16동에 남았다.

기에 융합과학기술대학원에 디지털정보융합학과가 설립돼 강남준 교수가 학과장으로, 이중식 교수가 전임교수로 부임하게 됐다. 이와 같이 융합과학기술대학원 내 범학문통합연구소와 디지털정보융합학과의 설립은 언론정보연구소 내 정보문화연구센터의 독립법인화를 의미한다고 볼 수 있다.

이 시기 연구소의 또 다른 주목할 만한 성과는 서울대 자체 평가에서 최우수 연구소로 도약했다는 점이다. 언론정보연구소는 1990년대 말까지 서울대 자체 정기 연구소 평가에서 그리 좋은 평가를 받지 못했다. 1997년 연구소 평가에서 C등급으로 '지원되면 좋은 연구소'로 평가받았고, 1999년 연구소 평가에서는 전체 인문사회계 법정 연구소 10개 중 8위로 평가됐다. 2000년대 들어 연구소의 학술 활동이 회복되면서 연구소 평가에서 좀 더 나은 평가를 받았지만, 여전히 낮은 순위였다. 2001년 7월 연구소 정례 평가에서 총점 100점 만점에 88.06점(전체 평균 85.93점)을 얻어 전체 29개(인문사회계) 연구소 중 16위였다.

그러나 2005년 이후 학술 포럼('언론정보학 포럼')을 정례화하고, 연구소 학술지 〈언론정보연구〉의 한국학술진흥재단 등재지로의 전환을 추진하며 연구소의 학술 활동에 내실을 도모했다. 또한 정보문화연구센터를 중심으로 연구소 활동의 외연을 확장했다. 이러한 노력은 곧바로 성과로 이어졌다. 2007년 서울대 자체 연구소 평가에서 인문사회 분야 전체 연구소 가운데 종합순위 9위로 우수 연구소로 선정된 데 이어, 2009년에는 5위, 2012년에는 6위로 최우수 연구소에 연속 선정되었다. 이후에도 2015년(10위), 2021년(12위)에는 우수 연구소, 2018년(5위), 2024년(7위)에는 최우수 연구소로 평가받았다.

인문사회 분야에는 언론정보연구소보다 규모가 큰 연구소들이 적지 않고, 연구소 평가가 정례화되면서 경쟁이 한층 치열해졌다. 이러한 상황 속에서도 최근 20여 년간 언론정보연구소가 꾸준히 (최)우수 연구소로 선정돼 온 것은 2000년대 중반 이후 체제 보강과 학술 활동의 다각적 개선·확대가 빚어낸 결실이라 할 수 있다.

역대 언론정보연구소장은 아래와 같다(〈표 7-3〉).

〈표 7-3〉 언론정보연구소 역대 소장 명단

성명	재직 기간
육지수	1963. 3 ~ 1967.10
김규환	1967.10 ~ 1977.10
이상희	1977.10 ~ 1981. 1
김규환	1981. 1 ~ 1985. 7
이상희	1985. 8 ~ 1987. 7
차배근	1987. 8 ~ 1989. 7
추광영	1989. 8 ~ 1991. 7
강현두	1991. 8 ~ 1995. 2
박명진	1995. 2 ~ 1997. 2
추광영	1997. 2 ~ 1999. 2
차배근	1999. 2 ~ 2001. 2
강명구	2001. 3 ~ 2003. 2
박승관	2003. 3 ~ 2005. 2
윤석민	2005. 3 ~ 2006. 6
양승목	2006. 7 ~ 2009. 8
강남준	2009. 9 ~ 2011. 8
이재현	2011. 9 ~ 2013. 8
이준웅	2013. 9 ~ 2015. 8
윤석민	2015. 9 ~ 2018. 8
김은미	2018. 9 ~ 2019. 8
이은주	2019. 9 ~ 2021. 9
이준환	2021.10 ~ 2024. 8
홍석경	2024. 9 ~

4. 연구 활동

1) 연구소 학술지의 창간과 초창기 신문연구소의 조사 연구 활동

서울대학교 언론정보연구소는 설립 이듬해인 1964년 2월 연구소 학술지로 〈서울대학교 신문연구소학보〉를 창간했다. 초창기 〈서울대학교 신문연구소학보〉는 담당교수와 연구생들의 연구 작업, 특히 연구소의 조사 연구 활동의 결과물을 발표하는 장으로 기능했다. 〈서울대학교 신문연구소학보〉가 창간되기 이전의 한국 언론학 연구들은 매체 가운데 신문이 주로 연구 대상이었고, 연구방법은 거의 대부분 문헌연구였다. 조사 연구나 내용분석 방법을 사용한 연구는 전혀 없었다고 할 수 있을 정도였다. 그런데 〈서울대학교 신문연구소학보〉가 발행되기 시작한 이후, 당시 주요 현안과 관련해 조사 연구방법이나 내용분석 방법을 활용한 연구 결과들이 발표되면서 사회적으로 크게 주목받았다. 이후 〈서울대학교 신문연구소학보〉는 1968년 〈신문연구소학보〉로 개칭했다(서울대학교40년사편찬위원회, 1986: 597).

〈신문연구소학보〉는 연구 대상 매체를 신문 외에 출판, 방송, 영화 등으로 확대했고, 각 매체의 전달 주체, 전달 매체, 전달 객체를 종합적으로 파악하는 동태적 연구를 시도해, 한국 언론학 연구에 새로운 학문 풍토가 형성되는 계기를 마련했다. 이에 1977년판 〈한국신문연감〉(한국신문연구소, 1977: 598)은 "한국에서 매스커뮤니케이션에 관한 과학적·실증적 연구는 1963년에 설립된 서울대학교 신문연구소에 의해서 처음으로 시도되었다고 볼 수 있다"고 평가했다.

〈신문연구소학보〉를 비슷한 시기에 발행된 다른 간행물과 비교하면 그 차이가 분명하게 드러난다. 1957년 미국 연수를 다녀온 일부 언론인들이 주도해 언론인들의 연구 친목 모임인 관훈클럽을 결성하고, 1959년 회원 언론인들의 연구 성과와 수필 등을 수록한 계간지 〈신문연구〉를 창간했다. 〈신문연구〉는 구미의 새로운 언론 개념들을 소개하고, 언론에 대한 이론적 논의와 연구 성과들도 발표하며 주목을 끌었다. 그러나 〈신문연구〉는 전문적 학술지는 아니었다. 한국 언론학계에서 처음으로 언론 현상을 주제로 한 연구 논문만을 수록하는 전문 학술지는 1959년 언론학자들이 연구 모임인 한국신문학회를 설립하고, 1960년 창간한 〈신문학보〉가 유일했다. 하지만 〈신문학보〉는 창간호 발행 이후 오랜 기간 발행이 중단된 실정이었다. 그러다가 1968년 학회가 다시 정비되면서, 1969년에 제2호를 발행했다.

이렇게 볼 때 언론학 관련 전문 학술지가 전혀 발행되지 않았던 1964년 언론 현상에 대한 전문 학술지로서 〈서울대학교 신문연구소학보〉가 창간된 것은 한국 현대 언론학 연구사에서도 그 의의가 매우 크다고 평가된다. "초기 연구 논문들은 한국학계에 새로운 방법론을 도입·정착시키는 데 크게 기여했다"고 평가됐듯이(최종수, 1999: 36), 〈신문연구소학보〉는 연구 대상을 신문으로 한정하지 않고 매스커뮤니케이션 전반으로 확대했고, 연구방법으로 한국 언론학계에서 처음으로 내용분석 방법이나 조사 연구 등 양적 분석 방법을 활용해 현안 문제들을 대상으로 한 연구 결과들을 발표했다는 점에서 더욱 그 의의가 크다고 할 수 있다.

〈신문연구소학보〉는 1994년 〈언론정보연구〉로 제호를 변경해 오늘에 이르고 있으며, 현재 한국 언론학계의 대표적 전문 학술지 가운데 하나로 자리매김하고 있다. 특히 언론학 관련 대학 부설 연구소가 발행하는 학술지로는 처음으로 2007년 한국학술진흥재단의 등재 후보 학술지로 선정됐고, 2010년에는 등재지로 승격됐다. 2025년 8월 현재 제62권 3호까지 발간됐다.

2) 신문대학원 설치 이후 연구소의 조사 연구

(1) 독자연구조사센터의 조사 연구

초창기 연구소의 조사 연구는 주로 연구소 담당교수와 연구생들에 의해 수행됐는데, 대부분 아직 연구비도 제대로 지원받지 못하던 실정이었다(정수경, 1977: 169). 이러한 1960년대 초중반의 상황 속에서 1960년대 말 서울대학교 신문연구소에 설치된 아시아신문재단의 독자연구조사센터(Readership Research Center)는 안정적인 재정 지원을 받으며 조사 연구를 수행할 수 있는 계기가 됐다.

1967년 3월 실론(스리랑카)의 캔디에서 IPI(국제신문인협회) 주재하에 개최된 아시아신문인회의에서 아시아 언론인들의 독자적이고 항구적인 기구로 창설된 아시아신문재단은 산하에 5개 위원회를 설치하고 그중 하나인 독자연구조사위원회는 서울대학교 신문연구소와 협력해 신문연구소에 독자연구조사센터를 설치하기로 했다. 이 센터는 필리핀, 인도 등 아시아 주요 국가의 언론인들도 위원으로서 활동하는 국제기구였는데 실행위원장은 김규환 신문연구소장이 맡았다. 이 센터는 아시아 전역에 걸친 신문 보급 현황, 신문 독자의 매스미디어 접촉에 관한 제 양상, 매스미디어 간의 상호 관계, 신문의 내용 및 효과 분석 등에 관한 과학적 연구 조사를 담당하기로 했다. 독자연구조사센터는 다양한 연구 사업을 펼쳤고, 그 결과를 영문으로 아시아 지역의 신문 실태와 사회적 상황을 설명하는 *The Asian Press*에 수록했다.[22]

---

22 그러나 독자연구조사센터는 3년간 활동하고 중단됐다. 재정적 지원이 계속되기 어려웠기 때문이었던 것으로 추정된다.

(2) 문교부 학술연구조성비 지원과제의 수행

신문연구소는 1968년도 문교부 학술연구조성비를 지원받아 김규환·이상희·오갑환 교수 공동 연구로 〈한국의 경제 성장과 매스커뮤니케이션〉 연구를 수행했다(김규환 등, 1968). 이 과제는 내용분석과 사회조사방법을 동원해 매스커뮤니케이션 행위 유형과 정부 경제시책에 대한 주지도 및 태도의 관계를 조사했다. 국민들의 커뮤니케이션 행위를 크게 매스커뮤니케이션과 퍼스널 커뮤니케이션으로 나누어 신문과 방송 등이 담당한 매스커뮤니케이션에 관련된 행위와 간접적인 소집단 내의 구두 전달 행위가 경제정책에 관한 주지도 및 태도와 어떤 관계를 보이는지 탐구했다.

3) 전문연구소의 도약 이후의 조사 연구

1970년대 중·후반기 이후 1980년대 중반까지 연구소는 문교부, 문화공보부 등 국가기관과 농협중앙회, 〈대구매일신문〉, 한국방송공사 등 다양한 기관의 위촉을 받아 16차례의 연구과제를 수행했다(서울대학교40년사편찬위원회, 1986: 597). 이 시기에 연구소가 수행한 연구과제들에서 찾아볼 수 있는 특징은 크게 두 가지다. 첫째는 연구과제의 규모가 점차 대형화되고 있었다는 점이고, 둘째는 대형 연구과제의 주제가 전반적으로 대중매체의 수용자에 초점을 맞추고 있었다는 점이다. 대형 연구과제가 증가하게 된 것은 1970년대 대중매체가 급속도로 발전·확산되고 있는 상황에서 수용자 상황에 대한 사회조사 연구의 필요성에 부응하기 위해서였던 것으로 판단된다.

이 중에서 주목할 만한 대표적인 대형 연구과제는 〈국민생활시간조사〉다. 〈국민생활시간조사〉는 여러 측면에서 언론정보연구소를 대표하는 연구 사업이라고 할 수 있다. 첫째, 이 사업은 1981년부터 2015년까지 장기간 정기적으로 수행했다는 점에서(초기에 2년 주기로 실시하다가 1990년부터 5년 주기로 실시), 언론학계는 물론 한국을 대표하는 사회조사사업이라 할 수 있다. 실제로 통계청이 1999년에야 비로소 '생활시간조사'에 착수했다는 점만 보아도 한국 조사 연구사에서 손에 꼽을 만한 대표적인 연구조사 사업이었다.

둘째, 1970년대 말까지만 하더라도 전국적 조사 연구의 경우에도 실질적으로 전국을 대상으로 하기보다는 전국의 주요 도시 거주민을 대상으로 하거나 혹은 연구 목적에 따라 주요 농촌 지역을 대상으로 한 경우가 많았고, 조사 표본 수도 대체로 1,000여 개였던 것이 대부분이었고 많아 봐야 2,000여 개에 불과했다.[23] 따라서 전국 방방곡곡의 100여 개 조사 포인트를 대상으로 3,600개의 표본을 수집했던 1981년 〈국민생활시간조사〉는 민간 조사 기관이 수행한 조사 연구로는 최초의 대규모 전국 조사라고 할 수 있다.

셋째, 1980년대의 〈국민생활시간조사〉는 매체 이용 행태를 과학적 방법으로 체계적으로 관찰한 국내 최초의 연구로서 학술적 가치가 크다. 특히 1990년 한국에 피플미터가 도입돼 과학적 시청률 조사가 본격화되기 이전에 시청률 데이터를 제공함으로써, 이후 시청률 조사가 본격화되는 데 중요한 전기를 마련했다.

---

23 1978년에 한국방송보호협의회에서 시행한 '제3회 전국 TV라디오 시청자 여론조사 결과'에서도 피조사자 수는 2,000명 정도였다.

4) 1980년대 이후의 대형 조사 연구

신문연구소는 1985년 이후 한 해도 거르지 않고 매년 조사 대상의 범위나 주제의 측면에서 더욱 세분화된 대규모 조사 연구를 활발히 수행했다. 이 시기 대규모 조사 연구과제에서 발견되는 특징과 주요 성과를 살펴보면 다음과 같다.

첫째, 〈국민생활시간조사〉 연구 기획의 연장선상에서 주요 매체에 관한 시간 이용 연구 및 시청 행태 연구가 활발히 진행됐다. 1985년의 〈텔레비전-라디오 시청 경향에 관한 조사 연구〉, 1986년의 〈TV·라디오 시청 행태 및 반응에 관한 조사 연구〉, 1989년의 〈텔레비전 뉴스 보도물의 시청행태 및 그 반응에 관한 조사 연구〉, 1990년의 〈TV 뉴스의 시청 실태 및 개선 방안에 관한 수용자 의견 조사〉, 1991년의 〈세계 위성통신 사업 운영 현황 및 국내 수요 성향 조사분석〉, 1992년의 〈전화 및 전기통신 서비스의 이용 행태와 관련 동기에 관한 연구〉가 이에 해당한다.

둘째, 1987년 민주화에 대한 국민의식 조사가 진행됐다. 1987년의 〈정치 지도자상에 관한 국민의 의식 조사 연구〉와 1988년의 〈정치 현안에 관한 국민의식 조사 연구〉, 그리고 1989년의 〈국민의 정치의식에 관한 조사 연구〉가 이에 해당한다. 한국 정치커뮤니케이션 연구사의 견지에서 볼 때 이 조사 연구는 미디어와 선거 간의 관계에 주목한 한국 최초의 실증적인 전국 규모의 정치커뮤니케이션 조사 연구라고 할 수 있다.

셋째, 이전까지의 대형 연구과제가 주로 조사 연구에 집중됐지만 이 시기에는 역사 분야에 대한 대형 연구과제가 새롭게 등장했다. 1993년부터 1995년까지 3년에 걸친 장기 연구과제로 수행된 〈신문으로 보는 전기통신 관련 보도 기사분석〉은 연구소의 모든 연구원이 참여한 대규모

연구과제였다. 1883년 10월 31일 발간된 한국 최초의 신문인 〈한성순보〉부터 해방 이후 발간된 각종 신문에 나타난 통신 관련 기사를 모아 날짜순으로 배열해 분석했으며, 그 결과물은 총 10권의 기사모음집으로 발행됐다.

5) 1990년대 중반 이후 연구 활동의 분화

1990년대 중반 이후 연구소는 다양한 연구과제를 수행했다. 이 시기에 연구소가 수행한 연구 활동은 크게 네 종류로 분류할 수 있다. 첫째, 학과 전임교수들이 연구소 이름으로 수행했던 개인 연구과제다. 둘째, 대규모 사회조사 연구과제이다. 셋째, 언론, 방송, 통신 등의 관련 업계로부터 정책 개발을 목적으로 의뢰받은 연구과제이다. 넷째, 가장 최근의 유형으로, 정부의 대학 연구소 지원사업 수주이다. 언론정보연구소는 교육부의 대학중점연구소지원사업에 선정돼 2018년 9월부터 2024년 8월까지 〈알고리즘 기반의 지능정보형 저널리즘 연구〉 과제를 수행했다.

5. 저널리즘 연계 활동

1) 초창기 신문연구소의 교육 활동(1963~1968)

서울대에 신문연구소를 설립할 당시 정부에서 우선적으로 강조한 사업은 기자 재교육이었다. 박정희 정부는 기자들의 질적 수준의 제고를 언론정책의 하나로 포함시킬 정도로 중시했다. 이에 따라 처음 계획은 신문연구소 연구생들의 연구 기간을 2년으로 하고, 연구 기간을 마치면 석사학위를 수여하고자 했다. 그러나 문교부 예산을 확보하지 못해 설립 당시에는 우선 1년 기간의 교육을 담당하는 연구소로 출발했다. 공보부와 서울대 예산만으로 운영했고, 연구생 응시 자격은 매스컴에 관심 있는 대학 졸업자 또는 신문통신기자 및 정부 위탁생이었다.[24] 수료생은 수료증 및 연구 실적 증명서를 발급해 주는 것으로 했다.[25]

1963년 설립 첫해 제1기 연구생으로 19명을 모집했는데, 현역 언론 기관에서 7명, 정부 공보처 담당부서에서 위탁생 3명 및 일반 연구생 9명이었다. 연구생들은 신문 연구소 개설 강좌 외에도 서울대 대학원의 모든 강좌를 수강할 수 있도록 했다. 1년 동안 주 12강좌를 24시간 수강하게 되어 있었고, 수업 시간은 월요일에서 토요일까지 매일 2강좌씩 오후 1시 30분에서 오후 5시 30분까지 매일 4시간씩이었다. 수강 내용은 기록으로 남겨놓아 만일 정규 석사학위 과정이 되면 이수 과목을 그대로 인정하는 형식으로 운영했다.

---

24 〈경향신문〉. 1963. 3. 13. 5면.
25 〈대학신문〉. 1963. 3. 21. 1면.

1963년 시작된 서울대학교 신문연구소의 기자 재교육은 한국 최초의 장기적이고 체계적인 기자 재교육이라고 할 수 있다. 하지만 신문연구소는 "당초 예상과는 달리 현역 언론인들의 참여가 부진했기 때문에 현역 언론인들의 자질 향상에 가시적인 영향을 주었다고 할 수는 없으나 그들에게 학문에 관한 눈을 뜨게 하는 계기를 마련해 주었다는 점에서 의의를 찾을 수 있다"고 평가됐다(최종수, 1999: 35). 이는 일선 현장에서 바쁜 기자들이 정규 과정이 아닌 교육과정을 신문사에서 교육 수료자에 대한 특별한 배려나 혜택 없이 1년간 계속해서 수강하는 것은 쉽지 않은 일이었기 때문으로 보인다. 이에 따라 신문연구소 연구생들은 정규 석사과정으로의 승격을 열망했다고 한다.

2) 신문대학원의 기자 재교육과 신문연구소

신문연구소는 언론인 자질 향상을 위한 재교육을 위해 1969년부터 1972년까지 4년간 6개월 과정의 특수 강좌를 개설했는데, 간부 언론인 251명이 이를 이수했다(서울대학교40년사편찬위원회, 1986: 993). 실제 언론인 재교육은 신문대학원이 주관한 프로그램이었지만, 신문대학원 전임교수들은 모두 신문연구소 연구원을 겸임하고 있었기 때문에 이렇게 기록한 것으로 보인다. 하지만 분명한 것은 이때 신문대학원이 시행한 언론인 재교육 프로그램이 이전 시기 신문연구소의 언론인 재교육 과정에 그 뿌리를 두고 있었다는 점이다.

3) 언론인 재교육 기능의 복원(1975~1984)

1975년 신문학과의 설치로 신문연구소의 역할이 재조정 되면서 신문 연구소는 이전 시기에 주로 신문대학원이 담당했던 기자 재교육 기능을 인계받아 수행하게 됐다. 연구소는 한국기자협회와 공동으로 1975년 8월 21일부터 26일까지 '오보 발생의 내외적 요인'라는 주제로 전국 일선 기자 하계 연수회를 개최해 주로 제작 실무 면에서의 문제점들을 지도했다. 1976년 8월 9일부터 26일까지는 기자 재교육 특수 강좌를 실시했다. 성곡언론문화재단과 일본 신문협회가 후원한 이 특수 강좌는 21개 강좌로 33시간에 걸쳐 37명을 대상으로 진행됐다. 1977년 5월 14일부터 17일까지는 대변인·언론인 합동 세미나를 언론인과 정부 각 부처 대변인, 각 언론기관 간부 등 40여 명이 참석한 가운데 개최했다. 1977년 7월 22일부터 26일까지는 외신부장 세미나 '국제 보도의 제문제'를 개최했다. 1977년 9월 9일부터 18일까지는 서울대 보건대학원에서 '일본의 매스미디어 현황'[26]이라는 주제로 기자 재교육 특수강좌가 개설되기도 했다.

이와 같이 신문대학원 폐지 이후 신문연구소가 현업 언론인을 대상으로 한 특수 재교육 프로그램을 운영했지만, 1980년대에 들어 연구소의 기자 재교육 기능은 축소됐다. 대신 교육 대상을 주류 언론인이 아닌 대학 신문 주간과 학생기자로 변경해 기자 재교육의 전통을 이어 나갔다. 1984년 6월 27일부터 28일까지 연구소는 '대학 신문 주간 및 학생기자 워크숍'을 개최했다. 전국 주요 대학의 현직 대학 신문 주간 및 20명의 학생기자가 참여했고 주요 대학의 교수들이 강사로 참여했다.

---

26 "서울대 신문연구소 주최 기자 재교육 특수 강좌". 〈동아일보〉. 1977. 8. 22.

4) SNU-LG 프레스 펠로십(1997~2016)

SNU-LG 프레스 펠로십 프로그램(SNU-LG Press Fellowship Program)은 국제화 시대를 맞이해 우리나라의 국제적 위상 제고와 세계 각국과의 언론 및 문화 교류 확대를 목적으로 운영된 외국 언론인 재교육 연수 프로그램이다. LG상남언론재단과 서울대학교 언론정보연구소가 공동 주관했으며, 미국의 하버드 니만 펠로십(Harvard Nieman Fellowship)이나 영국의 로이터 펠로십(Reuter Fellowship)과 유사한 성격의 국제 언론인 재교육 프로그램이었다. 프로그램 과정에는 국내외 유명 학자 및 각계 인사들의 특강과 세미나, 주요 언론사 및 산업 시설 견학, 문화 유적지 답사, 자유 취재 활동 등이 포함됐다. 1997년부터 2016년까지 20년간 매년 개최된 SNU-LG 프레스 펠로십 프로그램은 총 15개국 175명의 해외 언론인에게 한국 연수 기회를 제공했다. 이를 통해 한국을 대표하는 장기적 국제 언론인 재교육 프로그램으로 자리매김했다.

SNU-LG 프레스 펠로십 프로그램은 몇 가지 점에서 언론정보연구소 역사에서 손꼽을 만한 사업으로 평가할 수 있다. 첫째, 연구소의 활동 영역을 사회봉사 영역으로 확대했다. 특히 다른 연구소들이 연구 측면에서의 산학협력 위주로 활동을 벌이는 것과 대조적으로, 연구소의 이 프로그램은 대한민국의 이미지 제고를 위한 공익적 해외 홍보 프로그램이라는 점에서도 그 의의가 매우 크다고 할 수 있다. 둘째, 이 프로그램은 연구소의 장기적 발전 계획 수립과 실행에 필요한 학술 기금을 조성하는 데 크게 기여했다. 매년 공동 주관에 대한 보상으로 LG상남언론재단이 제공한 기여금은 연구소 학술 활동의 중요한 재정적 기반이 됐다. 셋째, 이 프로그램은 연구소의 국내 언론인 재교육 기능의 전통을 이어받아 발전적으로 계승했다는 점에서, 한국의 대학에 설치된 언론학 관련 연구소 중 가장 오래된 연구소라는 명성에 걸맞은 역사성을 보여 주는 사업이라고 할 수 있다.

5) SNU팩트체크(2017~2024)

언론정보연구소는 'SNU팩트체크센터'를 설립하고, 2017년 3월 국내 16개 주요 언론사[27]와 협력해 한국 최초이자 유일의 팩트체크 플랫폼인 'SNU팩트체크'를 구축했다. SNU팩트체크센터는 허위정보 확산이 전 세계적으로 중요한 사회문제가 된 상황에서, 이에 대한 대응책으로 '팩트체크 뉴스'라는 새로운 저널리즘 활동이 주목받던 시점에 출범했다. SNU팩트체크는 "언론사와 대학이 협업하는 비정치적·비영리적 공공 정보 서비스 모델"로서, 연구소는 온라인 플랫폼을 마련하고 참여 언론사는 고품질 팩트체크 뉴스 콘텐츠를 제공하는 방식으로 운영됐다.[28]

SNU팩트체크센터는 네이버(2017~2023)와 유럽기후재단(2023~2024)의 재정 지원을 받아 약 7년간 운영됐으며, 5,000여 건의 팩트체크 콘텐츠를 제공했다. 또한 ① '팩트체킹 취재보도 지원사업'(15회), ② '기후위기 팩트체킹 취재보도 지원사업'(2회), ③ '한국 팩트체크 대상'(6회), ④ 대학생을 위한 '팩트체킹 인턴십'(연 2회, 총 12기), ⑤ 언론인을 대상으로 한 팩트체크 저널리즘 교육 프로그램 '팩트체크 디플로마' 등 다양한 사업을 전개하며 팩트체크 저널리즘의 확산과 정착을 이끌었다.[29]

---

27 2023년에는 참여 언론사가 32개에 이르게 된다.

28 SNU팩트체크센터 홈페이지 참고 및 직접인용. https://factcheck.snu.ac.kr/home/snufactcheck

29 SNU팩트체크센터 홈페이지 참고 및 직접인용. https://factcheck.snu.ac.kr/documents/show?id=460

6. 국내외 학술교류

1) 국제학술교류의 시작

1967년 연구소 산하에 아시아신문재단의 독자연구조사센터를 설립하면서 아시아 각 국가 연구기관과의 교류망이 만들어진 이후, 1980년대 들어 연구소의 모델이기도 했던 일본 도쿄대학교 신문연구소와의 학술교류가 비교적 활발히 이뤄지기 시작했다.

2) 학술교류의 활성화(1985~1994)

1980년대 중반 이후 연구소가 대규모 사회조사 연구과제를 다수 수행하면서 1990년대 전후로 자체 연구기금이 확충되기 시작했다. 특히 1989년 추광영 교수가 소장으로 취임한 이후, 1,000만 원 수준에 불과하던 자체 기금이 1억 5,000만 원 이상으로 늘어나 국제학술 세미나 등을 개최하거나 지원할 수 있는 재원이 마련됐다. 이 시기 연구소가 개최한 대표적인 국제학술 행사는 다음과 같다.

신문연구소는 MBC와 공동으로 '동북아 지역에서의 방송질서와 대책' 국제학술 세미나를 1992년 4월 7~9일 개최했다. 국내 대표적 언론학자를 위시해 세계 매스커뮤니케이션 연구협회 하멜링크(Cees J. Hamelink) 회장 등 13개국 학자들이 참가했다. '신국제질서와 방송정책', '방송에 있어서 지역적 협력과 갈등', '위성방송 시대의 도래', '뉴미디어 테크놀로지와 사회발전', '통일과 전망'이라는 5개 주제에 대한 24개의 논문이 발표됐다.

1993년 11월 15~16일, 신문연구소는 한국학술진흥재단(현 한국연구재단)의 후원을 받아 '한·중·일 국제언론학술회의'를 개최했다. 이 학술회의에는 중국 인민대와 사회과학원 신문연구소, 일본 릿쿄대와 도쿄대 사회정보연구소 소속 연구들이 참여해 "언론학 교육 및 연구에 있어서 새로운 협력관계 모색", "새로운 동양적 언론학 패러다임의 모색", "동북아의 평화와 한·중·일 언론 발전을 위한 협력과 교류방안 모색"을 주제로 논문 9편을 발표했다. 이 학술회의는 국제교류를 일본 중심에서 중국으로까지 확대하는 계기가 됐으며, 이후 중국과의 학술교류가 꾸준히 이어지는 토대를 마련했다. 또 1996년 이후 도쿄대 사회정보연구소와 정례 교류를 시작하는 기반이 됐다.

1980년대 중반부터 신문연구소는 국내 학술 세미나와 포럼을 활발히 개최하기 시작했다. 이런 변화는 '언론기본법'(1980. 12. 31, 법률 제3347호)에 근거해 1981년 6월 한국신문연구소가 발전적으로 해체되고, 한국언론연구원으로 확대 개편된 사실과 밀접한 관련이 있다. 한국언론연구원이 1982년부터 본격적으로 기자 재교육을 전담하게 되면서, 신문연구소는 기자 재교육을 위한 단기 세미나를 대신해, 국내 학자들 간 학술교류를 위한 세미나를 주로 개최하게 된 것이다.

3) 학술교류 활동의 일상화(1995~)

(1) 국제학술 세미나

1995년 11월 21일, 연구소는 '메디올로지, 권력, 언론'이라는 주제로 국제학술 세미나를 개최했다. 이 세미나는 당시 유럽을 중심으로 부상하고 있던 메디올로지(*mediology*)의 관점에서 언론과 권력의 관계를 조명하기 위해 마련됐다. 메디올로지를 정립한 프랑스 소르본대학의 레지 드브레(Regis Debray), 그르노블3대학의 다니엘 부뉴(Daniel Bougnoux) 외 4명이 발표를 하고, 서울대 차배근, 한상진 교수 등이 토론자로 참여했다.

1996년부터는 일본 도쿄대 사회정보연구소(구 신문연구소, 현 정보학환)와의 정례 국제학술 세미나를 개최함으로써 한일 간 학술교류를 강화하기 시작했다. 특히, 매년 서울대-도쿄대 심포지엄을 양국에서 교대로 개최하기로 했다. 언론정보연구소는 1997년 '한·일 양국의 사회정보화 현황과 과제'라는 주제로 제2회 서울대-도쿄대 심포지엄을 개최했다. 제4회 심포지엄은 1999년 11월 12일 '21세기를 위한 언론학: 한국과 일본에서의 그 대응과 준비'라는 주제로, 제6회 심포지엄은 2002년 3월 8일 '한일 미디어 연구의 새로운 방향'이라는 주제로, 제8회 심포지엄은 2004년 11월 4~5일 '디지털 시대의 미디어, 문화, 정치'라는 주제로 개최됐다. 제8회부터는 대학원 합동 세미나도 교수 세미나와 함께 개최해, 한일 양국 석·박사과정 대학원생 20명이 논문을 발표했다.

도쿄대와의 긴밀한 학술교류는 2010년대 동아시아·환태평양 학술네트워크 구축의 기반이 됐다. 서울대-도쿄대 심포지엄은 2017년까지 이어졌으며, 2018년부터는 대만정치대가 합류하면서 3개국 심포지엄으로 확대돼 현재까지 지속되고 있다.

(2) 국내 학술 세미나

1995년 이후 국제학술교류가 활발해지면서 국제학술 세미나는 비교적 자주 개최됐으나, 국내 학술 세미나는 상대적으로 활발하지 못했다. 그럼에도 불구하고 이전 시기와 비교하면 점차 증가세를 보였고, 2000년 전후에는 언론학의 자기 정체성 탐구에서 저널리즘, 문화연구, 정치커뮤니케이션에 이르기까지 주제가 한층 다양해졌다.

1990년대 중반 이후 언론정보연구소의 학술 활동의 가장 두드러진 변화는, 이전에 간헐적으로 열리던 소규모 학술 포럼을 자주 개최하기 시작했다는 점이다. 1990년대 후반에 연 1회 정도 열렸으나, 2000년대 들어 많은 경우 한 해 5~6회 정도로 크게 늘어났다. 이런 소규모 포럼의 활성화는 국내외 학자들 간의 학술교류를 촉진했을 뿐 아니라, 대학원생들에게 다양한 학문적 조류를 접할 수 있는 기회를 제공했다. 2005년부터 이 같은 흐름이 '언론정보학 포럼'으로 정례화됐으며, 이를 통해 연구자들의 성과뿐 아니라 미디어 기업 실무자의 현장 의견과 정부와 관련 기관의 정책적 입장까지 폭넓게 청취하는 장을 마련했다. 언론정보학 포럼은 2005년 3월 17일 제1회를 시작으로 현재(2025년 9월)까지 총 199회가 열려, 연평균 약 10회 개최됐다.[30]

7. 결론: 언론정보연구소의 역사적 의미

이상의 논의를 종합하면, 서울대학교 언론정보연구소는 설립 이후 새로운 과제에 끊임없이 도전하며 자기 혁신을 멈추지 않았다. 초기부터 사회적 관심 속에서 학술 활동을 선개했고, 이러한 노력은 꾸준히 이이졌다. 그 결과 2007년 이후 현재까지 서울대 자체 연구소 평가에서 지속적으로 (최)우수 연구소로 선정되는 성과를 거두었다. 지난 60여 년간 연구 활동, 학술지 발간, 국내외 학술교류, 교육 등 대학 부설 연구소의 본래 역할을 충실히 수행하며 한국 언론학을 선도해 온 언론정보연구소는 앞으로도 그 전통을 이어 학문적 발전을 주도하고 사회적 기여를 확대해 나갈 것이다.

30 권말의 〈부록 2〉에 역대 '언론정보학 포럼' 발표자 및 주제 목록을 수록했다.

참고문헌

강현두 (1994). 한국언론학사 재고. 〈언론정보연구〉, 31권, 1~17.

______ (1999). 이강수 교수의 학문세계. 노산이강수교수정년기념논총간행위원회 (편). 《커뮤니케이션과 현대문화》. 나남.

김규환 (1969). 커뮤니케이션 과학연구의 현황과 방향: 〈학보〉 속간에 즈음하여. 〈신문학보〉, 2호, 5~11.

______ (1973). 《한국의 매스 컴뮤니케이션》. 민중서관.

______ (1977). 서문. 김규환(편), 《한국 커뮤니케이션 연구》(1~9쪽). 민중서관.

______ · 이상희 · 오갑환(1968). 〈한국의 경제성장과 매스·컴뮤니케이션〉. 1968년도 문교부 학술연구조성비에 의한 연구보고서(사회과학계).

김영희 (2009). 《한국 사회의 미디어 출현과 수용: 1880~1980》. 커뮤니케이션북스.

______ (2012). 우리나라 초기 언론학 교육의 출현과 그 성격. 〈한국언론학보〉, 56권 1호, 132~155.

박유봉 (1977). 신문학과의 창설과 발전. 차배근 외. 《한국신문학 50년사》(205~222쪽). 희관임근수박사화갑기념논총. 정음사.

서울대학교30년사편찬위원회 (1976). 《서울대학교 30년사: 1946~1976》. 서울대학교출판부.

서울대학교40년사편찬위원회 (1986). 《서울대학교 40년사: 1946~1986》. 서울대학교40년사편찬위원회.

서울대학교 언론정보연구소 (1999). 언론정보연구소 연혁·현황·실적: 1963~1999. 〈언론정보연구〉, 36권 1호, 234~252.

______ (2005). 〈연구소 평가 자체평가서〉.

______ (2007). 〈연구소 평가 자체평가서〉.

______ (2009). 〈연구소 평가 자체평가서〉.

______ (2012). 〈연구소 평가 자체평가서〉.

______ (2013). 《서울대학교 언론정보연구소 50년사: 1963~2013》. 커뮤니케이션북스.

서울대학교연구처 (1996). 《서울대학교 학문연구 50년(Ⅰ): 총괄·인문·사회과학》. 서울대학교.

서울대학교50년사편찬위원회 (1996). 《서울대학교 50년사: 1946~1996 상》. 서울대학교출판부.

양승목 (2005). 초창기 한국 언론학의 제도화와 정체성 변화: 남정 김규환 소고. 〈커뮤니케이션 이론〉, 1권 1호, 1~34.
원우현 (1999). 동숭동 신문연구소시절의 김규환 박사. 서울대학교 신문대학원 동창회(편). 《저널리즘과 아카데미즘의 교차로에서 남정 김규환 박사의 학문과 실천》(383~390쪽). 한길사.
이수정 (1964). 不備속의 의욕: 신문연구기관 탐방. 서울대학교 신문연구소편. 〈신문연구〉, 7호, 89~90.
임근수 (1973). 한국신문학사 서설. 〈신문학보〉, 6호, 8~21.
______ (1984). 《언론과 역사》. 정음사.
정수경 (1977). 신문학 연구기관과 그 업적. 차배근 외. 《한국신문학 50년사》(161~177쪽). 희관임근수박사화갑기념논총. 정음사.
정진석 (1999). 김규환 박사의 학문과 산학협동. 서울대학교 신문대학원 동창회(편), 《저널리즘과 아카데미즘의 교차로에서: 남정 김규환 박사의 학문과 실천》(61~93쪽). 한길사.
차배근 (1987). 우리나라 신문방송학과 교육 실태에 관한 기초 조사. 〈신문연구소학보〉, 24권, 51~101.
______ (1989). 한국 언론학 교육의 현황과 문제점. 《언론학 교육의 성찰》(언론학회 창립 30주년 기념토론회 주제 논문집). 한국언론학회.
최종수 (1977). 비정규교육의 어제와 오늘: 기자 재교육을 중심으로. 차배근 외. 《한국신문학 50년사》(223~236쪽). 희관임근수박사화갑기념논총. 정음사.
______ (1999). 김규환 박사의 언론활동과 학문세계. 서울대학교 신문대학원 동창회(편), 《저널리즘과 아카데미즘의 교차로에서: 남정 김규환 박사의 학문과 실천》(23~60쪽). 한길사.
한국신문연구소 (1977). 〈'77 한국신문연감〉. 한국신문연구소.
한국신문협회 (1968). 〈한국신문연감 1968〉. 한국신문협회.
한국언론진흥재단50년사편찬위원회 (2012). 《한국언론진흥재단 50년사》. 한국언론진흥재단.
한국언론학회50년사편찬위원회 편 (2009). 《한국언론학회 50년사 1959~2009》. 한국언론학회.

제 8 장

언론정보학과 전사(前史)

신문대학원 설립과 운영
(1968. 3~1975. 2)

김영희 | 전 서울대 언론정보학과 객원교수*

1. 신문대학원 설립 과정

1) 1968년~1970년대 전반의 언론학 교육, 연구와 미디어 상황

서울대는 우리나라 최초로, 그리고 동양에서도 최초로 언론 전문 대학원인 신문대학원을 설치했다. 그 전에는 국내에 언론학 관련 학과가 6개 대학에 설치되어 있었으나, 신문대학원을 운영하던 기간 중 서울의 2개 대학에서 추가로 설치되었다. 1968년 서강대에서 보도예술학과(후에 신문방송학과로 개칭)를, 1972년 연세대 법정대에서 신문방송학과를 설치한 것이다. 언론학 관련 대학원 과정도 출현하기 시작했다. 1964년 중앙대 대학원 신문학과와 이화여대 대학원 사회학과에 신문학 전공을 설치했고, 이어 한양대(1970), 고려대(1971), 경희대(1973), 서강대(1974)의 대학원에 석사과정을 개설했다. 서울대는 1965년 사회학과 B 코스로 신문학 전공 석사과

* properk@hanmail.net

정을 개설했다(차배근, 1989: 10).[1] 이렇게 해서 1960년대 중반부터 우리나라에서도 언론학에 관한 대학원 교육이 본격적으로 시작되었다.

서울의 주요 대학에 언론학 관련 학과가 설치되고, 이어 대학원 과정도 개설되면서 관련 연구도 활발해지기 시작했다. 1964년 창간한 〈서울대학교 신문연구소학보〉, 1969년 제2호로 속간한 한국신문학회의 〈신문학보〉 외에도 〈신문연구〉, 〈공보〉, 〈정경연구〉, 〈한국사회학〉, 〈행정논총〉 등의 잡지와 학술지에 언론학 주제 논문들이 적지 않게 발표되었다. 언론과 매스커뮤니케이션을 다룬 전문서적들도 다양하게 간행되기 시작했고, 외국 서적들의 번역도 본격화되었다(차배근, 2017b: 380~384). 이처럼 서울대에 신문대학원을 설치해 운영하던 기간 동안 한국 사회의 언론학 교육과 연구는 제도화 단계를 거쳐 심화된 연구 단계로 들어서고 있었다.

한편 1960년대 후반은 제3공화국 박정희 정부가 경제개발계획을 적극적으로 추진하면서 한국 사회가 본격적인 산업사회로 진입하기 시작한 기간이다. 소득수준이 점차 향상되고, 교통통신 시설이 확충되어 갔다. 이에 따라 라디오가 급속도로 보급됐고, 신문의 발행 부수도 크게 증가했다. 또한 텔레비전 수상기도 본격적으로 보급되기 시작했다. 텔레비전 수상기는 1960년대 전반까지 서울 지역 중상류층의 일부 가구에만 보급되었으나, 1966년 국산 텔레비전 수상기가 생산되기 시작하면서 가구당 보급률이 1968년 2.1%에서 1975년에는 30.3%로 빠르게 증가했다. 본격적인 대중미디어의 시기가 시작된 것이다(김영희, 2009: 284~286). 서울대에 신문대학원을 설립해 운영하기로 한 것은 바로 이런 배경에서 비롯되었다고 볼 수 있다.

---

1 이 석사과정이 1966년에 개설됐다는 기록도 있다(서울대학교 사회학과, 1996).

2) 신문대학원 설립 필요성에 대한 인식 확대

신문대학원 설치 이전이었던 1963년 3월, 정부의 정책적 지원 아래 서울대에 매스커뮤니케이션 각 분야에 관한 연구와 이에 종사하려는 자의 교육 및 양성을 목적으로 신문연구소를 설립했다(서울대학교 언론정보연구소, 2013: 42~45). 학부와 대학원 과정이 없는 상태에서 설립된 서울대 신문연구소는 초기에 교육과 연구 양면에서 상당한 효과를 보여 주었다(서울대학교 언론정보연구소, 2013: 49~71). 한국 최초로 체계적인 기자 재교육을 시작했고, 한국 언론학 연구사에서 처음으로 양적인 내용분석과 조사 연구방법을 활용한 분석연구를 수행하기 시작했다. 또한 1964년 전문학술지 〈서울대학교 신문연구소학보〉를 창간해 매년 발행했다. 그러나 현직 기자 교육에 대한 언론계의 무관심과 현직 기자들 스스로의 소극적 참여로 한계가 나타났다.

이에 따라 기자들에게 적극적인 교육 참여를 유도하면서 한편으로 미디어 대중화 시기에 맞춰 매스커뮤니케이션에 대한 과학적 연구를 활성화해야 한다는 필요성이 제기되었다(서울대학교40년사편찬위원회, 1986: 762). 이런 인식이 확대되어 신문연구소가 수행하던 기자 재교육을 정규 석사학위 과정으로 제공하면서, 연구소가 본격적인 매스커뮤니케이션 연구기관으로서 역할을 수행할 수 있도록 하기 위해 미국의 여러 대학에서 설치하고 있는 'School of Journalism'의 체제와 기능을 갖춘 신문대학원으로 발전시키기로 한 것이다(김규환, 1977: 3). 이런 방침으로 문교부와 공보부는 서울대 신문연구소를 신문대학원으로 승격시키기로 하고 서울대학교 설치령과 대학정원령 등 관계 법령 개정을 구체적으로 검토했다(〈조선일보〉, 1967).

김규환 교수는 1967년 10월 4일 동양통신 편집국장직을 사임하고 서울대 교수로 정식 임명된 후, 그가 추진한 신문대학원 설립 과정에 대해 다음과 같이 설명했다(김규환, 1977: 4).

대학 측으로서는 당시 총장이었던 고 최문환 선생이 적극 이 설치에 찬성해 주셨지만 문교부 측에서는 시기상조라는 이유로 난색을 표시하였다. 그래서 생각다 못해 언론계의 지원을 얻어서 이 안을 추진시키기로 하고 우선 〈동아일보〉 사장 고재욱 선생, 〈조선일보〉 사장 방일영 선생, 〈서울신문〉 사장 장태화 선생, 동양통신 사장 김성곤 선생 등 제씨에게 부탁해서 정일권 국무총리를 방문하여 특수대학원으로서 신문대학원을 서울대학교에 신설해 줄 것을 요청하기에 이르렀다. 국무총리실에서 이 요청을 받은 정 총리는 즉석에서 쾌락하시어 그 자리에 당시 문교부 장관 문홍주 박사를 불러 되는 방향으로 검토할 것을 지시하였다(11월 초순). 그러나 주무장관으로부터 20여 일이나 가부 연락이 없자 기자협회장 김용원 씨와 편집협회 최석채 씨, 그리고 각사 발행인들의 연명으로 건의서를 작성하여 고재욱 〈동아일보〉 사장과 필자가 문장관을 재차 심방하여 대학 설치령의 조속한 개정작업을 요청하였다.

이렇게 해서 1967년 12월 14일 자 대통령령 3303호 신문대학원 설치가 국회를 통과하여 총장 직속 신문연구소는 대학원 부설로 변경되었다(당시 문교부는 신문대학원 개설과 동시에 신문연구소를 폐지하라고 종용했으나 필자 등은 연구기관으로서의 연구소의 존속을 주장하였다).

김규환 교수는 신문대학원 설립에 대해 "매스컴이 그 사회적 책임을 수행하기 위해서는 질적 내용의 향상이 선행되어야 하며 그것을 위해서는 그 내용을 작성하는 언론인의 높은 윤리관에 입각한 지적 소양이 필요하다"는 시대적 사명에 부응하기 위하여 신문대학원의 설치가 계획된 것이라고 밝혔다(〈대학신문〉, 1967). 또한 신문대학원과 신문연구소의 관계에 대해 신문대학원은 교육에, 신문연구소는 연구와 데이터 수집 그리고 교수진의 육성 등에 중점을 두어 상호 유기적인 관계를 갖도록 했다.

김규환 교수의 설명은 〈동아일보〉 1967년 10월 26일 사설 "신문대학원 설립의 의의"에서도 확인된다(〈동아일보〉, 1967). 이 사설에 의하면 1967년 10월 25일 서울 시내 주요 일간신문사 및 통신사 사장과 신문편집인협회회장 및 기자협회회장 일행이 중앙청으로 정일권 국무총리를 방문하고, 권위 있는 국립대에 신문대학원을 조속히 설립해 줄 것을 건의했다. "한국의 매스커뮤니케이션이 시대적 사명감을 인식하면서 자체의 질적 내용을 발전시키는 하나의 전환기에 들어섰다"면서 우리나라 매스미디어의 질적 향상을 위해 신문대학원의 설립은 의의 깊은 일이라고 제안했다는 것이다.

5·16 이후 서울대 안에 신문연구소를 설치한 것은 한국 매스미디어의 질적 향상을 위한 일보 전진이지만, 연구와 아울러 필요한 것이 교육이므로 신문연구소와는 별도로 고등교육기관이 설립되기를 강력하게 희망한다는 의견이었다. 정 총리는 이 자리에서 문홍주 문교부 장관을 불러 서울대 신문대학원 설립에 필요한 법 개정 등의 제반 조치를 지시했다. 이와 같이 서울대 신문대학원 설립에 언론계가 공동으로 그 필요성에 대한 의견을 국무총리에게 직접 제출했다는 것은 한국 언론학 역사상 처음 있었던 매우 이례적인 일이었다.

유네스코 본부에서도 라크슈마나 라오 매스커뮤니케이션국의 부국장이 설립 추진 중인 신문대학원 지원 문제를 검토하기 위해 한국을 방문했다(〈동아일보〉, 1967).

2. 신문대학원 개원과 운영

이런 건의와 지원이 뒷받침되어, 정부는 서울대 신문연구소를 신문대학원으로 승격시키기로 하고 서울대 학장 회의에서 1967년 10월 27일 신문대학원 설치계획안을 통과시켰다. 국가 발전에 있어서 매스커뮤니케이션 활동이 수행할 선도적, 촉진적 역할의 중대성을 높이 평가하고 우리나라 매스커뮤니케이션 자체의 질적 향상을 기한다는 목적 아래 특수대학원으로서의 신문대학원 설립을 확정한 것이다.

서울대 신문대학원은 학칙 제1조에 "매스·콤뮤니케이션 및 그 인접과학의 이론을 심오 정치하게 연구하고 그 응용능력을 발휘할 수 있는 지도적 인재의 양성"을 목적으로 했다. 신문대학원이라는 명칭을 사용했지만, 신문 매체만이 아니라 매스커뮤니케이션 전반에 관한 대학원 교육을 목표로 한 것이다.

신문대학원은 1968년 2월 15일 제 1기생 입학시험을 실시했다(차배근, 2017b: 350). 입학 자격은 1부는 일반 대학원과 마찬가지로 정규대학 졸업자나 졸업예정자였고, 2부는 정규 4년제 대학을 졸업하고 현직에 종사하는 사람으로서 ① 언론사에 3년 이상 종사한 정사원, ② 정부 각 기관의 공보 담당 공무원, ③ 군(軍)의 공보담당 장교, ④ 국영기업체 및 이에 준하는 대규모 기업체의 공보 담당 간부사원 등이었다. 시험과목은 필수과목이 매스컴과 영어였고, 선택과목은 사회학·경제학·정치학·법학·심리학·교육학·철학·자연과학 개론·문화사·독일어·불어 등 11개 과목 가운데서 한 과목을 선택하도록 했다. 이런 필기시험을 통해 석사과정 50명[1부(주간) 15명, 2부(야간) 35명]과 비학위과정 연구생 17명 등 제 1기생으로 67명을 선발했다. 비학위과정인 1년제 연구생은 1973년 폐지했다(서울대, 1996: 348).

서울대 신문대학원 원기(院旗)
(출처: 서울대 신문대학원 동창회, 1999).

신문대학원은 과정을 이수하고 논문을 제출하면 문학 석사학위를 받도록 했다. 학생 정원은 120명으로 1부 주간 50명, 2부 야간 70명의 주야간 2부제로 계획되었다. 또한 교무직 구성은 교수 3명, 부교수 3명, 조교수 2명, 전임강사 2명과 유급 조교 5명으로 조직되었다(〈대학신문〉, 1967). 신문대학원 설립에 따라 신문연구소는 그 소속이 총장 직할에서 신문대학원 부설 연구소로 변경되었다.

신문대학원은 1968년 3월 2일 종로구 동숭동에 위치한 신문대학원 강당에서 개원식 겸 입학식을 개최했다. 초대 신문대학원 원장은 김규환 신문연구소 소장이 맡았다. 김규환 교수는 신문대학원 개원 식사에서 매스미디어 종사자와 학자들은 국가기관과 대중 간의 조정자 역할을 담당하고 있다고 설명하면서, 신문대학원 입학생들에게 세 가지를 주문했다. 첫째, 변화하는 사회 각 분야에 대한 폭넓은 이해를 바탕으로 종합적 지식을 구축하고, 둘째, 발전도상에 있는 한국 사회에 보다 합리적인 가치체계를 확립하기 위한 선구자로서의 역할을 담당하며, 셋째, 대중사회의 의식구조 개선이란 사명을 인식하여, 전통적 도덕률과 윤리관을 대치하는 사회윤리적 지도성

신문대학원 개원 및 입학식 모습. 맨 위 왼쪽에 앉은 사람이 김규환 교수(출처: 양승목, 2025: 2).

을 발휘하라는 것이었다(식사의 전체 내용은 〈자료 8-1〉 참고). 개원식엔 정일권 국무총리가 참석해 축사를 했다. 정부와 언론계 고위 인사들도 다수 참석했다. 서울대 신문대학원 설립이 사회적으로 많은 관심을 받은 것이다.

이와 같이 서울대 신문대학원은 언론계와 정부의 적극적 지원으로 설립됐다. 그러나 이 기간 한국 사회의 언론계 전체 규모가 상대적으로 적었고, 언론현장에서 활동하는 언론인이 정규과정이던 대학원 수업 출석이 쉽지 않은 것이 현실이었다. 당시는 대학원 과정 이수가 승진 등에 필요하지도 않던 때였다. 이런 요인들이 영향을 미쳐 점차 신문대학원 지원자 수가 감소했다. 이에 따라 특수대학원인 신문대학원을 발전적으로 해체하고 학부과정에 신문학과를 설치하는 것이 필요하다고 인식되었다. 그런 인식이 공감을 받아 1975년 2월 '서울대학교 종합화 10개년 계획'에 따라 서울대 사회과학대학에 신문학과와 대학원 과정을 설치하기로 하면서 신문대학원은 폐지하게 됐다. 신문대학원 소속 연구소였던 신문연구소는 서울대 사회과학대학 부설 연구소가 됐다.

자료 8-1

초대 서울대 신문대학원장 개원 식사

본 대학원 창설 후 최초의 학생으로 입학하게 된 67명의 여러분을 충심으로 환영하여 마지않습니다.

여러분이 다 아시다시피 본 대학원의 목적은 학칙에 의하면 "매스커뮤니케이션 및 그 인접 과학의 이론을 심오정치하게 연구하고 그 응용능력을 발휘할 수 있는 지도적 인재를 양성"*하는 것으로 되어 있읍니다.

오늘날 우리는 근대화라는 구호 밑에 경제적 풍성을 중심 내용으로 삼는 새로운 가치의 추구를 서두르고 있읍니다. 인간의 존엄성이 물질적 생활수준과 무관할 수 없고 과학과 기술의 발달이 현대 사회에 있어서의 경제적 충당 욕구를 증대시키고 있는 것도 사실입니다.

그렇기 때문에 인간의 사회과정과 사회관계를 성립시키는 데 있어 가장 기초적인 조건이 되고 있는 〈컴뮤니케이션〉이 경제발달 내지는 발전에 기여하는 역할이 여기에 다시 한번 강조되어야 하겠읍니다. 그러나 한편 경제성장은 근대화 개념의 일차적인 내용이 될 수 있는 것이지만 그 자체가 근대화 요인의 전부가 될 수는 없는 것입니다.

근자에 와서 논의되고 있는 〈제3경제〉라는 표현 방식도 바로 이 점을 지적하는 것으로 생각되는 것입니다.

국가발전은 경제적인 면뿐만이 아니고 정치, 경제, 사회, 행정, 문화 등 각 영역에 걸쳐서 다 같이 이루어져야 한다는 것은 두말할 필요가 없읍니다.

전통적 제도 및 의식의 압박이 아직도 많이 작용하고 있는 우리나라에서는 정치, 경제, 행정 등 영역에 비해서 사회적 문화적 분야의 균형 있는 발전을 하기 위해서는 여러 가지 문제점이 많다는 것을 지적하지 않을 수 없읍니다. 선진국가의 문물제도를 재빨리 도입 모방하는 데 급급하여 스스로의 태도, 사고, 행동의 기준 등 더욱 기본적인 내용적 구조를 확립하지 못하고 있는 실정입니다.

새로운 문화적 풍토를 창조해서 거대한 민족이 '에너지'를 동원, 조직하여 국가이 전진을 꾀하기 위해서는 사회의 구성요소인 인간과 인간관계에 관한 연구가 긴요합니다. 인간 한 사람 한사람이야말로 원자력의 핵의 하나하나와 비견되는 것입니다.

이러한 전제 밑에서 본인은 다음 세 가지 점을 신문대학원에 있어서의 학구의 기본방향으로서 강조하고져 합니다.

첫째로 종합적 지식입니다.

사회과학의 최근의 동향으로서 말할 수 있는 것은 사회발전에 따라서 연구의 대상이 무한히 확대되고 있으며 이에 따라서 학문의 '디시프린'도 과거에 비해서 많은 변천을 가져오고 있읍니다.

더군다나 ‘매스 · 컴뮤니케이션’ 과학은 ‘과학의 교차로’라는 말로서 표현될 만큼 그 영역은 사회, 인문 제 과학에서부터 심지어는 자연과학의 어떤 분야까지도 포함할 정도로 다각적인 관련성을 가지고 있읍니다.

정치, 경제, 사회, 문화의 균형 있는 발전을 꾀하고 국가기관과 대중과의 조정자의 역할도 ‘매스·미디아’ 종사자 내지는 ‘매스 · 컴뮤니케이션’ 학자에게 요청되고 있는 것입니다.

다음으로 본인은 합리적 가치체계의 확립을 위한 선구자가 되어 주기를 여러분께 부탁드리고져 합니다.

변화 과정에 있는 사회는 과거의 문화적 전통의 인식 밑에 태도, 사고방식, 생활양식의 개혁을 토대로 하는 새로운 인간관계를 설정할 필요가 있는 것입니다. 이와 같은 인간의 근대화 없이는 사회제도와 질서의 합리적인 개혁은 기대하기 어려울 것입니다.

한편 발전도상에 있는 사회에서는 변화라면 무엇이든지 좋은 것이라고 곡해하는 사람도 있고 또 새로운 형태의 부패와 악이 횡행하는 경우도 있읍니다.

‘매스 · 컴뮤니케이션’을 통하여 대중사회의 의식구조 개선이란 사명을 가진 여러분은 여러분 자신의 사상과 세계관을 목적 합리적으로 다듬을 수 있는 가치체계를 구축해야 할 것입니다.

마지막으로 본인은 여러분에게 사회윤리적 지도성을 말하고져 합니다.

이제까지 근대화의 중심과제가 되는 지식과 가치에 관해서 언급했읍니다. 그런데 오늘날 우리 사회는 ‘이성’(*Logos*) 못지않게 사회적 ‘기풍’(*Ethos*)에 대한 요청이 나날이 높아 가고 있읍니다.

전통적 도덕률이나 윤리관에 대치될 새로운 사회정의의 결여가 여러 분야에서 통감되고 있읍니다. 발전의 배후에 숨어서 형식주의나 지나친 효율주의가 횡행하는 풍토 속에서는 사회성원 간의 유대의식이 희박해지고 수단이 목적을 정상화시키는 풍조가 만연하게 될 것입니다.

이러한 분위기는 국민적 ‘모랄’의 구심적 형성을 저애시킬 뿐만 아니라 결국은 국가발전을 위한 ‘에너지’의 장구적인 재생산을 불가능하게 만들 것입니다.

뜻을 품고 이 대학원의 문을 들어서게 된 여러분은 거시적이고 장기적인 견지에서 오늘날 우리가 처해 있는 환경을 인식하리라고 믿습니다.

그와 동시에 또한 여러분은 예리한 과학도로서의 분석력과 통찰력을 최대한으로 발휘하여 학구에 전념하리라고 본인은 확신합니다. 우리의 이 조그만한 학문의 마당이 우리 사회의 요청에 부응할 수 있는 지도적 인재를 배출하여 국가발전에 이바지 할 하나의 발판이 되도록 교직원, 학생이 합심 노력할 것을 다짐하면서 식사에 대하고져 합니다.

– 〈서울대 신문연구소학보〉 제4집(1968)

* 2절에서 인용한 학칙 제1조와 표기가 일부 다르나 ‘자료 8-1’의 원문에서 이와 같이 학칙을 제시하고 있기에 원문을 그대로 옮겼다.

3. 신문대학원 교수진

신문대학원 교수진은 김규환 교수 이외에 신문연구소 전임교수였던 이상희 교수와 오갑환 교수를 전임으로 초빙했다. 또한 중앙대의 언론사 전공 임근수 교수, 한양대의 독일 공시학(*Publizistik*) 전공 박유봉 교수를 영입했다. 그 후 인접 학문분야인 사회학에서 김일철 교수, 정치학 분야에서 최명 교수, 심리학에서 조명한 교수를 전임교수로 임명하고, 1973년 미국 유학을 마치고 귀국한 커뮤니케이션 이론 전공의 차배근 교수를 포함한 9명의 교수진으로 발전했다. 교수진을 이렇게 구성하면서 신문대학원과 그 부설 신문연구소는 더욱 사회과학으로서의 커뮤니케이션 과학을 연구하는 경향을 띠게 되었다. 신문대학원 시기를 중심으로 교수진을 간단하게 살펴보기로 한다.

먼저 김규환 교수는 1950년 서울대 문리대학 정치학과를 수료하고, 1959년 일본 도쿄대 대학원에서 사회학으로 박사학위를 받았다(최종수, 1999: 29~38). 1958년 10월부터 1960년 4월 동양통신사의 주일특파원으로 활동하다, 귀국 이후 동사 편집부국장, 1965년 4월부터 1967년 9월까지 편집국장을 지냈다. 1961년부터 서울대 강사와 IPI한국위원회 사무국장으로도 활동했다. 1967년 10월 서울대 신문대학원 교수가 되어 신문연구소 소장으로 활동했고, 1968년 신문대학원이 개원하면서 신문대학원 원장이 되었다. 1969년 한국신문학회(현 한국언론학회) 제2대 회장, 1970년 한국방송윤리위원회 위원장으로도 활동했다.

김규환 교수는 사회과학으로서의 매스커뮤니케이션 이론을 바탕으로 내용분석, 조사 연구와 같은 양적 분석방법을 활용한 연구들을 수행하고, 지도하여 학문 연구가 본격화하던 1960~1970년대 한국 매스커뮤니케이션

연구의 사회과학화에 큰 영향을 미쳤다(양승목, 2013). 또한 IPI 등 국제교류, 언론현황과 기자 재교육 등 학문과 언론 현장 전반의 질적 향상에도 상당한 역할을 했다. 이 무렵 그는 저서《한국의 매스 컴뮤니케이션》(1973), 《일제의 대한(對韓) 언론 선전정책》(1978), 편저《한국 커뮤니케이션 연구》(1977)를 간행했고,《매스 컴뮤니케이션》(1970),《여론》(1973) 등을 번역했다.

이상희 교수는 1958년 서울대 사회학과를 졸업하고, 1965년 일본 도쿄대 대학원 사회연구과를 수료하였다(이상희교수화갑기념논문집간행위원회, 1989). 1967년 서울대 신문대학원 조교수로 부임했고, 1975년 제5대 한국신문학회 회장으로 활동했다. 이 시기 이 교수는〈신문연구소학보〉에 "인간 커뮤니케이션의 본질에 관한 일고찰"(1968, 5호), "사회변동과 매스·컴뮤니케이션: 근대화에 관한 컴뮤니케이션 이론에 대한 하나의 다른 시각"(1969, 6호), "매스·미디어의 존재양식에 대한 고찰: 방송의 제도화과정에 작용한 정치적, 사회·경제적 요인"(1972, 9호) 등의 논문을 발표했다. 특히 미디어에 대한 근대화 이론을 비판적으로 고찰한 연구는 발전과 근대화를 위해 미디어를 효율적으로 동원해야 한다는 근대화 이론이 유행하던 시기에 이 이론의 문제점과 한계를 지적하면서 비판커뮤니케이션 연구의 문제의식을 보여 준 선구적인 논문으로 평가된다.

오갑환 교수는 1960년 서울대 사회학과, 1963년 서울대 대학원 사회학과를 졸업하고, 1965~66년 서울여대 전임강사를 지내다가, 1968년 신문대학원 조교수가 되었다(오갑환, 2012).〈신문연구소학보〉에 "한국농촌발전과 매스·커뮤니케이션"(1968, 5호), "컴뮤니케이션 효과의 지속성에 관련된 요인들"(9호, 1972)을 발표했다. 1972년 미국 에모리대학에서 사회학 박사학위를 받았으며, 1972~1973년 미국 조지아대학 밀리지빌

(Milledgeville) 조교수를 지내다가 1973년 귀국해 서울대 사회학과 교수가 되었고, 1975년 6월 별세했다.

임근수 교수는 1939년 연희전문학교 문과(4년 과정)를 졸업하고 1941년 동 연구과(2년 과정)에서 사학(史學)을 공부했다(임근수, 1967; 희관 임근수 박사 화갑기념논총편찬위원회, 1977). 1968년 중앙대 대학원에서 "근대신문의 성립에 관한 연구"로 박사학위를 받았다. 외무부 의전과장(1948~1949)을 거쳐 서울신문학원 강사(1954~1959), 홍익대 신문학과 조교수(1954~1955), 중앙대 신문학과 조교수, 교수(1955~1968)로 활동하다가 서울대 신문대학원에 초빙되었다.

임근수 교수는 〈신문연구소학보〉에 매스커뮤니케이션 사업(산업)을 비교제도론적·역사적으로 고찰한 "매스·컴뮤니케이션 사업의 본질에 대한 일고찰"(6호, 1969), 우리나라 영어신문의 역사를 처음으로 정리한 "A History of English Journalism in Korea"(7호, 1970)를 발표했다. 이어 발표한 "이십 세기 초반의 동양에 있어서의 매스·커뮤니케이션에 대한 비교사적 연구: 한·중·일을 중심으로"(10호 1973; 11호, 1974)는 한·중·일 동양 3국의 신문 생성과정을 비교사적으로 고찰한 연구로 언론사 연구의 대상과 범위를 확대한 기념비적 연구로 평가된다(차배근, 1990: 11~15). 그의 저서 《신문빌딜사》(1967)는 세계 신문의 역사를 체계적으로 정리한 저술이다.

박유봉 교수는 1943년 일본 소피아대학(현 上智大學) 신문학과를 졸업하고, 1960년 독일 뮌헨대학에서 신문학 전공으로 박사학위를 받았다(인석박유봉박사 화갑기념논총간행위원회, 1981). 1953년 동아대 조교수를 거쳐, 1963년 한양대가 신문학과를 설립하면서 초대 학과장이 되어 활동하다가 1968년 서울대 신문대학원 교수로 초빙되었다. 1974년 한국신문학회 회장으로 활동했다.

저서로 《매스커뮤니케이션》(1965), 《신문학 이론》(1974, 공저) 등이 있다. 박 교수는 "Publizistik의 이론적 전개"(〈신문연구소학보〉 4호, 1968), "신문학의 Publizistik에로의 확대"(〈신문학보〉 3호, 1970), '푸블리찌스틱학의 성립과 구조"(〈신문연구〉 18호, 1972) 등을 발표하여 한국 사회에 독일 신문학인 공시학(*Publizistik*) 소개에 큰 역할을 했다.

차배근 교수는 1965년 서울대 국어교육과를 졸업하고, 1972년 미국 켄트주립대학교에서 커뮤니케이션 박사학위를 받았다(달지 차배근 교수 정년기념문집 간행위원회, 2007). 1973년 신문대학원 전임강사가 되었다. 〈신문연구소학보〉에 "공신력의 개념과 그 영향에 관한 소고"(10호, 1973), "한국 매스콤 수용자의 피설득성향에 관한 비교문화권적 실험연구"(11호, 1974) 등 커뮤니케이션 이론과 방법론을 주제로 활발하게 논문을 발표했다. 차배근 교수는 이후 《커뮤니케이션학 개론》 상·하(1976 초판), 《사회통계분석방법론: 커뮤니케이션학 연구 중심》(1977)을 비롯한 많은 저술로 한국 언론학의 학문적 체계를 정립하는 데 큰 영향을 미쳤다. 1980년 이후에는 언론의 역사에도 관심을 갖고 꾸준하게 논문과 저서를 냈다(김영희, 2016).

인접 학문분야의 교수로 영입한 김일철 교수는 1957년 서울대 사회학과, 1967년 서울대 대학원 사회학과를 졸업하고, 1970년 미국 노스캐롤라이나주립대학에서 사회학 박사학위를 받았다.[2] 지역사회론, 생활사회학, 커뮤니케이션, 사회구조론을 주로 연구했다. 1963~1966년 숭실대학교 농촌사회학과 전임강사·조교수를 지냈다. 박사학위를 받고 귀국하여

2 서울대학교 사회학과 홈페이지 참고. https://sociology.snu.ac.kr/snu_professor/kim-il-chul/

교정에서 학생들과 함께한 교수진.
아래에서 둘째 줄 왼쪽 두 번째부터 임근수, 김일철, 김규환, 박유봉, 이상희 교수
(출처: 서울대학교 신문대학원 동창회, 1999).

1970년 신문대학원 조교수로 부임했고, 1975년 2월 신문대학원을 폐지하면서 소속이 사회학과로 변경되었다. 신문연구소 연구원 조대희와 함께 "대도시 인근 농촌의 컴뮤니케이션: 경기도 안성군 7개 부락의 조사보고"(김일철·조대희, 1971)에서 농촌 커뮤니케이션 현상을 분석했고, 조명한 교수와 공동으로 윌버 슈람(Wilber Schramm)의 저서《매스미디어와 국가발전》상·하(김일철·조명한, 1972)를 번역했다.

최명 교수는 1962년 서울대 법학과를 졸업하고, 1970년 미국 일리노이대학에서 정치학 박사학위를 받았다.[3] 1969년부터 1971년까지 미국 몬머스대학(Monmouth College) 전임강사로 활동했고, 1972년 신문대학원

3 서울대학교 정치외교학부 홈페이지 참고. https://psir.snu.ac.kr/retired-faculty-ko/chey-myung/

조교수로 부임했다가 1975년 정치학과로 소속이 변경되었다. 중국정치, 정치사상을 전공하고, 《현대 중국의 정치》(1974), 《현대 중국의 이해》(1975) 등을 저술했다. 신문대학원 교수로 있으면서 정치커뮤니케이션 현상을 다룬 연구도 수행했고(최명, 1974), 관련 주제의 석사학위 논문들을 지도했다.

조명한 교수는 서울대 심리학과를 졸업하고, 1972년 서울대 대학원에서 심리학 박사학위를 받은 후 신문대학원 조교수로 부임했다가, 1975년 심리학과로 소속이 변경되었다. 언어심리학을 전공했다. 이 기간 〈신문연구소학보〉에 "연상적 의미와 우리말 연상사전의 작성"(1969, 6호), "단어 자유연상에 대한 상대적 거리의 개념과 연상적 의미"(1970, 7호)를 발표했다.

4. 신문대학원 교과과정

신문대학원 개원 당시 교과과정은 〈표 8-1〉과 같았다(차배근, 2017a: 41~42). 표에서 보듯이, 공통 필수과목은 매스·콤 이론, 여론과 선전, 사회발전과 콤뮤니케이션, 매스·콤 조사분석 등 네 과목이었다. 이 가운데 사회발전과 콤뮤니케이션이 필수과목에 포함된 것이 눈에 띈다. 1960년대 제3공화국 박정희 정부가 국가의 근대화와 발전에서 미디어의 역할에 주목하여 이를 미디어 정책 방향으로 삼고, 서울대에 신문연구소를 설치한 데 이어, 신문대학원을 설립한 것도 그런 정책 방향 아래 이루어졌음을 보여준다.

선택과목은 매스·콤 강독, 매스·콤사(史), 한국신문사(韓國新聞史), 매스·콤 법제론, 신문, 방송, 잡지, 출판과 같은 매스·미디아 각론, 광고론 등 매스커뮤니케이션 전반을 다양하게 포함했다. 교과과정과 내용은 도쿄대학교 신문연구소와 동 대학원, 슈람이 신문연구소장을 맡고 있던 미국 스탠퍼드대학의 내용을 참고했고, 경제학, 국제정치학, 사회심리학, 사회사상사 등이 포함된 것은 주로 현역 언론인들의 재교육을 위한 것이었다고 한다(김규환, 1977: 1).

이와 같은 교과목에서 28학점 이상을 이수하되, 대학원장이 필요하다고 인정하면 서울대 내 다른 대학(원)의 교과목을 선택과목으로 이수할 수 있게 했다. 이렇게 교과과정을 운영하다가 '서울대학교 종합화 10개년 계획'에 따라 신문대학원을 존속시킬 경우 교과과정을 어떻게 개선해야 하는가에 대한 과제의 하나로서 서울대 교무처의 지시에 따라 당시 신문대학원 교무과장이었던 차배근 교수가 1973년 교과과정 개편안을 작성했다.[4]

그러나 1975년 서울대학교가 관악캠퍼스로 이전하면서 신문대학원을 발전적으로 해체하고, 그 대신 사회과학대학에 신문학과를, 대학원에 석·박사과정을 개설하는 것으로 변경하면서 개편안을 그대로 시행하지는 않았다고 한다. 하지만 신문학과 대학원 과정의 교과과정을 마련하면서 많이 참고했다고 한다.

---

4 서면 질의에 대한 차배근 교수의 답변(2025. 5. 1).

〈표 8-1〉 신문대학원 교과과정

교과목명	1학기		2학기		계	
	학점	시간	학점	시간	학점	시간
전공필수과목						
매스 · 콤 이론	2	2			2	2
여론과 선전			2	2	2	2
사회발전과 콤뮤니케이션			2	2	2	2
매스 · 콤 조사분석	2	2			2	2
전공선택과목						
매스 · 콤 강독 I	2	2			2	2
매스 · 콤 강독 II			2	2	2	2
매스 · 콤사(史)	2	2			2	2
한국신문사			2	2	2	2
비교 매스 · 콤 제도론			2	2	2	2
매스 · 콤 법제론			2	2	2	2
매스 · 미디아 각론 (신문론)	2	2			2	2
매스 · 미디아 각론 (방송론 I)	2	2			2	2
매스 · 미디아 각론 (방송론 II)			2	2	2	2
매스 · 미디아 각론 (영화론)			2	2	2	2
매스 · 미디아 각론 (출판 · 잡지론)			2	2	2	2
광고론	2	2			2	2
언론 자유 및 책임	2	2			2	2
신문경영론			2	2	2	2
PR론			2	2	2	2
매스 · 콤과 사회 세미나			2	2	2	2
내용 및 효과 분석			2	2	2	2
매스 · 콤 조사분석 세미나			2	2	2	2
국제콤뮤니케이션론	2	2			2	2

〈표 8-1〉 계속

교과목명	1학기		2학기		계	
	학점	시간	학점	시간	학점	시간
전공선택과목						
경제학특강	2	2			2	2
정치학특강			2	2	2	2
국가발전론	2	2			2	2
사회심리학			2	2	2	2
실험심리학			2	2	2	2
철학특강	2	2			2	2
문화사 세미나			2	2	2	2
통계학 세미나			2	2	2	2
국제정치학특강			2	2	2	2
경영분석 세미나			2	2	2	2
한국사회론 세미나			2	2	2	2
의미론			2	2	2	2
매스 · 미디아 비교론	2	2			2	2
대중문화특강			2	2	2	2
행정학특강			2	2	2	2
신문윤리			2	2	2	2
미국신분론	2	2			2	2
매스 · 콤 특강	2	2			2	2
Publizistik 이론					2	2
법학특강					2	2
사회학특강					2	2
사회사상사					2	2

5. 신문대학원 학위 논문

신문대학원 학생들은 1969년 말 석사학위 논문을 제출하기 시작했다. 신문대학원에 입학해 석사학위를 받은 사람은 최소 193명으로 추정된다(〈표 8-2〉 참고).[5] 1960년대 한국 대학의 대학원 석사과정에서 언론(정보)학 전공으로 1960년대 말까지 학위 논문을 쓴 사람이 8명이었다(차배근, 2017b: 348~349). 그런 실정이었는데 서울대 신문대학원을 통해 짧은 기간 동안 언론학 주제로 193편이라는 많은 석사학위 논문이 출현한 것이다. 신문대학원에 제출한 언론학 전공 석사학위 논문 주제들은 그 후 여러 대학의 언론학 석사학위 논문 주제에 직간접적으로 적지 않은 영향을 미쳤다고 평가된다.

논문 주제는 커뮤니케이션 이론과 방법론, 언론정책과 규제, 언론법, 언론 현상에 대한 역사적 고찰, 정치선전, 신문의 보도 태도, 라디오와 텔레비전, 대중문화, 외국의 언론과 커뮤니케이션 현상, 독일 신문학 등 매우 다양했다. 지도교수들의 학문적 배경과 함께 이론적 연구에 관심을 가진 학생들과 현역에서 활동하던 기자들의 현실적인 관심이 반영된 결과였다.

가령, 1969년에 발행된 학위 논문들을 살펴보면 "각국 주요통신사 변천에 관한 사적 고찰: 한국통신사의 존재의의 구명"(김태천), "한국 신문 사설

5 석사학위 수여자 수는 서울대학교 중앙도서관 데이터베이스(DB)에 등재된 1969년부터 1977년까지의 석사학위 논문 193편을 근거로 산출한 것이다. 1977년 논문 중 김영희의 논문(제출 연도 1977년, 학위 수여 연도 1978년)은 김영희가 신문대학원 입학생이 아니라 신문학과 석사과정 입학생이므로 제외했다. 193명을 '최소'로 표기한 이유는 학위 논문 전산화 과정에서 누락된 사례가 있을 수 있고, 1978년 발행 논문 중 신문대학원 입학생의 학위 논문이 포함됐을 가능성도 있기 때문이다. 이와 관련해, 앞서 제5장의 '각주 1'에서 언급했듯, 이 시기 학위 논문의 중앙도서관 DB상 발행 연도는 '학위 수여 연도'가 아니라 '논문 제출 연도'를 기준으로 한 경우가 있음을 유의할 필요가 있다.

의 시대적 경향분석"(최종국), "Yellow journalism에 관한 사회학적 분석"(현영보), "선거기 정치선전에 관한 분석연구: 67년 대통령 선거를 중심으로"(정대수), "뉴스평가 과정에 있어서의 News Value에 관한 고찰: Gate Keeper 연구의 일환으로"(최종수), "Mass culture의 구조적 특질: 가치박탈적 측면에서 본 Mass culture의 사회학적 고찰"(송복), "국가발전과 매스·코뮤니케이션: 국민의식형성과 가치관의 변화를 위한 매스·콤의 역할"(정일화) 등과 같이 당시 시대상황에서 연구 가치가 있는 주제들을 다루었다고 평가된다.

신문대학원생이 제출한 석사학위 논문을 〈신문연구소학보〉에 소개하기도 했다. 1971년 8호에 곽소진의 "'대중문화' 이론의 비판적 연구: 예술의 대중화와 관련하여"(이상희 교수 지도)와 김재홍의 "한국 언론의 규제에 관한 연구: 현행법상의 규제조항을 중심으로"(김철수 교수 지도)는 신문대학원 석사학위 논문이었다. 1974년 11호에도 두 편의 신문대학원 석사학위 논문을 게재하였다. 음악방송 광고를 음악이론으로 분석한 김영선의 "Singing Commercial의 일반적인 성격과 한국적인 현상의 연구"(김일철 교수 지도), 텔레비전과 아동과의 관계를 심리학적 측면으로 다룬 박옥춘의 "TV가 아동의 심리적 특성에 미치는 영향에 관한 연구"(조명한 교수 지도)가 그것이다.

이렇게 석사학위 논문을 쓴 것이 계기가 되어 그 후 공부를 계속해 신문대학원 출신으로 언론정보학 관련 전임교수가 된 사람이 1995년 현재 33명이고, 다른 학문분야에서 전임교수가 된 사람도 26명이라고 한다(최종수, 1999, 39~41; 신문대학원이 아닌 일반대학원 출신의 경우는 제외함). 이런 결과는 매스 커뮤니케이션 연구와 지도적 인재 양성이라는 신문대학원의 설립 목적이 상당한 정도로 구현된 것이라고 할 수 있다.

6. 신문대학원의 기자 재교육

신문대학원은 설립 이듬해인 1969년부터 언론인 재교육 프로그램을 시행했다. 신문연구소의 언론인 재교육 프로그램의 전통을 이어받은 사업이었다. 신문대학원은 기자 재교육으로 1969년 '간부 언론인 특수강좌'를 개설했다. 이 강좌는 1967년 10월 30일 개최된 한국신문협회 제18차 이사회에서 제기한 사업이었다(한국신문협회, 1982: 499~500). 한국신문협회는 언론인 자질 향상을 위해 재교육사업을 추진하여 신문대학원에 언론인 재교육을 위한 단기 특수과정 설치에 합의했다. 한국신문협회는 과정 설치에 필요한 예산 105만원을 특별 지급한 것을 시작으로 4년간 391만원의 보조금을 신문대학원에 지원했다. 이 강좌는 성곡언론재단과 아시아재단 등 관련 단체의 지원도 받았다. 이런 지원을 받는 데는 신문연구소 소장이며 신문대학원장인 김규환 교수의 역할이 컸다고 한다(정진석, 1999: 85).

이 특수강좌의 첫해는 중앙과 지방 일간 신문 차장급 이상의 간부 34명이 참가했다. 강좌는 1969년 4월 1일부터 7월 10일까지의 진행되었는데, 강의과목은 '신문편집론', '신문경영론', '광고론', '방송론', '매스콤 이론' 등으로 구성되었다. 강좌가 끝난 후에는 수강생들에게 이수증을 수여했다. 이 강좌는 1970년에 35명, 1971년에는 34명이 수료하는 등 4년간 4회에 걸쳐 간부 언론인 140명이 참여했다. 이처럼 시간 내기 쉽지 않은 간부 언론인들이 4회에 걸쳐 140명이나 재교육을 받았다는 것은 이 무렵 언론인 재교육의 필요성을 언론계 전체가 공감했다는 것을 말해 준다. 언론인 재교육 필요성에 대한 인식은 1960년대 신문연구소의 기자 재교육 프로그램이 영향을 미친 것이다. 그렇기에 신문연구소에서 확대 발전한 서울대 신문대학원에 재교육 강좌를 주관하도록 요청한 것이었다.

간부 언론인 특수강좌에 이어 신문대학원은 한국기자협회의 요청으로 '기자 재교육'을 실시했다. 일선 기자를 위한 재교육은 한국기자협회(당시 회장 손주환)의 요청으로 이루어진 것이지만, 신문대학원에서 강의 프로그램을 만들고, 아시아재단, 한국신문협회, 한국편집인협회, 통신협회 등의 언론단체가 지원하는 형식으로 추진했다. 이제 간부 언론인뿐만 아니라 일선 기자들의 재교육도 필요하다는 인식이 형성되어, 그 프로그램 운영 역시 신문대학원에 의뢰한 것이다.

기자협회가 이 사업 추진을 위한 기초자료로 전국 41개 신문·통신·방송회사 언론인 4,577명의 학력을 조사한 결과 언론인의 34.7%인 1,588명이 대학을 졸업하지 않은 것으로 나타났다. 이 가운데 본사에 근무하는 기자는 12.4%가 대졸 이하의 학력이었고 지방주재 기자는 절반에 가까운 46.7%가 대졸 이하였다. 특히 지방주재 기자는 공개경쟁을 치르지 않고 일정한 원칙이 없이 채용한 사례가 많아 학력이 더 낮았다.

이런 조사 결과를 바탕으로 당시 기자협회 회장 손주환은 기자 재교육을 중점사업으로 추진했다. 재교육 내용은 취재와 신문제작 등에 필요한 포괄적인 전문지식 이외에 언론인으로서 필요한 인접 분야에 대한 강좌를 포함하도록 했다. 언론인의 전문 직업화를 위해 공통과목과 기별 전문 과목으로 구분하여 일반 교양과목, 문제별 특수 과목을 각 1주일씩으로 구성했다.

신문대학원 원장 김규환 교수는 이 프로그램을 주관하며 기자협회의 언론인 재교육 계획의 역사적 의미를 '획기적 쾌사'라며 높이 평가했다(전체 내용은 〈자료 8-2〉 참고).

자료 8-2

전문직업인으로서의 언론인, 기협의 언론인 재교육 계획은 한국 언론사상 획기적 쾌사다

전문직의 개념: 자격 갖추고 자질향상

한국의 언론인들도 이제는 전문직업인으로서의 자각을 가지고 스스로의 사회적 지위를 확고히 하기 위해서 힘쓰고 있다.

신문이 사회의 공기(公器)이고 또 한국의 언론이 과거의 영광된 전통을 계승받아 이 나라에서 수행하고 있는 지도적 역할을 제도화하고 영속시키기 위해서는 기본적으로 갖추어야 할 자질이 있어야 할 것이다. 그것이 바로 전문직으로서의 직업적 수준을 제고시키는 자기 노력인 것이다.

전문직업에 관한 일반적 개념을 본다면 첫째로 그 직에 종사하는 사람은 그 사회에서 있어서 상대적으로 높은 지식이나 기능을 가지는 것을 기초로 하고, 둘째로 그 종사자는 그 직업이 가지고 있는 사회적 중요성 때문에 높은 직업적 사명감과 사회적 책임감을 가져야 한다는 것, 셋째로 그들의 행동을 규제하는 자발적인 윤리적 규율이나 강령을 제정하고 있으며, 넷째로 직업단체를 조직해서 그 직업적 수준의 향상을 위하고 상호유대를 유지하기 위한 생활을 하고 있으며, 다섯째 그 종사자에 대한 일정한 자격규정을 설정해서 그것을 검정하는 제도를 가지고 있다는 것이다.

위에서 말한 속성들은 법률가나 의사를 비롯해서 19세기 이후에 과학 및 기술의 발전에 따라서 확대되어 가는 전문직업의 많은 분야에 공통된 것이지만 오늘날 그것은 세계적으로 언론인의 경우에도 일반적으로 해당된다는 것이 통념으로 되어 있는 것이다.

기자 재교육 현황: 제도화된 국제적 추세

미국에 있어서의 저널리즘의 전문직업화를 위한 발전과정은 이미 1세기에 걸쳐서 그 성과는 오늘날 세계의 모든 국가의 언론인에 의해서 존중되고 추구되고 있는 것은 재언할 필요조차 없다.

우리나라 언론인들도 참가하고 있는 니만 펠로우쉽 프로그램과 컬럼비아대학의 여러 코스를 비롯한 언론인 재교육 계획은 이미 널리 알려진 바이지만 "신문인은 만들어지는 것이 아니고 탄생하는 것이다"라고 해서 교육적 배경을 경시하고 사내(社內)에서의 기술적 훈련을 중시하던 영국에서도 전후에는 대부분의 언론인이 대학출신일 뿐 아니라 직업적 수준 향상을 위한 재교육 훈련을 위하여 톰슨 재단이 대학과 협동해서 ○○ 계획을 실시하고 있다.

이 밖에 다른 많은 자유국가에서도 언론인의 전문직업화 운동이 광범위하게 추진되고 있으며 국제적 차원에서도 같은 목적을 위한 단체와 활동이 최근 10여 년래(來)로 특히 활발해지고 있다. IPI(국제신문인협회), IFJ(국제기자연맹) 등도 언론인의 자질향상을 중요 활동의 하나로 삼고 있으며, 이들 단체가 주도하는 회의 및 세미나에는 저널리스트 재교육 문제가 항상 논제로 오르고 있다.

한국의 언론계는 현재 여러 가지 측면에서 어려운 도전을 받고 있다. 정부와 신문과의 동태적 관계는 양(洋)의 동서, 시대의 고금을 통하여 이 양자가 존립하는 이상은 항상 문제가 생기고 발전하는 것이다. 우리가 받고 있는 도전 가운데 가장 긴요하고 절실한 내용은 언론인 자체 내의 재(再)○○과정이라고 생각된다.

산학협동 실현: 문제별 집중강의 효과

언론계 내지는 언론인들이 이른바 '외부지향성'으로부터 '내부지향성'으로 자세를 바꿔 가면서 스스로의 주체성을 확립시키는 노력이 기대되는 바 크다. 대중에게 방향을 제시할 수 있는 전문적 지식과 소양이 계속적으로 향상되어야 할 것이다. 지능지수가 높고 기능과 요령주의로 신문을 제작하는 시대는 지났다. 전문직업인에게 요구되는 윤리관과 가치관에 입각한 견식을 가져야 할 것이다.

이번에 신문기자협회가 주도하고 계획한 '재교육 프로그램'은 이러한 의미에 있어서 그 의의가 매우 큰 것이라고 생각된다. 더욱이 기술협회의 위촉을 받아 교육을 실시하게 될 본(本) 서울대학교 신문대학원으로서는 한(韓)○○ 총장께서 취임사에서 '산학협동'의 하나의 구체화로서 충심으로 환영해 마지않는 바이며 동시에 책임이 중대함을 통감하는 바이다.

교육내용은 언론인의 전문직업화의 촉진을 지향하여 일반 교양과목을 1주일, 문제별 특수과목을 1주일 합계 2주일간의 집중교육을 실시하기로 되어 있다.

이것은 니만 프로그램의 인접학문 중점 방식과 컬럼비아 신문대학원의 문제영역 방식을 절충한 것으로 해석될 수 있으며 금년도 교과목 및 운영방식을 시행한다고 한다. 내년부터는 불합리하거나 미비한 점을 수정 보완하여 계속 연구를 통해서 본 계획을 발전시킬 예정이다.

각사(各社)의 노력 기대: 수강자도 성의 있어야

본 계획을 추진시키는 데 있어서 우리는 두 개의 문제점을 예견하고 있다. 첫째는 수강자의 진지한 학구적 태도와 자기개발이 대가로서 지불해야 할 희생일 것이다. 2주일이란 기간은 짧다고는 하더라도 오랜만에 교실에서 하루 10시간의 강의와 토론에 참가한다는 것은 다망(多忙)한 생활의 ○성(性)을 이겨낼 어려움을 겪어야 할 것이다. 둘째로는 각 신문사의 경영진이나 편집간부들의 적극적인 협력일 것이다.

언론인의 재교육이 언론기업의 하나의 중점투자임을 원칙으로서는 인정하는 발행인이나 편집인이라도 현실적인 제작과정에 있어서 유능한 스탭을 당분간이라도 교육출장 시킨다는 것은 아직도 유약한 한국 언론계의 기업경영면에서 볼 때에는 난점이 적지 않을 것이다.

이러한 점에서 한국신문협회와 한국신문편집인협회가 본 계획에 찬동하여 모든 필요한 협조를 아끼지 않겠다는 결정을 내렸다는 것은 우리의 언론사상 하나의 획기적인 쾌사라고 하지 않을 수 없으며, 교육 실시 담당자인 우리 대학원으로서도 마음 든든히 생각하며 많은 성과를 거둘 수 있도록 최선을 다하기를 기약하는 바이다.

- 〈기자협회보〉(1971. 8. 13)

강사는 서울대 소속 교수가 대부분이었으나, 다른 대학과 국방대학원, KIST 등의 각 분야의 최고 권위자도 초빙했다. 이것은 김규환 교수의 구상에 따라 미국 하버드대의 니만 펠로우(Nieman Fellow)의 인접학문 중심 프로그램과 컬럼비아대 신문대학원(Graduate School of Journalism)의 문제영역 방식을 절충한 형태였다(김규환, 1971). 재교육은 기자경력 5년 이상 중견 기자를 대상으로 2주간 60시간 실시했다. 이 계획에 대해 아시아재단에서는 강사들의 강의료를 전액 지원했다. 이런 계획으로 1971년 9월부터 실시된 기자 재교육은 1973년까지 3년간 매년 4기씩 모두 330명이 참여했다(한국기자협회, 1975: 108~113; 한국기자협회, 1994, 470~475). 기자 재교육이 끝난 이후에는 매년 평가세미나를 개최해 문제점을 개선하고자 했다.

기자 재교육의 1차 연도인 1971년은 모두 4기로 나누어 기마다 공통과목과 특정 주제를 중심으로 강의를 진행했는데, 매 기의 공통과목은 매스커뮤니케이션 이론, 정보사회이론, 문화인류학, 우주과학, 경제개발의 이론 및 해설이었다.[6] 제1기는 '중공의 국제적 진출과 이에 따른 제반 문제'를 주제로 30명의 기자가 강좌에 참가하여, 그중 29명이 수료했다. 제2기는 각사 지방취재반장을 수강생으로 하는 특별교육으로 28명이 수강했다. 제3기는 '공해 및 노동문제'에 관해 32명이 수강했다. 제4기는 '학생 및 청소년 문제'에 관해 31명의 기자들이 참가하여, 그중 30명이 수료했다.

1971년도 제1차 재교육이 모두 끝난 후 기자협회와 서울대 신문대학원은 공동으로 4기에 걸친 재교육 프로그램에 대한 평가세미나를 개최했다. 세미나에서 임근수 신문대학원 교수는 "기자협회 기자 재교육 분석"이란

---

6 이하 내용은 한국기자협회(1994: 470~475)를 참고했다.

주제발표를 통해 재교육 담당자로서의 소감을 발표했다. 임 교수는 수강생들의 출강률이 좋았으며, 수업 태도가 진지하고 성의가 있었다고 긍정적으로 평가하고, 기자 재교육의 필요성과 중요성을 실감했다고 밝혔다. 그러면서 교육의 결과에 대한 실효성을 높이기 위해 리포트 작성이나 간단한 시험 등이 필요하다는 의견을 내었다.

수강자 입장에서 두 번째 주제를 발표한 〈중앙일보〉 정치부 윤기병 기자는 ① 재교육 프로그램의 개선점으로 교육과 실무가 연결될 수 있도록 할 것, ② 강의 자료를 유인물로 미리 배부할 것, ③ 최신 데이터를 활용해 설명할 것 등을 요청했다. 윤 기자는 또한 대기자 양성을 위한 학구적 연구 전문교육과 신문·방송 제작의 과학 능률화를 위한 실무훈련 과정 등 두 방향에서 기자 재교육을 실시할 것을 제안했다.

2차 연도인 1972년의 기자 재교육도 1차 연도와 마찬가지로 4기로 나누어 실시했다. 매 기에 공통과목으로 아규멘테이션 이론, 매스컴법제론, 정보처리, 매스컴 이론, 특강을 진행했다. 이어 제1기 '사회보장문제', 제2기 '경제개발문제', 제3기 '북한문제', 제4기 '노동문제'를 주제로 하여 모두 118명이 강좌에 참여해 그중 113명이 수료했다.

2차 연도의 재교육에 대한 평가세미나는 '언론인의 전문화와 재교육'이라는 주제로 1972년 12월 신문회관 강당에서 열렸다. 이 세미나에서 참가자들은 언론인 재교육의 항구적 제도화가 시급하다는 데 의견을 모으고, 이를 위해서는 우선 기자협회가 실시하는 재교육 강좌의 3년이라는 시한을 없애고 계속 실시하여 재교육을 제도화할 것을 건의했다. 이 세미나는 또한 각 언론단체에서 실시하고 있는 여러 재교육이나 세미나를 단일화하여, '중앙기자 재교육위원회'를 각 단체 대표들로 구성, 재교육의 제도적 확립과 항구화 방안을 논의하자고 제의했다. 이 세미나는 나아가 재교육의 제도화에 필요한 재원 문제를 해결하기 위해서는 경영주들의 적극적인 참여가 필요하다고 지적했다.

3차 연도인 1973년의 기자 재교육의 공통과목은 커뮤니케이션 이론, 현대사회론, 매스컴법제론, 정보처리였고, 제1기 '정치외교 문제', 제2기 '범죄문제', 제3기 '문화재문제', 제4기 '식량과 자원개발 문제'를 주제로 모두 100명이 강좌에 참가, 그중 98명이 수료했다.

기자협회의 기자 재교육 3개년 계획의 마지막 해인 1973년도의 재교육에 관한 평가 세미나는 '기자의 직업수준 향상과 재교육'이란 주제 아래 1973년 12월 7일 신문회관 강당에서 열렸다. 이 세미나에서 첫 주제발표에 나선 김일철 서울대 신문대학원 교수는 "기자의 전문화는 개인적인 것이기에 앞서 제도적인 것이며 활동과 업무분담이 기능별로 분화되어 가도록 보장해 주는 제도가 필요하다"고 지적하고, "이러한 제도적인 문제의 해결 없이 개인의 노력에만 전문화를 기대한다는 것은 큰 성과를 거둘 수 없다"는 견해를 밝혔다.

이와 같이 간부 언론인 재교육에 이어 1971년부터 1973년까지 3년간 330명의 기자들이 재교육을 받았다. 재교육 프로그램이 끝난 후에는 기자협회와 신문대학원이 공동으로 각 연도의 기자 재교육 프로그램을 평가하는 세미나를 개최했다. 이러한 재교육 프로그램과 그에 대한 평가 세미나는 한국 사회 중견 기자들이 기자로서의 자질 향상과 전문화에 도움이 되는 매우 유익한 사업이었다. 그러나 한국기자협회가 추진하고, 신문대학원이 주관했던 기자 재교육 프로그램은 재정지원 미비 등으로 3년 만에 중단됐다.

7. 신문대학원의 역사적 역할

이상에서 1968년 3월 개원하여 1975년 2월까지 운영된 서울대 신문대학원에 대해 간단히 살펴보았다. 앞에서의 논의를 요약하고 신문대학원의 역사적 역할을 평가하면 다음과 같다.

첫째, 서울대 신문대학원은 언론인 자질 향상을 위한 정규 학위과정으로의 교육기회 제공과 매스커뮤니케이션 연구라는 두 가지 목적을 위해 서울대 신문연구소를 확대 발전시켜 설립되었다.

둘째, 정규 석사학위과정을 통해 한국 사회에 1960년대까지 매우 드물었던 언론학 주제의 석사학위 논문이 대량 생산되었고, 언론인들과 언론에 관심 가졌던 학생들의 지적 향상에 크게 기여했다. 또한 석사논문을 제출한 사람들 중에는 학문 연구에 자극받아 공부를 계속하여 언론학 전공의 교수를 다수 배출했다. 언론학 이외에도 다른 전공의 교수들도 많이 출현했다.

셋째, 정규 석사학위 과정과는 별도로 신문대학원이 주관한 기자 재교육이 1969년부터 1974년까지 간부 언론인에서 시작하여 전국의 중견 언론인 재교육으로 확대 시행하면서 한국 언론인들의 자질 향상에 상당한 역할을 했다.

넷째, 서울대에 신문연구소 설립에 이어 정규 석사학위 과정인 신문대학원을 설립해 운영한 경험이 바탕이 되어 특수대학원인 신문대학원을 발전적으로 해체하면서 서울대 사회과학대학의 학부과정으로 신문학과를 설치했을 뿐만 아니라 대학원 석·박사학위 과정도 동시에 설치할 수 있었다. 이것은 언론(정보)학이 사회과학의 독립된 분과학문으로서 인정받았음을 의미한다는 점에서 신문대학원의 역사적 역할이 크다고 평가된다.

〈표 8-2〉 서울대학교 신문대학원 석사학위 논문 목록[7]

번호	저자	지도교수	제목	발행연도
1	김태천	박유봉	各國 主要通信社 變遷에 關한 史的考察: 韓國通信社의 存在意義究明	1969
2	최종국	임근수	韓國新聞社說의 時代的 傾向分析	1969
3	현영보	임근수	Yellow journalism에 關한 社會學的 分析	1969
4	정대수	이상희	選擧期 政治宣傳에 관한 分析硏究: 67年 大統領 選擧를 中心으로	1969
5	최종수	박유봉	뉴스評價過程에 있어서의 News Value에 관한 考察: Gate Keeper 硏究의 一環으로	1969
6	최혜령	이상희	韓國映畵의 大衆 藝術的 特性: 미워도 다시한번의 경우	1969
7	임채욱	김규환	最近 美國 매스·컴뮤니케이션 硏究 動向: Journalism Quarterly와 Public Opinion Quarterly 1965~1969 分析을 中心으로	1969
8	송복	이상희	Mass culture의 構造的 特質: 價値剝奪的 側面에서 본 Mass culture의 社會學的 考察	1969
9	조창화	이상희	政府 對外公報活動의 理論과 實際: 駐韓外國公館의 文化情報活動을 中心으로 한	1969
10	강기원	김규환	新生國家의 政治發展에 있어서 communication의 役割: 特히 印度의 경우를 中心으로	1969
11	정일화	김규환	國家發展과 매스·코뮤니케이션: 國民意識形成과 價値觀의 變化를 爲한 매스·콤의 役割	1969
12	최호	김규환	歐美 新聞의 亞細亞觀: 新聞의 偏見에 關한 小考	1969
13	김진홍	박유봉	公示的表示에 있어서의 現實性에 關한 硏究: Publizistik 理論을 中心으로	1969
14	이인원	김규환	Mass Media와 發展理論: Mobile personality를 中心으로 한 考察	1969
15	서기원	조병한	우리말 音韻에 關한 一調査: 우리말 不確定性測定	1970
16	정형수	이상희	特定輿論集團의 意見表示와 韓國新聞의 報道態度에 關한 硏究: 1964年 六三事態와 1969年 九九. 一四改憲派動中心으로	1970
17	박재환	이상희	社會變動과 Mass Communication: 近代化 過程에 있어서의 Mass Media의 役割 中心으로	1970
18	곽소진	이상희	藝術의 大衆化現象에 對한 〈大衆文化〉理論의 批判的 硏究	1970
19	이제훈	김규환	Soviet 全體主義社會의 大衆操作: propaganda agitation의 展開樣式을 中心으로	1970

7 아래에 제시된 학위 논문의 발행 연도는 '학위 수여 연도'가 아니라 '논문 제출 연도'를 기준으로 한 경우가 있음을 유의할 필요가 있다. 이에 대한 자세한 내용은 제5장의 '각주 1'을 참고하기 바란다.

〈표 8-2〉 계속

번호	저자	지도교수	제목	발행연도
20	엄정식	조명한	大衆社會에 있어서의 自我問題: 社會構造와의 函數關係的 側面에서 본 考察	1970
21	김국태	조명한	韓國小說에 나타난 社會性考: 1955년부터 1970년까지	1970
22	인보길	임근수	韓國新聞의 社會面에 나타난 性格分析: 東亞日報 (1920~40, 1945~60)의 경우를 中心으로	1970
23	정호근	김규환	韓國政黨의 政治宣傳 戰略과 戰術: 共和, 新民 兩黨 機關紙의 內容分析을 中心으로	1970
24	이종화	이상희	Feedback에 關한 硏究: 韓國新聞의 讀者投稿를 中心으로	1970
25	신현옥	조명한	軍隊集團에서의 Communication 行爲의 特性에 關한 硏究: 接觸度와 Media 像 및 集團活動의 相關을 中心으로	1970
26	문도빈	조명한	韓國軍政訓組에 있어서의 컴뮤니케이션受容 態度와 集團力學的 特性에 關한 硏究	1970
27	윤보천	조명한	韓國人의 性格과 communication	1970
28	송웅길	김규환	Mass communication內容에 있어서 猥褻의 限界性 考察: 各國判例와 倫理規定 中心으로	1970
29	김재홍	김철수	韓國言論의 規制에 關한 硏究: 現行法上의 規制條項을 中心으로	1970
30	조대희	조명한	Mass communication의 內容形成: 均衡理論適用에 依한 內容形成 Model 定立을 爲한 試圖로서	1970
31	강대인	이상희	電波 미디아의 社會的 責任에 關한 考察: 放送倫理를 中心으로	1971
32	최성갈	조명한	情報의 흐름에 관한 연구: Communication에 있어서 情報의 흐름과 影響의 흐름에 관한 問題	1971
33	김광옥	이상희	韓國의 民謠와 大衆歌謠에 對한 比較 硏究	1971
34	최광웅	조명한	廣告作用과 消費者의 購買動機에 관한 硏究: Communication theories에 의한 接近	1971
35	허륙	이상희	韓國 라디오 連續劇의 內容에 關한 硏究	1971
36	박찬순	이상희	放送制度에 關한 比較硏究	1971
37	김규칠	김철수	言論自由에 관한 思想的 檢討 및 現行法上의 問題点	1971
38	최영	이상희	大衆文化(Mass Culture)로서의 韓國新聞 小說分析 硏究: 1960年부터 1969年까지 東亞朝鮮 兩日刊紙 新聞小說을 中心으로	1971
39	박옥춘	조명한	TV가 兒童의 心理的 特性에 미치는 影響에 關한 硏究	1971
40	안문기	조명한	宗教集團內에 있어서 컴뮤니케이션의 接觸과 人敎決定過程에 關한 硏究	1971

〈표 8-2〉 계속

번호	저자	지도교수	제목	발행연도
41	박정규	임근수	中國 近代新聞의 生成過程에 관한 史的 考察	1971
42	박광성	김규환	韓國週刊誌의 性格硏究: 선데이서울과 週刊京鄕을 中心으로	1971
43	김명기	김규환	新聞記事의 題目에 관한 硏究	1971
44	이경자	임근수	韓國 女性 雜誌의 歷史的 考察: 1945年以前에 發刊된 女性雜誌를 中心으로	1971
45	황영일	김일철	韓國廣告 放送의 實態分析: 三大商業放送局의 Radio CM을 中心으로	1971
46	유승삼	조명한	매스컴 報道의 正確度 및 關心度의 函數關係로서의 所聞의 量과 信賴度	1971
47	허준	김규환	言論法制에 關한 比較硏究: 新聞發行에 관한 規制를 중심으로	1971
48	황우권	박유봉	地域社會와 地方新聞의 役割	1971
49	최효배	김일철	新聞에 대한 公務員의 태도에 관한 한 硏究: 市廳公務員에 대한 조사를 中心으로	1971
50	김방웅	김규환	Nazi 政權의 大衆運動과 支配戰術의 展開基盤	1971
51	김태문	김일철	駐越韓國軍에 加해진 心理戰 目標分析: 特히 傳單(1966-1970)의 內容分析을 中心으로	1972
52	김덕형	최명	韓國新聞의 中共觀	1972
53	이의현	임근수	우리나라 新聞社의 人事管理에 關한 硏究: 그 社規를 中心으로	1972
54	조형준	김규환	北韓言論에 關한 硏究: 로동신문社說의 內容分析을 中心으로	1972
55	구자호	박유봉	現代社會에 있어서의 輿論操作可能性에 關한 小考: 주로 mass media를 通한 政治宣傳을 中心으로	1972
56	유종수	임근수	廣告效果의 發生過程과 그 測定法에 關한 硏究	1972
57	박상균	김일철	韓國텔레비젼 드라마 制作에 關한 小考: 制作上의 問題點을 中心으로	1972
58	이용화	조명한	宗敎集團에 있어서의 매스 · 미디어 接觸의 特性과 Communication 影響에 關한 硏究: 極東放送과 그 聽取者의 宗敎的 變化를 中心으로	1972
59	정영애	오갑환	都市女性의 商品購買 行爲에 미친 매스컴과 개인적 영향의 연구	1972
60	이영준	이상희	大衆社會論에 관한 一考察: 大衆社會論의 韓國社會適用 可能性에 관한 試驗	1972
61	강용우	이상희	民謠에 投影된 地域社會人의 意識構造와 Communication活動: 濟州島民謠에 對한 內容分析	1972

〈표 8-2〉 계속

번호	저자	지도교수	제목	발행연도
62	김우룡	이상희	和蘭放送制度에 關한 硏究	1973
63	권병주	차배근	說得的 心理戰의 方法考察: 中共革命 過程을 中心으로	1973
64	김영선	김일철	Singing commercial이 一般的인 性格과 韓國的인 現象의 硏究: E. G. Gilliland의 音樂分析을 通하여	1973
65	황현조	최명	大衆操作과 그 限界性에 關한 一考察	1973
66	서강화	조명한	韓國新聞의 誤字 生態와 그 理論的 考察: misscoding의 心理的 機制	1973
67	김윤희	임근수	〈記者協會報〉에 관한 一考察: 創刊號~1972年末까지의 內容分析을 通하여	1973
68	황인태	박유봉	韓國新聞에 있어서 國內事件에 대한 外信報道의 比較分析: mass media에 반영된 偏見에 관한 考察	1973
69	노창해	오갑환	韓國新聞의 經濟問題에 對한 態度變遷硏究: 東亞, 朝鮮, 서울新聞의 經濟社說 分析을 通하여	1973
70	박현제	차배근	言論統制가 新聞의 公信力과 讀者의 受容態度에 미치는 影響	1973
71	송경섭	임근수	日帝下 韓國新聞 連載小說의 特性에 關한 硏究	1973
72	안혜성	임근수	生成期 韓國 인쇄메디아에 관한 硏究: 그리스도敎 宣敎師의 役割을 中心으로	1973
73	양성호	이상희	매스커뮤니케이션 理論과 푸브리찌스틱 理論의 比較硏究: 表示와 傳達을 中心으로	1973
74	양영태	김일철	韓國大學 言論의 構造的 特性硏究: 大學新聞을 中心으로	1973
75	양희완	조명한	Effective Communication for High Morale in Small Groups: A Study of Achieving Good Communication and Understanding in the Army	1973
76	유종일	최 명	韓國新聞 社說의 歐州觀: 東亞日報社說(1963년~1972년)의 內容分析	1973
77	허종렬	임근수	特殊定期 刊行物의 運營實態에 關한 硏究: 카톨릭 時報, 京鄕雜誌, 少年의 事例硏究를 中心으로	1973
78	이달용	조명한	情報追求 行爲의 決定要因에 關한 考察	1973
79	김숙현	이상희	韓國新聞에 실린 女性에 관한 記事分析 硏究: 1920년대와 1960년대를 中心으로	1973
80	문명호	임근수	記者協會報를 通해 본 1960年代 後半의 韓國言論	1973
81	장재익	박유봉	컴뮤니케이션의 存在論的 考察: 컴뮤니케이션 硏究를 위한 哲學的 基礎 確立의 試圖	1973

〈표 8-2〉 계속

번호	저자	지도교수	제목	발행연도
82	김주환	최 명	中共의 코무니케이션과 國家建設에 關한 硏究	1973
83	최달룡	이상희	社會變動과 〈매스 컴뮤니케이션의 近代化 理論〉에 對한 一考察	1973
84	박계옥	임근수	美軍政下의 新聞에 關한 硏究: 東亞日報 및 自由新聞(1945-1948)의 社說分析을 中心으로	1973
85	김유원	박유봉	非常戒嚴令下 韓國新聞의 外信報道: 특히 4.19와 5.16을 前後한 朝鮮日報의 外信報道量과 그 態度를 中心으로	1973
86	박화진	오갑환	韓國言論人의 社會的 背景과 現實 指向性間의 相關性에 關한 硏究: 중앙6개 신문 언론인들의 반응을 中心으로	1973
87	오두범	차배근	威脅的 커무니케이션의 說得效果: involvement를 제3 變因으로하여	1973
88	안연숙	박유봉	매스미디어의 外來文化 傳達機能에 대한 一考察: 팝 音樂을 中心으로	1973
89	김태전	박유봉	Toward a Communications Approach to Political Development: A Set of Considerations	1973
90	맹태균	박유봉	6.10 獨立萬歲 運動에 대한 新聞報道 態度 分析: 〈東亞日報〉 1926年 6月 1~30日를 中心으로	1974
91	안보기	차배근	〈韓國新聞〉의 倫理問題에 關한 小考	1974
92	황종원	박유봉	후진국에 있어서의 매스컴뮤니케이션: 그의 역기능 극복 가능성 소고	1974
93	유일상	차배근	캠페인 弘報 效果에 관한 硏究: 都市 새마을 運動을 中心으로	1974
94	이준우	차배근	韓國新聞文化面의 內容分析 硏究: 韓國 新聞文化面의 內容分析 硏究: 1960年代와 1970年代를 中心으로	1974
95	김상춘	이상희	뉴스 흐름에 관한 硏究: 韓國大學生의 경우를 中心으로	1974
96	안춘옥	이상희	Popular music의 一般的인 性格과 韓國的인 現象에 대한 硏究: 韓國大學生放送聽取者를 中心으로	1974
97	김두곤	김일철	東亞放送編成에 對한 硏究: 1963年-1974年	1974
98	박민수	김철수	言論의 自由와 規制에 關한 考察: 韓美間의 理論背景과 國家安保를 中心으로	1974
99	현승일	이상희	新生國의 社會變動과 mass media: 政治社會化理論을 中心으로	1974
100	김성완	김일철	北韓의 對南政治宣傳: 傳單(1966~1972)의 內容分析을 中心으로	1974
101	목철수	임근수	大韓民國 臨政〈獨立新聞〉에 關한 硏究	1974
102	염길정	오갑환	國會議員 選擧에 있어서의 政治宣傳에 관한 硏究	1974
103	이현석	임근수	韓國 日刊新聞의 倫理的 特性: 韓國新聞倫理委員會의 決定을 中心으로 본 한 側面	1974

〈표 8-2〉 계속

번호	저자	지도교수	제목	발행연도
104	김창규	김규환 (추정)	各種 뉴스에 對한 關心度 調査研究	1974
105	하정조	박유봉	新聞의 自由와 限界性 및 責任: 法益數量과 限界理論을 中心으로	1974
106	조은	김일철	在美교포社會 韓國新聞 購讀行爲 基礎調査	1974
107	한창기	조명한	우리말 경어법의 사회언어학적인 연구: 경어법의 역사적인 변천을 중심으로	1974
108	최영일	박유봉	與論의 本質 및 Publizistik 領域과의 關係에 對한 小考	1974
109	조봉계	김일철	三.一獨立運動 主導者의 性格: 커뮤니케이션과 社會階層的 考察	1974
110	고수자	박유봉	體系理論을 中心으로 본 커뮤니케이션 研究方向	1974
111	서희철	김일철	社會問題研究: 社會問題接近을 위한 都市化와 Anomy 理論考察	1974
112	이민희	김철수	韓國에 있어서의 表現의 自由와 判決	1974
113	김학천	박유봉	西獨의 라디오 프로그램 편성에 관한 研究	1974
114	김기중	조명한	外來語쓰기 統一案을 爲한 考察: "로마字의 한글化 表記法"과 "外來語表記法 統一案"의 批判的 結合	1974
115	남인기	차배근	韓國大衆媒體의 社會的 機能分析 考察: 그 倫理性 分析과 社會的 作用分析을 中心으로	1974
116	김용범	오갑환	韓國에 있어서 言論의 自由와 責任에 關한 考察: 社會的 責任理論을 中心으로한 政府와 言論과의 關係	1974
117	김덕염	차배근	放送 news의 配置順序가 그 效果에 미치는 影響에 對한 實驗研究	1974
118	목정균	임근수	東學 컴뮤니케이션 論: 布德서부터 甲午峰起까지, 1860~1894	1974
119	김원태	이상희	放送倫理와 社會的 責任에 關한 一考察	1974
120	박정순	차배근	公信力의 效果에 關한 實驗研究: 公信力이 受容者에게 미치는 影響	1974
121	김치강	이상희	韓國新聞의 外來語 使用에 關한 調査研究	1974
122	유일연	박유봉	世界權威紙들과 東亞日報의 社說比較 分析: 石油에너지 問題를 中心으로	1974
123	유창하	오갑환	大衆文化에 대한 態度研究: 理論과 實際의 比較	1974
124	김이환	차배근	韓國 Business journalism 實態 分析: house organ을 中心으로	1974
125	유택진	김일철	英字新聞의 報道內容에 關한 研究	1974
126	안병찬	차배근	外信의 Gatekeeping過程에 作用하는 要因分析: 한국일보사 編輯局을 中心으로 한 事例研究	1974

〈표 8-2〉 계속

번호	저자	지도교수	제목	발행연도
127	이관기	임근수	우리나라 新聞廣告의 外的要因이 閱讀率에 미치는 影響에 關한 小考: "D"신문의 경우를 中心으로	1974
128	이효성	조명한	流言에 關한 一考察	1974
129	반영환	이상희	8.15事件에 對한 韓·日 新聞의 報道態度 比較研究	1974
130	정찬원	차배근	市政 公報活動의 效果에 關한 研究: 서울 特別市를 中心으로	1974
131	이정자	김일철	農村讀者에 대한 研究: feedback을 통해 본 active audience를 中心으로	1974
132	이남기	박유봉	新聞經營面의 統制로 因한 記事取扱態度의 變化에 關한 研究: 東亞日報 〈廣告解約事件〉을 中心으로	1975
133	박동해	김철수	言論自由와 淫亂에 關한 考察: 淫亂의 檢閱基準을 中心으로	1975
134	최한수	차배근	放送 아나운서의 實態 및 意識에 關한 調査研究: 서울地域의 라디오放送 아나운서를 中心으로	1975
135	양진수	차배근	國內 十大 뉴우스들에 나타난 뉴우스價値分析: Q-Sort方法을 中心으로	1975
136	이상갑	임근수	中共放送과 蘇聯放送의 比較 研究	1975
137	박선규	차배근	關與度와 內容과의 隔差가 態度變容에 미치는 影響에 關한 實驗研究	1975
138	김철	김규환	社會科學에 있어서의 커뮤니케이션 모델	1975
139	인태오	김규환	韓國放送의 成立과 그 機能에 關한 研究: 主로 프로그램內容을 中心으로	1975
140	이해성	이상희	韓國放送에 나타난 名譽毁損과 프라이버시 役割에 關한 考察: 韓國放送 倫理委員會 審議決定을 中心으로	1975
141	김재희	김일철	家族計劃事業의 communication 戰略에 관한 研究: mass communication과 personal communication의 對比를 中心으로	1975
142	유원	김규환	大衆操作의 限界性 研究	1975
143	김뉴생	이상희	TV 廣告放送의 實態調査 및 內容 分析: 1975년 9월, 서울의 TBC 와 MBC TV를 중심으로	1975
144	이노종	차배근	廣告 커뮤니케이션에 대한 受容者의 反應에 관한 研究: liking과 disliking의 決定要因을 中心으로	1975
145	안영섭	박유봉	後進國의 政治發展과 커뮤니케이션과의 關係에 關한 研究: 政治體制의 機能的 分析을 中心으로	1975
146	하원	이상희	韓國 大學新聞의 性格研究: 서울大學校 〈大學新聞〉을 中心으로	1975
147	권광명	차배근	說得的 커뮤니케이션에 있어서의 接種理論 實驗 研究	1975
148	김윤성	차배근	批判的 思考力과 被說得 性向과의 相關關係에 關한 實驗 研究	1975

〈표 8-2〉 계속

번호	저자	지도교수	제목	발행연도
149	강대근	차배근	The Effects of Communication upon Cooperative and Competitive Behavior: A Non Zero Sum Game Study	1975
150	김장환	차배근	日帝下 言論統制의 實態分析: 東亞日報 押收社說 및 內容分析을 中心으로	1975
151	김명희	차배근	一面 對 兩面 커뮤니케이션 및 提示順序의 效果比較: familiarity 를 第三變因으로	1975
152	최성봉	박유봉	言論의 自由와 社會的 責任에 關한 硏究	1975
153	구순옥	박유봉	Aussage와 communication message의 比較硏究: aussagen-analyse와 content analysis를 中心으로	1975
154	이혜영	이상희	北韓 放送에 대한 分析 硏究: 平壤放送을 中心으로	1975
155	황두환	임근수	韓國의 前近代的 커뮤니케이션의 事例硏究: 嶺南地方의 廣呼人 消滅過程을 中心으로	1975
156	허돈	차배근	韓國農村發展에 있어서 콤무니케이션行態와 變化志向性에 關한 硏究	1975
157	김지명	임근수	自由黨 政府(1948~60)의 言論觀과 當時의 言論界에 대한 批判的 考察	1975
158	이재희	차배근	韓國新聞廣告 메시지의 變遷傾向에 關한 考察	1975
159	송국섭	임근수	日本 朝日新問의 베트남 戰爭觀: 그 社說에 나타난 論調를 中心으로	1975
160	김장진	차배근	敎師의 公信力과 學習效果와의 相關關係에 關한 硏究	1975
161	정창기	이상희	韓國 텔리비전 放送編成에 關한 分析硏究: KBS 를 中心으로, 1962~1976.	1976
162	박강문	차배근	韓國 學校 저널리즘의 成立과 發展過程에 관한 考察	1976
163	홍계인	박유봉	受容者分析의 合理的 硏究를 爲한 理論的 考察	1976
164	김학수	차배근	TV가 農村中 · 高等學生의 學業成績에 미치는 影響에 關한 調査硏究	1976
165	조홍래	박유봉	매스커뮤니케이션의 影響과 態度變容에 관한 硏究	1976
166	이종하	박유봉	韓國의 地域社會開發과 매스 · 커뮤니케이션에 關한 硏究	1976
167	김홍소	박유봉	韓國映畵人의 意識構造에 關한 硏究: 韓國映畵의 問題点을 中心으로	1976
168	이윤호	차배근	뉴스 및 廣告미디어의 公信力에 관한 比較文化圈的 調査硏究: 大學生들을 對象으로	1976
169	박현태	김규환	地域社會發展과 communication: opinion leader 硏究의 一環으로	1976
170	박허식	김규환	生態學的 커뮤니케이션에 關한 硏究: 生態學的 커뮤니케이션 硏究를 爲한 理論的 命題定立을 中心으로	1976

〈표 8-2〉 계속

번호	저자	지도교수	제목	발행연도
171	김길곤	임근수	커뮤니케이션 側面에서의 韓國 巫俗 硏究	1976
172	김광수	박유봉	西獨 텔레비전에 關한 實證的 考察: ARD, ZOF를 中心으로	1976
173	박용수	최명	北韓政治體系와 政治的 象徵操作	1976
174	김종건	박유봉	韓國放送制度에 있어서 自由와 統制의 限界性에 관한 一考察	1976
175	유병무	임근수	韓國의 言論自由에 관한 硏究	1976
176	남선현	박유봉	重要 topic에 따른 新聞과 텔레비전의 報道內容에 關한 比較 硏究: 中央日報와 TBC를 中心으로	1976
177	이상휘	임근수	心理戰에 關한 硏究: 對南宣傳에 使用된 傳單分析	1976
178	이갑윤	이상희	過渡社會에서 매스·미디아의 政治的 役割	1976
179	김규문	임근수	新聞의 名譽毁損과 被害者의 救濟에 對한 一考察: 法院의 判決을 中心으로	1976
180	강창환	임근수	新聞에 있어서의 名譽毁損: 新聞倫理委員會의 審議決定을 中心으로	1976
181	박순정	박유봉	歐美 新聞學의 展開와 學界의 硏究흐름	1976
182	김병국	박유봉	言論自由와 法的規制에 關한 硏究	1976
183	김희옥	김철수	言論의 自由와 個人의 私生活의 保護	1976
184	정진석	임근수	韓末 民族紙와 日人經營新聞의 對立에 관한 硏究	1976
185	윤보옥	박유봉	報道의 自由와 〈프라이버시〉 權에 관한 硏究	1976
186	지종덕	박유봉	大都市 青少年의 텔레비선 接觸行爲에 關한 調査硏究: 學業成就度와의 關係를 中心으로	1977
187	변동현	차배근	韓國 商業라디오放送의 編成에 對한 分析硏究	1977
188	김민남	박유봉	農村社會 發展과 〈매스커뮤니케이션〉: 韓國 農村社會의 構造的 特性과 關聯한 〈發展論〉的序說	1977
189	김두근	박유봉	韓國雜誌의 倫理性問題에 對한 考察: 韓國圖書雜誌週刊新聞倫理委員會의 決定을 中心으로 본 考察	1977
190	천외옥	김규환	텔레비전의 暴力, 犯罪場面이 青少年에게 미치는 影響에 關한 硏究	1977
191	홍성호	박유봉	美國의 言論과 外交政策에 關한 一考察	1977
192	김언호	임근수	言論과 政治權力의 相互展開에 關한 硏究	1977
193	변정민	박유봉	規制에 對한 韓國 radio 放送 製作者의 認識構造	1977

참고문헌

김규환 (1971. 8. 13). 전문직업인으로서의 언론인, 기협의 언론인 재교육 계획은 한국 언론사상 획기적 쾌사다. 〈기자협회보〉, 제194호.

______ (1977). 서문. 김규환(편), 《한국 커뮤니케이션 연구》(1~9쪽). 민중서관.

김영희 (2009). 《한국사회의 미디어 출현과 수용: 1880~1980》. 커뮤니케이션북스.

______ (2016). 언론사 연구대상과 범위를 크게 확대하다: 차배근의 언론사 연구. 〈한국언론학보〉, 60권 4호, 95~119.

김일철 · 조대희 (1971). 대도시 인근 농촌의 컴뮤니케이션: 경기도 안성군 7개 부락의 조사 보고. 〈언론정보연구〉, 8권, 17~45.

김일철 · 조명한 (역)(1972). 《매스미디어와 국가발전》. 을유문화사.

달지 차배근 교수 정년 기념문집 간행위원회 (편)(2007). 《달지 차배근 교수 정년 기념문집: S-M-C-R-E》. 나남.

대학신문 (1967. 10. 30). 대담: 신임 신문연구소장 김규환 교수. 〈대학신문〉, 3면.

______ (1967. 10. 30). 본교에 신문대학원. 〈대학신문〉, 1면.

동아일보 (1967. 10. 26). 신문대학원 설립의 의의. 〈동아일보〉, 2면.

______ (1967. 12. 9). 유네스코 라오씨 언론계 시찰차 내한. 〈동아일보〉, 8면.

서울대학교 (1996). 《서울대학교 학문연구 50년(I): 총괄·인문·사회과학》. 서울대학교.

서울대학교40년사 편찬위원회 (1986). 《서울대학교40년사, 1946~1986》. 서울대학교40년사 편찬위원회.

서울대학교 사회학과 (1996). 《서울대학교 사회학과 50년사(1946~1996)》. 서울대학교 사회학과.

서울대학교 신문대학원 동창회 (편)(1999). 《저널리즘과 아카데미즘의 교차로에서: 남정 김규환 박사의 학문과 실천》. 한길사.

서울대학교 언론정보연구소 (2013). 《서울대학교 언론정보연구소 50년사: 1963~2013》. 커뮤니케이션북스.

오갑환 (2012). 《(사회학박사) 오갑환 교수 유고집》. 역민사.

양승목 (2013). 남정 김규환 박사의 삶과 커뮤니케이션 연구. 〈언론정보연구〉, 50권 2호, 122~145.

______ (2025). 서울대학교 신문대학원. 〈서울대학교 명예교수협의회 소식지〉.

2025년 가을(제23호).
이상희교수화갑기념논문집간행위원회 (편)(1989). 《현대사회와 커뮤니케이션 이론: 비판론적 견해를 중심으로》. 한길사.
인석박유봉박사 화갑기념논총간행위원회 (편)(1981). 《인석박유봉박사 화갑기념 논총》. 전예원.
임근수 (1967). 《신문발달사》. 정음사.
정진석 (편)(1992). 《한국언론학 박사 · 석사학위 논문 총목록》. 나남.
______ (1999). 김규환 박사의 학문과 산학협동. 서울대학교 신문대학원 동창회 (편), 《저널리즘과 아카데미즘의 교차로에서: 남정 김규환 박사의 학문과 실천》(61~93쪽). 한길사.
조선일보 (1967. 10. 25). 서울대 신문연구소 대학원 승격 방침. 〈조선일보〉, 1면.
차배근 (1989). 한국 언론학 교육의 현황과 문제점. 《언론학 교육의 성찰》(언론학회 창립 30주년 기념토론회 주제 논문집). 한국언론학회.
______ (1990). 희관 임근수 박사의 언론사 연구 입장. 서울대 신문연구소 · 한국언론학회 언론사연구회 공동주최 고 희관 임근수 박사 추모 언론사연구 발표회.
______ (편)(2017a). 〈서울대 언론정보학과 관련 사료〉. 미출판 원고.
______ (2017b). 《한국 커뮤니케이션학사: 독립학문으로 성립 · 발전 과정》. 서울대학교출판문화원.
최 명 (1974). 정치학에 있어서 콤뮤니케이션 모델: 싸이버네틱스(Cybernetics) 모델을 중심으로. 〈한국정치학회보〉, 8집, 87~101.
최종수 (1999). 김규환 박사의 언론활동과 학문세계. 서울대학교 신문대학원 동창회(편), 《저널리즘과 아카데미즘의 교차로에서: 남정 김규환 박사의 학문과 실천》(23~60쪽). 한길사.
한국기자협회 (1975). 《기자협회10년사》. 한국기자협회.
______ (1994). 《기자협회 삼십년사》. 한국기자협회.
한국신문협회 (1982). 《한국신문협회 20년》. 한국신문협회.
희관임근수박사 화갑기념논총편찬위원회 (편)(1977). 《한국신문학 50년사》. 정음사.

제2부

언론정보학과 학부 동문 및 재학생들의 목소리:

1974학번부터 2025학번까지

나의 대학 시절

양승목 | 1974학번

1975년 2월 어느 날, 개학을 앞두고 관악캠퍼스를 찾았다. 하숙집도 알아볼 겸 말로만 듣던 새 캠퍼스를 구경하러 나선 것이다. 서울 생활 첫 1년을 북쪽 끄트머리의 공릉동 교양과정부에서 보낸 터라, 남쪽 끄트머리 관악산에 오기는 처음이었다. 몇 달 전에 개통한 전철 1호선을 타고 노량진에 내려 버스를 갈아탔다. 지금의 신림역을 지나 버스가 신림천을 따라 들어갈수록 마을은 드문드문해졌다. 신림천은 지금의 도림천을 그 당시 신림동 사람들이 부르던 이름이다.

학교 앞에서 버스를 내려 관악산을 쳐다보았다. 당시에는 '샤' 모양의 정문이 없었고, 4차선 도로만이 휑하니 나 있었다. 관악산 여기저기에는 희끗희끗 눈이 보였고, 캠퍼스는 황량해 보였다. 천천히 도로를 따라 위쪽으로 걸어가니 새로 심은 나무들은 아직 어리고 가늘었다. 생각보다 곳곳에 누렇게 시든 잔디밭이 많이 보였다. 관악캠퍼스가 골프장 위에 세워졌다는 사실은 나중에야 알았다. 이렇게 처음 발을 디딘 관악캠퍼스에서 32년을 보내게 될 줄을 그때는 몰랐다.

관악캠퍼스에서 첫 학기를 마치고 전공학과를 정해야 했다. 입학 때는 없었던 신문학과가 신설되었다는 말을 듣고 신문학과를 선택했다. 고등학교 3학년 때 담임선생이 가정방문을 와서 "승목이는 언론계 쪽이 좋을 것 같다"라고 한 말이 내 머리에 떠올랐다. 신설학과에 가면 새 분야를 개척하는 보람도 있으리라는 막연한 기대감도 작용했다. 1975년 9월 개학하자 7동 3층의 신문학과 사무실에 들러 인사를 하고 동기들도 만나게 되었다.

나중에 보니 우리 동기는 모두 13명이었다. 정원 15명을 채우지 못한 것이다. 심리학과 등 일부 학과는 정원의 반도 채우지 못했다. 지원자가 많으면 정원을 일정 범위 초과해 추가로 선발할 수 있는 규정 때문이었다. 인원이 적은 데다가 선배조차 없다 보니 무엇을 하든 제대로 하기가 쉽지 않았다. 학과대항 체육대회라도 하면 꼴찌는 으레 신문학과 몫이었다. 하지만, 신문대학원에서 나이 많은 대학원생을 상대했던 교수님들이 어린 우리에게 보여 준 관심만큼은 다른 학과에 비할 바가 아니었다.

1975년 2학기에 개설된 첫 전공과목은 '매스콤 개론'(차배근 교수님), '매스콤과 사회'(이상희 교수님), '매스콤 원론'(박유봉 교수님)이었다. 세 과목 모두 전공필수였고, 나는 '매스콤 개론'과 '매스콤과 사회'를 수강했다. '매스콤 개론'에서 첫 과제는 도서관에 가서 '커뮤니케이션'의 정의를 찾아서 정리하라는 것이었다. 차배근 교수님을 비롯해 학과 교수님들은 신문학과가 인간 커뮤니케이션을 배우고 연구하는 곳이라면서 커뮤니케이션 학문의 정체성을 끊임없이 강조했다.

1학년이던 1974년은 '민청학련 사건'으로 대학가가 어수선했고, 그 여파는 관악캠퍼스 이전 후에도 여전했다. 유신정권하에서 언론자유가 없던 그 시절, 서울대의 여러 단과대학에서는 학생들이 만든 학보 성격의 대안 매체가 발행되고 있었다. 문리대의 〈형성〉, 법대의 〈피데스〉, 상대의 〈상대평론〉(상평), 사범대의 〈청량원〉 등이다. 서울대 종합화로 인해 문리대와 상대가 폐지되면서 〈형성〉과 〈상평〉도 폐간되었다. 문리대 일부와 상대 일부가 합쳐져서 만들어진 사회대는 새로운 학보를 만들어야 했다. 마침 〈형성〉의 마지막 세대였던 사회학과의 고교 선배가 나를 학보 편집부로 인도하여, 〈사회대평론〉(사평)의 1기 편집부에 합류하게 됐다. 멤버는 임영일(사회), 송정환(경제), 정기화(경제), 한경구(인류), 그리고 나였다. 편집장은 임영일이 맡았고, 한경구는 중간에 편집부를 그만두었다. 〈사평〉 활동은 다른 단대의 편집부와 연결되었고, 특히 인문대의 〈지양〉 편집부와는 자주 어울렸다. 학교 당국의 규제 속에 책을 내지 못하다가 〈사평〉과 〈지양〉이 창간호를 낸 것은 한참 뒤인 1980년 봄이었다.

3학년을 마치고 1977년 2월에 입대했다. 보충역 판정을 받아 이른바 '방위병'으로 육군종합정비창에서 번역병으로 근무했다. 14개월 보름을 근무하고 1978년 4월에 전역했으나, 복학 기한을 넘겨 2학기에 복학했다. 학과 동기들과 편집부 친구들은 모두 졸업하고 없었다. 캠퍼스에 혼자 남겨진 느낌이어서 외로웠다. 그러나 생활비를 벌어야 했기에 부직 알선을 도와주는 직업보도실에 들러 이것저것 가리지 않고 일을 했다.

단풍이 짙어가던 때에 어느 출판사의 의뢰로 소설을 번역하게 되었다. 미국의 베스트셀러 작가 재클린 수잔(Jacqueline Susann)의 《돌러리스》(*Dolores*)란 작품이었다. 재클린 케네디를 모델로 삼은 소설인데, 얼마 되지 않은 번역료를 받고 원고를 넘겨주었다. 나중에 종로 길가 서점에서 우연히 이 소설이 《여왕벌 다시 난 뒤》라는 황당한 제목으로 출간된 것을 보았다. 물론 번역자는 전혀 모르는 이름이었다.

대학 시절의 마지막 겨울을 앞두고 직업보도실의 알선으로 화곡동의 어느 피아노 학원에 들어갔다. 원래는 그곳 학생들을 가르치는 조건이었는데, 막상 가 보니 학원의 야간 경비원 같은 것이었다. 피아노가 없는 작은 방에 스티로폼을 깔고 한겨울을 나야 했다. 작은 전기난로 하나가 있었지만 얇은 베니어판을 뚫고 들어오는 외풍을 감당하지는 못했다. 다행히 낮에는 맘껏 내 시간을 가질 수 있었다. 언론정보학과 창립 40주년 기념문집 《언론정보인의 도전과 의지》에 실린 졸고 "〈대학신문〉의 '소외론 논쟁' 회고"에서 나는 그 시절을 이렇게 회고했다.

> (…) 겨울 내내 중앙도서관과 화곡동 숙소를 오가며 '커뮤니케이션과 소외'라는 주제를 놓고 씨름했다. 봄학기에 제출해야 할 졸업논문 때문이었지만, 암울한 시대를 사는 외로운 복학생의 심경이 반영된 것이기도 했다.
>
> 개강하고 발간된 〈대학신문〉을 읽다가 문득 나도 글을 보내고 싶었다. 겨울방학 동안 고민했던 주제를 대학의 소외 현상과 연결하면 재미있는 글이 될 것 같았다. 학교 신문에 무언가를 남기고 졸업하는 것도 나름 의미가 있을 성싶었다. 며칠 만에 200자 원고지 55매 분량의 원고를 완성하였다. 제목은 "대학의 소외현상에 관한 소고"였다. 여기에 "대학 내 커뮤니케이션의 정상화를 위한 제언"이라는 부제를 붙였다.
>
> 원고를 대학신문사에 보내고 며칠 후 신문사에서 전화가 왔다. 편집회의에서 게재를 결정했는데 원고 분량이 너무 많으니 줄여 줄 수 없느냐는 것이었다. 나는 그렇게 할 수 없다고 했다. 월요일에 등교해서 〈대학신문〉을 찾으니 내 글이 3면 전면에 실려 있었다(1979년 3월 19일, 제1048호).

내가 "〈대학신문〉의 '소외론 논쟁' 회고"에서 밝힌 대로, 이 글은 학내에 큰 반향을 일으켰다. 철학과 학생(김용호)이 "소외된 소외론"이란 제목으로 반박문을 기고하고, 내가 다시 "소외된 소외론 비판"이란 제목으로 재반박하였다. 그러자 정치학과 학생(김장권)이 "소외논쟁의 비판과 관점"이란 제목의 글로 끼어들었다. 나로서는 잊지 못할 대학 마지막 학기의 추억이다. 사족을 붙이자면, 소외론 논쟁에 참여한 두 사람을 이때는 누군지 몰랐지만, 세 사람 모두 나중에 교수가 되었고 우연히 만날 기회가 있었다.

마지막 학기에 수강했던 과목 중에 '매스미디어 경영론'이 있었다. 담당 강사는 MBC와 〈경향신문〉의 사장이셨던 이환의 선생님이었다. 수강생 중 유일한 복학생으로 나름대로 열심히 들었더니, 선생님께서 좋게 보셨던지 종강 무렵 특별히 불러 "MBC에 한번 놀러 오게"라고 하셨다.

학기가 끝나고 정동의 MBC 본사로 선생님을 찾아갔다. 선생님은 나를 직접 데리고 회사 내부를 구경시켜 주었다. TV 스튜디오에 들렀을 때 촬영 중이던 감독과 배우들이 사장이 나타나자 깜짝 놀라던 장면이 눈에 선하다. 사장실로 돌아와 차를 마시면서 선생님은 내게 MBC든 어디든 언론계로 올 것을 권했다. 필요하다면 당신이 추천서를 써줄 수 있다고 했다. 잠시 고민 끝에 내가 드린 대답은 이랬다. "아직 부족한 점이 많아 대학원에 가서 좀 더 배운 뒤에 오겠습니다." 이 말은 진심이었다. 엄혹한 유신체제에서 언론계에 간들 무슨 글을 쓸 수 있을까 싶은 마음이 컸다.

석 달 뒤에 부마민주항쟁이 일어나고 10·26의 비극으로 유신체제는 막을 내렸다. 나의 대학 시절도 그렇게 끝나고, 대학원이라는 다음 장이 시작되었다.

75 동기들

순수와 무지로 시대의 빚을 갚다!?

김남석 | 1975학번

급변하는 시대

우리 신문학과 2기 학생들은 1975년 3월 소용돌이치는 급변의 시대에 서울대 사회계열에 발을 내딛게 되었다. 우리 사회는 1972년부터 시작되어 1979년 10월 말 박정희 대통령의 사망으로 종식된 '유신시대'의 바로 한가운데 놓여 있었다. 서울대도 서울 전역에 흩어져있던 각 단과대학을 한데 모아 관악캠퍼스에 이전하는 대역사를 진행하고 있었다. 우리 동기들은 75학번으로서 1학년부터 관악에서 시작하는 본격적인 관악인이 된 것이다. 거대한 캠퍼스의 신축건물과 광장 등에서 올라오는 시멘트와 화학 도료 냄새를 마치 싱그러운 향기인 양 맡아가면서 시작한 대학 생활이었다.

1975년 3월 관악캠퍼스에서는 개강하자마자 연일 데모를 맞닥뜨리는 일이 일상이 되었다. 교문도 없는 정문에서 학생들과 진압 경찰이 대치하였는데 누가 시위 학생이고 누가 구경꾼인지 구분하기도 어려웠다. 1년 전 유신체제 이후 치열한 대학가 시위와 사회적 저항에 긴급조치 발동으로 대응하고 '민청학련 사건'으로 여러 인사와 학생들을 구속, 기소, 처벌한 후유증이 너무 커서 1975년에는 서울 일원의 대학가 대부분이 연일 반정부 시위로 점철되었다. 많은 대학이 휴교령을 내리기 시작했고, 서울대는

4월 7일 가장 먼저 휴교했다. 그 와중에 나는 대학의 이념에 대한 이해와 대학에 다니는 감을 잃고 말았다.

언론정보학과의 전신인 사회과학대학 신문학과는 1975년 2월 28일에 창설되었다. 우리 75학번들은 1975년 1월 중에 입시를 치렀으니 우리가 입학시험 치던 당시의 입시요강에 신문학과는 존재하지 않았다. 당시에는 교양과정 3학기의 평균 평점 순위에 따라 2학년 2학기에 학과 배정을 받았다. 그래서 2기생인 우리도 2학년 1학기가 끝나고 학과 배정이 가까워졌을 때 비로소 신문학과의 존재를 알아차리기 시작했다.

마음속의 질풍노도

휴교령이 해제되어 1975년 1학기 말에 학교에 돌아와 시험을 치렀는데 엉망이었다. 그보다 먼저 우편으로 중간고사 대체 리포트 과제가 주어졌는데 아마도 나의 무지로 여러 과목에서 리포트 미제출자가 된 것 같다. 첫 학기 평점 평균은 형편없었다. 그러나 다행히도 학사경고는 면한 점수였다. 이 학사경고가 없었다는 사실이 졸업 때 매우 큰 강점이 되었다. 1979년 2월 졸업할 때 내가 신문학과 최우수 졸업자로 선정되었는데 이때 학교에서 내세운 핵심적인 선정 조건이 '학사경고가 없을 것'이었다.

신문학과에 진입한 후에 신문학과 2기 전체 진입자 13명 중 서너 명은 나보다 평점 평균은 더 높았지만 모두 학사경고를 한두 개씩 차고 있었다. 최우수 학생이 되고 싶었던 사람에게는 불행이었겠지만 우리 모두에게는 매우 코믹한 상황이었다. 당시 사회과학대 학장께서 졸업식에서 모든 학과 최우등생은 모두 동등한 비범함과 역량을 가지고 있다고 강하게 주장하면서, 서울대 전체 최우등이든 사회과학대학 최우등이든 학과 최우등이

든 차등을 둘 이유가 없어서 모든 학과 최우등을 포상한다고 역설하였다.

나는 학과 배정에서 신문학과를 선택한 나의 동기 13인의 용기와 해학에 진심으로 찬사를 보낸다. 내가 생각하는 바로는 당시 학생들에게 '언론'과 '자유'를 존중하는 사상은 있었겠지만, 실제 '신문학과'가 '무엇을 어떻게 하고 있는가'에 대한 정보는 아무것도 없었다. 내가 학과를 선택한 배경은 이렇다. 법과대학, 경영대학과 사회과학대학의 메이저 5개 학과 중 4개는 나의 성적으로는 선택할 수 없었고, 5등에서 10등까지의 사회과학대학 학과 중에 신설학과가 하나 있었다. 그래서 "이 학과를 운명이라 생각하자"는 마음으로 신문학과를 택한 것이다.

2학년 2학기 9월 첫 학기 전공필수 시간에 서로 소개 인사를 하며 신문학과를 선택한 소회를 들으면서 나는 우리 동기들에게서 나와 비슷한 수준의 무지와 순수, 좌절과 결의, 대학을 대하는 허심탄회한 심정을 엿볼 수 있었다. 이 바람에 급속도로 친해진 우리는 동숭동 문리대 시절부터 관악산까지 따라온 막걸리집인 '일미집'을 아지트로 삼아서 매일 회동해서 술을 퍼마시곤 했다. 때로는 막걸리 말술 통을 등짐처럼 짊어지고 관악캠퍼스 뒤편 교수회관 아래 골프장 시절 벙커에 가 밤새 술을 마셨다.

1975년 중반부터 이미 긴급조치 9호까지 발동된 상태라 정권은 대학을 숨도 쉬지 못하도록 옥죄고 있었다. 대학생들이 할 수 있는 일이라고는 당시 유행하던 카드놀이 아니면 음주, 유흥이 전부였다. 관악캠퍼스는 당시 모든 곳에 훌륭한 보도블록이 꾸며져 있었고, 도로 또한 대부분 빛나고 견고한 시멘트 길이었다. 대학생들이 카드놀이 하기에 가장 적합한 환경을 갖추고 있었다.

우리 동기들의 대학 생활에서 인상적이었던 일 가운데 하나는 우리가 자주 싸웠다는 것이다. 주먹다짐이 한두 번 아니었다. 빈약한 체구의 나도 그 비싼 안경을 여러 번 날려 먹고 후회했다. 패싸움도 더러 일어났다. 말로 하는 싸움은 처절하기 그지없었다. 누구도 말로는 지고 싶어 하지 않았다. 심지어 전국 신문방송학과 체육대회에서도 한 줌밖에 되지 않는 우리 신문학과가 패싸움에 끼어들기도 하였다.

돌이켜보면 이런 행태는 무언가 우리 마음속의 허전함을 달래기 위한 실천이 아니었을까? 그러나 우리의 팔다리로 나온 실천은 패륜적이었고, 사회에 진 빚을 갚았다는 생각보다는 자괴감을 더 깊게 만들었다.

신문학을 하다

신문학과 2기인 우리 75학번 동기 13인 중 언론계 종사자는 〈동아일보〉, 〈중앙일보〉, 〈한국일보〉 등 세 곳에 들어갔다. 훌륭한 인재들이었고 다들 언론계에서 한가락씩 했다. 우리 학과에서는 정통파라 할 만했다. 학계 진출자는 나까지 포함해서 5인이다. 서울대, 충남대, 부경대, 경남대 신문방송학 계열 교수가 있었고, 한 사람은 경제학을 전공하여 국책경제연구소에서 활약하였다. 다른 5인도 중소기업 대표, 정보계 등에서 주요 직책을 맡았다고 전해 들었다.

우리가 1976년 2학기 본과에 진입해 들은 수업 '신문원론'은 독일 학자 에밀 도비파트(Emil Dovifat)의 《신문학》(*Zeitungslehre*)이라는 독일어 원서를 교재로 삼았다. '대중문화론'은 버나드 로젠버그(Bernard Rosenberg)와 데이비드 매닝 화이트(David Manning White)가 편집한 1965년판 《대중문화》(*Mass Culture*)를 교재로 사용했다. 후자는 서울대 도서관에 한 권뿐이라 이리저리 돌려보면서 리포트를 쓰느라 고생했던 기억이 난다. '매스컴 사회론'에서는 《저널리즘 쿼털리》(*Journalism Quarterly*)의 논문들을 소개하고 리포트를 쓰도록 했던 것 같다. 3학년 때 들은 '언론윤리법제론'은 일본어 교재를 복사해 수업한다고 해서, 2학년 말 방학 동안 혼자 자취방에 틀어박혀 일본어 독해 공부를 하기도 했다.

당시 우리는 '유니버설'하고 '제너럴리스트'이며 무엇이든 소화할 수 있다는 과신에 사로잡혀 있었다. 신설 학과의 일천하고 비체계적인 커리큘럼은 우리에게 무제한의 자유를 가져다주었다. 나는 당시 갓 태어난 신문학과의 신생성이 나에게 부여한 자유를 만끽한 데에서 오늘날까지도 고마움을 느낀다. 1975년 입학 때부터 대학 생활 내내 새로운 학술문화 탄생의 혜택을 고맙게 받아들였다. 이른바 '불온 학술서적'의 복사본이 돌기 시작한 것이다.

영국 좌파 경제학자들의 경제이론, 정치경제학, 경제사 관련 학술서들이 교양과정 때 많은 학생들을 매혹시켰다. 한국 근대사의 새로운 이해, 마르크스주의 역사이론과 사회이론, 사회과학 방법론 논쟁 등이 학문에 심취한 학생들을 사로잡았다. 이러한 지적 경험은 보편적 사회과학의 이론과 방법을 대하는 열린 자세를 함양하는 데 부족함이 없었다.

마무리

우리는 언론사에 근무하던 동기들이 퇴직하던 무렵인 2015년 무렵부터 동기 모임을 시작했다. 백수가 될 때가 가까워 다시 만나니 다들 반가워하고 흔쾌히 즐겼다. 예닐곱 동문이 자주 모여 때로는 질탕한 음주 방담을 나눴는데, 그러다 8년 전쯤 〈동아일보〉 김동철 동문이 쓰러져 의식을 잃고 누운 지 오래되니 모임에 힘이 빠지기 시작해 애석하였다. 이에 더해 사회민주화에 투신하여 우리 동기들의 부채 의식을 조금이라도 덜어 준 민주투사 김철수 동문을 보는 일도 어려워지니, 이제 우리의 세월이 사라져 가는 것인가 하고 느끼게 된다.

당시 우리는 순수했으며 무지했던 것 같다. 그러나 항상 사회변혁의 절실함만은 잊지 않았다. 변혁의 실천이나 탄압에 대한 저항에서는 두려움이란 장애물을 극복하지 못했지만, 민주화를 향한 애절한 감정은 있었다. 우리는 이러한 두려움을 극복하기 위하여 진정한 자유를 추구한 셈이다.

끝으로, 내 글이 마음에 들지 않는 동기들은 나에게 글을 억지로 떠맡긴 동기를 탓하기 바라오.

생각해 보니

주동황 | 1976학번

76학번 신문학과 3기는 모두 12명이다. 김영철, 김찬규, 김현주, 박홍원, 신봉학, 엄도희, 이균동, 이근용, 이봉구, 이의섭, 임영호, 나 주동황. 그중 이의섭은 원래 75학번인데 학과 배정이 1년 늦어 우리와 합류했다.

그 무렵은 사회계열로 입학해 1학년 교양과정을 마친 후 2학년에 원하는 학과를 선택하고 배정받는 제도였다. 법대, 경영대, 사회대에서 제1, 제2, 제3 지망 학과에 지원하는데 선발 기준은 학점이었다. 원래 뜻하는 바가 있어서 제1 지망부터 신문학과를 선택한 고학점 동기도 몇몇 있었다. 나는 그와 정반대의 케이스다.

신문학과 정원은 12명이었지만 이후 학번에서는 그 정원을 다 채우지 못한 경우도 많았다. 82학번에 이르러서야 입학 정원이 늘면서 전체 학생 수도 늘기 시작했다. 사회대 7동 복도를 사이에 두고 학과 사무실을 마주 보던 사회학과는 정원이 20명이었는데 늘 부러웠다.

지금 와서 50여 년 전의 일들을 회상하는 것은 쉽지도 뚜렷하지도 않다. 내가 학부 4년과 대학원 석·박사과정, 학과 조교를 거친 기간을 합해 보니 약 10년이나 된다. 군대 기간을 빼고 20대에서 30대 초반까지 관악캠퍼스에 있었던 셈이다. 그 숫자만큼 많은 일을 경험했겠지만 학과 생활과 동기와의 친교를 아우르는 기억은 그다지 많은 것 같지는 않다.

대학 시절 부산 용두산공원에서 동기들과 함께.

원래 학과 정원이 적었고 입대하거나 휴학하는 등의 사정으로 재학 중인 인원은 더 적었다. 선후배, 동기 중에는 고시 공부나 개인 사정으로 학과에 자주 나오지 않는 경우도 많았다.

또한 당시엔 전국의 명문고 중심의 교육 환경이 지배했던 때라 신문학과에도 같은 고교나 고향 출신들이 선후배와 동기 사이에 제법 많았다. 76학번 동기 12명 중 7명이 부산 출신이었고 그중 4명은 고교 동문이었다. 박홍원이 고교 선배 3명과 함께 학과 생활을 하느라 상당히 불편했으리라는 생각도 자주 해봤다.

아무튼 재학 중인 인원도 적으니 자연스럽게 학번 위계가 엄격하지 않았고 위아래 학번이 함께 어울리는 경우가 많았다. 2학년 가을에 전체 학년이 포천 산정호수로 학과 야유회를 갔고, 3학년 때는 고 박유봉 교수를 모시고 부산을 거쳐 수학여행을 했던 것 같다.

당시 임영호는 출발 시 서울역에서 우리가 모여 있는 것을 못 보고 부르는 소리도 못 듣고 지나치는 바람에 우리가 '임뚱'이라고 애칭을 지었던 기억도 있다. 사실 임영호는 시력과 청력이 약한 편이어서 그런 실수를 했던 것뿐이었다. 입담 좋은 김현주는 돌아오는 한밤중 야간열차 안에서 허리띠를 풀어 약 파는 뱀 장수 흉내를 내어 우리와 좌중을 한바탕 웃겼던 일도 있다. 간혹 지방 출신인 이봉구, 임영호와 나는 김현주의 서울 집을 아지트 삼아 함께 모여 고스톱을 치면서 밤을 새기도 했다.

이근용은 개인적으로 1학년부터 어울려 다녔는데 신문학과에도 같이 진학하는 바람에 중학교부터 대학원까지 오랜 동기 동창이 된 친구다. 2학년 여름방학 때 농촌활동 직전에 하숙 기간도 끝나고 머무를 데가 없어 이근용의 노량진 단칸방에서 며칠 신세진 일이 있다. 불편한 가운데도 흔쾌히 받아 주신 부모님, 누님의 모습. 정말 지금도 잊히지 않는다.

이에 앞서 불행한 일도 있었다. 1975년 4월 공포된 긴급조치 9호는 박정희 유신독재 정권의 최절정이었고 박정희가 사망한 1979년 10월까지 대학 시위에 혹독한 처벌을 가했다. 1977년 10월 7일 서울대 26동 시위에서 수백 명의 학생이 연행되고 십수 명이 징계를 당했으며, 그 직후 11월 11일 도서관 시위로 수십 명이 징계를 당했다.

11월 시위에서는 겨우 2학년이었던 김영철과 신봉학 동기가 제적되는 희생을 겪었다. 아마 양쪽 시위에 모두 연관된 케이스로 분류되었을 것이다. 그날 학과 사무실에서 만나서 시위 정보를 공유하고 함께 도서관 인근에 있다가 시위대에 휩쓸리면서 서로 헤어져 버렸다. 한참 동안 두 친구는 정말 많은 고생을 했다. 그 후 내가 군 복무 중에 복학했을 것이다.

대학 4년 기간에서 영원히 잊을 수 없는 경험은 역시 1979년 10월 26일 박정희 피살부터 1980년 5월 17일 계엄령의 전국 확대와 광주시민항쟁으로 이어지는 '서울의 봄' 기간이다.

그때 나는 이봉구와 함께 봉천동에서 하숙하고 있었고 마침 그 앞집이 1기 양승목 선배의 하숙집이었다. 10월 26일 밤 함께 고스톱 치며 잡담하다가, 자정이 지나자 양승목 선배가 담을 넘어 자기 하숙방에 돌아갔다. 그런데 얼마 후 갑자기 "박정희 죽었다!"고 크게 소리친 것이다. 믿을 수 없는 사실에 가슴 벅차오르는 충격. 그 순간에 나는 어디서 무엇을 하고 있었는지는 절대 잊히지 않을 것이다.

그 후 대학가는 연속적으로 휴교를 맞이했다. 박정희 피살과 계엄령 선포로 대학은 11월까지 전면 휴교에 들어갔다. 나는 김현주, 임영호 동기와 함께 대학원 시험을 보고 진학했다. 그러나 1980년 개학과 동시에 물밀듯이 터지는 각종 시위와 진압으로 학교 수업은 제대로 진행되지 못했다. 1980년 5월 17일 이후 휴교령이 떨어지자 캠퍼스에는 군부대가 진주하였고 8월 말에야 휴교령이 해제되었다.

그 무렵 입대를 결정하였다. 나와 이봉구, 임영호는 부산 출신이어서 1980년 8월 1일 같은 날에 서면 부전역에서 소집되었다. 같은 기차를 타고 이동해 논산에서 같은 연대에 소속되어 훈련을 받았다. 임영호는 경기도 1사단으로 자대 배치되었고 나랑 이봉구는 춘천 보충대를 거쳐 사단, 연대까지 동행하다가 결국 나는 연대 본부 인사과에 남고 이봉구 동기는 대대로 내려갔다.

같은 부대였지만 거의 만난 적이 없었다. 대대 정훈병을 통해 안부나 확인하는 정도였다. 어느 날 오전 구보 중에 무더위를 참지 못해 총기만 들고 기어가다가 마침 대대 옆 개천에 나와 있던 이봉구가 개천 물을 떠와 나에게 끼얹어 주었는데 정말 반가웠고 정말 시원했다. 전역 후에야 얼굴을 제대로 봤다.

나와 임영호, 이봉구는 같은 날 전역했다. 부산에서 서로 연락해 서울로 같이 올라왔다. 학과에 들러서 조교로 있던 강길호, 임태섭 선배에게 인사하고. 임영호는 대학원 복학 서류를 제출했다. 마침 학과에 접수돼 있던 한국경제신문사 추천 서류 1장을 두고 고민했는데 이봉구가 그걸 선택했고 나는 대학원 복학을 결정했다.

대학원에서 학업을 같이한 동기는 나와 김현주, 박홍원, 이근용, 임영호 등 5명이었다. 그중 김현주, 박홍원, 임영호는 석사과정을 졸업하고 미국으로 유학을 떠났고, 이근용은 직장과 학업을 병행하여 자주 보지 못했다.

최근에 2명의 동기가 영면에 들었다.

김찬규는 졸업 후 KBS에 합격했는데 부산 지국에 자원해 오래 근무했다. 아마 부산에 계신 부모님을 모시고 형제들을 챙기려고 한 선택이었을 것이다. 정말 효자다. 부모님 돌아가신 후 서울에 올라와 제작국 교양 PD로 일하다가 정년퇴직했다. 불행히도 곧 담도암 진단을 받았고, 투병 끝에 5년 생존율 판정까지 받았다. 2019년 1월 서울에 있던 동기들끼리 조촐한 축하 모임도 가졌다.

하지만 안타깝게도 얼마 후 그는 병이 재발했고, 1년도 채 되지 않아 2020년 1월 27일 세상을 떠났다. 병세가 어떤지 관심을 두고 연락이라도 한번 취했더라면 … . 정말 후회막급한 심정이다.

김현주는 유학 마치고 1990년 충남대에 적을 두었다가 1995년 광운대에 옮겨 와서는 나와 오랫동안 직장 동료로 함께 생활했다. 아마 하루 기준으로 따지자면, 마누라보다도 더 긴 시간을 학교에서 함께 지냈을 것이다.

서소문에서 오랜만에 만난 대학 동기들과 함께(2019. 1. 8).

이런 인연도 흔하지 않다. 그렇게 가깝던 그가 우연히 발견한 갑상선암이 갑자기 악화돼 2024년 4월 11일 세상을 떠났다.

불과 그 열흘 전쯤 동유럽 여행을 떠나기 직전에 나와 이봉구, 이균동 등 동기 네 명이 강남에서 점심을 함께했었다. 이제 와 생각해 보니 정말 하늘이 배려해 준 마지막 자리였던 듯하다. 나에게 여행 다녀온 후 필리핀 섬에 가서 스쿠터 타고 놀자고 했는데, 또 그 전에도 짧게 일본 여행 가자고 했는데 바쁘다는 핑계로 미룬 게 한두 번이 아니다. 그 무렵 암이 온몸에 전이된 상태에서 남은 시간을 함께하려는 뜻이었는지도 모른다. 함께 가서 마지막 추억을 남겼으면 어땠을까? 정말 후회막급하다.

유신 말기의 대학 생활

채 백 | 1977학번

벌써 50년이 흘렀다. 우리 학과가 설립된 지 어느새 50주년이 되었다니 여러모로 감회가 새롭다. 먼저 학과 발전을 위해 그동안 노력을 아끼지 않으신 은사님들을 비롯하여 여러 선후배 동문들 모두의 노고에 감사드린다. 나는 1977년 사회계열로 입학하여 1978년 신문학과로 진입하였다. 《서울대학교 언론정보학과 50년사: 1975~2025》에 기별로 회고담 한 꼭지를 쓰라는 명령(?)을 받고는 옛날 그 시절을 다시금 되돌아본다.

그 시대를 회고하면 가장 먼저 떠오르는 장면은 등굣길에 교문을 들어서서 진입로를 걸어가며 느꼈던 숨 막히는 압박감이다. 그때는 대부분의 학생들이 정문 앞에 닿으면 버스에서 내려 걸어 올라갔다. 사회대까지는 대운동장을 끼고 초원의 길에 접어들어 15~20분은 걸어야 했다. 모두들 바삐 목표를 향해 발걸음을 옮기고 있었지만, 나에게는 모든 사물이 정지되어 있는 듯한 느낌으로 다가왔다. 그 압박감이 너무 싫고 힘들어서 몇 번인가는 발길을 되돌려 신림동이나 봉천동 당구장에 친구들을 찾아간 적도 있다.

이 압박감은 긴급조치라는 당시 상황의 산물로서 그 시대를 압축하고 상징한다고 생각한다. 강의실에서는 별다른 활기나 재미를 느낄 수 없었다. 사회대 주변이나 도서관 근처에서는 '오늘은 무슨 일 없나? 누가 데모

주동이라도 하지 않나?' 싶어 주위를 두리번거리곤 했다. 특별한 상황이 벌어지는 경우는 그야말로 가뭄에 콩 나듯 드물었고, 항상 눈에 띄는 것은 매의 눈으로 주변을 매섭게 살피는 사복형사와 기관원들이었다. 누가 시위 주동이라도 시도하는 상황이 발생하면, 이들의 눈초리는 살기를 띠어서 몸서리쳐질 정도였다. 유니폼을 입은 것도 아니지만, 누구나 금방 알아챌 정도였다. 당시 떠도는 소문으로는 학내에 상주하는 사복들은 무려 7개 기관에서 나온 사람들이었다.

내 기억으로는 시위 양상은 1978년경부터 점차 과격해지기 시작했다. 사회관 8동 2층의 방화 호스를 어느 학생이 끌고 나와 전경대 대열을 향해 쏴서 경찰들을 혼비백산하게 만든 일도 있었다. 교내에 들어온 페퍼포그 지프차를 뒤집어 불태우는 사건도 벌어졌다.

1979년 2학기에 들어서는 그런 숨 막히는 상황이 더욱 심해졌다. 우리는 거의 매일 봉천동과 신림동 술집을 순례해야 했다. 술집에서도 정치나 민감한 얘기를 하려면 주위를 살핀 후 목소리 낮춰야 했던 것이 당시의 분위기였다. 긴급조치 때문이었다. 누가 기관원인지, 누가 갑자기 경찰에 신고할지 알 수 없던 시절이었다. 평범한 대학생이었던 나조차도 이제 박정희 정권이 종말이 머지않았음을 느꼈다. 아마 김재규의 총구가 아니었다면, 서울이나 다른 지역에서도 1980년 광주와 같은 일이 벌어졌을지도 모른다.

당시 학교 행정의 목표 1순위는 데모 방지였던 듯하다. 데모만 막을 수 있다면 학교는 여러 가지로 지원을 많이 해 줬다. 특히 서울을 벗어나 다른 지역으로 며칠씩 수학여행이나 졸업여행을 간다고 하면 대폭 지원해 줘서 최소한의 본인 부담만으로도 다녀올 수 있었다. 그 덕분에 3학년 때는 설악산을 다녀왔고, 4학년 때는 멀리 거제도까지 다녀왔다.

우리 세대는 취직 걱정은 전혀 하지 않았다. 대학생이 희소하던 시절이었고, 경제가 성장을 거듭하던 때라 재벌 기업의 종합 상사에는 거의 서류만 내면 들어갈 수 있었다. 취업에 목매달고 청춘을 쏟아붓는 요즘 세대에게는 마치 딴 세상 얘기처럼 들릴 것이다.

그러나 우리 세대는 다른 걱정에 짓눌려 있었다. 독재 정권 치하에서 선후배와 동기들이 학생운동에 관련해 학교에서 징계당하거나 심지어 감옥에까지 잡혀가는 상황이 문제였다. 머릿속으로는 그들과 같은 생각을 하고 있었지만, 그 가치를 따르려니 나 자신부터 두렵고 불안했다. 게다가 부모님과 가족의 기대와 압력까지 도의적 갈등을 더해 힘겨웠다.

그러던 1979년 10월 26일, 유신시대가 종말을 고했다. 이제 새로운 세상이 오는가 싶었지만, 12·12 사태부터 심상치 않은 조짐이 보이며 온갖 유언비어가 떠돌기 시작했다. 1980년, 4학년 시절의 봄은 완전히 신세계였다. 거의 매일 학과 사무실에 모여 토론했고, 8동 대형 강의실에서 사회대 모임이 있었을 뿐만 아니라 오후에는 아크로광장에서 전교 모임이 이어졌다. 신군부에 빌미를 주면 안 된다고 매일 이렇게 학내 집회만 계속했던 것이다.

5월 들어서야 어느 대학이 가두에 진출한 것을 기화로 우리도 교문 밖 진출을 시도했다. 5월 15일 정문을 나와 대열을 따라 걷다 보니 영등포를 거쳐 여의도와 마포를 지나 서울역까지 가게 되었다. 그날 신림동을 지나며 들은 어느 중년 아저씨의 말씀이 아직도 생생하다. "학생들 주장은 맞지만, 이러다 김일성이 쳐들어오면 우리 다 죽는 거 아니냐. 또 학생들이 매일 데모하니 외국 바이어들이 다들 발길을 돌린다는데 큰일 아니냐"는 것이었다. 집권 세력이 언론을 통해 유포하던 레드 콤플렉스 프레임 그대로였다. 언론의 위력을 생생히 목격한 경험이었다.

빗속을 뚫고 점심도 걸러 허기진 배를 부여잡고 오후 몇 시쯤인가 서울역 앞에 도착했다. 그때부터 우리는 하염없이 앉아 기다렸는데, 저 멀리 남대문 쪽에서는 치열한 싸움이 벌어진 듯했다. 나중에 들으니 버스 사고로 전경 사망자까지 발생했고, 멀리 보인 불꽃은 그때 처음 등장한 화염병이었다고 한다. 그러던 중 대열 속에서 떠도는 말이 지금 효창운동장에 군대가 집결해서 대기 중이며 곧 출동하리라는 것이었다. 안 그래도 배는 고프고 다리도 아프고 힘든 와중에 그런 말까지 들으니 겁이 덜컥 나며 불안이 엄습했다.

어둠이 깔리자 지도부가 내린 결정은 이른바 '서울역 회군'이었다. 내가 기억하기로는 그때 해산을 알리며 공지하기를, 곧 신군부가 대학에 휴교령을 내릴 텐데 그 첫날 전국적 시위를 벌이겠다며 대학별 집합 장소를 전달했다. 우리는 영등포역 앞에 모인다고 들었다.

아니나 다를까. 5월 18일 계엄령 확대와 함께 대학에 휴교령이 내려졌다. 나는 약속대로 영등포역에 가 보려고 버스에 올랐다. 어떤 일이 벌어질지 몰라 불안하고 두려운 마음에 우선 버스에 탄 채 역 앞을 지나치며 상황을 살폈다. 역 앞에 군 트럭이 한두 대 서 있기는 했지만, 학생들이 모여 있거나 다른 특별한 움직임은 없는 것으로 보였다. 두어 정거장 더 갔다가 다시 반대 방향 버스를 타고 집으로 돌아왔다.

나중에 5·18 관련 자료를 보니 영등포에서도 일부 학생들이 시위를 시도하다가 군과 경찰에 연행되는 일이 있었다고 한다. 아마 다수의 학생들은 나처럼 주변을 배회하며 눈치만 살피다가 발길을 돌린 게 아닌가 싶다. 바로 그날부터 광주에서는 큰일이 벌어졌고, 곧 전두환 정권의 시대가 열린 것이다.

대학 4학년을 그렇게 보내고 선택한 나의 진로는 대학원 진학이었다. 석사과정에서는 비판커뮤니케이션 관련 서적과 논문을 탐독하며 새로운 시각이 열리는 듯 빠져들었다. 석사과정을 마치고는 박사과정에 진학했다. 학부 시절부터 사회과학 서적들에서 논의되던 '사회과학의 토착화' 논리에 매력을 느껴왔던 나는 별다른 고민 없이 유학이 아니라 국내에서 박사과정을 밟기로 선택했다.

그렇게 해서 학위 논문을 1990년 8월에 마쳤다. 중간에 군 복무 6개월과 직장 생활 1년 정도로 잠깐 관악을 떠나기도 했지만, 20대부터 30대 초반까지 무려 13년 넘게 젊은 시절을 숨 막히게 만들던 관악 주변을 맴돌며 지냈다.

우리 동기들, 즉 신문학과 4기는 7명의 단출한 식구였다. 그중 3명은 대학교수를 지냈고, 3명은 언론사 및 유관 단체에서, 1명은 광고계에서 일했다. 이제는 모두 일선에서 물러나 조용히 인생 후반기를 보내고 있다.

더 나빠질 수 없을 정도의 세월을 열심히 살았수다

이병섭 | 1978학번

1978년 봄, 서울대 입학 면접 당시 경제학과 모 교수님의 질문은 "무얼 하고 싶은가?"였고, "한국 사회의 경제 부흥에 도움이 되는 경제 관료가 되고 싶습니다"라고 답했다.

그러나 사회계열에 입학한 지 갓 두 달이 지난 5월 8일에 서클 선배가 시위 주동자로 교내에서 개처럼 끌려가는 모습을 목격하고는 큰 충격을 받았다. 1968년 국민교육헌장과 1972년 유신헌법 이후 독재 권력 아래 통제된 사회에서 고등학교를 마친 나는 대학에 와서야 일인독재에 신음하는 미친 사회 현실을 뒤늦게 깨닫고 극심한 아노미를 겪었다.

2학기가 시작되자 나는 집(부산)과 연락을 끊었다. 친구 자취방에 빌붙어 살면서 헷갈리는 1학년을 보내고 있었다. 그러던 중 부친의 편지가 대학 행정실에 등기로 배달되었고, 이를 읽고 마음을 고쳐먹어 집에 다시 연락을 했다. 겨울방학이 시작되자마자 부산에 가서 부모님께 심려를 끼친 데 대해 사죄하고, 고향집에서 조용히 1학년을 마무리했다.

2학년이 되면서 76학번 주동황 선배가 추천한 신문학과를 선택했다. 학과는 1975년에 만들어진 신설 학과였고, 적은 정원을 배정받은 마이너 학과였다. 동기는 나를 포함해 모두 6명. 고영소, 김원균, 신동우, 이헌종, 이근형, 그리고 나. 전부 개성 있는 친구들이었다. 당시 학교에 오면 학과 사무실과 도서관 외에는 달리 갈 곳이 없어, 학과 사무실의 빈 공간에서 죽치고 지내는 일상이 반복되었다. 경찰 프락치들이 학내 사찰을 자행하던 시절이라 낯선 사람이 오면 곧바로 누구인지 따져야 했다. 군 복무 중 휴가를 나왔거나 제대한 선배들도 처음에는 의심의 눈초리를 받았다. 자연스레 우리는 학과에 출입하는 모든 선배들과 인사를 나누고 통성명했다. 선배들과 동급생 수가 적다 보니 전부 친하게 지냈다.

김규환 교수님, 박유봉 교수님, 차배근 교수님, 추광영 교수님 등 쟁쟁한 학과 교수님들과 다른 대학의 교수님들께서 수업을 하셨다(임근수 교수님은 별세하신 후였고, 박명진 교수님은 3학년 때 뵐 수 있었다). 학과 공부가 미숙했던 시절, 귀한 가르침을 받았다.

10월 초 부마민주항쟁이 일어났다. 부산대 고교 동문 선배가 전화로 소식을 알려 주었다. 진압 부대의 폭력성을 걱정하던 중 10·26 사태로 박정희가 사망하자 항쟁의 활력은 사라지고 그 의미가 희석되었다.

10·26 이후 제주도를 제외한 전국에 비상계엄이 선포되었고, 일반 국민들의 눈과 귀가 봉쇄된 상태에서 12·12 군사반란이 일어났다. 교내에서 시위하던 중 서울역으로 집결하려고 시도하다가 군사반란에 대한 첩보가 들어와 교내로 돌아가 해산했다.

이후 대학은 정상 수업이 불가능하여 리포트 등으로 수업을 대체하기도 했다. 우리 학과도 '시일야방성대곡'이라는 제목으로 신문학과 시국성명 대자보를 붙이는 등 학생운동에 동참하면서 민주화운동에 참여했다.

1980년 봄이 되기 전부터 군사반란 세력에 굴복한 최규하, 협력세력의 우두머리 신현확, 그리고 전두환의 퇴진을 요구하는 민주운동 세력의 요구가 있었다. 그러나 1979년 12·12 군사반란을 통해 권력을 장악한 군사반란 세력은 1980년 3월 3일 장충체육관에서 통일주체국민회의를 통한 대통령 간접선거로 전두환을 대통령으로 선출했다.

군사반란 세력에 의해 눈과 귀가 막힌 사회 분위기 속에서 대학은 간신히 학사 일정을 맞추는 상황이었고, 3학년 1학기가 시작되었다. 1980년 1학기가 시작되면서 79학번 2학년이 학과에 진입했는데, 78학번 6명보다는 많은 후배들이 진입하여 분위기는 활기를 띠었다.

그러나 사회는 상황이 좋지 않았다. 군사반란 세력에 의해 장악된 정부는 이에 반발하는 민주세력을 억압했다. 통제된 언론 환경 속에서 유인물과 구두로 전달되는 광주 소식은 치를 떨게 만들었다. 하지만 군사반란 정권의 통제하에 광주민주화운동은 철저히 고립되었고, 수많은 민주 시민이 희생되었다. 광주 시민들의 희생은 민주화운동 세력에 의해 조금씩 알려졌지만 … . 부마민주항쟁 역시 5·18 민주화운동과 같은 많은 희생을 불러올 뻔했다.

학사 일정을 겨우 맞추어 1980년 2학기가 시작되었지만 사회의 분위기는 암울했다. 사회 각 계층의 민주화운동은 군사반란 세력에 의해 위축되었지만, 학생들의 민주화운동을 완전히 막지는 못했다. 박정희 독재 시절에도 학생민주화운동이 있었듯이, 전두환 시절에도 민주화운동은 계속되었다. 1학기에 서클 동기와 고교 동창이 교내 시위로 투옥되기도 했다. 개인적으로는 시위하면 투옥되는 학생운동 방식에 심한 회의가 들기도 했다.

한편으로는 전공 분야에서 다양한 이론을 접하면서 '이런 공부도 가능하구나' 하는 느낌을 받았다. 학생운동에 대한 불만족으로 현실 인식을 가능케 해 준 서클 활동에서 물러나 학과 공부를 하면서, 좀 더 공부를 해보자는 의욕을 갖게 되었다. 아마 대학 시절 가장 많은 책을 읽고 공부했던 기간이 3학년 2학기와 4학년 1학기였을 것이다. 이때 두꺼운 사회과학 서적을 3일에 한 권씩 정독하여 독파하면서 나의 젊은 시절 정신적 방황은 어느 정도 정리되었다. 겨울방학에도 책 읽기는 계속되었다. 정말 다양한 책들을 접했던 시간이었다.

4학년 1학기가 시작되면서 80학번이 진입했다. 재미있는 후배들이 많았지만 만날 기회는 많지 않았다. 학과 공부에 대한 열정으로 개설된 전공과목을 다 신청해 이수했다. 졸업 학점에는 3학점이 모자랐다. 2학기 시작 전에 군 입대가 예정되어 있어서, 전역 후 마지막 학기를 보내야 했다.

군사반란 정부는 1981년 5월 '국풍 81'이라는 축제를 개최하여 광주민주화운동 1주기에 대한 관심을 다른 곳으로 돌리려 했다. 이때만 해도 광주민주화운동을 모르는 사람이 많았다. 부산 지역 어느 대학교 친구들이 여의도에 축제 부스를 차렸다고 놀러 오라고 해서, 축제가 끝날 때 만나 서울 구경을 시켜 주기도 했다.

여름방학 때도 공부와 책 읽기만 하다가 8월 말 부산에서 현역 입대했다. 입대할 때 75학번 김남석 선배와 같이 있었는데, 그는 대학원생이어서 행정병으로 빠지고 나는 M60 기관총 주특기로 전방 부대에 배치되었다. 78학번 동기들도 대부분 한강 이북에서 보병 생활을 했다고 전해 들었다.

당시 군 복무 기간이 33개월에서 30개월로 줄어드는 중이었고, 내가 전역할 때는 31개월 15일로 줄었다. 하지만 대학 3년간 교련 이수에 따른 혜택으로 실제 복무 기간이 6개월 단축되어 25개월 15일 복무했다. 전역 직전 미얀마 아웅산테러사건으로 전역이 늦춰질 뻔했었다. 다행히 1983년 10월 무사 전역했다.

전역 후 공장에서 파트타임으로 일하다가 84년 3월에 복학했다. 마지막 학기를 마치러 복학하니 동기들은 졸업했고 81학번 후배들과 같이 공부하게 되었다. 그중에는 고등학교 후배도 있었다. 전공과목을 하나 신청하고 다른 교양과목을 하나 신청하여 졸업 준비를 했다. 82, 83학번들이 있었지만 개인적으로 접할 기회는 별로 없었고, 몇몇 후배들과 술자리를 함께 한 정도이다. 하지만 모든 후배가 무지무지 예뻐 보였다.

8월에 졸업하고 다시 공장에서 근무하다가 81학번 후배들의 도움으로 대학원 준비를 했고, 85년 봄에 대학원에 진학할 수 있었다. 85년 대학원 입학 동기들은 변호사, 제일기획, KBS, 현대자동차 등에 취업해 있었다. 지금은 어디 가 있는지를 모르겠다.

78년 봄부터 84년 가을까지의 학부 생활은 사회격변기를 살아온 서울대생이라면 겪었을 일반적인 경험이었다. 학교에 앉아서 차분히 공부하기 어려웠던 사회적 상황이었지만, 시대적 흐름을 놓치지 않았다는 자부심이 있다. 늘 모교, 모과가 역사의 도도한 흐름을 선도하거나 동행하기를 기대한다.

지금까지 18년간 부산에서 살았고, 18년간 서울·경기에 살았고, 29년간 경남 김해에 살았다. 2025년 2월부터 다시 부산에서 살고 있다.

2025년 8월 25일

해운대에서 이병섭

신문학과 유망주들(?)에서 조용히 물러섰다

김서중 | 1979학번

신문학과 6기가 입학한 해는 1979년, 박정희 정권의 마지막 해였다. 거창하게 박정희 정권을 언급하며 이야기를 시작하는 이유는, 박정희 정권에서 전두환 정권으로 이어지는 1970년대 말 학번이라는 상황이 우리들의 대학 시절을 좌우한 주요 요인이라 생각하기 때문이다.

고등학교 시절까지 경험이 달랐으니 다른 친구들의 생각과 삶은 어땠는지 모르지만, 유신 교육을 받으면서도 막연히 독재정권은 옳지 않다고 생각했다. 그러나 이런 정권이 철옹성을 구축하고 영원히 지속될 것 같은 불안감 속에서 대학 생활을 시작했다. 학교는 조용했다. YH사건, 김영삼 신민당 총재 의원직 제명 사건, 부마항쟁 등으로 사회는 긴박했지만, 관악캠퍼스는 고요 그 자체였다. 선배들은 "유신으로 엄혹한 시기이지만, 매년 간간이 시위와 집회 시도가 있었는데 1979년은 이상하다"고 했다.

그러던 10월 어느 날 노랫소리가 들렸다. 한 학생이 유인물을 뿌리며 시위하려는 순간이었다. 그러나 그 학생은 노래를 끝내지 못했다. 주변에 있던 평소 〈시사영어〉 등을 구독하라고 권하던 낯익은 얼굴들이 득달같이 달려들어 입을 막고, 사지를 움켜잡아 연행하는 것이었다. 그리고 그것이 끝이었다. 단 10여 초. 학생들의 관심을 촉구하려고 그 학우는 자신을 희생한 것이다. 충격이었다. 그리고 캠퍼스는 다시 고요 속으로 빠져들었다. 태풍

전야라고 할까? 그리고 박정희가 피살됐다. 10·26 사건이다. 10·27 축제는 취소됐지만, 학교는 조금씩 활발해지고, 12·12 이후 전두환의 존재를 의심하는 대자보와 유인물들이 돌기 시작했다. 민주화 기대가 높아졌다.

1980년 3월은 신나는 1학기 출발이었다. 신문학과 교수님들도 갑자기 13명이나 되는 진입생이 들어오니 매우 흐뭇해하셨던 것으로 기억한다. 원래 신문학과 정원은 15명이었지만 그 이전에 10명을 넘은 기수가 없었던 것으로 안다. 그런데 비록 정원을 채우진 못했지만 13명이 대거(?) 진입하니 이제 신문학과가 활성화되리라 기대하셨을 것이다.

선생님들이 매우 흐뭇해하셨음은 봄에 야유회를 개최하셨던 것으로 확인할 수 있다. 수락산으로 갔다. 선생님들과 학생들이 매우 가깝게 느끼게 된 시간이었다. 기억이 정확하지 않지만, 당시 상대적으로 젊은 교수님이셨던 추광영 교수님은 야유회가 끝나고 돌아오는 길에 학생들과 당구도 치면서 어울려 주셨다. 즐거운 신문학과가 되리라 꿈꾸는 출발이었다.

신문학과 진입생이 왜 늘었을까? 10·26의 영향이 있었을 것이라 추측한다. 당시 가장 크게 영향을 받은 학과는 정치학과나 외교학과였다. 외교학과의 경우 그 전해 차석에 해당하는 점수를 받고도 진입하지 못할 정도로 많은 학생들이 지망했다. 10·26으로 독재정권이 사라지고 민주화가 진행되리라 기대하는 사회 분위기와 학내 분위기가 별반 다르지 않고 그게 전공 선택에 큰 영향을 준 것이다. 신문학과도 그 영향권 속에 있지 않았을까?

민주화를 요구하는 강한 열망 속에 1980년 대학가에서는 대규모 집회가 반복해서 열렸다. 서울대는 아크로폴리스 광장에서 도서관으로 이어지는 언덕에 학생들이 가득 찼다. 신문학과 동기들이 아직은 서먹서먹해서 학내 집회에 함께 어울려 참석하지는 않았지만, 수업을 압도하는 민주화

열기와 함께했을 것이다.

광장 집회의 극적인 순간은 관악캠퍼스에 있지 않은 학생들이 아크로폴리스 광장에 대오를 지어 입장하는 순간이었다. 특히 하얀 가운을 입은 의대생들이 입장할 때는 광장을 메운 학생들의 환호가 극에 달했다. 이미 민주화를 이룬 듯한 기분이 들었다. 그리고 광장에서는 가두 위를 주장하는 학생들과 신중론을 펴는 학도호국단 집행부 사이의 열띤 토론이 이어졌다.

드디어 5월 14일 학생 대오는 교문 앞까지 진출했다. 교문을 사이에 두고 관악파출소 전경과 대치하던 학생들은 갑자기 교문으로 돌진했다. 최루탄으로 하늘이 뒤덮였다. 교문을 탈출한 학생들이 신림역과 서울대입구역 사이의 봉천동으로 삼삼오오 모이기 시작하다 교문을 돌파한 큰 대오에 합류했다. 그리고 그 대오는 영등포시장까지 무사 행진했다. 관악파출소가 가지고 있던 최루탄을 다 써서 영등포시장 쪽까지 진출을 허용하기로 합의를 봤다는 소식이 들렸다. 다시 집회를 마무리하려는 집행부의 시도에도 대오는 신촌 쪽으로 향했다. 그리고 신촌에서 최루탄을 재무장한 경찰들에게 강제 해산당했다.

5월 15일 서울역 집회가 이뤄졌다. 이미 교문 탈출을 시도했던 각 대학의 학생들을 막지는 못했는지 서울역에는 대규모 군중이 모였다. 지금도 잊을 수 없는 것은 당시 학교에서 모여 출발하는 학생들 보호 명분으로 기꺼이 함께하셨던 추광영 교수님이다. 지나가는 트럭에 타고 있던 미군들이 서울역으로 향하는 버스에 있던 여학생들을 향해 알아들을 수 없는 성희롱을 했다. 그때 추광영 교수님의 일갈. "Shut your mouth, unless you want to die!" 버스에 타고 있던 많은 학생들에게 속으로 외쳤다. '이분이 우리 교수님이야!'

하지만 서울역 집회는 이른바 서울역 회군으로 종결됐고, 숨 고르기를 주장했던 각 대학의 집행부들은 5월 17일 일제 검속으로 잡히거나 도주하기 시작했다. 이어 5월 18일 전국 비상계엄 확대로 민주화 열기에 찬물이 끼얹어졌다. 애초 학생들끼리의 약속대로 계엄이 선포된 날 아침 교문 근처로 갔지만 교문 앞에는 탱크가 서 있고, 학생들이 삼삼오오 모여 눈치를 보고 있었을 수는 있지만 주변 분위기는 적막 그 자체였다. 그냥 맥없이 집으로 돌아와야 했다. 지금도 계엄군에 저항했던 광주에 미안한 마음을 갖는 주된 이유다. 그리고 학교는 휴교했다.

장기 휴교를 끝내고 2학기를 맞이한 학내 분위기는 침잠 그 자체였다. 학교 수업을 마치면 뿔뿔이 흩어지고, 같이 어울리는 것은 당구장 아니면 술집이었다. 전두환 독재정권의 집권이 확실해진 상황에서 사회민주화를 논하는 이야기는 자체 금기시되었다. 신문학과에 진입하여 우리가 어떤 언론인이 될 것인가를 나누는 대화는 전혀 없었다. 신문학과의 전성기가 시작될 것이라 기대하던 3월의 들떠 있던 학과 분위기는 사라졌다.

그리고 1981년 5월이 되었다. 학내가 술렁이기 시작했다. 광주민주항쟁 1주년을 맞이하여 추모제를 지내자는 논의가 시작됐다. 과대표를 맡았던 나는 사회대 모임에 참석했고 5월 27일 추모제를 열기로 했다. 27일 사회대 7동 광장에 모였지만 이른바 메이저 학과 대표들은 선생님들의 제지로 현장에 나오지 못했다. '마이니 5개 학과 중 메이저(?)'인 신문학과 대표로서 내가 앞장설 수밖에 없었고 7동을 빠져나오는 순간 당시 학생 부처장을 맡고 계시던 차배근 선생님과 마주쳤다. 선생님은 내 손을 잡고 거부하는 내 뺨을 때리며 대오에서 빼내려 하셨다. 하지만 나는 빠질 수 없었다. 그리고 겉으로 드러내지는 않았지만 오랫동안 차배근 선생님과 서먹한 관계에 있었다. 내가 선생이 되고 나서야 차배근 선생님이 나를 보호하려던 맘이 좀 더 이해가 됐다.

추모제 행렬은 도서관 터널을 지나 학생회관 쪽 계단으로 향했고, 아크로폴리스를 지키려던 경찰들은 사과탄을 던지며 해산을 시도했다. 그 순간 누군가가 뒤에서 나를 낚아채더니 말했다. "네 할 일은 다 했으니, 과 사무실에 들렀다 집으로 도피하라"는 신문학과 선배의 배려였다. 그리고 집으로 향한 나는 몇 주간 도피하다, 사건을 잘 처리할 것이니 경찰서에 출두하라는 학교의 연락을 받고 기소유예로 마무리됐다.

그렇게 마무리된 이유는 광주 출신의 당시 경제학과 4학년이던 김태훈 선배가 도서관에서 투신하고, 이에 격분한 학생들이 3일간 경찰의 최루탄이 떨어질 때까지 싸운 덕분이다. 일이 커지자 제일 처음에 잡힌 고 곽동국 정치학과 대표와, 신형식 사회학과 대표가 모든 것을 책임지는 것으로 정리하는 방침을 세웠다고 들었다. 그 김태훈의 선배의 누님과 수십 년의 세월이 흘러 세월호 참사 특별조사위원회 위원으로 조우했으니 묘한 인연이었다.

그리고 학교는 다시 조용해졌다. 특히 신문학과가 그랬다. 일부 친구들은 강제 징집으로, 또 일부 친구들은 자발적으로 입대했다. 13명이나 되던 동기들은 반 토막이 됐다. 마치 아무 일이 없었던 것처럼 일상으로 돌아갔고, 간간이 친목을 다지는 일 말고, 사회 현실에 관한 대화도, 전공에 관한 논의도 없이 졸업을 맞이했다. '13인의 신문학과 유망주들'의 대학 생활은 세태에 따라 부침을 겪었다. 45년 전 대학 생활을 아쉽게 보낸 넋두리다.

수십 년 전 과거를 돌아보며 생각나는 사람들이 있다. 지금으로 보면 적절치 않지만 당시 표현으로 미스 전, 미스 편, 미스 석이다. 과 사무실에 소속되어 학생들 편의를 돌봐 주던 직원들이었다. 미스 전은 진입생이던 우리를 맞아 준 발랄하고 쾌활한 성격의 사람이었다. 미스 편은 이름이 지경이었고, 학생들 사정을 잘 배려해 준 참 착한 사람이었다. 개인적으로는 내 결혼식에 참석해 축하해 주고 남편께서 결혼사진도 찍어 주었다. 그런데 동기의 기억으로는 신문학과 학생들을 보호하다 학교에 밉보여 약대로 전출됐다고 한다. 미스 석은 가장 오래 만난 분인데 큰누나 같은 차분함으로 우리를 따뜻하게 대해 주었던 분이다. 신문학과 시절을 되돌아보면서 자연스럽게 떠오른 좋은 인연들이다.

또 하나 떠오르는 인연은 2기 김남석 선배다. 군대 다녀와서 석사과정을 거의 같이 다녔던 것으로 기억한다. 나는 석사를 마치고 앞서 언급한 기소유예 건으로 장교로 가지 못하고 일반병으로 입대하였다. 그런데 자대배치를 받기 위해 머물던 사령부에서 내 학력을 본 간부가 김남석을 아느냐고 물었다. 초급 하사로서 말년 병장에게 서러움을 받던 시절 하소연을 들어 주고 다독여 주었던 좋은 사람 '김남석'을 기억하고 있었던 것이다. 그리고 나를 배려해 주려고 애썼다. '참 착하게 살아야겠구나' 다시금 다짐하게 했던 일화다. 신문학과 선후배들의 삶이 그렇게 그물망처럼 얽혀 있지 않을까.

사람 이야기를 한 김에 마지막으로 먼저 저 세상으로 간 고(故) 강상호, 이경우, 허장 등을 추억해 본다. 소신과 실천의지로 노동 현장에서 행동하고 나중에 영산대 교수까지 됐지만 일찍 떠난 강상호. 다정다감하고 항상 조용히 짓는 미소가 일품이었던 이경우, 항상 뒤에서 다른 사람 배려를 열심히 했던 허장 … . 모두 좋은 친구였다. 잘 지내게!

향상일로의 길을 연 비판커뮤니케이션

김대호 | 1980학번

내가 입학한 1980년은 그 이전의 두 세기를 마감하고 새로운 시대를 시작하는 분기점이었다. 민주화가 시대의 블랙홀이 되어 캠퍼스 역시 정치의 소용돌이 속으로 빠져들어 갔다.

나는 입학하자마자 바로 두 개의 서클(동아리)에 가입했다. 하나는 이른바 '언더'라는 학생운동 서클이었고, 다른 하나는 '메아리'라는 노래 서클이었다. 나는 클래식 음악과 팝송을 좋아했는데, 메아리에서 밥 딜런(Bob Dylan)이나 존 바에즈(Joan Baez)와 같은 포크송 가수의 노래를 부르고 활동한다는 말을 듣고 학생회관에 있던 서클룸을 찾아갔다.

이 두 조직을 오가며 나의 대학 생활은 바쁘게 돌아갔다. 한쪽에서는 마르크시즘을 비롯한 좌파 이념으로 무장하고, 다른 한쪽에서는 이를 노래와 연결하고자 했다. 메아리에서는 노래를 부르거나 기타를 치는 것이 아니라, 정치학과 선배와 함께 '문화운동' 논리를 정립하는 데 힘을 기울였다. 그때는 문화운동이라는 개념이 없었을 때여서, 개척자처럼 바닥부터 다져가며 죄르지 루카치(György Lukács), 안토니오 그람시(Antonio Gramsci)를 비롯한 이런저런 마르크시스트들의 저작을 공부하며 논리를 쌓아갔다.

이런 내게 학과의 전공 수업들이 날개를 달아 주었다. 고 이상희 교수님의 '비판커뮤니케이션' 수업이 대표적이었다. 교수님은 미국식 커뮤니케이션 연구가 보수적·제국주의적 성격을 띤다며 이를 비판하는 비판이론(*critical studies*)을 소개하셨다. 특히 수업에서 다룬 영국의 문화연구, 독일의 프랑크푸르트학파, 프랑스의 구조주의 등의 이론은, 마침 문화운동의 논리를 찾던 나에게 커다란 자양분이 되어 주었다.

나는 무엇보다 문화연구에 큰 관심을 가졌다. 영국 버밍엄대학의 현대문화연구소(Centre for Contemporary Cultural Studies, CCCS)가 문화연구의 본산이며, 리처드 호가트(Richard Hoggart), 스튜어트 홀(Stuart Hall) 등의 이론가들이 활동한 곳이자 '버밍엄학파'의 중심으로 세계적으로 유명한 곳임을 알게 되었다.

박명진 교수님의 영화론은 놀라웠다. 영화의 사회적 의미를 처음으로 깨닫게 해 주었다. 영화가 대중에게 큰 영향을 줄 뿐만 아니라 계몽하는 역할을 하는 사례들이 매력적으로 다가왔다. 방송론 수업에서도 '매체력'과 같은 개념을 알려 주셨는데, 이것이야말로 내가 찾던 것이었다.

그리하여 3학년 때, 나의 길을 안내하는 화두를 하나 잡을 수 있었다. 그것은 바로 전자 미디어를 통한 새로운 '문화운동'이었다. 당시 문화운동은 탈춤과 연극, 미술 등 선동적 문화예술을 매개로 활발해지기 시작했지만, 전자 미디어 영역에는 아직 접근하지 못한 시기였다. 나는 전자 미디어를 통한 문화운동의 가능성이 크다고 보았다.

특히 '영화다!'라는 생각이 들었다. 당시 학생회관에는 '서울대 딴따라'(연극, 탈춤, 노래 등 문화 서클을 그렇게 불렀다) 서클룸이 몰려 있어서 이들과 자연스럽게 어울렸다. 마침 미대 선배와 영화운동 이야기를 나누고 뒤늦게 영화 서클 '얄라셩'에 들어가기까지 했다.

좀 더 파고들자는 생각으로 인문대학의 '미학과'를 부전공으로 신청하고, 미학과 강의실을 자주 들락거렸다.

일제하 영화운동의 전개와 영화운동론

김 대 호

1. 머리말——최근의 상황에 비추어

금년은 우리나라가 일제로부터 해방된 지 꼭 40년이 되는 해이다. 일제는 한반도에서 물러나면서 "20년 후에 돌아오겠다"고 했다는데, 과연 한일 국교정상화가 20년만에 실현되었고 올해는 정상화 20년이 되는 해이기도 하다. 그 20년 동안 우리는 일본에 경제적·기술적으로 거의 종속되어왔고, 따라서 현재 국민경제의 자생적 발전의 한계가 여기저기서 드러나고 있음은 잘 알려진 사실이다. 그런데 요즈음 우리는 갑자기 한일 문화교류라는 새로운 국면을 맞고 있다. 물론 여기서 새로운 국면이라고 하는 것은 이전에 한일간의 문화교류가 없었다는 것이 아니라 그 이전과는 전혀 다른 질적인 변화가 있음을 암시하는 말이다. 그것은 바로 81년 이래 미국의 레이건 정권과 일본의 나까소네 보수정권이 들어선 이후에 한일 문화교류를 확대하려는 움직임이 전개된 것을 말하고 있다. 일본정부는 81년 7월말에 정부 차원의 문화교류를 대폭 확대할 것을 한국정부에 희망하고 8월의 한일 외상회담과 9월의 각료회담에서 일본측이 이 문제를 주요 의제로 제기할 것이라고 밝혔었다. 또한 같은 해 11월에는 일본 내무성 정보문화국장이 방한하여 "양국

金大浩 : 1960년 서울 출생. 서울대 사회대 신문학과 졸업. 영화비평가. 영화 논문으로 「민중이 만드는 민중의 영화」, 「해방으로서의 영화」, 「70년대 영화의 반성과 80년대 영화운동을 위하여」 등이 있음.

67

〈창작과 비평〉
제57호(1985)에 발표한 글

그러면서 영화를 운동의 방편으로 삼는 논리를 만들어, "해방으로서의 영화", "80년대 영화운동을 위하여"와 같은 글들을 열정적으로 발표했다. 한국 영화운동 뿌리를 찾아야겠다는 생각으로 일제 강점기 조선프롤레타리아예술가동맹(KAPF)을 탐구하고, 1985년 〈창작과 비평〉 제57호에 "일제하 영화운동의 전개와 영화운동론"을 발표했다. 영화 분야에서 이런 내용을 처음으로 발굴해 발표하자 많은 사람들의 관심을 끌었다. 더욱이 〈창작과 비평〉은 1980년에 강제 폐간되었다가 5년 만에 다시 발간된 것이었는데, 57호 발간은 아예 출판사 등록이 취소되는 사태로 이어지며 역사의 한 페이지를 기록했다.

때마침 이 시기에 민주화청년운동연합(민청련)을 비롯한 운동단체들이 결성되기 시작했다. 나는 '민중문화운동협의회'와 '서울영화집단' 창립에 함께하며, 이들 단체를 중심으로 많은 논의를 벌이고 현장을 다니는 활동으로 바빴다. 문화운동을 이론적으로 체계화하는 일에도 앞장서서 《문화운동론》이니 《공동체문화》니 하는 저술들에 열심히 글을 발표했다.

대학원을 졸업할 즈음 나는 "한국의 노동계급문화에 대한 일고찰"이란 제목으로 석사학위 논문을 썼다. 말이 '고찰'이지, 학문적이기보다는 그람시의 '진지전'을 이론적 배경으로 노동문화운동을 다룬 '글'이었다. 나의 20대를 지배했던 그람시의 영향이 자연스럽게 이어진 결과였다.

1987년 이후 민주화 운동은 사회주의 혁명 노선으로 변모했다. 이전부터 '사회구성체 논쟁'이니 해서 논의가 분분했는데, 어느 순간부터는 유인물이나 자료에 북한식 용어가 들어오기 시작했다. 그러나 1989년에 동유럽 사회주의 체제가 무너지면서, 사회주의의 실상이 얼마나 자유민주주의와 거리가 있는지 드러났다. 세상이 뜬구름처럼 왔다가 사라지는 느낌이었다.

그때 비판커뮤니케이션을 공부하며 천착했던 영국의 문화연구가 떠올랐다. '영국 버밍엄대학으로 가자, 버밍엄학파가 만들어진 현장에서 공부해 보자'는 마음을 굳혔다. 그사이 현대문화연구소는 없어지고 문화연구학과(Department of Cultural Studies)로 바뀌어 있었다. 스튜어트 홀은 버밍엄을 떠나 시티대학으로 갔다. 버밍엄학파는 젠더, 인종, 청년문화, 지역공동체 등 하위문화 연구로 활발했다. 마이클 그린(Michael Green) 학과장에게 편지를 보내자, 한국에서 처음 오는 학생이라며 반갑게 답장을 보내 주었다. 1991년 나는 버밍엄대학 문화연구학과 박사과정에 들어갔다.

가을에 스튜어트 홀의 '대처리즘(*Thatcherism*) 비판' 강의가 있었다. 신좌파(*New Left*)의 대표적 학자인 홀은 1979년부터 1990년까지 영국 총리로 재직한 마가렛 대처의 영국 사회 개혁 정책을 비판하고, '좌파의 위기'를 경고했다. 설레는 마음으로 강의실에 가서 글로만 보았던 세계적 학자를 처음으로 만나 인사했다. 그전에는 홀의 사진조차 본 적이 없어서 '저 사람이 스튜어트 홀이야?' 하고 놀랐던 기억이 새롭다.

스튜어트 홀의 대처리즘을 보고 들으며 이것이야말로 내가 찾던 것이라고 단박에 알아차렸다. 대처 정부의 출범은 노동당에서 보수당으로 정권이 교체된 데 그치지 않고, 더 큰 범위에서 정치·경제·문화적 전환(헤게모니 변화)이었다는 것을 알았다. 나는 이러한 홀의 대처리즘에 대한 이론을 중심으로 영국의 방송을 분석한 논문을 주제로 잡았다. 이것은 커다란 모험이었지만, 내 자신이 1980년대라는 역동적 시기를 몸소 겪은 터라 이 시기의 문제의식을 다시 보고 새로운 세계를 다루고 싶었다.

내가 대처리즘과 방송으로 논문을 쓰겠다고 했을 때 지도교수는 처음에는 놀랐지만, 이야기를 듣고는 흥미로울 것이라고 격려해 주었다. 그리고는 바로 영국의 방송 역사를 쭉 훑게 했다. 그때부터 버밍엄대학 도서관 지하실에서 릴 테이프로 저장된 신문을 읽고 정리하기 시작했다. 1920년대부터 1980년대까지 70년에 걸친 그 어머어마한 자료들을 읽고 정리하는 것은 벅찬 일이었다. 하지만 새로운 지평을 확 여는 느낌이 들었고, 나날이 새롭고 즐거운 경험이었다.

이후 1994년 "대처리즘과 공영방송의 위기"로 박사학위 논문을 완성할 때까지 버밍엄대학에서 누린 시간은 내 인생의 또 다른 분기점이 되었다. 앞을 가리고 있던 먹구름이 걷히고, '자유'와 '융합'이라는 새로운 화두가 환하게 다가왔다.

세계는 프랜시스 후쿠야마의 말처럼 '역사의 종말'은 아니었지만, '사회주의의 종말'을 겪었다. 대처 총리의 영국은 스튜어트 홀의 주장과 달리 '영국병'을 치유하고 자유주의를 회복하는 사회로 바뀌고 있었다. 사회 곳곳이 자유로운 기운으로 활력이 넘치고 있음을 느낄 수 있었다.

미디어 분야도 자유로워서, 놀랍게도 영국에서는 1980년대에 이미 통신, 위성, 케이블, 미디어의 벽이 허물어져 있었다. 인터넷이 공개되기 전인데도, 핵물리학이 강했던 버밍엄대학에서는 이미 알파넷(Arpanet)을 통해 사이버 세계의 소통을 하고 있었다. 지도교수가 건네준 〈방송과 통신의 융합〉 보고서는 앞으로의 변화 방향을 알려 주었다. 이는 내가 나중에 한국에 돌아와서 20여 년 동안 수많은 장에서 미디어와 정보통신기술(ICT)의 융합을 말하고, 쓰면서, 마치 전도사처럼 활동하는 계기가 되었다.

2025년 8월, 나는 정년퇴임했다. 45년 동안 '영화-문화-방송-ICT의 여정'을 걷고, '미디어'의 세상에서 살았다. 처음에는 그람시와 스튜어트 홀을 통해 세상을 바라보았지만, 그 본산인 영국 버밍엄에서 오히려 그것을 넘어서는 깨달음의 시간을 가졌다. 1980년대에 언론정보학과에서 받은 가르침이 그야말로 향상일로(向上一路)의 길을 열어 준 것이다.

81학번 이야기

행운의 외투를 입은 다양하고 성실한 친구들

이진로 | 1981학번

1982년 언론정보학과(당시 신문학과) 8기로 진입한 2학년생은 1981년 입학생 37명이다. 이들은 50년 학과 역사의 기틀을 마련하는 과정에서 환경 변화에 정면으로 맞섰고, 대내외의 어려움을 헤쳐 나갔다.

81학번의 특징은 진입 전인 1981년, 재학 중인 1982년부터 1988년, 졸업 후인 1988년 이후 등으로 각각 나누어 살펴볼 수 있다. 결론부터 말하자면 운 좋은 친구들이 다양한 모습을 보여 주었고, 성실하게 살아왔다는 것이다.

먼저, 진입 전의 특징은 '행운', '자유', '현실성'으로 요약된다.

첫째, '행운'은 81학번의 입학부터 시작되었다. 1980년 신군부 세력의 등장은 교육제도의 변화로 나타났다. 가장 눈에 띄는 입시정책은 졸업정원제를 도입하고, 본고사를 폐지하고, 예비고사와 내신 점수를 합산하여 평가한 것이다. 이에 따라 1981년 대학 입시에서 대학별로 정원을 크게 늘린 다음에 정원의 130%를 입학생으로 책정했다. 새로운 입시 제도에서 수험생들은 합격 점수를 예측하기 어려워서 혼란을 겪었다. 당시에는 1인당 대학원서 제출에 제한이 없었고, 동일한 면접일에 한 곳만 선택하도록 했다. 그래서 서울대를 비롯해 여러 대학 인기 학과의 경쟁률이 3~4 대 1 이상으로 치열했다. 하지만 고득점 수험생의 대다수는 안전한 합격을 희망하면서 면접 당일에는 일부 하향 지원했다. 그 결과 계열별로 모집한 서울대 사회대와 인문대, 그리고 단과대학으로 운영되는 경영대와 법대 등의 면접생이 입학정원에 미달했다. 사회과학대학 면접 응시생 전원은 면접 당일 정원보다 적은 인원으로 점수에 무관하게 전원 합격했다. 이런 입시 결과는 매우 예외적이었다. 이후 입시 제도의 보완·수정을 거치면서 점수와 무관한 미달 합격 제도는 점차 사라졌다.

둘째 특징인 '자유'는 81학번의 1학년 생활에서 찾을 수 있다. 당시 사회 분위기는 신군부 정치체제에서 자유롭지 못했다. 그럴수록 자유와 민주주의에 대한 갈망과 희구는 더 강했다. 이런 분위기 속에서 당시 사회과학대학 81학번은 사고와 생활 방식에서 자유와 창의성, 진취성 등을 기준으로 분류될 수 있는데, 신문학과를 선택한 이들은 비교적 자유로운 사고와 생활 속에서 창의성과 진취성을 추구했다는 점에서 공통적인 특성을 지닌다.

셋째 특징인 '현실성'은 81학번의 신문학과 선택에서 뚜렷하게 나타난다. 사회계열에 포함된 10개 학과(당시 경제·무역, 정치·외교 등이 각각 독립 학과였다) 중에서 신문학은 가장 현실적인 학문분야였고 신문학과는 실용성이 높은 학과에 해당했다. 따라서 이를 선택한 신문학과 81학번은 공통적으로 현실적 성격이라고 볼 수 있다.

다음으로, 재학 중의 특징은 '다양성'과 '차별성', '단결정신'으로 요약된다. 81학번은 1982년 학과 진입 이후 주로 1985년부터 1988년 사이에 졸업했는데, 이 시기를 중심으로 이러한 특징을 살펴볼 수 있다. 81학번은 대체로 한두 곳의 동아리와 단체에 다수가 소속되어 활동하지 않았고, 각자의 개성을 고려하여 다양한 모임에서 또는 개별적으로 활동했다. 그래서 이들의 학교생활에서 보이는 관심과 행동 양식의 차별성이 두드러졌다. 하지만 학과와 사회과학대, 나아가 전국 신문방송학과 차원의 주요 행사를 준비하고 참여하는 과정에서는 단결정신을 발휘했다. 학과의 중요한 일에는 모두의 뜻을 모았고, 번뜩이는 아이디어를 담은 공연 등으로 주목받았다.

81학번은 학과에 여학생이 없는 마지막 학번이다. 당시 사회과학대에는 여학생이 매우 적었기에 당연하게 받아들여졌다. 하지만 82학번에 여러 여학생이 들어왔고, 이후 입학생의 여초(女超) 현상으로 이어졌다. 지금의 시각에서 보면 다소 이상할 수 있지만, 81학번 대학 생활에 주어진 조건이자 차별성에 포함된다.

끝으로 졸업 후의 특징은 '전문성', '독립성', '성실성'으로 요약된다.

첫째, '전문성'은 졸업 후 진로에서 두드러진다. 81학번은 졸업 후 언론정보학 전공과 직간접적으로 연계된 활동에 종사하며 커뮤니케이션과 미디어 분야에서 전문성을 발휘하고 발전시켰다. 언론계에서 기자와 PD 등으로 활동한 친구들은 김정곤, 신용환, 오경훈, 이승선, 이은종, 임도혁, 임종명, 전인엽, 조용호, 차병준, 하종오 등 11명에 이른다. 홍보와 PR, 마케팅 분야의 전문가로 활동한 친구들은 박민웅, 박상배, 이창우, 최욱, 황규배 등 5명이다. 공무원으로 국가에 봉사한 친구들은 노규덕, 박대호, 성공, 이수원, 조현명, 허진 등 6명이다. 공기업과 대기업에서 관리·경영 분야에서 활동한 친구들은 김갑순, 윤경문, 이정형, 정진용, 황세현 등 5명이다. 영화와 애니메이션 분야에서 활동한 친구는 이재덕 한 명이다. 크고 작은 규모의 사업가로 활동한 친구들은 유문성, 정일홍, 황일영 등 3명이다. 대학에서 연구와 강의로 후학을 양성하는 친구들은 권상희, 노정호, 김도연,

윤석민, 이재현, 이진로 등 6명이다. 이상에서 보듯이 81학번은 대체로 언론정보학을 기반으로 학문과 실무에서 전문성을 발휘하면서 각계의 전문가로 인정을 받았다(비고: 두 곳 이상에서 활동한 친구들은 편의상 한 곳만 언급했다).

둘째, '독립성'과 '성실성'은 81학번의 경력 관리(*career development*)에서 잘 나타난다. 독립성은 대체로 자기만의 길을 개척하는 것에서, 성실성은 꾸준히 자신의 역할을 성공적으로 수행하고 은퇴 후 비슷하거나 새로운 영역에서 후속 활동을 이어가는 것에서 각각 엿볼 수 있다. 81학번은 2~3명이 같은 직장에서 근무했지만, 대체로 활동 분야와 근무 기간 등에서 다른 모습을 보이는데 이는 입학 전과 재학 중에 살펴본 특징인 현실성, 다양성, 차별성 등의 영향으로 해석된다. 81학번은 직장의 은퇴와 이직, 전직 등에서도 적극적으로 대처해 무난하거나 성공적인 생활을 이어가고 있다. 정년이 65세로 비교적 늦은 교수들은 2026년부터 퇴직이 시작되지만, 은퇴 후 강의를 지속하는 경우 2030년대까지 활동할 것으로 예상된다. 기자에서 공공기관 대표와 책임자로 직업을 옮기면서 활동하는 친구들도 정년이 연장되고 있다. 전원주택에서 텃밭과 과수원을 가꾸는 농부들은 건강이 허락할 때까지 현역으로 활동한다. 빌딩 관리자 또는 프리랜서로 활동하는 친구들도 일과 여가의 균형을 누리면서 즐겁게 살고 있다. 특별한 소속이 없는 친구들은 개인적 취미와 문화·스포츠 활동 등을 통해 심신의 건강을 유지한다.

안타깝지만 37명의 81학번 중에서 별세한 친구는 사업가 유문성과 방송기자 이은종 등 두 명이다. 두 사람 모두 성실성과 우수성을 인정받았다. 하지만 바쁜 생활과 스트레스로 건강을 돌보기 못한 채 오랜 병환으로 또는 갑작스럽게 별세했다. 두 친구의 명복을 빈다.

지금까지 81학번 37명이 45년간 살아온 모습을 회고하며, 1982년 학과 전입 이전 준비 기간, 학과 재학 중의 학창 시절, 학과 졸업 후 사회 활동 기간 등으로 나누어 살펴보았다. 81학번을 상징하는 키워드는 행운, 자유, 현실성, 다양성, 차별성, 단결정신, 전문성, 독립성, 성실성 등 9개다. 이를 다시 3개로 압축하면 행운, 다양성, 성실성 등을 뽑고 싶다.

우리 친구들의 삶에는 대체로 행운이 따랐다. 어려운 가운데 신문학과에 들어와 졸업에 성공했고, 65세 전후에 이르기까지 대과 없이 자신의 분야에서 일가를 이루었으며, 전문성을 인정받았기 때문이다. 이들의 활동 분야는 대체로 언론정보학과 관련된다. 하지만 세부 영역에서 크고 작은 차별성을 보인다. 다양성은 그들의 성장 과정을 비롯해 생각과 삶, 행로의 곳곳에서 나타난다. 81학번 친구들은 한결같이 성실하다. 그들은 대학 시절은 물론 졸업 후 직장 생활 그리고 은퇴 이후 제 2의 삶을 살아가면서 끊임없이 노력해 왔기 때문이다.

행운은 성실해야 만날 수 있다. 그런 점에서 81학번의 행운은 그들이 발휘한 성실성의 과거, 현재, 미래의 삼위일체가 아닐까.

신문·팔이의 대학 시절

'수업 거부' 회고와 '선비촌'의 추억

박용규 | 1982학번

우리 학번(이하 '우리') 애칭은 '신문·팔이'다. '신문학과 82학번'의 줄임말이 그대로 애칭이 된 것이다. 신문학과는 사회대에서 역사가 가장 짧아서 82학번인 우리가 9기이다. 그래서 학과가 신설되었을 때부터 계셨던 교수님들이 여전히 우리를 가르치셨다. 재학 중에는 조교로 근무하던 일부 1~4기 선배님들을 만날 수 있었고, 복학생이거나 상급생이던 5~8기 선배님들과 함께 수업을 들었다. 우리는 학과 초창기의 이야기를 많이 들으며 생활했다. 그 시절이 벌써 40여 년 전이라니.

우리는 선배들과 몇 가지 점에서 차이가 있었다. 10개 학과가 포함된 사회계열로 입학해 2학년이 되어서 학과를 배정받았던 선배들과 달리 우리는 신문학과·사회학과·인류학과 등 3개 학과로 구성된 사회3계열로 입학해 2학년 때 학과를 결정했다. 1년 후배인 83학번은 학과로 바로 입학했는데, 그래서인지 가끔 자신들이 우리보다 신문학과와 더 일찍 연을 맺었다고 주장하기도 했다. 신문학과에 여학생이 처음으로 들어온 것도 바로 우리 학번 때였다.

우리가 학교에 다니던 때(1982~1986)는 강압적 통치와 처절한 저항이 부딪치던 5공화국 시절이었다. 대학 시절을 떠올리면 생각나는 것 중 하나가 바로 최루탄 가스가 자욱한 캠퍼스일 정도다. 당시 캠퍼스에서 시위가 자주 벌어졌고, 수업이 제대로 이루어지지 못했다. 휴강과 단축 수업이 흔했고, 때로는 '수업 거부'를 하기도 했다. 수업 거부는 주로 항의의 뜻을 표현하거나 시위 동참을 유도하기 위한 것이었다.

동기들이 모여 대학 시절을 얘기하다 가끔 거론되는 에피소드 중 하나가 '수업 거부'에 관한 것이다. 수업 거부를 결의하고 실행하는 학생들도 결코 마음이 편치 않았다. 수업 담당 교수님을 향한 것은 아니었다고 하더라도, 수업 거부를 당한 교수님은 마음이 상할 것임을 잘 알았기 때문이다. 수업을 강행하려는 일부 교수님은 수업 거부에 참여하는 학생들을 어떻게든 강의실로 끌고 들어가려고 하셨다. 교수님께 머리나 귀를 잡혀 억지로 강의실로 끌려 들어갔다는 이야기, 혹은 수업 거부를 주도하다 심한 꾸중을 들었다는 이야기가 지금까지 전해진다.

대학 동기들이 수업 거부를 지금도 가끔 회고하는 이유는 당시 우리를 이해하지 못했던 교수님을 향한 섭섭함 때문은 아니다. 수업을 강행하려던 교수님이나 수업을 거부했던 우리나 모두 그 상황에서는 각자 자신이 해야 할 일을 했을 뿐이라는 사실을 충분히 이해할 수 있는 나이가 되었기 때문이다. 몇 번의 수업 거부에 대한 기억이 각자 조금씩 다르긴 하지만, 오히려 지금은 상당수가 귀를 붙잡힌 학생이 강의실로 끌려 들어가던 당시 상황을 다소 코믹했던 것으로 회고하곤 한다. 가슴 아픈 시대의 산물인 수업 거부조차 추억으로 얘기될 만큼 세월이 참 많이 흘렀다.

대학 시절을 이야기하다 보면, 학교 주변 술집에서 함께 소리 높여 노래 부르던 모습이 떠오르곤 한다. 때로는 분노를 달래기 위해, 또 어떤 때는 기쁨을 나누기 위해 술자리를 가졌다. 전 학년이 모이기도 했지만, 우리 학번 전체 또는 일부가 모이는 경우가 더 많았다. 신림동 녹두거리 주변의 술집 중에 선비촌, 일미집, 녹두집 등이 생각난다, 우리 학번은 특히 선비촌을 많이 다녔던 것으로 기억한다.

당시 술집에서 주로 막걸리와 소주를 마셨다. 지금 잘 기억나지 않는 것을 보면, 당시에 안주는 제대로 챙겨 먹지 않았던 듯하다. 아마 두부김치와 파전 정도가 아니었을까 싶다. 술을 마시며 시대 상황에 분노하고 삶의 방향에 대해 고민하며 진지한 대화를 나누었다. 많은 인원이 모인 술자리에서는 어느 정도 대화를 나눈 뒤 돌아가며 노래를 부르기도 했다. 수저로 상을 두드리며 함께 노래를 불렀다. 요즘으로 치면 일종의 '떼창'이었다.

고등학교 때까지는 팝송이나 팝 스타일 가요를 즐겨 들었지만, 대학에 들어와서는 술자리에서 주로 '민중가요'를 불렀다. 집회에서 주로 부르는 노래와 술자리에서 부르는 노래가 조금 달랐다. 집회에서는 당연히 〈임을 위한 행진곡〉을 가장 많이 불렀고, 술자리에서는 김지하의 시를 가사로 한 〈새〉와 양성우의 시를 가사로 삼은 〈청산이 소리쳐 부르거든〉 등을 자주 불렀던 것으로 기억한다. 술자리가 끝날 무렵이면 다 같이 일어나 어깨동무를 하고 〈아침이슬〉이나 〈상록수〉를 부르던 모습이 지금도 눈에 선하다.

2학년 때 학과에 진입해 전공 공부를 시작하면서, 많은 학생이 언론학도로서 언론 자유의 중요성과 가혹한 언론 통제 사이의 괴리를 절감했다. 전두환 정권은 언론인 대량 해직과 언론사 통폐합으로 통제가 용이한 언론 구조를 만들었고, 언론기본법과 보도지침을 통해 계속 강력한 언론 탄압을 이어갔다. 신문 지면은 무기력하고 획일적이었으며, 방송은 '땡전뉴스'로 상징될 만큼 정권의 나팔수 역할을 했다.

언론학의 정체성에 대한 의문과 당시 대학가의 지적 풍토의 영향으로 적지 않은 학생들이 전공 공부보다 근현대사와 사회과학 공부에 더 열을 올리기도 했다. 군사정권에 대한 불만과 저항의식이 전공을 불문하고 학생들이 비판적·실천적 학습에 관심을 기울이게 했다. 학생들의 지향과 선택에 따라 차이는 있었지만, 당시 상당수 학생이 공통으로 읽었던 책들의 목록은 제법 길 것이다.

우리는 언론학도로서 언론 현실을 분석하고 언론 구조를 개혁하는 데 필요한 전공 공부에도 관심을 가지기 시작했다. 1984년에 3학년이 된 우리 학번을 중심으로 학과 최초의 심포지엄을 준비하기로 했다. 비판커뮤니케이션 이론에 관한 책이 출판되고, 관련 과목이 개설되었던 것도 영향을 주었다. 심포지엄은 빈약한 성과를 내는 데 그쳤지만, 전공 공부를 통해서도 언론과 사회의 현실을 개선하는 데 기여할 수 있다고 확신하는 계기가 되었다.

우리가 대학에 다니던 시절에는 학교 밖으로 점심 먹으러 나가는 일이 없었다. 도시락을 싸 오거나 학생식당에서 사 먹었다. 많은 동기가 지금도 기억하는 대표 음식은 '사깡'의 짜장면이다. 사범대 간이식당을 줄여 '사깡'이라 불렀는데, 철제 컨테이너 건물이 깡통처럼 보여 붙은 이름이다. 사회대 건물과 가까워 우리는 사깡에 자주 갔다. 값이 싸고 양이 많은 사깡의 짜장면은 허기진 청춘의 영혼을 달래 주던 음식이었다. 학생회관의 라면은 일종의 특식이었다. 사회대에서 거리가 멀어 자주 가지는 않았지만, 라면이 먹고 싶을 때면 가끔 찾아가곤 했다. 30원을 더 내면 이미 끓여져 나온 라면 그릇에 생달걀을 넣어 주던 모습이 지금도 기억난다.

우리 학번은 1982년에 입학했지만, 졸업 시기는 군 복무나 휴학 등으로 조금씩 달랐다. 4년 만에 학업을 마친 동기들에게는 내년이 졸업 40주년이다. 40년 전 일임에도 1986년 2월 26일의 졸업식을 잊을 수 없다. 대운동장에서 오후 2시에 졸업식이 시작되었는데, 재학생들의 시위를 대비해 교직원과 경찰이 식장 주변에 삼엄한 경비를 펴고 있었다. 긴장감이 흐르는 가운데 졸업식이 시작되고 총장의 축사가 시작되자 학부 졸업생들이 야유와 함께 일어나 〈아침이슬〉 등의 노래를 부르며 일제히 식장을 빠져나갔다. 전두환 정권에 협력했던 총장에 대한 항의의 뜻을 표현한 것이었다. 우리 동기들도 대부분 졸업식장을 빠져나와 사진 몇 장만 찍고 헤어졌다. 군사정권 시절 졸업식의 가슴 아픈 풍경을 뒤로한 채, 그렇게 우리는 관악을 떠났다.

졸업 직후부터 동기 모임을 시작했다. 사회생활로 모두 바쁘게 지냈지만 비교적 자주 만났다. 이제 우리 학번은 대부분 은퇴했지만, 신문·팔이들은 퇴직 후에도 제2의 인생을 활발히 살아가고 있다. 우리는 경조사나 송년회 등에서 만나고, 삼삼오오 등산이나 골프 모임을 갖기도 한다. 졸업 직후부터 동기들이 꾸준히 동기들 만남을 이어간 덕분에 가능한 일이다. 커뮤니케이션 전공자들답게 동기 모임에서는 정치 성향이나 가치관의 차이를 넘어 즐겁게 소통한다.

내년 2월 졸업 40주년을 맞아 다시 함께 학교를 찾아가는 것을 얘기해 보아야겠다.

“죽을 때까지 농사짓고, 학문으로 생활 즐기고 싶어”

최진환 | 1983학번

나의 ‘귀촌 롤 모델’ 차배근 교수

‘언론학 바이블’ 《커뮤니케이션 개론》 등 총 31종 출간
20년 전 귀촌 … 4,000여 평 농사지으면서도 ‘수불석권’
연구서 외에 7년간 수필과 콩트 등 연재 ‘꿀벌형 인생’

나는 2025년 3월 정년퇴임 후, 안양과 전북 진안을 오가며 귀촌·귀산을 준비하고 있다. 퇴임 1년 전부터 귀촌 결심을 굳히고, 2주에 한 번 정도 내려가 나무를 심고 농사도 짓고 있다. 서울 생활을 한 지 40여 년 만에 고향에서 펼치는 나의 ‘인생 2막’이다.

무대는 마이산 도립공원 북쪽에 자리한 진안읍 외사양 마을. 할아버지와 아버지를 거쳐 나에게까지 내려온 500평 남짓한 밭에 자두, 복숭아, 꾸지뽕 등을 내 손으로 심었다. 한 귀퉁이에는 작은 연못을 만들어 연근을 키우고, 미꾸라지도 풀어 두었다. 마이산 자락의 2만여 평 규모 산에는 진안군청이 경관 조성을 위해 3월에 힘은 설탕단풍나무(메이플)가 자라고 있다. 공교롭게도 내가 퇴임한 달에 행사가 열렸으니, 정년퇴임 기념식수인 셈이다. 나는 대학원 2학기 중이던 1989년 〈한국일보〉에 입사해 35년 5개월간 일했다.

2004년 지은 '언덕 위의 하얀 집' 주변에는 봄부터 가을까지 각종 농작물이 자라난다. 정원 곳곳엔 조각가인 사모님이 버려진 농기구나 폐품으로 만든 작품들이 놓여 있다.

나의 귀촌 '롤 모델'은 차배근(83세) 교수이다. 선생님은 2004년 경기도 화성에 정착한 후 20년 넘게 부인 신문자(81세) 씨와 함께 4,000여 평의 농사를 짓고 있다. 언론학과 관련해 왕성한 저술 활동을 해 온 천상 '딸깍발이 선비'가 농부로 변신한 것도 흔한 일이 아닌데, 지금도 우리 전통 커뮤니케이션 연구서를 내고, 수필과 엽편소설을 연재하는 '주경야독'으로 주위를 놀라게 하고 있다.

1973년부터 2007년까지 서울대에서 34년간 봉직한 선생님의 저술 성과는 '넘사벽'(넘볼 수 없는 사차원의 벽)이다. 선생님이 지금까지 출간한 책은 단독저서 18종, 공저·공편 13종 등 총 31종에 이른다. 이 가운데《커뮤니케이션학 개론》 상·하(1976),《사회통계방법》(1977),《사회과학연구방법》(1979) 등은 전공필수 교재이자 언론학 '바이블'로 지금까지 10만 부

1976년부터 차배근 선생님이 저술한 31종의 책이 거실 한편에 전시돼 있다. 선생님은 이 책들을 써서 땅도 사고 집도 지었다.

이상 팔렸다. 관련 학과 전공생들은 거의 다 이 책으로 공부했다는 얘기다.

일찌감치 학계에서 일가를 이룬 그가 귀촌을 생각한 건 1985년으로 거슬러 올라간다. 1973년 서울대에 부임한 그가 주요 개론서와 연구 결과들을 내놓으며 언론학계에서 한참 주목을 받던 시절이다.

"내가 시골 출신이어서 그런지, 농촌에 별장을 한 채 마련하고 주말마다 그곳에 가서 농사도 짓고 책도 읽고 싶은 것이 젊었을 때부터 일종의 꿈이었소. 당시 연로한 부모님 산소 자리를 마련하려고 차씨 집성촌이 있는 마을 산기슭에 300여 평의 땅을 사고, 이듬해 조립식 별장을 지었지."

서울과 화성을 오가던 선생님은 2004년 아예 전원주택을 지어 이사했다. 사모님은 귀촌이 선뜻 내키지 않았을 테지만 선생님은 '살살 꼬셔서' 함께 왔다고 한다. 집 한가운데 천장 높은 방을 서재로 꾸미고, 사모님을 위한 작업실도 만들었다. 사모님은 서울대 조소과 출신으로 그동안 개인전도 열고 틈틈이 작품 활동을 해 온 어엿한 작가다.

그곳은 차씨 종친이 모인 든든한 연고지였지만, 처음에 자리 잡는 일은 쉽지 않았다. '책만 보던' 서울대 교수님이 얼마나 버티겠는가 하는 눈초리도 있었을 터이고, 동네 사람들과 잘 어울리지 못할 것이라는 선입견도 있었으리라. 하지만 오면서 가면서 차를 태워 주고 모르는 농사일에 대해서는 할머니들을 찾아다니며 열심히 묻다 보니 점차 마음을 열어 주었다고 한다.

실제로 참깨를 심는 시기는 아까시 꽃이 필 무렵이라든가, 들깨 수확 시기는 씨방 속의 들깨 알이 검게 변했을 때라는 것 등은 동네 할머니 멘토들에게 배웠다. 말로만 듣던 '서울대 교수님'이 농사 좀 짓겠다고 모르는 걸 물어오는 게 시골 할머니들에게는 신기하면서도 으쓱한 기분이 들었을 법하다.

나중에는 옆 동네에 사는 종친회장이 찾아와 고유제문을 한문으로 써 달라는 부탁을 할 정도가 됐다고 한다. 또 자기 땅을 사 달라는 사람들이 줄을 이었고 어쩔 수 없이 부탁을 들어 주다 보니 4,000평에 이르렀다. 책 판매로 생긴 인세의 대부분을 이때 썼다.

농사 규모가 커지면서 대형 농기계를 갖추고 이를 운전하는 자격증도 땄다. 트랙터, 굴삭기, 경운기, 관리기 등으로 웬만한 작업은 혼자서 다 해치웠다. 땅을 개간해 밭을 만들거나, 농사를 짓기 전에 땅을 갈아엎는 로터리를 치고 트랙터로 작물을 수확하는 것은 기본이다. 작은 연못이 있는 정원을 만들고, 돌과 나무가 뒤엉킨 계곡도 깨끗하게 정비했다.

올해에 심은 농작물 종류만 봐도 시골의 프로 농사꾼을 훨씬 넘어선다. 집 주변에는 상추, 쑥갓, 열무, 청경채, 파, 당근, 케일 등 채소류를 비롯해 오이, 토마토, 가지, 방풍나물, 도라지, 더덕, 옥수수, 조선호박, 단호박, 줄콩, 작두콩, 고구마, 고추, 참깨, 들깨에 이르기까지 다양한 작물이 자란다.

차배근 선생님은 미니 굴삭기와 트랙터 등을 자유자재로 다루신다.
귀촌 초기 이런 농기계 구입에만 5,000만 원을 투자했다.(월간 〈춤〉 제공)

웬 작물을 그렇게 골고루 심을까 의아해하는 제자들에게 설명이 따른다.

"해마다 봄이 되면 뭘 심으면 괜찮을까 궁리하다가 이거 조금, 저거 조금 하다 보니 작물이 많아지더라고. 연구할 때도 여기저기 관심분야를 넓히다 보니 손댄 게 많아진 것처럼. 내 취향인가 봐. 허허."

신문학과(또는 신문방송학과)가 인기 학과로 떠오르던 시기에 기본적인 연구 영역을 확립한 선생님의 학문에 대한 열정은 퇴임 후에도 식지 않았다. 서재에 들어가 보니 책상 위에 《대동야승》(大東野乘)이 놓여 있다. 조선시대 당쟁, 사화, 옥사 등 역사적 사건과 일상사를 기록한 야사, 수필, 일화 등을 모은 종합서이다.

"우리나라의 전통적 커뮤니케이션 문화에 대해 알고 싶고, 만약 가능하면 이 방면의 책들을 죽는 날까지 계속해서 써 보고 싶어."

《중국근대언론발달사》(2008), 《미국신문발달사》(2014), 《한국커뮤니케이션학사》(2017), 《우리나라 전통신문 조선시대 조보 연구》(2022) 등이 퇴임 후에 쓴 책이고, 조만간 《신문고 제도의 참모습》도 나올 예정이다. 이 중 《우리나라 전통신문 조선시대 조보 연구》는 대한민국학술원 우수학술도서로 선정되기도 했다. 본격적인 학술서 외에도 7년 전부터 월간지 〈춤〉에 '낭형당 만필'과 엽편소설, 콩트를 연재한다. 2023년에는 이 글들을 모아 《낭형당 만필: 차배근 교수의 농촌일기》를 펴냈다. 주로 우리 고전에서 소재를 가져오거나 농촌생활에서 느낀 것을 잔잔하고 유머러스하게 썼다.

선생님이 짓는 농사의 규모는 꽤 크지만 돈벌이를 위한 것은 아니다. 수확물은 주변 가족과 지인들에게 나눠 준다. 돈도 안 되고 힘든 일을 왜 하실까?

"난 아무것도 하지 않고 무료하게는 못 사는 성격이오. 게다가 난 친한 친구도 별로 없고, 노는 것도 좋아하지 않아요. 그러다 보니, 자연히 내가 과거 몇십 년 동안 해 온 공부를 하고, 글도 쓰면서 지낼 뿐이지. 난 내가 심은 농작물이 무럭무럭 자라는 것을 보는 게 큰 즐거움이라오. 게다가 농사일을 하면 자연히 운동도 되고 … ."

《논어》에 "아는 자는 좋아하는 자만 못하고, 좋아하는 자는 즐기는 자만 못하다"(知之者不如好之者, 好之者不如樂之者)라는 말이 나온다. 농사든 연구든 귀찮고 힘들 때가 없지 않겠지만, 선생님은 진정으로 그것을 좋아하다가 이젠 그 자체를 즐기는 경지로 접어든 듯하다.

선생님은 "몸이 예전 같지 않다", "이젠 농사를 많이 줄여야겠다"는 말을 입버릇처럼 하면서도, 실제로는 크게 줄이지 않는 듯하다. 선생님은 주민등록상으로는 83세이지만 실제 나이는 85세이다. 시골에서 2년 늦게 출생신고를 했기 때문이다. 하지만 아직도 근력과 총기는 여전해 보인다.

선생님은 최근 〈춤〉에 기고한 글에서 은사인 이두현 전 서울대 교수의 정년퇴임 문집 머리말을 인용해 노년의 바람을 이렇게 말했다.

"첫째, 노년의 고독 속에서 누구나 혼자 죽어가야 하는 존재임에 익숙해져야 한다는 각오가 있어야 하고, 둘째는 이제까지의 직업으로서의 학문이 아니라 도락(道樂)으로서의 학문으로 생활을 즐기며, 셋째로는 비록 성인군자는 못 되어도 한 사람의 선비로서 인생을 시종하고 싶다고 하셨는데, 나도 그래요. 그냥 교수답게, 학자답게 일생 동안 조용히 살다가 병고에 시달리지 않고 조용히 죽고 싶을 뿐이라오."

선생님은 영국 철학자 프랜시스 베이컨이 분류한 학자의 세 가지 유형 중 '꿀벌형'이 되기 위해 노력했다고 털어놓았다. 개미형은 부지런히 학술 자료를 모으지만 논문이나 책으로 만들지 못하는 학자, 거미형은 자료도 모으지 않고 마치 거미가 궁둥이로 거미줄을 줄줄 뽑아내듯 글이나 책을 마구 쓰는 학자다. 이에 비해 꿀벌형은 개미처럼 열심히 연구 자료를 모은 다음 마치 꿀벌이 꽃의 꿀을 따다가 자신에게서 나오는 물질을 합쳐 벌꿀을 만들어 내듯이 논문이나 책을 쓰는 학자이니 가장 생산적이고 유용하지 않은가.

국내에서 신생 학문인 커뮤니케이션학(언론정보학)의 기틀을 잡고 후학을 양성하다, 이제 성실한 농부이자 수불석권(手不釋卷)의 자세를 견지하는 원로학자로서 진중하고도 소탈한 삶을 사는 선생님은 제자들에게 진정한 '꿀벌'의 모습을 보여 준다.

맹자는 인생삼락으로 부모가 살아 계시고 형제가 무고한 것, 하늘과 사람들 앞에서 부끄럽지 않은 것, 영재를 얻어 교육하는 것을 꼽았다. 나는 어린 시절 뛰놀던 마이산 자락에서 생활하는 것, 거기서 키운 농작물과 약초를 맛보는 것, 지인이나 친구들과 어울려 함께 노는 것을 인생 2막의 삼락으로 삼고자 한다. 농원 이름도 '삼락원'으로 지었다. 여기에 닮고 싶은 스승에게서 인생을 배우는 것도 또 하나의 즐거움일 성싶다.

천장 높이만 10m에 이르는 선생님의 서재에는 50여 년 세월을 함께한 1만여 권의 책이 차곡차곡 쌓여 있다. 왼쪽 위에는 정탁영 서울대 미대 교수가 써 준 낭형당(囊螢堂) 현판이 걸려 있다. '괘랑리 동네에서 반딧불이를 잡아 그 불빛으로 공부하는 집'이라는 의미다. (월간 〈춤〉 제공)

지리산에서 함백산까지,
우정과 시대를 함께한 84학번의 집단서사

최명수 · 이준웅 · 이춘규 · 서상표 | 1984학번

'복단'은 못 받았지만 팩차기의 추억은 남았다

대학 생활 중 잊을 수 없는 경험 중 하나는 군사훈련 과목인 교련 수업이었다. 1학년 때 문무대 병영체험은 안보 교육이라기보다 동기 간 우정을 다지는 자리였다. 유일한 여학우 정경미(전 한국콘텐츠진흥원 부원장)가 40여 명의 동기에게 일일이 써 내려간 손 편지를 읽었다. 그의 정성에 눈시울을 붉힌 기억은 지금도 선명하다. 그러나 2학년 때 민주화를 외치며 교련 수업을 거부한 동기들은 교련 학점이 F로 처리됐다. 복단(복무단축)을 못 받아 군 복무가 3개월 더 늘어나는 아픔을 겪어야 했다.

1987년 민주화 이후 상당수 복학생들은 언론사 준비에 몰두했다. 민주화로 인해 언론사에 대한 관심이 높아진 데다 전공과의 연관성 때문이었다. '언론사 스터디팀'을 만들어 신문 스크랩, 작문, 글 품평 등으로 입사 시험에 대비했다. 식사 후 중앙도서관 주변에서 즐긴 '팩차기'는 당시 선풍적 인기 운동이었다. 군대 족구의 추억 탓이었을까.

그 결과가 KBS(한창록·박효규·이교욱), MBC(고동선·류시호), SBS(정승민), 〈조선일보〉(차학봉), 〈동아일보〉(안영식·하종대), 〈한국일보〉(정희경·박수일), 〈경향신문〉(차준철), 〈세계일보〉(이춘규), 〈연합뉴스〉(고철종), 〈한

국경제〉(최명수), 〈서울경제〉(임웅재), 〈스포츠서울〉(박시정) 등의 언론계 입성이었다. 방송통신위원회(김정수), 언론중재위원회(정희성) 등 유관기관까지 합치면 84학번 절반가량이 언론계와 관련 단체로 진출했다. 변승협·류완하·나규철·심상명·이성진·윤홍로 등은 광고업계에서 활약했다.

공직생활을 한 이도 적지 않았다. 서상표는 주파키스탄 대사와 주미 애틀랜타 총영사를 역임했다. 박철은 통일부 교류협력실장과 북한이탈주민 정착지원사무소 하나원장을 지냈다. 이창화 한국보훈복지의료공단 감사와 박상건 등은 안보 분야에서 근무했다. 이태길 한화 사장과 김대선 전 야후코리아 사장 등은 기업에서 최고경영자(CEO)까지 올랐다. 금융권(김종호), 법조인(윤영선), 종교인(김문수)까지 활동 영역이 다양했다. 국회의원도 배출했다. 서왕진은 서울연구원장을 거쳐 조국혁신당 원내대표가 됐다.

졸업 무렵인 1990년 가을 동기 10여 명은 1박 3일 지리산 종주에 나섰다. 이창화·정희경·차학봉 등은 텐트를 짊어지고 선두에 섰다. 서울역에서 야간열차를 타고 구례역에 도착했다. 노고단에서 출발해 돼지평전을 거쳐 선비샘에서 야영했다. 류완하·최명수는 무릎 부상을 입고도 장터목산장과 천왕봉까지 올랐다. 칠흑 같은 어둠 속에서 랜턴도 없이 백무동계곡으로 하산해야 했던 기억은 '준조난'이었다. 그러나 그 고생조차 동기들에게는 값진 추억이 됐다.

세월이 흘러 2024년 가을 동기 6명(차학봉·이춘규·김정수·홍용기·류완하·최명수)은 입학 40주년 기념 여행을 떠났다. 이번에는 태백과 정선, 그리고 함백산이었다. 해발 1,572m 정상에 오르기 직전 쏟아진 비바람에도 우리 일행은 끝내 표지석을 끌어안았다. 기상악화로 비록 운탄고도 케이블카는 타지 못했지만, 검룡소와 바람의 언덕, 구문소에서 함께한 시간은 즐거움으로 남았다.

학과 설립 50주년을 맞아 돌아보면, 84학번은 민주화 과정에서 고난과 역경을 많이 겪은 세대였다. 서왕진 의원은 시위 과정에서 화염병에 화상을 입어 지금도 흉터를 안고 살아간다. 윤영선·이준웅·홍용기·오경래·차학봉 등도 체포와 구금 등 고초를 겪었다.

은퇴를 앞둔 지금도 여전히 현역에서 뛰는 이들이 적지 않다. 지난 7월엔 서상표 대사의 귀국 환영을 겸한 모임에서 약 20명이 학창 시절 추억과 최근 소식을 함께 나눴다. 지리산에서 함백산까지 이어진 84학번의 여정은 단순한 산행이 아니라, 시대와 우정을 함께 넘어온 집단서사였다./최명수

의외로 학구파였던 84학번, 본과 대학원 진학 10명

입학한 해부터 전경들과 잔디밭을 나누어 썼다. 매해 굵직하게 터지는 시국 사건마다 서울대생이 연루되어 시끄러웠던 덕분에, 캠퍼스에서 애초에 면학 분위기라는 것을 느끼기가 쉽지 않았다.

교양과목과 외국어를 중심으로 수강신청을 해야 했던 첫 1년간은 정말 '이런 걸 배우러 서울대 왔나' 싶은 실망감을 토로했던 친구들도 있었다. 필수 과목이던 영어 수업에서, 무슨 일인지는 정확히 기억나지 않지만 강사와 치열한 논쟁을 벌이기도 했다는 기억을 공유하고 있다.

2학년이 되어 전공 수업을 듣고 인접 학과의 유명하다는 강의도 찾아듣다 보니 깨달은 사실이 있다. 어벙하고 순진해 보였던 동기들이 실은 저마다 똘똘함을 드러내길 삼가며 서로를 대했다는 것이다.

지나고 보니 분명한 사실이 있다. 84학번은 본과 대학원에 진학해서 언론학 석사학위 논문을 완성한 친구가 10명으로 위아래 기수와 비교해도 많다. 해외에 유학했거나 인접 학문에서 얻은 석사학위를 더하자면 셀 수

없을 정도다. 박사도 김문수, 서왕진, 오경래, 양승찬, 이준웅, 허진 등 여섯 명이나 배출했다. 이준웅(서울대), 양승찬(숙대), 허진(창원대)은 학부 전공을 살려 대학교수로 재직 중이다. 어수선한 시절에 시달려서 그렇지, 결국 공부 좀 했던 학번이라고 말할 수 있다. / 이준웅

늦깎이 대학생 트라우마를 치유한 우정

84학번은 나처럼 군대 전역 후 시험을 보고 입학한 늦깎이를 비롯해 연령대가 다양했다. 학창 시절에도 그랬지만, 지금까지 고마움 잊지 못하는 84학번 동기들은 친구이면서 때론 형님 같기도 했다.

84학번은 나를 버티게 하는 큰 힘이 되어 주기도 했다. 물론 대여섯 살이나 차이 나는 것은 사소한 문제를 야기하기도 했다. 예를 들어, 당시에만 해도 현재는 상상도 할 수 없는 프락치 사건이 가끔 있었기 때문이다.

대입 합격자 발표 날 과 사무실에서 동기 한 명과 조우했는데, 말을 하다가 프락치로 오해받을 수 있겠다는 생각이 들었다. 4년 동안 그 생각이 머리에서 떠나지 않을 정도로 엄혹한 시대였다. 선배들과도 가끔 어색한 일이 있었지만, 나이 차이를 잊게 해 줬다. 선후배 모두가 나이를 떠나 인격적으로 훌륭했기 때문일 것이다.

즐겁고 고마운 기억이 압도적이다. 반포동, 봉천동 등 동기들 집에 여기저기 가 자며 정서적으로 가까워졌다. 아직도 동기들과는 술자리와 산행을 함께하며 친구처럼 지낸다. 이처럼 조금 색다른 개인사는 약점이 아니라 오히려 보완재가 되었다.

동기들아, 고맙다. 앞으로는 남는 게 시간인데 더 잘 지내보자. 계속 부탁해. / 이춘규

과 사무실에서 대기업 추천서의 행운을 누리던 복 받은 세대

84학번은 졸업정원제 세대로 대학 입학이 지금에 비하면 수월했다. 졸업정원제 취지는 입학은 관대하지만 졸업은 엄격히 관리한다는 것인데, 이와 상관없이 다들 무사히 졸업했다. 요즘 세대와 비교하면 학교 공부와 시험이라는 굴레에서 다소 자유롭게 살았다.

국립대라서 등록금 부담이 상대적으로 적었으며, 경제적 여유가 없는 학우들은 아르바이트 또는 '몰래바이트' 등으로 학비와 생활비를 충당했다. 장학금 혜택도 사립대보다 상대적으로 많았다. 갑자기 조교에게 호출되어 "장학금이 남았는데 니가 받아라" 하는 통보를 받은 동기도 있었다.

학점은 일부 학문에 뜻있는 학우를 제외하고는 크게 신경 쓰지 않았다. 졸업정원제가 있었는데도 무슨 자신감인지 좋은 학점을 받는 것에 대한 개념이 희미했다. 중간·기말 시험 때가 되면 평소에 노트 필기를 잘해 둔 동기의 자료를 빌려다 시험을 치곤 했다. 요즘이라면 큰 문제가 될 법한 대리 출석과 대리 시험도 영웅담이던 시대였다. 교수님이 시험지 채점은 선풍기로 한다는 황당한 이야기도 나돌았다. 최하가 B학점인 강의, 출석 확인을 하지 않는 강의, 비 오는 날에 휴강한다는 소문이 도는 강의들은 수강신청이 빨리 마감되곤 했다.

84학번은 학점에는 매이지 않았지만, 각자의 관심 분야에 따라 나름대로 치열하게 생활했다. 대학원 진학을 원하는 동기들은 학문적 성취를 위해 노력했고, 사회문제에 관심 있는 동기들은 대학 운동권이라 불리는 사회 참여에 진심이었다. 졸업 후 취업에 관심 있는 동기들은 간간이 수업을 빼먹고 당시 관악산 등산로 쪽에 있던 막걸리집에서 오만가지 대화를 하면서 직업인으로서의 자질(?)을 길렀다.

군대 입대의 선택도 다양했다. 편한 군대를 원하면 카투사로 가고, 군대부터 높은 보수를 원하면 장교로 가고, 짧은 기간 동안 군 생활을 원하면 석사장교(6개월)로 지원할 수 있었다.

나는 카투사로 근무했다. 대학에서 2년간 교련 과목을 수강했지만 3개월 감축 혜택을 못 받은 것(사회대 학생 전체가 시험 거부로 F학점 받았기 때문이다)을 제외하고는 군 생활도 좋은 추억이었다. 복학했더니 교련 과목 폐지로 재수강이 불가해 그때 받은 F학점은 오히려 성적표를 다채롭게 만들어 주었다.

당시에는 학과 사무실이 모임의 장소이자 각종 정보를 공유하는 장소였다. 등교하면 우선 학과 사무실에 들러 무슨 소식이 있나 알아보고, 먼저 와 있던 학우들과 어울리기도 했다. 취업 정보도 자연스럽게 공유했다. 취업 준비를 하던 어느 날 학과 사무실을 들렀더니, “모 언론사 지원서를 하나 줄 테니 원하면 가져가라”는 말을 들었다. 당시에도 그런 행운을 잡는 것은 쉽지 않았지만, ‘과 사무실 죽돌이’에게는 가능한 일이었다. 이미 다른 곳에 채용이 확정되어 크게 관심은 갖지 않았다.

84학번이 졸업하던 당시는 취업에 큰 어려움 없던 시절이었다. 경제가 고속으로 성장하던 시기여서 언론사를 포함한 전 산업 분야에서 양질의 일자리가 계속 생겨났다. 대학 졸업 후 동기들이 사회적·경제적·정치적으로 다른 처지에 있더라도, 서로 안부를 나누며 연락을 이어온 것은 마음의 넉넉함이 우리에게 있었기 때문이지 싶다.

84학번은 대체로 금년에 환갑을 맞는다. 통계청 발표에 따르면 2023년 우리나라의 평균 수명은 약 84세라고 한다. 아직 20여 년간의 인생이 앞에 놓여 있다. 84학번이나 같은 세대의 사람들은 넉넉한 세상에서 살아왔다. 후세대도 넉넉한 세상에서 살 수 있도록 우리가 기여할 수 있으면 좋겠다.

/ 서상표

커뮤니케이션, 스포츠 커뮤니케이션

안지환 | 1985학번

"기차 여행은 낭만적이야." 목포행 열차에 몸을 실었던 종규의 일성.

1990년 여름 무렵 졸업 여행이라는 명분으로 방학 기간을 이용해 복학생으로 학교에 남아 있던 몇몇 동기들과 추억 쌓기 여행을 떠나기로 했다. 짧은 군 생활을 마친 4학년 친구들에게는 졸업 여행, 약간 긴 군 생활을 마친 나에게는 수학여행이었다.

큰마음 먹고 제주 여행을 결정했으나 주머니 사정이 여의치 않던 시절이라 여행 계획을 짜는 것이 만만치 않았다. 어쩌다 총무를 맡게 된 나는 친구들과 상의하여 고민 끝에 서울에서 목포까지는 기차로, 목포에서 제주는 배로, 그리고 서울 복귀는 비행기로 이동하는 다소 복잡한 여정을 계획했다.

멀고 먼 목포 가는 열차는 낭만을 핑계로 견뎌 냈다. 쾌속정을 대신한 탄 투박한 여객선에서는 당시 유행하던 패치형 멀미약을 귀 밑에 붙였음에도 뱃멀미를 피해 갈 수 없어 각자의 방법으로 이겨 냈다. 그렇게 거의 하루가 걸려 무사히 제주에 도착했다. 운전면허증 소지자가 거의 없던 시절이라 우리는 운전을 도맡은 형근이의 현란한 드라이브 솜씨에 감탄하고, 장롱면허였던 재호의 생초보 드라이브에는 가슴을 졸이면서도, 모두 제주도에서 유쾌한 추억을 만들었던 기억이 있다.

제주로 이동하는
여객선 갑판에서 동기들과 함께

80년대 중반 학번이라는 핑계를 접어 두더라도, 사실 나는 학과 공부에 매진했던 기억이 많지 않다. 대학교 1학년 때 학과 단체 티셔츠 왼쪽 가슴에 새겨져 있던 'Communication'이라는 단어는 그리 친숙하지 않았다. 오히려 통신회사에 다니면서 다소 난해해 보이는 신문학과, 언론정보학과라는 전공명을 주변 사람들에게 설명할 때, 커뮤니케이션이라는 단어를 가장 많이 사용한 듯하다.

그런데 지금은 커뮤니케이션이라는 단어가 나에게 친숙하다. 그냥 커뮤니케이션이 아니라 '스포츠 커뮤니케이션'이다. 우리 과 출신 가운데 다소 특이하게도 나는 지금 스포츠 분야에 종사하고 있다. 스포츠 기자도 아니고, 스포츠 PD도 아니다. 선수와 체육 단체의 스포츠 매니지먼트와 스포츠 마케팅, 스포츠 커뮤니케이션 분야에서 일한다. 체육인(경기인으로 호칭

하기도 한다)과 교감하고 소통하면서, 동시에 회사 이미지와 연결하는 것이 나의 주요한 'job'이다. 그래서 지금은 통신이라는 단어보다는 '올림픽', '챔피언십'이라는 단어가 훨씬 더 친숙하다.

어릴 적부터 야구를 좋아했던 나는 스포츠 마니아이기도 했다. 평범한 대기업 회사원으로 홍보와 마케팅 업무에 종사하던 중 2005년, 회사에 스포츠 마케팅 전담 조직이 생기면서 광고 부서와 스포츠 부서의 선택지 앞에서 망설임 없이 스포츠 부서로 이동했다.

그동안 베이징, 런던, 리우, 도쿄, 파리 등 다섯 차례의 올림픽을 거치면서 기쁨과 슬픔, 기대와 실망을 직접 경험하고 대중과 소통했다. 베이징 올림픽에서의 활약을 기대하며 직접 후원 계약을 맺은 박태환 선수가 올림픽 금메달을 따내고 회사의 금메달 광고가 엄청난 반향을 일으키며, 스포츠 마케팅과 스포츠 스폰서십의 성공 사례로 오랫동안 회자된 것에 스스로 뿌듯해하곤 했다. 지금은 핸드볼이라는 비인기 종목의 대중화라는 임무를 부여받아 매진하고 있다. 감성적 커뮤니케이션 채널로서 스포츠가 가진 긍정적 측면을 끊임없이 소구할 계획이다.

이제 회사 생활을 마무리하는 시점이 다가오지만, 커뮤니케이션이라는 단어는 더 이상 어색하지 않다. 과학, 인문, 스포츠가 융복합하여 함께 어우러지는 4차 산업혁명 시대에 살고 있기 때문이다. 통신회사에 근무하는 스포츠인은 스포츠 커뮤니케이션을 통해 다시금 '신문학과(Department of Communication) 출신'이라는 사실을 떠올리고 있다.

주어진 80년대 그리고 선택들의 시퀀스

역사란 무엇인가?

성열우 | 1986학번

중고등학교 시절, 나는 수학을 좋아하고 막연히 과학자가 되기를 꿈꾸던 평범한 이과 지망생이었다. 하지만 그 평범한 꿈은 당시의 황당한 교육정책, 즉 적록 색약자는 이과 대학에 지원할 수 없다는 규정 앞에서 사춘기의 데이드림처럼 휘발되고 말았다.

갈 길 잃은 나에게 인문사회 계열 중 어떤 학과를 선택할지는 쉽지 않은 결정이었다. 정치적 격동 속에서 제도권 야당들이 기지개를 켜던 그 시절, 나는 〈신동아〉 같은 월간지를 탐독하며 나름대로 생각의 탈출구를 찾곤 했다. 그리고 신문학과를 선택했다.

전두환으로 대표되는 권위주의 정권 치하의 1986년, 나를 둘러싼 학교 안팎의 환경은 극단적으로 이중적이었다. 전투경찰들이 상주했던 학교는 저항과 민주화의 성지가 되어 최루탄 냄새가 가실 날이 없었다. 그러나 학교 밖의 서울은 격동의 시대에도 경제적 번영의 문턱에 접어들며 소시민들의 삶이 정상성을 회복해 가고 있었다.

그해 4월, 신림사거리에서 분신한 김세진과 이재호를 시작으로 이듬해 1월의 박종철 고문치사 사건까지 1년이 채 되지 않는 시간 동안 10명의 서울대 동문들이 분신·의문사·고문치사 등으로 세상을 떠났다. 당시에는 총학생회 이외에도 '자민투'와 '민민투'라는 양대 조직이 각기 다른 노선을 내세우며 학생운동을 주도하고 있었고, 학교 곳곳의 게시판과 벽면은 이들의 대자보로 도배되어 있었다. 반미, 반파쇼, 식민지, 제헌의회, 전위정당, 종파주의 등과 같은 거칠고 난해한 구호들이 날것 그대로 외쳐지던 시대였다.

그럼에도 불구하고, 이론보다는 실천이 도덕적으로 우선시되는 분위기와 짧은 시간 안에 강하게 얽힌 선배들과의 관계는 아직 미숙했던 내 정치적 자아를 스스로 '대자적 존재'라고 자위하게 만들었다. 나는 강의실보다 아크로와 가두에 더 자주 출석하곤 했다.

주말에 가족과 함께한 따뜻한 식사 자리는 또 다른 세상이었다. 학교에서는 하루하루가 전쟁터 같았지만, 집안의 일상은 평온하고 따뜻했다. TV 속에 비춰진 우리의 모습에서 '민주'라는 단어는 사라지고, 그 자리를 '좌경', '용공', '의식화', '극렬' 같은 낙인이 대신했다. 당시 명문대에 자녀를 보낸 부모님들은 자녀들이 자랑스러우면서도 혹시나 학생운동에 연루되어 감옥에 가거나 미래를 망치지 않을까 늘 걱정하며 살았다.

나 또한 낭만을 사치로 여기며 짱돌과 화염병을 벗 삼고 '민중'과 '투쟁'이라는 거친 말을 입에 달고 다니면서도 아늑한 아파트 안에서는 가족과 소시민의 평화와 안락함을 즐겼다. 나는 그 자체로 중첩된 존재였다. 18세, 어린 나에게 입학 첫해는 참으로 안쓰럽게 버거웠지만 딱히 벗어날 방법도 없었다.

그 무렵 각 학과마다 학회들이 만들어졌고, 신문학과에도 민언련을 비롯해 네 개의 학회가 설립되었다. 학회는 주로 3학년 선배들이 이끌었는데, 2학기가 되자 그 선배들을 학교에서 볼 수 없었다. 모두 구속되었기 때문이다.

무겁고 잔혹했던 한 해를 보낸 뒤, 2학년이 된 나는 현실에 대한 두려움과 미래에 대한 극심한 불안 속에서 결국 한 학기를 휴학했고, 감당하기 힘든 환경과 일정한 거리를 두기 시작했다.

휴학 기간, 대한민국에서는 6월 항쟁이 발발했고, 학생들뿐만 아니라 시민들도 거리에 나오기 시작했다. 마음 한편엔 큰 빚과 미안함이 남았지만, 그 시점부터 나는 아크로나 가두시위와 거리를 두었다. 대신 그동안 굶주렸던 이념적 탐구와 전공 공부에 집중하기 시작했다.

민주화 운동과 거리를 두면서도, 왜 그렇게까지 이념 지향적 학습에 집착했는지는 지금도 알 수 없다. 주변의 따가운 시선들을 뒤로한 채, 스스로 회색의 길을 걷기 시작한 나는 자신에게 되묻곤 했다. 우리가 갈망하는 민주주의란 어떤 민주주의이고, 열린사회의 적들과 싸우고 있는 우리 자신은 진정 민주적인가? 우리가 만든 이 공간은 정말 열린 공간인가?

3학년이 되면서 나는, 내가 언론인이나 정치인에 어울리는 성격이 아니라는 것을 서서히 자각하게 되었다. 그렇다고 고시에 관심이 있었던 것도 아니었다. 그저 철학이나 비판적 사회과학 이론을 공부하는 시간이 좋았고, 진로에 대한 고민이나 대책 없이 막연히 학과 공부만 즐기고 있었다. 다시 커지는 공허함과 무엇인가에 대한 막연한 갈망, 그리고 당시 유행하던 주체사상에 대한 반감, 민주화 운동에 무언가는 기여해야 한다는 부채의식이 겹치면서 나는 사회대 내 PD 계열 선배들과 함께 '그루터기'라는 학술 서클을 만들었다. 하지만 비판적 이론 학습에 대한 나의 열정도 거기까지였던 것 같다.

서클 활동과는 별개로, 나는 그 무렵부터 미시적 수리 모델이나 데이터 분석에 큰 흥미를 느꼈다. 중앙전산소를 드나들며 DEC VAX나 IBM3270 단말기에 익숙해졌고, 시스템에 대한 감각을 조금씩 키워 나갔다. 당시 많은 친구들이 클로드 레비스트로스를 읽으며 지적인 깊이를 확장해 나갈 때 나는 클로드 섀넌의 글을 보면서 넘을 수 없는 장벽을 느꼈다. 어떻게 커뮤니케이션 이론가가 이토록 정제된 수학적 사고를 펼칠 수 있을까, 경이로울 따름이었다.

그로부터 20년이 지난 후 머신러닝을 활용하기 전까지는 나는 섀넌과 위버가 수학자였다는 사실조차 몰랐다. 지금 그가 살아 있었다면 제프리 힌턴보다 더 강력한 영향력으로 인공지능 시대의 아이콘이 되었을지도 모른다. 어차피 힌턴의 역전파 알고리즘도 결국 크로스 엔트로피(*Cross Entropy*) 손실을 줄이기 위한 학습 메커니즘에 불과하지 않은가.

이후 나는 대학원에 진학했다. 그곳은 또 다른 형태의 '얽힘'이 시작되는 세상이었다. 깊이 있는 공부를 하기엔 시간이 부족했지만, 세상에 나가 무엇을 하며 어떻게 살아야 할지에 대한 솔루션을 그곳에서 찾을 수 있었다.

한 학기를 휴학해서 남들보다 1년 늦게 졸업했고, 대학원 도중 군 복무까지 하면서 긴 시간을 학과에서 보내고 나서야 비로소 나는 내 자신이 무엇을 원하고 내 열정이 어디를 향하는지를 발견할 수 있었다. 문헌정보학과 논문 소리까지 들어가며 억지로 끌어온 마르코프(Markov) 모델을 공부할 수 있었던 것은 소중한 덤이자 행운이었다.

30년 전, 대학원을 졸업하고 소프트웨어 엔지니어로 사회에 첫발을 내디뎠다. 한국과 미국을 오가며 메인프레임부터 클라이언트-서버, 웹, 분산 빅데이터, 머신러닝, 딥러닝, LLM, 멀티모달에 이르기까지, 시대의 기술이 바뀔 때마다 나는 그 한가운데서 10개가 넘는 언어로 시스템을 만들면서, 새로운 패러다임의 경계를 넘나들며 다수의 프로젝트를 수행해 왔다. 벌써 두 아이는 직장인이 되어 각자의 길을 가고 있고, 나는 여전히 건강한 몸으로 키보드를 두드리고 있다.

돌이켜 보면, 전혀 다른 시간과 공간에서 마주한 수많은 문제 속에서 내가 찾은 답들은 놀랍게도 이미 1986년부터 1996년까지 신문학과에서 배운 것들이었다.

《역사란 무엇인가》. 대학에 입학했을 때 선배들이 맨 처음 추천해 준 필독서 중 하나다. 카(E. H. Carr)의 관점에서 보면, 역사는 과거와 현재의 끊임없는 대화이고, 과거는 단지 사실의 집합이 아니라 현재의 해석을 통해 구성된다.

40년 전의 시대상을 사회과학적으로 분석하거나 정리할 능력도, 방법론도 이젠 내게는 남아 있지 않다. 또한 40년 전 내 삶의 모습을 40년 전 나의 시각으로 객관적으로 기술하는 것도 불가능하다. 2025년의 또 다른 내가 뒤틀어 놓은 시간의 여정들. 그것이 나의 회고이며, 나의 역사다.

지난 시간을 사회사가 아닌 개인사로만 미시화해 돌아보면, 내 삶은 끊임없이 변화하는 환경과 상호 작용하며 수없는 선택을 통해 다음 상태로 전이해 나가는 에이전트의 행동 시퀀스와 다를 바 없었다. 매 순간 새롭게 정의되는 심리적·도덕적 보상을 최대화하고, 불확실성으로 인한 두려움을 최소화하기 위해 탐색과 활용 사이에서 끊임없이 갈등하며 균형을 조율해 온 여정이었다.

강화학습의 프레임으로 본다면, 나는 언제나 엔트로피가 높은 초반부에 탐색의 비중을 높이는 선택을 했고, 그로 인해 불안정하고 요동치는 여정을 걷기도 했다. 그러나 그 진동의 곡선을 지나 어느 순간 평온한 일상 속에서, 가장 나다운 궤적으로 인도되어 왔음을 깨닫게 된다.

언론정보학과 설립 50주년을 정말 축하하며, 내 시간의 파동이 또 다른 누군가의 공명으로 이어지기를 바란다.

1987년과 동기여행

이건혁 | 1987학번

80년대 학번들은 대학 시절을 개인적으로 회상하더라도, 결국 시대의 소용돌이에 영향을 받을 수밖에 없다. 그래서 비슷한 이야기가 반복될 우려가 있지만, 87학번으로서 민주주의 전환기의 개인적 기억을 담고자 한다.

87학번으로 1987 혹은 6 · 10항쟁

1987년은 6·10 민주항쟁으로 대통령 직선제와 민주주의가 시작된 시기라서 민주화 전환기를 언급하지 않을 수 없다. 당시는 전두환 군사정권 말기였고, 한 해 전 1986년에 건국대 점거농성 사태로 1,300여 명의 대학생이 구속된 바 있었다. 그 후 대학가에서 이른바 운동권은 모두 구속되어 어수선한 분위기였고, 남아 있던 2, 3학년 선배들의 마음은 매우 무거웠을 것이다.

나는 그런 상황을 알지 못한 채 입학했다. 특히 입학도 하기 전인 2월 중순, 신입생 오리엔테이션 피켓을 든 선배를 따라 중국관으로 갔고 자기소개를 시작으로 즐겁게 놀면서 저녁과 술을 얻어먹었던 기억이 있다. 87학번은 입학하고 2월부터 4월까지 즐겁고 해맑은 대학 생활을 즐겼지만, 80년대 대학가가 대체로 그러했듯 4·19 혁명 기념 마라톤 대회와 5·18 광주

학살 규탄대회를 거치면서 점차 시위가 격화되었다.

1987년을 기점으로 대통령 직선제가 시작되었다는 것을 대부분 알고 있을 것이다. 그렇지만 나의 기억으로 1987년은 4월 13일부터 시작된다. 4·13 호헌조치로 전두환은 야당과 시민단체, 대학가의 직선제 개헌 요구를 무시하고, 12월에 예정된 차기 대통령 선거에서 간접선거로 새로운 대통령을 뽑겠다는 독재연장 선언을 일방적으로 발표했다. 전두환은 국민적 요구를 거슬러 야당과 대학생 운동세력에 구속과 탄압으로 대응했다. 학생들의 마음속에는 두려움과 함께 '군부 타도와 민주 쟁취'의 분노와 투쟁 의지가 커져만 갔다.

아직도 나는 개인적으로 1987년 6월 10일 날이 아직도 또렷이 기억난다. 3학년 장 모 선배와 같이 충무로 신세계백화점 옆에서 시작한 시위는 밤 9시 15분까지 계속되었고, 지친 몸을 이끌고 신림동 영타운이라는 술집으로 갔다. 이후 거의 날마다 시위하러 나갔고, 보도블록을 깼고 깨진 보도블록으로 물리적 극한까지 투석전을 벌였던 기억이 있다. 대학교 1학년생의 눈으로 보기에도 정국은 매우 불안정하게 느껴졌다.

6월 29일 노태우가 민주화 선언을 발표하면서 6·10 민주항쟁은 마무리되었다. 1987년 6월의 성과는 1980년부터 계속된 구속과 탄압, 어두운 시간을 끝내고 얻어낸 학생운동의 최초 승리라고 평가받는다. 87학번은 크게 이바지하지 않고도 민주화라는 과실을 얻었지만, 1970년대부터 1980년대까지 사회 개혁을 위해 노력해 온 선배들의 헌신 없이는 불가능한 일이었음을 잊지 않고 있다.

학과 동기들과 추억 쌓기

선후배 학번의 동기 모임은 잘 모르겠지만, 87학번들은 동기들끼리 유난히 신나게 열심히 놀았다. 대표적으로 1학년 여름에 지리산, 3학년 가을 수학여행으로 설악산, 4학년 초여름에 졸업여행으로 한라산을 등반하면서 추억을 만들었다. 이런 동기 모임이 영향을 미쳤는지, 입학한 지 30년이 지난 2018년부터 2025년까지 '87 여행자 클럽'을 만들어 매년 많게는 10명, 적게는 8명씩 여수, 부산, 군산. 광주, 정읍 등을 여행하고 있다.

1학년에는 6월 항쟁이 겹쳐 농촌활동을 가지 못하게 되면서 1학년들끼리 7월 초 여름방학 지리산 여행을 계획하였다. 일단 구례 화엄사에서 1박을 한 뒤 노고단을 거쳐 반야봉과 삼도봉 근처까지 갔지만, 종주하지 못하고 가던 길을 그대로 되돌아왔다. 기억에 남는 점은 스무 살 어린 나이에 산을 전혀 모르는 생초보들이 충분한 준비 없이 반도에서 가장 높은 산을 오르겠다고 무모한 계획을 짰다는 것이다. 계곡을 따라 내려왔고, 구례에서 봉고차를 빌려 부산으로 이동할 때는 엄청난 폭우를 맞은 기억이 있다. 나중에 알게 된 사실이지만, 1987년 7월 태풍 셀마는 산청에 300mm의 물폭탄을 퍼붓고 사망자와 실종자 350여 명, 이재민만 10만 명을 발생시킨 대형 태풍이었다. 생각 없이 계곡 길로 하산한 과정은 지금 돌아보면 아찔했던 순간이었다.

또한 재미있었던 점은, 신입생끼리 여행을 가니까 매일 매 순간 판단하고 결정하는 과정에서 의견이 부딪히며 사소한 주도권 다툼이 있었던 것이다. 30년이 지나 다시 시작된 '87 여행자 클럽'에서는 성숙하게 서로 의견을 존중해 주지만, 당시에는 서로의 기질이 부딪치며 격하게 논쟁하기도 했다.

3학년 때 설악산 등반도 좋았지만, 4학년 제주도 졸업여행은 아마 취업 후에는 만나기 어려울 테니 이번이 마지막이라는 생각으로 되도록 많이 참여하자고 설득했다. 제주도 여행에서도 풋풋한 대학생의 좌충우돌은 계속되었다. 제주도 들어갈 때는 목포에서 배를 탔지만 돌아올 때는 비행기를 예약했는데, 제 시간에 도착하지 못해 비행기를 놓쳤고, 결국 서울과 부산으로 뿔뿔이 흩어져 집으로 돌아가야 했다. 이런 일들도 지나고 보면 좋은 추억이다.

대학을 떠나기 전후 그리고 자리를 잡기까지

나에게 1989년은 3학년이자 학생회장으로 활동했던 시기이다. 당시 한국사회는 개혁방법론이 백가쟁명식으로 쏟아져 나오던 시기였다. 그런 추세에 맞게 경제학과에서 맑스주의 경제학을 전공한 김수행 교수님을 초빙하였다. 1989년, 신문학과에서도 새로운 교수님으로 비판언론학을 전공한 교수님을 초빙해 달라는 학생들의 요구가 터져 나왔다. 학생들의 요구가 받아들여지지는 않았지만 89학번 신입생들과 함께 과 사무실에서 농성했던 일은 지금도 가장 선명하게 기억에 남는다.

대학을 졸업하고 어느 직장에 들어갔는지 말하자면 별 재미가 없을 것 같다. 87학번이 졸업할 때 신문사들이 여전히 증면 경쟁 중이었고, 1995년도에 종합유선방송이 새롭게 출범했기 때문에, 주로 신문사와 종합유선방송사에 취업했다. 여느 학번과 비슷하겠지만, 언론계(김경달·이희정·노순동·노향란) 말고도 공부를 계속하여 학계에 자리 잡기도 했다(양은경·이건혁). 그렇지만 전공과 달리 행정고시(차동민)나 사법고시(김종훈)에 합격한 친구도 있다. 또 첫 직장을 나와 제 2의 직업을 찾아 독자적인 사업을 하는 친구들도 있다(연규찬·박형진·정인균). 그중에는 의학전문대학원에 진학하여 50세에 의사가 된 친구도 있다(노향란).

나는 1987년 신문학과에 진학할 때 학력고사 점수를 받고 대학과 학과를 정해 지원했다. 나는 사회과학대학 정치학과나 사회학과, 혹은 경영대학에 가고 싶었지만, 고등학교 인솔 교사의 조언으로 신문학과를 지원하게 되었다. 대학에 들어가자마자 언론 자유화 조치가 시행되었고, 89학번부터 신문학과는 사회대에서 주목받는 인기학가 되었다.

1995년 종합유선방송이, 2002년 위성방송이 시작되면서 다매체·다채널 시대가 열렸다. 1995년에 나는 대학원 석사과정을 마치고 박사과정 진학과 사회 진출 사이에서 진로를 고민했다. 그러다가 박승관 교수님의 추천으로 박사과정에 진학하였고, 현재에 이르게 되었다.

대학 재학과 사회 진출 과정에서 지도해 주신 교수님들은 말할 것도 없고, 수없이 많은 대화를 통해 고민을 들어 주고 조언해 주었던 선배와 후배들의 도움이 현재의 나를 만든 재료였음을 부인하기 어렵다. 그리고 대학교에서 만난 또 다른 재료, 동기들과 평생 동행할 수 있어 다행이다. '87 여행자 클럽'도 계속되기를 고대한다.

내가 겪은 90년 범죄와의 전쟁

임성희 | 1988학번

《서울대학교 언론정보학과 50년사: 1975~2025》 동문 기고문 청탁을 받았다. 기고문을 쓰기로 결심하고는 문득 상상해 보았다. 과연 누가 이 글을 읽을까? 아마 우리 과 동문일 가능성이 높고, 옛날 얘기에 관심이 있는 사람, 맞다. 〈오징어 게임〉 황동혁 감독처럼 한국의 1980~1990년대 이야기를 영화나 드라마로 만들고 싶어 하는 후배들이 이 책을 열어 볼 수도 있겠다 싶었다. 그렇다면 내가 언론정보학과 들어와 겪은 경험 중 가장 드라마틱한 이야기를 써야겠다고 마음먹었다. 제목도 최대한 영화나 드라마 감독들의 눈에 띄게 뽑고, 형식도 시나리오처럼 써 보기로 했다.

'범죄와의 전쟁'. 최민식 주연의 영화로 익숙한 분이 많겠지만, 1990년 10월 13일 대통령 특별 담화를 통해 선포된 역사적 사실이다. 여러 조치가 포함되어 있지만, 가장 눈에 띄는 조치는 말단 순경에게까지 권총과 실탄이 지급되었다는 점이다. 당시 노태우 대통령은 자신에게 붙었던 '물태우'라는 오명에서 벗어나려는 듯, 강경한 어조로 범죄와의 전쟁을 선포했다.

학생들은 범죄와의 전쟁이 민주화 세력을 탄압하기 위해 공안 정국을 만들려는 포석이라고 이해했다. 그래서 11월 3일 '학생의 날'을 기해 반대 시위를 벌이기로 결정했다.

#1. 서울대 6동 1층 구석지고 어두컴컴한 동아리방에 학생으로 보이는 네 명이 모여 소곤거리고 있다. 선배로 보이는 누군가가 종이에 뭘 열심히 그리면서 설명하고 그 종이를 태워 버린 후 방을 나간다. 남은 세 명은 가방을 주섬주섬 챙겨 나온다.

A: 내일 어떻게 갈래? 같이 가자. 학교에서 12시쯤 94번 버스를 타고 가면 될 거 같은데.

B: 그래 내일 동아리방에서 11시 반에 봐.

C: 나는 전투조라 먼저 출발한다. 잘해라.

A: 그냥 갈 거야? 한잔하고 가야지.

B: 과외 가야 해. 내일 보자

C: 나도 일 있어. 내일 보자.

#2. 영등포역이 보이는 인도 위에서 A와 B는 바짝 긴장한 채로 담배를 피우면서 무언가를 기다리고 있다. 역 주변으로 전경 버스들이 늘어서 있는 것이 보인다.

A: 몇 시에 동튼다고 했지? 지금 몇 시지? 엄청 긴장되네.

B: 오늘따라 전경 버스가 좀 많은 거 같지 않냐?

#3. 신호등이 빨간불로 바뀌자, 몇몇 학생이 갑자기 도로로 뛰어들어서 뭔가 구호를 외치기 시작한다. 그러자 여기저기서 학생으로 보이는 젊은 이들이 도로로 뛰어나와 합류한다. 하지만 학생 수가 많지 않아 차들이 빵빵거리며 지나간다. 그들이 외치는 구호는 도시의 소음에 묻혀, 잘 들리지 않는다.

#4. 거친 호루라기 소리와 함께 사복 백골단이 곤봉을 들고 뛰어온다. 멀리서 시위진압 복장을 한 전경부대가 보인다. 시위 학생들의 최선두에서 쇠파이프를 들고 시위대를 보호하던 전투조 진영이 백골단에 의해 무너진다. 학생들은 시위 대열을 이탈해 사방팔방으로 뛰기 시작한다.

B: (확 몸을 돌려 뛰기 시작하더니) 야, 우리도 튀자!

A: (당황해서 B를 쫓으며) 야, 같이 가.

#5. 작고 허름한 공장들이 밀집한 골목에서 두 사람이 허리를 굽힌 채 헉헉거리며 숨을 고르고 있다.

B: 이제 더 안 쫓아오겠지?

A: 응. 여기서는 안 뛰어도 될 것 같아. 뛰면 오히려 이상해 보일 것 같아.

#6. 걸어가던 두 사람의 뒤쪽으로 경찰 순찰차가 나타나더니, 갑자기 사이렌을 울리며 두 사람을 쫓기 시작한다.

B: (확 몸을 돌려 뛰면서) 야, 튀어!

A: (뒤따라 뛰기 시작하며) 아이씨 … .

#7. 두 사람을 쫓던 순찰차에서 순경 한 명이 내리더니, 총집에서 권총을 꺼내 두 사람을 향해 달려간다.

순경 1: 야, 거기 서! 안 서면 쏜다.

A: (뒤돌아본다. 순경이 총을 꺼내 든 모습을 보고 당황한 얼굴이 역력하다. 갑자기 뛰지 못하고 다리가 꼬이더니 넘어진다.)

순경 1: (A의 덜미를 확 잡더니) 잡았다! 요놈, 어디서 도망을 가.

#8. 순찰차가 다가와 뒷덜미가 잡힌 A 옆에 서더니 순경 2가 운전석에서 내린다.

순경 1: 한 놈은 놓쳤네.

순경 2: 그래도 한 놈 잡았으니 갑시다.

#9. 멀리서 스쿠터가 순찰차 쪽으로 털털거리며 다가온다. 스쿠터 운전자 뒤에는 B가 타고 있다.

B: (울먹이는 목소리로) 아저씨, 왜 이쪽으로 가요? 아이씨, 왜 이래요. 빨리 지나가요

스쿠터 운전자: (순찰차 앞에 스쿠터를 멈추며) 죄를 지었으면 벌을 받아야지. 어딜 도망가.

B: (스쿠터가 멈추자 털썩 뛰어내리며 도망가려고 하다가 이내 다리가 꼬이며 자빠진다.)

A: (뒷덜미가 잡혀 있는 와중에도 어이없어하며 웃는다.) 뭐야, 저 자식. 왜 저걸 타.

#10. 달리는 순찰차 뒷자리에 A, B 두 사람이 고개를 푹 숙이고 앉아 있다. A는 소리 죽여 큭큭대고 B는 황당한 얼굴이다.

#11. 경찰서 강당. 시위를 하다 잡혀 온 학생들이 꿇어 앉아 있고 주위에서 전경들이 학생들을 감시하고 있다.

A: (조용한 목소리로 속삭이며) 야, 정말 뒤에서 총을 겨누니까 발이 막 꼬이고 엄청 무섭더라. 뛸 수가 없더라고. 그건 그렇고 너 어쩌자고 그걸

타냐. 난 니가 그래도 무사히 도망갔으니까 우리 집에 가서 책도 치우고, 부모님도 안심시켜 드릴 수 있어 다행이라고 생각했는데. 어떻게 그렇게 나타나냐? 정말 황당하더라.

B: (역시 속삭이듯) 그럴 줄 알았으면 내가 탔겠냐? 착해 보였는데…. XX. 그건 그렇고 저 앞에 C 아니냐? 엄청 맞았나 보다. 얼굴이 퉁퉁 부었는데.

A: 재가 C야? 아이쿠. 못 알아보겠다. 어쩌냐. 많이 아프겠다.

#12. A가 책상 앞에 앉아 있고, 책상 주인인 듯한 형사가 A를 취조한다.

형사1: 그러니까 너는 학교에서 집에 가는 길이었고, 버스 정류장에서 303번 기다리고 있었는데 갑자기 최루탄이 터져서 놀라 도망치다가 얼떨결에 잡혔다는 거지?

A: 네, 맞아요. 그랬죠. 그건 그렇고. 아저씨 말씀을 들어 보니 아들을 경영학과보다는 심리학과 보내시는 게 좋을 것 같아요. 심리학이 앞으로 전망이 아주 밝거든요.

형사1: 그래그래. 조언 고맙다. 여기 지장 찍고 가서 기다려. 곧 훈방될 거야.

#13. 후미진 서클룸에 다시 A, B가 앉아 있다.

A: 야, 왜 너만 48시간을 꽉 채우고 나오냐? 쇠파이프 휘두른 놈이 제일 먼저 나가고. 넌 왜 늦게 나온 거야?

B: 몰라. XX. 계속 "누구 아냐? 누구 아냐?"만 물어 보고. 같은 거 계속 물어보고. 도무지 왜 안 풀어 주는지. 누구는 아버지 빽 덕분에 나가고, 누구는 머리 잘 굴려서 나가고. 나만 엄청 고생했네.

이 사건은 내가 직접 겪은 일이다. 내가 A인지 B인지 C인지, 그리고 나머지 사람은 누구인지는 여러분의 상상에 맡긴다. 내 대학 생활 중 가장 생생하게 기억나는 사건인데, 막상 글로 써 놓고 나니 재미가 없는 듯하다. 말로 하면 훨씬 더 재미있게 전할 수 있을 텐데 아쉽다.

미래의 독자님, 원한다면 말로 잘 풀어 줄 수 있으니 연락해 주길 바란다. 만약 그때 내가 살아 있다면 말이다.

길치의 길 찾기

박정애 | 1989학번

어쩌면 영문과에 갔을 수도? 영어 과목을 좋아했으니까. 국문과에 갔을 수도 있다. 국어 교사이자 시조 시인이던 3학년 담임선생님이 국문과를 콕 집어 권하셨으니까.

그럼에도 나는 1지망으로 신문학과를 선택했다. 고 3 여름방학, 넬리 블라이(Nellie Bly)의 전기를 읽었기 때문이다. 블랙웰 정신병원 잠입 취재로 미국 의료 시스템의 변화를 촉발하고, 쥘 베른의 《80일간의 세계 일주》를 따라 72일 만에 세계 일주를 완주한 넬리 블라이의 인생 서사는, 서울 구경도 못 해본 시골 소녀의 가슴을 세차게 흔들어 놓았다. 마음 깊은 곳에는 소설가의 꿈이 있었지만, 도시 빈민 가정의 맏딸인지라 가난이 호환마마보다 무서웠다. 기자라면 글을 써서 월급을 받으며 세상을 넓게 경험할 수 있으리라는 셈속이 있었다. 신문학과 지원 동기를 묻는 교수님들 앞에서 떨리는 목소리로 넬리 블라이를 이야기하던 순간을, 지금도 잊지 못한다.

입학 직후 신입생환영회. 각자 노래 한 곡씩 준비하라는 지침을 받고, 이문세의 〈시를 위한 시〉를 외워 갔다. 신림동 중국집에서 나는 "그대 날 위해 울지 말아요…"라고 거의 시 낭송을 했다. 다른 친구들은 〈소양강 처녀〉나 〈떠나가는 배〉를 불렀고, 선후배가 젓가락 장단을 맞추며 함께해 주었다. 술자리 노래란 무엇인지, 술자리에 처음 참여한 그날에야 감을 잡을 수 있었다. 학과 조교 김창남 선배님이 기타를 들고 와 〈솔아 솔아 푸르른 솔아〉를 불러 주셨다. 노래패 출신답게 워낙 잘 부르기도 했지만, "시퍼렇게 쑥물 들어도" 같은 시적인 가사(원래 시였다)에 나는 눈시울이 뜨거워지고 말았다. 뒤이어 함께 부른 〈불나비〉에서는 내 속의 불나비 애벌레 떼가 변태를 시작하는 느낌을 받았다. 마지막에 모두가 스크럼을 짜고 부른 과가(科歌)는 화룡점정. "말하라, 말하라, 몸뚱이로 말하라! 두 눈이 가리우고 귀마저 막혀 버려도, 혀는 잘리워서 입은 말 못해도 몸뚱이로 말하라!" 그 격정과 결기가 어찌나 눈물 나게 좋던지. 바로 그날부터 나는 신문학과를 사랑하게 되었다.

정작 전공 수업은 내게 잘 맞지 않았다. 학점을 잘 받겠다는 포부는 일찌감치 접었다. 그렇다고 학교생활이 황량하진 않았다. 아니, 하루하루가 어딘가 모험처럼 두근거리고 재미났다. 외로움과 힘겨움, 슬픔과 고단함마저 약간의 스릴을 동반했다.

학과 사무실 책상 위 '사람의 소리' 공책에 틈틈이 글을 남기면, 이름 없는 낙서 같은 글임에도 굉장히 밀도 있는 커뮤니케이션이 이루어지곤 했다. 그때 알았다. 나는 커뮤니케이션 '학'(學)보다 글을 매개로 오가는 커뮤니케이션 자체를 사랑함을. 학과의 네 개 학회 중 '외빛문학회'에서 사회 고발성 리얼리즘 소설을 탐독했고, 사회대 여성문제 동아리 '동이'를 이끌며 박완서, 이사벨 아옌데 등 여성작가의 소설을 읽었다. 그런저런 교류와 토론이 수업보다 오래 남았다.

선배 손에 이끌려 나간 시위 현장에서는 나도 팔뚝을 흔들고 구호를 외쳤다. "광주학살 원흉, 전두환·노태우를 처단하라", "가자 북으로, 오라 남으로, 우리의 소원은 통일." 젊은 날의 치기에 휩쓸린 면이 없지 않았으나, 우리 대학 아크로폴리스에서, 전남대에서 연세대에서 느꼈던 그 '살아 있음'의 벅찬 감각을 다른 무엇으로 얻을 수 있었으랴.

1989년 3월 1일, 양쪽 어깨에 가방 1개씩을 메고 서울역에 내렸던 막막한 순간이 떠오른다. 역전 공중전화로 여고 동창회장이 주선해 준 강남의 어느 가정집에 연락했다. 택시를 타고 도착한 그 집에서 내가 할 일은 초등학생 두 아이의 보모 겸 가정교사였다. 숙식만 제공될 뿐, 월급은 없었다. 내 사정을 알게 된 동기가 월급이 있는 진짜 가정교사 자리를 소개해 주었다. 생활비가 바닥났을 때 기꺼이 돈을 빌려준 친구, 수많은 이사 때마다 짐 나르는 걸 도와준 친구, 밥 사 주고 술 사 준 친구, 술 마시고 토하는 나를 끝까지 돌봐 준 친구, 내 서툰 글을 읽어 주고 응원해 준 친구, 친구들 ….

그 와중에도 4년 내리 농활에 참가했다. 충남 아산시 인주면 냉정리. 열 살까지 경북 청도군 깡촌에 살았지만, 실제로 무논에 들어가 피를 뽑거나 밭에서 김을 매 본 경험은 없었다. 손에 익지 않은 농사일이 힘든 것은 당연한데, 밤이 깊어도 끝나지 않는 평가와 총화의 시간이 더 힘들었다. 모기와 거머리도 지긋지긋했고 재래식 화장실도 문젯거리였다. 화장실을 이용하느니 자연과 대화하는 편이 나았다. 논두렁에 미끄러지면서 뒤로 자빠진 친구도 있었고, 물도랑에 앞으로 자빠진 친구도 있었다. 그렇게 힘들었는데도, 왜 아르바이트 일정까지 무리하게 조정하면서 참가했을까.

뒤풀이가 너무 좋았다. 우리 생에 그 정도의 보람, 재미, 해방감을 느끼기는 쉽지 않을 터. 예산 수덕사 근처 민박집 마당에 동그라미·세모·네모를 그려 놓고 '오징어 게임'을 하던, 어느 해의 농활 뒤풀이가 생각난다. 지나치게 열중한 나머지, 땅바닥에 머리를 박은 동기 이희주가 거반 죽다 살아났다. 그는 한참 동안 '나는 누구? 여기는 어디?'라고 묻는 눈빛으로 주위를 두리번거렸다. 그때 놀이를 제안했던 90학번 후배 황동혁은 훗날 넷플릭스 최고의 흥행작 〈오징어 게임〉을 만들었다. 인생은 종종 본 게임보다 뒤풀이에서 반전을 준비한다.

며칠 전 뮤지컬 〈다시, 동물원〉을 관람한 까닭인지 요즘 걸핏하면 '동물원'과 김광석의 노래를 듣는다. 뮤지컬에서 다섯 명이 완전체로 노래했던 그룹 '동물원'은 네 명만 남아 먼저 간 '그 친구'를 그리워한다. 특히 물리학을 전공한 멤버가 되풀이하는 대사가 뮤지컬의 주제를 아우른다. "중성미자. 눈에 보이지도 않고 무게도 없지만 에너지는 있는 … 마치 추억 같은 것."

89학번의 추억 속에서 '그 친구'는 38세에 세상을 떠난 홍수정이다. '순정만화 찢고 나온 비주얼'이던 수정이, 그 화려한 외모에 비해선 털털하기 이를 데 없던 수정이, 동기 중에서 제일 먼저 결혼하고 제일 먼저 아이를 낳을 만큼 뜨겁고 용감했던 수정이, 영화를 사랑했기에 영화에 재능 있는 후배 황동혁을 위해 후원금을 모았던 수정이, 수술 후에는 열정적으로 사진 예술에 헌신했던 수정이 … . 특별히 나에게는 내밀한 고민까지 나눈 영혼의 절친 수정이. 어쩌다 '수정아, 수정아' 이름만 불러도 눈물 나는 수정이 … .

수정이 떠났을 때 우리 신문 89학번은 오랫동안 그 부재의 공허에서 눈 돌리지 못했다. 10년이 훌쩍 넘도록 기일마다 모여 그녀를 추모했던 것은, 수정의 사랑하는 남편이 자리를 마련해 준 덕이기도 했지만, 무엇보다 살고 죽는 일의 가없는 공허 속에서도 추억의 에너지를 공유하고 싶었기 때문이리라.

대학 시절을 거치며 나는 '어떤 글'을 좋아하는지 분명히 알게 되었다. 오직 내면을 드러내는 문학적 글쓰기만이 내 가슴을 뛰게 했으나, 경로의 존성이라는 게 있는지라 4학년에 언론사 취업을 위한 스터디그룹에 들어갔고 닥치는 대로 시험을 봤다. 낙방, 또 낙방, 줄줄이 낙방. 지금 돌아보면 오히려 다행이었다. '몸뚱이로 말하라'고 하는 과가를 무척 좋아했을 뿐, 스트레스에 취약하고 은근히 게으른 내 몸뚱이는 기자 생활에 조금도 맞지 않았다.

저널리스트의 문이 닫히자 다른 문을 두드렸다. 방송작가, 벤처기업, 학원가에서도 일해 보았다. 결국 국문과 대학원으로 향했고, 그곳에서 소설가로 등단하고 현대문학 석사학위를 받았다. 두 아이를 키우고 소설을 쓰며 박사학위 논문을 내처 끝냈고, 그해에 문예창작학과 전임강사로 강단에 서서 올해로 스물두 해째다. 돌고 돌아 결국 '글 쓰는 월급쟁이'가 되긴 했다. 고등학생 때 꿈꾸던 넬리 블라이는 아니지만… .

영문과나 국문과에 진학했더라면, 나는 기어코 기자가 되었을 것 같다. 언론계에서 애면글면 버티고 버티다가 지천명이 넘어 퇴직하여 소설 한 편 붙들고 끙끙대고 있을 평행우주의 내 모습이 그려진다.

나는 지금도 못 말리는 길치라 눈앞에 번연한 지름길도 놓치고는 하염없이 헤맬 때가 많다. 그러구러 헤매다 보면 생각지도 않았던 데서 목적지와 마주치거나 목적지에 버금가는 장소에 닿아 있곤 한다.

나는 여기에 와 있다.

반짝이는 사람들, 충만한 시간들

이임수 | 1990학번

서울대 언론정보학과 창립 50주년을 맡아 회고하는 원고를 부탁받으며, 오랜만에 20대 초 대학 생활을 추억해 본다. 나는 대학 교정에서 학력고사를 치르고 바로 다음 날 면접고사를 본 이후 합격 여부가 결정되는 신속한 입시 절차를 거쳐 1990년 3월에 신문학과에 입학했다.

대학 졸업 후 짧은 직장 생활을 끝내고 다른 전공으로 새롭게 학부 과정을 시작했기 때문에 신문학과에서의 일들은 매우 빠르게 잊혔다. 그럼에도 신문학과에서 보낸 4년은 현재의 전공을 선택하고 공부를 지속할 수 있었던 지적인 역량과 동기를 마련해 주었다. 무엇보다 서로 의지하고 소통했던 동기, 선후배들의 따뜻함과 7동 211호(내 기억이 정확한지 모르겠다) 과 사무실에서 느껴졌던 수다스럽고 정겨운 분위기는 그 시절 불안정한 나를 위로하고 붙잡아 주었다. 과 사무실에 비치된 '사람의 소리' 공책과 우편물로 과내 구성원들의 목소리를 듣고 타 학교 친구들의 소식을 받았다.

나는 이번 여름 30여 년 전 대학 생활의 기억을 더듬기 위해 오래된 물건들을 뒤졌다. 그러나 그 시절의 많은 흔적이 여러 번 이사하는 과정에서 대부분 사라졌다. 낡은 상자 속에는 편지와 쪽지들, 학술지 〈차원〉의 1993년 창간호와 2호, 3호만이 남아 있었다. 이상하게도 신문학과 시절 사진들은 행사 후 요란하게 과 사무실에 게시하여 인화 신청을 받았으나, 정작 내가 신청을 하지 않은 것인지 신청한 사진을 받지 못한 것인지 내 손에 남은 것은 없었다. 결국 불완전한 기억을 보조해 줄 자료조차 온전하지 못한 채로 1990년부터 1993년까지의 신문학과 시절을 더듬어 본다.

되돌아보면 신문학과에서 보낸 4년은 나의 미숙함과 순진함을 거듭 확인하게 한 시간이었다. 무엇보다 입학하여 처음 수강한 1학년 전공필수 수업에서 받은 충격은 매우 컸다. 차배근 교수님의 '커뮤니케이션 개론' 수업이었는데, 첫 번째 주어진 과제가 교재에 제시된 '커뮤니케이션'에 대한 정의 중 타당하다고 생각하는 관점을 선택하고 그 이유를 설명하는 것이었다. 많은 학생들이 교재의 해당 장 말미에 종합적으로 제시된 견해를 선택했다. 나도 그랬던 것 같은데, 그 과정에서 '단순해 보이는 하나의 문제에도 정답은 없구나, 아니 다수의 답이 가능하구나' 하고 깨달았다. 어리석게도 그걸 계기로 교과 공부에 흥미를 잃었던 것 같다. 그래서인지 신문학과 수업과 전공 공부에 대한 기억은 거의 잊혀졌다. 아마도 출석과 학업에 충실하지 못했기 때문일 수도 있다.

그래도 기억에 남는 수업은 있다. 박명진 교수님의 '영화론' 수업은 대형 강의실을 꽉 채우는 인기 강의였다. 교수님의 '방송과 현대사회'는 신문학과 재학 4년을 통틀어 나름대로 가장 열심히 참여한 수업이었다. 방송 프로그램을 조사·분석하는 팀 발표에서 우리 팀은 1993년 초에 방영을 시작한 시트콤 〈오박사네 사람들〉로 발표했다. '영상커뮤니케이션' 수업에서 배운 기호학 이론은 졸업 후 다른 전공으로 진로를 결정하는 데 영향을 주었다.

박승관 교수님의 '국제커뮤니케이션과 방법론'(정확한 과목명인지 모르겠

다) 수업은 부족하고 미숙한 자신을 깨닫게 해 주었다. 어느 날 내 수업 노트에 잘못 필기된 이론가의 이름(Thompson이었다)을 교수님께서 정정해 주셨다. 그때 수업 내용에 무심했던 나 자신이 참 부끄러웠다. 그리고 통계 분석 프로그램을 배우는 수업에서 팀 과제가 있었는데, 팀 활동에 불성실해서 동료들에게 미안했던 기억이 아직까지 남아 있다.

돌이켜보면 나는 적극적으로 수업에 참여하고 열심히 공부하는 학생은 아니었지만, 학과 수업에서 얻은 것은 분명히 있었다.

신문학과 재학 시절 대부분의 기억은 교과 외 활동이다. 당시 나는 동아리 활동은 하지 않았고 학과 활동에만 참여했다. 당시 학과에는 네 개의 학회가 있어서 대부분의 신입생들은 원하는 학회에 가입했다. 나는 철학학회 '돌추'에 참여하여 선배, 동기들과 세미나를 통해 공부했다. 그 과정에서 고등학교 때까지 알았던 세계와 사회, 사람에 대한 관점과 설명이 정답이 아닐뿐더러 전부가 아님을 알게 되었다. 그래서 대학 4년 동안 모든 것이 혼란스러웠지만, 그럼에도 나는 참여하고 행동해야 했다. 학과 학생 활동에는 적극적이어서 여름 농활에 참여했고, 구속학우 후원회 활동도 했다. 그때 나는 혼자 스스로 걷기보다는 여러 누군가의 부축을 받아 가며 한 발 한발 나아가고 있었다.

1994년은 신문학과가 창립 만 20년에 이르는 해였다. 이에 즈음하여 학과에서는 1993년 2월에 학부 학술지 〈차원〉을 발간했다. 3학년 겨울방학 때 수합한 원고를 6명이 편집하여 창간호를 만들었다. 대학원 석·박사 과정에 있는 선배들의 글과 학부 88, 89, 90, 91학번의 다양한 글을 엮었다. 이후 몇 호까지 발간되었는지는 알 수 없으나, 당시 편집장으로서 쓴 창간사에는 신문학과의 발전을 이끄는 친숙한 학술지가 될 것이라는 믿음과 희망이 엿보인다. 실제 편집 과정은 아래아한글 프로그램에 능숙한 동기가 주도했고, 다른 편집자들은 교정·교열을 맡았다. 지금은 기억이 희미해졌지만 여럿이 함께 일하며 즐거움뿐만 아니라 어려움도 있었을 것이다. 창간호 마지막 장에 쓴 한 후배의 편집 후기가 이를 암시한다. "여섯 명이 만드는 일하는 재미, 여섯 명이 가질 수밖에 없었던 한계들, 정말 잊을 수 없는 겨울이군요." 우여곡절 끝에 학술지는 나왔고, 지금 보면 촌스러운 서체가 그때의 미숙하지만 열정적이었던 시간을 증명해 준다.

나에게 신문학과 4년은 사람들과 어울리고 배우고 성장하는 과정이었다. 성인으로서의 내가 만들어진 시기랄까. 학기 중 많은 저녁 시간을 녹두거리에서 보냈고, 매 학기마다 학과·학번 MT를 떠났다. 사람들과 어울리는 시간은 때로는 충만하게 때로는 공허하게 느껴졌다. 그래도 사람들은 나를 돌아보게 하는 반짝이는 존재들이었다.

한번은 동기와 즉흥적인 여행을 떠난 적이 있다. 여름방학 때 학교에서 우연히 만나서 이런저런 얘기를 하다가 진주에 사는 후배를 찾아가기로 했다. 갑작스럽게 시작된 여행이라 진주에 도착한 후 후배와 연락이 원활하지 않았다. 나는 짜증이 났다. 그때 같이 갔던 동기는 나를 달래 주었는데, 지금도 그 순간 그 친구의 너그러움과 따뜻함을 잊지 못한다. 부족한 나를 깨닫고 배움으로 채운 순간이었다.

졸업 후 3년간의 소모적인 직장 생활을 마감하고, 전공을 미술이론으로 바꿔 한국예술종합학교 미술원에서 다시 공부를 시작했다. 대학 4년을 거치면서도 끝나지 않았던 방황이, 3년의 직장 생활로 인해 방향을 바꿔 다시 시작되는 것이 아닐까 걱정도 되었지만, 그냥 마음이 가는 대로 두기로 했다.

이후 공부는 꾸준히 했다. 한예종에서 전문사과정(석사과정)을 마치고,

미국에서 현대미술사로 박사학위를 취득했다. 2013년 한국에 돌아와 현재는 홍익대 예술학과에 재직 중이다. 여전히 나의 삶은 미숙하고 불안정하다. 그래도 앞으로 나아갈 수 있는 것은, 20대 초반 젊은 시절 신문학과에서 보낸 시간이 만들어 준 '건강할 수 있는 태도' 덕분이 아닐까 생각한다.

기억을 더듬으며 한동안 잊고 있던 친구를 떠올린다. 지금은 고인이 된 조영욱. 2, 3학년 무렵, 언젠가 영욱이가 나에게 안도현 시집을 선물했는데, 거기에 적어 준 글이 지금까지도 내 삶을 이끌어 가는 데 힘을 준다. 미국 유학을 떠나면서도 힘을 얻기 위해 안도현 시집을 사 갔다. 영욱이의 말은 신문학과 4년이 나에게 주는 의미와 다르지 않다. 그 친구가 써 준 말을 남기며 먼 대학 생활의 회고를 마무리하고자 한다.

임수에게
시집을 하나 선물하겠다는 약속을 이제야 지키는 것 같다.
약간은 불안해 보이는 너에게, 하나하나의 행동들에 의미를 부여잡고 살라고 말해 주고 싶다.
예상과는 달리 의외로 풋풋하고 참신하게 다가온 이 시집과 같이, 너도 그 건강성을 계속 유지할 수 있기를 바란다.

- 5. 31. 영욱이가

나의 행복한 대학 시절

윤 평 | 1991학번

학기는 끝나 가는데 전공 수업에 전혀 들어가지 않았다. 오늘부터라도 수업에 들어가야 할 거 같아 강의실을 찾아 헤매지만 여전히 강의실 문을 열지 못한 채 건물을 빙빙 돌았다. 강의 시간이 끝날 무렵에야 겨우 강의실에 도착했다. 그제야 잠깐이라도 수업에 참여할 수 있었다. 내년이면 졸업을 앞두고 있는데 사회에 나갈 준비가 전혀 되어 있지 않았다. 도대체 대학에 들어와 지금까지 나는 무엇을 하고 있었던가?

수업 후 잠시 들린 과 사무실은 어색하고 낯선 공간이 되어 있었다. 복학하기 전에는 자연스럽게 익숙한 사람들과 웃으며 인사 정도는 주고받던 곳이었지만, 지금은 다른 가족들 사이에 들어가는 것처럼 불편했다. 문 앞에서 아는 사람이 있는지 과 사무실 안을 한번 휙 둘러본 후 낯선 얼굴들만 확인하고 서둘러 자리를 떠났다.

한참 후 잠에서 깨어나 '대학 시절'의 꿈에 또 한 번 시달린 것을 깨달았다. 누구나 꾸는 절벽에서 떨어지는 꿈 따위 말고는 20대까지는 꿈에 시달린 기억이 없다. 그 시기의 나에게는 깨어 있는 동안의 육체적 고통이나 정신적 피로가 오히려 밤에 숙면을 유지해 주었기 때문이다. 30대에는 지금의 아내와 결혼 전 시절로 되돌아가 헤어지자고 통보하는 꿈을, 40대에는 가끔 군 생활의 마지막 달로 돌아가 있는 꿈을 꾸었다. 꿈에서 깨어나 옆에서 곤히 자고 있는 아내를 보면서 '또 오랜만에 쓸데없는 꿈을 꾸었네'라며 혼자 웃어넘길 수 있는 것이었다.

대학을 졸업한 지 30년이 지난 지금 나는 '대학 시절'의 꿈에 시달린다. 그런데 이 꿈은 30대나 40대 때의 꿈과는 달리 실로 불쾌하기 짝이 없다. 마땅히 해야 할 일을 하지 못하고 허둥대는 작금의 나의 모습을 그대로 보여 주기 때문이다.

내가 늦은 나이에 '대학 생활'의 악몽에 시달리게 된 이유를 찾아보았다. 대학 생활이 나란 존재가 앞으로 무엇을 할 것인지 꿈을 꾸게 하면서도, 동시에 갈 길을 찾아야 하는 출발선에서 한 걸음도 앞으로 내딛지 못하게 했기 때문이다.

1991년도 입학할 당시 대학에는 두 개의 교육체계가 존재했다고 본다. 교수에 의한 교육과 학생 자치 조직, 즉 학생회나 각종 동아리에 의한 교육이 있었다. 특히 학생들이 조직한 학회나 동아리 등을 통한 교육은 기존 대학교수들에 의한 교육보다 중요하게 인식되었다.

신입생들은 입학과 더불어 학생회에서 주도하는 여러 행사에 참석했다. 가장 먼저 신입생 오리엔테이션에 초대되었고, 여기서 거의 대부분의 신입생들이 공동체 생활에 대한 교육을 받았다. 그 후 대다수가 학회나 동아리에 들어가 선배들로부터 시대 상황과 역사적 사명에 대해 배웠다. 학생회는 각 시기에 맞는 행사를 주관하면서 사회 참여라는 형태의 교육을 지속했다.

"대학 교육이란 교수님들로부터 받는 것이 아니라 '선배나 동료'들에게 배우는 것"이라는 말이 생각난다. 선배들의 신념은 진실했고, 그들의 삶은 신념과 일치했다. 나는 큰 스승처럼 보였던 그들을 마음 깊이 존경했다. 조금이라도 따라가려고 노력했다. 자연스럽게 공산주의 사회에 심취했고, 이를 위한 사회 활동에 헌신해야겠다는 굳은 신념을 품었다. 그 외의 삶은 나에게 아무것도 아니었다. 추구하는 목표는 명확했고 행동에 불일치는 없었다. 이런 나의 태도는 정작 대학에서 받아야 할 기본적인 교육을 등한시하게 했다.

하지만 삶은 겉돌았다. 무릇 일은 사람이 하는 것이다. 사교적이지 못한 성격 탓에 인간적 친밀함을 요구하는 공동체에 적응하기 어려웠다. 공동체는 왜 친밀함을 요구하는가? 친밀도가 중시하는 것은 결국 신뢰의 문제일 것이다. 그렇다면 인간적 친밀함은 어떻게 형성되고 공고해지는 것일까? 함께 추구하는 이념으로? 아니면 생활 경험의 공유로? 아마도 후자가 친밀도를 더 높일 것이다(〈내부자들〉이란 영화에서는 경험 공유를 강제한다).

교묘한 말장난처럼 들린다. 공동체는 신뢰를 기반으로 해야 한다. 그러나 친밀도는 신뢰도와는 다르다. 친밀도가 높은 것이 상호 간 신뢰가 있다는 것을 의미하지는 않는다. 나는 선배들을 신뢰하고 존경했다. 하지만 상호 간 친밀도는 높지 않았다. 공유한 생활 경험이 많지 않았던 것이다.

1학기가 끝날 무렵 군대에 갈 결심을 했고, 다음 해 가을에 휴학을 했다. 주류에서 멀어졌으나 완전히 떨어지지 못한 채 주위를 배회하게 되었다. 나는 길을 잃었다고 생각했다. 하지만 길을 찾으려 노력하지도 않았다. 안일함과 나태함에 몸을 맡겼다. 그저 그대로 행복했다.

차배근 선생님은 강의 도중 쉬는 시간에 꼭 담배 한 개비를 피우셨다. 미리 양해를 구하시고 강의실 창문을 열고 담배를 태우셨다. 그러면서 지나가는 말로 "나는 이것밖에 없다"라고 말씀하신 것이 기억난다. 이것이 검지와 중지 사이에 끼고 있던 담배를 말한 것인지, 아니면 강의하시던 커뮤니케이션 개론서를 지칭한 것인지 기억나지 않는다. 그 당시에는 차배근 선생님의 말씀이 담배이든 커뮤니케이션 개론서이든 나에게는 의미가 없었기 때문이다. 하지만 세월이 지난 지금에 이것밖에 없다는 말씀을 하시고 맛있게 담배를 한 대 피우셨던 선생님의 모습이 더없이 멋있게 기억된다. 평생의 노력을 통해 무엇 하나를 일구어 낸 사람만이 할 수 있는 말이라 생각된다.

난 지금 대학 시절 선배들로부터 보고 들은 것들에 감사한다. 다만 선생님들로부터 배울 수 있는 기회를 놓친 것이 후회된다. 다듬어지지 않았던 선배들의 대학 시절 신념은 놓여 있는 수많은 선택지 가운데 하나였지만, 학문을 마주한 선생님들의 고집은 오히려 외길이었다.

당시에는 무의미하게 느꼈던 작은 성과 하나를 이루기 위한 노력을 배우지 못한 것, 그 후회가 꿈에서 나를 괴롭히는 것이다.

92년 그때 우리는

전봉기 | 1992학번

우리는 '거의' 18살, 혹은 19살의 나이로 그곳에 모여 새로운 출발을 했다. 사회에 나가고, 가정을 꾸리고, 2세를 낳아 기르고, 직장의 굴곡도 뚜렷해진 50대에 접어든 지금, 생각해 보면 (적어도 내겐) 18살 1992년의 봄은 생애주기표의 첫 장에 해당하는 시간이었다. 가장 멀리 있지만 그래서 자주 들춰 보아야 했던 기억의 장이었다.

언론정보학과가 50주년을 맞이한 지금, 비슷한 나이대가 된 우리 92학번의 1992년을 돌아보는 것은 이중의 의미가 있다. 1992년은 92학번뿐만 아니라 당시 창립 20여 년을 맞은 언론정보학과에도 역시 청년기였고 변화와 성장의 한복판에 있던 때였던 것이다. 말하자면 같은 생애주기를 맞춰 왔던 것이라 그 주기표의 첫 장인 1992년을 펼쳐 보고자 한다.

개강, 그리고 '컴개론책'을 들고 다니던 드라마 주인공

3월 개강의 기억은 저마다 다르겠지만, 우리에게 진정한 개강은 '커뮤니케이션 개론' — 일명 '컴개론' 첫 시간을 의미했다. 그러나 그 찬란했던 첫 시간이 남긴 가장 강렬한 기억은 강의가 끝난 뒤 친구들이 내쉬던 한숨이었다. 상·하권 각각 1,500페이지가 넘는 벽돌책을 들고 오신 교수님은 우리가 한 학기 동안 어떤 내용을 배울지 먼저 설명해 주셨다. SMCRE 기본적 커뮤니케이션 모형의 의미, 그리고 소스·메시지·채널·수신자·효과 등 그 모형의 각 구성 요소에 대한 각론이 수백 페이지씩임을 밝히셨다. 당연히 이어서 커뮤니케이션학을 만든 제2차 세계대전 이후 미국 커뮤니케이션 학자들, 즉 4비조의 핵심 주장을 읊어 주시는 것으로 수업은 끝났다. 이 많은 내용을 일단 숙지, 즉 암기하는 것으로 시험이 진행된다는 설명도 하셨다.

나와 많은 92학번 친구들은 '우리 과는 그래도 법대나 경제학과와는 달리 두꺼운 벽돌책과 암기를 피할 수 있을 것이다'라는 막연한 믿음이 있었다. 그것이 첫 수업에서 무너진 것이었다. 그 실망은 한 학기의 수업과 중간·기말 고사를 치르며 더러 옅어지기도 했으나 더 강화되기도 했다. 하지만 전공과목뿐만 아니라 교양과목도 우리가 생각했던 낭만적 대학 수업과는 많이 달랐다. 이것은 우리 과만의 문제는 아니긴 했다.

그런데 우리는 이 벽돌책 '컴개론책'을 전혀 기대하지 않은 다른 곳에서도 보았다. 바로 TV 드라마였다. 당시에는 대학생이 주인공인 청춘드라마가 모든 공중파 방송사에서 인기가 많았다. 그중 MBC 〈우리들의 천국〉의 남자 주인공이 신문방송학과 학생으로 설정되어 있었는데, 그가 학교에서 들고 다니던 책이 컴개론이었다. 첫 수업 때 우리에게 강한 충격과 낭패감을 주었던 그 벽돌책이 드라마에서 대학의 낭만과 자유로움의 상징으로 나왔으니 또 한 번 낭패감을 느낄 수밖에 없었다.

하지만 92학번들이 TV에 나온 교재를 보고 이중적 감정을 느낀 것과는 별개로 당시 대한민국 사회에서 신문방송학 전공이 가지는 의미는 그런 것이었다. 직접적으로 말해 대학 전공의 성적순 서열, 전공과 연계된 직업의 사회적 위치, 그리고 이 모든 것이 종합된 상징적 가치를 볼 때 청춘드라마의 주인공은 신문방송학과 학생이어야 했던 것이다. 좀 더 세속적으로 말하면, 동아리 활동을 하고 교우들과 어울려 술도 마시고 연애도 하다가, 가끔 사소한 일탈행위를 저질러도 결국 졸업 즈음엔 누구나 인정할 만한 직업으로 사회에 진출할 수 있는 학과로 간주되었던 것이다. 이렇게 보면 지나친 단순화일까.

피에르 부르디외의 표현을 빌리면, 교육자본도 높고 문화자본도 상층부에 속하는 것으로 평가받는 과였다고 말하는 게 맞을지도 모르겠다. 물론 드라마 속 신문방송학과의 위치와 우리 과 92학번들의 실제 삶은 거리가 꽤나 멀었다. 그럼에도 그런 사회적·문화적 위치 부여는 이후 우리의 삶에서 좋게 말해 이정표로, 나쁘게 말해 '쓸데없는 부담'으로 자리매김했다.

농활 정리 모임을 하던 원천유원지의 〈난 알아요〉

그렇게 기대와 실망이 엇갈렸던 1학기를 마치고 우리가 맞이한 큰 행사는 농민학생연대활동, 즉 '농활'이었다. 지금도 명맥이 이어지는지는 알 수 없지만 당시에는 전국의 거의 모든 대학생들이 여름에 자매결연을 맺은 농촌 마을에 봉사하러 갔다. 거기서 농사일을 돕고 청소년들의 공부도 도와주곤 했다. 나는 길게 참여하진 못했지만 92학번의 많은 친구들은 2주씩 활동했던 것으로 기억한다. 늦게 가서 며칠 있지도 않았던 나는 논에서 서툴게 피를 뽑던 일, 그리고 모기에 물리며 선잠을 자던 마을회관의 밤 등이 아주 희미하게 기억난다.

그런데 그런 희미한 기억과는 달리 농활을 마치고 정리 모임을 하기 위해 다 같이 갔던 수원 원천유원지의 모습은, 더 자세히는 그 유원지 앞의 상점가 여기저기서 동시에 울리던 노래는 선명하게 기억난다. 서태지와 아이들의 〈난 알아요〉였다.

농활을 가던 6월 말까지만 해도 서태지와 아이들의 데뷔곡인 〈난 알아요〉는 가요순위 프로그램에 이제 막 소개되어 순위에 진입하기 시작했다. 그런데 농활을 끝낸 7월 중순에는 이미 순위를 매기는 모든 음악 프로그램에서 1위를 석권하고 있었다.

우리 대중음악과 글로벌 뮤직의 시차를 일거에 없애 버렸다는 그 노래는 X세대의 등장을 상징했다. 기성세대와 전혀 다른 자유분방함과 자신들만의 소비문화를 가진 X세대는 1990년대 경제 발전의 산물이었다. 그런데 그 자유분방한 세대의 노래를 1980년대 대학문화 전통이 깃든 농활 중에 숱하게 들어야 했다는 사실은 역시 92학번의 이중적 상황을 보여 주는 것이었다.

물론 그 이중성에 대한 자각은 누구에게나 같진 않았을 것이다. 그러나 우리가 농활을 갔던 마을의 이장님 아들이 논두렁에서 몰고 다니던 일제 오토바이를 보며 받은 작은 충격, 매주 과외를 해서 돈을 벌지 않으면 수업료나 하숙비 내기가 버겁던 동기들이 TV 속 압구정 로데오거리에서 X세대의 행태를 보면서 느낀 거리감은 다들 비슷했을 것이다. 자유분방함과 풍요로운 소비가 우리를 규정한다고 하는데 정작 우리 자신은 스스로가 그런지 알기 어려운 데서 오는 일종의 '소외'의 감정이라고나 할까.

그럼에도 우리는 그렇게 세상이 'X세대는 이런 것을 할 수 있어'라고 던져 주는 메시지를 받아 안으며 스스로의 가능성을 조금씩 키워 갔다. 물론 그런 것을 다 할 수 있는 능력이나 경제력을 가진 것은 아니었기 때문에 혼란과 좌절을 느껴야 했던 것도 1992년 여름의 아쉬운 기억으로 남았다.

92년에서 93년으로 마지막 변화의 꿈

1992년도의 끝자락을 담은 나의 기억이라면 그해 1992년 12월 7일 보라매공원의 기억이다. 그날 대통령 선거에 출마한 '민중후보' 백기완 선생의 유세가 있었다. 내 기억으로는 영하 10도 가까운 추운 날이었는데도 공원을 가득 메울 정도로 인파가 모였다. 대부분은 대학생이었다. 그날 나는 민중후보 지지 활동을 하던 몇몇 선배의 권유 아닌 권유로 그 유세장에 가서 백기완 선생의 연설을 끝까지 들었다. 가기 전에는 사실 나도 '한 1천 명이나 모일까? 그냥 야당 후보도 아니고 민중후보인데…'라고 생각했는데, 실제로는 공원이 거의 찼으니 3~4만 명은 모였을 것이다.

12월 18일 대선의 결과 백기완 후보는 23만여 표 정도로 5위에 머물렀다. 결국 그렇게 추운 날 야외에서 하루를 버티며 변화를 외치는 목소리를 들었던 결과는 현실의 벽을 깨닫는 것이었다. 그럼에도 그 하루가 기억에 남는 것은, 그렇게 현실의 벽을 느낀 사람이 나 혼자가 아니었다는 것이다. 사실은 내가 아는 우리 과 사람들 거의 모두였다.

그해 겨울 우리 과 사무실은 참 어지러웠다. 당시 유력 야당 후보였던 김대중 후보를 지지하는 대학생 모임, 민중후보 백기완 후보를 지지하는 모임, 또 공명선거 캠페인을 하는 경실련 대학생 모임 등 거의 존재하는 모든 대학생 정치단체에 우리 과 선후배들이 한두 명씩 다 들어가 있었다. 다른 과가 대개 한쪽 단체에 집중적으로 들어가 단일한 정치 성향을 가졌던 반면, 우리 과는 다원성에서 그야말로 차원을 달리했다. 우스갯소리로 대학생 정치단체 사무실들이 입주한 학생회관 한가운데에서 "신문학과 나와라!"를 외치면 모든 사무실에서 한 명씩 튀어나올 것이란 농담이 통할 정도였다.

우리 과 선후배들이 왜 그렇게 정치적 참여 욕구가 컸는지 당시에는 그다지 이해되지 않았다. 그러나 몇 년 후 한 선배가 자신의 수강신청 암호 네 자리 숫자를 말할 때 조금은 깨닫게 됐다. (당시는 거의 모든 암호가 네 자리 숫자였다.) 암호는 바로 '9293'이었다. 그 이유를 묻자, 선배의 설명은 다음과 같았다.

"92년에서 93년으로 넘어가는 그때가 바로 가장 희망찬 변화가 이뤄질 것이라고 그때는 기대했다. 물론 이뤄지지는 않았지만 … ."

물론 그 선배나 우리가 당시에 얼마나 진지하게 변화를 꿈꾸고 노력했는지는 확신하기 어렵다. 각자 생각이 달랐던 만큼 각자가 바라는 변화의 방향도 달랐다. 무엇보다 당연하게 대학생으로 우리의 위치를 지키면서도 사회에 대한 고민을 놓치고 싶지 않다는 욕심에 불과했는지도 모른다. 하지만 그럼에도 그해 추웠던 12월과 보라매공원, 그리고 다채로운 표어와 스티커가 붙어 있던 과 사무실의 기억은 아직도 되살아난다.

돌이켜보면, 벽돌책 컴개론책을 강의실에 이어 TV 드라마에서 보았던 낭패감, 농활을 마치고 돌아가던 길에 계속 듣던 서태지의 〈난 알아요〉, 그해 겨울 과 사무실을 가득 채웠던 선거캠프 스티커들까지 — 모두가 기승전결을 이루어 1992년의 이야기를 만들어 주었다. 온갖 가능성과 꿈을 우리에게 던져 우리를 뛰게 했던 시간들, 아무리 뛰어도 꿈에 닿을 수 없었던 우리에게 현실의 벽마저 좌절을 안겨 줬던 1992년. 그렇게 92학번에게 갖가지 희망을 주면서도 동시에 갖가지 방식으로 현실을 깨닫게 해 준 것이 바로 우리 과, 당시의 신문학과였다. 이제 92학번과 함께 50주년을 맞이한 장년의 언론정보학과도 30여 년 전, 1992년에는 청년이었고, 92학번의 질풍의 시기를 온전히 담아낸 그릇이 돼 주었던 것이다.

30년 전 메시지에 답하다!

길 덕 | 1993학번

"신문학과 시절 보냈던 삐삐 메시지에 대한 대답을 30년 넘게 기다리고 있어요."

한밤중에도 숨이 턱턱 막히던 2025년 여름 어느 날, 낯선 문자가 도착했다.

'신종 보이스피싱인가? 아니라면, 신문학과란 명칭을 아는 사람이라면 내가 입학한 93년부터 96년까지 같은 캠퍼스를 밟았던 누군가일 텐데 ….'

궁금했고, 동시에 묘하게 설렜다. 누구냐고 묻고 싶었지만 발신 전용 문자였다. 항상 이런 식이다.

다음 날, 신문학과 시절 함께했던 동기와 선후배들에게 연락을 돌렸다.

"혹시 어젯밤에 발신 전용으로 문자 보냈어(요)? 아니면, 신문학과 시절 나를 몰래 좋아했던 우리 과 사람이 있었을까?"

돌아온 대답은 세 가지였다.

"낮술 했냐?" "더위에 미쳤구나!" "곱게 늙어라!"

1993년, 나는 신문학과 신입생이 되었다.

시내버스 142번과 좌석버스 51번, 52번이 관악캠퍼스 안까지 들어오던 시절, 대한민국은 큰 변화를 맞고 있었다. 문민정부가 출범했고 금융실

명제가 전격 실시됐다. 군사정권이 끝났다는 안도감 속에서 사람들은 '투명한 사회'라는 말을 입에 올렸다. 대학가는 여전히 민주화 이후 열기를 품고 있었지만, 한편으로는 영어학원 전단지와 어학연수 광고로 가득한 시대이기도 했다.

젊은 세대는 'X세대'라는 이름으로 불리며 사회의 주목을 받았다. 허리에 삐삐를 차고 압구정 로데오거리를 거니는 모습이 뉴스에 등장했다. 무라카미 하루키의《상실의 시대》와 서태지와 아이들의 노래는 우리를 집단보다는 개인의 상실감과 자유에 눈뜨게 했다. 하이텔, 천리안, 유니텔 같은 PC통신 ID를 서로 적어 주며 "채팅방에서 만나자"던 말이 낯설지 않던 시절이었다.

신문학과 과방 칠판에도 이런 공기가 스며들었다. 녹두거리에 열리는 학회 뒤풀이 장소를 알리는 쪽지 옆에는 강남역 뉴욕제과 앞이나 압구정동 맥도날드 앞 약속이 적혀 있었다. 신림동 허름한 주점에서 두부김치와 소주로 사회문제를 토론하는 날도 있었고, 압구정동 로바다야끼에서 레몬소주를 마시고 강남역 나이트클럽으로 향한 날도 있었다.

20대 초반의 젊은이에게는 정답이 흔들리던 시대였다. 무엇이 옳은지 알 수 없던 혼란 속에서 과방은 심리적 안식처였다. 학번이 달라도 서로를 형, 누나, 동생이라 불렀던 가족 같은 문화 속에서 고민을 털어놓고 삶의 방향을 잡을 수 있었다. 대답을 해 주던 이들도 세상 이치를 모를 나이였지만, 형, 누나로서의 의무감 때문인지 최선을 다해 무엇인가를 알려 주려 했다. 후배들은 그런 말들을 경청하고 의존했다.

그들 중 누군가가 저 삐삐 메시지를 보낸 게 아닐까 싶지만, 여전히 감은 잡히지 않는다.

1995년 봄, 마지못해 군에 입대했다.

다행히 신문학과 동기와 선배가 함께여서 외롭지 않았다. 논산 육군훈련소를 거쳐 카투사 훈련소에 입소했다. 이때 대한민국을 발칵 뒤집은 뉴스인 삼풍백화점 붕괴 소식을 들었다. 우리 과에는 피해자가 없어서 안도했다. 용산으로 자대 배치를 받은 후에도 신문학과 선배의 덕을 봤다. 바로 위 고참의 제일 친한 친구가 우리 과 91학번 선배였다. 이 고참의 도움으로 군 생활을 아무 탈 없이 보낼 수 있었다.

1997년 전역 후 복학했다.

서울대 신문학과 이름이 언론정보학과로 바뀌어 있었다. 후배들은 휴대폰을 들고 다니며 어학연수, 유럽 배낭여행을 당연한 일인 듯 말했다. 사법고시를 준비하는 우리 과 선후배들도 더 많아졌다. 낯선 공기에 적응하려는 순간 IMF 외환위기가 터졌다. 캠퍼스는 얼어붙었고, 취업 준비하던 우리도 예외일 수는 없었다. 도서관 열람실의 공기는 무겁고, 매일같이 신문 1면은 유명한 기업들과 은행들의 파산과 이로 인한 실업 소식으로 가득했다. 모든 이의 삶이 숨 막히고 팍팍한 시절이었다.

2000년 나는 〈한국경제신문〉 기자로 사회에 첫발을 내디뎠다.

이후 전략컨설팅회사, 티유미디어, 〈조선일보〉, 이노션, 브라보앤미디어 등 여러 회사를 거쳤다. 라이선스 없는 전문가인 기자, 컨설턴트, 광고인 등으로 일했다. 새로운 일을 할 때마다 이상하리만큼 어디서나 우리 과 선후배들이 '키다리 아저씨'처럼 나타났다. 수습기자 시절 편집국에서 기가 죽어 있으면 90학번 선배가 "다 그런 거야"라며 어깨를 두드려 주었다. 전략컨설팅회사에 창업 멤버로 들어가 막막해할 때는 82학번 형이 사업의 방향을 잡아 주며 일거리를 소개해 주셨다. 지금도 어찌 살아야 하나 고민

될 때면, 이 형을 찾아가 조언을 구한다. 티유미디어와 〈조선일보〉에서도, 지금 스포츠 IP 사업과 방송채널을 운영하는 현재의 자리에서도, 언론정보학과 선후배들은 늘 나의 울타리였다.

개인적인 아픔 속에서도 그랬다. 아버지께서 2002년 교통사고로 전신마비가 되셨다. 이후 18년을 누워 계시다가 돌아가셨다. 거동이 불가능한 환자를 20년 가까이 돌보는 일은 가족 모두에게 쉬운 일은 아니었다. 그때마다 꾸준히 안부를 묻고, 응원해 준 사람들 역시 신문학과 동기와 선후배들이었다.

하늘의 명을 깨달은 나이를 지났지만 아직도 중요한 선택 앞에서 늘 흔들린다. 그럴 때마다 믿을 만한 조언과 응원을 건네는 이들 역시 언론정보학과 가족들이었다.

내 휴대폰엔 아직도 그 문자가 남아 있다.

"신문학과 시절에 보냈던 삐삐 메시지에 대한 대답을 30년 넘게 기다리고 있어요."

이 문자는 어쩌면 특정한 누군가가 아니라, 우리 학과 전체가 보내온 것일지도 모른다.

"네가 걸어온 길에서 언론정보학과가 어떤 의미였는지 되새겨 보라"는 질문일지도.

언론정보학과가 내게 남긴 건 단순한 지식이 아니었다. 그것은 '가족'이었다.

그리고 이제 내가 답장을 보낼 차례다.

"다들 잘 지내지? 덕분에 지난 30여 년간 잘 살았어. 진심으로 고마워."

'일레븐'과 변화의 경험들

김수아 | 1994학번

94년 새터(새내기 새로 배움터)에서 언론정보학과 신입생들은 '일레븐'을 외치는 것으로 주목을 받았다. 특별히 이유가 있었던 것은 아니었다. 청소년 수련원에 온 것처럼 줄을 맞추어 이동하는 중, 인원수를 확인하기 위한 줄 번호 세기에서 언론정보학과 줄이 11번으로 끝났기 때문이다. 신입생이란 늘 그렇듯, 참여한 사람들 전체에게 설명하기 어려운 기이한 열광과 열정이 감돌아 모두가 큰 소리로 '일레븐'을 외쳤다.

당시 참여한 동기나 선배들에게 이 기억을 물어보면 서로 다른 이야기를 할지도 모르겠다. 그러나 나에게 대학의 첫인상은, 합리적 이유나 설명이 불가능한 엉뚱한 것을 선택해 놓고도 스스로 자랑스러워 할 수 있다는 열광과 해방감이었다. 언론정보학과 앞에서 대기하던 사회복지학과 2학년 선배들이 '왜 저러나?', '일레븐이 대체 뭐냐?' 하면서 신기하게 쳐다보던 것이 기억난다.

94학번으로서 글을 써야 한다는 말에 먼저 일레븐이 생각난 것을 보면, 기억이나 추억이란 어쩌면 이러한 이해할 수 없는 감정과 정동들을 둘러싸고 형성되는 것일지도 모른다.

학부 시절의 경험을 돌이켜보면, '대학'은 이러한 열광과 열정이 분명히 존재했지만, 동시에 어렵고 복잡한 공간이자 공동체였다. 언제나 다음 학번이나 후배들은 진지하지 않거나 문제가 있다고 이야기한다. 그럼에도, 1992년 서태지와 아이들의 데뷔 이후 신세대가 명명되는 시기에 대학을 경험한 사람들은 아무래도 공동체, 학생운동, 사회정의 같은 거대한 개념과 맺는 감정이나 경험이 달라질 수밖에 없었다.

학회 모임에서는 1990년대 전후 학생운동의 '신화'를 엄청난 화술로 내러티브화하여 전달하는 선배들과 함께했다. 오랜 기간 동안 이러한 이야기를 전승해 온 이야기꾼들처럼 선배들은 각자 주고받는 순서와 감탄사마저도 딱 맞게 연결되는 한 편의 극예술을 보여 주었다.

94학번은 과 학생회장 경선을 치렀고 당시에는 드물게 동기 이소연이 여성으로 입후보했다. '영페미니스트'의 시기였고, 사회대의 여러 여학생이 영페미니스트 웹진 〈달나라 딸세포〉 활동에 참여했다. 학생운동이 힘을 잃고 있다고들 말했지만, 전통적 의미는 아니더라도 우리만의 문화나 대학과 사회의 문제를 논의하려는 움직임은 여전히 활발했다.

동시에 토익, 토플 등의 영어 공부나 취업과 경력을 고민하는 동기가 늘어났다. 녹두거리의 술자리나 저자가 명확히 기록되지 않은 책들을 읽고 토론하는 활동과는 다른, 말 그대로의 '놀이' 문화에 대한 지식과 경험을 만들어 가는 동기나 후배들이 생겨났다.

고학번이 되던 즈음, PC 통신을 통해 새로운 '민주주의'를 상상하는 선배들, 압구정 커피숍이나 팬덤을 연구하는 대학원 선배들을 만나면서 우리 전공의 범위가 매우 넓다는 것을 실감했다. 추후 많은 연구자들이 한국적 신자유주의 시기였다고 설명하는 이 시점의 대학 생활을 돌이켜보면, 너무나 이질적인 것들이 엉켜 있었고 동기들은 각 갈래에서 여러 고민을 하며 자신만의 선택을 해 나가고 있었다.

우리 학번은 대학의 공간 경험 역시 달라지는 중에 학교를 다녔다. 학교 곳곳에서 공사가 이어졌고, 대기업이나 저명인사의 이름을 붙인 공간들도 생겨났다. 2학년이 되었을 때 현재의 인문대에서 새로 지어진 사회대로 이동했는데, 7동과 8동으로 이어지는 인문대 공간은 (정말 그런지는 사실 확신할 수 없으나) 여하간 무언가 더 공동체적인 감각이 있었다. 아마도 누구나 아무렇게나 앉을 수 있는 너른 빈 공간이 없어서였을지도 모른다. 지금처럼 깨끗하게 관리되는 '회의실'을 다양한 용도로 쓸 수 있고 더위와 추위를 피할 수 있는 환경이 학생들에게도 좋다고 생각하지만, 무언가를 잃어버린 것 같아 고개를 갸웃하게 되는 순간들이 있다.

학부 생활을 기억해 보니 정말 변화의 소용돌이 한가운데였다는 (과장일지 모르는) 감상이 먼저 떠올랐다. 그리고 지금의 신입생들도 어쩌면 생성형 AI의 시대를 만나면서 변화의 한가운데 있다고 느낄 것이라는 생각이 연이어 떠오르기도 한다. 우리 사회가 압축적 근대화의 연장선에서 속도와 방향이 다른 여러 변화를 동시다발적으로 경험했고, 대학 생활은 중고등학교 시절에 비해 다양한 선택의 기회가 주어지기에 매 순간 사회적 변화를 체험하기도 했다. 학부 시절이 이렇게 변화와 연결되어 기억되는 것도 그 때문일 것이다.

고등학교 시절과는 확실히 다른 공간과 공동체 경험은 '일레븐'을 통해서 감각되었다. 대학 시절, 다변하는 정치·사회 상황, 대학 공간과 인간관계 속에서 나름의 선택을 위해 노력하는 동기와 선후배들을 보며, 다양한 삶의 조각들과 조건들의 얽힘에 대해 생각했다. 기술로 인한 변화의 한가운데에서 다양한 감각과 경험을 겪게 될 지금의 신입생들에게도, 그들만의 정동과 열광의 기억을 기록할 지면이 이어지기를 바란다.

“제대로 배운 정통 기자입니다”

이정은 | 1995학번

비놀리아 공법, 동원관의 돈가스 메뉴, 완탕동산, 팩차기 … . 서울대 언론정보학과 95학번의 대학 생활이 어땠는지를 떠올렸을 때 가장 먼저 튀어나온 단어들이다. 무엇을 공부했느냐고 묻는다면 “미디어는 메시지다”(The medium is the message)라는 한 문장을 줄기차게 외쳐대며 암기했던 언론학자 ‘마셜 매클루언’의 이름 외에는 별로 떠오르는 게 없으니 어쩐다.

공부보다는 비놀리아(써도 써도 닳지 않는다고 광고했던 비누 이름)처럼 하세월로 공사하다가 1995년에야 문을 열었다는 새 사회과학대 건물을 처음 사용한 새내기였다는 흡족함, 1,000원짜리 중앙도서관 옆 학생식당의 식판 식사보다 튼실한 동원관(경영대)의 점심 메뉴를 불과 5분 거리에서 누릴 수 있는 호사, 그렇게 점심을 먹고는 둥그렇게 둘러서서 우유팩을 차는 선배들을 쳐다보던 재미 같은 것들이 더 인상적이었다. 녹두거리의 지하 술집에서 짬뽕 국물 한 접시를 안주로 시켜 놓고 깡소주를 들이키던 시절이었다. 면도 건더기도 없이 고춧가루만 잔뜩 푼 짬뽕 국물은 맵고 짜고 시었는데, 그때를 생각하면 아직도 김건모의 〈잘못된 만남〉이 귀에서 울린다.

지금의 언론정보학과는 1995년에는 신문학과였다. “예술 분야에서의 신문학(新文學)을 공부하는 곳이냐?” 혹은 “수사기관의 신문(訊問)에 관한 학과냐?" 같은 엉뚱한 질문도 받았던 학번이다. 학생운동은 거의 끝물이었던 학번으로 기억한다. 5·18이 되면 동기들과 함께 아크로광장에 섰고, 거리를 돌며 전단지를 나눠 주기도 했는데, 이런 활동의 의무적 참가에 의문을 제기하거나 반발하는 동기들이 생겨나던 시기다. IT기술의 바람이 대학 캠퍼스 안에도 불어닥치기 시작했다는 것도 특징이다. 인터넷이 막 보급되기 시작하던 무렵, 새로 오픈한 전산실에서는 야후 검색 같은 것을 좀 할 줄 안다는 동기들이 잔뜩 폼을 잡고 다녔다.

새로 문을 연 방송 스튜디오의 존재는 당시 인기가 한창 상승세였던 방송기자, PD를 꿈꿔 볼 수 있는 공간이었다. 한 지상파 방송사에서 교체 대상인 옛 장비를 기증해 만들어진 방송 스튜디오는 대학생의 눈에 으리으리한 첨단 미디어 현장으로 보였다. 이곳의 방송 장비를 활용해 그룹별로 방송 프로그램을 제작해 제출하는 게 과제인 수업을 들었다. 나는 드라마를 찍자고 호기롭게 외치고는 얼떨결에 PD 역할을 맡았는데, 각본도 연출도 연기도 어설프기 짝이 없었다. 작품을 발표하는 마지막 수업 시간에는 다른 팀들처럼 다큐멘터리를 선택할 걸 그랬다는 뒤늦은 후회가 쓰나미처럼 몰려왔다. 대학 졸업 이후 진로를 방송사가 아닌 신문사로 결정한 배경에는 발표 후 이불킥을 해야만 했던 그때의 민망함이 무의식적으로 작용한 측면도 있지 않을까 하는 생각을 해본다.

아날로그의 끝물에서 헤매다

95학번은 IMF 외환위기로 취업의 문이 급속히 닫혔던 암울한 시기에 졸업과 취업이 시작된 학번이었다. 〈동아일보〉에 입사해 수습기자 훈련을 시작한 첫날 문을 열고 들어간 경찰서 숙직실의 쾌쾌한 냄새를 잊지 못한다.

그 방은 최대 6개월까지 새벽에 경찰서 '마와리'(경찰서 등 현장을 돌면서 진행하는 취재)를 도는 수습기자들을 위해 내준 공간이었는데, IMF로 언론사들의 신입 채용이 끊긴 탓에 2년 가까이 방치돼 있었던 것을 뒤늦게야 알았다.

주 52시간이라고는 상상도 못 했던 90년대 말의 수습 생활은 혹독하고도 고단했다. 12월의 추위 속에 경찰서 숙직실에서 세 시간 쪽잠을 자면서 여기저기 뛰어다니는 훈련이 시작됐다. 휴대전화도 없던 당시 삐삐 소리를 놓쳐 즉시 반응하지 못한 기자들은 혼쭐이 나기 일쑤였다. '훌라'라는 도박을 하다가 검거된 잡범 체포 건을 보고랍시고 하면서 "훌라후프를 돌리다가 잡혔다"고 했다가 박살이 난 어리숙한 기자 초년병이 제대로 할 수 있는 취재가 무엇일지 막막했다.

경찰서장 사무실 문을 뻥 차고 들어가는 기개 정도는 보여 주어야 한다기에 실제로 벌컥 문을 열고 들어간 서장실에서 회의 중이던 경찰들이 휘둥그레진 눈으로 나를 쳐다볼 때의 당혹감이란. 서강대교 꼭대기에 올라가 자살소동을 벌이던 사람을 취재하기 위해 소방 사다리차를 타고 올라갔다가 발밑 한강을 보며 다리가 후들후들 떨렸던 기억도 강렬하게 남아 있다. 파쇄기가 놓이기 전 검사실 휴지통을 뒤져 찢어진 기밀서류들을 이어 붙이고, 시골에서 상경한 연예인 팬으로 위장해 잠입취재를 하기도 했다. 캠퍼스에서 배운 것과는 달랐고, 대학 교재에 없던 것들이었다. 수습 딱지를 뗀 기자 앞에 놓인 한국의 취재 현장은 다양한 군상들이 만들어 내는 드라마의 무대였고, 예측 불가능한 사건들이 정신없이 터지는 아수라장이었으며, 치열한 특종 경쟁이 벌어지는 한판 승부의 경기장이었다. '언론을 제대로 공부한 정통파 기자'라는 자부심으로 졸아붙는 심장을 다잡았다.

여기자가 드문 시절이었다. 1999년 〈동아일보〉가 나를 포함해 여기자를 전체 8명 중 '3명이나' 뽑았다는 게 뉴스가 됐다. 한국 주요 언론사에서 전례가 없는 시도라며 〈신문과방송〉이라는 매체에서 인터뷰를 해 가기도 했다. 기자 채용 시 최종 관문을 뚫은 여기자 비율이 70%에 이르는 지금의 현황을 감안하면 코미디 같은 상황이었다. 소수에게 쏟아지는 스포트라이트만큼이나 소수여서 당해야 했던 서럽고 분한 일들도 적잖았다. 새벽 경찰서에 잡혀 온 만취객이 나에게 온갖 상스러운 성희롱 발언을 하면서 고래고래 고함을 질러댈 때 주변 경찰들이 그저 민망한 웃음을 지으며 쳐다만 보던 장면 같은 것들이다. 첫 출입처는 법조였는데 "내 막내딸하고 나이가 같으시군요" 같은 말을 아무렇지도 않게 하는 판사도 있었다.

미디어 활동에 힘 불어넣는 동지애

취재 현장에서 마주친 언론정보학과 동료, 선후배들은 반가웠다. 언론계에 포진해 있는 동문 중에는 우리 사회를 뒤흔든 특종으로 각종 상을 휩쓸고, 부처 수장의 숨겨진 문제를 들춰내 낙마시킨 기자들이 있었다. 타사 소속으로 치열한 취재 경쟁이 붙어 있는 경우에도 한마디 격려를 잊지 않고 한 줄 정보를 나눠 주기도 하는 선배들은 뭔가 든든했다. 외교관, 공무원, 변호사, 기업인, 대기업 임원 등 취재원으로 상대해야 했던 동문들과도 수없이 명함을 주고받았다. 필자의 칼럼이나 단독기사가 나갈 때면 문자를 보내 주고, 밥 한 끼 먹자며 먼저 손을 내밀어 준 이들이다.

워싱턴 특파원으로 근무할 때는 넷플릭스 드라마 〈오징어 게임〉이 세계 인기를 끌었는데, "한국 작품이 정말 대단하다"며 먼저 말을 걸어온 외국인과 미국인 취재원들이 많았다. "그 작품을 만든 감독이 같은 대학의 과 선배"라며 덩달아 잘난 척을 할 때마다 얼마나 어깨가 으쓱했는지. 낯선 외국 취재원들과 순식간에 가까워지는 소재로 맘껏 활용하면서 취재에도 큰 도움을 받았다. 사회 곳곳에서 활약하는 동문들의 존재, 그리고 이들과의 네트워크는 조용하고도 강력한 힘으로 작용한다.

언론정보학과에서 공부한 정통 언론인이라는 자부심이 후배들에게도 같은 강도로 공유되는지는 솔직히 잘 모르겠다. 무엇보다 이제는 언론사에서 근무하는 같은 과 후배를 찾기가 점점 어려워지는 게 현실이다. 워라밸을 중시하는 시대에 주말도 저녁 시간도 반납하고 사건·사고가 터지는 현장으로 헉헉대며 뛰어가는 기자의 삶이 더 이상 선망의 대상이 아님은 분명하다. 몇 년 전 관악언론인회 소속인 각 언론사 기자들이 한자리에 모였을 때 "후배들은 다 어디서 뭐 하고 있냐"는 아쉬운 목소리가 나왔다. 한때는 서울대 출신 기자들이 대세였는데 이제는 언론사 지원자조차 가뭄에 콩 나듯 들어온다. 그중에서도 언론정보학과 후배를 찾는 건 언감생심이 돼 버린 분위기다.

특정 대학이나 학과 출신의 문제를 떠나 디지털 시대, 진정한 미디어의 역할은 무엇이고 언론은 무엇을 해내야 하느냐에 대한 고민 또한 깊다. 디지털의 바다에는 낚시성 제목과 자극적인 가짜뉴스들이 넘쳐난다. 심층 취재 여건은 악화돼 가고, 레거시 미디어의 역할은 유튜브에 잠식당하는데 특히 편향되고 왜곡된 콘텐츠의 수가 기하급수적으로 늘어나고 있다. 사설이나 칼럼도 인간의 터치를 가미해 그럴듯하게 써내는 AI의 도전에는 또 어떻게 대응할 것인가.

언론이 이런 과제들을 하나씩 풀어낼 때 학문적으로 끌어 주고 밀어 주는 언론정보학과 친정이 있다는 건 현장을 뛰는 기자들에게 참으로 든든한 힘이다. 점점 만만치 않아지는 이 길을 함께 뚜벅뚜벅 가고 있다는 동지애 같은 것이랄까. 그 힘이 오늘도 우리를 현장에 세우고 데스크에 앉게 한다.

우리의 미숙한 청춘을 사면하라

이경희 | 1996학번

30년 전의 기억은 파편처럼 드문드문 남아 있다. 낡은 컴퓨터 디스크 조각 모으듯 맥락 없이 쓴다.

96은 '신문학과'로 입학한 마지막 학번이다. 박승관 선생님은 "정보라는 단어를 선점해야 한다"고 피력하셨다. 아날로그의 막이 내리고 디지털 시대가 열리던 무렵이었다. 차배근 선생님의 '컴개론' 과제는 손 글씨로 다섯 장을 써서 내야 했다. 반면 사회대 컴퓨터실은 늘 붐볐다.

사회대는 16동이었다. 선배들은 "아저씨가 혼자 벽돌을 쌓아 건물을 지었다"면서 새 건물로 옮기기까지 얼마나 긴 시간이 걸렸는지를 드라마틱하게 설명했다. '커뮤니케이션'의 다른 이름은 '말빨'이었다. 교수부터 학생까지, 세상의 말 잘하는 사람은 다 모아 둔 공동체였다. 그리고 신문과에서 말은, 발보다 빨랐다.

신문과는 딴따라 집합소였다. 신입생환영회 때, 룰라의 〈날개 잃은 천사〉 첫 소절을 부르자마자 백댄서들이 스프링처럼 튀어나왔다. 술자리에서는 늘 무반주 공연이 펼쳐졌다. 레퍼토리가 필요했다. 나는 혼자 부를 땐 이소라의 〈처음 느낌 그대로〉, 노래방에서는 삐삐밴드의 〈딸기가 좋아〉를 이혜미와 함께 불렀다. 우리는 '국보자매'라 불렸다. 백승호·백승우로 구성된 '호우주의보' 듀오도 있었다. 96 선동대들은 94 김지성 후보의 사회대 학생회장 선거 승리를 위해 열심히 춤도 췄다. 다 큰 성인이 유치원 재롱잔치 같은 건전한 율동을 하는 행위는 묘한 해방감을 안겨 주었다.

딴따라과인데도 안 되는 건 있었다. '일일나이트 추진위원회', 일명 '나추위'를 진행하려다 '자본주의 부르주아 문물'이라는 반발에 부딪혀 무산됐던 해프닝을 기억한다. 시골 출신이 대학에서 보고 배운 것은 경천동지할 충격 그 자체였다. 80년대 민주화 세대에 대한 부채 의식과 권위주의를 향한 반감은 동전의 양면처럼 붙어 다녔다.

타 과는 하나의 과가 하나의 학생운동계열에 지배됐으나, 신문과는 혼종이었다. 21세기 진보학생연합, NL, PD 계열이 공존했다. 또한, '문학공간', '들풀', '장정', '돌추' 등의 학회가 있었는데, 입학하자마자 새내기 쟁탈전이 벌어졌다. 글쓰기를 좋아했던 나의 선택은 '문학공간'이었다.

3개의 소모임 중엔 제호가 왜 그렇게 긴지 여전히 이해하기 힘든 학과 신문 〈함께하는 먼길가기〉의 신문제작부 '함께하는 먼길가기'와 사진 소모임 '창'에 가입했다. 그리고 2학년 때는 두 모임 모두 짱을 맡았다. 인력난 때문이었다.

대학 때 사진 찍고 신문 만들던 이력은 자연스레 나를 신문기자의 길로 인도했다. 〈중앙일보〉 최종 면접엔 95학번 모완일 학형과 함께 올랐는데, 〈중앙일보〉가 나를 선택한 덕분에 모완일이라는 걸출한 PD가 나올 수 있었으니 얼마나 다행인가. 〈중앙일보〉 평가위원들은 농활대장이라는, 혹시나 해서 한 줄 적어 둔 내 이력을 특히 흥미로워했다.

1997년 뜨거운 여름. 농활대 사이에서 축사의 똥을 치우는 작업은 '무용담'거리였다. 언제 의뢰가 오나 학수고대하고 있었는데 깡마른 중년 남자가 찾아왔다.

"똥 치울 장정 넷만 줘유."

반가운 마음에 대원들에게 달려가 소식을 전하자 너도 나도 손을 들어 지원했다. 찬물도 위아래가 있는 법. 고령자순으로 넷을 보냈다. 해질녘, 만신창이가 돼 돌아온 선배들은 "이경희 어딨어!"라며 씩씩댔다. 그들은 곡괭이질을 하고 돌과 흙을 날라 도랑을 쳤다. 나는 도랑의 충청도 사투리인 '똘'을 '똥'으로 잘못 알아들었던 거다.

마을 이장님은, 중학생 딸이 학원 빼먹고 농활 학생반에 왔다는 이유로 "확 다 불싸질러 버릴껴"라며 위협했다. 농활대장 노릇은 힘들었다. 다행히 주민들이 돼지 잡아 마을 잔치를 벌여 주는 해피엔딩으로 마무리되었지만.

나의 숱한 '처음'을 신문과와 함께 했다. 담배 연기 자욱한 과방에서 '사람의 소리'에 뭔가를 끄적이고, 기타 소리에 맞춰 노래하고, 토론하고, 술 마시고, 또 〈동지가〉를 부르며 함께 거리를 달리던 그 시간을 또렷하게 기억하진 못하지만 어렴풋한 행복감은 남아 있다. 지금 이렇게 사회에서 한 사람 몫을 하는 것도 신문과 사람들에게서 배운 것들 덕분이다.

즐거운 기억만 늘어놓았지만 대학 시절은 내겐 지우고 싶은 흑역사이기도 했다. 그 시절 나에게 상처받은 분들에게 용서를 구한다. 나에게 상처를 준 이들은 진작에 용서했다. 어른이지만 미숙하고 덜 여물었던, 우리 모두의 청춘은 사면받아야 마땅하니까.

우리의 비행

김규찬 | 1997학번

97학번. 수능시험이 400점 만점으로 바뀌고 본고사가 폐지되었다. 서울대 신문학과는 언론정보학과로 이름을 바꾸었다. 친척 어른에게 서울대 합격 소식을 알리려면 '언론정보학과-(원래) 신문학과-(다른 대학) 신문방송학과'라는 3단계 설명이 필요했지만 좋았다. 서울대 합격증을 받으러 가는 날 난생처음 비행기를 타 보았다. 우물쭈물하던 비행기가 갑자기 속도를 높이더니 하늘로 날아올랐다. 정신이 혼미해지며 두려움과 설렘이 교차했다. 나와 우리의 대학 생활은 그렇게 시작되었다.

지은 지 얼마 안 된 16동 강의실에서 97학번 동기들을 처음 만났다. 그 후 그보다 많은 시간을 3층 '꽈방'(학생회실)에서 보냈다. 그리고 그보다 훨씬 더 많은 시간을 우리는 녹두거리에서 지냈다. 공강 시간에는 꽈방에 죽치고 앉아 책을 보거나 '사소'(사람의 소리)를 뒤적였다. 해가 어슴푸레질 무렵이면 하나둘 무리 지어 녹두로 향했다. '그날' 앞에 붙은 메모를 보고 각자 어디론가 발걸음을 옮기지만 몇 시간 후에는 신기하게도 모두 한 곳에 모였다. '태산'에서 '사사'에서 무슨 얘기를 그렇게 나누었는지 지금은 전혀 기억나지 않지만, 우리는 그렇게 동기가 되고 후배가 되고 선배가 되며 '언론꽈'의 일원이 되어 갔다.

언론정보학과는 학업의 장이기에 앞서 공동체 그 자체였다. 특히 우리

과는 학회의 영향력이 상당했다. 워낙 규모도 작고 소통을 전공하는 학과라는 인식이 있어 더 그러했는지도 모르겠다. 새내기 시절 한 달 남짓 학번 끝자리가 같은 선배의 '임시보호' 기간이 끝나면 자신이 원하는 학회 하나를 택해야 했다. 나는 '문학공간'의 일원이 되기로 했고, 다른 친구들은 '돌추', '들풀', '장정', 그리고 새로 생긴 '클리나멘'을 중심으로 대학 생활을 시작했다. 참여의 범위나 깊이는 개인에 따라 달랐으나 우리의 상당수는 대학 생활의 절반이 학회였다고 해도 과언이 아닐 정도로 깊은 애정을 쏟았다.

여름방학은 농활이었다. 나는 1학년 때 전일 참여했던 경력으로 2학년 때 대장을 맡아 건영이 등과 함께 농활대를 이끌었다. 우리 과는 1998년에 충남 아산 배방면 갈매리라는 곳으로 갔다. 이장님이 마을을 소개해 주시며 여기에 고속철도라는 게 생긴다고 했는데 거기가 지금의 천안아산역이었다. 그곳은 토마토 농사를 많이 지었는데 완숙 토마토라는 개념을 나는 그때 처음 알았다. '대학생답게' 아침 먹고 10시쯤 일하러 나가면, 새벽부터 일을 시작하신 농민분들은 이미 그날 일을 마치거나 새참을 드실 시간이었다. 우리는 하릴없이 토마토만 얻어 돌아오거나 새참만 축내는 존재가 되기도 했다. 대신 농활이 '농촌봉사활동'이 아닌 '농민학생연대활동'의 약자임을 되새기며, 저녁에는 농촌 청년과 부녀자의 의식을 일깨우는 임무에 충실하고자 했다. 하지만 그곳 청년들은 이미 '전농'의 영향으로 어설픈 대학생보다 훨씬 깨어 있었다. 어머님들은 어떻게 하면 서울대에 갈 수 있는지만 물으셔서 농활 본연의 목표 달성에는 실패하고 우리끼리만 치열한 시간을 보냈던 기억이 있다.

생각해 보면 그 시기가 좀 그러했다. 98년 한총련 출범식이 아크로에서 열리고 교문에서 최루탄을 경험하기도 했지만, 학생운동 자체는 동력을 잃어 가고 시민운동 같은 다양한 제도화의 길로 들어섰다. 2000년에는 서울대 최초의 비권(비운동권) 총학생회장이 탄생하기도 했으니 말이다. 학과 내에서는 〈함께하는 먼길가기〉라는 학과신문이 있었는데, 이 또한 근근이 맥을 이어오다 내가 편집장을 맡은 시기에 폐간했다. 개인적 역량 부족이 근본 원인이었겠으나 '디지털'로 넘어가는 큰 물결에서 학내 여러 활동도 예외는 아니었다.

지방에서 올라온 나는 서울 출신 동기들이 무척이나 부럽고 신기했다. 녹두에서 놀다가도 서울 친구들은 시간이 되면 지하철을 타고 '집'으로 가고, 나 같은 촌놈들은 새벽까지 버티다 터덜터덜 걸어 '방'으로 갔다. 나는 그게 너무 부러워 다음 생이 있다면 서울 사람으로 태어나고 싶다는 생각까지 했는데, 서울 친구들은 자취하는 내가 또 그렇게 부러웠나 보다. '집'에 가는 기분을 느끼고 싶어 일부러 학교에서 멀리 얻은 봉천동 반지하에 이런저런 핑계로 친구들이 많이 찾아왔다. 찡찡 소리 나는 모뎀으로 나우누리 '언통소'를 클릭하며, 삼겹살을 구워 먹느라 사방으로 튄 기름을 닦는 데 며칠이 걸리기도 했다. 서울 친구들은 대체로 공부도 더 잘하고 놀기도 더 잘했다. (기분 탓인지 몰라도 심지어 더 잘생기고 더 예뻤다.) 같은 수업을 들어도 나는 무슨 말인지 잘 이해가 안 됐는데, 애란이와 연이는 아주 깔끔하게 정리한 노트를 친구들에게 빌려주기까지 했다. 고3 생활은 서울 친구들도 똑같이 버거웠을 텐데, 태화와 승모, 기원이, 윤정이는 어떻게 H.O.T.와 S.E.S.의 춤을 똑같이 출 수 있는지 참 궁금했다.

시간이 흐른다는 건 참 신기한 일이다. 20세기 말 꽈방과 녹두에서 만난 친구들은 '서울대생'이라고는 믿기 힘들 정도로 어설프고 엉뚱했다. 하지만 20여 년이 지난 뒤, 그 아이들이 한국 사회는 물론 세계적인 인물로 하나둘씩 두각을 나타내는 걸 보며 '역시 서울대'라는 세간의 인식에 고개를 끄덕이게 된다. 그때는 몰랐다. 취하면 의자에 올라가 춤추던 괴벽의 아이가 훗날 세계인이 주목하는 예능 콘텐츠를 만들고 있을 줄은. 2지망으로 들어와 꽈장(학생회장)까지 하던 아이와 10일 반지를 자랑하던 아이가 훗날 언론 독립과 공정 보도를 외치는 선봉장이 되어 있을 줄은. 사투리나 고치라고 했던 부산 아이들이 훗날 우리나라 대표 방송사의 뉴스를 진행하고 있을 줄은. 숫자와는 거리가 멀었던 아이가 훗날 대한민국 최대 암호화폐 거래소 공동 창업자로 깜짝 등장할 줄은. 중국에 자본주의를 배우러 간다더니(MBA) 훗날 부동산 신탁회사 임원이 되어 동기 모임에 한턱내는 큰손이 될 줄은. 집 가까워 서울대 왔다는 식의 헛소리를 아무렇지 않게 하고, 입대한다고 눈물의 송별회를 해 주었더니 사흘 만에 태연히 돌아와 녹두에 죽치고 있던 아이가 훗날 경기도 전역을 호령하는 버스회사 고위직에 오를 줄은. 그때는 정말 몰랐다.

물론 될성부른 나무는 떡잎부터 다르다는 속담을 증명해 준 친구들도 여럿 있다. 공부 잘하고 성실한 아이들은 역시나 세계 최고 대학에서 박사 학위를 받고 훌륭한 교수님이 되었다. 글 잘 쓰고 센스 있던 아이들도 역시나 우리나라 최고 언론사와 방송사의 스타 기자와 PD가 되었다. '국어작문' 시간에 교수님과 수준 높은 대화를 나누던 아이는 그 어렵다는 서양사학을 공부하고 우리나라 최고의 서양고전 번역가로 활동하고 있다. 정의로운 사회를 철학적으로 고민하던 친구는 검사가 되어 거물급 인사를 감옥에 보내기도 했다. 학생들을 바른 길로 이끌고, 곤경에 처한 이들을 변호하며, 기업의 앞길을 조언하고, 건강을 위해 금연을 도와주기도 한다. 이처럼 정말 다양한 직군에서 가끔 언론에 보도되는 일들을 내 친구들이 하고 있다니. 말 그대로 그저 놀라울 따름이다.

농부의 마음이 이런 것일까. 봄에 작은 씨앗을 땅속 깊이 묻어 두고 비와 바람, 햇빛으로 키워 가을 열매 맺는 모습을 바라보는 기분이. 돌이켜보면 두각(頭角)의 뿌리는 이미 우리들의 마음속에 있었던 셈이다. 강남 8학군이라는 극심한 경쟁 상황에서도 한편으로는 최신 유행곡과 춤을 섭렵하려는 동기와 능력을 갖춘 아이들이었기에, 학점을 두고 경쟁하는 사이임에도 자신이 힘들게 만든 노트를 기꺼이 내어주는 따뜻한 마음을 가진 아이들이었기에, 세상 사람들과 더 넓은 커뮤니케이션을 위해 스스로의 노력으로 새로운 분야를 개척하는 용기와 의지를 표현한 아이들이었기에, 오늘의 우리로 거듭날 수 있었을 것이다.

서로의 오늘을 서로가 신기해하지만 사실 우리는 안다. 오늘의 우리는 각자의 자리에서 치열하게 노력한 결과임을. 그리고 감사한다. 우리가 앉았던 그 자리는 바로 서울대 언론정보학과라는 대한민국 최고의 비행기에 마련된 좌석이었다는 사실을. 그리고 기원한다. 그 비행기가 앞으로도 더 높이, 더 멀리 나아가기를. 이제는 비행기를 타도 20여 년 전만큼의 두려움은 없지만 설렘은 여전하다. 우리 친구들과 언론정보학과의 계속될 비행이 기대된다.

9월 8일에 만나요

김방미 | 1998학번

영화 〈화양연화〉의 마지막은 검은 배경에 흰 글씨가 내려가는 장면이다. "지나간 시절은 먼지 쌓인 유리창처럼 볼 수는 있지만 만질 수 없기에 그는 그 시절을 그리워한다. 그 시절은 지나갔고, 그때의 모든 것이 전부 사라졌다." 저마다의 화양연화, 순수와 열정으로 세상과 사람을 바라보던 찬란한 가능성의 시절, 그때를 떠올리며 그리워하는 마음을 이보다 더 잘 표현할 수 있을까. 영화는 이루지 못한 사랑의 애잔함을 이야기한 것이지만, 그것과는 별개로 나는 '화양연화' 네 글자를 마주할 때마다 돌아갈 수 없기에 점점 아름다워지는 내 인생의 한때를 떠올리게 된다.

내게는 어렸을 때 썼던 일기, 다이어리, 주고받은 편지 등을 모아 둔 보물상자가 하나 있다. 그 안에 대학 시절의 기록들도 있다. 그동안 고향 본가 창고에 잠들어 있다가 얼마 전 20년 만에 세상 구경을 했다. 그중에 1998년 2월 5일의 기록이 있었다.

"서울 감. 두 시에 과방에서 전부 이름 익히고, 노래 배우고, 짝피구 하고 여섯 시에 한마당으로 갔다."

우리가 처음 만난 날의 기록이 선명한 글씨로 적혀 있다. 이름 익히고, 노래 배우고, 짝피구 했던 기억이 정말 뿌연 유리창 같다. 존재했었지만 사라져 버린 수많은 날들 가운데 그나마 기록으로 목숨을 부지한 소중한 날이다.

우리 서른 명은 남자 스무 명, 여자 열 명, 지방과 해외에서 온 스무 명, 수도권 열 명으로 한 반이 되기에 딱 좋은 규모에 마치 의도한 듯한 다양성까지 갖춘 집단이었다. 사람마다 차이는 있었겠지만, 너 나 할 것 없이 금세 친해졌다고 생각한다. 본인과 다른 성격과 배경의 친구를 이질감이 아닌 호기심으로 바라보던 정 많고 밝은 사람들이었다. 우리는 서로에 대해서 '고만고만하다'는 표현을 즐겨 썼다. 각자의 숨은 배경까지 속속들이 알 수는 없어도, 사는 형편이나 문화적 차이가 두드러지게 튀는 사람은 많지 않았다.

게다가 1997년 IMF 외환위기의 영향으로 이른바 '안락한 명문대생'의 삶을 영위하지 못하고 춥고 고된 대학 생활을 시작해야 하는 동병상련이 있었다. 말하자면 우리는 고만고만하게 가난했다. 얼굴에 솜털이 보송한 어린 나이에 과외와 아르바이트로 방값과 생활비를 벌어 가며, 오롯이 자신의 힘으로 인생을 책임져야 했던 단단하지만 애처로운 청춘들이었다.

그 시절을 더불어 살아내면서 우리는 서로에게 진심으로 다정했으며, 소박하지만 끈끈한 정서를 공유했음을 증명하는 몇 가지 추억이 있다. 그 이야기들은 다행히 뿌연 유리창이 아니라 컬러 사진처럼 선명히 박제되어, 27년이 지난 지금까지도 우리를 이어 주는 매개가 되었다.

1998년의 어느 봄날, 학생들이 과방에서 청소를 하고 있었다. 양동이에 물을 담아 와서 대걸레로 바닥을 닦는 청소였다. 그걸 왜 학생들이 했는지, 선배들은 누가 있었는지는 기억에 없지만 분명 1학년 몇 명은 거기에 있었다.

"거, 물 좀 찌끄려 봐라."

과방 안쪽에서 한 남학생이 말했다. 무슨 뜻인지 아무도 알아듣지 못해 어리둥절한 가운데 정윤정이 남학생을 향해 물을 쓱 뿌려 주었다. '찌끄리다'는 물이나 액체 등을 끼얹는다는 뜻의 전라도 방언이다. 이 순간 윤정과 본인의 언어문화적 공통점을 확인한 그 남학생은 이를 계기로 전라도 모임을 구상하게 됐다.

그리하여 광주 출신 이금재가 여수 출신 주현열을 이끌고 과감히 서울 목동 윤정의 집을 방문하게 된 것이다. 윤정의 부모님은 전라도 출신이시다. 그동안 기숙사에서 낯선 밥으로 연명하던 둘은 그날 윤정 어머니께서 정성껏 차려주신 고향 음식을 맛있게 먹고, 목동 아이스링크에서 생애 처음으로 스케이트를 타며 우당탕탕 행복한 시간을 보냈다고 한다. 지금 되돌아보면 동향이고 아니고는 중요치 않았다. 신입생 동기들과 친해지고 싶은 마음이 서툰 핑계를 앞세운 것이다. 그리고 어머니께서는 그 마음들을 따뜻한 집밥으로 보듬고 칭찬해 주셨다.

다른 학번들은 모두 제주도로 수학여행을 갔는데 우리만 춘천으로 떠나며 자조했던 기억도 있다. 2001년 3월 31일 수첩에 "98 수학여행 춘천, 9시 청량리 → 2시 동서울터미널"이라고 적혀 있다. 디지털카메라를 가져오는 걸 깜빡해서 다시 가지러 갔다 왔고, 단결과 의리를 외치며 그걸 다 함께 기다렸다가 돌고 돌아 출발했던 기억이 희미하게 남아 있다.

춘천에서는 소양호에서 보트 타면서 물장난 치고, 숙소 커다란 방에 다 같이 누워 쓸데없는 우스갯소리를 나누다 잠들었다. 생각해 보면 장소가 무엇이 중요했을까, 사소한 장난에도 즐겁기만 했던 대학생들이었다.

몇 년 후 춘천 수학여행의 아쉬움을 깨끗이 씻어 줄 특별한 여행이 있었다. 2005년 새해 첫날 통영 여행이었다. 유탁관은 우리 중 제일 먼저 장가를 갔고 고향인 통영에서 결혼식을 올렸다. 1박 2일로 모두를 초대하면서 숙소는 물론 버스까지 대절해 보내 주었다. 당시 졸업 후 사회생활을 시작한 동기가 다수였을 때라 우리는 동기 중 첫 번째 결혼식에 신나고, 마치 동창회 같은 반가움에 신나고, 아름다운 미식의 고장 통영으로 향한다는 사실에 거듭 신났다. 동기들은 물론 가까운 선후배들과 한 버스에 올라 통영에 도착할 때까지 시간 가는 줄 모르고 떠들던 기억이 난다. 통영에서는 고깃집에서 고기와 굴을 같이 구워 먹는 진기한 경험을 하고, 무제한 뷔페처럼 충무김밥을 먹으며 탁관 가족분들의 환대에 감동하고 감사했다. 그 후로 통영은 모두에게 특별한 장소, 잊지 못할 기억의 장소가 됐다.

대학 생활 동안 자동차가 있기는커녕 운전을 할 줄 아는 친구도 거의 없었지만, 그래도 우리에게는 배정원이 있었다. 정원은 아버지 자동차를 멋지게 몰고 나와서 여러 번 우리를 감동시켰다. 우리는 그 차를 얻어 타고 각종 이벤트를 진행하기도 했다. 구병철이 경기도 북부에서 군 생활을 하던 시절에, 대형 세단이 꽉 차도록 우르르 올라타고 학교에서부터 면회를 갔다. 병철은 우리가 군 복무 중인 동기를 위문하러 온 거라 믿고 있을 테지만 실은 드라이브가 너무 하고 싶었던 복학생들의 나들이를 위한 행보였다.

시간이 조금 더 흘러 사회생활을 시작한 친구들이 하나둘 늘어갈 때, 신입사원 격려 방문도 했다. 이번엔 더 많은 인원이 카니발에 올라타고 여의도 MBC와 목동 SBS로 향했는데, 갓 입사하여 PD 생활을 시작한 정윤정, 김은정을 만나기 위해서였다. 무작정 찾아가서는 로비에서 전화해 방송국 구경시켜 달라고 떼쓰던 참으로 철없고 부끄러운 동기들이었다. 하지만 PD 친구들은 이들을 내치지 않고 할 수 있는 한 내부 구경을 시켜 준 뒤, 커피를 사 주고 달래 가며 방송국을 곱게 떠나도록 안내해 주었다. 둘의 위기대처 능력에 박수를 보낸다.

졸업 이후에도 때로는 느슨하게 때로는 끈끈하게 우리는 연결을 이어왔다. 스무 살의 대학생은 제 집 떠나 몸과 마음의 독립을 시작하는 나이, 어떤 삶을 살고 싶은지 혹은 살아야 할지 고민을 시작하는 시기다. 그동안 알던 세상은 새장만큼 좁았다는 것을 깨닫고, 세상을 바라보는 렌즈를 갈아 끼우기도 했다. 이 모든 것을 한꺼번에 소화해야 하는 스무 살 언저리의 삶은 청춘의 찬란함에 가려진 고통과 마주해야 하는 시기였다. 그 시기를 함께 지나온 경험은 더 나이가 들어 다른 종류의 도전과 허들이 인생길에 놓여 있을 때도 서로를 도와주고 다독여 주는 원천이 됐다. 추억에 웃고 격려에 눈물짓는 더없이 순수하고 소중한 사이라 자부한다. 그 마음으로 우리는 매년 9월 8일에 만난다.

그런데 이제는 만날 수 없는 친구가 있다. 먼지 쌓인 유리창을 뽀득뽀득 닦아내는 것마냥 옛 추억을 선명하게 재생해 주던 기억력이 아주 좋은 친구였는데 이젠 그 이야기들을 들을 수 없다. 고만고만하게 가난하고 정 많은 게 딱 흥부네 식구들 같다고 놀리면서도 그 누구보다 동기들을 사랑했던 친구였는데 이젠 그 사랑을 받을 수 없다. 우리들의 27년 추억을 떠올릴 때 그 친구가 나타나지 않는 장면이 없어서, 친구가 없는 앞으로의 9월 8일은 어떤 모습일까 상상이 되지 않는다.

너는 항상 우리와 함께 있되, 이젠 유리창 닦는 역할을 우리가 맡게 된 것 뿐이라 생각하고 싶다. 우리 기억 속에 영원히 함께할 금재야, 9월 8일에 같이 만나자.

졸업은 아직 오지 않았다

김자영 | 1999학번

1999, 규칙의 유일한 종말

사람들은 세기말의 공기와 어느 예언가의 말을 합쳐 '종말'을 떠들어 대곤 했지만, 99학번 새내기에게는 그해의 대부분이 첫 페이지였다. 대학 교정, 녹두, 술, 연애, 집회, 밤샘 같은 것들. 2월의 어느 날은 유독, 낮이 빠르게 증발했고 그 자리를 녹두의 밤이 지배했다.

'한마당'은 대학 시절의 처음과 끝, 알파이자 오메가였다. 창 없는 방은 어두웠지만 공기는 더없이 들떴고, 옆 사람과의 간격은 무척이나 좁았다. 나는 그날 처음으로 목을 타고 내려가는 알코올의 온도를 배웠다. "술은 사탄이 권하는 것"이라던 부모님의 말씀을 품고 갔지만, 두 시간을 채 버티지 못하고 그 문장을 테이블 아래에 떨어뜨렸다.

언론정보학과의 아이돌이 그곳에 강림하던 순간부터였다. 5학년이 되는 선배들은 '차태지와 아이들'이라 불렸다. 그중 N선배는 참이슬 병으로 태평소를 불었고, C선배의 〈하여가〉가 한 소절씩 끝날 때마다, 천장에 매단 소주병 뚜껑은 하나씩 살뜰히 이어져 테이블까지 내려왔다. 1차 신입생 환영회의 풍경이었다.

밤은 거기서 끝나지 않았다. 컨베이어벨트를 타듯 '피즈'까지 내달리면,

'왕약국' 너머 선배 하숙방 어딘가에서 새내기들은 차곡차곡 개어졌다. 아침이 오면 간밤의 속죄를 구하는 뒤늦은 기도를 안고 289-1번 버스를 탔다.

그렇게, 19년간 신실했던 새내기의 규칙들은 2월부터 3월 사이 '한마당'과 '태백산맥', '피즈' 테이블 사이에서 대부분 백기를 들었다. 규칙이 프레임 아웃된 자리는 금세 다른 것들로 채워졌다. 그해의 유일한 '종말'이 그렇게 시작됐다.

펑클, 몸은 기억한다

이 '사태'의 발단은 2차 신입생환영회였다. 그 자리에 새롭게 나타난 J양은 S.E.S.의 〈너를 사랑해〉에 맞춰 화려한 프리댄스를 선보였다. 합격증 쇼도, 1차 환영회도 넘어선, 그 어떤 새내기도 흉내 내지 못할 무대였다. 26년 전 그때를, K선배(98학번)는 이렇게 증언한다.

"춤추다 머리카락이 시야를 뒤덮었는데도 굴하지 않고 이어지는 춤사위는 마치 무아지경 — 우리를 압도하는 장면이었다."

곧이어 3월 학회 공청회 뒤풀이 자리에서 J양의 춤사위에 합류 의사를 밝힌 이는, 후일 '아고라의 마임퀸'이라 불린 Y양이었다. 4월 총 MT에는 내가 굼비 두릅처럼 엮혀 들어갔고, 강촌 민박집 장판 바닥에서 〈너를 사랑해〉의 첫 공식 무대를 올렸다.

폭주하는 기관차처럼, 5월 대동제 과밤을 앞두고는 같은 학회의 L양까지 합세해 드디어 완전체 '펑클'이 결성되었다. TV 스튜디오에 갇혀, 마치 작금의 K-pop 연습생처럼 혼나 가며 안무를 익히던 몇 날 며칠. 새내기 여학생이 치마만 입어도 하루 종일 놀림이 따라붙던 봄이었지만, 그 5월 밤 버들골 잔디 위에서만큼은 달랐다. 당시 패션지를 휩쓸던 흰색 하늘거리는 원피스를 입고, 긴 머리카락을 휘날리며 〈영원한 사랑〉에 맞춰 팔을 빙글빙글 돌려도, 새끼손가락을 치켜들고 윙크해도 용인 아니 열광이 이어졌다.

'펑클'의 수명은 길었다. 멤버들 각자의 졸업 때까지, 그리고 지금도 가끔, 술자리 4차쯤 노래방에서 드물게 소환된다. 몸은 아직도 기억하고, 기억은 여전히 춤추고 있다.

사월은 잔인한 달

죽은 땅에서 라일락을 키워내고,
기억과 욕망을 뒤섞고, 봄비로 둔한 뿌리를 뒤흔든다.

잘 알려진 시 구절처럼, 사월은 언제나 '잔인'하게 흔들리고 뒤섞였다. 그달의 첫 운위에서, 99학번 과장은 꼼꼼하게 준비해 온 '우리의 4월 투쟁 계획'을 낭독했다. 4·19가 지나면 4·28 추모제가, 이어서 4·30과 메이데이가 기다리고 있었다. 잘 모르고도 따라나서는 일, 잘 안다고 믿으며 따라나서자고 (강)권하는 일, 중간고사를 앞두고 들어가지 못할 수업, 녹두에서 빈 주머니를 털어 가며 지새울 밤들. 달력은 매번 새 장을 뜯지만, 공기의 결은 크게 다르지 않았다.

1999년 4월에는 파업 중이던 지하철 노조가 학교로 들어왔다. 과방에서 기타를 치며 노래를 부르거나 팩을 차던 선배들이, '사수대'를 짠다고 했다. 교문 앞 보도블록이 깨졌고, 총학생회실에서 제조한 '꽃병'(화염병)이 날아들었다. 그 꽃병과 함께 대학가를 지탱해 온 '시대' 또한, 포물선을 그리며 낙하하고 있었지만, 새내기 몇의 궤적은 그달에 막 솟구치기 시작했다.

첫 4·19 뜀박질에서, 나는 작은 전환점을 돌았다. 동기의 손을 잡고 달리며, 처음으로 행인들에게 유인물을 건넸다. 사람들과 무언가를 '함께할 수 있다'는 감각이 손바닥에 남았다.

밤에는 봉천3동 문화제가 이어졌다. 무대 위 무용가의 한삼이 공중에서 길게 흔들렸고, 스크린에는 정태춘의 〈아, 대한민국〉이 흘렀다. 직설적인 가사와 화면은 풍요와 불평등을 동시에 비췄다. 감성과 이성이 같은 리듬에 묶여 흔들리는 순간이었다. 그날 나는 생각했다. 영상으로, 무언가를 '움직이는' 일을 해볼 수 있지 않을까.

'돌밥'을 먹은 소감은

여름이 지나고, 나는 중앙 동아리의 문을 두드렸다. 이름은 '방송연구회'였다. 그즈음 내가 보던 방송은 〈남자 셋 여자 셋〉이나 〈가요톱텐〉이었는데, 동아리의 방송은 "여기는 자주, 민주, 통일의 함성"으로 시작하는 오프닝 멘트에 '진군하자'는 민중가요들이 종종 흘러나왔다. 교내에 스피커를 설치하고 매일 아침과 낮에 오디오 방송을 하는 동아리였다. 학생회관에서부터 스피커로 이어지는 오디오 라인은 누군가에 의해 자주 잘렸고, 어떤 동아리원들은 수업에 들어가는 시간보다 잘린 선을 다시 이으러 다니는 시간이 더 많았다.

10월, 총학생회 선거철이 되자 동아리에서 우리는 밤새 마임을 연습하고 선배들과 함께 유인물을 들고 캠퍼스를 돌았다. 아침 공기는 차가웠고, 사회대나 학생회관보다 고도가 좀 더 높은 곳의 시선은 더 차가웠다. 11월, 서울대 총학생회 역사상 처음으로 '비운동권' 회장이 당선된 계절이었다. 시대가 변하는 낙차보다 감정의 파고가 더 컸던 스무 살에게, 그 결과는 쉽게 삼켜지지 않았다.

지하철 파업 당시 언론과 학회 '문학공간' 세미나에서 나는 이런 '투정'을 했다.

"이유식이나 소화할 새내기에게 왜 된밥을 먹이시나요."

그걸 기억하던 언론과 선배들은, 그해 겨울, 빙긋 웃으면서 그 말을 다시 꺼내 들었다.

"이제 돌밥을 먹어 보니 어때?"

이미지밴드 — 사랑, 또 사랑, 그리고 사랑

2001년, 동기들과 다시 과방에 앉았다. 학생회의 시간이었다. 언론과 학생회, 정치부, 사회부, 성정치부, 생문부, 학회장 같은 책임이 3학년 앞에 두 번째 이름표처럼 달렸다.

그해에 나는 영상제작 소모임 '이미지밴드'의 두 번째 회장을 맡았다. 16동 1층, 밀폐된 작은 스튜디오는 뜨거웠다. 모임의 주축은 2, 3학년이었다. 한두 해 대학 생활을 겪은 사람들의 방향은 저마다 달랐다. 찍는 워크숍과 말하는 세미나가 이어졌다. 화이트보드에 "무엇을 만들고, 왜 만드는가?"라는 질문이 적혔다. 누군가는 스스로의 정체성을 파고들었고, 누군가는 사회의 이면으로, 또 누군가는 연애의 오색 빛깔에 렌즈를 들이댔다. 나와 몇몇 동기들은 악독한 프로파간다를 미학적으로 구현한 레니 리펜슈탈의 영상을 복제해 돌려 보기도 했다. 난곡 철거촌, 종로 민중대회, 사회대 학생회 선거 현장에 카메라를 들고 기웃거렸다. 홍상수의 영화를 사랑하는 후배들도 있었다. 우리는 종종 다투었다. 대학 시절 일기에는, 4학년이 되어서도 "후배들과 술을 마시며 긴 이야기를 했다"는 문장이 반복된다. 바라보는 각도는 달랐지만, 애정의 질량만큼은 '이미지밴드'의 누구도 덜하지 않았다.

그렇게 나온 2001년 영상제의 주제는 결국 '사랑'이었다. 나에 대한 사랑, 연인에 대한 사랑, 공동체에 대한 사랑. 영상제 전날까지도 우리는 밤을 통째로 갈아 편집기를 돌렸다. 문화관의 너른 객석이 하나둘씩 채워졌다. 방명록의 몇몇 글귀는 아직도 기억한다. 다만 날카로운 문장들은 귀퉁이를 접어, 따스한 문장들의 옆에 두었다. 그 가을에 배우기 시작한 것은 '사람'과 '일'의 페이지를 같이 구겨 버리지 않는 법이었다. 아마도 그것이, 우리가 말하던 '사랑'의 다른 이름이었을 것이다.

우리의 뉴밀레니엄

3학년 가을이 지나자 과방에, 아고라와 아크로에 함께 앉던 얼굴들은 하나둘씩 희미해졌다. 광장 대신 PC방의 푸른 불빛, 하숙집의 얇은 이불, 강의실의 형광등 아래에서 우리는 잠깐씩 잠수했다가 불쑥 떠오르곤 했다.

이듬해, 학부제가 시행됐다. 새내기들이 예전처럼 '수업을 째고' 광장이나 동아리방으로 향하던 '불성실한 여유'도 급격히 옅어졌다.

나는 1999년에 이미 새 시대를 1년 먼저 맞았다고 믿었다. 하지만 어쩌면 2001년 겨울, 훨씬 뒤늦게 '뉴밀레니엄'을 목도한 것일지도 모른다. 기대와 구호가 수면 아래로 가라앉자, 입영 통지서가 도착했고, 해외연수 일정표가 돌았으며, 휴학계를 쓰는 손길이 생겨났다. 고슴도치처럼 웅크렸던 동기들은 각자의 달력으로 흩어졌다가, 이따금 모여들어 서로의 가시를 보듬었다. 모자를 눌러쓰고 1년 만에 찾아가도 기어이 얼굴을 기억하는 '한마당' 사장님의 인사는, 그 시절의 가장 큰 위로였다. 휴학과 언론사 시험 준비라는 느리고 긴 장면 속에서 4, 5, 6학년이 지나갔다.

언론정보학과 7학년

졸업 후 나를 PD로 밥벌이하도록 만들어 준 회사의 격동은 매우 불규칙했다. 입사 첫해는 꿈처럼 지나갔다. 2001년 교내 방송에서 다뤘던 〈청계천 전태일 거리 조성안〉 아이템을, 처음 배치받은 시사 프로그램에서 다시 취재해 방송했다. 방송 직후에, 그동안 반대해 온 서울시장이 입장을 뒤집었다. 그렇게, 많은 이들이 함께 애쓰고 염원하던 것이 이뤄졌을 땐 1999년 4월처럼, 어떤 포물선이 솟구쳐 올랐다.

3년 뒤 서울시장이 대통령이 됐다. 곧 그 시사 프로그램은 폐지됐고, 이후로 회사엔 파업이 네 번 찾아왔다. 사장들의 임기는 고무줄보다 탄력적이었다. 어떤 시절엔 한참 후배일 몸짓패 학생들이 만든 영상을 보며 동료들과 함께 어설프게나마 안무를 따고 무대에 섰다. 스케치북에 매직펜으로 쓴 피켓을 들고 사장 출근길과 본부장 회의실 앞에 무릎을 맞대며 연좌했던 것은 지금으로부터 불과 몇 개월 전이다.

삶의 장면은 쉼 없이 넘어가고, 때로는 잠시 정지 버튼이 눌리기도 한다. 다음 장면을 이어 붙여 가는 힘은, 6년의 기억과 사람들이다. 뜨겁고 녹진했던 청춘들의 한마당이, 버들골의 함성이 만들어 준 춤사위가, 매해 봄마다 함께 손잡고 거리를 뛰던 맥박이, 아크로의 '다름'을 확장하고 도닥이던 나우누리 '언통소'가, 그리고 캠코더에 실었던 서로의 '사랑'들이.

유일한 종말로부터 시작한 1999년부터 그 무수한 편집점들을 함께 해 온 우리는 그리고 나는, 20여 년째 7학년처럼 살아간다. 졸업은 아직 오지 않았다.

밀레니엄 학번 @ SNU Comm.

박하영 | 2000학번

원고 의뢰를 받고 좀 많이 부담스러웠다. 막 10대를 벗어난 어린 시절 우리들의 모습을 떠올리자니 그것은 어쩌면 내가 내 나름대로 각색해 저장했을, 많이 왜곡된 기억임이 분명할진대. 같은 장면을 전혀 다르게 기억하고 있을 선후배, 동기들께 먼저 양해를 구한다.

'밀레니엄 학번'. 노스트라다무스, Y2K 버그 등 세기말 지구 종말론으로 내심 불안하게 고3 시절을 보낸 우리가 획득한, 꽤나 거창한 이름이었다. 수험 생활에 지칠 때마다 '정말 이러다 수능만 보고 종말을 맞게 되면 억울해서 저승에도 못 가겠다'고 하던 나였기에, 서울대 언론정보학과 신입생으로서의 그 1년은 진정 매일매일이 새롭고 즐겁고 신났다. 사람이란 원래 대체로 나쁜 기억은 잊어버리고, 좋은 기억만 남기기 때문일지도 모르겠지만.

밀레니엄 학번이라는 이름이 무색하게도 그 시절 관악은 특별히 '밀레니얼'하지는 않았다. '언론과 선배'라는 앳된 목소리는 "합격증을 직접 받으러 와야 한다"고 안내했고, 버스-지하철-버스를 갈아타고도 한참을 걸어 도착한 16동 319호에 참새들처럼 줄줄이 앉아 있던 '선배님들'은 우리에게 "개인기를 하여 합격하지 않으면 합격증을 받지 못할 것"이라고 선언했다. 무척 당황스러웠지만 무조건 무언가를 해야 했다. 지금 생각하면 그

거 안 받는다고 합격이 취소되는 것도 아니었는데 말이다. 사실 그것은 신입생들의 첫 신고식이었다.

합격증을 받아가기 위해 우리는 아마도 난생처음으로 낯선 대중 앞에서 '쇼'를 해야 했다. (그 모범생들이 언제 군중 앞에서 원맨쇼를 해봤겠냐는 말이다.) 다들 매우 긴장한 표정으로 노래를 부르거나, 성대모사를 하거나, 몸개그를 했다. 다른 동기들은 어떤 것을 했는지 전혀 기억나지도 않고 구전되지도 않았다. 하지만 두 사람, 이새롬 학우의 〈와〉(이정현) 공연과 석미선 학우의 〈찰랑찰랑〉(이자연) 공연은 그날 이후로 인구에 널리 회자되어, 몇 차례 리바이벌되며 정해진 수순처럼 그녀들은 '인싸'로 자리매김했다. (나는 타고난 유연성을 바탕으로 다리를 한 번 쭉 찢고 합격증을 획득했다. 지금 생각해도 매우 가성비 있는 퍼포먼스였다.)

21세기가 막 시작한 그때, 우리는 여러 '전근대적' 경험과 '현대적' 경험을 종합적으로 겪으며 각자의 대학 생활을 채워 갔다. 원하는 학회에 가입하기 위해서는 과방 게시판에 붙은 한정된 수의 학회 종이를 떼어 와야 했기에 사회대 1층 강의실부터 달리기를 했고(2000년 당시 '들풀', '문학공간', '장정', '돌추', '클리나멘' 5개의 학회가 있었다. 3월 내내 몇몇 선배들은 학회원을 모집하기 위한 각종 식사, 선물, 나들이 공세에 집중했다),

시험 전에는 친구의 노트를 복사하기 위해 매점 복사실 앞에 긴 줄을 서야 했으며, '그날이 오면'이라는 서점 앞 보드에 다닥다닥 붙은 각종 모임 공지 포스트잇을 하나하나 살펴보며 학회 세미나나 뒤풀이 장소를 확인했다.

후생관에서는 200원, 300원, 500원 등 각기 다른 가격이 매겨진 반찬들을 집어 계산대에 가져가면 계산대에 앉은 직원분들이 일일이 가격을 입력했다. (그래서 후생관 점심값은 1,000원 대에서부터 4,000원 대까지 각자 달랐다. 참고로 학관 점심값은 1,300원이었다.) 점심을 먹고 나면 정해진 루틴처럼 매점에 들러 커피우유를 하나씩 먹고 빈 팩을 접어 뭉쳐 사회대 앞에서 팩차기를 했다(또는 구경했다).

처음으로 나간 5월 노동절 집회에서는 전열을 정비하고, 곤봉을 든 전경들로부터 도망쳤으며, 2인 1조로 짝이 된 선배와는 연인인 척 위장해 카페로 숨어 들어가며 난데없이 80년대를 경험하기도 했다. (2000년 노동절 집회 진압은 다른 해에 비해 과격했고 00학번들이 이후 집회 등 사회적 활동에 유난히 소극적이었던 이유가 그 때문이 아닌가 한다.) 여러 면에서 관악의 21세기는 아직 시작되지 않았던 듯했다.

그러나 한편으로는 모두가 각자의 휴대폰을 가지고 입학한 첫 학번이었고, 나우누리와 프리챌의 게시판과 채팅창을 통해 온라인에서도 밤낮, 방학을 가리지 않고 소통이 이어졌다는 점에서 새로운 시대의 시작임은 분명했다. 그때 나우누리의 언론과 커뮤니티는 매일같이 활기가 넘쳤다. (내 닉네임은 '빵빵하영'이었다.) 서로를 향한 응원과 독려, 다양한 문제제기, 누군가의 소식을 묻고 전하는 이야기들이 늘 올라왔다. 적어도 그 시절 20대를 시작한 나에게는 오프라인과 온라인이 매우 낭만적으로 섞여 있던, 그리운 시절이다.

돌아보면 대학 시절 나는 대부분의 일상을 언론과에서 보냈다. 친한 동기, 선배들과 같이 수강신청을 하며 등하교 시간을 맞추었고, 오전 수업을 마치고 나면 후생관이나 자하연에서 함께 점심을 먹었으며, 오후 수업이 끝나면 녹두거리의 어딘가로 향했다. 한마당, 피즈, 황소, 딕트레이시, 동학, 삐에스몽테, 데멜, 링고 … . 사장님이 추가 시간을 더 넣어 주지 않을 때까지 버텨 보겠다는 다짐을 한 번도 지키지 못했던 등대노래방까지 … .

우리는 거의 매일 저녁 녹두에서 시간을 보내며 늦은 밤 막차를 타고 귀가했다. 때로 막차를 놓쳐도 택시 할증이 풀릴 때까지 남아 있는 무리에 섞일 수 있었다. 사실 녹두에서 자취하던 동기나 선배 방에 가서 하룻밤 보내면 그만이었다.

특히 매해 2, 3월은 매일이 파티였다. 세 차례에 걸친 신입생환영회, 새터, 개강파티, 학회공청회, 온갖 발대식, 이름조차 붙지 않은 작은 저녁모임들. 관악의 겨울은 4월이 될 때까지 물러날 기미가 없었지만, 여기저기 바쁘게 몰려다니던 새 학기 우리의 모습은 참 뜨겁고 밝고 활기찼다. 연애정보학과라는 별칭답게 하루가 멀다 하고 들려오는 커플들의 생성과 소멸의 소식들은 우리의 대학 생활을 더욱 다채롭게(?) 만들어 주기도 했다.

5월에 열리던 버들골 과밤 행사에서는 거대한 술독(내가 생활문화부장이던 3학년 때에는 파란 쓰레기통에 소주와 초록매실을 가득 넣어 매실주를 제조했다), 각 학회별 요리(안주)경연대회, 그리고 여러 친선공연(99학번 '펑클'도 이 무대에서 데뷔했다는 전설이 있다)이 짜임새 있게 이루어졌다. 여름방학에는 학번 MT, 학회 TS를 떠났고 가을학기가 시작되면 다시 개강파티 후 학회 세미나 등이 쉴 새 없이 이어졌다. 우리는 마치 하나의 생활 공동체처럼 늘 우르르 몰려다녔다. 어떤 교양 수업에서는 언론과가 대거 단체 수강을 하는 것에 교수님이 우려를 표하기도 할 만큼 우리 과의 '결속력'은 타의 추종을 불허했다.

2학년이 되면서 '선배'가 된 우리는 과방에 새로 페인트칠을 하고, 신입생 명단을 정리하며 일일이 연락해 '합격증 수령식'에 대해 설명했고, 사회대 3층으로 올라오는 계단 칸마다 언론과 환영 메시지를 붙이며 새내기들을 기다렸다. 대운동장에 01학번 합격자 명단이 게시되던 날에 칼바람을 맞으며 나가 우리 과 합격자를 확인했던 기억이 생생하다.

우리 시절 우리 과는 신입생 입학 전부터 한 명 한 명 이름을 외우고, 그들을 '식구'로 맞을 준비를 해 나갔다. 그것이 내가 신입생 때에도 내가 선배일 때에도, 대학 시절을 통틀어서도 내 일생에도 언론과가 바탕에 자리한 이유인 것 같다.

고된 수험 기간을 끝내고 꿈에 그리던 대학이라는 곳에 처음 도착했을 때 두 팔 벌려 우리를 맞아 주던 선배들의 모습에 우리는 '뽕'을 맞았다. 그 '뽕'의 기운은 지금도 남아 우리 선후배, 동기들을 보면 여전히 반갑고 푸근하다. 그렇게 지금도 우리는 각자 다른 곳에서 다른 삶을 살면서도 언론과라는 울타리 안에 머물고 있는 듯하다.

'밀레니엄', '새천년'이라는 거창한 이름을 달고 SNU Comm.에 입학한 지 벌써 25년이라니 도저히 믿기지 않는다. 영영학번일지, 이천학번일지, 공공학번일지 그 이름도 정해지지 않았던 우리는, 우리가 바로 MZ의 시작점이라고 어필하며 2025년을 살고 있다. 그러나 이제 와 회상해 보니 '진짜 MZ'들에게는 많이 낯선 시절의 이야기임을 부인할 수는 없겠다.

아늑한 나의 그늘

김민경 | 2001학번

평소 동기모임에서 보기 힘들었던 K기자(연합뉴스)가 나왔다.

"어우, 웬일이야?"

"대통령이 휴가 가서 오늘 사무실에서 좀 일찍 나올 수 있었어."

"아, 너 대통령실 출입해?"

"어. Y랑 같이 있어."

"와, 진짜? 근데 Y는 왜 안 왔어?"

"Y는 1진이라서 대통령이랑 휴가를 맞췄고, 난 2진이라서."

1진과 2진 … . 그 자리에 모인 전원이 똑같은 톤으로 웃었다. 그리고 술자리에 한 명 한 명 합류할 때마다 K는 같은 설명을 했고 그때마다 다들 똑같은 웃음으로 반응했다. 그중 한 명이 굳이 덧붙였다.

"너…! 아직도 Y 그늘에 있구나!"

K는 여유 있는 웃음으로 받았다.

"그늘이라고 생각하지 않아. 아늑해."

Y와 K는 단짝이었다. 01학번 모임의 구심점 역할을 했던 그들을, 우리는 한 세트처럼 이름 앞 글자 두 개씩 딴 고유명사로 불렀다. Y는 오락부장이었고 K는 오락부반장이라는 보직을 굳이 만들어 맡았다. 둘은 군 복무

도 같은 데서 하더니, 첫 직장으로 같은 회사에 동기로 입사했고, 심지어 이젠 같은 출입처의 1진-2진이다. (그리고 지금은 아파트 옆 단지에 산다고 한다.) 재미있는 관계성이다. 놀리는 방식도, 그걸 소화하는 방식도 우리는 2001년이나 2025년인 지금이나 하나도 변하지 않았다.

01학번은 우리끼리 워낙 많이 어울려 다니는 분위기였다. 단대 동아리나 중앙 동아리도 많이 하지 않았고, 아침부터 밤까지 계속 같이 몰려다녔다. 학업 외에도 과내 소모임이나 학회 활동이 촘촘히 있었고, 녹두에서는 동기들의 술자리가 늘 하나 이상은 벌어지고 있었다. 당시 신림동의 여자 숙소 담당이었던 나는 내가 참석하지 않은 술자리에서 발생한 의식불명자들은 물론, 술을 찾아 헤매다 불시에 난입하는 부나비들을 수용했기에 동기들과 더 친해질 기회가 많았다.

내 인생에 이런 집단이 있다는 게 신선하기도 하고 재밌기도 해서, 여름 방학조차 본가에 내려가지 않고 녹두에 머무르며 동기들과 보냈다. 가족보다 01 동기들과 시간을 더 많이 보냈다. 편했고, 친했다. 다들 너무 친해서 생기는 부작용도 제법 많았던 것 같은데 이제는 잘 기억이 나지 않는다. 어떻게 그렇게 우리끼리 붙어 다녔을까. 어쩌면 선배들과 달리 01학번은 같은 학번끼리 연애를 거의 하지 않았고, 그나마 있던 학번 CC들은 거의 졸업 때까지 길게 사귀었기에 여럿이 모이기에 별 문제가 없었던 걸까? (기억에 오류가 있다면 사죄합니다!)

이 글을 쓸 제1, 제2 후보들은 미국 체류를 핑계로 빠져나갔다. 나는 대학 시절의 디테일한 기억이 희미했고, 기고문 가이드라인을 제대로 읽지 않았다. 01학번을 대표하는 글을 써야 하는 줄 알고 난감해하다가 메신저인 박참치(박찬경) 교수에게 SOS를 쳤다. "애들 좀 소집하자. 집단기억을 모아서 써야겠어." (내 말에 얼른 수긍한 걸 보면 박 교수도 디렉션을 몰랐던

게 분명하다.) 갑작스런 단톡방 콜에 십여 명이 후루룩 모였다. 직전 모임은 4월 말이었는데, 그때와는 또 다른 멤버 구성으로 새벽 2시까지 알차게 수다를 떨었다. 그리고 집에 들어와서 '뭘 쓰지' 고민하다가 기고문의 가이드라인이 그게 아니었다는 걸 깨달았다.

그래서 다시 정신줄을 잡고 돌아보았다. '언론정보학과'에 왔지만 나는 단 한 번도 저널리즘으로서의 언론에 관심이 없었다. 내가 업으로 꿈꾸었던 건 〈신세기 에반게리온〉의 안노 히데아키나 〈공각기동대〉의 오시이 마모루 같은 애니메이션 감독이었다. 그 외에는 아무 꿈도 없었고 계획도 없었다. 단선적인 한국의 진로교육 체계에서 나는 할 줄 아는 게 공부뿐이었고, 물수능 시대의 축복을 받은 2001년 입시에서 아무 학과나 고를 수 있는 입장이 되었다. 그래서 철없게도 어린 시절의 꿈에 가장 가까울 것 같은 언론정보학과 특차에 응시했고 운이 좋아 합격했다. 매스미디어에 영상매체를 연출해 대중에게 선보일 수 있는 직업과 가장 가까운 학과라고 생각했다.

신입생환영회를 가 보니, 정말 많은 선배들이 지상파 3사의 PD로 합격해서 축하를 받고 있었고, 선배들 중 제일 멋있어 보이는 언니도 KBS PD로 합격한 걸 보고 왠지 맞게 온 것 같다는 희미한 예감이 들었다. 학과 생활 중에는 애니메이션은 완전히 잊고 위에 썼듯이 친구들과 정말 많이 놀았다.

그중에서도 학회와 소모임 운영이 가장 중요했다. '이미지밴드'라는 영상 창작 소모임이 있어서 좋았다. 8mm, 6mm 캠코더로 이것저것 찍었다. 다큐, 드라마, 또는 둘 다 아닌 그냥 UCC … . 표현하고 싶은 생각이나 느낌을 유치하든 말든 그냥 찍었다. 중앙 동아리에 영화를 찍는 동아리도 있었지만 거기는 내가 가기엔 좀 엄숙하고 진지해 보였다. 자유롭게 하고 싶은 대로 치기 어리게 이것저것 만들 수 있는 언론과 소모임이 좋았다. 그때부터 영상을 통해 커뮤니케이션하는 걸 그냥 삶의 일부처럼 자연스럽게 느낄 수 있었다. 우리 언론과가 나와 비슷한 친구들이 모여 있던 공간이었기에 가능했을 것이다.

01학번이 졸업할 무렵엔 악명 높은 취업난이 막 시작되던 시기였다. 서울대를 나와도 취업이 안 될 수 있다는 위기감이 스멀스멀 퍼져 나가기 시작한 시기였다. 그래도 다행히 지독한 스펙 전쟁은 시작되기 전이었다. 해외 봉사활동이나 기업 인턴, 공모전 등 적극적인 활동으로 자신을 증명해야만 하는 취업전쟁이 아직 격화되지 않았다. 학과 친구들과 어울려 다니며 과 활동만 해 왔던 내게는 그나마 다행이었다. 매스미디어에서 영상 연출을 하고 싶다는 생각에 변함이 없었기에 자연스럽게 방송사 입사를 목표로 했고, 영어 공부나 인턴, 공모전 활동 대신 작문과 기획안 작성 등 이른바 '구라빨'을 집중적으로 갈고닦았다.

한두 차례 낙방 끝에 입사한 KBS에서 교양국을 거쳐, 결국 희망했던 드라마국으로 갈 수 있었다. 대학 시절 내내 과 동기, 선후배들과 어울려 다녔는데, KBS에 와 보니 여기에도 이미 선배들이 우글우글했다. 보도국도 그랬겠지만 ,교양·예능· 드라마 등 제작부서에 우리 과 선배들이 정말 많았다.

그중에서도 드라마국은 희한하게도 전체 인원의 10%가 서울대 언론정보학과 출신이었다. 단일 학과로는 최다 인원이었다. 뭐, 엄청 친하게 몰려다니며 서로 끌어 주고 그런 건 전혀 없었지만, 우리끼리 여의도 KBS별관 주변에 몰려다니며 술도 자주 마셨다. 이 드넓은 방송국 건물이 어린 시절을 함께 보낸 사람들이 있다는 사실만으로 괜히 친근하고 편안했던 것도 사실이다.

“왜 완일이, 영훈이는 ‘오빠’고 난 ‘선배’야?”라는 질문도 초반에는 많이 받았는데 그것도 1년 정도 지나니 더 이상 없었다. (그런데 학부제로 전환된 후에 드라마국에서 만난 과 후배가 딱 한 명밖에 없는 건 좀 지금도 좀 의아하다. 그 당시에 공유되던 어떤 분위기가 있는 걸까. 기회가 되면 당시 언론과의 공동체 분위기가 각자의 진로에 미치는 영향을 누군가 연구해 주면 좋겠다.)

드라마 감독이라는 직업은 좀 괴롭지만 좋다. 미니시리즈는 미니시리즈대로, 단막극은 단막극대로 힘들고 또 달콤하다. 몸이 힘들고, 자존감 다칠 일도 많고, 무엇보다 남들이 알아볼 만큼 성공하기 참 힘든 업이지만, 다른 데서 대체되지 않는 보람과 쾌락을 준다는 것이 함정이다. ‘여기까지인가?’ 싶다가도, 또 그냥 몸을 움직여 계속하게 된다. ‘어쩌다 여기까지 왔나?’ 싶기도 하다. 인생을 계획하고 설계하는 타입이 아닌데, 25년 전부터 내 주위를 둘러싸고 있었던 언론과라는 환경이 내게 준 영향은 그만큼 거대한 듯하다.

17년의 지상파 생활을 마치고 이적한 드라마 제작사 ‘스튜디오플로우’에도 언론과 선배인 기라성 같은 감독들이 소속되어 있다. 나와 보니 상암동에서 타사에서 활발히 활동하는 동기와 선후배들이 이렇게 많다는 걸 새삼 또 실감하고 있다. 인생에서 짧다면 짧은 4~5년의 대학 시절이 지금까지 인생에 의미 있는 인연들을 이어 주고 있음에 감사한다. 앞으로 인생이 또 어디로 흘러가든, 언론과가 만들어 준 인연이 새로운 의미들을 예쁘게 이어 주기를 희망한다.

전생에 나라 구한 이야기

김보형 | 2002학번

처음 언론정보학과 면접을 본 해, 엉엉 울며 '샤' 정문을 걸어 나갔던 기억이 난다. "다시는 못 올 것 같다"며 눈물을 쏟았지만 다행히도 반수 끝에 다시 그 문 안으로 들어올 수 있었다. 그사이에 학부는 광역화되어 나는 언론정보학과가 아닌 사회과학대 소속으로 입학했다. 뭔들 어떠리. 대학 생활은 너무나 신났고, 매일매일이 즐거웠다.

사회대에서는 소속 학과가 없는 신입생들에게 임의로 '반'을 배정해 주었고, 그에 따라 나는 주로 사회학과 선배들과 어울리게 되었다. 당시 사회학과는 여전히 학회 중심의 세미나 문화를 유지하고 있었고, 나도 선배들과 세미나를 통해 열심히 맑스주의와 페미니즘을 공부했다. 대학교수가 된 지금도 나는 여전히 대학은 지식인의 책무를 가르치고 변혁의 경험을 제공해야 한다고 믿는다. 동기들, 선배들과의 자율적 독서와 토론을 통해 그런 경험이 충만한 대학 생활을 했다는 점에서 나는 운이 좋았다. 이때의 경험은 이후 내 학문적 자산이 되었다.

지금은 미국 어느 사립대의 커뮤니케이션학과 교수가 되어 있지만, 1학년을 마치고 언론정보학과를 선택했을 때 나는 전공 진입자들 중 학점이 가장 낮았다고 한다. 당시 학부 조교를 담당했던 분이 "네가 학점 꼴찌"라고 굳이 알려 주셨다. 꼴찌면 어떠랴, 원했던 전공 진입에 성공했는데. 광역화 첫 세대였던 02학번은 경제학부와 외교학과를 빼고는 모든 학과가 미달이었던 것으로 기억한다.

처음부터 언론정보학에 깊은 관심을 가졌던 것은 아니다. 당시 학교에 새롭게 개설된 각종 여성학 교양 수업을 가장 열심히 들었던 것 같다. 전공 수업에 본격적으로 관심을 갖게 된 것은 3학년 봄학기 강명구 교수님의 '미디어 테크놀로지의 역사' 수업을 들으면서부터다. 테크놀로지에 대한 사회구성적 접근, 그리고 문화연구의 관점에서 테크놀로지를 다루는 수업이었다. 기존에 접하지 못했던 흥미로운 시각에 저절로 관심이 갔다.

사족이지만, 현재 재직 중인 밴더빌트대학(Vanderbilt University)은 가을학기 2주 차를 맞았고, 바로 그저께 '기술의 사회구성론'(*Social Construction of Technology*)을 강의했다. 21년 전 관악의 어느 강의실에서 처음 접했던 이론을 이제는 직접 가르치는 사람이 되었다니 감개무량하다. 나는 아직도 내가 교수가 되었다는 사실이 놀랍다.

다음 학기에 들었던 '비판커뮤니케이션' 역시 학부 시절 드물게 열정을 쏟아부었던 수업이다. 실증주의가 대세였던 사회대에서 찾기 힘든 귀한 과목이었다. 당시 내가 열심히 읽던 주제 중 하나가 포스트콜로니얼리즘이었기에, "왜 한국 문화연구에는 한국이 없는가?"라는 지식 생산의 식민성에 대한 강명구 교수님의 문제의식이 설득력 있게 다가왔다. 그 학기 전체를 관통하는 주제는 "영어란 우리에게 무엇인가?"였는데 이는 사실 여전히 나를 사로잡고 있는 질문이기도 하다.

이 수업은 여러모로 기억에 남을 수밖에 없는데, 강명구 교수님과의 인연이 시작되었기 때문이다. 선생님은 페미니즘이 문화연구 전반에 중요한 기여를 했다고 가르치셨는데, 이 역시 여성학의 학문적 성과에 대한 존중이 미약했던 당시에 흔치 않은 시각이었다. 하지만 선생님도 당시 한국 페미니즘의 최신 논쟁까지는 정통하지 못하셨고, 어느 날 수업에서 '성매매' 라는 용어 대신 '매매춘'이라는 용어를 사용하셨다. 이는 당시 페미니즘 진영에서 민감한 문제였기 때문에 나는 왜 '성매매'가 더 올바른 단어 선택인지 설명드렸다. 선생님은 이 문제제기를 반기셨고, 이 일로 나를 "할 말은 하는" 학생으로 인식하셨다. 선생님의 열린 마음에 깊이 감사드린다. 이 일은 더 드라마틱한 방향으로 살짝 부풀려져, 선생님이 두고두고 이야기하시는 에피소드가 되었다.

2005년 가을부터 1년 동안 교환학생 자격으로 호주 멜버른대학에서 수학할 수 있었다. 집안 사정이 급격히 기울어진 직후였지만, 그때가 아니면 평생 외국에서 공부할 기회가 없을 것 같았다. 멜버른은 참 아름다웠다. "밥 먹을래! 나랑 같이 죽을래!"라는 소지섭의 대사로 유명한 KBS 드라마 〈미안하다, 사랑한다〉(미사)가 방영된 직후였다. (멜버른은 이 드라마의 주요 촬영지였다.) 〈미사〉에 나왔던 골목들, 플린더스 스트리트 스테이션, 그리고 야라강의 운치를 1년 동안이나 즐길 수 있었던 것은 엄청난 행운이었다.

부모님께 전적으로 의존하기가 죄송해서 조금씩 아르바이트도 했다. 차이나타운의 한국 고깃집에서 서빙을 처음 한 날에는 트램역까지 어떻게 걸어갔는지 모르겠다. 이 경험은 한국에서 서울대 학생들이 누리는 특권에 대해 성찰하게 해 주었다. 서울에서는 해본 적도 없고 할 필요도 없었던 일. 내가 얼마나 편한 아르바이트만 해 왔는지 깨달았다. 나는 너무 서툴렀고, 80년대에 이민 오신 억척 사장님은 목청도 좋고 소리도 잘 지르셨다. 어떤 날은 시드니에서 왔다는 비즈니스맨이 자기 호텔로 가서 마사지를 해 주면 돈을 더 주겠다고 제안하기도 했다. 이런 경험은 내게 처음으로 동양인이라는 정체성을 심어 주었다. 한국에서는 인종적 주류로 살았기 때문에 백인문화권에서 아시아 여성의 주변성에 대해 깊이 생각해 본 적이 없었다.

그래도 호주에서의 경험은 너무 즐거웠다. 멜버른대학은 문화연구 전통이 강한 곳이었다. (그때는 몰랐지만) 유명한 바바라 크리드(Barbara Creed) 교수의 수업도 들을 수 있었다. 수업은 거의 못 알아들었지만 리딩도 열심히 해 가고, 페이퍼도 열심히 써서 냈다.

유일한 외국 유학의 기회일 것 같아서 호주에 다녀왔지만, 나는 강명구 교수님 밑에서 석사과정을 마치고 2010년 다시 한번 외국으로 떠났다. 이번에는 미국에서 박사학위를 따기 위해서였다. 그리고 나의 길고 긴 암흑기가 시작되었다. 시카고에서 하트퍼드로 가는 비행기를 놓쳤던 건 다가올 미래에 대한 암시였을까. 박사 유학은 너무나 고되고 힘들었다. 아무리 오랜 시간 잡고 있어도 주어진 리딩을 끝낼 수 없었고, 수업 내용은 절반도 못 알아들었다. 내가 토론에 전혀 참여하지 못하는 동안, 영어권 동료들은 단지 네이티브 스피커라는 이유만으로 (별 내용 없는 것 같은) 의견을 쏟아 내는 것 같아 분통이 터졌다.

한국에서 나는 자신감이 넘치고 교수님들의 신망을 받던 학생이었는데, 이제 "나는 원래 못하는 애, (질 낮은) 페이퍼를 제출하기만 해도 성공적"이라는 정체성으로 갈아타야 했다. 자존감은 바닥을 쳤다. 3~4년 차에는 "학위를 못 딸 수도 있겠다"는 불안감이 엄습했다.

7년 차에는 온 가족이 졸업식에 참여하기 위해 비행기 티켓을 구매했는데, 졸업하지 못하게 되었다는 말을 하기가 얼마나 힘들었던지. 그래도 가족들은 관광차 방문해 주었다. 논문도 지지부진하고 취직도 하지 못해서 심적으로 가장 힘들었을 때 가족들의 방문은 큰 힘이 되었다.

'평생 시간강사를 해도 좋다'는 각오로 공부를 택했지만, 박사 유학을 처음부터 계획한 건 아니었다. '문화연구로 한국에서 박사과정을 이어가기 힘들겠구나' 깨닫고 유학을 생각했을 때, 미국에서 학생 비자로는 캠퍼스 밖에서 일을 할 수 없다거나, 학위를 마치면 곧바로 비자가 만료된다는 등의 디테일은 알지 못했다. 강사직을 구할 수도 없었다. 강사 자리는 보통 취업 비자를 스폰서해 주지 않기 때문에, 백수인 채로 귀국하지 않으려면 졸업하기 전에 교수직 오퍼를 받아야 했다.

천신만고 끝에, 그리고 전생에 나라를 구한 것만 같은 행운으로, 나는 연구중심 대학에서 테뉴어트랙 조교수 자리 오퍼를 받게 되었다. 처음 오퍼 전화를 받고 새벽에 주무시고 계신 엄마에게 전화를 걸었다. 엄마는 바로 외할머니에게 전화를 거셨다고 한다. 외할머니가 돌아가시기 전에 취직할 수 있었다는 사실에 감사하다.

음악의 도시 내슈빌은 흥미로운 곳이고, 밴더빌트의 연구 지원은 매우 훌륭하다. 커뮤니케이션학과가 인문학 디비전에 속해 있다는 점도 나와 잘 맞는다. 처음 강의실에 섰을 때 떨리는 목소리로 더듬거렸던 기억이 난다. 그래도 학생들은 똘망똘망한 눈으로 열심히 고개를 끄덕여 주었다.

지난 학기 강의 평가에서는 수업을 구성하는 방식 자체가 훌륭했다거나, Professor Kim은 '진짜' 렉처를 해서 시간이 지날수록 수업 내용에 대한 이해가 더 깊어졌다는 코멘트를 받았다. 몇 년의 고생 끝에 올해 초에는 드디어 첫 책도 출간되었다. 연구 실적 평가에 필수적인 책 출간 과정이 얼마나 길고 힘들었는지는 따로 회고록을 쓸 수도 있을 것 같다.

미국 생활은 외롭고, 교수 생활은 정말 힘들다. 그래도 지금까지 잘 버텨왔으니 앞으로도 어떻게든 되겠지. 원하는 연구를 지속적으로 할 수 있다는 것은 엄청난 특권이라고 생각한다. Life goes on.

돌고 돌아 커뮤니케이션

선승혜 | 2003학번

2002 월드컵의 열기가 가시지 않은 2003년이었다. 서울대 면접을 보러 간 날, 마을버스들은 폭설로 서울대입구역에서 언덕을 올라가지 못했고, 나는 걸어서 언덕을 넘었다. '면접장에 들어가지도 못하지 않을까? 그럼 다른 대학을 가야 하나?' 하던 나의 염려는 텅 빈 대기실을 보고 안도로 바뀌었다. 다들 제때 도착하지 못한 것이었다.

당시 사회과학대학은 학부제였지만, 나는 지원서에 당당히 언론정보학과를 가겠다고 적어 냈고, 면접장에서 그걸 읽은 어느 교수님이 언론의 영향력을 느낀 사례가 있었냐고 물어보셨다. 나는 수능 날 저녁 작년보다 수능이 쉬웠다는 뉴스를 보고 아파트 옥상에서 뛰어내린, 나와 동갑이었을 어떤 아이들을 이야기했다. 잠시 슬픈 느낌이 들었다. 또 오리엔테이션에 왔던 사회과학대학 입학생 한 명은 대구지하철참사로 새터에 오지 못했다.

그해 가을 대학가요제가 서울대에서 열렸다. 친구들과 함께 특별출연한 김태희(아직 유명해지기 전이었다)가 "누구냐"며 수군거리며 총장 잔디에서 방방 뛰었다. 아고라에서 목이 쉬도록 민중가요를 부르며 마임을 했고, 우이동으로 간 MT에서는 익지도 않은 삼겹살(익을 때까지 기다리면 내가 먹을 고기가 남아 있지 않았기 때문이다)을 먹었다. 나는 녹두거리에서 당시 유행하던 칵테일소주를 마시다, 가내통금을 지키기 위해 길을 나서며 애매하게 경기도 남부에 살아 기숙사도 못 들어가고 자취도 할 수 없는 내 신세를 한탄하곤 했다. 이 통금은 내가 〈대학신문〉에 들어가면서, 밤새 신문을 만들어야 한다는 그럴듯한 핑계로 슬그머니 없어졌다.

학부 시절 내 머릿속에 들어와 지금까지 남아 있는 언론정보학적 지식이라는 건, '커뮤니케이션이란 무엇인가?'란 화두(답은 아직 모른다)와 하버마스의 '공론장'(하버마스가 직접 쓴 논문을 읽었다!) 정도인 것 같다. 하지만 언론정보학과 교수님들의 자부심 넘쳤던 수업(강남준 교수님은 수업 시간에 당시 가장 잘나가던 윤도현과 김제동을 섭외하셔서 우리를 열광케 했다), 16동과 멀티미디어동 강의실 문을 열고 들어갈 때 느껴지는 리버럴한 우리 과만의 분위기, 논문을 읽고 PPT를 만들어 발표하던 동기들의 모습은 아직도 생생하고, 지금도 내 마음을 쿵 하고 울린다.

당시 나는 취업에 도움이 될까 싶어서 경영학을 부전공했다. 경영대 건물에 붙어 있는 정장을 쫙 빼입고 찍은 경영컨설팅 동아리 포스터를 보다가, 16동으로 돌아와 청테이프로 덕지덕지 붙인 대자보를 보고 있노라면, 마치 며느리가 친정에 돌아온 것처럼 마음이 포근해지곤 했다. 괜히 페미니즘 책을 읽고 '민들레영토'에서 세미나를 하기도 했고, 동시에 소개팅에도 열심히 나갔다.

나는 2011년에 학교로 다시 돌아와 16동 바로 옆에 있는 로스쿨을 다녔다. 세월이 바뀐 건지 내가 달라져서인지는 모르지만, 학점에 목숨 걸고, 내 옆의 동기가 경쟁자가 되는 로스쿨 3년은 가끔 떠올리고 싶지 않을 때가 있다. 실컷 놀고, 돈과 관계없는 어떤 것을 실컷 공부했던, 아무 이유 없이 의기양양했고 패기 넘치던 학부 시절이 눈물이 날만큼 그립고 소중하다. 대학 생활은 모름지기 그래야 하는 거니까.

9학기 만에 졸업하고, 한 학기 백수 생활 끝에 일간지 기자로 사회생활을 시작했다. 군대를 다녀왔다면 비슷한 느낌이었을 것 같다. 다시 하라면 죽어도 하고 싶지 않지만, 지나치게 미화되어 술만 먹으면 온갖 에피소드들을 꺼내고 마는 그런 시간들. 회사 내 신문학과 선배들은 너는 신문학과 나와서 신문사를 들어오면 무슨 전문성이 있느냐고 핀잔을 주면서도 따뜻하게 챙겨 주셨고, 나는 노트북을 메고 여기저기 신나게 뛰어다녔다(그때는 하이힐에 정장을 입고도 뛰어다녔는데, 지금은 운동화를 신어도 뛰어다니지 못하겠는 걸 보니, 20대의 체력은 정말이지 대단한 것이었다).

"다른 애들은 다 열심히 고시 공부를 하는데 너는 왜 고시를 안 보느냐"며 딸이 기자가 되는 걸 격렬히 반대했던 아빠는 내가 참새처럼 물어다 주는 여의도 뒷이야기를 술안주 삼으시며 즐거워하셨다. 나는 내 바이라인이 새겨진 신문지를 넘길 때마다 뿌듯함에 신바람이 났다. 다만 땀을 쏟아가며 써낸 기사 옆에 툭 하고 자리를 차지한, 그 효능을 알 수 없고 미적으로도 용납하기 어려운 건강기능식품 광고들을 볼 때마다 그게 꼭 계속 가라앉는 신문 산업의 미래를 보여 주는 것 같아 마음이 무거웠다.

결국 나는 3년간의 짧은 기자 생활을 마치고 당시 기자들 사이에 유행처럼 번지던 로스쿨 대열에 합류하고 말았다(하지만 신문은 그 뒤로도 나름의 역할을 찾아 재정립하고 있고, 남은 동료들도 새 흐름에 맞춰 더 멋진 콘텐츠 크리에이터로 잘나가고 있으니, 역시 버티는 게 이기는 것이다).

03학번 대신 11학번을 달고 돌아온 관악캠퍼스는 많이 바뀌어 있었다. 녹두거리는 쇠락했고, 요즘에는 '설입'에서 논다고 했다. 전국 방방곡곡에서 올라온 동기들이 능수능란하게 구사하던 사투리는 이제 잘 들리지 않았고, 프랜차이즈 커피숍이 캠퍼스 곳곳에 들어서 있었다. 팬시(*fancy*)했지만, 너무 자본주의화된 것 같았다.

오랜만에 뵌 강명구 교수님은 아까운 직장을 그만뒀다며 안타까워하셨지만, 이미 낙장불입(落張不入)인 상황이었던지라, 나는 한 푼 두 푼 모아 놓은 월급을 헐어 가며 학부 시절 못 해본 고시 공부를 로스쿨에 와서 드디어 실컷 해볼 수 있었다. 한국 나이로 27~29살이던 때였는데, 내 아까운 20대의 마지막을 연애도 못 해보고 변호사시험 공부로 보내다니 조금 억울한 생각이 들었다. 하지만 이 짓을 1년 더 할 수는 없다는 절박함이 합격의 가장 큰 동력이 되었다.

나의 어릴 적 장래희망은 작가였는데, 소설을 써서 밥벌이할 만큼의 재능은 없다는 건 금세 깨달았다. 다행히 공부는 제법 했던 터라, 매문(賣文)이라도 할 수 있는 대안으로 오랫동안 기자를 꿈꿨다. 이후 로스쿨 3년의 고행 끝에 변호사 자격증을 거머쥐고 언론계에서 법조계로 이동하고 보니 결국 기자도, 변호사도, 지금 하고 있는 판사도 '글을 쓰는 직업'이라는 점에서는 일맥상통하는 것 같다. 조금 더 포장을 해보면 일종의 콘텐츠 크리에이터랄까.

아까 남아 있는 언론정보학적 지식이 별로 없음을 고백하긴 했지만, 가히 미디어의 홍수라는 이 시대에 언론정보학도로서 내가 배운 것은 이런 것 같다. 콘텐츠 크리에이터가 될 수 있다는 것. 그러니 미디어라는 배에 무엇이든 태우고 항해하라는 것. 이중식 교수님과 16동 한편에 만들어진 미디어랩에서 아이트래킹 카메라를 다루어 봤던 경험, 쭈뼛쭈뼛 영상을 만들고 서툴게나마 편집해서 영상제에 출품하던 경험 … . 이런 모든 경험들이 내 몸과 마음 어딘가에 지문처럼 새겨져 있지 싶다.

판사가 AI로 대체될 가능성이 가장 높은 직업 중 하나라는 말이 들린다. 가끔 마치 먼저 가라앉고 있는 배(언론계)에서 그 다음으로 가라앉고 있는

배(법조계)로 갈아탄 기분이 들 때도 있다. 처음 로스쿨을 가고 로펌에 입사했을 때, 언론계 선배들은 "그래 너라도 탈출해서 다행이다"라는 위로를 건넸고, 법조계 선배들은 "여기 뭐 먹을 게 있다고 그 좋은 기자를 그만두고 왔냐"는 염려를 건네셨다. 프로 이직러의 결말은 사회생활 시작한 지 근 20년이 다 되어 가도록 배석판사를 면하지 못하는 처지이지만, 다양한 경험이 내 시야를 넓혀 주고 외곬수가 되지 않도록 해 주었다는 점은 부인할 수 없다.

윤석민 교수님이 우리 언론정보학과의 영문 명칭이 Department of Communication인데, 국립대 학과가 한국어가 아닌 영어 이름을 학과명으로 쓸 수 없어 부득이 언론정보학과로 학과명을 정했다고 말씀해 주셨다. 내가 밥벌이했던/하는 일들은 결국 다 커뮤니케이션 아닌가 싶다. 독자에게 알리고(기자), 재판부를 설득하고(변호사), 양 당사자가 납득할 만한 합리적인 결론을 도출하는(판사) 일. 아직은 어느 것 하나 특출나게 잘하는 커뮤니케이션 전문가가 못 되었다. 하지만 앞으로 사회생활을 20년쯤 더 하다 보면, 그때쯤은 정말로 '커뮤니케이션이란 무엇인가?'라는 화두에 답할 수 있을지도 모르겠다.

처음의 경험, 이어진 여정

서경국 | 2004학번

졸업 학년이었던 2010년 봄학기, 강명구 교수님의 '미디어 테크놀로지의 역사' 수업을 들었다. 수업에서 교수님이 내주신 과제가 "본인의 미디어 경험을 분석해 보라"는 것이었다. 이제 막 아이폰이 한국에 출시되던 때였고, 갤럭시 스마트폰은 나오기도 전이었다. 당시 나는 PMP(*Portable Media Player*)라는 기기를 사용하고 있었다. 스마트폰이 대중화되기 전, 당연히 비디오 스트리밍은 꿈도 꿀 수 없던 시절, 동영상 파일을 PC에 다운로드해서 USB를 통해 옮겨 담아 재생하는 디바이스였다. 지금 돌이켜보면 MP3 플레이어에서 스마트폰으로 모바일 디바이스의 큰 흐름이 넘어가는 사이에 아주 잠깐 등장했다 사라진 기기였다.

당시 등하교 시간이 각각 한 시간 이상 걸리던 터라, 대중교통을 이용하는 동안 영화나 드라마를 보기 위해 용돈을 모아 구입한 PMP를 잘 쓰고 있었다. 그런데 그 과제를 받고 처음으로 내가 이 디바이스를 사용하는 행태를 들여다보기 시작했다. 나는 이 기기를 언제 쓰는지, 어떻게 켜고, 어떻게 끄는지, 어떤 방식으로 미디어를 담고 빼는지, 담긴 미디어를 어떻게 선택하고 어떻게 소비하는지 … . 스마트폰처럼 어플리케이션 생태계는 없었지만, 피처폰처럼 독자적인 OS와 UI는 있었다. 물론 당시 나는 OS나 UI라는 개념 자체도 몰랐지만, 디바이스의 화면과 동선이 어떤 방식으로 구성되어 있는지도 찬찬히 뜯어보면서, 어디는 편리하고 어디가 불편한지도 찾아보기 시작했다. 내가 만들었다면 이 화면을 어떻게 그렸을지도 생각해 보았다. 그리고 화면을 넘어 기능도 어떤 것들이 추가되면 좋을지 과제에 담았다. 마지막으로 수업의 제목이 '미디어 테크놀로지의 역사'인지라 최초의 개인화된 디지털 포터블/모바일 디바이스였던 MP3와 비교했을 때 PMP가 어떤 발전을 이루었고, 어떻게 발전해 나갈 것인지도 서투르게나마 써 내려갔다. 이런 걸 해본 건 처음이었는데, 과제임에도 불구하고 꽤 재미있었다.

리포트였기 때문에 제출 후 따로 발표하는 시간은 예정에 없었다. 그런데 교수님이 수업 시간에 내 리포트를 발표하라고 하셨다. 다 함께 보게 복사해 오라고까지 하셨다. 나는 리포트를 복사해 나눠 주고 발표를 했다. 발표를 마친 후 토론을 했다. 트렌드에 밝은 친구들은 아이폰에 대해 이야기해 주었다. 아직은 세상을 잘 모르던 20대 청년들이, 본인의 미디어 경험과 앞으로의 미디어 테크놀로지의 발전 방향에 대해 사뭇 진지하게 토론했다. 교수님은 별 코멘트 없이 그저 그 모습을 흐뭇하게 지켜보셨던 것으로 기억한다.

강의가 끝날 무렵 강명구 교수님이 나를 따로 교수실로 부르셨다. 사회과학대학 광역모집 입학생인 나는 학과 교수님들과 교류가 아예 없었다. 교수실이라는 곳에 처음 가보았고, 당연히 학과 교수님과 면담하는 것도 처음이었다. 그 자리에서 교수님이 말씀하셨다.

"혹시 대학원에 올 생각 없는가?"

이런 말 들었다고 하면 혹자는 인생을 망치는 제안이라고 농담 삼아 웃겠지만, 아마도 교수님께서 해 줄 수 있는 가장 큰 칭찬이었을 거라 생각한다. 너무 감사한 제안이었지만, 더 이상 공부는 내 길이 아닌 것 같다고 말씀드렸다. 아쉬워하던 교수님의 표정까지 뿌듯하고 감사한 기억으로 남아 있다.

2010년 봄학기가 끝나고, 본격적으로 취업의 과정이 시작되었다. 삶은 언제나 그렇듯 예상과는 다르게 흘러갔다. 언론정보학과를 졸업하는 많은 학우들처럼 언론사 입사 시험을 봤지만 모두 떨어졌다. 큰 뜻이 없었던 국내 굴지의 대기업에 최종 합격했다. 언론인이 되고자 하는 꿈만으로 놓치기에는 큰 기회였다. 결국 당시 우리나라 대학생들이 가장 취업하고 싶은 1위 회사였던 삼성전자에 입사했다. 마침 삼성전자의 첫 번째 안드로이드 스마트폰 갤럭시 S1이 출시되던 때였다. 회사는 하드웨어 제품 생산을 넘어 스마트폰에 들어가는 서비스에 집중하고 있었고, 신입사원인 내게는 IT 서비스 기획자라는 업무가 주어졌다. 이것이 이후 15년간 나의 직업이 되었다.

삼성전자에서는 36개국에 서비스되는 Video on Demand 서비스를 기획하고 론칭했다. IT 서비스를 더 잘하는 회사에서 업무를 배우고 싶어 LINE으로 이직했다. LINE에서는 태국, 대만, 인도네시아에 제공되는 뉴스 서비스를 기획했다. 언론정보학과 출신으로서 뉴스 서비스를 기획하는 일은 정말 즐거웠다. 그러다가 1차 가상화폐 붐을 경험하며 핀테크 분야에 관심을 가지게 되었다. 라인에서 가상화폐 거래소 기획자로 팀을 옮겼다가 카카오뱅크로 이직했다. 지금은 AI의 물결을 타고 카카오뱅크에서 대화형 검색 서비스의 기획자이자 PM으로 일하고 있다.

모바일 UX에서 AI까지, 기술은 계속 발전했다. 주니어 기획자에서 PM까지, 나의 역할도 확장되었다. 하지만 내가 하고 있는 일의 본질은 변하지 않았다. 사용자의 경험을 분석하고, 더 나은 사용성을 끊임없이 고민하는 것. 강명구 교수님 수업의 과제를 하며 처음 해봤던 바로 그 일이다. 학창 시절 학과 전공 수업의 과제가 내 인생의 진로를 바꿔 놓았다거나, 내 삶의 방향성을 제시했다거나 하는 거창한 말을 하려는 건 아니다. 다만 언제나 첫 경험은 잊히지 않는 단단한 근간이 되어 그 후 시간을 지탱해 준다. 내게는 강명구 교수님의 '미디어 테크놀로지의 역사' 수업이 그런 첫 경험으로 남아 있다.

커뮤니케이션학이 아웃사이더에게 남긴 것

이송원 I 2005학번

이따금씩 학교를 찾는다. 주로 교수님들을 인터뷰하기 위해서다. 정문을 지나 축구장이 나타나면 자연스레 눈길은 언덕 위 핑크색 건물로 향한다. 16동 사회과학대, 20대의 절반을 보낸 곳이다. 어느덧 15년 차에 접어든 신문기자라는 직업도 저 곳에서부터 시작되었다고 해도 과언이 아니다.

05학번 신입생에겐 전공이 없었다. 일단 사회과학대학 소속으로 학생을 모집하는 구조였다. 1학년 때엔 교양·기초 과목을 듣고 2학년에 진급하며 각자 전공을 결정했다. 전공 배정 전까지는 임의로 배정된 단과반 단위로 생활했다. 경제학부는 불꽃반, 비(飛)반, 사회학과는 악반, 외교학과는 나침반, 지리학과는 겨레반 등으로 불렸다.

공교롭게도 나는 처음부터 언론정보학과인 '꼼반' 소속이었다. '시대와 공명하는 사람의 소리'라는 슬로건을 내건 곳이다. 이곳에서 약 30명의 동기들과 처음 만났다. 1년 뒤 각자 다른 학과로 뿔뿔이 흩어졌지만, 시작을 함께한 인연으로 대학 생활 내내 같은 과 동기들보다도 친하게 지냈다. 과반에서는 선후배 혹은 동기 사이에 핑크빛 기류가 돌거나 캠퍼스 커플이 탄생하기도 했다.

지금은 어떤지 모르겠지만, 당시 사회과학대에는 학생운동 분위기가 남아 있었다. 재수를 한 나는 1년간 유예했던 대학 생활에 대한 설렘이 가득

차 있었다. 하지만 신입생 오리엔테이션(새터) 가는 길부터 그 기대감에 균열이 가기 시작했다. 설렘 가득한 버스 안에서는 울려 퍼진 건 대중가요가 아닌 민중가요였다. '전우의 시체', '피' 등의 가사는 현대사 교과서에서만 봤던 지라, 어쩐지 입에 잘 붙지 않았다. 과반에 남아 있던 선배 중 일부는 평택 미군기지 반대 시위 참여를 독려하기도 했다. 여담이지만, 시위에 참여했던 그 선배는 훗날 카투사에 갔다고 한다.

2학년에 올라갈 무렵, 꼼반 동기들은 각자 전공을 찾아 뿔뿔이 흩어졌다. 경제학부나 외교학과로 간 친구들이 많았다. 당시 PD가 되기를 꿈꿨던 나는 언론정보학과를 지망했다. 같은 꼼반에서는 동기 한 명만이 언론정보학과에 지원했을 뿐이었다. 전공 합격 여부는 1학년 때 성적을 반영했는데, 듣기론 언론정보학과 가는 데엔 별 문제가 없을 것이라고 했다. 부모님은 취업을 생각해 경제학부에 가라고 끈질기게 설득하셨지만, 나는 고집을 부렸다. 하지만 가끔 '그때 부모님 말을 들었으면 어땠을까' 하는 생각이 드는 것도 사실이다.

소속 학과가 정해졌어도 아웃사이더로 지내던 대학 생활은 크게 달라지지 않았다. 기질 탓도 있겠지만, 같은 과, 같은 학번이라고 해도 좀처럼 모여 교류할 기회가 없었던 탓도 있을 것이다. 그나마 소수의 선후배·동기들과 친해질 수 있었던 건 학과 동아리 덕분이었다. 영상제작 동아리 '이미지밴드' 활동을 시작했다. PD의 꿈을 품었던 나에게 이만큼 잘 맞는 동아리도 없었다.

짬짬이 선배들에게 카메라 작동법, 편집 프로그램 사용법을 배웠다. 이후 동아리 발표 행사를 앞두고 복학생 선배·동기들과 5분 분량의 짧은 단편을 만들었다. 지금 생각하면 절로 이불킥 하게 만드는 내용의 시나리오를 썼고, 더운 여름날 카메라를 들고 거리를 배회했다. 그렇게 찍은 엉성한 영상 한 편을 어떻게든 작품처럼 만들어 보겠다고 편집실 안에서 오랜 시간을 보냈던 기억이 난다. 청춘의 열정이 빛나던 순간이다.

하지만 안타깝게도 이미지밴드 생활도 오래가진 못했다. 1년간 교환학생을 떠났는데, 돌아와 보니 친하게 지내던 이들도 각자 군 입대, 교환학생, 휴학 등으로 사라져 있었다.

학과 전체 활동으로 기억에 남는 건 MT 여행이다. 학과가 아니라 단과대로 신입생을 모집하기 시작한 이래 처음 기획된 MT였던 것으로 기억한다. '같은 학과 동기 선후배끼리 얼굴도 잘 모르고 지내는 게 말이 되느냐'는 문제의식은 비단 나 혼자만이 것이 아니었던 것이다. 여행에서는 강당 같이 오픈 된 공간에서 조별로 동그랗게 모여 앉아 레크리에이션을 했다. 여느 MT처럼 늦은 밤까지 술잔이 오갔다. 알코올로 인해 기억이 왜곡됐을 가능성도 배제할 수 없지만, 강남준 교수님께서 춤을 추셨던 것 같은 잔상도 남아 있다.

2008년 말 시작된 금융위기의 여파는 대학가에도 덮쳐 왔다. 얼마 남지 않은 졸업과 함께 취업 걱정이 밀려왔다. 부랴부랴 그동안 미뤄 두었던 전공 필수 과목들을 들었다. 주변에서는 고시, 자격증, 로스쿨 준비를 하는 친구들이 속속 생겨났다. 아예 휴학하고 사회과학대 도서관에서 사는 듯 지내는 이들도 적지 않았다. 모 교수님께서는 진심으로 제자들을 생각하는 마음으로 이런 말씀도 남기셨다고 한다. "너희는 '끼'로 치면 Y대에, '끈'으로 치면 K대에 못 미친다. 그러니 너희가 제일 잘하는 공부를 해라." 하지만 나는 부모님 말씀처럼 교수님 말씀도 새겨듣지 않았다.

그나마 현실감은 잃지 않았던 게 다행이었을까. 가뭄에 콩 나듯 나오는 PD직 채용 공고, 게다가 유별난 재능이 없던 나로서는 그 길이 쉽지 않겠다고 각성했다. 마침 언론사에서 인턴 기자로 일한 터라, 기자 직군으로 진로를 선회했다. 이규연 전 〈중앙일보〉 기자가 진행하던 탐사보도 수업도 들었다. 함께 수업을 들었던 학생 가운데 기자가 됐다는 이들의 소식을 접하며 희망을 키웠다.

2010년 여름, 5년 만에 졸업을 했다. 이후 약 반년간은 언론고시 생활, 더 정확히 말하면 백수 생활을 거쳤다. 어려운 경제 상황과 취업난을 탓해 보아도 불안이 가시지 않았던 나날이었다. 방송사, 통신사, 신문사 가릴 것 없이 공고가 나는 족족 지원했다. 마침내 2010년 말 언론사에 입사할 수 있었다. 당시 함께 기자를 준비하던 동기들도 각자 다른 언론사에 들어갔다.

신문기자로 일하게 된 후 전공을 밝히면 크게 두 가지 반응을 본다. 일부는 '애초 기자가 정말 되고 싶었느냐'고 물었고, 기자들끼리는 '별 선택권이 없었겠군' 하는 반응을 보이는 경우가 많았다. 사내와 언론계, 홍보업계에는 신문학과(언론정보학과의 전신) 시절의 대선배들도 많았다. 감사하게도 사내에서 부장으로 모셨던 대선배가 언론정보학과 모임 자리를 마련해 주셔서 연말이면 선후배들과 함께하는 시간을 보낼 수 있었다. 어쩌다 신입사원으로 같은 과 후배가 들어왔다는 소식도 간간히 들렸지만, 예전만큼 명맥이 이어지고 있지는 않다.

여느 학사 전공이 다 그렇겠지만, 대학을 떠나고 나면 전공과목은 크게 기억에 남질 않는다. 결국 남는 것은 사람이다. 비록 한 줌의 사람들일지라도, 아웃사이더라도 그 점만은 확실히 알 수 있다. 이번 기고문을 핑계 삼아 그동안 연락이 뜸했던 동문 몇몇에게 용기를 내 연락했다. 간만에 만나 회포를 풀 예정이다. 커뮤니케이션학이 가르쳐 준 건 결국 그런 관계와 연결의 소중함이 아니었을까.

대학에서 배운 걸로 먹고 살기

김가람 | 2006학번

2006년 2월에 고등학교를 졸업한 나는 초등학교에서 영어를 배우지 않은 마지막 세대였다. 2006년, 법과대학은 여전히 학부생을 뽑고 있었고, 신입생 때부터 로스쿨을 생각하는 친구는 없던 시절이다. 여전히 1학년은 점심시간마다 후생관 앞에 길게 줄을 서서 선배들한테 밥을 얻어먹고, 후식으로 초코우유를 사 마셨다. 또 녹두거리에서 술 마시고, 기숙사 세탁실에서 야식으로 탕수육 시켜 먹으면서 숙제나 꾸역꾸역하던 그런 시기였다. 인문대, 자연대, 사범대 등 '윗동네' 교양과목을 들으러 가는 길에는 자하연 앞에서 와플 하나 사 먹으며 힘을 냈고, 인쇄해서 내야 하는 과제가 대부분이라 '복사카드'가 교통카드만큼이나 소중했다.

1학년 때는 필수과목인 '대학국어', '대학영어'를 같은 반 친구들과 들으며 어디 가서 욕먹지 않게 목차 쓰고, 각주 달고, 콤마 찍는 것을 배웠다. 전공선택 수업은 외교학과의 '국제정치학 개론', 정치학과의 '정치학 원론', 언론정보학과의 '커뮤니케이션의 이해'를 수강했다.

윤영관 교수님의 '국제정치학 개론'은 챗GPT는커녕 스마트폰도 없던 시절에, 매 수업 시작 전 영어 뉴스를 읽고 분석하는 과제와 영어 원서를 읽고 요약하는 예습 과제를 제출해야 했다. 게다가 수업은 9시 시작이라 밤늦게까지 전자사전을 들고 씨름하다가 과제를 겨우 인쇄해서 수업 시작

전 아슬아슬하게 도착했다. 수업이 끝나면 사회대 풍물패 '바람몰이' 동아리방에 가서 다 같이 자장면을 시켜 먹고 낮잠을 자곤 했다.

'정치학 원론'은 월요일 오전이라 말 그대로 서울대에 와서 '처음' 들은 수업이었다. 첫 시간에 황수익 교수님께서 "여러분은 다들 머리가 똑똑하니, 1년에 하나씩 외국어를 마스터해라. 1학년 때는 영어회화를 끝내고, 2학년이 되면 중국어를 하고, 이런 식으로 하면 졸업할 때 3개 국어 정도 할 수 있다"라고 하셨던 말씀이 아직도 기억난다. 교수님이 1학년 때 끝내라고 한 일을 나는 아직 시작도 못했다.

윤석민 교수님의 '커뮤니케이션의 이해'는 새로운 개념도 많고 재미있어서 필기를 무척 열심히 했다. 지금 기억나는 것은 라스웰의 'SMCRE', 1975년에 신문학과가 생겼다는 것, 김규환 교수님 성함 정도다. 하지만 그때 수업에서 들었던 '뉴미디어'가 굉장히 멋있게 느껴져서 PD가 되지 않고 미디어를 공부해 보는 것도 좋겠다고 생각했다. 기말 과제는 훌륭하다고 생각하는 커뮤니케이터 1명을 선정해서 그 사람의 커뮤니케이션 행동을 분석하는 리포트를 작성하는 것이었다. 메일함을 20년 만에 뒤져 보니 (지금의 나로서는 믿기지 않게도) 신문선 축구 해설위원을 분석했다. 돌이켜보니 2006년은 입학과 동시에 WBC가 시작해서 한국 대표팀이 4강에 진출했고, 2002년 이후 첫 월드컵이 열린 해라 스포츠에 대한 관심이 대단했다. 동기들과 함께 월드컵 토고전을 학생회관 앞에서 보면서 응원했던 기억도 난다.

내가 속해 있던 경제 B반에서는 30명 남짓의 06학번 중에 두 명만 언론정보학을 전공으로 택했다. 그 두 명이었던 나와 내 친구는 전공 선택 마감일에 외교학과를 쓰고 나왔는데, 무슨 생각이었는지 언론 쪽이 더 재밌을 것 같다며 괴로워하다가 다시 행정실로 올라가서 언론정보학과로 지원 학과를 바꿔 써냈다. 그리고 그 친구는 1년 뒤에 전과해 버렸다.

전공 진입 후 언론정보학과 수업에는 가끔 현직 PD 선배들의 초청 강연이 있었다. 당시 SBS에서 〈웃음을 찾는 사람들〉을 연출 중이던 박상혁 선배님이 멋진 하얀 바지를 입고 특강을 오셨다. 선배님은 일에 대한 자부심과 애정이 넘쳤고 일단 아주 행복해 보였다. 그때 사전 질문을 작성해 담당 조교님께 보냈던 메일이 남아 있는데, 지금 보니 좀 귀엽다.

1. 하루 일과가 어떻게 되나요? 정해진 촬영분을 다 마치면 일이 끝나는 건지, 아니면 일반 직장과 마찬가지로 출근 시간과 퇴근 시간이 정해져 있는지 궁금합니다.
2. 방송 관련 일을 하려면 전공은 아무 상관이 없다고들 하는데요, 그래도 언론정보학과가 어느 정도 도움이 될까요? 학교에서 꼭 챙겨들어야 할 수업은 어떤 걸까요?

이제 15년차 PD가 되었으니, 스스로 대답해 보자면, 언론정보학과를 선택한 것은 PD가 되는 데 엄청난 도움이 되었다. 당시에는 PD 채용의 문이 무척 좁았는데, 다른 전공이었다면 지레 겁을 먹고 시험에 도전도 하지 않았을 것이다. 그리고 준비 첫해 모든 방송사 시험에서 떨어졌을 때, 내 전공이 언론정보학과라는, 달리 도망칠 곳도 마땅치 않다는 냉혹한 현실은 오히려 재도전을 포기하지 않게 해 줬다. 그렇다. 언론정보학과 졸업장이 그나마 유의미하게 쓰일 수 있는 곳은 (그것이 전혀 필요 없다는) 방송사였던 것이다. 어쨌거나 어린 시절 PD를 꿈꾸며 언론정보학과에 왔고, 언론정보학과에서 그 꿈을 그대로 지켜서 PD가 되었다는 것은 보잘것없는 인생에서 그래도 '하고 싶은 일을 하며 산다'는 큰 자부심으로 남아 있다.

언론정보학과는 영상제작 기법을 교육하지 않는다. 그럼에도 언론정보학과에서 공부한 것이 타 대학의 실무 위주 학과, 방송 아카데미만큼이나 현장에서 바로 써먹을 수 있는 실용적인 교육이었다는 데는 의심의 여지가 없다. 3년 동안 '언론정보학과에서 콘텐츠라는 것은 함부로 만드는 게 아니다', '아무리 급해도 불량품은 만들면 안 된다'는 것을 뼈저리게 배웠기 때문이다.

한 예로 PD 경력이 있는 강남준 교수님의 '커뮤니케이션 연구방법론'은 방송 현장이 궁금하던 PD 지망생의 기대를 여지없이 깨뜨리고 통계분석 훈련으로 꽉 채워졌다. 나는 친구들과 '프로그램 시청률의 지각'과 '프로그램에 대한 평가의 지각'을 변인으로 제3자 효과의 발생과 '사회적 거리 준가설' 연구를 시도했다. '상관이 있다', '영향을 미친다'는 한마디를 하기 위해 얼마나 엄밀하게 실험을 준비하고 통계 검증을 받아야 하는지 그때 배울 수 이었다. 그 경험 덕분에 성급한 일반화, 관심 끌고 '치고 빠지기' 식의 제작을 하면 안 된다는 것을 체득하여 실천 중이다. (그리고 매사에 의심이 많아졌다.)

박승관 교수님의 수업은 교수님의 카리스마와 예상할 수 없는 폭넓은 주제로 매 시간이 한 편의 연극처럼 흥미로웠다. 항상 공통적으로 강조하신 것은 '말귀'(*Heardability*)였다. 그러나 정작 나는 말귀를 잘 못 알아들었는지, 성적이 가장 낮은 과목이었다. 연합전공 정보문화학에서는 듣도 보도 못한 콘텐츠를 많이 접하고 신기한 과제도 많이 했다. 장 보드리야르의 《시뮬라시옹》, 보르헤스의 《바벨의 도서관》처럼 '인적성 검사 준비하기도 바쁜데 이건 대체 무슨 허황된 소리인가?'라는 생각이 드는 글을 읽고 비판해야 했다. 〈월드오브워크래프트〉 게임 만렙을 만들어 머시니마(*Machinima*) 영상을 만드는 과제를 하느라 PC방에서 주구장창 게임만 하기도 했다.

4학년이 되어서는 '이미지밴드'를 같이 하던 06학번 친구 오수연과 둘이서 PD 시험 준비를 시작했다. 동아리방에서 타이머를 한 시간에 맞춰 놓고 논술과 작문을 쓴 뒤 서로 읽고 따뜻한 말만 잔뜩 해 줬던 기억이 난다. 또 시험 준비한다는 핑계로 미니 DMB를 사서 가지고 다니며 같이 TV도 봤다. 그때 내가 한참 야구에 빠져 있던 때라 수연이에게도 야구 시청을 전염시켰다. 수연이는 그렇게 롯데 팬이 되었다(나는 아니다). 천사 같은 수연이는 내 시험만 도와주고 스탠퍼드 박사님이 되었다(나는 못했다).

돌이켜보면 나는 학교 다니는 걸 참 좋아했다. '영시의 이해', '독일 명작의 이해', '러시아 명작의 이해' 등 온갖 '알 수 없는' 것들을 이해하려고 시도했다. '음악론 입문', '미술론 입문', 체육교육학과 전공과목도 들었다. 당시에 음악 하나 듣고, 그림 하나, 경기 하나 보고 최소 5쪽짜리 보고서를 써내야 하는 과제들은 지금의 일을 하는 데 큰 도움이 되었다. 얼핏 보기에 눈길을 끄는 게 하나도 없는 인물과 아이템으로 한 시간짜리 프로그램을 만들어 내야 하는 것이 교양 다큐멘터리 PD의 기쁨이자 슬픔인데, 이리저리 돌려보고 해체하고 궁금해하고 관심 갖고 해석해 내고 결국 사랑하게 되는 훈련을 그때 한 것 같다.

관악은 늘 돌아가고 싶고 더 배우고 싶은, 내 인생에서 가장 고맙고, 사치스러울 만큼 과분한 공간이었다.

맞먹는 사이

김현성 | 2007학번

학과 50주년을 기념하는 기고문을 부랴부랴 준비하다 보니 좀 근본적인 고민을 하게 된다. 대학 시절의 경험이 그렇게 특별한 이유가 있을까? 따지고 보면 인생에서 4~5년 정도에 불과한, 지나고 보면 그렇게 길지 않은 기간이다. 일반적으로 초중등 교육을 받으며 지낸 시간이 더 길고, 내 또래 정도 되면 대체로 사회에서 보낸 시간이 훨씬 길다.

그런데 기억을 더듬다 보니, 대학 시절이 기억에 많이 남는 이유가 몇 가지 있다. 막 성인이 되어서 독립생활을 시작했고, 더 이상 아이도 아니지만 완전한 어른도 아닌 서투른 시기였다. 그 와중에 대입이라는 한 가지 목표가 끝난 후, 그 너머를 생각하기 시작해야 하는 (너무) 많은 가능성이 있는 시기였다. 그런 만큼 이후 가치관에 많은 영향을 준 배움과 만남이 있었던 시기였다.

지금의 나에게 많은 영향을 준 만남 중 하나는 신입생 때 만난 선배들이다. 내가 입학했던 시기는 사회과학 계열로 입학해 2학년에 학과를 선택하는 광역 모집 방식이었다. 학과 입장에서도 학생 입장에서도 불만이 발생해 학과제로 변경되었다고 들었지만, 돌아보면 나는 2학년에 전공을 선택할 수 있었던 점이 천만다행이었다. 입학할 때는 전혀 생각하지 않았던 언론정보학 전공에 들어오게 되었고, 또 내가 배치된 언론정보학과 꼼반에서 좋은 사람들을 많이 만났기 때문이다.

이때 내가 만난 선배들 가운데 지금도 친하게 지내고 자주 연락하는 사람이 있다. 바로 언론정보학과 06학번 오학준이 있다. 나보다 두 살 많지만, 나는 그를 부를 때 '오학준'과 '학준이 형'을 혼용한다. 물론 친해서이기도 하지만, 근본적으로는 2007년에 신입생이었던 나를 맞이한 언론정보학과 꼼반 선배들이 그것을 원했던 것에서 비롯된 습관이다. 새내기 새로 배움터에서 인사를 나눌 때 몇몇 선배들이 자기소개에 덧붙인 말은 이것이었다.

"네가 편한 대로 불러도 돼. 원하면 그냥 이름으로만 불러도 돼."

이 말을 처음 들었을 때는 그만큼 편하게 생각하라는 의미의, 일종의 농담이라고 생각했다. '나이가 더 많은 사람을 이름으로만 부른다'는 걸 생각해 본 적이 없었기 때문이다. 나이나 서열을 중시하는 한국 사회에서 선후배 관계에는 아무래도 위계의 뉘앙스가 포함되어 있다. 이는 개별 선후배와의 친밀감과는 별개인 듯하다. 나와 친한 후배라도 위계가 훼손되었다고 느낄 때(이른바 '맞먹으려 한다'고 느낄 때) 관계가 불편해지는 경우도 있다. 내가 다니던 고교에서는 선생님들의 묵인하에 선배들이 후배 교실에 가서 '기강을 잡는' 문화도 있었다.

그러다 보니 대학에서 만난 선배들이 건넨 이 제안이 내게는 꽤 충격적이었다. 정말 새로운 세계를 접한 기분이었다. 이때 신입생 맞이를 주도하던 선배들은 여성주의에 관심이 많았고, 성평등을 포함해 누군가 소외되지 않는 공간을 만들고 권위적이지 않은 관계를 만들려고 노력했다.

물론 19년간 유교적 문화에서 자라온 사람들이 연장자의 이름을 부르는 게 쉬운 일은 아니었다. 대체로 '형/누나'를 붙이고 반말을 쓰는 방식을 선택했다. 하지만 '그래도 된다'라는 인식은 실제로 선배들을 더 편하게 느끼도록 긍정적 영향을 주었고, 이후 이름을 부르게 된 선배들도 생겼다.

이런 선배들 가운데는, 심지어 나보다 세 학번 위면서도 나에게 계속해서 존댓말을 쓰는 선배도 있었다. 적어도 두 학번 이상 위라면 내가 존댓말을 쓰고 상대는 반말을 쓰는 관계가 자연스러웠던 나로서는, 세 학번 위 선배가 나에게 존대하는 것은 꽤나 어색한 일이었다.

"누나, 말 놓으세요"라는 나의 반복된 요청은 소용이 없었다. 내가 말을 놓으면 말을 놓고 그렇지 않으면 자신도 존대하겠다는 것이었다. 서로 존대하거나, 서로 반말을 하거나 두 가지 선택지만이 있었다. 당시 기준으로 까마득한 선배에게 존댓말을 듣는 게 더 어려웠던 나는 결국 낯가림과 어색함을 극복하고 반말을 했다. 결과적으로는 그 선택이 그 선배를 편하게 대하는 데 더 도움이 되었다.

이런 방식이 좋은지 아닌지는 사람마다 생각이 다를 수 있다. 취지에는 공감하면서도 상대가 편하고 더 일반적인 호칭 관계가 좋다고 생각할 수도 있다. 또는 호칭이 있어도 위계 없이 편한 관계를 만들 수 있다고 생각할 수도 있고, 선후배 간에 어느 정도 위계는 있는 것이 좋거나 편하다고 생각할 수도 있다. 딱히 그런 다양한 의견을 반박할 생각은 없지만, 그래도 학생일 때 나는 이런 방향성이 좋다고 생각했고, 나 역시 그런 선배가 되고 싶었다.

학부 후반기의 나는 주로 연합전공 정보문화학 수업을 듣고 이 전공을 듣는 학생들과 많은 시간을 보냈는데, 여기서 선배의 위치가 되었기 때문에 나도 후배들과 평등한 관계를 만들고 싶었다. 위에 언급한 선배처럼 나도 처음에는 내게 존대하는 후배들에게는 존대했다. 하지만 결과적으로 이 시도는 성공적이지 못했다. "오빠 어색한데 말 좀 놓으시면 안 돼요?"라는 말을 듣고 나는 결국 이 시도를 포기했다. 선배는 말을 놓고 후배는 존대하는 관계가 더 편한 사람이 많았고, 내 시도는 후배와 평등한 관계를 만들기보다 그들을 불편하게 했다. 그럼에도 내 생각을 밀어붙일 만큼 고집이 세거나, 쉽게 친해져 그 불편함을 극복할 수 있는 사람은 아니었다.

지금이라면 관계를 정립할 때 좀 더 유연한 기준을 세울 수 있을 것 같다. 상대가 편한 방식으로 시작하되, 천천히 친밀감을 쌓으면서 내가 원하는 방향을 유도할 수 있지 않을까? 그때는 의욕은 넘치고 요령은 부족한 시기가 아니었나 싶다. 대체로 대학 시절은 그랬던 것 같다. 옳은 것에 대한 고민이나 막연한 욕심은 많았지만, 그것을 이루는 방법에 대해서는 서툴렀다.

그래도 소소한 영역에서라도 내가 생각한 바를 실천한 경험들은 쌓였다. 실제로 이후에는 서로 존대를 하면서도 속 얘기를 나눌 수 있는 사람들이 생기기도 했다. 그리고 사회에 나와서는 상호 존대가 기본인 삶을 살고 있다. 결과적으로는 이런 경험은 사람과 맥락에 따라 달라지는 관계 맺음의 방식들을 배우는 과정이 되었던 것 같다.

나는 뭔가 거스르는 것을 불편하게 느끼고 대체로 '좋은 게 좋은 것'이라 여기는 사람이다. 별다른 계기가 없었다면 적당히 다수가 원하는 방안을 따르려고 했지 그런 고민 자체를 하지 않았을 것이다. 그런 점에서, 대학 시절에 선후배 관계를 포함해, 내가 미처 하지 않았던 고민을 하는 사람들을 만난 것은 다행스러운 일이다. 함께 문제의식을 공유하고 해결 방법을 고민했던 선후배와 동기들이 지금은 어떤 생각과 고민을 하면서 지내는지는 모르지만, 지금의 나에게 큰 영향을 주어서 고맙다는 이야기를 하고 싶다.

'대학 시절의 경험이 특별한 이유가 있을까?'라는 질문으로 돌아가 보면, 모두에게 각자의 이유가 있을 것이다. 나에게는 이런 사람들을 만났다는 사실이 그 이유 중 하나다.

우연에 관한 네 개의 회상 신

오승렬 | 2008학번

#1

2008년 2학기 전공 진입 신청 마지막 날, 마감 10여 분 전. 나는 이름만 적힌 백지 신청서를 들고 쭈뼛쭈뼛 학과 사무실을 찾았다.

"저 … 혹시 지금 어디가 비었나요?"

으레 스무 살이란, 갑자기 쏟아진 자유를 온전히 감당하기 버거운 나이인 법. 학부 전체를 통틀어도 아래에서 두드러졌던 나의 학업, 전술적 판단이 필요했다. 마지막 순간까지 기다렸다가, 정원이 다 차지 않은 전공 중 가장 그럴싸해 보이는 곳을 고르기로 한 것.

"언론이 비었네요!"

그렇게 '마법 모자'에게 점지받은 전공. 나는 아마 그날 가장 마지막으로 신청서를 제출한 학생이었을지도 모른다.

소식을 들은 일부 반 동기들은 분개했다.

"학점이 고작 내 반 토막인 네 녀석이 나와 같은 공부를 한다고?"

하지만 어쩔 수 없는 일. 경쟁의 진정한 묘미란 막차 타는 데에 있지 않던가. 돌이켜보면 그날이 나에겐 어떤 운명적 우연의 순간이었다. 남들보다 전공을 두 배로 살려 일하고 있기 때문이다.

지금 하는 일은 'PD 겸 기자'이다. 시사 PD로 입사해, 탐사부 기자도 겸하고 있다. 명함도 두 종류. 그때 그때 설명이 편한 쪽을 쓴다. 두 직을 병행하는 건 아주 드문 일이지만, 복잡한 사정과 기회가 겹쳐 어찌어찌 특이한 경력을 갖게 되었다. 아직 부족하지만 둘 다 그럭저럭 나쁘지 않게 해내고 있고, 적성에도 얼추 맞는 듯하니 '마법 모자'는 꽤나 신통했던 모양. 바라건대 이 운명, 오래오래 함께하길!

#2

학창 생활 막바지쯤, 아늑한 아지트가 생겼다. IBK커뮤니케이션센터가 완공된 것이다. 보통이라면 졸업을 목전에 두었어야 할 학번이었지만, 온 캠퍼스를 둘러봐도 마땅히 몸 둘 곳 없던 나는 염치 불고하고 새 품에 안겼다. 시원하고 세련된 디자인, 가까운 정문, 한적한 인구 밀도 … . 우리만의 '비밀 기지'가 생긴 기분이었다.

1층 스튜디오는 '이미지밴드'가 동아리방처럼 쓰게 됐다. 모든 게 '화끈한' 새것이었기 때문이었을까. 처음 들어가던 때가 생생히 기억난다. 어도비 프리미어 프로그램이 '쌩쌩' 돌아가는 넉넉한 대수의 최고 사양 컴퓨터, 함부로 만지면 안 될 것 같은 복잡하고 전문적인 주조정실, 회색 방음벽으로 둘러싸여 묘하게 차분하던 널찍한 스튜디오.

장비만을 보관하는 창고도 따로 있었다. 캐비닛엔 큼직한 ENG 카메라가 3대나 있었는데, 이걸 스튜디오에 설치해서 빨간 REC 버튼을 누르면 대문 앞 'ON AIR' 표시등에도 빨간불이 들어왔다. 그럼 내 마음속 빨간 설렘등도 'ON'. 마치 작은 테마파크에 온 듯한 기분이었달까.

모름지기 동아리방이란 할 일 없는 이들도 잔뜩 늘어져 있는 법. 우리는 대형 아이맥으로 혼자서는 절대 챙겨 보지 않았을 다큐멘터리, 드라마, 예능, 영화나 웹콘텐츠 등을 모니터링했다. 옹기종기 둘러앉아 보면서 이러쿵저러쿵, 좋았다느니 아쉬웠다느니 평을 나누었다. 실력은 없어도 평론은 프로처럼. 엄중하게. 진지하게.

지원사업에도 공모해 보고, 외주제작 아르바이트를 통해 약간의 용돈벌이도 해보고. 한 해의 절반쯤 밤을 새우며 습작들을 양산하는 동안 알게 되었다. 이것은 참으로 지독한 노동이구나, 영상의 정수란 바로 피지컬에 있었구나. 얼토당토않은 결과물을 뱉어 내면서도, 왠지 방송업의 핵심에 접근해 갔다.

그렇게 일하고, 놀고, 공부하고, 널브러져 있는 동안 어떤 방송인의 마인드 같은 게 자라지 않았나 싶다. 이미지밴드에 있는 동안엔 따로 '스터디' 모임이 필요 없었다. 나뿐만 아니라, 이 시기를 함께 보낸 친구들 중 꽤 많은 수가 방송 일을 하고 있다. 기지의 비밀. 사실 성능 좋은 인큐베이터였던 것은 아닌지. 어쩐지 … 너무 포근하더라니.

#3

작년 말부터 정신없이 바빴다. 또 한참이나 밤을 새워가며 특집방송도 몇 편이나 찍어냈다. 아직도 믿기 힘든 나라의 황당한 변고 … . 지금도 많은 동료들이 정신없이 뛰어다니고 있다. 아마 한동안은 계속될 것 같다.

아, 생각해 보면 내가 졸업하던 해, 비슷한 일이 있었는데. 그야말로 전국민이 거리로 나와 함께 추위를 견뎠지. 어, 생각해 보니 내가 입학하던 해에도 비슷한 일이 있던 것 같기도. 늘어선 차벽과 전경. 약간 떨렸던 광화문의 첫 풍경. 내 학창 시절은 그렇게 희한한 수미상관이었구나.

언론은 '맹활약'했다. 언론 일을 해보고 싶다고 그때쯤 생각했던 것 같다. 왠지 데자뷰 같은 요즈음, 오래전 그때의 배움 한 구절이 떠올랐다. '타락한 권력에 대한 증오가 언론의 가장 오래된, 그리고 고유한 사회적 기능'이라는 것. 지금 다시 원초적 기능이 작동하는 중이다. 늘 그랬듯이.

종종 허탈한 기분이 든다. 왠지 익숙한 클리셰. 새로운 빌런의 등장. 살짝만 변주된 비슷한 혼란. 사람들의 분노와 엄중한 질타. 막연한 희망. 그러나 반복. 끝나지 않을 것 같은 반복. 직업인으로서는 다행스럽지만, 그저 일개 시민으로서는 참 씁쓸한 일이다. 세상은 조금이라도 나아지긴 한 건지. 나아지는 길로 가고는 있는 건지.

조심스럽지만, 언론이 위기라고들 한다. 학생 때도 들었던 말이지만 지금은 조금 다른 느낌으로 다가온다. 사람들은 점점 기성 언론을 믿지 않고, 패권은 이미 유튜브로 넘어간 듯하다. 많은 언론사에서 구조조정이 있었다. 눈앞에 닥친 실존적 위기의 상황에 원칙이니, 윤리니 뜬구름 잡는 소리 같기도 하다. 아니, 언론은 위기가 아니라 문제 그 자체라고도 한다.

문득 또 다른 배움을 떠올린다. "언론의 진정한 성과는 수익 모형이 아닌 정상 관행을 따를 때 달성할 수 있다"는 것. 언론은 '돈이 되니까'가 아니라 '기사가 되니까' 취재하는 것이고, 두 번 지는 걸 용납하지 않는 기자 정신 때문에 특종 경쟁을 벌인다는 것.

단순한 원론, 간단한 상식이 때로 안정감을 준다. 뭔가 흔들리지 않는, 그리고 지켜 가야 할 업의 본질이 있을 거라 다시 믿어 본다. 그리고 마음을 추슬러 본다. 일단 열심히 하다 돌아보면 그래도 조금씩은 나아져 있던 걸지도 모르지.

언론의 장사 밑천은 바로 혼탁한 세상. 가끔 드는 생각이다. 이 밥줄이 끊기는 세상이 오길. 아니, 오지 말길. 아니, 그래도 오길. 오지 말길.

#4

학과가 50주년을 맞았다고 한다. 참으로 뜻깊은 일이고, 그 안에 속해 있다는 사실이 뿌듯해지는 순간이다. 동시에 긴 시간 많은 선배들이 쌓아온 발자취를 생각하니, 내가 그 역사에 맞는 삶을 살고 있는지 머쓱해지기도 한다. 그 역사를 상상하며, 부끄럽지 않은 동문이 되고자 다짐한다.

돌아보면, 지금까지의 나에게 많은 것들은 우연이었다. 학과를 선택한 계기도, 방황 중에 만난 동아리도, 학창 생활 시작과 끝에 생긴 나랏일도, PD로 들어와 기자 일을 하게 된 과정까지 참 희한한 상황이었다.

그런데 우연히 맺은 첫 인연은 결국 운명이었다. 삶의 큰 양분이 되었고, 버틸 수 있는 자산이 되었으며, 붙잡을 수 있는 나침반이 되기도 했다. 많은 선배들에게 그랬을 것이고, 많은 후배들에게도 그럴 것이라 믿는다. 앞으로 이어질 인연과 역사도 기대된다.

아, 그리고 혹시 중대한 비밀을 알고 있거나 제보가 필요하신 분들은 oh.seungryul@jtbc.co.kr로 연락 주시길 부탁드린다. 이 기고를 부탁받은 우연도 새로운 운명으로!

변화를 관통하는 호기심, 그리고 끝까지 파고드는 힘

박준모 | 2009학번

2009년 봄, 나는 서울대 언론정보학과의 문을 처음 열었다. 그해의 캠퍼스 풍경은 지금과 사뭇 달랐다. 스마트폰은 아직 등장하지 않았고, 친구들과의 소통은 주로 싸이월드와 네이트온 쪽지를 통해 이루어졌다. 강의실 한쪽에서는 피처폰으로 문자 메시지를 보내는 학생들이 있었고, 인터넷은 '언제 어디서나'가 아니라 '컴퓨터 앞에서만' 가능한 시대였다.

그 시절은 아날로그와 디지털이 공존하던 과도기였다. 전통매체가 여전히 강력한 영향력을 발휘하는 한편, 블로그·UCC·인터넷카페 같은 새로운 플랫폼이 서서히 사람들의 정보 소비 방식을 바꾸고 있었다. 언론정보학과에 입학한 나는, 변화의 물결 속에서 '이 안에 내가 할 일이 있지 않을까?' 하는 막연한 기대를 품었다.

입학 후 나는 '이미지밴드'라는 영상 동아리에 가입했다. 캠코더를 들고 캠퍼스를 누비며 단편 영상과 실험적 콘텐츠를 제작하는 과정에서 '기획-제작-편집-피드백'이라는 창작의 전 과정을 온몸으로 배웠다. 단순한 취미를 넘어, 스토리와 메시지를 어떻게 구성하면 사람들의 마음을 움직일 수 있는지를 본능적으로 탐구하던 시간이었다.

2010년 군 입대 후 2년여가 흐른 뒤, 2012년 복학했을 때 캠퍼스 풍경은 완전히 바뀌어 있었다. 학생들 손에는 아이폰과 갤럭시 스마트폰이 들려 있었고, 싸이월드는 페이스북·트위터·인스타그램에 자리를 내주고 있었다. 메시지를 전하고 관계를 맺는 방식이 순식간에 달라졌다. 미디어 환경의 격변을 직접 목격한 이 경험은 '변화를 이해하고 대응하는 능력'이 앞으로 얼마나 중요한지를 깨닫게 했다.

복학 후 나는 기술에 대한 관심을 구체적 행동으로 옮겼다. 친구들과 함께 작은 스타트업을 세우고, 모바일 애플리케이션과 온라인 서비스 기획에 도전했다. 당시 창업 생태계는 지금처럼 체계적 지원 제도는 없었지만, 한정된 자원으로 아이디어를 시장에 내놓고 피드백을 반영하는 과정을 직접 경험했다. 이 과정은 '기술과 커뮤니케이션의 접점'이란 나만의 화두를 남겼다.

4학년 때, 이은주 교수님의 지도 아래 사회대 리서치 그랜트 프로그램에 참여하면서 연구의 매력을 처음으로 느꼈다. 막연했던 호기심이 '문제 설정-조사 설계-분석-해석'이라는 체계 속에서 구체화되는 경험이었다. 이어서 이철주 교수님의 수업을 들으며 '더 깊이 공부해 보고 싶다'는 확신이 들었고, 결국 대학원 진학을 결심했다.

대학원 시절은 내 인생에서 가장 밀도 높은 학습과 성찰의 시간이었다. 이철주 교수님과 함께 설득커뮤니케이션과 헬스커뮤니케이션을 연구하며, 사람들의 인식과 행동이 어떻게 변화하는지 과학적으로 탐구했다. 연구실 동료들과 밤늦게까지 토론하고, 학회 발표를 준비하며, 하나의 현상을 끝까지 파고드는 '끈기'를 배웠다. 교수님들에게 호기심을 끝까지 붙잡고 놓지 않는 태도의 중요성을 배웠다. 그 경험은 지금까지 내 일에서 가장 큰 자산이다.

졸업 후 통신사를 거쳐 나는 컨설팅의 길로 들어섰다. 처음에는 통신과 미디어 기업의 전략 프로젝트와 인수합병 프로젝트를 수행했고, 이후 금융·플랫폼·통신·에너지·인프라에서 공공기관까지 점차 영역을 넓혔다.

복잡한 이해관계 속에서 문제의 본질을 찾고 실질적 대안을 제시하는 과정에서, 대학 시절과 대학원에서 배운 태도가 큰 힘이 됐다.

현재 나는 PwC 전략 컨설팅 본부에서 일하며, 중소기업의 R&D·제조·유통·마케팅 전 주기를 지원하는 정책 설계에 참여한다. 동시에 APEC 중소벤처기업부 장관회의에서 한국의 중소기업 마케팅 혁신 방안을 발표할 준비를 하고 있다. 이런 순간마다 학부 시절 사회 변화를 현장에서 목격했던 기억과, 대학원 시절 이를 학문적으로 분석했던 경험이 자연스럽게 겹쳐진다.

돌아보면, 09학번으로서의 대학 시절은 '변화를 관통하는 호기심'을 키운 시기였다. 싸이월드와 피처폰에서 시작해 스마트폰과 SNS 대중화까지, 기술과 미디어의 격변기를 통과하며 학문과 현장을 넘나드는 나만의 시선을 만들었다.

그리고 그 여정에는 언제나 함께 웃고 고민하며 서로를 응원해 준 동기와 선후배들이 있었다. 같은 학과에서 함께 웃고 고민하던 친구들은 나의 대학 시절을 더욱 특별하게 만들었고, 과제와 토론 속에서 쌓인 우정은 서로의 성장을 북돋는 힘이 됐다. 대학원까지 함께한 동기들, 그리고 늘 조언과 격려를 아끼지 않던 선후배들은 지금도 나를 움직이게 하는 원동력이다. 그들이 각자의 자리에서 단단히 뿌리내리고 성장하는 모습을 볼 때마다, 나 역시 더 멀리 나아가고 싶은 마음이 생긴다.

후배들에게 전하고 싶은 말이 있다면, "정답을 서둘러 찾으려 하지 말라"는 것이다. 질문을 오래 붙잡고, 다양한 각도에서 현상을 바라보는 시간이 필요하다. 그 과정에서 자신만의 시선과 해석이 생기고, 그것이야말로 사회에 필요한 목소리를 내고 변화를 이끄는 힘이 된다. 앞으로도 그 마음을 안고, 세상의 변화를 조금이라도 더 나은 방향으로 이끄는 일에 힘쓸 것이다. 그것이 내가 이곳에서 배운 가장 값진 배움이다.

여백이 주는 풍요로움

노윤미 | 2010학번

어렸을 때부터 나는 사회도 역사도 잘해 본 적이 없다. 선생님의 수업은 옛날이야기처럼 재미있었지만, 책만 읽으면 어찌나 졸리던지. 이쪽 길은 절대 내 길이 아니라고 믿으면서 자라, 고등학교 때에는 자연스럽게 자연계열로 진학했다.

그러던 어느 날, 갑자기 심리학에 푹 빠져서《설득의 심리학》같은 교양서부터《이상심리학》과 같은 전공 교재까지 읽기 시작했다. 심리학이 너무 공부하고 싶었는데, 자연계열로 수능을 쳐서 심리학 비슷한 것을 하려고 하니 정신과 의사밖에 생각나지 않았고, 과연 입학할 수 있는가를 제쳐두고도 의대에 가서 해부부터 일련의 수련 과정을 거치고 싶지 않았다.

그렇게 남들이 치열하게 사는 고3 때 방황만 하며 지내다 졸업하고, 돌연 재수를 선언했다. 그냥 재수도 힘든데 인문계로 전환하겠다고 하니 주변의 시선은 곱지 않았다. 그럼에도 어찌어찌 수능을 치고 서울대에 입학하게 되었다.

내가 입학하던 2010년도에 서울대 사회과학대에서는 '사회과학계열'로 대부분의 학생을 뽑았다. 내가 가고 싶던 심리학과를 비롯해 언론정보학과 등 사회과학대 내의 모든 학과에 진학할 수 있었는데, 1학년 동안 전공 탐색 기간 거친 뒤 2학년 때 선택하는 것이 단일 전공 모집과의 차이였다.

입학 후 우연한 기회에 서울대 사회과학대 학장님과 식사할 자리가 생겼는데, 학생들이 전공에 대해 충분히 탐색하고 이해한 뒤 전공을 선택하길 바라는 마음에서 이런 제도를 만드셨다고 했다.

나는 그 의도에 부합해 열심히 진로를 탐색했다고 해야 할까, 아니면 도리어 많은 선택지에 그저 혼란스러워 했다고 해야 할까. 입학하기 전만 해도 심리학과에 가겠다며 극구 싫어하던 사회와 역사를 공부해서 대입 수능을 치러 놓고, 나의 스물한 살 대학교 1학년 시절은 방황으로 흘러가 버렸다고 해도 과언이 아니다.

1학년 때는 반드시 세 과목 이상의 전공탐색 과목을 들어야 했다. 당연히 심리학과 전공탐색 수업을 들었고, 생각과 너무 달라 충격에 빠지게 되었다. 수업의 꽤 많은 부분에서 뇌나 생리학적 주제를 다루었다. 짧은 식견으로는 의학과나 생물학과에서 배우는 내용과 심리학과 수업에서 배우는 뇌과학이 무엇이 다른지 알 수 없었다.

지금 생각해 보면 한 학기 3학점의 짧은 수업 기간 동안 이 전공이 무엇을 하는지 새내기들에게 전부, 정확히 전달할 수 없었을 텐데, 당시에는 이 수업이 이 학과의 모든 것을 보여 준다고 믿으며 이 길이 맞는지 회의에 빠졌다. 전공을 이제 막 시작한 2, 3학년 선배들이 가볍게 말했던 "우리 학교 심리학은 좀 더 뇌과학 쪽에 가깝다"는 한마디를 절대 진리라고 생각하며.

그러던 와중에, 채워야 하는 세 과목을 맞추려고 넣었던 언론정보학과 전공탐색 '커뮤니케이션의 이해'가 나를 언론정보학과로 이끌었다. 재미있게도, 나는 아주 어렸을 때부터 지금까지 일관적으로 '신문방송학과'와는 거리가 먼 삶을 살아왔다. 신문은커녕 TV도 안 보고 자라, 이제는 넷플릭스도 유튜브도 안 보는 어른이 되었으니까. 언론정보학과가 예전에는 신문학과였으니, 당연히 신문기자나 PD가 되고 싶은 사람들이 언론정보학과를 전공하지 않겠냐고 생각하면서도, 아마 시간표가 괜찮다거나 동선이 괜찮다는 이유로 수업을 신청했던 것 같다.

그런데 막상 수업을 들어 보니, 오히려 내가 배우고 싶은 것이 이것이라는 생각이 들었다. 어느 교수님이 말씀하셨는지, 어떤 수업이었는지 기억나지 않지만 지금까지도 잊히지 않는 말이 있다. "사람을 연구하는 게 심리학이고, 사람이 살아가는 사회를 연구하는 것이 사회학이라면, 언론정보학은 그 중간—사람과 사람 사이의 소통을 연구하는 학문이다." 그리고 이렇게 그 사이를 연구하는 학문이기 때문에, 언론정보학과에서는 심리학과의 이론도 사회학과의 이론도 모두 배우게 된다는 말씀도 하셨던 것 같다. 이런 소통을 연구하는 데 푹 빠져서, 수업 이름에 '커뮤니케이션'이 있는 것만 쏙쏙 골라 들었다.

박승관 교수님이 수업 시간에 지나가는 말씀으로 학과명에 얽힌 이야기를 들려주신 적이 있다. 예전에는 학과명이 '신문학과'였는데 우리가 신문만을 연구하는 것이 아니라 사람과 사람들 사이의 소통을 모두 연구하니 '커뮤니케이션학과' 같은 것으로 개명하자고 제안했는데 받아들여지지 않았다고 한다, 결국 '신문'에서 '언론'을, '커뮤니케이션'에서 '정보'를 따와 언론정보학과가 되었다고 하셨다. 사람 사이의 커뮤니케이션을 연구한다는 점이 낭만적이어서 그 이름이 채택되지 않은 것이 조금 아쉽게 느껴지기도 했다, 하지만 꽤 많은 전공 교과가 신문이나 방송 등 언론을 다루고 있었기 때문에 현재 이름이 학과를 잘 보여 준다는 생각도 들었다.

하지만 재미와 별개로, 졸업 후 무엇을 해야 할지는 막막했다. 대학원에 진학해 연구하기에는 학점이 애매했고, 더군다나 별로 연구를 하고 싶지도 않았다. 이론을 배우는 것은 재미있었지만, 직접 연구하고 논문을 쓰는 일은 생각만 해도 아득했다. 그렇다고 전공을 살려 취업을 하자니, 평생 신문 방송과 거리를 두고 지내 와서 무엇을 할 수 있나 싶고 … .

그즈음 고시를 준비하고 공무원이 되라는 부모님의 등쌀에 못 이긴 척 휴학하고 고시 공부를 시작했다. 하지만 2차 서술 시험을 준비하면서, 역시 나는 이론을 배우는 것만 재미있어 할 뿐 나의 관점을 정리하고 제시하는 데는 재능도 적성도 없다는 것을 깨달았다. 그렇게 1년 반 만에 공부를 접었다.

다시금 진로 고민으로 돌아와 복학을 준비하며 괴로워하던 중, 지금은 남편이 된 남자친구가 파이썬(Python, 프로그래밍 언어)을 권해 공부를 시작했다. 그는 컴퓨터공학과 학생이기도 했거니와, 2014년 즈음에는 문과 학생도 프로그래밍을 배우면 취업에 도움이 된다는 말도 있어, 나는 가볍게 책 한권으로 공부를 시작했다. 생각보다 재미있었고, 흥미를 느껴 이것저것 만들어 보았다. 복학할 때는 복수전공을 신청하게 되었다. 그리고 주전공 수업을 알아보다가 언론정보학과 연합전공으로 정보문화학이 있으며 언론정보학과 전공 수업으로 인정된다는 것도 알게 되어 컴퓨터공학과 수업과 정보문화학 수업을 같이 듣게 되었다.

당시 정보문화학 수업에 대해 크게 아는 바가 없었다. 그저 컴퓨터공학과 학생들이나, 게임과 프로그래밍에 관심 있는 문과 학생들이 많이 듣는다는 이야기를 들은 정도였다. '컴퓨터공학과 수업과 시너지가 나지 않을까' 하는 생각으로 신청했을 뿐이다.

과연 휴학 전에 듣던 커뮤니케이션 수업과는 달리, 정보문화학 수업에서는 게임을 만들거나 프로그램을 개발하는 등 실무에 가까운 내용이 많았다. 한편 컴퓨터공학과 수업은 프로그래밍에 대한 공학적 이해, 효율적으로 문제를 풀기 위한 알고리즘 등 컴퓨터와 관련된 근본적이고 공학적인 이해를 요구하는 내용이 대부분이었다. 정보문화학은 기술을 활용해 만들어지는 제품에 초점을 두고, 컴퓨터공학과는 제품을 어떻게 기술적으로 구현할지에 초점을 두는 셈이다. 수업을 듣다 보니 나는 제품을 기획하는 사람보다는 주어진 기획을 기술적으로 만드는 사람이 되고 싶다는 것을 깨달았다. 자연스럽게 졸업 후에는 구글 코리아에 소프트웨어 엔지니어로 취업하게 되었다.

이렇게 언론정보학과, 정보문화학, 컴퓨터공학과 수업을 모두 들으며 학교를 다니다 보니, 사람들이 '융합형 인재'라며 띄워 주는 일이 종종 있었다. 그즈음 문과도 공학적 소양을, 이과도 인문사회학적 소양을 갖춰야 한다며, 문과는 코딩을 하고 이과는 책을 읽어야 한다는 이야기가 자주 있었었다. 그러나 늦은 대학 입학과 지연되는 취업으로 비뚤어진 마음에 '쓸데없는 것들을 잔뜩 배워 시간만 낭비했을 뿐인데 사람들이 좋게 말해 주는구나' 하고 속으로 자조하곤 했다.

그러나 그림에서도 여백이 그림을 더 빛나게 하듯이, 인생에서도 공백이라고 여겨지는 순간들이 나를 더 빛나게 했다. 그림도 종이라는 매체가 있어야 그릴 수 있듯이, 나에게도 쌓아온 시간이 있기에 나아갈 길도 있었다. 그림의 여백이 그저 비어 있는 공간이 아니라 비워 둔 공간인 것과 같이, 내 인생에도 탐색과 배움으로 비워 둔 공간이 나를 더 풍요롭고 넓게, 깊게 세상을 바라보게 해 주었다.

우리가 연주했던, 그 세상 속으로

성하경 | 2011학번

돌이켜보면, 내 인생에서 가장 많은 일이 일어났던 해는 2015년이다. 여자 동기들은 앞으로 어떤 일을 하며 살아갈지 고민하던 시기였고, 군 복무를 마친 남자 동기들은 하나둘씩 복학해 다시 학교에 적응하고 있었다. 언론정보학과는 정든 16동 건물을 떠나 지금의 IBK커뮤니케이션센터로 이사했고, '이미지밴드'는 6mm 카메라와 침수된 반지하 편집실을 뒤로하고 DSLR카메라와 아이맥을 갖춘 스튜디오를 갖게 되었다.

그전까지 우리 활동은 신입생 워크숍과 10월 영상제가 전부였고, 모임 장소조차 마땅치 않아 사회대 빈 강의실을 빌려 쓰곤 했다. 그런데 처음으로 '동아리방' 같은 공간이 생겼고, 밤늦게까지 편집실에 남아 있어도 된다는 사실이 우리를 설레게 했다. 장르별로 팀을 나눠 본 것도, 제작비를 본격적으로 지원받은 것도 그해가 처음이었다.

PD를 꿈꾸던 나는 "다큐를 드라마처럼 만들어 보고 싶다"는 욕심으로 다큐멘터리팀에 지원했다. 우리는 용감하게도 '무전여행'이라는 콘셉트를 잡고 프로그램을 기획했다. 낭만이 남아 있던 시절이었고, 순박한 대학생들이라면 누군가 도와줄 것이라는 계산도 조금은 깔려 있었다. 막 복학한 두 친구가 이 도전적인 기획의 주인공이 되었고, 마침 학과 MT가 수안보에서 열리게 되어 MT를 마친 뒤 그곳에서 바로 여행을 시작하기로 했다.

무계획을 계획했지만, 촬영 준비는 꽤 분주했던 것으로 기억한다. 촬영 차량은 어디서 렌트할 것인지, 운전은 누가 할 것인지, 정말로 먹을 것이 없다면 비상식량은 얼마나 준비해 가야 할지, 잘 곳이 없다면 텐트를 칠 것인지, 침낭을 깔 것인지 등을 고민하며 나름대로 만반의 준비를 하고 여행길에 올랐다. 출연자 친구들은 학과에서 지원해 주는 버스를 타는 것조차 반칙이라며 교수님께 부탁해 동승하여 수안보에 도착했다.

그러나 시작부터 난관이었다. 리조트가 외진 곳에 있다 보니 걸어서 나오자 곧바로 국도에 닿았지만, 차가 거의 다니지 않았다. 간간이 나타나는 차량에 손을 흔들었지만 멈 춰주는 이는 드물었다. 1시간 가까이 망부석처럼 있다가(멍하니 앉아 있는 예고편의 스틸컷도 이 자리에서 나왔다), 마침내 한 인심 좋은 아저씨의 승합차에 오를 수 있었다. 스태프들은 렌트한 차량으로 뒤따라갔고, 도착한 곳은 뜻밖에도 조정 체험장 앞이었다. 무전여행을 하고 있다는 친구들의 말을 듣고 태워 주신 분이 조정 체험을 추천하셨던 모양이다. 덕분에 우리는 다음 날로 조정 체험을 예약하고, 근처에서 먹고 잘 곳을 찾아 나섰다.

첫 번째 시도는 절이었다. 하룻밤을 노숙해야 하는 중생들을 스님께서는 이여삐 굽어살펴 주시지 않을까 기대하며 그곳에 갔지만, 생각 외로 깨끗하고 현대적인 외관의 건물에서 나온 사람은 그곳의 관리인인 듯했고, 우리의 사정을 봐줄만한 상황은 아닌 듯했다.

결국 그곳에서 나와 우리는 무작정 농촌으로 보이는 마을로 걸어 들어갔고, 보이는 사람마다 붙잡고서 사정을 구구절절 설명하고 "저희가 해드릴 일은 없나요?" 물어보고 다녔다. 지금 생각하면, 시커먼 청년 둘이 농촌에 찾아와 우리가 일해 줄 테니 먹여 주고 재워 달라고 요청하면 '세상이 어떤 세상인데…' 하면서 내치는 게 당연했을지도 모른다. 그러나 그때는 그것이

먹히는 시대였는지, 농작물 창고 앞에서 마주친 할머니 한 분이 어디론가 전화를 하시더니 언덕 위 길 끝에 있는 집으로 가 보라고 언질을 주셨다.

그 길 끝에는 멋진 전원주택이 있었고, 그 앞에는 할머니의 아들과 며느리로 보이는 중년 부부가 우리를 기다리고 있었다. "일이 많은데 괜찮겠냐?"는 물음에 친구들은 "저녁만 먹여 주시면 뭐든 하겠습니다"라고 답했다. 우리에게 주어진 일은 삼채라는 나물의 흙을 털어내고 세척하기 좋게 손질하는 전처리 작업이었다. 듣기로는 부부 중 사모님이 꽤나 유명한 한의사인데, 삼채를 재배해서 약재로 사용하신다고 했다. 그러고 보니 마당 곳곳에 여러 더미의 포대가 산처럼 쌓여 있었고, 그중 한 더미를 그날의 일감으로 내어주신 것이다.

단순노동이라고 쉽게 생각했던 우리의 예상과 달리 양이 꽤나 많았다. 해지기 전에 끝내려면 쉽지 않겠다는 생각에 촬영하던 스태프들도 하나둘씩 달라붙어 일을 시작했다. 급기야 거의 끝나 간다고 생각한 시점에 들추게 된 더미의 삼채 포대는 이 사건에 새로운 국면을 가져다주었다. 포대가 겹겹이 쌓여 있어서 몰랐는데, 그 더미 아래쪽에 있는 삼채들이 말 그대로 썩어가고 있었던 것이다. 썩어가는 삼채에서는 생전 맡아 본 적 없는 냄새가 났다. 유년기를 시골에서 보내 철철이 거름 냄새에 익숙한 나에게도 생소한 냄새였다. 설상가상으로 비가 오기 시작했고, 우비를 입고서 썩어가는 포대를 마당 한구석으로 옮기는 데만도 하세월이 걸렸다.

겨우 일을 끝냈을 때는 이미 어둑어둑한 저녁이었다. 두 명 분의 식사를 약속했던 집주인 내외는 고생한 우리 모두를 위해 삼겹살 파티를 열어 주셨다. 고추 말리는 창고로 쓰던 황토방 두 칸도 내어 주셨다. 그날 밤에 우리는 아직 세상이 따뜻하다며, 무작정 시작한 우리의 여정이 여기까지 올 수 있었던 것에 뿌듯함을 느끼며 잠이 들었다.

다음날 일어나서 빌려주신 침구를 깨끗이 정리하고 할머니께 인사를 드린 후 우리는 다시 길을 나섰다. 어제 예약해 둔 조정 체험을 할 차례였다. 보트가 좁아 조정 체험을 하는 인원 외에는 카메라 한 대 정도만 동승할 수 있었기에, 나는 친구들을 배웅하고 뭍에 남아 이들을 지켜보았다. 노 젓는 법에 익숙해지는 데도 한참이 걸렸기 때문에, 체험이 끝날 때 즈음이 되어서야 제법 조정다운 그림을 볼 수 있었다. 물 위에 그려지는 궤적은 일상에서는 느낄 수 없는 카타르시스를 담고 있었다.

조정이 끝난 이후에도 기적 같은 우연은 이어졌다. 운 좋게도 조정 강사님 중 한 분이 경기도까지 가실 일이 있다고 하여 두 친구는 그 차를 타고 충주를 나섰다. 남은 스태프들은 예약해 둔 차 시간에 맞추어 급하게 렌터카를 반납하고 충주터미널로 달려갔다.

다 같이 장비를 이고 지고 스튜디오에 도착했을 때는 이미 밤 열두시가 넘어 있었다. 놀랍게도 충주에서 헤어진 친구들이 학교에 거의 도착했다는 소식을 전해 왔다. 들어 보니 오산에 가신다던 강사님은 수원까지 친구들을 태워 주셨고, 거기서 지하철역을 찾으려다 만난 어떤 '형님'께서 친절하게도 서울대입구역까지 태워 주셨다고 한다. 그래서 거기서부터 언덕을 넘어 걸어왔더니 그 시간이었다고.

우리의 모험은 두 평 남짓한 편집실에 누워 수고했다며 서로를 격려하는 것으로 끝났다.

하지만 진짜 어려움은 편집이었다. 큰 줄기만 남기려면 영상을 깎고 깎고 또 깎아서 중요한 부분만 남겨야 하는데, 장면 장면이 전부 소중해서 그걸 깎아 내지 못했던 것이다. 각자 편집해서 합치기로 했더니, 완성된 영상은 의도했던 분량을 크게 넘겨 버렸고, 결국 팀장을 맡았던 친구가 뼈를 깎는 고통으로 30분짜리 영상을 완성했다(우리가 보기엔 이게 최선이었는데,

아마 다른 사람들이 보면 여전히 지루할지도 모르겠다).

모험은 그렇게 끝이 났지만, 그때 만들어진 영상은 추억의 한 페이지로 박제되어 10년이 지난 지금도 가끔 꺼내 보는 고마운 일기장이 되었다.

지금의 나는 밤샘 편집은커녕 12시 넘어 술 마시는 것도 힘든 30대 중반의 직장인이 되었다. 그때의 친구들도 나이를 먹어 반쯤은 시집 장가를 갔고, 1년에 한두 번 만날까 말까 한 사이가 되었다. 하지만 플레이리스트에 담긴 브로콜리 너마저(선배님들)의 〈졸업〉이 흘러나올 때면, 내가 떠올리는 것은 언제나 그 시절의 얼굴들이다. 이 미친 세상 어디에 있더라도, 너희는 부디 행복하기를.

민수님, 전공이 뭐였나요?

조민수 | 2012학번

직장인 8년 차가 된 지금도 가끔 이 질문을 듣는다. 내 답변에 대한 상대의 리액션은 주로 다음과 비슷하다.

"아, 그러시구나. 기자가 되고 싶으셨던 건가요?"

보통 웃으며 그렇다고 대답하곤 하지만, 사실 그런 건 아니었다. 그 선택의 순간부터 이 글을 시작해 보려고 한다.

2012년이었다. 지금은 달라진 것으로 알고 있는데, 당시 사회과학대학 1학년은 전공이 정해지지 않은 채 입학했다. 1년간 여러 전공을 탐색한 후, 2학년부터 희망 전공을 선택하라는 취지였다. 내 기억에 언론정보학과는 크게 인기 있는 선택지는 아니었다. 나의 설득으로 1학년 전공탐색 과목이었던 '커뮤니케이션의 이해'를 함께 듣게 된 친구들의 영혼 없는 눈동자를 오랜만에 떠올리니 웃음이 난다. 이 친구들과 언론정보학과에 함께 진입할 일은 없겠구나 싶었다.

나로서는 이해하지 못할 일이었다. 나는 고등학교 시설부터 커뮤니케이션을 꼭 공부하고 싶었고, 언론정보학과에 입학하기 위해 사회과학대학을 선택한 학생이었기 때문이다. 2, 3순위 같은 건 없었다. 지금도 언론정보학과는 무엇을 공부하는 학과인지 한 번에 대답하기 어려울 만큼 변화가 많은 학문이다. 열아홉의 나는 뭘 안다고 그런 확고한 마음을 가졌는지 지금 생각하면 웃기기도 하다. 하지만 나의 의지는 꽤 단호했다.

내게도 나름의 맥락은 있었다. 사람 간 정보를 교환하고 소통하는 방법에는 어떤 것이 있으며, 그것을 어떻게 효과적으로 활용할 수 있는지 알고 싶었다. 미래에는 언론사 기자든, 방송국 PD든, 직장인이든, 메시지 전달의 중심에 있는 사람이 되고 싶었다. 돌이켜보면 (MBTI P 치고는 더더욱) 인생의 로드맵을 꽤 확고하게 그려 놓은 편이었던 것 같다.

주변의 대다수가 다른 학과 진입을 희망하는 와중에 언론정보학과를 자진해서 선택하고 공부한 12학번 언론정보학과 학생들은 나름의 신념을 가지고, 지금도 멋지게 '마이웨이'를 걷고 있는 사회인이 많지 않을까 멋대로 상상해 본다.

사회과학계열로 1년을 보내다가 언론정보학과라는 소속이 생기게 되니 왠지 진짜 대학생이 된 듯한 기분이었다. 회사로 치면 인턴에서 사원으로 진급한 기분일 것이다. 1학년부터 친했던 동기들은 모두 다른 과로 흩어졌기 때문에 나는 대부분 전공과목을 혼자 들어야 했다.

그럼에도 때 묻은 핑크색 16동 건물(지금은 리모델링 중이지만 당시엔 그랬다)에서 강의를 듣는 친구들을 뒤로하고, 지어진 지 얼마 안 돼 홀로 반짝반짝한 IBK커뮤니케이션센터로 수업을 들으러 가는 마음엔 설렘이 가득했다. 통학하는 입장에서 정문에서 가장 가까운 건물이라는 것도 언론정보학과 학생으로서 누릴 수 있는 행운이었다. 아는 사람은 알 것이다. 5511번과 5513번 버스 중 아무거나 타도 된다는 것이 얼마나 큰 차이를 만드는지! 학교의 구조가 바뀌지 않는 한, 시간이 지나도 이건 언론정보학과 구성원들만 누릴 수 있는 특권일 것이다. 25학번 언론정보학과 후배들과 12학번인 나 사이에도 이것 하나쯤은 공감할 수 있지 않을까 생각하니 기분이 조금 좋아진다.

그렇게 4년 동안 부지런히 여러 과목을 수강했다.

오랜만에 마이스누에 접속해 보니, 고맙게도 나의 수강 내역이 모두 남아 있었다. 졸업생의 '추억팔이'를 위해 남겨둔 것은 아니겠지만, 그래도 왠지 감동이었다. 연도별·학기별로 분류된 수강 기록을 쭉 읽었다. 강의명이 눈앞을 지날 때마다 강의실의 구조, 강의 내용, 교수님의 얼굴과 때론 목소리까지도 마구 떠올랐다.

마이스누의 힘을 조금 빌리긴 했지만, 특히 몇몇 강의들은 지금도 기억이 꽤 선명하다. '커뮤니케이션 이론'에서는 커뮤니케이션의 다양한 학파와 이론을 포괄적으로 배웠다. 상당히 이론적인 내용이었음에도 불구하고, 교수님의 강의력 덕분에 무척 흥미롭게 들었다. '언론현장 연습'에서는 실제 기자가 된 것처럼 조별로 탐사보도 기사를 써 보았고, JTBC에 직접 방문해 뉴스룸 앵커석에도 앉아 봤다. 지금보다 두 배 정도 많은 볼살을 품고 웃고 있는 그때 사진은 아직도 내 인스타그램에 남아 있다. '광고론' 수업에서는 효과적인 광고 사례를 공부하고 조별 과제로 우리만의 광고를 만들어 보았다. '정치커뮤니케이션' 수업에서는 효과적인 정치 메시지를 구상하기 위한 기법들을 살펴보며 커뮤니케이션의 중요도에 대한 이해를 넓힐 수 있었다.

이론적 내용부터 실무적 내용까지 이렇게만 봐도 언론정보학과 공부는 범위도 넓고 내용도 무척 다양했다. 본격적인 AI 시대에 진입한 지금은 또 얼마나 다른 모습으로 수업이 변화하고 있을지 궁금해진다(교수님들의 머리가 아파지는 소리가 들리는 것 같기도 하고). 어찌됐든 지금 가장 새로운 것을 공부하는, 살아 있는 학문인 점은, 언론정보학이 가진 큰 매력임이 분명하다.

그렇게 지루할 틈 없던 학부 생활이 빠르게 지나가고, 어느새 나는 8년차 직장인이 되어 있다. 7년간 여러 부서와 업무를 거쳐서 지금은 네이버 웹툰 IP 사업부에서 웹툰/웹소설 IP를 활용한 2차 사업을 확장하는 일을 하고 있다.

언론정보학과가 무얼 공부하는 학문인지 한마디로 정의하기가 어려운 것처럼, 지금 하는 일도 범위가 워낙 넓어서 한 문장으로 정리하기가 쉽지 않다. 웹툰 IP를 활용한 영상, 실물 굿즈, 광고 등 2차 활용에 관한 모든 사업 관리에 우리 부서가 관여하고 있다고 보면 된다. 어디선가 웹툰 캐릭터가 그려진 물건을 구매해 본 적이 있다면, 웹툰을 원작으로 한 드라마나 영화를 본 적이 있다면, 혹은 웹툰 그림체로 된 광고를 본 적이 있다면, 내가 몸담고 있는 사업부의 손을 거쳤을 확률이 높다.

한 가지 작품을 가지고도 웹소설과 웹툰을 넘어 영화, 애니메이션, 굿즈, 광고까지 활용 방법은 무궁무진하다. IP 사업부는 그런 방법을 고민하고 실행하는 부서이다. 기승전결이 동일한 하나의 메시지이지만, 각 미디어에 따라 최종 콘텐츠의 형태에 따라 스토리의 어떤 부분을 강조하고 활용할지 선택이 필요하다. 독자의 특성은 어떤지, 미디어의 특징은 어떤지, 메시지의 목적이 무엇인지 등을 작가님과 가까이서 협업하며 많이 고민한다. 또한 콘텐츠가 가시적인 결과물로 나오기 때문에, 여러모로 성취감을 느끼기 좋은 직무임에 감사하다.

앞서 메시지 전달의 중심에 있는 사람이 되고 싶어 이 전공을 선택했다고 패기 넘치게 말했지만, 열아홉 살 나의 믿음과 달리 인생은 예상치 못한 방향으로 흘러가기도 했다. 지금 그때의 목표에 부합하는 일을 하고 있다고 대답할 수 있을지는 잘 모르겠다. 하지만 웹툰을 정보를 전달하는 효과적인 툴로 활용하고, 형태를 변경하며 메시지의 수명을 연장하고, 수용자

범위를 넓히며 영향력을 늘려 간다는 점에서, 전공과 멀어 보이면서도 어찌 보면 가까운 업무를 하고 있는 셈이다. 확실한 건 내가 밥벌이하는 어른으로 잘 자리 잡는 데는 대학 생활이 분명 빠질 수 없는 역할을 했다는 사실이다.

학교를 졸업한 지 꽤 오래되었지만, 지금도 종종 방문하고 싶을 만큼 캠퍼스의 푸릇하고 평온한 분위기는 좋은 기억으로 남아 있다. 언덕 위에 홀로 덩그러니 있는 듯한 모습의 IBK커뮤니케이션센터도 문득 그리워진다. 이 글을 쓰는 것을 계기 삼아 학교도 오랜만에 방문해 볼 생각이다(2012년 반짝반짝했던 모습과 다르게 조금 세월의 흔적이 묻어 있을지도 모르겠지만).

앞으로 여러 해가 지나도, 추억에 젖은 졸업생이 이따금 방문할 수 있도록 IBK커뮤니케이션센터가 늘 그 자리에서 맞이해 준다면 참 좋을 것 같다. 그리고 나와 비슷한 감정을 느끼고 있을 많은 동문에게도, 멀리서나마 지지하는 마음을 보낸다.

안다는 것

송재인 | 2013학번

가장 좋아한 곳은 사회대 신양 자바시티였다. 지금은 컴포즈커피로 바뀐 듯한데, 검색해 보니 통창으로 둘러싸인 널따란 1층 공간은 그대로다. 1층 창가 좌석에 에코백을 내려 두고, 커피 한 잔을 사 와 맥북 앞에 앉으면 나는 비로소 대학생이 됐다. 이어폰 줄을 귀에 꽂고, 인디나 재즈 같은, 신참 대학생의 이토록 고양된 마음을 완성해 줄 노래까지 골라 두면 모든 준비는 끝났다.

문제는 늘 이 무렵 찾아왔다. 맥북에 열어 둔 과제용 워드 파일을 채울 말이 도통 없었다. 애초 질문하고 싶은 걸 못 찾았기에, 제목도 못 적었다. 키보드에 올려 둔 손을 한참 동안 움직이지 못한 채, 저 멀리 규장각이나 두레문예관만 가만히 응시하며 보내던, 그 어리둥절한 시간들.

제멋대로 편집된 기억일 수 있지만, 그 시절 나와 동기들은 아마도 한 교수님이 강의 중 하신 말을 시도 때도 없이 인용하고 놀았다. "과연 알고 있느냐는, 정말로 안다고 할 수 있느냐는 거예요." 정확히 이런 형태의 질문이었는지는 자신이 없지만, '안다'는 단어를 반복하며 공들여 취지를 설명하시던 교수님 모습과, 그 앞에 앉아 또 한 번 어리둥절한 표정만 짓던 나와 동기들은 어렴풋이 기억난다. 당시 그 뜻을 알지 못한 우리는 그럼에도 이 표현을 '밈'으로 삼았다. 과연 알고 있느냐고 시험을 앞둔 서로에게 묻고 깔깔대면서 잠시나마 심난함을 달랬다.

당시 교수님께서 말하신 취지는 앎이 나의 행위와 일치하고 비로소 나의 일부로 흡수된 상태를 가리킨 것으로 흐릿하게 기억한다. 그러나 나에겐 또 다른 맥락에서 이 '밈'이 스스로를 향한 질문처럼 따라다녔다. 주어진 과제마다 그렇게도 아득해서, 언론정보학과에 왔는데 SMCRE 모델이나 프레이밍 효과, 그런 건 재미없는 텍스트로만 느껴져서, 그래서 아는 게 대체 무슨 의미냐고 불평하는 저학년 시절을 보냈다. 텍스트를 눈으로 읽어내 그 형태로 뇌에 넣어 두고, 가끔 불완전하게 꺼내 들 수 있는 건 (교수님이 말하신 맥락과 다를지언정) 앎이라 말하기 어렵다는 걸 안 건 한참 시간이 지나서다.

우선 복수전공 강의들부터 채워 두겠다는 그럴듯한 핑계로 인문대 종교학과에서 (주전공) 도피 생활을 했던 나날들. 여전히 애정이 가득한 종교학과지만, 꼭 그곳이라서 앎이 뭔지 깨달을 수 있었던 건 아니라고 생각한다. 물론 멋들어진 추상적 단어들로 과제를 채워 내다 보면 내가 알고 있는 것의 한계를 더욱 절감한 때도 적지 않았다. 하지만 그보다는 고학번 즈음 접어들면 여느 대학생이나 알게 되는 진실이 있다. 하나의 이론을 안다는 건, 그전까지 드높게 쌓아 올려지고, 일부는 탈락했다가, 보완되어 다시 한층 높아진, 이전까지의 수많은 이론들을 바탕으로 할 때 가능한 거였다.

이걸 깨달은 순간 나는 그다지 후련하거나 반갑지 못했다. 그렇다면 셀 수 없는 그 지식의 역사를, 맥락을 어떻게 다 파고드나? 나는 언제쯤 이론 하나라도 진짜, 정말로 알게 되나? 이런 생각이 이어졌다. 더 큰 막막함을 마주한 이때쯤, 고등학생 시절 괜히 품고 있던 대학원의 꿈도 접었다. 졸업 뒤에 할 일, 즉 직업을 찾아야 했다는 뜻이다.

취재실습 강의를 드롭한 적도 있던 내가 언론정보학과에 다시 진득하니

머문 주된 계기는 어쩌다 보니 탐사보도 강의였다. 앎에 드는 절절한 노력이 무섭고 막막하게 느껴지던 내게, 기자들이 개별 사실을 좇는 과정을 상세히 다루는 탐사보도 수업이 나름의 위로가 됐던 듯하다.

네덜란드 교환학생을 다녀온 뒤론 학내 자치 언론, 〈서울대저널〉에 자연스레 들어갔다. 저마다의 맥락과 역사를 모두 알지는 못할 거란 사실이 그다지도 불완전하게 느껴지던 나는 그렇게 차라리, 그냥 묻는 쪽을 택했다. 모르니까 말해 달라고 요구하기로 마음먹었다. 물론 이조차 어떤 질문을 할지부터 골라내야 한다는 점에서 산더미 같은 앎의 창고를 먼저 거쳐야 하는 일이긴 했다. 다만 그 창고와 질문의 터널을 지나서는 적어도 직접 들은 당사자들의 진실한 말이 내 손안에 있었고, 이에 충실한 글을 쓰는 건 망망대해에 남겨진 듯했던 과제들보다 덜 두렵게 느껴졌다.

어느새 7년 차 방송기자가 돼 있다. 생각보다 무난하게 보낸 것 같다고 착각 중인 수습 생활을 지나, 경찰 취재를 시작한 사건팀, 엉겁결에 넘어가 가장 긴 출입 생활을 한 국회팀, 돌아오니 이젠 후배들이 잔뜩이던 두 번째 사건팀, 나만 모르는 것들이 참 외롭게 느껴졌던 법조팀, 미천한 내 지식의 창고를 바닥까지 긁어내야 했던 국회의원 선거방송 준비단, 잠깐의 뉴스 진행부 생활, 지금의 문화부까지.

해보니 출입처가 바뀔 때마다 새로운 세상에 덩그러니 놓여, 이만치 쌓인 각계 지식의 창고를 마주해야 하는 것이 기자란 직업이었다. 초심대로 질문을 통해 조금이나마 알게 됐을 때 느낀 기쁨의 순간도 분명 있다. 그보다는 아는 척해야 했거나, 실제로 해서 지금도 부끄러운 때도 있다. 생각보다 많은 이들이 기사를 통해 내 앎의 깊이와 수준을 평가하는 걸 보면 차라리 질문하자, 마음먹었을 때 기대와는 정반대의 상황인가 싶기도 했다. 그럼에도 아직까진 성향과 잘 맞는 일이라고 느낀다.

기자로 살며 앎과 행위가 일치한다는 것의 중요성과 무게도 더욱 느끼고 있다. 언론의 공정성과 독립성, 표현의 자유 같은, 관련 개론 첫 장에 나올 법한 가치들이 나와, 또 내가 속한 회사와 맞닿아 있는 실질적 행위의 영역이라는 걸 솔직히 최근에야 절감했다. 응당 당연한 것으로서, 막연히 상수로 두어 온 언론의 가치들을 어떻게 구체적 행위로 구현할지 치열하게 논의해야 할 때, 같은 가치를 표방하는 척하며 정반대 행위를 하는 광경을 마주하면 힘이 빠지기도 한다. 그럴 때면 이제는 내가 안다고 말해 볼 수도 있을 것 같은, 그 당연한 가치들을 스스로 되뇌며 의지를 다지기도 한다.

꼭 '안다'는 그 말이 아니더라도, 지금의 나를 구성하는 건 8할이 대학에서 보낸 시간들이다. 임의로 돌려 배정한 반에서 만난 동기들과 서로에게 진심을 다해 마음을 쏟았고, 길지 않은 인생에서 넘어야 했던 단계마다 서로에게 다정한 울타리가 되어 주었다. 얼렁뚱땅 학생회에 들어가 우리의 문법을 스스로 다져 낸 경험, 반 행사에서 뜬금없이 20대 물총 싸움을 해 본 기억. 64동과 다향만당 사이에서 박승관 교수님과 두런두런 나눈 대화들, 사회대건 인문대건 벤치가 보이면 냅다 누워 즐겼던 캠퍼스의 녹음과 햇살, 시험 준비를 마치지 못해 도서관에서 기숙사 식당으로 걸어갈 때 나를 간지럽힌 관악의 밤공기.

그 찬란한 기억들이 나만의 창고를 채워 지금까지도 종종 용기를, 필요하다면 낭만을 주고 있다는 걸, 진실로 나는 안다.

소통으로 더 풍성해지는 세계

신지연 | 2014학번

언론정보학과를 전공해야겠다고 마음먹은 건 1학년 여름방학이었다. 광역으로 입학했던 나는 1학기 동안 경제학부, 정치외교학부, 심리학과 등 다양한 전공탐색 과목을 들으며 전공을 고민하고 있었다. 전혀 맞지 않는 과목은 '드롭'하기도 하고, 흥미로운 과목을 찾기도 했지만, 이유를 설명할 수는 없어도 언론정보학과가 내 길이라는 이상한 확신이 자리 잡았다. 사람들에게 영향력을 주는 콘텐츠를 만들고 싶다는 어렴풋한 소망이 있기도 했고, 왕복으로 3시간 걸려 통학하던 나에게 정문 가까이에, 그것도 새로 지어진 학과 단독건물이 있다는 것도 매력적으로 느껴졌다.

처음 '커뮤니케이션의 이해'를 수강하게 되었을 때, 우리가 평생을 해온 '소통'을 학문으로 다시 배운다는 사실이 의외였고, 그 방향이 예상과 달라 잠시 멈칫했다. 언론, 영상, 콘텐츠를 다루는 줄 알았는데 조금 다른 시작이었다. 하지만 교수님들의 '커뮤니케이션학'에 대한 자부심과, 이를 통해 나의 대인관계와 소통을 점검하며 더 나은 커뮤니케이터가 될 수 있겠다는 기대감이 모든 우려를 잠재웠다. 결국 내가 원하는 것은 '사람들에게 메시지를 더 잘 전달하는 것'이었으니까.

학교를 다니는 동안, 사회의 변화만큼 우리 학과의 학문 영역도 급격히 넓어졌다. 더 이상 신문, 언론, 방송, 영화 등에만 국한되지 않고 컴퓨터 언어까지 우리가 다루는 '소통'이 되었다. 코딩 수업이 포함된 '정보문화기술입문' 과목이 2016년부터 전공필수 과목이 된 것이 그 증거였다. 그렇게 나는 고대 수사학부터 근대 커뮤니케이션 이론, 매스미디어 분석, 영상 제작, 그리고 코딩에 이르기까지 다양한 것을 배우게 됐다. '깊이 없이 여러 가지를 배우는 것 아닌가' 싶은 걱정도 들었지만, 걱정할 새도 없이 주어지는 팀 프로젝트(팀플) 과제와 시험을 준비하기에 바쁜 나날들이었다.

팀플을 하다 보면 주변에 반짝반짝 빛나는 재능을 가진 친구들이 보였다. 나에게는 어렵기만 한 이론과 상징분석들을 척척 이해하거나, 나는 상상조차 못한 스토리텔링을 구상해 내거나, 똑같이 시작했는데 금세 뛰어난 코딩 실력으로 과제물을 척척 만들어내는 친구들 말이다. 꼼반이 아닌 다른 과반으로 입학했던 나는 같은 과 학우들과 친분이 없었기에 멀리서 바라보며 부러워하기만 했다.

점차 '나는 잘하는 것도 없고, 깊이도 더하지 못한 채 여기저기 손대며 시간을 낭비하고 있나' 고민하던 중, 강명구 교수님과의 면담은 내게 큰 위로가 되었다. 꾸준하기만 하면 지금 당장 눈에 띄는 결과를 내는 것이 중요한 게 아니라고, 교수님께서도 당장의 성과는 없지만 어떠한 방향성을 가지고 수업을 진행하고 계신다는 이야기를 들려주셨다. 추구하는 방향이 있다면 결국 열매를 맺을 테니 지켜보자는 그 격려가 마음에 오래 남았다.

그 말씀에 힘입어 성적에 연연하지 않고 내가 할 수 있는 것들을 했다. 팀플에서 친구들의 재능을 부러워만 하지 않고 적극적으로 배우기 시작했다. 덕분에 부족한 영어 실력으로 좌절했던 영어 강의에서도 무사히 팀플 과제와 발표를 마쳤고, 코딩으로 함께 만든 운세 프로그램은 과제전에서 좋은 반응을 얻었다. 가을학기 과제로 제작해 다음 봄학기 개강 날까지 매일 같이 컴센터에서 편집했던 다큐멘터리는 운 좋게도 KBS에서 방영되었다. 4년의 시간 동안 '사람들에게 영향력을 주는 콘텐츠를 만들고 싶다'는 목표에 조금씩 다가간 셈이다.

그리고 지금. 나는 무엇이 되어 있을까? 나는 여전히 활발하게 소통을 하고, 메시지가 올바르게 전달되도록 신경 쓰며, 학교에서 배운 것들을 업무에 적극 활용하면서 '언론정보학과를 선택하길 정말 잘했다'고 생각하곤 한다. 현재 나는 IT 기업의 인사담당자로 일하고 있다. 의아할 수 있지만, 사람을 많이 대하는 일인 만큼 '소통'이 이 일에 정말 중요한 역량이라고 생각한다.

직원들을 직접 대하며 '대인커뮤니케이션'에서 배운 것을 떠올리고, 공지 하나를 올리더라도 더 효과적으로 전달하기 위한 내용과 채널을 고민한다. 또 필요에 따라 영상을 제작하고, 짧게나마 배운 코딩 지식으로 간단한 업무 자동화를 한다거나 IT회사의 업무를 빠르게 파악해서 조직 운영 및 평가 등에 활용했다. 내가 '의미 없이 괜히 여러 가지 건드리는 게 아닐까' 걱정했던 것들은 오히려 나의 역량과 차별성이 되면서 빠르게 인정받을 수 있었다. 섣불리 포기했다면 맺을 수 없는 열매들이다.

언론정보학과를 졸업한 수많은 사람들 중에는 전공과 밀접한 일을 하는 사람도 있고, 비교적 거리가 있는 일을 하는 사람도 있을 것이다. 하지만 각자만의 방식으로 '소통하는 사람'으로서 각자가 속한 세계를 더 풍성하게 만들어 가고 있지 않을까? 오늘도 그런 생각으로 내가 속한 자리에서 할 수 있는 것들을 해야지 다짐해 본다.

재미주의자로 살아가기

이호근 | 2015학번

누군가 나에게 대학이라는 기관 혹은 제도가 무엇을 위해 존재하는지 묻는다면, 나는 '재미주의자'로 살아가기 위해 존재한다고 대답할 것이다. 도대체 재미주의자가 무엇이냐고 묻는다면, 어떠한 판단을 내릴 때 "이것이 재미있는가?"가 최우선 고려 대상이 되는 사람이라고 하겠다. 그러면 그게 쾌락주의자와 무엇이 다르냐고 묻는다면, 재미주의자가 추구하는 '재미'란, 인간이라면 누구나 공유하는 쾌락이나 만족이 아닌, 일종의 (베버적 의미의) 소명과도 같은 것이라고 답할 수 있겠다. 말하자면, 외부적 평가나 보상에 의존하지 않고, 오로지 나의 내재적인 흥미와 동기에 의해 하나의 대상을 파고들 수 있는 상태, 그것이 내가 내리는 재미에 대한 협소한 정의다.

쓸데없이 말이 길어졌는데, 쉽게 말하면 이 정도로 표현할 수 있을 것 같다. 대학은 모름지기 "니들이 뭐라고 하든, 어떠한 시선으로 보든, 나는 이게 재밌으니까 이것만 할 거다. 알겠냐?"라고 말힐 자신감을 길러 주는 곳이 되어야 한다.

나는 늘 내가 재미있는 사람이라고 생각하고 살아왔고, 지금도 그 생각은 변하지 않았다. 다만 그 코드가 대중적이지 않을 뿐이다. 남들이 재미있다고 느끼는 것들에는 그다지 흥미를 느끼지 못하고, 내가 재미있다고 느끼는 것들에는 남들도 큰 관심을 갖지 않으니 말이다. 그럴 수 있다. 재미의 기준이란 사람마다 다를 수밖에 없는 법이니까. 하지만, 만약 대학이 제대로 된 기능을 하지 못했다면, 나는 아마 "나는 재미없는 사람이다"라는 오인으로 말미암은 왜곡된 자아상과 위축된 자존감을 가지고 사회에 진출했을지도 모른다.

그러니까, 쉽게 말하면 이런 거다. 서울대 언론정보학과가 대학다운 대학이었던 덕분에 "나는 재미없는 사람이라 PD가 못 됐어" 대신에 "PD 일이 나한테는 그다지 재미가 없어서 그쪽으로 안 갔어"라고 말할 수 있게 되었다고 해야 할까.

15학번만의 특수성은 당연히 아니겠지만, 내 동기들 중 다수는 기자 혹은 PD를 지망하며 이 학과에 들어왔다. 그리고 학과 커리큘럼만으로는 본인의 꿈을 이루는 데에 필요한 트레이닝을 충분히 제공받지 못한다는 것을 깨닫자, 각자 자신의 흥미에 따라 다양한 동아리를 찾아가기 시작했다. 나는 그 대열에서 한 발짝 비켜나 있었다. 다른 특별한 이유가 있어서는 아니었다. 그냥 흥미가 생기지 않았다. 예능이나 드라마 영상을 만드는 것도, 방송뉴스를 만드는 것도, 신문기사를 쓰는 것도, 전혀 재밌어 보이지가 않았다. 그래서 구경할 뿐이었다. '아, 너희들은 이렇게 열심히 꿈을 위해 노력하고 있구나. 근데 나는 뭐 해먹고 살지?' 같은 생각을 하면서.

그렇게 나는 학과 수업 열심히 듣고, 학과 행사 있으면 꼬박꼬박 나가는 것 이외에는 다른 것이 전혀 없는 대학 생활을 보냈다. 지금 생각해도 놀라운 일이다. 대학 생활 내내 나의 소속집단, 사회적 정체성은 단 하나뿐이었다. 언론정보학과에 소속된 학생. 물론 사회과학대학 학생회 차원에서 꽤 많은 일을 했지만, 그건 어디까지나 언론정보학과 학생이라는 정체성이 연장된 사회과학대학 학생으로서 한 일들이니 하나로 쳐도 무방하겠다.

말하자면, 나는 언론정보학과(와 사회과학대학)를 제외한 동아리, 소모임, 학회, 외부 인턴십 등을 비롯한 그 어떤 집단에도 소속된 일이 없다. 내 대학 생활은 순수하게 100% 언론정보학과로만 채워졌다고 해도 좋을 것이다. 요즘과 같은 세상에 누가 들으면 깜짝 놀랄 일이다. 다른 활동 하나도 안 하고 '강의실-과방-집'만 뺑뺑이 도는 삶을 지루해서 어떻게 살았냐는 질문은 차치하고서라도, 그렇게 살면 나중에 취업할 때 스펙이 될 만한 게 하나도 없지 않냐는 것이다. 맞다. 스펙이라는 것, 눈을 씻고 찾아봐도 없다. 그런데 주변의 걱정과는 달리, 나는 그 부분도 그다지 신경을 쓰지 않았다. 취업은 그다지 재미가 없어 보였고, 나는 재미없으면 쳐다보지도 않는 사람이니까.

지금까지 써 놓은 걸 다시 읽어 보니 표현들이 조금 오해를 불러올 소지가 있는 것 같다. 그 무엇에도 재미를 못 느끼는 염세주의자라도 된 것처럼 읽혀서 말이다. 하지만 나는 분명히 밝혀 두었다. 나는 재미주의자라고. 재미있는 것만 한다고 말이다. 내가 다른 활동을 전혀 하지 않은 이유는 언론정보학과 꼼반 행사에 참여하는 것만으로도 충분히 대학 생활이 즐거웠기 때문이다. 이것보다 재미있는 게 없는데 왜 굳이 에너지를 들여 다른 것을 찾아다녀야 한단 말인가. 자랑 아닌 자랑이지만, 나의 언론정보학과 꼼반 행사 참석률은 아마 역대 최고 아닐까 생각해 본다. 2016년 군 복무 중에도 일주일 휴가 쓰고 나와서 농활 따라가고, 졸업 학기였던 2020년에는 코로나19 팬데믹이 터지지만 않았어도 새터까지 따라갈 생각이었으니, 이 정도면 충분한 설명이 될 것이라고 생각한다.

물론 학생회 활동도 즐거웠지만, 내가 진짜로 재미를 느꼈던 것은 언론정보학과에서 열리는 강의들이었다. 새로운 이론을 배우는 게 좋았고, 그

걸 현실에 적용해 보는 게 즐거웠으며, 그걸로 글을 써내는 게 행복했다. 내가 써내는 글은 그 하나하나가 재미있고, 개성 있고, 새로운 것이어야만 직성이 풀렸다. 과제를 해치우기 위해 대충 때우는 글은 용납할 수 없었다. 아무리 '정답'을 담아낸 리포트여도 읽는 사람이 재미를 못 느낀다면 그건 그냥 틀려먹은 글이라고 생각했다.

조별 과제가 있으면 "너희들은 쉬어도 돼, 내가 다 할 테니까. 그냥 나중에 PPT만 만들어 줘, 나는 디자인 같은 건 못하니까" 하고 혼자 일할 정도였다. 내 아이디어가 다른 사람들의 글쓰기로 제대로 표현되지 못하는 건 참을 수 없었으니까(참고로 이러한 내 행태에 대해 본인의 주체적 학습권을 침해한다고 항의한 학우는 한 명도 없었다. 모두가 고마워하면 고마워했지). 요컨대, 다이아몬드 원석을 세공하는 마음으로, 재미있는 아이디어를 더 재미있게 글로 현실화시키는 것, 나한테는 이것만큼 중요한 일이 없었다.

그리고 대학은 이러한 내 재미의 방향성이 특이 취향이 아니라는 것을 알려 주는 곳이었다. 정확히 말하자면, 대학은 이런 특이 취향을 가진 사람들이 모여드는 이상한 곳이라는 게 더 사실에 부합하겠지만. 하여튼, 정말 졸려 죽겠다는 표정의 학생들 앞에서 전혀 개의치 않고 "이거 너무 재밌지 않아요?"라는 에너지를 온몸으로 뿜어내며 강의하는 교수님들의 모습을 보며 나는 형용할 수 없는 동질감과 안도감을 느꼈다. 그리고 한 가지 깨달음에 다다르게 된다. '이런 게 재미있다고 해서 내가 이상한 것은 전혀 아니구나. 그저 대학원에 가야 할 뿐.'

그래서 나는 아직도 언론정보학과에 몸담고 있다. 학위과정은 학사과정에서 박사과정으로, 학교는 서울대에서 펜실베이니아대학으로 바뀌었지만, 언론정보학과 학생이라는 정체성은 10년이 지난 지금도 그대로 가지고 있다.

슬슬 마무리를 짓자면, 아마도, 언론정보학과만큼 재미주의자들이 많이 모이는 학과도 없을 것이라 생각한다. 그 표현하고자 하는 방식은 영화, 드라마, 예능, 뉴스, 사진, 광고 등등 저마다 다르겠지만, 어쨌든 기존에 있는 것을 답습하지 않고 나만의 새로운 것, 재미있는 것을 찾아내고 만들어 내고자 하는 욕망을 가진 사람들이 모이기 딱 안성맞춤인 곳이 언론정보학과다. 관성에 구속되지 않는 창조적인 사람들의 집합이라고 할까. 그만큼 저마다의 가치, 고집, 프라이드도 다양하다. 남의 눈치 보지 않고 본인들의 재미를 추구하는 사람들이 모이는 곳이기에, 내가 언론정보학과를 좋아하고 언론정보학과의 사람들을 좋아했던 것이라는 생각도 든다.

그런 의미에서, 수많은 선후배 동문들 모두 재미주의자로, 덕업일치를 이룬 럭키 오타쿠로, 본인이 좋아하고 재미있는 일을 하며 재미있게 살기를 희망하며 글을 마친다.

전환의 시대에서 길을 찾다

허유진 | 2016학번

언론정보학을 전공하기로 한 것은 고등학교 2학년 때의 일이었다. 대한민국의 여느 고등학생이 그렇듯, 대학 진학을 준비하는 고3을 앞두고 진로 고민에 빠진 것이다. 초등학생 때부터 거쳐 온 꿈은 대통령, 국회의원, 외교관, 국제구호 전문가였다. 어릴 적부터 나를 구성하는 사회에 관심이 많았다는 경향성은 보이나, 뚜렷한 계기 없이 당시 베스트셀러였던 저자들의 직업에 큰 영향을 받아 그 직업을 꿈꾸었고, 내가 갈 길이라는 확신을 갖지 못해 꿈이 없이 방황한 것도 2년이 지나가던 차였다.

그러던 내가 기자가 되겠다고 언론정보학과 진학을 결심한 것도 역시 베스트셀러 작가와 TV 속 인물 덕분이었다. 바로 사르트르(Jean-Paul Sartre)와 미국 HBO에서 제작한 드라마 〈뉴스룸〉 속 뉴스 앵커 윌 매커보이다. 사르트르는 그 당시 나의 가치관을 정립, 완성해 준 철학가이자 현재까지도 어떻게 살아갈 것인가 고민될 때마다 찾게 되는 인물이다. 고등학교 2학년 때 우연히 접한《지식인을 위한 변명》은, 사회를 바꾸는 일을 하고 싶다는 나의 추상적 열망을 사회에 참여하는 지식인이라는 정체성으로 구체화해 주었다.

어떤 직업을 가져야 사회에 참여하는 지식인이 될 수 있을까 고심하던 내 앞에 나타난 인물이 바로 윌 매커보이다. 2010년대 중반 유튜브를 이용하던 사람이라면 "미국이 위대한 나라인 이유"를 알려 달라는 질문에 답하는 그를 한 번은 접해 봤을 수도 있다. 해당 장면은 〈뉴스룸〉 시즌 1의 1화 첫 10분간 이어지는 장면인데, 나 역시 그 장면을 통해 그를 처음 접했고 뉴스를 전하는 사람, 사람들에게 정보를 제공하고 생각의 토대를 마련하는 사람, 그를 통해 더 나은 공동체를 일구어 가는 사람, 즉 뉴스 생산자에 즉시 매료되었다.

결론적으로 나는 미디어를 통해 접한 인물들로 인해 언론정보학과 진학을 결심하게 되었다. 이후 퓰리처상 수상 사진 전집을 펼쳐보며 어떤 기자가 될지 꿈꾸었고, 존 스튜어트 밀의 《자유론》을 읽으며 언론의 자유를 탐구하였다(고등학생 때 마셜 매클루언의 저서를 찾아보았을 정도였다). 그리고 서울대 언론정보학과에 진학하면 뉴스와 미디어를 본격적으로 배우고 공부할 수 있으리라 기대에 부풀었다.

막상 대학에 와 보니 그 기대는 반은 이루어졌고, 반은 틀린 것이었다. 동기들은 언론인을 꿈꾸어 정치커뮤니케이션이나 저널리즘 분야에 관심이 많은 친구들과, 광고인을 꿈꾸며 PR 분야에 관심이 많은 친구들, PD나 영화감독 등 영상에 관심이 많은 친구들로 이루어져 있었다. 그러나 나뿐만 아니라 그들의 기대 역시 완전히 충족되지 않았다.

그 이유는 우리 학과가 궁극적으로는 '커뮤니케이션'을 공부하는 학문이기 때문이다. Communication 안에는 미디어를 통한 커뮤니케이션뿐만 아니라 대인커뮤니케이션도 포함되며, 저널리즘이나 PR, 영화론은 그 중 일부에 지나지 않는다. 어떤 맥락이라도 두 주체가 소통하기만 한다면 (이제는 그 주체가 모두 인간일 것을 요구하지도 않는다. ChatGPT 없이는 일상이나 업무가 불가능한 나를 생각해 보면 AI가 이처럼 상용화되기 이전부터 연구를 지속해 온 학자들이 놀라울 뿐이다) 모두 학문의 대상이 되는 셈이다. 그래서, '커뮤니케이션'의 의미는 알 것 같으면서도 모를 수밖에 없었다. 이에 따라 어떤 동기들은 대학이 기대와 달라 실망하거나 진로를 잃고 혼란을 겪었고, 어떤 동기는 전혀 예상하지 못한 지식과 마주하며 새로운 길을 찾기도 하였다.

게다가 16학번은 언론정보학과 내부적으로도 크고 작은 전환을 맞이하고 있었다. 입학 당시 계셨던 원로 교수님들께서 내가 졸업할 즈음에는 퇴직하셨고, 컴퓨터공학 등 새로운 배경을 가진 젊은 교수님들께서 부임하기 시작하셨다. 또한, 2016년부터는 '정보문화기술입문' 과목이 전공필수 과목으로 선정되며 초보적 수준이라도 코딩을 배워야 했으며, 데이터저널리즘과 같이 기술과 결합한 학문들이 생겨나기 시작했다. 그렇게 미성년에서 성인으로, 의무교육에서 고등교육으로 전환을 맞이한 우리들은 역시 전환의 시기를 지나는 언론정보학과의 일원이 되었다.

대학 시절 내가 들었던 수업들 역시 이러한 전환을 고스란히 담아냈다. '저널리즘의 이해', '한국미디어사'와 같은 전통적 언론정보학의 과목들을 수강하며, 고교 시절 내가 그리던 대학 수업을 경험함과 동시에, '데이터저널리즘', '미디어와 스토리텔링', '정보세계정치론'과 같이 변화하는 미디어 환경을 포착해 낸 수업들도 함께 들었다.

당시에는 왜 우리가 코딩을 배워야 하고 기술에 익숙해져야 하는지 납득이 가지 않던 부분도 있었다. 그러나 SNS가 등장한 이후 트렌드가 페이스북, 인스타그램, 유튜브, 틱톡으로 빠르게 변화하고, 이제는 AI와 대화하는 시대가 되었다는 점을 생각해 보면, 2016년 당시 커리큘럼을 개편하여 시대를 반영한 결단이 새삼 더 놀랍고 고맙게 느껴진다.

거시적 차원에서만 전환이 이루어진 것은 아니다. '저널리즘의 이해' 수업에서는 조별 과제로 언론 벤처기업 창업 기획안을 작성했다. 변화하는 미디어 환경 속에서 어떠한 저널리즘이 수요가 있는지 알아보면서, 민주 공동체를 유지하기 위한 전통적 저널리즘뿐만이 아니라 미시적 수요를 충족시키는 저널리즘도 존재함을 깨닫기 위해서였다. 커뮤니케이션 연구는 정통 미디어나 언론 분야뿐만 아니라, SNS상의 커뮤니케이션도 활발히 적용되었으며, 인간과 컴퓨터 간 소통까지 탐구하기 시작했다.

수업에 그치지 않았다. 언론정보연구소 산하에 SNU팩트체크센터가 신설되어 가짜 뉴스에 대항해 언론사와 협업하여 사실 검증 작업을 진행했다. 소수만이 정보를 생산하고 전파할 수 있었던 과거와 달리 모두가 뉴스를 생산할 수 있게 된 시대에는 어떤 정보가 믿을만한 뉴스인지 자체가 뉴스가 된 것이다. 학부 4학년 때 팩트체크센터에서 반년이 넘는 기간 동안 근무하면서 직접 팩트체크 기사를 살펴보니, 현장에 가는 탐사보도가 아니더라도 인터넷에서 수많은 근거를 모아 새로운 정보를 발굴하는 것이 가능하며 이 역시 기자가 해야 할 일임을 깨달았다. 특히 팩트체크 기사를 작성함에 있어 해외 학술자료들까지 폭넓게 수집하여 꼼꼼하게 검증을 진행한 기자분이 계셨는데, 그 기사를 보면서 느낀 짜릿함이 잊히지 않는다.

컴퓨터 코딩으로 기사도 써 보고, 게임도 만들어 보았지만, 나는 대학 졸업 후 기자가 되었다. 그리고 짧은 기자 생활 이후 현재는 언론계를 떠나 법조계에 속해 있다. 언론에 종사하였더라도, 앞으로 언론이 어떻게 될지, 어떤 미디어가 등장해 세상을 어떻게 바꿔 나갈지 잘 모른다. 학부 시절 나는 지금처럼 AI를 매일 사용할 줄은 상상조차 못했으니 말이다. 나는 아직도 커뮤니케이션이 무엇인지 잘 모른다. 언론계에 몸담았을 때도, 그곳을 떠나 제 3자로 바라보는 지금도 언론이 나아가야 할 구체적인 길이 무엇인지 모르겠다. 여전히 답은 없다.

그러나 답이 없더라도 두렵지는 않다. 기술과 미디어의 변화가 두렵지 않으며(물론 너무 빨라 버겁지 않다는 것은 아니다), 그 안에서 커뮤니케이션이, 메시지가, 언론이 어떻게 변할지 기대된다. 그때의 소비자로서, 생산자로서 나는 어떨지 그려 보게 된다.

미디어가 변화하더라도 커뮤니케이션은 사라지지 않을 것이며, AI가 발달하더라도 기자가 사라지지는 않을 것이라 믿는다. 가짜 뉴스가 넘쳐나더라도 여전히 시민공동체에게 신뢰할 수 있는 정보를 전달하는 언론, 레거시 미디어의 힘을 믿으면서도 새로운 기술로 등장한 시민기자, 1인 생산자들이 전할 다양성의 긍정적 효과를 기대한다. 그리고 미디어와 메시지에 둘러싸여 살아감을 인지하고 어떻게 이용할지를 고민한다. 답은 없지만, 어떻게 답을 향해 걸어갈 것인지는 내가 정할 수 있다. 그리고 그 힘을 길러 준 것은 전환의 시기에 있던 언론정보학과임을 깨닫는다.

나 혼자 '안' 산다

조예은 | 2017학번

"안녕하세요! 혼자 산 지 4년 차 된" 느끼체, 페이드인 효과. 흠…. "리정입니다" 조지나체, 체인지 와이퍼 효과?

이번 주 〈나 혼자 산다〉 스튜디오에 댄서 리정이 나왔다. 혼자 사는 그녀의 일상을 편집하고 기계적으로 자막을 쓰다 단순한 자기소개에서 진도가 막혔다. 어떤 폰트를 쓸까, 효과는 어떻게 줄까, 종결 어미에 느낌표를 넣을까, 말까…. 부끄럽게도 이런 프로페셔널한 이유가 아니다. 말만 받으면 되는 쉬운 자막에서 몽글몽글 아련하게 과거 회상을 해 버렸기 때문이다.

리정의 팬이지만 그녀와 특별한 추억을 나눌 만한 인연은 없다. 그저 똑같이 98년생에, 혼자 산 지 4년 차가 되었다는 점. 그 공통점에서 누적 밤샘에 절여진 뇌가 도피하듯 과거를 향해 떠났다. (혹시라도 이 글이 행유의 편지마냥 관악에서 상암까지 퍼져 연출 선배에게 닿는다면…. 아직 마감 시간이 남아 있는 상태였으니 너그러이 봐주시길, 행운을 담아 바리 본다.)

나는 졸업을 앞두고 운 좋게 예능 PD가 되었다. 조연출 막내의 3대 미덕은 '근면', '성실', '직주근접'이라는 선배의 말을 따라 회사 앞 3분 거리 오피스텔에서 자취를 시작했다. 박승관 교수님의 '커뮤니케이션, 문명, 사회변동' 1교시 수업을 듣기 위해 5시 50분에 일어나던 통학러의 슬픔이 끝나는 기념비적 순간이었다. '직장인'이라는 새로운 이름표를 '독립'으로 꾸미니 내가 제법 어른 같아 보였다. 참으로 덧없는 자기만족에 취해 '대학생 조예은'에 작별을 고하는 집들이도 열었다. 언론정보학과 동기들, 서울대 '새내기 OT' 멘토와 멘티들. 내 대학 시절의 전부였던 친구들을 불렀고, 그들은 기꺼이 새출발을 응원해 주었다.

"우리 예니 사식만 먹던 게 엊그제 같은데 … 언제 이렇게 컸대." 과 동기 지영이가 말했다. 옆에서 호연이가 거들었다. "너무 많이 먹어서 큰 걸 수도."(참고로 내 키는 174cm다.)

나는 언론정보학과를 참 사랑했다. 사회대 식당이 바로 옆에 있었기 때문이기도 하지만, 관심사가 같은 인생의 친구를 만나게 해 준 고마운 학과였기 때문이다. 로테이션 강의였던 '커뮤니케이션의 이해'를 들으며 좋아한 교수님도 비슷했고, '정보문화기술입문'을 들으며 좌절했던 수식도 비슷했다. 무엇보다 우리는 원활한 소통의 제 1요소인 유머가 잘 통했다. 서로에게서 '재미'를 찾고 애인에게서 '미'를 찾으라 하는 의리까지 겸비한 완벽한 친구랄까?

우리는 언론정보학도답게 각종 현상에 이론을 정립하며 재미있는 학창시절을 보냈다. 가설을 세우는 주요 과정은 건너뛰고 직접 경험한 일에 확증편향을 더해서 얼렁뚱땅 이론을 만들었다. 궁금증이 살포시 피어났을 다른 언론정보학도들을 위해 부끄러움을 무릅쓰고 그중 하나를 소개하려 한다. 이름도 무려 '잘생긴 토성 고리 이론'이다. 남녀 무관 잘생긴 사람은 항상 연애하고 있고, 그의 이별을 기다리는 무수히 많은 잠재적 애인들이 토성의 고리처럼 주변을 맴돌고 있다. 그렇게 한참을 떠돌다 어느 순간 옆자리가 빈다면, '위로'를 명목으로 잘생긴 토성에 최대한 빨리 추락해야 한다는 것이 이론의 핵심이다. (교수님들의 참된 가르침과는 무관한 막무가내 연구였음을 강조한다.)

우리 사이에서 만장일치로 통과된 이 이론은 연애 시장에서 분투하는 나에게 큰 도움이 되었다. 세 명 다 각자의 길을 걷고 있는 지금도 종종 학도 시절의 열정을 불태워 유의미한 이론을 발굴하곤 한다.

내가 학과 생활 외에 가장 많은 시간을 쏟은 곳은 학생지원과에서 운영하던 '새내기 OT'였다. 재학생 멘토들이 전교의 신입생 3,000여 명과 함께 교류하는 행사에서 자그마치 4년을 보냈다. 새내기였던 2017년, 상당히 적극적인 멘토 언니의 모습에 반해 그녀를 따라 멘토가 되었다. 80명의 멘토 중 한 명으로 뽑힌 나는 책임감과 무게감을 한껏 느끼며 열심히 일만 했다. 사실 지영이와 호연이처럼 마음 맞는 동료를 찾지 못하여 일에만 집중한 것도 맞다. 어찌 됐든 묵묵히 일만 하자, 집행부장의 눈에 띄었는지 이듬해 집행부원이 되었다.

이전과는 다르게 행사 진행 전반에 관여하면서 자연스럽게 멘토들과 더 많은 시간을 보냈다. 덕분에 나는 또 한 번 인생의 친구들을 만나는 행운을 누렸다. 나이도, 학번도, 학과도 다 다른 우리 다섯 명은 '일을 잘한다'라는 확실한 공통점이 있었다. 어떤 업무가 주어지든 밤샘 작업도 마다하지 않았고, 일당백으로 행사를 이끌었다. 능력 있고 손발 맞는 동료들과 함께하는 즐거움을 깨닫자 "어쩌면 … 우리가 미래의 A사, G사의 창립 멤버일까?" 하며, 차고 대신 서울대입구역 3번 출구 앞 술집에서 알코올과 젊은 패기가 뒤섞인 채로 다섯 명이 함께 일하는 미래를 그려 보곤 했다.

일중독 수준인 우리는 서로의 생일도 중요한 과제처럼 잘 챙겼다. 우리 중 가장 일을 잘하는 산 오빠의 생일날, 자하연 앞에서 커피 무료 나눔 행사를 열 정도로 말이다. 커피차는 연예인만 할 수 있는 것이 아니라며 돈을 모아 법대 '이야기' 카페에서 50인분 커피를 주문했다. 당시 디자인을 배우고 있던 나는 컵에 붙일 스티커와 홍보용 현수막을 만들었다. "산아, 24번째

생일을 진심으로 축하해" 연예인 조공은 안 해봤어도 지하철을 탈 때마다 보던 광고 문구를 넣으니 제법 그럴듯해 보였다.

장소를 대여할 때는 아마 서울대 역사상 최초일 거라는 관리자의 말을 들었다. '최초'라는 단어 하나에 우리의 콧대가 하늘 높은 줄 모르고 치솟았고, 네 명의 코주부가 준비한 생일 행사는 대성공이었다. 산 오빠의 지인부터 생판 모르는 학부생들까지 무료 커피를 받고 기분 좋게 생일을 축하해 줬다. 생일자 본인도, 준비한 우리도 평생 잊지 못할 추억이 생긴 날이었다. 산 오빠가 유학길에 오르면서 전보다 자주 뭉치지 못하지만, 언젠가 다 같이 일할 날을 손꼽아 기다리는 중이다.

4년 동안 '새내기 OT'를 하면서 멘토뿐만 아니라 멘티들도 정말 많이 만났다. 모두의 얼굴을 기억하지만, 지금까지 연락을 주고받는 건 멘토가 된 첫해에 만난 2차 26반 친구들이다. 신입 멘토의 설렘 가득한 열정보다 더 뜨거운 에너지를 지닌 멘티들이었다. 교내 곳곳을 돌아다니며 각종 게임을 진행했는데 단합력도 응원력도 처음 만난 사이 같지 않았다. 이런 기류를 알아챈 멘티들은 쉽게 친해졌다. 행사 이후, 가장 활발했던 멘티의 주도하에 끊임없이 모임이 잡혔고, "우리를 만나게 해 준 멘토를 빼놓을 수 없다"라는 이유로 나도 항상 초대되었다. 그렇게 서로의 일일호프와 장터, 동아리 발표회를 꾸준히 챙기다 보니 어느덧 졸업과 취업까지 축하하는 사이가 됐다.

대학생 때 우리는 '멘토-멘티'라는 다소 틀에 박힌 관계였다. 나는 한 살 차이지만 선배라는 생각에 언제 어디서나 유익한 정보를 제공하기 위해 노력했다. "학식은 사회대 식당이 제일 맛있다", "학생지원과 홈페이지에서 대외활동 정보를 쉽게 얻을 수 있다"는 등 각종 꿀팁을 입에 달고 살았다. 친하긴 해도 묘하게 기울어진 관계로 7년이 지나자, 강산 대신 우리의 상황이 변했다. 기안84와 대화하는 중국인이 하는 말을 중국 바이어와 매일 소통하는 정윤이가 번역해 주고, 전현무가 푸는 수학 문제가 어느 학년 것인지 수학 교사가 된 나연이가 알려 준다. 이런 도움은 기본이요, 밤샘 동료가 필요할 때는 새벽마다 실험 중인 대학원생 진서와 건희가 힘이 되어 준다. 아나운서로 활동한 무아는 내가 편집한 영상들을 보고 편파적인 시청자를 자처하며 칭찬해 준다. 어느새 나는 멘티가 아니라 친구가 된 이들에게서, 나의 매일을 이끌어 갈 수 있는 힘을 얻는다. 오늘도 우리의 단체 채팅방은 위로와 응원과 우정으로 가득하다.

이렇게 긴 회상을 마치니, 나는 혼자 살아 본 적이 없다는 것을, 소중한 이들이 언제나 함께했음을 새삼 깨닫는다. 자막을 쓰는 지금 이 순간에도 나는 대학에서 만난 멋진 인연과 더불어 살고 있다. 외로울 틈 없는 인생을 살게 해 준 친구들에게 자막을 가장한 감사 인사를 바친다.

"꿈은 없고요, 그냥 평생 같이 놀고 싶습니다."

비선형의 궤적, 나를 완성하다

서혜지 I 2018학번

대학에 합격했던 순간이 떠오른다. 친구와 노래방에서 신나게 노래를 부르다 맥도날드에서 아이스크림을 먹고 있었는데, 고등학교 담임 선생님의 부재중 전화를 확인하고 회신드렸다. "대학교 결과가 떴다"라는 말씀에 믿기지 않아 친구에게 확인을 부탁했는데, 친구가 더 놀라며 "붙었다!"라고 맥도날드 중앙 테이블에서 소리쳤다. 합격 소식을 듣고 눈물 흘리던 어머니의 모습도 선하다. 그때까지 나는 커뮤니케이션 전공 말고는 다른 꿈을 가져 본 적이 없었다. 방송국에서 일하겠다는 일념으로 고교 시절을 보냈기에, 다가올 대학 생활이 더 많이 기대되었다.

입학을 앞두고 첫 기억은 17학번 선배의 축하 전화였다. 카페에서 모르는 번호를 받아 "혹시 서혜지 학우 맞으세요?"라는 질문에 개인정보 유출이 아닌가 싶었는데, 곧장 시끌벅적한 축하 소리와 함께 "꼼반에 오신 걸 환영합니다"라는 말이 이어졌다. 꼼반? 처음 듣는 단어라 "꼼반이 뭐예요?"라고 물었더니 "오면 설명해 주겠다"라는 답만 돌아왔다. 녹음된 통화를 몇 번이나 돌려 들었지만 결국 신입생환영회(신환회) 날에야 알 수 있었다.

신환회에서 처음 만난 동기·선배들과 즉석떡볶이를 먹고, IBK커뮤니케이션센터 304호에서 언론정보학과의 역사와 '꼼반'의 의미를 배웠다. 그리고 나서 녹두호프로 뒤풀이를 가서 요쏘(요구르트+소주)를 처음 접했다.

내 인생 최초의 음주였으며, 참 달았다. 2·3차 신환회와 새내기 새로 배움터까지 이어지는 일정 속에서 다양한 사람들과 어울렸고, 학과 공동체의 따뜻한 분위기에 매료되었다. 무엇보다 서로의 언행을 존중하며 안전한 공동체를 만들고 있다는 점이 인상적이었다.

하지만 초반의 대학 생활은 녹록지 않았다. 어린 나이에 입학해 음주 문화가 달갑지 않았고, 1학기 내내 학교와 집만 오갔다. 그 생활이 재미있었냐고 묻는다면, 전혀 아니었다. 하지만 경계선에 있는 사람으로서 다른 활동을 해볼 용기가 없었다. 축제 기간에 동기들과 COMMgv라는 장터를 열었지만, 적극적으로 참여하지도 않았다. 그러던 중 학과 사무실에서 '미래인재육성장학재단' 지원을 권유했고, 합격해 학비 걱정을 덜 수 있었다. 큰 행운이었다.

동시에 나의 대학 생활을 바꾸는 전환점이 찾아왔다. 바로 농민학생연대활동, '농활'이었다. 집 근처 대학에서는 해마다 여름이면 '농활 가자'는 현수막이 붙어 있었다. 대학생이 되면 모두가 그 농활에 가야하는 줄만 알았다. 그래서 당차게 농활 전참을 신청했고, 덜컥 '농대장'(농활대장)을 맡게 되었다. 선배들의 도움을 받으며 준비한 농활은 내게 가장 재미있고 신선한 경험이었다. 다 같이 토마토 대를 뽑고, 잡초를 뽑고, 수박을 따고, 아로니아를 따고, 벌집을 숟가락으로 긁어 먹는 등의 모든 활동이 내 머릿속에 좋은 추억으로 자리 잡았다. 다 같이 밤마다 진행하는 토론은 열린 사고를 할 수 있게 하는 큰 계기가 되었다. 단편적으로 알고 있던 세상이 확장된 것이다. 당시 꼼반과 시반이 한 마을을 이뤘는데, 시반 농대장을 맡은 선배에게 "이 사람들과 계속 함께하려면 어떻게 해야 하냐"라고 물었더니, 돌아온 답은 '학생회'였다. 그렇게 한 번도 상상하지 못했던 학생회 활동을 시작하게 되었다.

학생회 집행부원으로서 맡은 첫 역할은 체육대회 기획단장이었다. 기존에 진행하던 행사가 아니었는데, 학생회장 언니의 공약에 따라 체육대회 기획단이 꾸려졌다. '하면 한다'는 마인드로 시작한 일이었으나, 내가 모르는 게 너무 많았다. 안건지를 작성하는 법, 회의를 진행하는 법 등을 학생회장 언니로부터 하나하나 배우며 기획단 친구들과 가까워졌다. 체육대회는 우여곡절 끝에 성황리에 마무리되었고, 그제야 비로소 대학 생활을 본격적으로 시작한 듯한 기분이 들었다.

단과대학 학생회에서 열심히 활동하는 사이에 언론정보학과 18학번을 중심으로 '머루와 다래'를 빌려 일일호프를 진행했다. 1학기 때의 축제보다는 좀 더 열심히 참여했다. 언론정보학과 18학번 10명이 모여서 '그 샤대생들의 세상보기'라는 유튜브 채널도 개설했다.

이후 언론정보학과 학생회장 선거 공고를 보고 지원했다. 학생회장이 없으면, 새로 들어올 19학번 새내기들을 위한 새맞이 행사들이 재미없어지지 않을까, 이외에도 학생들의 다양한 권리에 당당히 이야기하기 위해선 학생회장이 필요하다는 생각이었다. 그렇게 출마한 학생회장 선거에서 당선되어, 37대 언론정보학과 학생회장이 되었다.

과 학생회장이 되어 한 활동들을 돌아보면, 꼼반 인스타 개설, 과방 소파 교체, 교육개선협의회를 통해 '커뮤니케이션의 이해' 수업의 성적 방식 S/U로 바꾸기, 간식행사, 〈꼼보통〉 발간 등이 있다. 다음으로, 사회과학대학 학생회장 선거에도 출마했다. 출마 계기 역시, 언론정보학과 학생회장으로 출마할 때와 유사한 마음가짐이었다. 더 나아가 정말 재미있는 사회대를 만들고 싶었다.

그러나 코로나로 인해 모든 계획이 무산되었다. 오히려 비대면 학습권 보장을 위한 면담이 줄을 이었고, 비대면으로 진행할 콘텐츠를 찾아야만

했다. 이는 내게 큰 무력감을 주었다. 원체 사람을 좋아했기에 사람들과 교류해야 에너지를 얻을 수 있는데, 코로나라는 외부 요인으로 교류가 제한되는 상황을 극복할 수 없었기 때문이다. '코로나 버프'라 불리는 학점 인플레이션이 발생했다. 현재 학습 환경이 좋지 않으니, 많은 교수님들께서 학점들을 후하게 주시면서 복수전공 진입에서 경쟁력이 떨어졌다. 소비자학 복수전공을 희망했지만 결국 부전공에 그치게 된 것도 아쉬움으로 남는다. 사실 내가 학점에 좀 더 신경 썼어야 하는 부분이기는 했다. 그렇게 대학 3학년이 빠르게 지나갔다.

2021년에는 지친 나를 돌보고자 휴학을 결심했다. 휴학하고 진로를 찾기 위한 시간을 보냈다. 아나운서 학원, 연기 학원 등을 다니며 또 새로운 세상을 배웠다. 다시 돌아온 학교에서는 IT 발전에 발맞춰야겠다는 생각으로 정보문화학과에 진입해 팀 프로젝트에 적극 참여했다. 팀플에서 만난 친구들과는 꽤 호흡이 잘 맞았다. 모든 팀플이 수월했고, 팀플을 통해 협업의 즐거움을 만끽할 수 있었다. 연합전공 정보문화학에서 랩조교로 활동하며 정보문화학 과제전 기획에 참여하기도 했다. 기본적으로 랩실을 지키고, 학기 말에 있을 과제전의 콘셉트를 구체화해 이벤트로 만드는 것도 정말 재미있었다.

학업 외 활동에도 열심이었다. 영상 제작 동아리 '이미지밴드'에서 드라마팀의 인물 조감독으로 활동하기도 하고, 영화팀의 회계이자 제작팀원으로도 활동했다. 다수와 협업하며 하나의 좋은 작품을 만들기 위해 노력하는 일은 정말 벅찬 시간이었다. 꼭두새벽부터 야심해진 밤까지 조금이라도 좋은 컷을 만들기 위한 촬영이 계속 이어졌다. 촬영 기간만큼은 현실과는 다른, 동떨어진 세상에 던져진 기분이었다. 2024년부터 총동아리연합회 근로장학생으로 버들골 밴드연습실을 관리하며 동아리 소개제를 기획했고, 저학번과 교류하며 새로운 트렌드를 배울 수 있었다. 농업생명과학대학 소속의 대체단백질학회 APro를 창립하는 데에 일조하여 홍보부로 활동했다. 2022년도 '코내기 제대로 놀이터'(코내기: 코로나19 시기에 입학한 학부생)를 통해 알게 된 멘티의 도움 요청으로 시작한 일이었다. 전공과 무관한 분야였지만 Koralo와의 협업을 통해 학회원들과 성과를 만들어낸 기억은 지금도 뿌듯하다. 러닝 동아리 '달리샤'에서 10km 대회를 나가며 체력을 키우고, 운영진으로 기획팀을 맡아 400명 넘는 동아리 부원들의 친목을 돕고자 노력했다.

대학 시절을 돌아보면, 끝으로 갈수록 구체적인 사건의 임팩트는 줄었지만, 끊임없이 새로운 경험을 추구했다. '내가 무엇을 할 때 가장 즐거운가?'를 탐색한 시간이었다. 나는 늘 변화를 원했고, 좋은 것을 널리 알리고 싶다는 마음을 확인했다. 이는 인하우스 마케팅보다 광고대행사를 선택하게 된 계기가 되었다.

다행히 2025년 7월, 제일기획에 입사하며 나의 바람을 이룰 수 있었다. 앞으로의 삶이 어떻게 펼쳐질지는 알 수 없지만, 대학 시절에도 모든 것을 예측할 수는 없었다. 다만 모든 경험에는 배움이 있었고, 그것이 나를 성장시키고 새로운 길로 나아갈 수 있게 해 주었다. 비선형적 경험의 끝에서 만들어진 지금의 내가 꽤 만족스럽기에 그 믿음을 토대로 앞으로도 나아가고자 한다.

광고기획이란? 사회과학 연구 실습이다

이영서 | 2019학번

"영서 어쏘 잠깐 이리 와봐요." 아침에 팀장님께서 나를 부르셨다. "실장님은 문서의 구조화를 중시하니까 표로 바꿔 볼래요?" 커뮤니케이션 룰에 관한 공부는 오늘도 계속되고 있다. 회사에는 회사만의 소통 방식이 있고, 그중에서도 이 조직에서 통하는 좋은 커뮤니케이션이라는 게 있으니까.

Zero PPT. 모든 보고 자료는 엑셀로 만든다.
메일 수신처는 직급순으로 나열하며,
타 부서 팀장님께 메일을 쓸 때는 직급을 맞춰 우리 팀장님을 참조에 넣는다.
회의록은 'Action Item → 주요 논의사항 → 참고사항' 순으로 정리한다.

분명 영어 표현 사용을 지양하자고 했는데 회의록에는 영어가 난무한다.

졸업한 지는 6개월, 입사한 후로는 8개월이 지났다. 대학 시절은 어느새 까마득한 옛날처럼 느껴지고, 이젠 9시부터 6시까지 자리에 앉아 메일과 문서로 소통하는 회사에 꽤 적응해 버렸다. 엑셀만으로 문서를 만든다거나, 메일 수신자 조정에도 규칙이 있는 세상은 낯설었지만, 신입사원은 모든 것을 습득하는 아이와 같은 존재이니 금방 배울 수 있었다!

대학에서도 무엇이든 흡수하던 스무 살에 언론정보학과에 와서 가장 처음 배웠던 사실이 떠오른다. 교수님들, 부모님들, 그리고 아직은 서로 모르는 얼굴들이 모여 앉아 있던 언론정보학과 신입생 OT 날, 우리 학과의 정체성은 저널리즘이나 미디어와 같은 특정 분야가 아닌 커뮤니케이션 자체에 있다는 것을 알게 되었다. 그리고 실제 학과에 들어가 보니 커뮤니케이션학보다도 먼저 사회과학적 연구방법과 그 관점에 대해 배우게 되었다.

나는 사회과학의 관점을 배웠으니, 인문학의 관점도 배워 보고 싶어 미학을 복수로 전공했다. 미학을 경험하고 나니 더 잘 알 수 있었다. 인문학은 하나의 생각에서 점점 크게 뻗어나가는 ‘<’ 사고방식을 따른다면, 사회과학은 수많은 사회의 현상과 자료들로부터 출발해 하나의 결론으로 모이는 ‘>’ 사고방식을 가졌다는 것을. 그리고 내게는 수렴하는 사회과학적 사고의 방향이 훨씬 잘 맞는다는 사실도 깨달았다.

그래서 내게 언론정보학과를 졸업하며 가장 중요하게 남은 조각이 무엇이냐고 묻는다면, 바로 사회과학적 사고방식을 체득하게 된 것이라고 말할 것이다. 저마다 학과에서 생각하는 법을 배우게 된 계기가 있을 것이라고 생각한다. 나의 계기는 우리 학과 안에서도 흔치 않게 구체적인 업종을 다루는 한 수업에서 시작되었다.

나는 자료를 조사하는 시간이 싫었다. 어릴 적 토론대회를 세 명이서 준비하면, 나는 늘 자료조사 시간에 지루해하다가 그 후 논리를 구축할 때 신나서 목소리를 내는 쪽이었다. 그런데 동시에, 나는 재치 있는 아이디어들이 무서웠다. 예를 들어 사람들의 이목을 화려하게 끄는 광고와, 모두가 사랑하는 유행어를 만들어 내는 힘 있는 콘텐츠들. 중학생 때부터 대학교 3학년까지, 9년간 방송부를 하면서, 내겐 기똥찬 아이디어를 꺼내 올 생각 주머니가 없다고 느꼈기 때문이다.

하지만 설득은 잘하고 싶었다. 그래서 '광고론' 수업에서 장승은 교수님께서 가르쳐 주신 내용이 좋았다. 2021년 가을학기에는 코로나 이후 처음으로 대면 수업이 허용되었다. 교수님들도, 학생들도 비대면 수업에 조금씩 적응했던 만큼 비대면을 유지하는 수업들이 더 많아 캠퍼스가 여전히 한산하던 때였다. '광고론'은 1학년 2학기에 듣는 '커뮤니케이션의 이해' 이후 대면으로 듣는 첫 전공 수업이었다. 조용하지만 반가운 학교에서 '광고론'을 들으러, 금요일마다 기쁜 마음으로 등교한 가을이었다.

장승은 교수님은 종합광고대행사 '오버맨'의 대표이자 카피라이터 출신 CD(Creative Director: 광고의 제작을 총괄하는 역할)지만 카피라이팅이나 광고 제작보다 그 이전에 이뤄져야 할 착실한 광고기획에 대해 강조했다. 기업과 소비자, 시장에 대한 정보를 최대한 수집하고, 그 정보에서 인사이트를 발굴해 하나의 '커뮤니케이션 메시지'에 다다르는 과정을 보여 주었다, 그리고 이 과정이 탄탄해야만 광고가 제 목적을 달성할 수 있다는 것을 가르치셨다. 정말로 힘이 있는 메시지는 화려한 아이디어가 아니라 충분한 조사와 정확한 분석에서 나온다는 것. 이는 조사 시간이 지루했고 아이디어는 무서웠던 내게 오래 남을 태도의 변화를 가져다주었다.

이처럼 많은 정보를 분석하여 하나의 결론으로 연결하는 광고기획의 사고는 사회과학대학, 언론정보학과를 다니며 배웠던 사고의 틀과 만나며 더욱 단단해졌다. 광고 만들기란, 조사를 바탕으로 '소비자는 이러한 메시지에 설득될 것이다'라는 가설을 세운 뒤 실제로 집행함으로써 검증하는 일련의 과정으로, 사회과학 연구와 아주 닮아 있었기 때문이다. '광고론' 수업 이후 나는 3년간 광고기획자를 꿈꾸며 두 곳의 광고회사에서 인턴십을 하고, 치열한 대외활동도 경험했다. 그 3년을 통해 나는 '조사-분석-실험'을 반복하며 마치 커뮤니케이션학 연구 실습을 한 것처럼 느꼈다.

이러한 연습을 거쳐 다져 둔 사고의 틀은 광고기획이 아닌 사업기획을 하는 지금까지도 나의 근간이 되어 주고 있다. 회사에서는 회사의 규칙을 배우느라 잊기 쉬운 것들이 참 많다. 예컨대 촉박한 일정에 쫓길 때에는 마감이 우선이라는 규칙을 따르느라 조사와 분석은 건너뛰는 일이 잦다. 그럴 때는 이후에라도 이 결론이 어떤 분석과 이어질 수 있는지를 생각해 보고자 한다. 다른 팀을 설득하거나 기획서를 작성할 때는 자료로부터 꼭 인사이트를 찾아 제시하기 위해 노력한다. 이제는 설득의 경험이 조금씩 쌓여가며 근거가 얼마나 중요한지 깨닫기도 했다. 정보를 바탕에 두지 않는 논리는 없다는 사실도.

'광고론'을 계기로 배운 점이 더 있다면, 바로 커뮤니케이션에도 취향이 있다는 사실이다. 광고를 좋아하는 친구들과 이야기를 나눌 때면, 신기하게도 저마다 잘 만들었다고 생각하는 광고가 다 달랐다. 광고제에서 상을 받는 것은 가장 큰 매출 상승을 이뤄낸 광고, 가장 많은 화제를 일으킨 광고였지만, 내가 자꾸 보고 싶고 따라 하고 싶은 광고는 따로 있었다. 나는 브랜드의 개성을 일관되게 유지하는 광고 — 예컨대 볼보나 애플의 광고들 — 가 좋고, 또 디테일로 한 끗 차이를 만들어내는 광고— 가령 현대카드의 광고 — 도 좋아한다.

그리고 이러한 커뮤니케이션 취향은 지금의 회사 생활에서도 드러난다. 내가 흠모하며 메일을 여러 번 다시 읽어 보게 되는 선배는 지치지 않고 일관되게도 한 끗의 디테일 — 예컨대 전송 시간대에 따라 다른 끝인사, 언제나 순서를 정확히 맞춘 수신·참조처 등 — 을 챙기는 사람이다. 그리고 이러한 나의 소통 취향을 이해하며, 나 또한 더욱 그렇게 말하고 쓰는 사람이 되어 가고 있다.

입사한 지 채 1년도 되지 않았고, 졸업한 지는 겨우 반년 된 시점에 내 마음에 가장 크게 느껴지는 대학 시절의 흔적은 바로 이런 나의 사고방식과 생각들이다. 시간이 더 흘렀을 때 언론정보학과에서 배우고 느낀 것들이 어떤 의미로 남을지 궁금하다. 그래서 선후배님들의 글도 얼른 읽어 보고 싶은 마음이다.

언론정보학과는 내가 살아온 시간의 딱 두 배만큼 나이가 들었다. 순식간에 흘러왔을 시간의 한 조각을 이 책에 멈춰 놓을 수 있는 것이 참 의미있고 기쁘다. 계절에 비유하자면, 50년을 지나온 언론정보학과는 이제 봄을 지나온 것이 아닐까. 다가올 날들에도 우리 학과가 많은 이들에게 배움의 터전이자 중요한 계기가 되길 바란다. 나에게 언론정보학과가 그랬던 것처럼!

네, 저희가 그 비운의 20학번입니다

박은우 | 2020학번

2019년 12월. 내가 운전면허 기능 시험을 치려고 기다리던 바로 그때, 서울대 합격 발표가 났다. 합격인 걸 확인하자마자 숨 돌릴 틈도 없이 시험 차량에 올랐다. 긴장과 희열이 뒤섞여 심장은 막 쿵쾅대고, 덜덜 떨리는 손으로 벨트를 매고 핸들을 붙잡았다. 그 순간은 뭐랄까…. 참으로 기분 째지는 순간이었다.

'고생했다 내 자신아! 드디어 입시에서 탈출하는구나. 이제 내 인생 최고로 방탕한 시기를 보내 주마.'

그렇게 다짐하며 액셀을 밟고 멋들어지게 출발했는데 … 바로 다음 달, 코로나가 터졌다.

솔직히 처음에는 조금 그러다가 말 줄 알았다. 'OT는 비대면이지만 새터는 갈 수 있겠지.' '새터는 취소되었지만 개강파티는 할 수 있겠지.' '개강파티는 없어졌지만 여름에 MT는 갈 수 있겠지.' 그 모든 희망들이 좌절되고 나서야 비로소 받아들일 수 있었다. 나의 대학 새내기 시절은 완전히 날아갔다는 것을.

1학년 때는 기숙사에서 생활했다. 룸메이트가 일찍 나갔기에 나는 방에서 대부분 혼자였다. 처음에는 학교 주변을 조금 돌아다녀 보기도 했지만, 기숙사 카페에서 확진자와 동선이 겹쳤다는 문자를 받은 후로는 그마저도 그만두었다.

아침에는 방에서 비대면 강의를 듣고, 배고파지면 배달 음식을 시켜 먹었다. 드라마 작가의 꿈을 가지고 있었기에 저녁에는 방에서 시나리오를 썼다. 시나리오를 쓸 때는 바로 뒤에 놓인 룸메이트의 빈 책상에 앉았다. 그러다 피곤해지면 침대에 누워 잤다. 그렇게 책상 두 개를 오가며 반복되는 매일이 나의 새내기 시절 일상이었다. 수업이 겹치지 않으면 동기들의 얼굴을 볼 일이 없었고, 수업이 겹치더라도 대부분 화면을 통해 볼 뿐이었다. 골방에 틀어박혀 노트북으로만 세상과 소통하는 히키코모리가 된 것만 같았다.

1년은 금세 흘렀다. 나도 아직 학교에 대해 아는 게 없는데 대뜸 선배가 되었다. 코로나도 그렇게 대뜸 사라져 줬으면 좋았으련만. 팬데믹은 여전히 건재했고, 2021년의 행사들 역시 취소되거나 비대면으로 전환되었다.

2020년이었다면 또다시 절망했을 거다… . 그러나 2학년이 되니 묘한 해탈의 경지에 이르기 시작했다. 상황이 나아지길 기다리며 무기력하게 있기보다는 지금 할 수 있는 것들을 해야겠다는 생각이 들었다.

그래서일까. 그해 겨울, 동기들을 도와 21학번 신입생환영회를 준비하던 일은 유난히 좋은 기억으로 남아 있다. 틀도, 선례도 거의 없던 비대면 신입생환영회를 나름대로 준비하며 행사를 꾸렸다. 나에게는 거의 처음으로 20학번 '꼼반'으로서 다함께 무언가를 해 나간 경험이었다. 2021년의 봄은 그런 시기였다. 코로나로 얼어붙었던 모든 것들이 각자의 방법을 찾아 다시 싹을 틔우던 시기.

동아리에 들어가야겠다는 결심을 한 것도 같은 맥락에서였다. 2020년에 나는 운 좋게 작가로서 촬영 현장을 경험해 볼 수 있었는데, 사실 그때의 경험에 완전히 매료되었다. 내 대본이 영상으로 만들어지는 순간을 함께 하는 건 짜릿한 일이었다. 그래서 대본에 그치지 않고 연출을 배워 보고 싶었다.

나는 언론정보학과 영상 동아리 '이미지밴드'에 지원했다. 코로나 때문에 지금 동아리에 들어가도 의미가 없을 거라는 주변의 말이 많았지만, 그런 것에는 더 이상 연연하지 않기로 했다. 그렇게 들어간 이미지밴드는 내 대학 생활의 전부가 되었다.

처음 경험한 동아리는 이제껏 내가 알던 대학교 분위기와는 달랐다. 들어간 해에 유난히 열정적인 부원들이 많아서일까. '코로나고 뭐고 나는 내 작품을 찍겠다'는 마음으로 무장한 선배들을 만났다.

팬데믹 시기에 촬영하기란 쉬운 일은 아니었다. 틈만 나면 바뀌는 인원 제한에, 학교 공간은 출입 금지되었다. 안 그래도 열악한 학생 작품 촬영인데 상황마저 전혀 호의적이지 않았다. 그 상황을 타개하는 부원들의 방법은 뭐가 됐든 부딪혀 보는 것이었다. 한 가지가 안 되면 다른 방법을 찾으면 됐다. 학교 공간을 못 구하면 야외로 나가면 될 일이었고, 인원 제한이 생기면 인원을 줄여 찍으면 될 일이었다.

일단 밀어붙이고 보는 그 불도저 같은 분위기가 좋았다. 처음으로 코로나가 아무것도 아닌 것처럼 느껴졌다. 돌이켜보면 동아리에 들어가게 된 순간부터 코로나로 우울해한 일이 크게 없었다. 내가 바라던 대학 생활이 그제야 시작한 느낌이었다.

그렇게 2021년부터 졸업할 때까지 동아리에서 활동을 이어 갔다. 이미지밴드는 자연스럽게 내 대학 생활의 많은 부분을 해결해 주었다.

첫째로 새내기 때 하지 못했던 학과 동기들과의 교류를 다시 쌓을 수 있었다. 과 동아리인지라 팀에는 매 학기 새로운 동기들이 합류했고, 제대로 대화해 보지 못한 동기들과도 친해질 수 있었다. 사실 부끄러워서 제대로 표현하지는 못했지만 과 동기와 같은 팀이 될 때마다 속으로는 떨 듯이 기뻤다.

둘째로 나의 진로를 좁힐 수 있었다. 동아리에서 경험을 쌓으며 내게 연출 욕심이 있다는 것을 알게 되었다. 그동안은 어떻게 하는지 몰라서 욕심 내지 못했지만, 막상 실제로 경험해 보니 나도 한번 해보고 싶다는 생각이 강하게 꽂혔다. 많은 이들의 작품에 스태프로 참여하며 경험을 쌓았고, 졸업전에서는 나의 연출작도 여러 편 제작할 수 있었다. 그 과정을 통해 내가 원하는 진로 방향을 확신할 수 있었다. 할 수만 있다면 미래에도 영화 연출을 계속 해보고 싶었다. 동아리가 아니었다면 절대 알 수 없었을 깨달음이었다.

2025년 2월에 졸업한 후, 나는 지금 한국예술종합학교 영화과 대학원을 다니며 동아리에서 찾은 진로에 계속 도전하는 중이다.

이 글을 시작하며 무엇에 대해 써야 할지 고민이 많았다. 우리 기수만 할 수 있는 이야기를 생각하니 역시 '코로나'가 빠질 수는 없었다. 그러나 사실 코로나의 우울은 잠시였을 뿐, 나의 동기들은 언제나 밝고 유쾌했다. 내가 아는 가장 따뜻한 집단을 말하라면 단언컨대 20학번 꼼반을 뽑을 것이다.

누군가의 생일이 되면 항상 톡방에 축하 문자가 이어졌고, 기회가 될 때면 소규모라도 모여 함께 밥을 먹고 술을 마셨다. 팬데믹이 한창이었을 때도 톡방에 미팅 주선 문자가 올라오면 5분도 안 되어 마감되곤 했다.

이 글을 쓰고 있는 2025년 9월, 지금은 나를 포함한 많은 동기들이 막 졸업을 하고 있는 시기다. 며칠 전에도 동기들의 단체 졸업 사진과 함께 서로의 미래를 응원하는 문자들이 이어졌다. 단체 MT 한번 못 가 보고 이렇게 모두가 점차 학교를 떠나는 게 조금 아쉽지만, 우울했던 시작이 무색하게 각자 나름의 방향대로 멋지게 나아가고 있다.

언제나 다정하고 따뜻했던 나의 동기들이 그들만큼 눈부신 미래를 맞이하기를, 그리고 각자의 자리에서 머물다가 언젠가 다함께 만날 수 있기를. 신입생만 입학 기념 MT를 가라는 법은 없지 않은가. 졸업 기념 MT도 만들면 장땡이지.

어쩌다 비운의 코로나 학번이 되었지만, 언론정보학과에 들어와 소중한 동기들을 만나고 값진 동아리 생활을 했기에, 내 대학 생활은 수많은 인연과 경험으로 빛나는 행운이었다.

불규칙하게 구겨진 종이

장민선 | 2021학번

관악구, 그것도 서울대입구역 근처에서 태어난 나에게, 어렸을 적부터 주변 어른들은 장난처럼 "집 앞 대학교를 가라"고 말씀하시곤 했다. 집 앞에 서울대가 있는데 굳이 멀리 갈 필요 있냐고 하시던 그때의 농담이 현실이 될 줄은 아무도 몰랐을 것이다. 웃으며 장난을 치셨던 그 어른들조차도.

고3 때는 코로나로 휴교 기간이 길어지면서 학교 분위기가 여러모로 어수선했다. 그럼에도 친구들과는 "설마 우리가 새내기 되어서도 코로나가 있겠어?"라며, 유튜브에서 으레 보던 낭만적인 캠퍼스 라이프를 꿈꾸곤 했다. 이른바 '가림막 수능'을 치르고, 마스크를 쓰고 면접을 보던 날조차도 입학할 땐 코로나가 사라지지 않을까 하는 희망을 품고 있었다.

하지만 아쉽게도 나의 스무 살은 코로나와 함께였다. 강의실이 아닌 줌(Zoom)에서 교수님과 학우들을 만났고, 시험을 볼 때만 등교했던 탓에 학교 지리도 제대로 몰랐다. 마스크를 쓴 모습이 더 익숙해 서로를 바로 알아보지 못한 적도 많았다. 한동안은 인원 제한으로 네 명씩만 모여야 했고, 즐겁게 놀다가도 밤 10시면 아쉬운 마음으로 집으로 향해야 했다.

그럼에도 돌아보면 나름대로 즐거운 새내기 생활이었다. 학과 인원이 적은 데다 첫 학기에 함께 전공 수업을 들으며 금세 가까워질 수 있었다. 줌을 켜서 장난스러운 필터를 끼고 같이 공부하거나 게임을 하기도 했다.

지금 돌이켜보면 사소하지만 그래서 더 소중한 추억으로 남아 있다.

2022년에는 코로나 사태가 조금 나아져, 5월에 21학번끼리 MT를 갔다. 설레는 마음으로 장을 보고, 버스 안에서는 스페셜 MC들이 익명 사연을 읽어 주며 분위기를 띄웠다. 해변에서는 릴레이 달리기와 같은 레크리에이션을 했고, 다 같이 손을 잡고 바다에 뛰어들기도 했다. 숙소로 돌아와 고기를 맛있게 구워 먹은 뒤에도 우리는 이구동성, 어린 시절 사진 맞히기 같은 게임을 하며 새벽까지 놀았다. 시간 가는 줄 모르고 웃고 떠들던 1박 2일의 기억은 3년이나 지난 지금까지도 선명하게 남아 있다.

2학년 2학기부터는 본격적으로 통계학과 복수전공을 시작하며 치열하게 공부했다. 대학 생활에서 가장 좋았던 것은 내 선택에 굳이 그럴싸한 이유를 덧붙이지 않아도 된다는 것이었다. 그저 재미있어서 하는 선택도 나름의 가치가 있다는 점이 좋았다. 돌아보면 복수전공으로 통계학과를 시작한 것이 나에겐 그런 선택이었다. 무언가 거창한 이유가 있었던 것은 아니다. 단지 수학과 통계를 공부하는 것이 즐거웠고, 그 재미가 자연스럽게 복수전공으로 이어졌던 것이다.

복수전공 진입 초반에는 공부가 힘들 때도 많았다. 본격적인 전공필수 과목들을 들으며 쏟아지는 과제와 시험에 치이다 보니 학기 중엔 잠을 제대로 자지 못했고, 마음 편히 놀았던 날도 거의 없었다. 그러나 시간이 지나면서 처음엔 손대지 못했던 문제를 차근차근 풀어낼 수 있게 되고, 이해하지 못했던 개념이 어느 순간 자연스럽게 익숙해지는 경험을 하며 스스로 한 뼘씩 성장하고 있음을 느꼈다.

특히 복수전공을 시작하고 교양 통계학 튜터로 활동했던 1년은 나에게 참 특별한 경험이었다. 교양 수업에서 엄밀하게 증명하지 않고 넘어가는 것들을 설명하기 위해 오히려 내가 더 깊이 공부해야 했고, 튜티들을 가르치며 통계학의 큰 얼개를 확실하게 잡을 수 있었으니 말이다.

지금 회사에서 GR(Government Relations) 업무를 하면서도 "통계 공부했던 것을 살리지 못해 아쉽지 않냐?"라는 질문을 종종 듣는다. 물론 처음 복수전공을 시작했을 때는 사회과학에 통계를 응용하고 싶다는 생각이 있었기에, 배운 걸 직접 활용할 수 있다면 더 좋았을 것 같다는 생각도 든다. 그러나 애초에 공부하는 과정에서 느낀 재미가 정말 컸기에, 그것만으로도 충분하다는 생각이 들어 아쉬움은 없다. 오히려 그때 최선을 다해 공부했던 하루하루와 친구들과 과제를 하며 밤늦게까지 머리를 맞대고 토론했던 경험을 바탕으로, 스스로가 처음부터 완벽한 사람은 아닐지라도 꾸준히 더 나아지는 사람이라는 자신감을 가지게 되었다. 그래서 통계학을 공부한 것은 대학 생활에서 가장 잘한 선택이라고 생각한다.

3학년 여름학기에는 SAP 프로그램을 통해 런던에서 교환학생 생활을 했다. 대학 시절 반드시 해봐야 할 경험으로 교환학생을 꼽는 사람들이 많지만, 나는 왠지 모르게 그런 말에 크게 공감하지 못했다. 삶의 경험에는 정답이 없기에 누구나 꼭 같은 길을 걸어야 할 이유는 없다고 생각했기 때문이다. 물론 지금도 그 생각에는 변함이 없지만, 분명한 것은 런던에서 보낸 그해 여름이 내게 여전히 가장 행복한 순간으로 남아 있다는 점이다. 처음에는 모든 것이 낯설었지만, 다양한 국적과 배경의 친구들과 함께 생활하고 여행을 다녔던 런던에서의 시간은 나를 더욱 자유롭고 용감하게 만들었다. 비가 올 때면 늘 우산을 펼치던 내가 갑작스러운 비를 즐기며 젖은 채로 거리를 걷게 되었고, 상대의 의견을 먼저 살피던 내가 원하는 것을 먼저 말할 수 있게 되었으며, 무작정 기차에 몸을 싣고 발길 닿는 대로 여행을 다니며 즉흥을 즐길 수 있는 사람이 되었다.

3학년을 마치고는 휴학을 하고 인턴을 했다. 처음으로 조직 생활을 경험하며 내가 하나를 집요하게 파고드는 사람은 아니지만, 다양한 것을 빠르게 습득하고 그것들이 교차하는 지점에서 새로운 것을 발견해 낼 수 있는 사람이라는 것을 알게 되었다. 이후 4학년 때부터는 지금의 회사와 학교생활을 병행했다. 특히 마지막 학기에는 집중해야 할 것들이 많아 가끔 힘들기도 했다. 그럼에도 학교에 오면 늘 반가운 친구들이 있어 즐거웠다.

학부 마지막 시험을 마치고 강의실을 나서던 날, 홀가분하기보다는 묘한 아쉬움이 몰려왔다. 친구들과 수업 전에 함께 먹었던 점심, 나란히 앉아 들었던 수업, 마치 약속이라도 한 듯이 신양에 모여서 과제를 하던 시간까지, 일상의 사소한 순간들이 전부 소중하게 느껴졌다. 왠지 바로 셔틀버스를 타기는 아쉬워 IBK커뮤니케이션센터까지 걸어가며, 팀플을 하며 함께 밤을 새웠던 날, 시험 전날 공부하려고 모였다가 결국 웃고 이야기하다가 잠들었던 날, 개강파티에서 웃고 떠들었던 날들이 파노라마처럼 스쳐 갔다. 그리고 언젠가 그때를 추억하던 이 순간마저 그리워질 것이라는 생각이 들었다.

"삶은 활짝 펼쳐진 종이가 아니라 불규칙하게 구겨진 종이다"라는 구절을 좋아한다. 펼쳐진 채로는 닿을 수 없는 것들이, 구겨짐으로써 가까워지고 맞닿는다. 계획대로만 흘러가지는 않았던 나의 대학 생활 역시 불규칙하게 구겨진 종이와 같았다. 코로나라는 예기치 못한 시작, 꿈반 동기들과의 운명적 만남, 통계학 복수전공이라는 도전, 새로운 환경에서 지내고 싶다는 생각 하나로 떠났던 런던 교환학생, 그리고 졸업 후 첫 커리어를 GR로 시작하게 된 것 모두 불규칙한 구겨짐이었다. 그러나 그 주름마다 만난 인연과 배움이 나의 시야를 넓혀 주었고, 또 나를 단단하게 만들어 주었다.

앞으로도 이 불규칙하게 구겨진 종이를 품에 간직하며, 새로운 구김을 두려워하지 않는 어른이 되고 싶다. 학부 시절 따뜻하고 행복했던 모든 기억들이 촘촘히 얽혀 앞으로의 나를 지탱해 주기를!

기반을 만든 시간, 가능성을 넓힌 공간

박수진 | 2022학번

우선 언론정보학과의 50주년을 맞이하는 소중한 기회를 함께할 수 있게 도와주신 김현석 교수님과 학과 사무실 선생님들께 감사의 말씀을 전하며 글을 시작하고자 한다.

2022년 3월, 우리 모두를 혼란에 빠뜨렸던 팬데믹의 종료와 동시에 나는 서울대 언론정보학과에 입학했다. 운 좋게 원하던 학교와 학과에 입학했지만, 그 시작은 어쩌면 조금은 불안했다. 고등학교를 갓 졸업한 여느 스무 살이 그렇듯, 예상했던 것과는 다른 대학 생활의 연속이었다. 하나부터 열까지 정해진 커리큘럼을 잘 따라가는 것이 덕목처럼 여겨지던 과거에서 벗어나 스스로 목표를 설정하고 로드맵을 구성하는 것, 그리고 그에 따른 책임과 의무는 온전히 스스로 져야 한다는 것.

고작해야 몇 년이 지나 겨우 스물세 살이 된 지금도 두려워하는 것들을, 그 시절 갓 상경한 낯선 도시에서 혼자 얼마나 걱정하면서 지냈을지를 떠올리면 어린 내가 조금은 안쓰럽게 느껴질 정도다.

삶의 목표라기보다는 희망하는 직업, 그리고 이를 위한 학과 입시 준비에 연연하던 시간들이 조금씩 흐려지고, 대학이라는 인생의 새로운 국면을 맞이하면서 어떤 자세로 임해야 할지 고민하는 시간의 연속이었다. 생활기록부에 적기 위해 우선 써냈던 진로희망에서 더 나아가, 이제는 스스로 무엇을 어떻게 공부해야 하는지, 내년과 내후년에는 어떠한 일을 해야 할 것인지 갓 대학에 입학한 그 시절의 나로서는 (그리고 현재의 나 역시) 답을 내릴 수 없는 질문의 연속이었다.

나에게 질문이 가득했던 이유는, 당연히 진로와 꿈을 찾고 싶다는 열망과 그것을 이루기 위한 목적의식이 강했기 때문인 것도 맞지만, 원하던 직업과 학과 사이의 연결고리를 대학에 오기 전에 스스로 끊었기 때문이다. 고교 3년간 언론정보학을 공부하고 싶었던 마음은 한결같았지만, 어떤 직업을 가질 것인가에 대해서는 답할 수 없었다. 그 답을 대학 입학 이후로 미뤄 왔기에, 누구보다 대학에서 새로운 꿈을 찾고자 하는 마음이 조급했다. 고등학교 생활의 목표를 '언론정보학과'로 설정했던 것처럼 대학 생활 4년은 어떤 목표를 설정하고 달려가야 하는지에 대한 답을 내리고 싶은 마음이었다. 그래서인지 이제 와 1, 2학년을 돌아보면, 이른바 말하는 여타 새내기들처럼 마음 편한 시간을 보내지 못했다.

그 조급함에 대한 대처로, 조금은 유별날 수도 있지만 온 힘을 다해 전공 공부에 매진했다. 커리어에 대한 고민이 지속됐을 뿐, 언론정보학과에서 공부하기로 선택한 것은 입학한 이래로 이 글을 쓰고 있는 지금까지 단 한 순간도 후회한 적이 없다. 어떻게 이를 직업적으로 연결할 수 있을까 고민하며 대학에서 학부생으로 배울 수 있는 것들을 최대한 가져가고자 노력했다. 언론정보학 내지 커뮤니케이션학에 대해 배우는 것은 고등학생 시절에 기대했던 것과 사뭇 달랐지만 그 차이가 오히려 더욱 내 흥미를 이끌어내 주었다. 미디어를 통한 콘텐츠 전달과 그 내용이라는 협의의 언론정보학에서 벗어나, 인간과 사회의 근간을 구성하는 소통 현상 자체로 시야를 넓히면서 서울대 언론정보학 전공을 바탕으로 할 수 있는 일들이 점점 넓어졌다.

그 과정에서 많은 교수님들, 그리고 동기·선후배들과 함께할 수 있는 것은 대학 생활의 가장 큰 행운이었다. 언젠가는 혼자 지내야 될 것을 고등학생 때부터 알고는 있었지만, 이를 실전에서 시작하는 것은 쉽지 않았다. 씨앗을 심기 전에 땅부터 다져야 하는데, 기반을 다져 본 기억과 경험이 없어 씨앗도 심지 못할까 봐 두려웠던 마음이 3월에 가득 했다. 실제로 여러 번의 OT 이후 스스로가 친구 사귀기에는 재능이 없음을 깨닫고 가족들에게 많은 속상함을 털어놓기도 했지만, 언제나 그렇듯 우리의 걱정은 언제나 실체보다 거대하다. 공동의 관심사와 흥미를 가지고 함께 공부할 수 있는 23명의 친구가 있다는 것은 평생 동안 가져갈 수 있는 가장 큰 자산이다. 다른 학과에 비해 인원수가 적어 때로는 아쉬울 때도 있지만, 언제나 동기들과 함께 모였을 때 가장 마음이 편하고 안심이 되는 경험이 더 크다.

4년간의 대학 생활을 여러모로 도와주셨던 교수님들께도 큰 영향을 받았다. 학문을 하는 사람으로서 가져야 하는 마음가짐과 현재 사회를 바라보는 시각, 제자와 후배를 인도하는 마음 등 어디서도 배울 수 없는 것들을 많은 수업과 상담을 통해 얻을 수 있었다. 그리고 나는 어떤 어른이 되고 싶은지를 정립할 수 있었다.

졸업이 조금 남은 상황에서 지난 4년을 돌아보면 아쉽거나 후회되는 지점이 없다고 하면 거짓말이겠지만, 그렇다고 해서 그 순간들이 지금의 나를 이룬 것을 의심하지는 않는다. 처음으로 기숙사에서 64동 IBK커뮤니케이션센터로 등교하던 순간, 잘하고 싶은 마음에 강의에 집중하며 모든 말씀을 받아 적던 순간, 여러 전공 수업 간의 연결고리를 발견하고 비로소 정답을 알게 된 순간, 아무리 공부해도 아직도 모르겠는 여전히 어려운 내용을 보며 전공에 대한 짝사랑만 키워가던 순간들 — 그 모든 시간이 지금의 나를 이루고 있으며, 그렇게 모인 수많은 내가 다시 서울대 언론정보학과를 이루는 사람이 된다.

종종 내가 나아갈 방향성을 기존의 '정'(正)과 새로운 '반'(反)이 교차하면서 새로운 지평을 여는 '합'(合)으로 해석하곤 한다. 대학 생활은 나에게 크나큰 '반'의 연속이었다. 적응, 방황 그리고 불안이 합쳐져 예상할 수 없었던 모든 것들이 나를 괴롭혔고, 그것을 이겨내야 한다는 압박도 상당했다. 그러나 이 안티테제가 얼마나 나의 기대와 상반된 모습을 보이는가는 중요하지 않다. '반'은 다시 '정'과 함께 새로운 '합'이 된다. 대학 시절 불안을 해소하기 위해 의지했던 이곳은 나에게 결국 '합'이 되었다.

졸업하고 사회인이 되어서도 이 '합'은 언제든 다시 '정'이 되고 '반'이 되며 내가 새로운 국면을 맞이하게 될 것을 알고 있다. 하지만 결국 이곳 서울대 언론정보학과에서의 경험이 내가 다시 새로운 '합'에 이르도록 기반이 되어 줄 것이기에 미래에 대한 불안보다 기대가 더 크다. 이 믿음이 앞으로 내가 사회에서 어떤 사람이 될지, 되어야 하는지, 또 될 수 있는지에 대한 답이 되어 줄 것이며, 내가 받은 도움과 배려에 더 크게 보답하는 사람으로 성장하겠다는 의지에 힘을 불어넣어 준다.

글을 마무리하며 4년간 대학 생활을 함께해 준 22학번 동기들, 많은 선후배들 그리고 끝없는 격려와 도움을 주신 교수님들께 감사의 말씀을 드린다. 짧고 부족한 글이지만, 추후 학과 50주년을 기념했던 것을 추억할 만큼 시간이 지난 이후에도 이 글이 많은 동문분들께 학과에 대한 나의 마음을 전할 수 있길 바란다.

일렁이는 물결을 포용하는 바다처럼

배수빈 I 2023학번

글피가 처서라는데 한낮의 기세는 여전히 꺾일 줄 모른다. 태양은 8월의 막바지까지 고요하면서도 잔혹하게 이 도시를 어루만진다. 정문 버스 정류장에 앉아 오늘따라 오지 않는 5513번을 기다리며 이곳에 담긴 기억의 편린들을 하나둘 떠올려 본다. 입학식 날의 설렘, 전공 수업이 끝나고 동기들과 오갔던 대화, 졸음을 이겨 내며 등교하던 나날들, 그리고 이례적인 폭설이 내린 날의 눈싸움까지. 공간에 얽힌 추억은 쉬이 잊히지 않는다고 했던가. 이곳에서의 기억은 특별히 선연하다.

추억이 빼곡히 쌓인 것을 보니 입학한 지도 꼬박 3년이 지난 게 실감이 난다. '3학년'. 중고교 시절의 '3학년'은 끝맺음을 의미했기에, 이름 앞의 석 자가 당장이라도 학교에 작별을 고하라고 무언의 압박을 가하는 듯하다. 그러나 대학에서의 3학년은 끝맺음을 향해 가는 시기라기보다, 오히려 무한한 가능성의 연속선상에 놓여 있는 시기라고 볼 수 있다. 나 또한 스스로 여전히 서툴고 미완성이라 느끼지만, 그럼에도 치기 어린 열성을 정죄하지 않고 한 걸음씩 전진하고 있다.

과정이 순탄치만은 않았다. 더 나은 세상을 만들어 가고 싶다는 포부를 안고 교정에 발을 디뎠지만, 목도한 현실은 훨씬 무거웠기 때문이다. 여러 이해관계가 얽힌 문제 앞에서 무언가를 옳다거나 그르다고 판단하는 일이 어려워졌고, 내면에서 굳게 믿어왔던 도덕적 신념이 흔들리는 순간도 있었다. 또한 회색 지대가 점차 늘어 가는 상황에서 무엇 하나 확신을 갖고 이야기할 수 없었다. 그뿐만 아니라 사회의 고질적인 문제들 — 가령 '언론 위기'와 같은 거대 담론 — 은 개인의 의지만으로는 해결의 실마리가 보이지 않는 뒤엉킴 속에 놓여 있었다. 극단적인 보도와 과도한 정치 편향, 그리고 끊임없이 난립하는 허위·조작 정보의 온상들. 이로 인해 많은 순간 무력감을 느꼈고, 꽤 오랜 시간을 헤매었다.

새내기 시절에는 이러한 현실로부터 도피하듯 아름다움에 흠뻑 빠져 살았다. 바스락거리는 낙엽이 밟힐 무렵, 친구를 따라 수강한 교양 수업에서 《비극의 탄생》을 읽은 적이 있다. 니체는 이성과 질서로 대표되는 아폴론적인 것과, 도취와 환상으로 대표되는 디오니소스적인 것의 조화가 고대 그리스 비극의 탄생으로 이어졌다고 본다. 상충하는 예술적 충동이 형성한 결합물은 인간 존재의 고통과 아름다움을 함께 짊어진다. 그는 인간의 고통과 모순을 이성적으로 설명한 자들이 비극의 본질을 훼손한다고 비판하며 생의 고통과 무의미를 받아들여야 한다고 주장한다. 이때 예술의 역할을 강조하는데, 니체의 관점에서 예술이란 아름다움을 만드는 행위를 넘어 생에 존재하는 근원적 고통을 끌어안는 것이다.

결국 예술은 미술관의 작품처럼 향유의 대상으로만 머물지 않으며, 하나의 세계로 확대된다. 삶의 비극적 속성을 극복해야 할 대상으로 보는 것이 아니라 그 비극 자체를 사랑하는 법을 배우며, 가슴 한편에 자리한 회의감을 다스릴 수 있었다. 그렇다. 삶에는 아름다움과 잔혹함이 공존하고, 때로는 잔혹함이 아름다움을 낳기도 한다. 내면의 불완전성이 인간을 본질적으로 설명한다면, 혼돈 속 인간의 삶도 아름답게 바라볼 수 있지 않을까.

생의 긍정은 얄팍한 낙관주의나 무책임한 합리화가 아니다. 고통과 혼돈을 회피하지 않고 삶을 긍정하는 힘이기 때문이다. 나는 이 시각을 빌려, 여러 사회문제와 갈등을 숙의와 토론, 그리고 새로운 해결 방안을 강구하는 원천으로 받아들이기 시작했다. 세상이 완벽해지길 기다리는 대신, 그 불완전함 속에서 실마리를 찾아가는 것, 그것이 새로운 목표가 되었다. 이를 계기로 전공 공부에 몰두하며, 막연했던 청사진을 구체적인 실천 계획으로 빚어갔다. 특히 '탐사보도 분석과 기획'과 '저널리즘의 이해'는 언론의 역할을 되새기는 큰 전환점이 되었다.

개인이 채널을 통해 의제를 직접 설정하는 시대에 접어들면서, 매스미디어를 통한 사회적 합의는 요원하게 느껴졌다. 그러나 수업을 통해, 파편화된 소셜미디어는 많은 이들에게 의견을 표명하는 기회를 부여했으나 도리어 '숙고'의 여유를 박탈했다는 사실을 깨달았다. 이때 언론은 산발적인 발화를 수렴하여 공중의 관심을 특정 안건에 집중시키고, 정부와 공공 기관이 문제 해결을 위해 일하도록 돕는다.

결국 무엇이 중요한가에 대한 동의가 이루어지지 않는다면 사회는 공공이익을 실현하는 데 어려움을 겪을 수밖에 없으며, 바로 이 지점에서 제4부로서의 언론이 중대하게 다가왔다. 나아가 사실과 객관으로 무장한 보도가 사회운동을 촉발한 여러 선례를 익히며, 그 어느 무기보다 강력한 펜대의 정신을 내면화할 수 있었다. 펜을 무기로 벌이는 투쟁과 그 투쟁이 수호하는 실로 많은 가치를 감각하며, 마음속에 품은 이상이 허울만은 아니었음을 확인할 수 있었다.

이어 '미디어 거버넌스'를 수강하며 언론이 소구되기 위한 구체적인 방안을 고민했다. 강의에서는 2030 세대의 신문 열독률 하락과 언론인의 프레카리아트화, 허위·조작 정보의 확산과 뉴스 회피로 이어지는 일련의 역사적 흐름을 톺아보며 언론이 직면한 위기를 진단했다. 특히 정치권력과 경제자본, 플랫폼 등이 언론의 근간을 위협하는 가운데, 자유와 규제, 독립과 종속의 경계가 모호해지고 있다. 이러한 세태 속에서 개혁의 주체를 정치 시스템이나 시민사회, 국가에서 찾기보다, 언론 자체의 내생적 극복에 주목해야 한다는 배움을 얻었다. 이 배움은 2030 세대의 뉴스 회피를 다룬 팀 프로젝트로 이어졌고, 팀원들과 언론사 내부의 혁신 가능성에 천착하게 되었다.

여전히 내가 마주하는 격랑의 시대는 이상과 거리가 멀다. 다만 그 부족함조차도 세계의 일부라 생각하며 쉽게 냉소에 빠지지 않기로 다짐했다. 불완전함은 아이러니하게도 고통의 근원인 동시에 생의 동력이 되었기 때문이다. 완전하지 않기에, 꾸준히 손에서 책을 놓지 않았으며 지식을 갈망하게 되었다. 또한 완전하지 않기에, 경청과 조율, 소통하는 법을 배워 갔다. 그리하여 이제는 불완전함으로 치부되었던 나의 '3학년'에 1이 더해질 대학 생활의 마지막 해를 긍정한다.

각자의 고민 속에서 헤매다가도, 서로를 묵묵히 지탱해 준 동기들에게도 감사의 인사를 전한다. 구태여 많은 말이 필요치 않았던 우리 사이에는 어느덧 세월이 소복하게 쌓여 있었다. 첫 만남은 시리도록 추운 계절의 한가운데서도 온정으로 가득했고, 녹음이 짙은 계절에는 그 어떤 풀 내음보다 푸르렀다. 계곡에서 어린아이처럼 천진난만하게 물장구를 치거나, 반향하는 웃음소리에 기대 밤을 새워 진심을 전한 날도 당장 어제의 일처럼 선명하다. 때 아닌 장마에 비를 맞거나, 견디기 무거운 하루에 지치는 순간도 있었지만, 그럴 때면 넘실거리는 바다와 아득한 수평선 너머를 가만히 바라보았다. 이름도, 고향도, 어떤 꿈을 품고 있는지도 몰랐던 완벽한 타자가 '시대와 공명하는 사람의 소리'를 목 놓아 외치며 하나가 되어 갔던 것이다. 그렇게 쌓인 기억의 비늘들이 모여, 가장 찬란하다는 20대 초반을 이루었다. 나의 청춘의 한 조각이 되어 준 이들이 작은 물결에 무너지지 않고, 언제나 너른 바다를 유영하길 소망한다.

앞으로도 우리는 완벽하지 않은 사회를, 그리고 그 사회의 구성원인 자신을 숱하게 마주해야 한다. 또한 시대가 요구하는 정상성의 궤도에 오르기 위해 끊임없이 스스로를 정제해야 할지도 모른다. 다만 그 찰나 속에서도 맹렬한 아우성이 뜨거운 태양에 재가 되거나 먹먹한 습도에 잠식되지 않길 희망한다.

일렁이는 물결을 포용하는 바다처럼, 모든 불완전함을 사랑하라! 그게 당신일지라도.

반세기의 한편에 새긴 우리들의 청춘기록

김정우 | 2024학번

2023년 11월 24일, 우석경제관 앞에서 휘날리던 깃발과 울려 퍼지는 구호 소리에 뭐든 다 해낼 수 있을 것처럼 가슴이 벅차오르던 순간이 여전히 생생하다. 오랜 시간 혼자 간직해 온 꿈을 펼칠 순간이었다. 두근거리는 심장을 부여잡고 잘해 내자고 스스로에게 몇 번이고 되뇌었던 그날의 나는, 짧은 면접을 마치고 그곳을 나서며 차가운 눈물을 하염없이 쏟아냈다. 뜻밖의 기적이 일어나 다시는 밟을 수 없을 것 같던 관악의 길을 매일같이 걸으며, 벅찼던 마음은 희미해지고 점차 이곳이 익숙해진 요즘이다.

50주년을 맞아 지난 대학 생활을 되돌아보며, 잊고 있던 입학 당시의 기대와 꿈이 새록새록 떠올랐다. 새내기 시절은 마냥 설레었다. 과제를 뒤로하고 한밤중에 한강에 가는 낭만을 택했고, 젊음을 만끽하느라 밤을 지새우기 일쑤였다. 모든 '처음'은 처음이라는 이유만으로 '청춘'이라는 이름을 붙이기에 충분했고, 그 모든 처음의 순간에 꼼반이 있었다. 입시의 속박을 벗어난 우리는 새내기의 낭만을 찾아다니기 바빴다. '커뮤니케이션학입문' 수업이 끝나면 다 함께 학식을 먹었고, 공강 날에는 노들섬으로, 에버랜드로, 서울과 경기도를 넘나들며 이곳저곳을 탐방했다. 봄에는 함께 서울숲의 벚꽃을 봤고, 여름에는 제주도에 갔으며, 가을에는 함께 체육대회를 즐겼고, 겨울에는 폭설 속에 눈사람을 만들었다. 그렇게 사계절을 함께 보내며 '나'는 '우리'가 되었고, 꼼반은 어느새 가장 가까운 친구이자, 소중한 가족이 되어 있었다.

꼼반과 즐겼던 '새내기의 낭만' 중 내게 가장 큰 의미를 지닌 것은 단연코 꼼반 밴드 '공명' 활동이다. 이는 아마 내 스무 살의 가장 큰 도전이 아니었을까 짐작한다. 입시가 끝난 뒤 마주한 나의 모습은 거침없던 어린 시절과 달리 매우 위축되어 있었고, 변화를 두려워하는 사람이었다. 그것은 결코 내가 기대했던 대학생의 모습이 아니었다. 적어도 대학에서는, 20대에는, 하고 싶은 것들을 전부 하며 젊음의 특권을 마음껏 누려 보자는 다짐이 일었다. 그렇게 시작한 공명이었기에 밴드부 활동은 내게 유독 특별한 의미로 다가왔다.

학교 활동도, 동아리 활동도 전부 진로를 고려해 선택하던 고등학생 시절의 관성을 버리고, 처음으로 '내가 진정 하고 싶어서' 시작한 활동이었기에 기대만큼이나 걱정도 앞섰다. 그런데 막상 본격적인 활동이 시작되자, 처음 배운 일렉트릭 기타는 둘도 없는 취미가 되었고, 꼼반과 하나의 선율을 그려 가는 과정은 행복하기 그지없었다. 무엇보다 평소 어렵게만 느껴지던 선배들의 아낌없는 응원과 격려는 그들과의 거리를 금방 좁혀 주는 지름길이 되었다.

물론 공연을 준비하는 과정이 순탄치만은 않았다. 나의 강박적인 성격과 이를 만족시키지 못하는 부족한 실력으로 스트레스를 받는 날이 잦았다. 그럼에도, 공명을 함께한 꼼반 사람들과 음악으로 소통하며 많은 날을 웃을 수 있었고, 우리가 연주하는 곡의 가사는 우리의 청춘을 대변하는 듯했기에 들을 때마다 울림이 전해졌다. 특히, 학기마다 올리는 정기 공연에서 그동안 준비한 곡을 관객들에게 보일 때면, 걱정이나 잡생각은 거짓말처럼 사라지고 무대에는 음악과 우리만이 존재했다. 우리는 음악으로 하나 되어 그야말로 '공명'했다.

그렇기에 공명은 그저 평범한 밴드부가 아니다. 나에게 공명은 사랑하는 내집단의 애정하는 동아리이자, 멋진 사람들과 공명하는 공동체이다. 그리고 공명에서 새내기 시절을 공유한 24학번에게 '꼼밴'은, 입시로 지친 긴 여정 끝에 대학에서 처음으로 마주한 '푸른 우리 봄의 꿈'이었을 것이다.

밴드부 활동을 포함해 새내기 시절 학과에서 느낀 소속감과 꼼반으로부터 받은 과분한 사랑은 내 마음속 깊은 곳에 학과에 대한 애정이 피어나게 했다. 나는 그 애정을 다방면으로 발산하고 싶었고, 공명의 동아리장을 비롯해 꼼반 학생회장, 언론정보학과 소속 영상동아리 '이미지밴드'의 회장을 맡았다.

갑작스럽게 여러 집단을 대표하며 어려움도 뒤따랐다. 예상했던 것보다 해야 할 일은 훨씬 많았고, '대표'로서 책임을 진다는 것은 무겁고 부담스럽게 다가왔다. 서툰 내가 욕심이 많아 사랑하는 집단 전체에 피해를 주지는 않을까 하는 불안감이 엄습하기도 했다. 그럼에도, 나의 모든 선택과 그로 인한 경험이 나를 더욱 성장하게 만들었다는 사실은 믿어 의심치 않는다.

지난 한 학기 동안 언론정보학과에 속한 여러 집단의 대표직을 맡으며 리더로서의 책임감을 경험했다. 그 과정에서 대표라는 역할이 내 적성에 잘 맞음을 깨달았고, 생각지 못한 미래의 가능성도 발견할 수 있었다. 특히, 몇 년 만에 출범한 꼼반 학생회 '파동'에 몸담으며 새로운 사업을 시도했고, 그 길을 함께 걸은 '파동' 24학번 친구들과의 결속은 하루가 다르게 두터워졌다. 어려움을 마주할 때면 나를 믿어 주는 꼼반이 곁에 있었고, 불안한 순간을 함께 이겨 낼 든든한 동기들이 있다는 사실은 나를 더욱 단단한 사람으로 만들었다. 꼼반이 없었다면 이루지 못했을 일들을 함께 이루어간다는 사실이 더욱 뜻깊게 다가왔다. 덕분에 나는 이번 한 학기 동안 정말 많은 성장을 이루었고, 그 과정을 함께한 꼼반을 더욱 사랑하게 되었다.

한편, 젊음의 특권은 단연 '새로운 경험'에만 있지 않다. 끝없는 방황이야말로 지금의 우리가 누릴 수 있는 최고의 특권일지 모른다. 영화감독이라는 꿈을 품고 언론정보학과에 당차게 입학한 나에게도 그런 방황은 피해 갈 수 없는 관문이었다. 지금까지 우리 과의 전공 수업과 과 활동을 통해 각기 다른 개성과 꿈을 가진 학과 사람들과 교류해 왔다. 그러면서 이전에는 보지 못했던 수많은 색으로 나의 캔버스가 칠해졌다. 그렇게 나의 꿈이 꿈틀대기 시작했고, 나도 모르는 사이 방황은 이미 시작되고 있었다.

아픔이 만연한 사회에 대한 비판의식과 상식이 통하는 세상을 만들자는 열망은 어린 내가 영화감독을 꿈꾸게 했다. 하지만, 대학에 와서 마주한 더 넓은 세계는 영화 이외에 수많은 분야에 대한 나의 견문을 넓혔고, 진로를 다시금 고민하는 계기를 선사했다. 처음에는 이러한 방황이 시련처럼 다가왔다. 오랜 시간 품어온 꿈인 만큼, 영화는 나의 정체성과도 같았고, 이에 더는 전처럼 가슴이 두근거리지 않는다는 사실은 크나큰 상실감을 안겼다. 그러나 선배들의 조언과 동기들과의 대화를 통해, 이러한 흔들림은 보편적인 과정이며, 오히려 내 시야를 넓히고, 더 많은 것을 경험할 기회임을 깨달았다.

20대 초반의 우리는 우리가 미래에 무엇을 하고 있을지, 어떤 모습일지 전혀 가늠할 수 없다. 우리는 아직 어리고, 그렇기에 무모하다. 그러나 그 무모함을 바탕으로 차가운 현실과 타협하지 않고 각자가 꿈꾸는 이상을 향해 끊임없이 미래를 개척해 갔으면 한다. 나 역시 남은 학부 시절 동안 수많은 시행착오를 겪고, 교수님·선배·동기들로부터 조언을 들으며 언젠가 나만의 답을 찾게 되리라 믿는다.

우리는 지금 젊음의 한가운데에 있다. 현재에 안주하지 말고 앞으로 나아가라는 무언의 압박 속에서, 마음껏 방황할 시간조차 없이 당장 주어진 것들을 해내느라 하루하루가 바쁜 청춘들이다. 이번 방학 역시 바쁜 일상에 압도되지 않으려 다분히 노력한 여름이었다. 그 여름 끝에 학과의 50주년을 마주했고, 덕분에 짧다면 짧은 지금까지의 대학 생활을 돌아볼 수 있었다. 그 속에는 젊은 날의 고뇌와, 그 고뇌를 무색하게 하는 청춘의 낭만, 더 많은 것을 보고 듣고 새기고픈 열정, 진한 우정과 뜨거운 사랑, 그리고 벅찬 꿈들이 뒤엉켜 짙은 녹음의 푸른빛을 뿜어내고 있었다.

사랑하는 꼼반과 언론정보학과의 50년 역사는 우리의 젊음을 채운 모든 경험과 방황, 그리고 꿈틀거림을 가능케 한 토대라는 생각이 든다. 그리고 그 시간 위에 우리의 발자취를 새기고 있다는 사실은, 언론정보학과에서 얻은 꿈과 경험에 대한 감사함으로 다가온다. 누군가에게는 추억이고, 누군가에게는 현재이며, 또 누군가에게는 꿈인 우리들의 언론정보학과가 지금껏 그래왔듯 앞으로도 찬란히 빛나길 바란다. 그 빛나는 길 위에, 우리의 현재를 새기며 함께 걸어가고 싶다.

"시대와 공명하는 사람의 소리", 언론정보학과 꼼반 파이팅!

이으러온 오십 년, 언제까지나 정다울 곳

박민진 | 2025학번

소속감이 이토록 자랑스럽고 또 사랑스러울 수 있다는 것을, 스무 살의 2025년에 처음 알았다.

이 글을 쓰고 있는 시점은 여름 방학의 끝자락. 나는 우리 학과 50주년 행사의 기획팀으로서 일하고 있다. 이 일원이 되기 위해 작성했던 지원서에서 내게 가장 먼저 물은 것은 지원 동기였다. 별다른 사고 과정을 거치기도 전에, 머릿속에 하나의 문장이 튀어 올랐다.

"과장 없이, 언론정보학과는 제게 가족과 같습니다."

동료애를 넘어선 가족애, 한 학기 만에 이만큼의 정이 내 안에 자리 잡아 있었다. 불과 6개월 전에만 해도 전혀 모르던 장소, 생활, 사람이었다. 이토록 빠르고 깊게 사랑에 빠진 건 어째서일까. 가족애를 자각한 순간, 곱씹어 보았다.

나의 고등 시절은 여느 입시생에게 그러하듯, 상당히 삭막하고 단조로웠다. 모두가, 특히 내가, 목표 하나만을 두고 주변 시야는 닫은 채 경주마처럼 달렸다. '입시 성공' 단 하나가 모든 행동과 생각의 전제이자 귀결점이었다. 왜 그렇게 속박을 자처하며 살았는지, 이루고픈 진로가 있는 것도 사실이었지만, 더 진솔하게도 설명할 수 있다. 그것은 내 자존감의 원천이었고 씁쓸한 당장을 그래도 달게 마무리 지을 해법이었기 때문이다. 그래서 내겐 삐끗해 볼 여유가 없었다. 의도치 않은 삐걱거림을 최소화하는 것으로도 벅찼다. 내신은 한 번 미끄러지면 수습이 안 될 것 같았다. 내 생활의 범위는 교과 챙기기와 비교과 챙기기가 거의 전부였다. 모든 변수와 그에 따른 동요를 막으려 애썼다. 사실 나는 그러는 사람이 아닌데 말이다.

오히려 나는 변수를 즐기는 사람이다. 다양한 도전이 즐겁다. 여러 곳에 가 보는 것도 좋고, 여러 활동을 해보는 것도 좋고, 여러 사람을 만나는 것도 좋다. '새로움'을 느끼는 것 자체에서 오는 재미가 좋을뿐더러 그 이후에 쌓이는 경험치와 넓어지는 관계도 좋다.

이런 내게 대학 생활은 기대보다 더 달았다. 속박하던 것을 붙잡아 내 것으로 만들어 버렸으므로, 더 이상 어떠한 억눌림이 존재하지 않았다. 시도한 무언가가 혹여 시간을 소모하고 예상만큼 만족을 주지 못한다고 한들, 경험의 대가로 잃을 것은 딱히 없었다. 이제는 속박이 아닌 분주를 자처하며, "해볼 수 있는 웬만한 것은 다 해보자"를 대학 생활의 모토로 삼았다. 대학생으로서의 첫 학기, 마음가짐대로 정말 많은 도전이 이루어졌다. 밴드와 단과대 학생회부터 갖가지 아르바이트, MT와 미팅까지, 10대 10년 동안과 맞먹을 정도의 새로움을 20살 반년 동안 겪었다.

그 모든 새로움 중, 내가 가장 사랑한 것은 '뻔대'로서의 활동이었다. 주도적으로 무언가 기획하고 진행하길 좋아하는 것은 어려서부터 나의 확실한 성향이었다. 훌륭한 결과물을 목표로 이리저리 궁리하는 일도, 결과가 준비한 대로 훌륭해서 그것을 좋아하는 사람들을 보는 일도, 모두 내게 대체 불가의 보람을 주었다. 그렇기에 뻔대 지원은 대학에서 나의 첫 도전이 되었고, 이후 크고 작은 도전들이 끝없이 뒤따랐다. 총 MT와 학번 MT 같은 과행사 전부가 각각의 도전이었지만, 그 모든 활동을 아우르는 하나의 큰 도전도 있었다. 그것은 뻔대로서 나의 궁극적인 바람—'과 사람들의 학교생활이 나로 인해 더 만족스러워졌으면 좋겠다'—을 이루는 것이었다. 이런 바람이 있었기에 더욱 나서서 이것저것 시도해 보았다. 마니또나 타 학과와의 교류전 등, 과에서 하고 싶다는 이야기가 조금이라도 나오면 바로 욕심이 생겨 모두 일을 벌였다.

그러나 앞서는 욕심을 당시의 역량이 따라가지 못했던 적도 무척 많았다. 일을 진행하는 과정에서 미처 무언가를 헤아리지 못하거나 소통 시에 오해를 부르고 실수를 저지르는 등 적지 않은 실수를 범했다. '좋은 리더'에 대한 막연한 의욕만 있을 뿐 그에 대한 뚜렷한 비전이나 감각은 없었던 듯하다. 몇 발짝 앞에서 이끌어 당기고 싶었지만. 다른 이들과 같은 지점에서, 어쩌면 더 뒤에서 막 발돋움할 수밖에 없었다. 결국 어렸다.

언론정보학과는, 마땅히 따끔해도 될 때마저 따뜻한 곳이었다. '뻔대'라는 책임자의 자리에서 내가 삐걱거릴 때, 비난을 던지는 대신 격려와 조언을 건네주었다. 내가 넘어짐과 일어섬을 반복하는 곳이 이 학과가 아니었다면 이런 좌충우돌이 포용될 수 있었을까? 여기서 나는 내 질문에 대한 답을 찾았다. 이것이 나의 그만큼의 애정, 가족애의 이유다.

우리 사람들은 나의 허점을 쑤시지 않고 메꿀 수 있도록 독려해 준다. 내가 아쉬움 없이 삐끗해 볼 수 있도록, 꼼반이 나의 성장을 위한 '온실'이 되어 왔고 앞으로도 그러리란 확신이 있다. 나의 여러 도전, 특히 뻔대로서의 도전을 키워 주는 이 온실이 내게 너무 소중하다. 새로움을 만끽하게 도와주는, 기댈 구석이 되는 친숙함을 우리 학과에서 얻고 있다. 덕분에, 내 경험과 추억의 배경이 되는 학과 공간, 학과 내에서의 모든 생활, 학과 사람 하나하나가 소중하다. 이곳에 소속되었다는 사실이 얼마나 자랑스럽고 또 사랑스러운지 모르겠다.

이렇게 사랑하는 우리 학과가 올해 50주년을 맞이했다. 나처럼 그 안에서 부딪히고 단단해지는 사람들 역시 50년간 이어져 왔을 것이다. 언론정보학과는 나에게 언제까지나 정다울 곳이다. 60년, 70년, 80년, 그 이후 새로운 구성원에게도, 나와 같은 정을 품을 수 있는 곳이 되기를 바란다. 여태의 50년을, 25학번으로서 훌륭하게 이어가 보려 한다. 25년의 20살, 대학 생활, 나아가 앞으로의 청춘을 책임질 언론정보학과에 한 번 더 애정을 표하며 글을 끝맺겠다. 이 글을 읽고 누군가 조금이라도 감응할 수 있다면 진심으로 기쁠 것이다.

부록

1. 역대 '언론정보문화 특강' 강연자 및 주제
2. 역대 '언론정보학 포럼' 발표자 및 주제
3. 역대 〈차원〉 목차

역대 '언론정보문화 특강' 강연자 및 주제

학기	날짜	강연자	주제
2011-1	2011. 4. 7.	정성후(MBC PD)	'지구의 눈물' 시리즈의 탄생
	2011. 4. 27.	방시혁 (빅히트엔터테인먼트 대표)	한국인의 대중음악에 대한 태도가 갖는 패러독스: 위대한 탄생을 중심으로
	2011. 5. 3.	윤덕원(브로콜리 너마저)	커뮤니케이션이 잘 되지 않습니다.
	2011. 5. 25.	김광준(NHN 부사장)	포털 사이트의 법적 쟁점
2011-2	2011. 9. 9.	Johnny Lee Ph.D. (XBOX Kinect)	Working on Kinect: Doing research on a product timeline
	2011. 10. 18.	정욱(한게임 대표)	게임으로 돈 벌기
	2011. 11. 9.	황동혁(영화 〈도가니〉 감독)	영화는 세상을 바꿀 수 없다
	2011. 11. 25.	권재홍(MBC 앵커)	TV 앵커는 누구인가
2012-1	2012. 3. 30.	김일호(오콘 대표이사/크리에이터)	뽀로로의 창작과정과 브랜드가치 창출전략
	2012. 4. 3.	-	2011 칸 국제 광고제 수상작 상영
	2012. 5. 10.	장태유(SBS 드라마 PD)	드라마 PD의 드라마
	2012. 5. 16.	김진만(MBC 시사교양국 PD)	세상의 끝에서 길을 찾다
	2012. 5. 23.	김태호(MBC 예능국 PD)	끝없는 도전은 계속된다
2012-2	2012. 9. 25.	조남국(SBS 드라마 PD)	추적자 PD가 본 추적자
	2012. 11. 29.	이석우(카카오 공동대표)	Mobile Revolution and KAKAO
	2012. 12. 5.	김주하(앵커)	언론인이 되는 길
2013-1	2013. 3. 21.	김충(KBS 예능국 EP)	K-POP 해외공연 어디까지인가?
	2013. 4. 4.	김준구(NHN 웹툰팀장)	웹툰 플랫폼의 구축전략과 웹툰의 창작과정
	2013. 4. 18.	김승범(세닉 대표)	인간을 위한 의료 디자인은 어떤 모습일까?
	2013. 5. 2.	박희은(이음 대표)	모바일이 가져다준 정말 새로운 연애공식
	2013. 5. 16.	박홍균(MBC PD)	콘텐츠 비즈니스 프론티어, 드라마 PD!!
	2013. 5. 30.	박장희(〈중앙일보〉 이사)	기자의 미래, 미래의 기자
2013-2	2013. 9. 24.	장병규(본엔젤스 대표)	START-UP!!!
	2013. 10. 8.	김휘강(고려대 정보보호대학원 교수)	색다른 보안이슈: 온라인게임과 지하경제
	2013. 10. 22.	강재형(MBC 아나운서)	아나운서, 그는 누구인가
	2013. 11. 5.	한종호(NHN 이사)	모바일 시대, 네이버의 혁신과 미래
	2013. 11. 19.	남궁성(도로교통연구원)	진정으로 막힘없이 사는 법: 다르게 생각하면 보이는 행복한 삶의 비밀
	2013. 12. 3.	장혁재(SBS PD)	한국 버라이어티 예능프로그램의 어제 그리고 오늘

학기	날짜	강연자	주제
2014-1	2014. 3. 20.	변동식(CJ오쇼핑 대표)	미디어에 커머스를 입히다
	2014. 4. 3.	고산(타이드 인스티튜트 대표)	3차 산업혁명과 3D PRINTER
	2014. 4. 17.	이영돈(채널A PD)	착한 사람이 성공하는 방법
	2014. 5. 1.	안준희(핸드스튜디오 대표)	청춘 기업이 바꿔가는 세상
	2014. 5. 15.	박지영(전 컴투스 대표)	벤처로 10년간 살아남기
	2014. 5. 29.	정연순(변호사)	사법부는 누구로부터 어떤 이야기를 듣는가
2014-2	2014. 9. 18.	황두진(건축가)	도시와의 소통, 서울은 어떤 도시일까?
	2014. 10. 2.	조준희(전 IBK기업은행장)	변화의 중심에 서라!
	2014. 10. 16.	김승회(서울대 건축학과 교수)	여기, 아주 특별하고 특별한 여기
	2014. 10. 30.	정윤정(MBC 예능국 PD)	리얼리티TV
	2014. 11. 13.	김성철(고려대 미디어학부 교수)	미디어 기업, 왜 그리고 어떻게 창업할 것인가?
	2014. 11. 27.	유해근(나섬공동체 대표)	유목민, 그들은 우리에게 누구인가?
	2014. 12. 11.	전동건(MBC 기자)	세월호 참사 때, 내가 방송기자였다면?
2015-1	2014. 3. 19.	안병민(열린 비즈랩 대표)	나는 나, 캐주얼의 경영학: 내가 행복하고 내가 재미있는 경영하기
	2015. 4. 2.	류왕보(베티카 주식회사 & 사단법인 조은 네트워크 대표)	도시와 농촌의 유쾌한 동행: 우리 농업의 방향과 미래
	2015. 4. 16.	주성하(〈동아일보〉 국제부 기자)	김정은은 무엇을 생각하고 어디로 가려 하는가. 북한 내부 실상과 우리의 대응을 전망해 본다.
	2015. 4. 30.	하승보(SBS 예능국장)	〈런닝맨〉(韓)은 어떻게 〈달려라 형제〉(中)가 되었을까
	2015. 5. 14.	백영재(블리자드 엔터테인먼트 대표)	비즈니스의 세계로 간 인류학자
	2015. 5. 28.	최윤아(넥슨컴퓨터박물관 관장)	현대사회의 상상력은 테크놀로지로부터 시작된다
	2015. 6. 11.	임상훈(디스이즈게임닷컴 CEO)	'게임의 시대'를 만든 사람들 이야기
2015-2	2015. 9. 17.	류재현(문화기획자 감독, 상상공장 대표)	아이디어 장인이 꿈꾸는 매칭의 세계
	2015. 9. 24.	김철균(쿠팡 부사장)	유통의 혁신 '모바일 다이렉트 커머스' 쿠팡이야기
	2015. 10. 8.	송재경(송재경 엑스엘게임즈 대표) 임상훈(디스이즈게임닷컴 CEO)	15년째 수다: 온라인게임의 레전드에게 과거와 미래를 묻는다
	2015. 10. 22.	길덕(이노션 경영기획실 수석국장)	광고에 비친 미디어 산업의 변화
	2015. 11. 12.	차상균(서울대 빅데이터연구원 원장, 전기정보공학부 교수)	글로벌 빅데이터 트렌드와 성공적 스타트업 사례
	2015. 11. 26.	방현우(미디어아티스트)	EVERYWHERE, EVERYWARE
	2015. 12. 3.	김연정(중요무형문화재 제27호 승무 이수자)	'응.답.의 시대' 다시 전통춤을 말하다

학기	날짜	강연자	주제
2016-1	2016. 3. 9.	장윤석(피키캐스트 대표)	모바일 세상에 태어난 새로운 그 무엇!!! 피키캐스트
	2016. 3. 23.	송재룡(트레져헌터 대표)	트레져헌터 이야기: 콘텐츠로 새로운 세상을 이끌어 나아가는 회사
	2016. 4. 6.	한종호(강원창조경제혁신센터장)	강원(江原)에서의 창조경제 실험
	2016. 4. 20.	이규연(JTBC 탐사기획국장)	우리가 미처 알지 못했던 세상
	2016. 5. 4.	형원준(SAP Korea 대표)	Tango Management in the Digital Economy
	2016. 5. 18.	이성규(블로터앤미디어 랩장)	달라지는 뉴스룸과 해킹 문화
	2016. 6. 1.	김우택(넥스트엔터테인먼트월드 대표이사)	미디어, 엔터산업의 새로운 도전과 미래
2016-2	2016. 9., 21.	이지희(W camp 대표)	광고적 사고가 가져다줄 선물
	2016. 10. 5.	홍세존 (클럽 에반스 대표, 국제예술대 실용음악과 학과장)	한국의 인디음악과 재즈의 현실
	2016. 10. 19.	조준희(YTN 사장)	변화의 중심에 서라
	2016. 11. 2.	김경달(네오터치포인트 대표)	모바일 동영상, 문 열고 들어와 봤더니…
	2016. 11. 16.	김용수(미래창조과학부 정보통신정책실장)	제4차 산업혁명, 무엇을 준비해야 하는가?
	2016. 11. 30.	유봉석(네이버 미디어플랫폼센터장 전무이사)	현장에서 본 뉴 미디어 트렌드
	2016. 12. 7.	이규연(JTBC 탐사기획국장)	박근혜 최순실 게이트와 탐사보도
2017-1	2017. 3. 15.	임성희(SM모바일커뮤니케이션 동영상사업본부장)	인터넷 비즈니스의 정글에서 실패하지 않는 법
	2017. 3. 29.	심석태 (SBS 보도본부 뉴미디어국장)	스브스뉴스에서 비디오머그까지: SBS 기자들의 '디지털 혁신' 도전기
	2017. 4. 12.	여명숙(게임물관리위원회 위원장)	다시 쓰는 융합 이야기
	2017. 4. 26.	김대영 (KBS 디지털뉴스 전략유통팀장)	KBS 뉴스 디지털 시대 고군분투기
	2017. 5. 17.	박영률(커뮤니케이션북스 대표)	책의 가능성
	2017. 5. 31.	이상현(에어비앤비 한국 대표)	에어비앤비를 통해 살펴보는 공유경제
	2017. 6. 14.	성지환(72초 TV 대표)	우리의 일상을 새롭고 재미있게
2017-2	2017. 9. 13.	이건명(뮤지컬배우)	함께하는 뮤지컬
	2017. 9. 27.	김주원(하우스스타일 대표)	일생일대의 쇼핑: 집짓기 시장의 정보 불균형
	2017. 10. 18.	이소연(KBS PD)	콘텐츠 기획의 실재
	2017. 10. 25.	임영진(베티카 대표)	변화하는 AFL (Agriculture, Food & Lifestyle Trends)
	2017. 11. 8.	이진주(소셜벤처 걸스로봇 대표)	로봇-인간 융합시대 여성의 일
	2017. 11. 22.	김일중(한국콘텐츠진흥원 아카데미운영팀장)	할리우드는 왜 한국드라마를 주목하는가?
	2017. 12. 13.	임성희(SM모바일커뮤니케이션 동영상사업본부장)	SM이 꿈꾸는 미래

학기	날짜	강연자	주제
2018-1	2018. 3. 21.	송승환(〈중앙일보〉 기자)	찾고 만나서 듣고 써라
	2018. 4. 4.	정재훈(구글코리아 변호사)	Google의 혁신방법으로부터 바라본 미래의 일자리와 필요한 스킬
	2018. 4. 11.	조혜영(EBS 시청자 위원회 부위원장)	여성주의 미디어와 성평등
	2018. 4. 18.	정해랑(EBS 사장)	'모바일 온리'시대, 지상파 방송의 과제: 공영교육방송 EBS의 실험과 도전
	2018. 5. 2.	최성진(코리아스타트업포럼 대표)	4차 산업혁명 시대의 미디어
	2018. 5. 16.	조영신(SK 경제수석연구원)	(미상)
	2018. 5. 30.	우지숙(서울대 행정대학원 교수)	행정과 소통
2018-2	2018. 9. 12.	김필규(JTBC 기자)	JTBC 뉴스룸을 팩트체크하다
	2018. 9. 19.	손관승(언론중재위원, 전 MBC 사장)	10년 뒤 내 직업
	2018. 10. 10.	강기석(뉴스통신진흥회 이사장)	공영언론의 역할 언론생태계의 균형맞추기
	2018. 10. 24.	윤성아(SM Culture & Contents ECD)	광고 크리에이티브의 A to G 실전 케이스를 중심으로
	2018. 11. 7.	이성규(미디어테크 랩장)	언론 산업의 위기와 미디어 스타트업의 역할
	2018. 11. 21.	김은정(JTBC PD)	변화하는 시대, 방송PD의 역할에 대한 썰戰
	2018. 12. 5.	문효은(아트벤처스 대표)	인터넷, 문화콘텐츠 그리고 기업가 정신: 아트와 라이프스타일의 융합과 확장
2019-1	2019. 3. 13.	남세동(보이저엑스 대표)	AI기술 헬로 딥러닝: 직관적이고 명확하게 딥러닝을 이해하기
	2019. 3. 27.	최재호(네이버 뉴스추천 리더)	AI와 저널리즘: 뉴스와 콘텐츠의 개인화
	2019. 4. 3.	김윤(SKT AI센터장)	인공지능(AI)기반의 인터페이스(UI)와 사용자경험(UX)의 진화 및 트렌드
	2019. 4. 23.	임영익(변호사, 인텔리콘연구소 대표)	AI와 법률: 법률 인공지능과 리걸테크(Legal Tech)
	2019. 5. 8.	구본권(사람과 디지털 연구소 소장)	(미상)
	2019. 5. 22.	김정민(카카오 모빌리티 데이터랩 AI 파트)	AI와 모빌리티의 미래
	2019. 6. 5.	민세희(서강대 아트 & 테크놀러지 학과 산학협력교수)	AI와 예술: 데이터와 창작하는 기계환경
2019-2	2019. 9. 18.	김도균(경희대 체육대학원 교수)	美친 스포츠 迷친 브랜드
	2019. 10. 2.	정승민(SBS 전략기획실장)	방송산업의 위기, 콘텐츠 유통전략의 미래는?
	2019. 10. 16.	김언호(도서출판 한길사 대표)	서점: 태생적으로 시민사회다!
	2019. 10. 30.	배여운(SBS 탐사보도팀 기자)	오래된 미래, 데이터저널리즘
	2019. 11. 13.	김용진(뉴스타파 대표)	한국 사회와 독립언론, 그리고 뉴스타파
	2019. 11. 27.	이석재(KBS 기자)	1시간짜리 시사다큐 프로그램
	2019. 12. 11.	장강명(작가)	한국 공채 시스템의 가깝고 먼 영향

학기	날짜	강연자	주제
2020-2	2020. 9. 10.	강이연(작가)	미디어아트의 커뮤니케이션
	2020. 9. 24.	유지원(작가)	타이포그래피의 커뮤니케이션
	2020. 10. 8.	케슬린 김(변호사)	예술법의 커뮤니케이션
	2020. 10. 22.	선동렬(야구 감독) 김라경(여자야구 국가대표)	투수 둘: 야구의 커뮤니케이션
	2020. 11. 5.	이랑(작가, 가수, 영화감독, 일러스트레이터)	인디 예술의 커뮤니케이션
	2020. 11. 19.	빈다은(〈뉴닉〉 공동대표)	뉴스레터의 커뮤니케이션
	2020. 12. 3.	최다은(SBS 라디오 PD)	영화음악의 커뮤니케이션
2021-1	2020. 3. 24.	정지환(몬스터스튜디오 대표)	(미상)
	2021. 3. 31.	김종흔(Devsisters 공동대표)	(미상)
	2021. 4. 14.	김광준(법무법인 태평양 변호사)	(미상)
	2021. 4. 21.	유봉석(네이버 서비스운영총괄)	(미상)
	2021. 5. 12.	박희은(이음소시어스 대표)	(미상)
	2021. 5. 26.	방현우(엔비저블 대표이사)	(미상)
2021-2	2021. 9. 15.	이진우(삼프로TV)	(미상)
	2021. 9. 29.	허종(지평 파트너 변호사)	뉴미디어와 법
	2021. 10. 13.	임재윤(MBC 라디오본부 오디오전략팀장)	라디오-오디오미디어의 변화와 기회
	2021. 10. 27.	이새롬(드림어스컴퍼니 브랜드&마케팅팀 팀장)	플랫폼, 게임에 참여하시겠습니까?
	2021. 11. 10.	정효민(CJ E&M)	알쓸예능
	2021. 11. 24.	구병철(카카오 엔터테인먼트)	한국 기업들의 일하는 방식에 대한 고민: 미디어/엔터/IT 기업 중심
	2021. 11. 28.	한애란(〈중앙일보〉/앤츠랩 팀장)	다시 독자로: 저널리즘의 미래
2022-1	2022. 3. 22.	우운택(카이스트 교수)	메타버스에서 포스트메타버스로!
	2022. 4. 5.	김범주 (유니티테크놀로지스코리아 본부장)	메타버스를 향한 여정
	2022. 4. 19.	서민향(구글 사용자 경험 연구자)	AI, Nurturing Human Communication & Collaboration
	2022. 5. 3.	홍준(중고나라 CEO)	인터넷-모바일-블록체인 기반 커뮤니케이션의 발달
	2022. 5. 17.	김주호(카이스트 전산학부 부교수)	Human-AI Interaction
	2022. 5. 31.	Tom Wilson(트위터 Data Scientist)	Communication & Beyond: Multi-platform Disinformation Campaigns
	2022. 6. 14.	박선영(미시간대학 부교수)	Designing Chatbots with Black Americans with Chronic Conditions: Overcoming Challenges against COVID-19

학기	날짜	강연자	주제
2022-2	2022. 9. 8.	김도훈(ArsPraxia 대표)	데이터 기반 인사이트를 위한 인문사회학도의 여정
	2022. 9. 22.	김경달(네오터치포인트 대표)	현장에서 보는 미디어 생태계의 변화
	2022. 10. 6.	유건식(KBS 공영미디어연구소장)	방송 콘텐츠 산업의 현재와 미래
	2022. 10. 20.	이중식 (서울대 융합과학기술대학원 교수)	파워플랜트, 극장이 되다
	2022. 11. 3.	김지은(SBS Studio S PD)	K-드라마를 만드는 사람들, 그들이 사는 세상
	2022. 11. 17.	이혜온 (법무법인 지평 변호사)	방송사 기자, 사표 내고 미디어/엔터 변호사가 된 이유는?
	2022. 12. 1.	최준원(Weverse 대표)	ENT. X TECH.
2023-1	2023. 3. 16.	임미진(롱블랙 대표)	신문기자, 디지털 미디어를 만들다
	2023. 3. 30.	최소현(네이버/퍼셉션 부사장)	지속 가능한 브랜드 만들기
	2023. 4. 13.	이진우(삼프로TV)	삼프로TV, 새로운 지식 생태계를 만들다
	2023. 4. 27.	전정환(제주창조경제센터 전 센터장)	로컬 커뮤니티의 변화를 만들다
	2023. 5. 11.	김소연(뉴닉 대표)	MZ세대가 사랑하는 콘텐츠 브랜드 만들기
	2023. 5. 25.	장강명(작가)	동인 + 플랫폼 = 근거지 만들기
	2023. 6. 8.	강태영(언더스코어 대표)	데이터와 사회과학으로 지식 콘텐츠 만들기
2023-2	2023. 9. 21.	노상훈(디즈니플러스 PD)	OTT 시대의 K-드라마
	2023. 10. 5.	장연이(맥킨지 Expert)	당신의 '성공의 정의'는 무엇인가요? 워라밸 지키며 경영 컨설턴트로 살기
	2023. 10. 19.	임상훈(디스이즈게임닷컴 대표)	우당탕탕 한국 게임생태계, 어디로 튀고 있는가
	2023. 11. 2.	김수아 (서울대 언론정보학과 부교수)	공부를 직업으로 삼는다는 것
	2023. 11. 16.	이후남(〈중앙일보〉 문화부 기자)	(구)신세대와 K 이전의 한국대중문화
	2023. 11. 30.	김지성(SBS 기자)	왜 방송기자인가
	2023. 12. 7.	이태길(한화그룹 커뮤니케이션위원회 사장)	한국 기업의 변화와 소회

학기	날짜	강연자	주제
2024-1	2024. 3. 21.	하정우 (네이버 미래 AI 센터장)	ChatGPT 1년, 초거대 생성 AI 시대가 불러온 변화 그리고 우리의 대응전략
	2024. 4. 4.	하주영(스캐터랩 변호사)	AI와 규범: 사회가 신기술을 만날 때
	2024. 4. 18.	신수용 (카카오헬스케어 연구소장)	디지털헬스에서 성공하기 위해 알아야 하는 것들
	2024. 5. 2.	최상훈(〈뉴욕타임스〉 기자)	나의 외신기자 생활
	2024. 5. 16.	강지수(클레온 CRO)	생성 AI의 발전과 디지털휴먼의 미래
	2024. 5. 30.	김주윤(닷 CEO)	ESG와 스타트업, 글로벌 임팩트
	2024. 6. 13.	이성민(한국방송통신대 교수)	K-콘텐츠 산업과 정책, 현황과 쟁점
2024-2	2024. 9. 12.	오학준(SBS PD)	방송국의 '주변'에서 방송의 '끝'을 생각하기
	2024. 9. 26.	유봉석(네이버 부대표)	플랫폼 비즈니스 이해
	2024. 10. 10.	장강명(작가)	우리 시대의 종말 서사
	2024. 10. 31.	박순찬(〈조선일보〉 기자)	AI와 뉴스룸
	2024. 11. 7.	하정우(네이버 센터장)	소버린 AI를 넘어 포용적 AI시대 우리의 전략
	2024. 11. 21.	박대민(선문대 교수)	미디어 커뮤니케이션과 멀티모달 인공지능
	2024. 11. 28.	이정환(미디어 오늘 전 대표)	미디어 혁신과 세상을 바꾸는 질문
2025-1	2025. 3. 20.	김윤[트웰브랩스 최고전략책임자(CSO)]	Elements of Agentic AI for the Digital (and Analog) World
	2025. 3. 27.	이동원(SBS 시사교양 PD)	월급쟁이 이피디의 사생활
	2025. 4. 3.	송승헌(맥킨지앤드컴퍼니 한국사무소 대표)	한국 경제와 미래의 인재
	2025. 4. 17.	왕정민(MBC 드라마 PD)	드라마 조연출로 살아남기
	2025. 5. 1.	방대욱(다음세대재단 대표)	우리가 마주한 세상, 우리가 맞설 방법
	2025. 5. 15.	김재천(유밥 스마트러닝 사업본부장, 부사장)	NAVIGATING YOUR CAREER
	2025. 5. 29.	박하영(김앤장 법률사무소)	입법, 정책 영역에서의 법조인의 역할

주: 1) 2013년 1학기부터 정규 교과목으로 개설했다.
2) 2020년 1학기에는 코로나19로 인해 외부 연사를 초청하지 않았다.

역대 '언론정보학 포럼' 발표자 및 주제

행사	날짜	발표자	주제
1회	2005. 3. 17.	장일(언론정보연구소 연구원)	들뢰즈와 동아시아 영화
2회	2005. 3. 31.	이중식(언론정보학과 교수)	정보 다루기
3회	2005. 4. 11.	이재현(충남대 교수)	클릭!
4회	2005. 4. 19.	박승관(언론정보학과 교수)	Heardability, Communication, and the Public Sphere
5회	2005. 4. 29.	백미숙(언론정보연구소 연구원)	Archive Study
6회	2005. 5. 27.	郎勁松(중국전매대), 周效梅(중국 칭화대), 殷樂(중국사회과학원)	중국 언론학자에게 듣는 중국 언론의 어제와 오늘
7회	2005. 6. 28.	Alison Tokita (호주 모나시대 교수)	Kyoul Yonga and the Future of Korea-Japan Relations (〈겨울연가〉와 미래의 한일관계)
8회	2005. 8. 8.	Ronda Hauben (미국 컬럼비아대 연구원)	The International and Scientific Origins of the Internet and the Emergence of the
9회	2005. 9. 14.	최정환(법무법인 두우 변호사)	방송과 저작권 분쟁
10회	2005. 10. 18.	김종덕(홍익대 교수)	데이터 방송의 현황과 미래
11회	2005.11. 3.	유정아(프리랜서 아나운서)	'말'로부터의 자유
12회	2005.11. 16.	안회균(TU 미디어 상무)	위성 DMB 사업: 현황과 과제
13회	2005.12.15.	이관민 (미국 서던캘리포니아대 교수)	At the Heart of Computer Game Experience: Feelings of Presence
14회	2006. 3. 15.	최영호 (한국문화콘텐츠진흥원 본부장)	글로벌 문화콘텐츠 강국으로의 도약
15회	2006. 3. 28.	Ted Glasser (미국 스탠퍼드대 교수)	Do Journalists Need an Education in Journalism?
16회	2006. 4. 19.	김성호(KBS 인터넷 사장)	컨버전스 시대와 U방송 콘텐츠
17회	2006. 5. 4.	이희은(언론정보연구소 연구원)	거리두기
18회	2006. 5. 18.	양승목(언론정보학과 교수)	언론과 정부의 관계
19회	2006. 6. 1.	민용재(넥슨 이사)	온라인 게임의 세계로
20회	2006. 7. 18.	Ted Magder (뉴욕대 교수)	Transnational Media, International Trade and the Idea of Cultural Diversity

행사	날짜	발표자	주제
21회	2006. 9. 28.	송현주(언론정보학과 BK21사업단 박사후연구원)	정치광고의 시각적 이미지와 메시지 기억
22회	2006. 10. 26.	나은경(언론정보연구소 연구원)	온라인 시민연결망의 다양성과 시민문화
23회	2006. 11. 13.	박종진(SBSi 팀장)	미디어포털의 동영상 서비스 전략과 향후 전망
24회	2006. 11. 23.	권강현(삼성전자 상무)	디지털시대 콘텐츠의 특성과 기업의 대응전략
25회	2006. 12. 5.	김성태 (고려대 교수)	온라인 의제파급에 관한 연구
26회	2007. 4. 12.	김남두 (언론정보연구소 연구원)	알자지라(Al-Jazeera)와 뉴스 만들기: 9 · 11 이후 영미신문의 아랍방송 인용보도 및 취재원 사용패턴의 비교분석
27회	2007. 5. 16.	황준호(정보통신정책연구원)	글로벌 디지털 디바이드 담론분석
28회	2007. 5. 30.	황용석(건국대 교수)	인터넷 서베이 방법론의 이해와 활용
29회	2007. 6. 1.	Wu Yujie(중국 요녕대 교수), Chai Fan(중국전매대 교수)	중국 드라마에 나타난 결혼과 가족 관계
30회	2007. 7. 3.	염규호(미국 오리건대 교수)	Communication Law as a Research Topic: An International and Comparative Study
31회	2007. 9. 20.	박승관(언론정보학과 교수)	Dostoyevsky에서의 Heardability 문제
32회	2007. 10. 11.	변동식(CJ 케이블 상무)	미디어 컨버전스
33회	2007. 10. 18.	윤석민(언론정보학과 교수)	On Channel
34회	2007. 11. 28.	이경전(경희대 교수)	U-Commerce & U-Media
35회	2007. 12. 6.	이수원(전 경기도 공보관)	미디어를 통한 대통령 선거 캠페인
36회	2007. 12. 13.	강남준(언론정보학과 교수)	TV = 공공의 적?
37회	2008. 3. 7.	Colin B. Grant (영국 서리대 교수)	After Habermas: Post-Transcendental Communication
38회	2008. 3. 7.	김상미(일본 나고야대 교수)	일본의 모바일 보급과 사회적 함의
39회	2008. 4. 4.	이영돈(KBS PD)	〈이영돈 PD의 소비자 고발〉은 어떻게 시작되었는가
40회	2008. 4. 10.	김락균 (한국문화콘텐츠진흥원 팀장)	글로벌 융합시대 문화콘텐츠산업 현황과 전망
41회	2008. 5. 21.	성기현 (한국케이블TV방송협회 사무총장)	Cable Industry under Heavy Head-to-Head Competition
42회	2008. 5. 21.	이인찬(SK경영경제연구소 상무)	미디어산업의 주요 이슈와 전망: 방송통신 융합서비스를 중심으로
43회	2008. 5. 28.	James F. Vesely (미국 〈시애틀타임스〉 논설주간)	Writing in the Clouds: A Modern History of Global Communications
44회	2008. 10. 9.	윤영철(연세대 교수)	인터넷과 여론동원

행사	날짜	발표자	주제
45회	2008.10.13.	Donald Marinelli (미국 카네기멜런대 교수)	게임세대 세상을 지배하라 (Triumph of the Gamer)
46회	2008.10.31.	Colin B. Grant (영국 서리대 교수)	Communication Theoretical Paradigms for an Uncertain World
47회	2008.11.6.	진현승 (미국 캔자스주립대 교수)	Effects of Publicity in Advertised Brand Memory & List-Strength Effect
48회	2008.11.12.	이은주 (언론정보학과 교수)	What Triggers Social Responses to Flattering Computers? Experimental Tests of Anthropomorphism and Mindlessness Explanations
49회	2009.3.19.	박진우 (연세대 연구학장)	집합기억(Collective Memory)은 커뮤니케이션 연구의 대상인가?
50회	2009.4.8.	임현진(사회과학대학장)	희관 임근수 박사의 삶과 학문
51회	2009.4.30.	안택호(MBC 저작권부장)	지상파 사업 다각화 전략: MBC 해외진출 성공과 실패사례
52회	2009.5.14.	이재현(언론정보학과 교수)	Mapping [De-]Domesticated Media: Chronotopographic Approach
53회	2009.6.3.	Shyam Sundar (미국 펜실베이니아주립대 교수)	Message in the Medium: How Technology Shapes Meaning of Online Content
54회	2009.6.10.	이혜련 (미국 하와이대-마노아 교수)	Communication and Health
55회	2009.9.30.	요시미 순야(일본 도쿄대 교수)	대학은 어디로 가고 있는가? 도쿄대학 정보학환의 '엔사이클로페디아=아카이브' 프로젝트
56회	2009.10.7.	송길영(다음소프트 이사)	Understanding Online Consumer Opinion
57회	2009.10.14.	박주용 (물리학과 BK21사업단 교수)	디지털 시대, 사회과학과 자연과학의 만남: 복잡망으로 탐구하는 세계
58회	2009.11.12.	김성중 (미국 미시간주립대 박사)	Income Inequality, Market Potential, and Diffusion of Mobile Telephony
59회	2009.11.19.	Holli A. Semetko (미국 에모리대 교수)	Political Communication: Reflections on the Future of the Field
60회	2009.12.3.	양정애 (언론정보학과 BK21 사업단 박사후연구원)	The Widening Information Gap Between High and Low Education Groups: Knowledge Acquisition from Online vs. Print Sources
61회	2009.12.3.	김옥태 (언론정보연구소 연구원)	"Give Me a Gun!" 비디오 게임에서 입력기의 사실감이 공간-현존감(Spatial-Presence)에 미치는 영향
62회	2010.3.18.	한규섭 (연세대 교수)	The Current Status of Online Experiments in Media Politics Research
63회	2010.5.12.	김지현 (다음 모바일커뮤니케이션 본부장)	스마트폰 시대 포털의 콘텐츠(Business) 전략
64회	2010.5.27.	Karlyn Kohrs Campbell (미국 미네소타대 교수)	Genres and Functions of Presidential Rhetoric

행사	날짜	발표자	주제
65회	2010. 6. 3.	신재민(문화체육관광부 제1차관)	콘텐츠 산업 변화와 대응
66회	2010. 7.15.	고건(컴퓨터공학부 교수)	핸드폰의 진화, 스마트폰까지
67회	2010.10. 20.	Hidetaka Ishida (일본 도쿄대 교수)	CRITICAL PLATEAU: A Platform for Analysis of Media Texts and Audiovisual Images
68회	2010.11. 4.	박세웅(전기공학부 교수)	모바일 인터넷 서비스
69회	2010.11. 24.	최준혁(인천대 겸임교수)	반기업 정서의 척도 개발과 타당도 연구
70회	2010.11. 24.	곽정래(언론정보연구소 연구원)	북한이탈주민의 커뮤니케이션 활동과 사회적응
71회	2010.12. 1.	이민주(언론정보연구소 연구원)	식민지 권력의 현존: 검열기록과 검열된 신문지면에 대한 분석
72회	2010.12. 1.	장윤재(언론정보연구소 연구원)	온라인 메시지의 품질과 그 효과
73회	2010.12. 28.	진현승(미국 미주리대 캔자스시티 캠퍼스 교수)	Direct-to-Consumer Prescription Drug Advertising
74회	2011. 2. 11.	Elizabeth Coleman (호주 모나시대 교수)	Fictional Contexts and the Ethics of Internet Games
75회	2011. 3. 22.	Lee Brenner (FastFWD 그룹 창립 책임자)	Blogging and the New Media
76회	2011. 5. 18.	강남준(언론정보학과 교수)	명저의 발견: History of Statistics
77회	2011. 5. 24.	Robert Luskin (미국 텍사스대-오스틴 교수)	Political Knowledge, Ignorance, and Misinformation: Old and New Questions
78회	2011.10.10.	Charles Steinfield, Pamela Whitten (미국 미시간주립대 교수)	Trends in Communication Education and Research: The Case of Michigan State University
79회	2012.1. 30.	Wayne Fu (싱가포르 난양공과대 교수)	Imagery and Textual Information in Reducing Content Uncertainty: Evidences in the Context of Popularity Bandwagons Among User-Generated Videos
79회	2012.1. 30.	Lap Fung Lee (홍콩 중문대 교수)	Political Communication Research in Times of Political Transition
80회	2012. 3. 27.	심민선(인하대 교수)	사회적 지지 과정에서의 자기 노출
81회	2012. 4.18.	주칭윤(시울여대 교수)	좌절한 시대의 정서적 허기: 윌리엄스 정서 구조 개념의 비판적 적용
82회	2012. 6. 1.	강지연 (미국 아이오와주립대 교수)	몸의 기억과 탈이데올로기적 사회운동의 가능성: 2002 촛불시위의 회고적 내러티브 분석
83회	2012. 6.11.	김영미 (미국 위스콘신대-매디슨 교수)	Issue Publics in the Age of Digital Media: A Theory and Its Empirical Evidence
84회	2012. 7. 5.	이철주(미국 일리노이대 -어바나-샴페인 교수)	The Role of Social Capital in Media Effects: A Multilevel Approach

행사	날짜	발표자	주제
85회	2012.10. 24.	박광무 (한국문화관광연구원 원장)	창조시대의 문화와 콘텐츠
86회	2013. 3. 8.	Dhavan Shah (미국 위스콘신대-매디슨 교수)	Recent Trends in Political Communication Research
87회	2013. 4. 5.	김민환(고려대 명예교수)	서글프고도 사랑스런, 우리 대중가요 이야기
88회	2013. 6. 5.	이종은 (미국 오하이오주립대 교수)	Does Virtual Diversity Matter?: Avatar-Based Numerical Representation of Race as a Social Identity Contingency in Virtual Worlds
89회	2013. 6.14.	김종미(영국 코번트리대 교수)	Why Looks Matter in South Korea: Gender and Agency in Cosmetic Surgery
90회	2013.6.27.	이준환(언론정보학과 교수)	Interdisciplinary Education of Media and Technology at Seoul National University
		Liu Dongjian(중국전매대 교수)	중국 미디어 프로페셔널 교육현황
91회	2013. 9.13.	장원철(통계학과 교수)	빅데이터의 최근 동향
92회	2013.11.20.	류근관(경제학부 교수)	선거 개표방송의 개선방법: 가중치 부여와 부분식별의 문제
93회	2013.12. 5.	조항제(부산대 교수)	한국 공영방송 거버넌스의 문제: BBC 모형의 역정
		정용준(전북대 교수)	초창기 BBC의 공론장 기능에 대한 역사적 평가
		정준희(중앙대 강사)	BBC 공적가치 접근방법의 의의와 신자유주의적 한계
94회	2013.12.19.	조성겸(충남대 교수)	융합연구 시대의 경험적 연구방법
95회	2013.4.30.	김주환(연세대 교수)	여론이란 무엇이고, 어떻게 조사할 것인가: 새로운 여론조사방법에 관한 제안
96회	2013. 5. 1.	손석희(JTBC)	다시 뉴스의 가치를 묻는다
97회	2014. 6. 25.	이중식 (융합과학기술대학원 교수)	개인로그 분석을 이용한 스마트폰 행태조사: 사례와 방법론적 특이점을 중심으로
98회	2014.11. 1.	주형일(영남대 교수)	문화연구와 성찰적 글쓰기
99회	2014.11.13.	김성철(고려대 교수)	OTT 사업전략과 유료방송 시장의 경쟁구도
100회	2014.11.27.	정성은 (성균관대 교수)	제삼자 효과는 과연 존재하는가?: 제삼자 효과 행동 가설의 논리, 검증 방법, 연구결과 에 대한 비판
101회	2014.12.18.	정성욱 (미디어연구소 봄 대표)	커뮤니케이션 연구와 사실의 계보: 종교-문-사-철-과학-사이
102회	2015. 3.10.	Anya Schiffrin (미국 컬럼비아대 선임강의교수)	Global Muckraking: 100 Years of Investigative Journalism from Around the World
103회	2015. 4. 1.	송하연 (미국 위스콘신대-밀워키 교수)	게임을 이용한 효과적인 금연교육

행사	날짜	발표자	주제
104회	2015. 5. 7.	박아란 (언론정보연구소 연구원)	인터넷 서비스 사업자(ISP)의 명예훼손 책임에 대한 비교법 연구
105회	2015. 5. 13.	진달용 (캐나다 사이먼프레이저대 교수)	Digital Platforms and Political Culture in the Networked 21st Century: The Construction of Platform Imperialism
106회	2015. 5. 20.	장정우(언론정보학과 강사)	Participatory Websites and Social Influence
107회	2015. 6. 8.	함창대 (미국 일리노이대-어바나-샴페인 교수)	How Consumers Cope with Persuasion Attempts: Elaboration of Persuasion Knowledge Model
108회	2015. 6. 10.	손동영(한양대 교수)	집합적 커뮤니케이션과 네트워크: 시뮬레이션(Social Simulation)을 활용한 접근
109회	2015. 6. 17.	진달용 (캐나다 사이먼프레이저대 교수)	New Korean Wave: The Critical Interpretation of Hybridity in Local Popular Culture
110회	2015. 9. 9.	이재현(언론정보학과 교수)	IoT 시대의 TV: 사물철학의 관점
111회	2015. 9. 16.	김경모(연세대 교수)	모바일 뉴스 환경 변화와 저널리즘의 미래
112회	2015. 10. 14.	이준환(언론정보학과 교수)	데이터 시대의 저널리즘: 알고리즘으로 작성하는 뉴스
113회	2015. 10. 28.	주연경(명지대 교수)	Smart Car 시대의 커뮤니케이션
114회	2015. 11. 11.	임종인(고려대 교수)	사이버안보와 국제협력
115회	2015. 11. 16.	이규연(JTBC 국장)	비영리 보도기관, 심층보도 구세주 될까
116회	2016. 4. 6.	임소영(광운대 교수)	More than a Moral Person: How Do Communication and Identity Influence Online and Offline Engagement?
117회	2016. 4. 20.	박대민 (한국언론진흥재단 연구위원)	신문 26년: 150만 개 기사의 뉴스 빅데이터 시각화로 본 신문의 역사
118회	2016. 5. 4.	이원종 (융합과학기술대학원 교수)	Data Science and Opportunistic Advancements in Recent Research
119회	2016. 5. 19.	장윤재(서울여대 교수)	우리 과에 미래가 있나요?
120회	2016. 5. 26.	박희선(고려대 교수)	Issues in Quantitative Methodology
121회	2016. 6. 1.	정병진(전 〈한국일보〉 주필)	신문 현장, 이전 30년, 이후 3년
122회	2016. 6. 24.	Fabienne Darling-Wolf (미국 템플대 교수)	Imagining the Global: Transnational Media and Popular Culture Beyond East and West
123회	2016. 9. 22.	이재현(언론정보학과 교수)	기술적 성향 가설: 미디어 기기의 행위능력
124회	2016. 9. 28.	강정수(메디아티 대표)	분산 및 모바일 미디어 환경과 대응전략
125회	2016. 10. 26.	김노경(〈한겨레〉 기자), 한창진(SBS 데이터분석가), 김민(JTBC 기자)	저널리즘 혁신 국내 사례와 함의

행사	날짜	발표자	주제
126회	2016.11.17.	김수아(기초교육원 강의교수)	온라인상의 '여성혐오' 표현
127회	2016.11.23.	하종대(〈동아일보〉 디지털 뉴스통합센터장), 김민(JTBC 디지털뉴스룸 제작팀장)	저널리즘 혁신 국내 사례와 함의
128회	2016.12.21.	한운희(〈연합뉴스〉 기자)	2016 저널리즘 주요 동향과 2017년 트렌드 전망
129회	2017. 3.16.	양승목(언론정보학과 교수)	언론정보학의 제도적 성공과 정체성 위기: 새로운 방향 모색
130회	2017. 3. 23.	최수진(국민대 교수)	커뮤니케이션 연구, 네트워크 분석, 그리고 빅데이터
131회	2017. 4. 20.	오세욱 (한국언론진흥재단 연구위원)	페이크 뉴스와 팩트체크, 그리고 테크놀로지
132회	2017.4.27.	박아란 (한국언론진흥재단 연구위원)	Next Steps for Fake News: 크로스체크 등 해외 동향 및 전망
133회	2017. 5.15.	김양순(KBS 기자)	페이크뉴스 검증, 어떻게 할 것인가?: 세계 90여 개 언론사가 참여한 '퍼스트드래프트'의 가짜뉴스 검증 방식 A to Z
134회	2017. 6.15.	정재철(〈내일신문〉 기자)	선거보도와 사실검증
135회	2017. 7. 3.	김현석 (미국 오하이오주립대 교수)	Attracting Views & Going Viral: How Message Features and Social Influence Cues Shape Online News Diffusion
136회	2017. 9. 14.	박성호(전 MBC 기자협회장)	BBC는 어떻게 불편부당한 뉴스를 만드는가?
137회	2017.10.18.	김영희(언론정보학과 객원교수)	나는 어떻게 자료를 읽고, 역사를 썼는가?
138회	2017.11.1.	홍종윤 (언론정보연구소 연구원)	뉴스 유통 생태계와 위기의 저널리즘: 포털과 언론사의 상생적 협업은 가능한가?
139회	2017.12. 6.	홍대식(서강대 교수)	구글에 대한 글로벌 규제 사례: 경쟁법과 소비자법을 중심으로
140회	2018. 3.19.	이철주(언론정보학과 교수)	Examining the Interplay Between Communication and Social Determinants of Health
141회	2018. 3. 28.	김경화 (일본 칸다외국어대 교수)	데모라는 미디어, 데모의 미디어: 일본의 반원전 데모와 촛불 집회
142회	2018. 4. 5.	이준웅(언론정보학과 교수)	모든 더러운 말들: 증오발언 규제론의 정당화 논변
143회	2018. 4.19.	홍화정(언론정보학과 교수)	새로운 기회와 도전: 언론정보학과에서 디자인 중심 연구하기
144회	2018. 4. 25.	정성은(성균관대 교수)	More than 2,000 citations but no success in replication: A conceptual replication of Petty, Cacioppo, and Goldman(1981)
145회	2018. 5. 1.	심규선 (언론정보학과 산학협력교수)	마지막 남은 보도 성역, '일본'을 어떻게 쓸 것인가

행사	날짜	발표자	주제
146회	2018. 5. 16.	조영신(SK경영경제연구소)	블록체인과 미디어
147회	2018. 6. 20.	강명구(언론정보학과 교수)	내가 걸어온 공부길: 역사문화연구로서 언론학
148회	2018. 9. 18.	강재호(언론정보학과 교수)	The City of Screen: Seoul, Space and Spectacle
149회	2018. 10. 4.	오세욱 (한국언론진흥재단 연구위원)	뉴스트러스트 알고리즘: 왜, 어떻게 만들었나?
150회	2018. 10. 19.	임영호(부산대 교수)	대중문화 장르사 서술의 틀과 쟁점들: 《한국 에로 비디오의 사회사》 집필 후기
151회	2018.11.14.	김현석 .(언론정보학과 교수)	Message Effects Research in the Digital Age: Toward a More Predictive Communication Science
152회	2018.11.23.	김선호 (한국언론진흥재단 연구위원)	허위정보, 리터러시, 뉴스신뢰: Digital News Report 2018 주요 결과
153회	2019.1.28.	고문정(언론정보학과 박사과정), 장희수(언론정보연구소 연구원)	박근혜-문재인 정부 시기 지상파 시사 프로그램 편향성 연구 결과
154회	2019. 3. 22.	임영호 (부산대 교수)	빅데이터와 알고리즘 시대에 언론학은 무엇을 할 것인가?
155회	2019. 4.18.	안우영 (심리학과 교수)	Computational Clinical Science: Toward Rapid and Cost-Effective Markers of Transdiagnostic Phenotypes
156회	2019. 5. 22.	황현서 (언론정보학과 강사)	정치극단주의의 나선효과: 극단적 의견 표출이 여론지각과 의견 발화에 미치는 영향
157회	2019. 9. 2.	Cao Shule (중국 칭화대 교수)	Creative Workers in TikTok Platform: Creativity, Empowerment and Well-Being
158회	2019. 9. 3.	송현진 박사 (오스트리아 빈대 박사후연구원)	Cause, Nature, and Consequences of Informal Political Talks: A Computational Approach of Studying the Dynamic Coevolution of Political Discussion Networks and Political Attitudes
159회	2019. 9.10.	엄혜경 (영국 리버풀대 교수)	왜 BTS와 K-Pop인가? 아시안 팝음악의 글로벌음악시장 현 위상과 영국내의 반응
160회	2019.10.17.	이상길 (연세대 교수)	미디어 문화연구에서 이론을 읽고 쓴다는 것: 〈아틀라스의 발〉 후기
161회	2019.11. 6.	Roselyn J. Lee-Won (미국 오하이오주립대 교수)	Understanding Detrimental Effects of Racist Social Media Messages on Target Group Members: Psychological Harms and Underlying Mechanisms

행사	날짜	발표자	주제
162회	2019.11. 6.	한경식 (아주대 교수)	Information Credibility Research Through Computational and Social Science Approaches: Research Trend and Case Study
163회	2019.12. 4.	권민우 (삼성전자 무선사업부)	BIG DATA? 고객에 대한 이해, 예측, 설득을 위한 커뮤니케이션
164회	2019.12. 6.	이자연(가천대 교수)	소셜미디어와 사용자 인식, 그리고 새로운 게임의 법칙
165회	2020. 5. 26.	장승모 (미국 보스턴칼리지 교수)	Studying Fake News
166회	2020. 6.11.	박찬경 (중국 북경사범대·홍콩침례대 연합국제대 교수)	Auditing Personalized Media Using Tracking/Donated Data
167회	2020. 8. 4.	박지민 (언론정보연구소 연구원)	저작권의 문화 다양성
168회	2020. 9.10.	윤석민 (언론정보학과 교수)	디지털 미디어 시대 언론학의 새로운 과제: 미디어 규범성의 탐구
169회	2020. 9. 22.	엄석진 (행정대학원 교수)	청와대 국민청원 분석: 청원 내용과 동의 추세를 중심으로
170회	2020.11. 4.	박주용(카이스트 교수)	감성 인공지능을 위한 데이터 수집과 미래 기술 전망
171회	2020.12.18.	이동원 (미국 펜실베이니아주립대 교수)	Combating False Information: A Review and Projection
172회	2021. 3.12.	주정석(미국 캘리포니아대 -로스앤젤레스[UCLA] 교수)	Ethics and Fairness in Artificial Intelligence and Deep Learning: Gender and Racial Biases in Models, Data, and Society
173회	2021. 4.14.	김자림(연세대 교수)	HPV 백신 프로모션을 위한 커뮤니케이션 전략
174회	2021. 6. 2.	한준(연세대 교수)	플랫폼과 대중음악
175회	2021. 6.17.	양승목(언론정보학과 교수)	디지털시대 언론학의 미래와 전망
176회	2021. 8. 26.	김누리 (싱가포르 난양공과대 교수)	Encountering Difference in the Digital Age: Applying Intergroup Contact Theory to Communication Contexts 'Old' and 'New'
177회	2021.11.10.	김범주 (유니티테크놀로지스코리아 본부장)	메타버스 현상, 어떻게 이해하고 활용할 것인가?
178회	2021.12. 21.	이상준 (싱가포르 난양공과대 교수)	San Francisco, Honolulu, and New York: Discovering New Cinema and the Birth of Korean Cinema Studies in the US
179회	2022. 5. 24.	임하진(언론정보학과 교수)	Designing to Support Cross-lingual Communication using AI

행사	날짜	발표자	주제
180회	2022.11.30.	이주현(건국대 교수)	Construal Level Theory and Implications for Communication Research
181회	2023.3.23.	이재현(언론정보학과 교수)	기술비평가가 보는 ChatGPT
182회	2023.4.11.	소지연(연세대 교수)	Message Fatigue: What Is It? What Does It Do? How Can We Overcome It?
183회	2023.4.27.	김용찬(연세대 교수)	포스트매스미디어: 연관성의 위기에서 초위기로
184회	2023.5.8.	손윤규(사회학과 교수)	설명과 검정에 대한 정보이론적 해석
185회	2023.6.9.	박승관(언론정보학과 명예교수)	한국 언론과 언론교육의 길
186회	2023.9.22.	김진우(국민대 교수)	Evidence Can Change Partisan Minds: Rethinking the Bounds of Resistance to Political Persuasion
187회	2023.10.5.	Noah Isenberg (미국 텍사스대-오스틴 교수)	A Roving Reporter, a Tale of Two Cities, and the Making of Billy Wilder
188회	2023.10.13.	윤성아(SM Culture & Contents 광고사업부문장)	2023 광고 마케팅 글로벌 트렌드: 3가지 핫 키워드를 중심으로
189회	2023.10.16.	박아란 (고려대 교수)	인공지능과 온라인 허위정보: 저널리즘 관점에서의 논의
190회	2023.11.9.	박제성 (조소과 교수)	인공지능과 미디어 아트: '자각몽-다섯가지 색'에서 '기억색'으로
191회	2024.3.26.	이준웅 (언론정보학과 교수)	한국 언론은 어째서 특별한가? 언론매체의 제도적 효과
192회	2024.5.17.	김지훈(중앙대 교수)	확장 다큐멘터리에서 '위기미디어'로
193회	2024.6.7.	정은령, 정성욱, 양소은, 홍종윤 (언론정보연구소 연구원)	허위정보와 팩트체크 저널리즘
194회	2024.10.31.	이은정 (독일 베를린자유대 교수)	독일 미디어에 비친 한류와 독일 K-Pop 팬의 일상
195회	2024.11.20.	고문정(언론정보학과 박사)	가치 있고 경쟁력 있는 저널리즘을 구현하기 위한 조건의 탐색: 품질, 주목, 경제적 성과의 선순환적 추구
196회	2025.3.27.	윤석민(언론정보학과 교수), 배진아(공주대 교수)	뉴스의 생산 & 뉴스의 생산자
197회	2025.3.28.	이은주(언론정보학과 교수)	인간 커뮤니케이션과 인공 지능
198회	2025.5.8.	육성빈(이화여대 교수)	커뮤니케이션 연구와 신경과학의 교차점
199회	2025.5.20.	백지현(연세대 교수)	소통(communication)을 잘한다는 것은?: 다름과 차이를 넘어서는 소통

역대 〈차원〉 목차

창간호(1993년)

격려사	이상희 교수
창간사	이임수(90/편집장)
특집: 이데올로기론의 새 지평	
시민사회론에 대한 이론적 고찰	이건혁 · 문춘복(석사과정)
미로에서 길찾기: 소비주의 문화와 그 문화지형	임성희(석사과정)
연구노트	
핵담론 분석	김남두 · 김성중 · 제은영 · 조영욱(90)
양비론 분석: 91년 5월 정국을 중심으로	김태호 · 정홍대 · 허인정(91)
광고 그리고 이데올로기	홍종윤(89)
기획	
〈그것이 알고 싶다〉와 정말로 알고 싶은 것	편집부
심포지움	
〈한겨레신문〉의 제 모습 찾기	김성중 · 김예란 · 노상훈 · 이은주 · 황준호(90)
전공서적소개	
텍스트 분석과 매체비평	손병우(박사과정 수료)
문화비평	
노래방문화의 기술적 측면에 대한 일고찰	배진한(박사과정)
기업문화의 대학내 침투	조영욱(90)
논단	
Reading Althusser: 과학 · 이데올로기 · 정치	주용범(88)

편집부: 이임수(90/편집장) · 노상훈(90) · 박상혁(92) · 이범준(91) · 이종은(92) · 허세은(92)

2호(1994년)

권두언	박승관 교수
여는 글	편집위원장
특집: 기호학과 문화공간	
기호학에 관하여: 소쉬르를 중심으로	노상훈(90)
유리벽 문화와 소비공간: 유리로 둘러 싸여진 세상	주용범 · 홍수정(석사과정)
도시공간의 계급적 분화와 소비문화: 서울 서초동을 중심으로	박윤철(석사과정)
논단	
Reading Habermas: 모더니티, 미완의 기획	주용범(석사과정)
기획	
컴퓨터 통신이 갖는 문화적 의미	편집위원회
연구노트	
문화제국주의론의 적용 가능성에 관하여: 〈피구왕 통키〉를 중심으로	이은주(90)
뮤직비디오 읽기	여동근(88) · 나은경(91) · 민동희 · 송현욱(92)
정치적 담론의 분석: '현대중공업' 파업을 중심으로(1993년 6. 1 ~ 8. 20)	박진우(90) · 김성훈(91)
문화비평	
신세대, 서태지, 그리고 저항	홍종윤(석사과정)
주제비평: 한국영화산업	
대기업의 영화산업 참여에 관하여	문향란 · 송춘실 · 송현욱 · 윤상길(92)/ 영화소모임 '누벨바그'
한국영화의 나아갈 길	허인정 · 황현서(91)
자료실	
1986~1994년 석 · 박사 논문 목록	편집위원회

편집위원회: 노상훈(90/편집위원장) · 나은경(91) · 박은선(91) · 이범준(91) ·
이규란(92) · 이승하(92)

3호(1995년)

권두언 박승관 교수

여는 글

세상에 그어진 금을 지우며 편집부

특집: Globalization & 문화제국주의

지구화 논의에 대하여 권병수 · 김성훈(91)

탈식민주의와 신식민주의 사이에 선 '지구화' 정준희(90)

문화제국주의론의 현대적 재구성을 위하여: 지구화 논의와 탈근대 논의를 중심으로 임성희(박사과정)

소고

Benjamin 읽기 김성현(92)

기획

가상현실 Virtual Reality: 이미지의 새로운 세계 편집부

연구노트

On the Frame Analysis 주용범(석사과정)

영상읽기

현대의 영웅설화: 최근 액션영화를 중심으로 김예란(석사과정)

권력에 대한 엿보기, 웃음 그리고 저항: 박재동 그림판 읽기 정혜경(석사과정)

담론분석

'대학교육개혁' 담론에 관하여 조영욱(90)

자료실

1994년도 신문학과 석 · 박사 논문 요약

1995년도 신문학과 석 · 박사 논문 목록

편집부: 이상석(93) · 송용준(92) · 이규란(92) · 이승하(92)

4호(1996년)

권두언	양승목 교수
여는 글	
새로운 세상을 향하여 …	편집부
특집: 정보민주주의	
정보통신기술혁명과 정보민주주의	송용준(92)
또 하나의 시장: 인터넷 Internet	노상훈(90)
한국에서의 정보민주주의	윤정규(93)
가상, 혹은 익명적 정체성과 새로운 부족의 형성	정준희(석사과정)
논단	
Bourdieu 읽기	김형곤(박사과정)
소고	
새로운 문예창작을 위한 철학적 고찰	윤우선(91)
기획	
만화읽기의 즐거움	편집부
연구노트	
포스트모던 영상 내러티브의 새로운 모색	권병수 · 황동혁(석사과정)
패션전문점 'V-EXCHANGE'의 새로운 공간 분석	김수경 · 나은경(석사과정)
문화비평	
한국의 영화운동, 그 반성과 모색	문향란(92) · 장일(93) · 주훈(93) · 김수아(94) / 영화소모임 '누벨바그'
전공서적소개	
광고홍보학 관련 서적 소개	남인용(박사과정)
번역	
Objectivity as Strategic Ritual	편집부
자료실	
1995년도 하반기 신문학과 석 · 박사 논문 목록	
1996년도 상반기 신문학과 석 · 박사 논문 목록	

편집부: 김승준(94) · 김현정(94) · 이상석(93) · 주훈(93)

5호(1997년)

권두언	양승목 교수
여는 글	
제로섬 똑바로 알기	편집부
특집: 저널리즘	
한국 저널리즘의 현상적 문제점에 대하여	곽동균(91)
현실과의 관련 속에서 또 다른 창 만들기: 〈전교조신문〉 사례를 통한 뉴스의 현실구성 논의 평가	이범준(91)
저널리즘의 객관성 · 공정성 가치의 담론 분석 및 타당성 평가를 위한 시론	김남두(석사과정)
논단	
Foucault 읽기: 푸코 - '진정한, 쓸모있는' 역사	한영주(석사과정)
소고	
아버지 신드롬에 대한 담론적 접근: 접합이론을 중심으로	이종은(92) · 김영미(93)
기획	
시트콤 뒤집어 보기	편집부
연구노트	
매스 미디어를 통한 전략적 이슈의 형상화와 화두 정치의 전개	이세진(석사과정)
종교적 제의에서 가족적 축제로: Christmas 성격변화	노상훈 · 송용준(석사과정)
한국 대중지의 맹아적 성격에 관하여: 1930년대 동아일보의 대중지적 성격 규명	김영미(93) · 김명진(93) · 정미정(94) · 조영호(94) · 한정엽(94)
문화비평	
한국 영화의 새로운 가능성: 저예산 영화	김수아(94) · 최유라(95)/ 영화소모임 '누벨바그'
자료실	
1996년도 하반기 신문학과 석 · 박사 논문 목록	
1997년도 상반기 언론정보학과 석 · 박사 논문 목록	

편집부: 박재철(95) · 백현정(95) · 이윤형(95) · 김승준(94) · 김현정(94) · 박성재(94) · 조문영(94)

6호(1998년)

권두언	박명진 교수
여는 글	
기다림, 희망의 다른 이름	편집부
특집: 여론조사	
여론과 여론조사	김수아 · 이소연 · 조소연(94)
여론조사가 섬기는 진짜 주인은 누구인가?: 여론조사의 정치적 기능에 대한 비판적 논의	김성훈(석사과정)
97년 대선 선거여론조사에 대한 성찰: 세 가지 小考	김남두(석사과정)
논단	
Certeau 읽기	노상훈(석사과정)
기획	
방송편성과 시청자의 시간성에 대한 연구	편집부
연구노트	
선문답의 화용론적 분석: 탈(脫) 로고스적 사유와 커뮤니케이션	이범준(석사과정)
90년대 한국에서의 성과 육체: 性의 譯事 - 살갗의 告白	배노필(석사과정)
한국에서 새로운 저널리즘 매체로서 인터넷 신문의 가능성에 대한 탐색	이소연(94) · 전봉기(92) · 이선형(식품영양학 93)
문화비평	
수용자의 독재자, 영화잡지 KINO	윤상길(92)
자료실	
1997년도 하반기 언론정보학과 석 · 박사학위 논문 목록	
1998년도 상반기 언론정보학과 석 · 박사학위 논문 목록	
〈처 원〉 길라잡이: 자취와 흔적(1호~5호)	

편집부: 백현정(95) · 강지연(95) · 김지은(96) · 장미봉(96) · 이철주(96) · 김재환(96)

7호(1999년)

권두언	박명진 교수
여는 글	편집부
특집: 국제적 방송환경 변화에 따른 우리 방송의 현주소와 미래	
시론	김종환(96)
방송환경 변화에 따른 세계의 방송정책: 영국과 미국을 중심으로	심민선(97)
방송 · 통신의 융합과 뉴미디어 방송	김남석(95)
논단	
老子와 스피노자: 인간 본성에 대한 존재론적 고찰	박성재(석사과정)
기획	
스타크래프트 다시 보기	편집부
연구노트	
梁啓超의 언론사상과 활동에 관한 一考察	김재천(석사과정)
민주적 정치과정에서의 역할을 중심으로 한 여론조사보도의 논의의 재해석	이범준(석사과정)
문화비평	
일본문화 개방에 딴지걸기	박혜련(95) · 최파일(97)
칼럼	츠보따 가오루(석사과정 연구생)
자료실	
언론정보학과 석 · 박사학위 논문 목록 (1998년 하반기, 1999년 상반기)	

편집부: 김지은(96) · 장미봉(96) · 김수아(97) · 이융성(97) · 한애란(97)

8호(2000년)

권두언	강명구 교수
여는 글	편집부
특집: 인터넷방송의 현재와 미래	
인터넷방송의 등장과 매스미디어 패러다임의 진화	백승우(96)
인터넷방송의 현황과 전망	강태화(97)
인터넷방송의 규제와 육성방안	심민선(97)
논단	
운동, 시간, 이미지: 들뢰즈-베르그송의 시간에 관한 세 가지 종합	장일(런던대 박사과정)
기획	
내가 N세대라고?	편집부
연구노트	
여론개념과 여론조사: 근대 민주주의 이념의 두 얼굴 - '옷로비 사건'을 중심으로	최정화(석사과정)
재구성되는 과거, 역사 다큐멘터리: 한국 역사 다큐멘터리의 문제점	김남석(석사과정)
가상공간 내 커뮤니케이션의 양면성	최유라(석사과정)
문화비평	
테크노 밀레니엄	김도형(97)
자료실	
언론정보학과 석 · 박사학위 논문 목록 (1999년 하반기, 2000년 상반기)	

편집부: 김수아(97) · 한애란(97) · 고제리(98) · 김현석(98) · 박성재(98)

9호(2006년)

권두언	강명구 교수
여는 글	편집부
특집: 인터넷	
네티즌은 과연 누구인가	김성민(석사과정)
인터넷 마녀사냥의 전개과정과 그 함의: 2005년 '개똥녀 사건'을 중심으로	김규찬(석사과정)
싸이월드를 바라보는 하나의 시선: 대학생들의 대인관계 특성이 싸이월드 미니홈피에서의 대인 커뮤니케이션에 미치는 영향	김현석(98) · 이경섭(98) · 황철환(98) · 장민주(02)
청소년의 온라인 게임 이용이 대인관계 인식 및 커뮤니케이션 능력에 미치는 영향	오형일(석사과정)
한국 지적재산권 운동의 패러다임	선승혜(03)
논단	
Discursive Dynamics of Public Spheres: The Field of Argument Revisited	강지연 (미국 일리노이대-어바나-샴페인 박사과정)
탈북이주민의 매스미디어 이용과 사회적 자본 형성에 관한 연구	곽정래(박사과정)
공적 침묵과 사적 소란	장윤재(박사과정)
공중건강 캠페인에서 감정유도 메시지가 태도와 행위의도에 미치는 영향에 관한 연구: 지각된 행위 통제감과 낙관적 편견의 매개적 효과를 중심으로	장현미(박사과정)
기획	
황우석 교수 기자회견 다시 보기	편집부
연구노트	
일제시기 언론학 연구의 위상과 동향: 신문 · 잡지를 중심으로	이민주(박사과정)
반공 프로파간다 수단으로서의 한국 기독교방송의 설립	이성민(석사과정)

9호(2006년) 계속

제목	필자
동남아 쓰나미(지진해일) 참사에 대한 매체별 보도양상의 차이	이성은(03) · 선승혜(03) · 손지혜(03) · 조선영(02)
대학생의 정보채널 이용실태 연구	김순(00) · 정다운(03) · 박수진(03) · 심원(석사과정)
인터넷 사용행태는 어떻게 결정되는가?: 인터넷 사용행태는 시간의 고정 정도/TV시청 습관으로 결정된다	박광우(00)
인터넷 댓글이나 방명록의 글들은 대화적이지 않다	이소은(00)
매스미디어는 사람들에게 어딘가와 연결되어 있다는 안도감을 제공해준다	정태석(99)
인터넷의 사용도 TV 사용에서와 같이 루티나이즈될 것이다	황철환(98)
실무노트	
황우석 취재 현장 체험기	문준모(96/한국일보 기자)
시청률로 본 방송에서의 웃음 코드	정윤정(98/MBC PD)
시론	
황우석 언론 사기극으로 저널리즘의 야매성을 돌아보다	김낙호 (미국 위스콘신대-매디슨 박사과정)
문화비평	
넌 누구냐 … 〈올드 보이〉 비평	전일현(01)
〈말아톤〉과 〈왕의 남자〉가 남긴 질문들	강나래(02)
골키퍼는 언제나 조연에 불과한가?	김진섭(99)
무용과 대중, 그리고 커뮤니케이션	박보람(04)
자료실	
언론정보학과 학위 논문 목록 1975~2005	

편집부: 김현석(98/편집장) · 박보람(04) · 원성공(04) · 징징수(04) · 성혜란(04)

10호(2007년)

권두언	강명구 교수
특집: 재매개 관점에서 본 뉴미디어	
블로그의 재매개 양식과 미디어적 계보	문태준(박사과정)
앰비언트TV의 재매개 관습과 그 함의	김지현(석사과정)
디지털 카메라와 디지털 사진의 재매개	박성재(박사과정)
e-sports의 재매개 전략	이종영(석사과정)
논단	
Technology and Communication: A SWOT Analysis of Tailoring as a Marketing Strategy in the New Media Environment	정세훈(미국 펜실베이니아대 박사과정)
고등학생의 군대에 대한 이미지 분석 연구	김태웅(석사과정)
연구노트	
피험자에 대한 보상이 설문지 작성에 미치는 영향에 관하여	박경택(01) · 이장욱(01) · 전일현(01) · 채용석(01) · 최창환(03)
신문의 메시지가 동성애에 대한 인식 변화에 미치는 영향 연구	박광우(00) · 신정민(00) · 우민경(00) · 김태웅(석사과정) · 정원주(석사과정)
구어적 표현에서의 영어의 변죽을 울리는 기능	최하린(02)
디지털 콘텐츠 생산 환경과 저작권 문제: 링크, 인터넷 패러디, UCC를 중심으로	박찬경(01)
기획	
우리나라 UCC의 현주소	편집부
문화비평	
말 많은 사람들의 말없는 사회	이상현(01)
아직 준비되지 않은 이야기: KBS 〈미녀들의 수다〉에 대하여	우란(04)
일본문화는 무조건 나쁘다?: 일본문화에 대해 지나치게 폐쇄적인 우리의 모습에 대한 성찰	이주현(05)

편집부: 정혜란(04) · 최윤화(04) · 김윤진(05) · 이승연(05)